제3판

憲法學(下)

洪性邦

博英社

제 3 판 머 리 말

글을 쓸 때마다 가장 어려운 것이 머리말을 쓰는 일이다. 글의 내용과 목적을 간단명료하게 나타내야 하는데 그것이 뜻대로 되지 않기 때문이다. 그러나 초판에서 이 책의 내용과 목적에 대해서는 그런 대로 이야기했고, 제 2 판에서 이야기한 바가 현재까지도 유효하다고 판단되기 때문에, 이번 판에서는 그러한 어려움을 피할 수 있어 다행스럽다.

출판사와 독자들과 한 약속에도 불구하고 3년 넘게 여러 가지 사정 때문에 개정판을 내지 못하였다. 약속은 깨라고 있는 것이라는 우스갯소리도 있지만, 약속은 함부로 하는 것이 아니라는 것을 절감하고 있다. 그 동안 판례도 많이 늘고, 해당 법령들도 많이 개정되었다. 주로 그것들을 보충하고 수정한 것이 이번 판의 주요내용이다.

국가생활에서 해야 할 것과 해서는 안 될 것(所爲, 所不爲)을 구별하는 기준에 대한 설득력 있는 해석을 제시하려는 것이 이 책이 의도하는 바 중의 하나이다. 그러한 의도가 독자들에게 제대로 전달되었으면 한다.

2014년 4월

홍 성 방

제 2 판 머 리 말

작년에 헌법학 상·중·하를 내면서 출판사와 약속한 바가 있다. 상권과 중권은 이론적인 부분이 많아서 2년에 한 번씩 개정판을 내어도 무방하겠지만, 하권은 국가작용과 국가기관에 대한 부분이어서 해당법령의 개정도 잦은 편이므로 독자들을 위해서 매해 개정판을 내겠다는 것이 그것이다. 제 2 판에서는 그 약속을 최대한 이행하기 위하여 노력하였다.

이 책에서 국가작용과 국가기관이라고 부르는 부분을 대부분의 다른 교과서들에서는 통치구조라고 부르고 있다. 저자가 통치구조라는 일반적인(?) 표현을 사용하지 않는 이유는 한편으로는 통치라는 말이 가지는 권위주의적 요소를 좋아하지 않기도 하지만, 다른 한편으로는 통치라는 말이 가질 수 있는 다의성(多義性)과 그로 인한 불명료성을 피하고 싶기 때문이다. 더 나아가서 국가를 그 구성원, 즉 국민에게 봉사하기 위한 조직으로 이해하는 저자의 입장에서는 통치라는 말이 국가공동체의 주체인 국민을 객체화시키는 듯한 인상도 떨쳐버릴 수가 없기 때문이다.

아직까지도 기본권과 국가작용(일반적인 표현으로는 통치작용)의 상호관계에 대하여 오해하는 사람들이 없지 않지만, 국가작용은 기본권을 실현하는 것을 목적으로 한다. 그리고 기본권실현이라는 목적을 달성하기 위하여 일반적으로 통치기관으로 표현되는 국가기관이 필요하고, 국가기관은 기본권실현이라는 국가작용을 정의롭고 효율적으로 실현할 수 있도록 구성되어야 한다. 이를 위해서 우리 헌법은 권력분립원리를 채택하고 있고, 자유민주적 헌정체제의 국가권력구조에서 권력분립원리가 적용되는 형태를 정부형태라 한다. 한 마디로 자유민주적 헌법에서 기본권은 목적이며, 정부형태는 그 수단이라고 할 수 있다.

최근에 정치권에서 헌법개정(개헌)이 다시 이야기되고 있다. 이번에도 우리 헌정사의 고질병이 재발한 것처럼 정부형태에 대한 논의에 초점이 집중되어 있다. 따라서 정부형태와 관련된 최근의 개헌논의와 관련하여 한 마디 하는 것이 국가작용과 국가기관을 다루고 있는 이 책의 책무일 것으로 생각된다. 그런데 이번의 정부형태에 대한 논의는 대통령제와 의원내각제 중 어느 것을 채택할 것이냐가 아니라 1980년 헌법논의 과정에서 이원집정부제라는 표현으로 일반화되었으나 그 저의가 의심스러워 포기되었던 정부형태가 이른바 권력분산형 대통령제라는 그럴 듯한 이름으로 중심에 서 있다는 것이 다른 때와의 차이점이라면 차이점이다. 우리 헌법상의 대통령제는 삼권분립원리를 가장 잘 실현하고 있다는 미국의 고전적 대통령제와는 달리 대통령에게 지나치게 권력이 집중되어 있다는 것은 거의 모든 국민이 잘 알고 있는 사실이다. 그러니 국민이 직선하는 대통령과 의회에서 선출하는 국무총리에게 국정을 분담시키자는 것이 이른바 권력분산형 대통령제의 골자이다.

이러한 개헌논의가 앞으로 어떻게 전개될지는 모르겠으나 이에 대해 시사하는 문헌이 있어 소개한다. 거의 1년에 걸쳐 위원 13인이 전체위원회 15회, 분과위원회 16회, 소위원회 2회, 해외현지조사 2회(독일 · 포르투갈, 영국 · 프랑스)를 토대로 2009년 8월 국회의장 자문기구인 헌법연구자문위원회가 낸 결과보고서가 그것이다. 같은 보고서에 따르면 권력구조에 관하여 제1안으로 이원정부제, 제2안으로 대통령제를 제안하고 있다. 이원정부제의 내용으로는 5년 단임으로 국민이 직접 선출하는 대통령이 국가원수로서의 지위를 가지되, 대통령에게는 주요 권한으로 국무총리임명권, 계엄권, 긴급명령권, 국회해산권, 법률안서명 · 공포권, 법률안 재의요구권, 국민투표부의권 등이 주어진다. 그에 반해서 행정부(내각)는 국회에서 재적과반수로 선출되는 국무총리를 수장으로 하며, 그에게는 일상적인 국정 전반의 통할권, 내각구성권, 국군통수권, 긴급재정경제명령권, 긴급재정경제처분권, 신임투표요청권과 신임요구동의안이 부결된 경우 국회해산요청권 등이 주어진다. 국회의 내각불신임권을 인정하되, 미리 국무총리를 선출하는 건설적 불신임제를 채택하고, 내각은 법률안제출권을 가지며, 각료와 의원직의 겸직을 허용한다.

그런데 권력분산형 대통령제는 법학적인 용어가 아니고 비법학적인 신조어이다. 법학적인 용어로는 이를 이원정부제라고 한다. 헌법학에서는 이원정부제를 과연 독자적인 정부형태로 볼 수 있겠느냐에 대해서 견해가 분분하다. 어떻든 권력분산형 대통령제가 개헌론의 중심에 서 있으니, 권력분산형 대통령제로 개명된 이원정부제의 장 · 단점을 요약해 볼 필요가 있다. 이원정부제의 이론을 처음 국내에 소개한 학자의 교과서에 따르면 그 장 · 단점은 다음과 같다. 이원정부제의 장점은 첫째, 평상시에는 의원내각제적으로 운영될 수 있기 때문에 입법부와 행정부의 대립에서 오는 마찰을 회피할 수 있으며, 둘째, 국가위기시에는 대통령이 직접 통치함으로써 신속하고도 안정된 국정처리를 가능하게 한다. 그에 반하여 이원정부제의 단점은 첫째, 대통령이 국가긴급권을 가지고 있으나 내각과 이에 대한 견제권이 약하기 때문에 독재화의 우려가 있고, 둘째, 대통령이 위기를 빙자하여 비상권한을 행사하는 경우 국민대표기관인 의회의 권한이 축소·제한되어 국민주권주의에 충실하지 못할 가능성이 있고 국민의 여론을 외면한 행정이 행해지기 쉽다.

많은 위대한 국가사상가들이 혼합된 정부형태를 최선이라고 생각해 왔다. 그리스의 플라톤 *Platon*, 로마의 치체로 *Cicero*, 중세의 토마스 아퀴나스 *Thomas von Aquin*, 근대초의 마키아벨리 *Machiavelli*가 그 대표적인 예이다. 그들이 그렇게 생각한 이유는 모든 정부형태는 단점이 있기 때문에 그 단점이 최악의 결과를 가져오는 것을 방지하기 위해서는 여러 정부형태를 혼합해야 한다는 것이다. 그러한 한에서 이름이야 어떻든 대통령제와 의원내각제를 결합시킨 제3의 정부형태는 바람직한 것일 수도 있다. 그러나 우리는 어떤 문제를 생각함에 있어서 최선의 경우와 최악의 경우를 동시에 생각하여야 한다. 달리 표현하자면 이원정부제 또는 권력분산형 대통령제의 장점만이 나타나는 최선의 경우와 양 제도의 단점만이 나타나는 최악의 경우를 생각하여 최악의 경우가 나타날 소지가 있다면 그것을 포기하는 것이 현명하다는 것이다. 이원정부제 또는 권력분산형 대통령제를 주장 또는 찬성하는 쪽에서는 최선의 경우를 강조할 것이고, 그를 반대하는 쪽에서는 최악의 경우를 강조할 것은 분명하다. 이 경우 찬성을 위한 찬성의 논거, 반대를 위한 반대의 논거가 아닌 과거의 경험에 기초한 논거가 판단의 근거가 되어야 할 것으로 생각된다. 이를 위해 이원정부제의 대표적인 경우로 분류되나 실패한 것으로 판단되는 바이마르헌법의 실제를 소개할 필요는 없을 것이다.

우리 헌정사에서 거의 전시기에 행해져 온 대통령제하에서도 우리는 이원정부제의 단점을 지나치다고 할 정도로 경험하였다. 우리 헌정사에서 국무총리제는 헌법제정시 원안이었던 의원내각제가 대통령제로 바뀌는 과정에서 도입되었다. 그 후 국무총리는 국회에서 선출되든 국회의 동의를 받든 국회의 참여하에 임명된다. 변형된 이원정부제인 셈이다. 그러나 국무총리의 국무위원 임명제청권이 실제로 기속력을 가지지 못하기 때문에 그 제도의 장점을 발휘하지 못하고 있다. 그런가 하면 김대중 정권하의 실제를 헌법학계의 일부에서는 이원정부제적으로 운용된 것으로 분류하기도 하는데, 이는 사실은 헌법을 무시한 정략적 약속의 마지못한 이행을 이론적으로 정당화하려는 억지시도로 판단해야 할 것이다.

그런가 하면 평상시에는 의원내각제적으로 운영되어 입법부와 행정부의 대립에서 오는 마찰을 회피할 수도 있다는 이원정부제의 장점이 기대와 같이 기능할지도 무척 의심스럽다. 국회가 여대야소일 경우 의회가 정부에 대하여 종속적일 것이라는 점은 우리의 경험이 증명하는 바이고, 국회가 여소야대로 구성되는 경우에는 (그러지 않기를 바라지만) 내각불신임사태와 국회해산사태가 반복되는 와중에서 안정적인 행정은 바랄 수조차 없을 뿐 아니라 심한 경우에는 국정의 공백사태마저 올 수 있는 소지가 있다. 그런가 하면 이원정부제는 집행권의 양두제(兩頭制) 때문에 대통령과 수상(국무총리) 사이에 갈등이 증폭될 소지가 있고, 그것은 결국 정치적 불안정을 초래할 수도 있고 그를 핑계로 대통령이 국가긴급권을 행사함으로써 대통령의 독재화의 길로 나아갈 우려도 있다. 그리고 우리는 제2공화국의 의원내각제하에서조차 대통령과 총리 사이의 갈등을 이미 경험한 바 있다.

학자는 자신의 생각을 현실로 실현하고자 하며, 정치인은 권력을 가지기를 원한다. 이원정부제를 주장하는 학자는 이원정부제를 현실로 만들고 싶을 것이고, 정치인은 어떻게든 권력에 다가갈 수 있는 확률이 큰 제도를 원할 것이다. 그러나 중요한 것은 어떤 학자나 일부 정치인의 바람이 실현되는 것이 아니라, 어떤 정부형태를 채택했을 경우 그것이 국민의 기본권실현에 도움이 되겠는가 하는 점이다. 이러한 점을 판단의 기준으로 삼았을 때 저자로서는 다음과 같은 점을 강조하고 싶다. 더 훌륭한 헌법을 위해서, 즉 국민의 기본권을 최대한 실현할 수 있는 제도적 장치를 위해서 언제 어디서든 헌법개정은 논의되어야 한다. 그리고 그러한 한에서 헌법개정에 대한 논의는 환영해야 할 일이다. 그러나 이원정부제를 권력분산형 대통령제라는 그럴 듯한 말로 포장하여 헌법개정의 취지를 왜곡하는 일은 없어야 할 것이다.

2011년 1월

홍 성 방

머 리 말

헌법은 정치적 선언이다. 헌법은 정치적 과거사에 대한 반성이자 현재와 미래에 대한 청사진이다. 우리의 헌법학은 우리 공동체가 직면하고 있는 여러 가지 문제들에 대한 해결책을 제시해야 한다. 그러기 위해서는 이미 과거가 되어버린(부분적으로는 현실성을 가지고 있기는 하지만 이미 과거에 해결된) 문제들에 대한 해결책으로 제시된 여러 가지 헌법관을 우리 헌법의 해석척도로 그대로 고집할 수는 없다. 달리 표현하자면, 우리의 현실은 여러 가지 헌법관이 성립되는 당시에는 알려져 있지도 않았던 문제들(특히 환경문제와 핵문제와 같은 인류의 사활이 걸린 문제들), 당시에도 알려져 있었지만 현재에는 과거와 다른 형태로 제기되는 문제들(이른바 선진국과 개발도상국 사이에서는 물론 한 국가 내에서도 부유층과 빈곤층 사이에서 발생하는 사회적 정의의 문제) 및 우리에게 특유한 과제들(남북분단의 평화적 해결, 예컨대 점점 늘어가는 다문화가정의 문제)에 대하여 설득력 있는 해결책을 제시할 수 있는 새로운 헌법관을 요구하고 있다.

새로운 헌법관은 이러한 문제와 과제의 해결을 통하여 이루려는 목적을 분명히 해야 한다. 헌법은 국가의 기본법이고 국가는 국민으로 이루어진다. 따라서 국민은 국가의 근간이다(民惟邦本). 국가는 국민 각 개인의 그리고 전체로서의 국민의 '인간의 존엄의 실현'이라는 국민의 공통된 바람을 실현해야 한다. 결국 헌법학은 단순한 조직법에 대한 설명도(법실증주의 헌법관), 적나라한 실력자의 결단을 정당화하는 것도(결단론적 헌법관) 또한 정치적 통합의 법에 대한 기술도(통합론적 헌법관) 아니고, 그렇다고 헌법조문의 해석방법론(이른바 대화이론과 규칙/원칙모델)에 한정된 것도 아니다. 결국 헌법학은 국가공동체 내에서 인간의 존엄을 확보하기 위한 기본법인 헌법에 대한 체계적인 서술이자 논증이라고 할 수 있다.

1989년 헌법재판소가 출범한 후 이제까지 거의 대부분의 헌법적 분쟁들이 유권해석을 통하여 설득력 있게 해결되었다. 그러나 헌법재판소 결정례 중에는 이해하기 힘든 것도 없지는 않다. 세계의 모든 헌법학 관련 서적들을 섭렵한 것은 아니지만 헌법개정의 대상은 성문헌법전의 조항이라는 것이 세계적인 통설인데 관습헌법도 헌법개정의 대상이라고 한 결정, 양심의 개념과 관련하여 협의의 윤리적 양심설과 광의의 사회적 양심설을 오락가락하고 있는 결정들, 청구인의 주장 요지에 대한 검토도 없이 결론을 내린 결정(일반사병 이라크파병 위헌확인 사건)들이 그 대표적 예라고 할 수 있다. 어떻든 헌법에 대한 최종유권해석기관인 헌법재판소의 결정례를 열거하는 것을 헌법학의 본분인 듯 착각하고 있는 책들도 없지 않다. 그렇게 하는 것에 국한되지는 않지만 주로 그렇게 하면서 한국적 헌법학을 운위하는 경우도 있다. 그러나 이로써 헌법학의 실존적 임무를 다한 것으로 볼 수는 없을 것이다.

헌법학도 이론인 이상 다음과 같은 질문으로부터 자유스러울 수는 없을 것으로 생각된다. 이론은 그 이론과 일치하지 않는 실현에 대하여 어느 정도까지 책임을 져야 하는가. 정신적인 것은 도대체 현실적인 사건에 대하여 책임질 수 있는가. 이에 대한 대답은 다음과 같은 것일 수밖에 없다고 생각한다. 현실적인 사건이 정신적인 것의 결과이고 그것이 예견된 것이었다면 책임을 져야 한다. 구름이 흘러갔다고 구름이 존재했던 사실까지 부정할 수는 없다. 법관뿐만 아니라 법학자도 법과 양심에 따라야 한다는 데에는 이론이 있을 수 없다.

따라서 당연한 일이지만, 이 책은 개념의 정확한 사용, 논리의 일관성, 문헌의 정확한 인용과 그리고 우리 실정헌법을 근거로 한 논증에 철저하려고 하였다. 그러다 보니 다른 헌법학 책들과는 달리 많은 각주를 적어놓을 수밖에 없었다. 그리고 경우에 따라서는 헌법의 개괄서로서는 반드시 필요한 것으로 생각되지도 않는 부분들에 대해서도 어느 정도의 양을 할애할 수밖에 없었다. 그러나 주장은 있되 논거가 없는, 또는 논증절차 없이 한두 사람의 대가를 인용하여 그것이 모든 것인 양 결론을 내리는, 그것도 아니면 일정한 원칙 없이 헌법에 관한 다수의 사실을 열거하는 것으로 할 일을 다했다고 치부하는 우리의 부분현실에 대한 반성은 있어야 한다는 것이 저자의 지론이다.

올해부터는 기존의 헌법학 책을 절판하고 박영사에서 책을 내기로 했다. 이 기회에 학생들의 편의를 위해 상, 중, 하 세 권으로 분권하기로 했다. 무거운 책을 들고 다니는 학생들이 안쓰럽기도 했고, 한 학기 동안 헌법 중 일 부분만을 공부하는데 헌법 전부에 대한 책이 필요하지도 않을 것이라는 판단에서이다. 참고로 상권은 헌법일반이론과 기본권일반이론, 중권은 개별기본권, 하권은 국가작용과 국가기관에 대한 것임을 밝혀둔다.

지난 11년 동안 책을 출판해 준 현암사 관계자들에게 이 기회에 고마움을 표한다. 또한 이 책의 발간을 선뜻 허락해주신 박영사의 안종만 회장님, 편집·출판과정에서 여러 가지로 도와주신 이구만 부장님과 나경선 과장님, 어느덧 커서 교정과 함께 조언까지 해준 유창이와 경선이 그리고 까다로운 성격의 저자를 불평 없이 내조해 왔으면서도 아직껏 고맙다는 말을 거의 들어본 적 없는 아내에게도 고맙다는 말을 해야 하겠다.

헌법학에 뜻을 둔 지 35년, 점점 '소년은 늙기 쉽고 학문은 이루기 어렵다'(少年易老學難成)라는 말이 가지는 의미를 실감하고 있다. 동학의 후배들에게 이 말의 뜻을 절감하게 되면 늦을 것이라는 말을 해주어도 될 나이가 되었다. 독자들이 읽어서 실망하지는 않을 책을 쓰는 것이 언제나 소박한 희망사항이었다. 그러나 그러한 바람이 이루어지기가 어렵다는 것도 잘 안다. 따라서 힘이 닿는 한 언제라도 부족한 부분에 대해서는 고치고 보완하기를 거듭할 생각이다.

2010. 2.

南海 知足 無望軒에서

洪 性 邦

차 례

第5編 國家作用과 國家機關

第1章 國家作用과 國家機關一般論

第2章 國 會

第 3 章　大統領과 行政府

第4章 法 院

第6編　經濟憲法

第1章　經濟憲法一般論

第 2 章 韓國憲法과 經濟秩序

상권 차례

중권 차례

參考文獻

◆國內文獻

계희열, 헌법학(상), 박영사, 2001
계희열, 헌법학(중), 박영사, 2000
권영성, 헌법학원론, 법문사, 2001
김철수, 헌법학개론, 박영사, 2001
문홍주, 한국헌법, 해암사, 1987
박일경, 신헌법, 일명사, 1977
한동섭, 헌법, 박영사, 1969
한태연, 헌법학, 법문사, 1976
허 영, 헌법이론과 헌법, 박영사, 1988
허 영, 한국헌법론, 박영사, 2001

◆外國文獻

Arndt, Hans-Wolfgang/Rudolf, Walter: Öffentliches Recht, 4. Aufl.(1983)

Badura, Peter: Staatsrecht. Systematische Erläuterung des Grundgesetzes für die Bundesrepublik Deutchland, 1986

Battis, Ulrich/Gusy, Christoph: Einführung in das Staatsrecht, 3. Aufl.(1991)

Haverkate, Görg: Verfassungslehre. Verfassung als Gegenseitigkeitsordnung, 1992

Heller, Hermann: Staatslehre, 1934(6. revidierte Aufl. 1983)

Hesse, Konrad: Grundzüge des Verfassungsrechts der Bundesrepublik Deutschland, 18. Aufl.(1991)

Jellinek, Georg: Allgemeine Staatslehre, 1921(3. Aufl.; 6. Neudruck 1959)

Katz, Alfred: Staatsrecht. Grundkurs im öffentlichen Recht, 12. Aufl.(1994)

Kelsen Hans: Allgemeine Staatslehre, 1925

Kriele, Martin: Einführung in die Staatslehre. Die geschichtlichen Legitimitätsgrundlagen des demokratischen Verfassungsstaates, 5. Aufl.(1994)

Lepa, Manfred: Der Inhalt der Grundrechte, 4. Aufl.(1981)

Löw, Konrad: Die Grundrechte, 2. Aufl.(1982)

Loewenstein, Karl: Verfassungslehre, 3. Aufl.(1975)

Maunz, Theodor/Zippelius, Reinhold: Deutsches Staatsrecht, 25. Aufl.(1983)

Münch, Ingo von: Grundbegriffe des Staatsrechts Ⅰ, 1979

Münch, Ingo von: Grundbegriffe des Staatsrechts Ⅱ, 1976

Pieroth, Bodo/Schlink, Bernhard: Grundrechte. Staatsrecht Ⅱ, 1985
Schmitt, Carl: Verfassungslehre, 1928(5. unveränderte Aufl. 1970)
Schramm, Theodor: Staatsrecht, Bd. Ⅰ, 3. Aufl.(1985)
Schramm, Theodor: Staatsrecht, Bd. Ⅱ, 3. Aufl.(1985)
Schunck, E./De Clerk, H.: Allgemeines Staatsrecht und Staatsrecht des Bundes und der Länder, 11. Aufl.(1983)
Smend, Rudolf: Verfassung und Verfassungsrecht, 1928
Stein, Ekkehart: Staatsrecht, 8. Aufl.(1982)
Stern, Klaus: Das Staatsrecht der Bundesrepublik Deutschland, Bd. Ⅰ, 2. Aufl. (1984)
Unruh, Georg-Christoph von: Grundkurs öffentliches Recht, 1976

第 5 編
國家作用과 國家機關

第 1 章　國家作用과 國家機關一般論

제 1 절　國家作用의 本質과 國家機關의 構成

1. 國家作用의 本質

(1) 國家作用의 本質과 憲法觀

1. 국가작용의 본질에 대한 이해는 헌법관에 따라 좌우된다

국가에 대한 이해가 헌법에 대한 이해를 좌우하고 헌법에 대한 이해가 기본권에 대한 이해를 좌우하듯이, 국가작용에 대한 이해는 국가관, 헌법관, 기본권관에 따라 다르다. 종래 국가작용이 무엇인가에 대해서는 크게 세 가지 견해가 대립되어 왔다.

1) 법실증주의 헌법관에서 본 국가작용의 본질

2. 법실증주의 헌법관에서 본 국가작용의 본질: 1) 법질서를 실현시키기 위한 법작용, 2) 자기목적적 작용, 3) 국가작용과 기본권의 무관성

법실증주의 헌법관을 대표하는 켈젠 *Hans Kelsen*은 국가와 법을 동일시하고[1] 법질서를 인간의 행동양식에 대한 강제질서로 보아, 이러한 강제질서를 실현시키는 것이 국가목적이라고 한다.[2] 따라서 켈젠에게 국가작용은 법질서를 실현시키기 위한 법작용에 지나지 않으며,[3] 그 기능은 '규범의 단계적 정립기능'(stufenweise fortschreitender Prozess der Normsetzung)인 동시에 '규범의 단계적 실현기능'(stufenweise fortschreitender Prozess der Realisierung von Normen),[4] 곧 법의 정립기능과 법의 실현기능에 지나지 않는다. 이렇게 켈젠은 국가작용을 자기목적적인 것으로 보기 때문에 국가질서, 곧 법질서 내에서 실정법질서에 의하여 제한받지 않는 주관적 권리나 자유라는 개념 자체가 성립될 수 없으며,[5] 국

1) H. Kelsen, *Allgemeine Staatslehre*, 1966(1. Aufl. 1925), S. 16f., 42, 76, 250(민준기 역, 일반국가학, 민음사, 1990).

2) H. Kelsen, *Reine Rechtslehre*, 1934, S. 127(변종필 · 최희수 역, 순수법학, 길안사, 1999).

3) H. Kelsen, (주 2), S. 44.

4) H. Kelsen, (주 2), S. 238.

5) H. Kelsen, (주 1), S. 154.

민의 기본권은 국가에 의한 은혜적인 것 또는 국가권력의 자제에 의한 반사적 이익으로서의 성격을 가지는 것으로 이해되며, 그 결과 국가작용과 국민의 기본권은 무관한 것으로 이해된다.

2) 결단론적 헌법관에서 본 국가작용의 본질

3. 결단론적 헌법관에서 본 국가작용의 본질: 1) 기본권실현과 민주적 정당성이 국가작용의 중요한 목적, 2) 기본권과 국가작용은 단절

정당성을 무시하고 합법성만을 강조하여 법률만능적 통치질서를 강조하는 켈젠과는 달리, 헌법을 실존하는 정치적 통일체의 종류와 형식에 관한 국민의 근본결단으로 보는 결단론적 헌법관의 창시자인 슈미트 *Carl Schmitt*는 인간의 전국가적 자유와 권리의 실현(시민적 법치국가의 본질적 측면)과[6] 국민에 의한 민주적 정당성(민주주의의 본질적 측면)을[7] 국가작용의 중요한 목적으로 생각한다. 그러나 슈미트는 법치국가원리를 자유를 보장하고 국가권력을 통제하기 위한 형식적이고 비정치적인 기교로 이해하기 때문에[8] 법치국가원리에 의해서 국가권력이 비로소 창설되는 것이 아니라, 법치국가는 선존하는 국가질서를 전제로 한다.[9] 곧 시민적 자유는 국가권력의 제한원리이지 그 창설원리로 작용하지는 못하며,[10] 그 결과 슈미트에게 있어서도 기본권과 국가작용은 단절된 것으로 이해될 수밖에 없다.

3) 통합론적 헌법관에서 본 국가작용의 본질

4. 통합론적 헌법관에서 본 국가작용의 본질: 국가작용은 기본권적 가치실현을 위한 헌법상의 기능적 메커니즘

통합론적 헌법관의 창시자인 스멘트 *Rudolf Smend*는 헌법을 국가의 법질서이자, 생활의 법질서, 곧 국가의 통합과정의 질서로 보고 그러한 한에서 국가와 헌법은 존재하는 것이라기보다는 오히려 과제로서 주어지는 것으로 본다. 따라서 스멘트에게 있어서 국가작용과 국가기관은 사회공동체를 정치적인 통일체로 구성하고 통합시키는 '통합구조'(Integrationssystem)일 수밖에 없고, 그 결과 국가기관과 국가기능은 통합기관과 통합기능으로 설명될 수밖에 없다.[11] 또한 스멘트는 헌법을 전체로서 이해할 것을 요구한다.[12] 곧 스멘트는 국가작용을 자

6) C. Schmitt, *Verfassungslehre*, 1970(1. Aufl. 1928), S. 125ff.(김기범 역, 헌법이론, 교문사, 1976).
7) C. Schmitt, (주 6), S. 223ff.
8) C. Schmitt, (주 6), S. 126, 131, 200, 236ff.
9) C. Schmitt, (주 6), S. 200.
10) C. Schmitt, (주 6), S. 200.
11) R. Smend, *Verfassung und Verfassungsrecht*, 1928, S. 241. 88ff., 96ff., 138ff., 149ff.(김승조 역, 국가와 헌법, 교육과학사, 1994).
12) R. Smend, (주 11), S. 78, 79.

기목적적인 작용이 아니라 기본권적 가치의 실현을 위해서 마련된 헌법상의 통합기능적인 메커니즘이며, 정치적 통합의 실질적인 원동력으로서의 기본권을 실현시키기 위한 하나의 기능구조로 이해한다.[13] 결국 스멘트에게 있어 기본권적 가치는 모든 국가작용의 가치기준이며 그 정당성근거를 의미하며,[14] 기본권적 가치를 무시한 국가작용은 그 정당성을 인정받을 수 없다.

(2) 憲法觀에 따른 國家作用의 本質에 대한 檢討

5. 헌법관에 따른 국가작용의 본질에 대한 검토

이상에서 살핀 국가작용의 본질 및 기능과 기본권과의 관계에 대한 헌법관의 차이에 따른 설명에 대해서는 자유민주주의적 헌법의 입장에서 다음과 같은 비판이 가능하다.

1) 켈젠의 국가작용의 이해에 대한 비판

6. 켈젠의 국가작용의 이해에 대한 비판

우선, 켈젠의 국가작용에 대한 이해는 국가를 자기목적으로 보고 국가작용을 자기목적적 기능으로 본다는 점, 국가작용의 일부에 불과한 법정립기능을 국가작용의 전부로 이해한다는 점, 국가작용의 민주적 정당성·절차적 정당성을 무시하고 있다는 점, 국가작용을 기본권과 무관한 자기목적으로 보았다는 점에서 문제가 있다고 할 것이다. 한 마디로 켈젠의 국가작용에 대한 이해는 목적(기본권실현)과 수단(국가작용)을 혼동하고 있다는 비판을 면할 수 없을 것이다.

2) 슈미트의 국가작용에 대한 이해의 공과

7. 슈미트의 국가작용에 대한 이해의 공과

다음으로, 슈미트의 국가작용에 대한 이해는 기본권의 실현을 국가작용의 중요한 목적으로 보았다는 점에서는 그 공적을 인정할 수 있다. 그러나 법치국가원리를 형식적으로 이해하여 기본권과 국가작용을 단절된 것으로 보았다는 점에서 문제가 있다고 생각한다.

3) 스멘트의 국가작용에 대한 이해의 검토

8. 스멘트의 국가작용에 대한 이해의 검토

끝으로, 스멘트의 국가작용에 대한 이해는 헌법의 통일성을 강조하여 기본권과 국가작용의 이념적·기능적 관련성을 분명히 해 주었다는 점에서 커다란 공적을 인정해야 할 것이다. 그러나 스멘트의 기본권 이해는 기본권의 의무성 및 책임성을 지나치게 부각시키고 있으며 기본권의 정치적 기능만을 강조한 나

---

13) R. Smend, (주 11), S. 45ff.

14) R. Smend, (주 11), S. 32ff., 107ff., 158ff.

머지[15] 기본권이 가지는 인권유래성 및 권리성에 대한 정당한 평가와 기본권이 가지는 다른 기능을 무시하였다는 지적을 할 수 있다. 더 나아가서 스멘트의 국가작용에 대한 이해는 헌법의 통일성을 강조하여 기본권과 국가작용의 이념적·기능적 관련성을 지적하고는 있지만 그 논리는 그다지 설득력을 가지고 있는 것으로 보이지 않는다. 곧 한 나라의 헌법질서는 사회공동체의 공통된 가치로서의 기본권실현을 통해서 사회공동체의 통합을 달성하기 위한 통합질서[16]라는 헌법에 대한 개념정의는 헌법의 목적(=사회공동체의 통합달성)과 수단(=기본권실현)을 전도하고 있는 것이 아닌가라는 생각이 든다. 오히려 전국가적 인권이 구체화된 기본권의 실현을 위해서(=목적) 사회적 통합(=수단)이 요구되는 것이 아닌가 생각된다. 기본권실현이라는 목적의 실현을 위해서 국가작용이 필요하며, 그러한 한에서 기본권과 국가작용이 이념적·기능적으로 관련성을 가지는 것으로 이해하는 것이 더욱 논리적 설득력을 가질 것이라는 이야기이다.

(3) 國家作用의 本質에 대한 私見

9. 국가작용의 본질에 대한 사견: 국가작용은 기본권실현의 수단이다

결국 헌법은 인간의 존엄을 실현하기 위하여 정치적 통일과 정의로운 경제질서를 형성하는 국가적 과제의 수행원리와 국가 내에서의 갈등을 극복할 절차 및 국가작용의 조직과 절차의 대강을 규정하는 국가의 법적 기본질서이며, 국가는 국민과 영토로 구성된 제가치의 질서이다.[17] 헌법은 인간의 존엄이라는 기본가치를 실현하기 위하여 여러 가지 기본권을 보장하고 있다. 기본권을 실현하기 위해서 국가는 활동하지 않으면 안 된다. 곧 일반적으로 통치작용으로 표현되는 국가작용은 기본권실현이라는 목적을 지향하지 않으면 안 된다. 국가작용을 담당하기 위하여 일반적으로 통치기관으로 표현되는 국가기관이 필요하며,[18] 국가기관은 기본권실현이라는 국가작용을 정의롭고 효율적으로 실현할 수 있도록 구성되지 않으면 안 된다. 따라서 국가기관에 의한 국가작용은 그 행사에 있어서 기본권적 한계를 가질 수밖에 없으며, 국가작용이 기본권적 가치를 침해할 때

15) 허영, 한국헌법론, 박영사, 2001, 597쪽.
16) R. Smend, (주 11), S. 84.
17) E. Fr. Sauer, *Staatsphilosophie*, 1965, S. 9 참조.
18) 일반적으로 통치작용(국가기능, 통치권력), 통치기관(통치기구), 통치기능이라는 용어가 사용되고 있다. 그러나 다음과 같은 두 가지 이유에서 이들 용어 대신에 국가작용, 국가기관, 국가기능 등의 용어가 바람직하지 않은가 생각된다. 첫째, 통치라는 용어는 고압적이고 권위주의적인 뉘앙스를 가지고 있다. 둘째, 특히 국가작용이라는 용어 대신 통치작용이라는 용어를 사용할 때 집행작용의 한 내포사항인 통치작용(이른바 통치행위 또는 정치문제)을 표현할 방법이 없거나 그와 혼동을 불러일으킬 염려가 있다.

그 정당성은 인정될 수 없다.

2. 國家作用一般

국가작용은 크게 입법작용과 집행작용 및 사법작용으로 나누어진다.

10. 국가작용의 분류

(1) 立法作用

1) 입법의 개념에 대한 학설

① 개 요

우리 헌법 제40조는 "입법권은 국회에 속한다"라고 규정하여 국회의 입법권을 규정하고 있다. 입법의 개념에 대하여는 실질설, 형식설, 절충설(양립설) 및 제 4 설이 대립되어 있다.

11. 입법의 개념에 대한 학설: 실질설, 형식설, 절충설, 제 4 설

② 실 질 설

가. 내 용

12. 입법의 개념에 대한 실질설의 입장

실질설은 입법을 국가기관이 일반적·추상적 성문법규범을 정립하는 작용이라고 한다. 실질설은 다시 법규범을 국민의 권리·의무에 관한 사항(법규)으로 이해하느냐(실질1설), 일반적인 법규범으로 이해하느냐(실질2설)[19]에 따라 견해가 양분된다.

나. 비 판

이러한 실질설에 대해서는 형식설의 입장에서 다음과 같은 비판이 제기되어 있다.[20]

첫째, 입법권을 실질적 의미로 이해하는 입장은 입헌주의 사상의 요청에 의하여 군주의 권한을 약화시켜 국민의 권리와 의무를 규정하는 법규를 국민의 대표자로써 구성된 의회의 의결을 반드시 거치도록 하는 데 의의가 있었다. 그러나 현대국가에서는 이미 국민의 자유와 권리가 헌법에서 보장되고 이에 대한 제한은 반드시 국회가 제정한 법률에 의해야만 한다는 원칙이 확립되어 있다(제37조 제 2 항 참조). 그러므로 제40조의 입법이 실질적 의미의 법률제정이라고 주장할 필요성은 거의 없어졌다.

둘째, 그뿐만 아니라 국민의 권리와 의무에 관한 사항의 대부분이 정부의

19) 권영성, 헌법학원론, 법문사, 2001, 741쪽.
20) 김철수, 헌법학개론, 박영사, 2001, 976쪽.

독립명령[21]으로 정립될 수 있는 체제(예컨대 제2차 세계대전 전의 일본 등)에서는 국회의 입법권을 이른바 실질적 의미의 법률의 정립으로 보는 것은 불가능하다.

셋째, 이 설에 의하면 국민의 권리·의무에 직접적 관계가 없는 헌법상 입법사항(예: 행정각부의 설치·조직과 직무범위)에 관한 법률제정은 입법권에 해당하지 아니하게 되며, 명령·규칙·처분을 규제하기 위하여 법률을 제정하는 것도 입법권에 해당되지 않으면 안 된다는 결론이 나온다.

③ 형 식 설

13. 입법에 대한 형식설의 입장

가. 내 용

형식설은 입법을 법률의 내용 여하를 불문하고 형식적 의미의 법률을 제정하는 작용이라고 한다.[22]

나. 비 판

형식설에 대해서는 실질설의 입장에서 다음과 같은 비판이 제기되어 있다.[23]

첫째, 오늘날 국가기능을 입법·집행·사법으로 3분할 경우, 형식적 의미의 법률제정작용을 제외한 그 밖의 입법작용은 존재할 여지가 없는 것이 된다. 바꾸어 말하면 헌법개정이나 명령·규칙·자치법규 등의 제정을 집행작용 또는 사법작용에 포함시키거나 어떠한 국가작용에도 속하지 아니하는 것으로 보아야 하는 모순에 빠진다.

둘째, 법률의 형식이 아니기만 하면 헌법에 그에 관한 근거가 있든 없든 집행부나 사법부도 자유로이 입법을 할 수 있는 것이 되어, 긴급명령·법규명령 등의 제정도 의회입법의 원칙에 모순되거나 그에 대한 예외가 아닌 것이 된다.

셋째, 행정입법은 행정기관에 의한 형식적 의미의 법률제정작용을, 사법입법은 사법기관에 의한 형식적 의미의 법률제정작업을 의미하는 것이 되어 이론적 혼란을 가져온다. 그러므로 입법작용 그 자체의 개념과 의회가 현실적으로 보유하고 행사하는 입법권의 개념은 구별되어야 한다.

④ 절 충 설

14. 입법의 개념에 대한 절충설의 입장

절충설(양립설)은 헌법상의 법률이라는 개념은 원칙적으로는 형식적 의미로 사용되나, 때로는 실질적 의미로 사용될 수도 있다고 한다. 곧 형식적 의미의 법률과 실질적 의미의 법률은 별개의 경로를 통하여 성립되는 것이기 때문에 양

21) 독립명령이란 집행명령, 위임명령과는 달리 법률의 근거 없이 행정부에 의해 제정된 명령을 말한다.
22) 김철수, (주 20), 976쪽.
23) 권영성, (주 19), 741·742쪽.

자는 법논리상의 모순개념도 아니고 반대개념도 아니라고 한다.

⑤ 제4설

15. 입법의 개념에 대한 제4설의 입장

제4설은 입법은 국가의 특정된 활동형식으로서 일반성, 추상성 및 국가공권력에 의한 가능성을 요소로 하는 국가의 의사표시인 법규범의 정립작용을 가리키며, 제정주체에 관한 한 중립적인 성질을 갖는다고 한다.

그러나 이 견해는 입법의 개념과 국회가 갖는 구체적인 입법권의 개념을 구별하면서 헌법 제40조를 국회중심입법의 원칙을 천명한 것이라고 한다. 그리고 국회가 갖는 입법기능의 의의와 성질을 두 가지로 요약한다. 첫째, 적어도 법률의 형식으로 이루어지는 법규범의 정립작용만은 그 내용이 무엇이든 반드시 국회가 하여야 한다. 둘째, 국민의 권리·의무의 형성에 관한 사항을 비롯해서 국가의 통치조직과 작용에 관한 기본적이고 본질적인 사항은 반드시 법률로 정하여야 한다.[24)]

2) 입법의 개념에 대한 사견

16. 입법의 개념에 대한 사견: 1) 국가기관이 일반적·추상적 법규범을 정립하는 작용, 2) 입법작용에서 말하는 입법과 국회입법권에서 말하는 입법은 동일한 것이다, 3) 행정입법·사법입법·자치입법은 국회입법에 대한 예외가 아니다, 4) 국민의 권리·의무에 대한 사항과 국가의 통치조직 및 통치작용에 관한 기본적이고 본질적인 사항은 국회입법에 유보되어 있다

결국 문제가 되는 것은 '입법권은 국회에 속한다'는 헌법 제40조의 규정에서 입법이 무엇을 의미하는가 하는 것이다. 여기에서 입법을 실질적 의미의 입법으로 이해하게 되면 행정입법, 사법입법, 자치입법은 국회입법에 대한 예외가 될 것이다. 그에 반해서 헌법 제40조의 입법을 형식설에 따라 이해하면 국회입법은 형식적 의미의 법률을 제정하는 작용이 되어 국회입법을 제외한 나머지 입법작용은 행정부, 사법부, 지방자치단체의 고유업무가 될 것이다.

입법의 개념은 '국가기관이 일반적·추상적 법규범을 정립하는 작용'으로 이해되는 것이 옳다(형식설과의 차이, 실질설·제4설과의 유사점). 그러나 그렇게 되면 '입법'작용에서 말하는 '입법'과 국회'입법'권에서 말하는 '입법'이 동일한 것을 의미하는가가 문제된다. 그러나 용어가 같은 이상 같은 것을 의미한다고 해석되어야 할 것이다(형식설·제4설과의 차이, 실질설과의 유사점). 그렇다면 행정입법·사법입법·자치입법은 국회입법에 대한 예외인가 하는 것이 문제된다. 그러나 행정입법·사법입법·자치입법은 국회입법에 대한 예외가 아니다. 다만 제정주체와 규율대상에서 차이가 있을 뿐이다(실질설과의 차이, 형식설·절충설·제4설과의 유사점). 따라서 중요한 것은 국회입법, 곧 법률로써 규정하지 않으면 안 되는 사항을 확정하는 것이다. 그리고 이 때 국민의 권리·의무에 대한 사항과 국가의 통치조직 및 통치작용에 관한 기본적이고 본질적인 사항은 국회입법, 곧

---

24) 허영, (주 15), 855·856쪽.

법률에 유보되어 있다고 보아야 한다(제 4 설과의 유사점).

헌법재판소도 "오늘날 법률유보원칙은 단순히 행정작용이 법률에 근거를 두기만 하면 충분한 것이 아니라, 국가공동체와 그 구성원에게 기본적이고도 중요한 의미를 갖는 영역, 특히 국민의 기본권실현과 관련된 영역에 있어서는 국민의 대표자인 입법자가 그 본질적 사항에 대해서 스스로 결정하여야 한다는 요구까지 내포하고 있다(의회유보원칙)"라고 하면서 텔레비전방송수신료의 결정은 국회가 스스로 행하여야 하는 사항에 속하는 것이라고 판단한 바 있다.[25]

(2) 執行作用

17. 집행작용의 개념: 통치행위+협의의 행정작용

집행작용은 통치행위와 협의의 행정작용을 포괄하는 개념이다.[26]

1) 통치행위

① 우리 헌법학에서 통치행위의 위치

18. 우리 헌법학에서 통치행위의 위치

우리 헌법학에서 통치행위는 주로 사법심사·재판과의 관련하에서 그 한계의 문제로만 논하여지고 있다.[27] 그러나 과연 통치행위를 사법심사·재판의 한계의 문제로만 논하는 것이 우리 헌법규정에 대한 적절한 이해인가에 대해서는 개인적으로는 의문이 있다. 왜냐하면 우리 헌법은 제66조에서 제85조에 걸쳐 대통령에 대한 규정을 두고 있고, 헌법교과서들도 대통령을 설명하는 데 많은 분량을 할애하고 있을 뿐만 아니라, 대통령이 행사하는 권한과 대통령의 권한행사가 가지는 의미는 매우 크며, 더 나아가서 그것을 단순히 집행작용 또는 집행권 또는 정부라는 부분의 일부로서만 이해하기는 어렵기 때문이다. 곧 대통령의 헌법상 지위와 권한에 비추어볼 때 이를 전래적인 행정작용과는 구별할 필요가 있다 하겠다. 따라서 통치행위의 범위를 한정하여 가능하면 통치행위를 사법적 통제의 대상에 포함시키도록 하여야 한다는 법치국가적 명제와는 별도로 통치행위는 국가작용일반론에서도 논의대상이 되어야 한다고 생각한다.[28]

---

25) 헌재 1999. 5. 27. 98헌바70 결정〈한국방송공사법 제35조 등에 대한 헌법소원심판(합헌, 헌법불합치)〉

26) 예컨대 K. Hesse, *Grundzüge des Verfassungsrechts der Bundesrepublik Deutschland*, 18. Aufl.(1991), S. 214-221(Rdnr. 530-546)는 독일기본법 제20조 제 2 항의 집행권에는 통치작용, 행정작용, 군사적 방어작용이 포함된다고 한다.

27) 김철수, (주 20), 1210-1213쪽; 권영성, (주 19), 788-796쪽; 허영, (주 15), 962-964쪽.

28) 통치행위의 개념·주체·특질·한계에 대한 설명은 주로 홍성방, 헌법상 통치행위의 법리에 관한 연구, 고려대학교석사학위논문(1976. 11.), 1-11쪽(특히 7-11쪽)의 내용이며, 참고문헌도 그 당시의 것을 그대로 사용하였다. 물론 벌써 오래된 논문의 내용을 거의 그대로 옮겨

② 통치행위의 개념

19. 통치행위의 개념적 징표: 1) 강한 정치성, 2) 사법심사대상에서 제외

통치행위란 실체법적으로는 국가의 최고정치기관의 행위로서 특히 정치성이 강한 행위를 말하며, 절차법적으로는 고도의 정치성을 가졌기 때문에 그 성질상 사법심사로부터 제외되는 행위를 말한다.[29)]

통치행위는 실정법에 의하여 인정된 것이 아니라, 여러 민주주의국가에서 통치를 위한 현실적 요구, 곧 합목적성과 현실적인 필요성과 관련하여 판례를 통하여 성립되었다.[30)]

무엇을 통치행위로 볼 것인가에 대하여는 견해가 일치되어 있지 않다. 그러나 외국국가나 정부의 승인, 선전과 강화, 조약의 비준과 동의 등 외교관계에 관련된 행위, 국무총리 등의 임명과 국회에 의한 동의 및 해임건의 등, 대통령의 비상조치 · 계엄선포 및 그 해제, 국가중요정책의 국민투표에의 부의, 사면권의 행사와 일반사면의 경우의 국회의 동의, 국군통수권의 행사, 영전의 수여, 헌

쓰는 것은 문제가 있다. 그러나 저자는 그 후에 통치행위와 관련하여 별다른 논문이 없었던 것으로 알고 있다.

29) 통치행위에 대한 이해는 학자에 따라 다르다. G. Jellinek, *Allgemeine Staatslehre*, 3. Aufl.(1959), S. 616ff.(김효전 역, 일반국가학, 법문사, 2005는 재래적 의미의 행정작용을 통치행위와 기계적인 행정작용으로 나누어 보고 후자가 법규에 기속되는 법률집행작용임에 반하여, 전자는 독자적인 주도권에 의해서 고차원적인 목적을 추구하는 '자유로운 활동'(freie Tätigkeit)이라고 하였다. 그에 반하여 O. Mayer, *Verwaltungsrecht*, 3. Aufl.(1924), S. 27는 행정작용과 통치행위가 그 성질상 결코 서로 용납될 수 없는 것이라고 보고, 통치행위를 입법 · 행정 · 사법과 병존하는 제 4 종의 국가작용이라고 보았다. 그런가 하면 R. Smend, Die politische Gewalt in verfassungsstaat und das Probleme der Staatsform(1923), in: *Staatsrechtliche Abhandlungen*, 2. Aufl.(1968), S. 68ff.(79ff.)는 통치행위를 본질적으로 집행권의 일부로 보면서, 통치행위란 집행권의 작용 중에서도 특히 정치적인 분야에 속하는 국가작용으로서 국가가 자신의 본질을 결정하고, 관철하는 작용이라 하였다. 스멘트에 따르면 통치행위를 행함에 있어서는 전체적인 안목이 중요시됨에 반하여, 행정작용에 있어서는 특수하고 구체적인 측면이 결정적인 요소가 된다고 한다. 이러한 통치행위에 대한 스멘트의 개념정의는 다른 학자들에게 영향을 미쳐 그 후 독일에서는 통치행위를 지도적이고 창설적인 전체와 국가의 동일성에 관한 국가작용이라고 설명하고 있다. 예컨대 U. Scheuner, Der Bereich der Regierung, in: *Festschrift f. R. Smend*, 1952, S. 253ff.(278)는 통치행위를 최고의 국가적 자결과 지배의 영역이라고 요약하고 있으며, F. Mayer, *Der Begriff der Regierung im Rechtsstaat*, 1948, S. 23은 통치행위를 법질서의 측면에서 고찰하면 하나의 '경계현상'(Grenzerscheinung)이라고 표현하고 있다.

30) 통치행위라는 개념은 일찍부터 행정재판제도가 발달한 프랑스에서 Consei d'Etat의 판례를 통하여 발달된 것으로 프랑스에서는 '통치행위'(acte de gouvernement), 영국에서는 '대권행위'(Prerogative) 또는 '국사행위'(act of state), 독일에서는 '재판에서 자유로운 고권행위'〔justizfreie(=rechtswegsfreie, gerichtsfreie, justizlose, nicht justiziable) Hoheitsakte〕 또는 '통치행위'(Regierungsakte), 미국에서는 '정치문제'(Political Questions)라는 명칭으로 불리고 있다.

법개정안의 제안, 법률안의 제안 및 거부권의 행사 등의 경우를 통치행위 내지 정치문제로 보아도 무방할 것이다.

판례: "대통령의 비상계엄의 선포나 확대행위는 고도의 정치적·군사적 성격을 지니고 있는 행위라 할 것이므로, 그것이 누구에게도 일견하여 헌법이나 법률에 위반되는 것으로서 명백하게 인정될 수 있는 등 특별한 사정이 있는 경우라면 몰라도, 그러하지 아니한 이상 그 계엄선포의 요건 구비 여부나 선포의 당·부당을 판단할 권한이 사법부에는 없다고 할 것이나, 이 사건과 같이 비상계엄의 선포나 확대가 국헌문란의 목적을 달성하기 위하여 행하여진 경우에는 법원은 그 자체가 범죄행위에 해당하는지의 여부에 관하여 심사할 수 있다고 할 것이고, 이 사건 비상계엄의 전국확대조치가 내란죄에 해당함은 앞서 본 바와 같다."(대법원 1997. 4. 17. 96도3376 판결)

판례: **〈이라크전쟁파견결정 등 위헌확인·이라크전쟁파견 동의안동의 위헌확인(각하)〉** "이 사건 파견결정은 그 성격상 국방 및 외교에 관련된 고도의 정치적 결단을 요하는 문제로서, 헌법과 법률이 정한 절차를 지켜 이루어진 것임이 명백한 이 사건에 있어서는, 대통령과 국회의 판단은 존중되어야 하고 우리 재판소가 사법적 기준만으로 이를 심판하는 것은 자제되어야 한다. 오랜 민주주의 전통을 가진 외국에서도 외교 및 국방에 관련된 것으로서 고도의 정치적 결단을 요하는 사안에 대하여는 줄곧 사법심사를 자제하고 있는 것도 바로 이러한 취지에서 나온 것이라 할 것이다. 이에 대하여는 설혹 사법적 심사의 회피로 자의적 결정이 방치될 수도 있다는 우려가 있을 수 있으나 그러한 대통령과 국회의 판단은 궁극적으로는 선거를 통해 국민에 의한 평가와 심판을 받게 될 것이다."(헌재 2003. 12. 18. 2003헌마255 등 병합결정 중 재판관 김영일, 권성, 주선회, 전효숙의 별개의견〉

판례: **〈일반사병 이라크파병 위헌확인(각하)〉** "이 사건과 같은 외국에의 국군의 파견결정은 파견군인의 생명과 신체의 안전뿐만 아니라 국제사회에서의 우리나라의 지위와 역할, 동맹국과의 관계, 국가안보문제 등 궁극적으로 국민 내지 국익에 영향을 미치는 복잡하고도 중요한 문제로서 국내 및 국제정치관계 등 제반상황을 고려하여 향후 우리나라의 바람직한 위치, 앞으로 나아가야 할 방향 등 미래를 예측하고 목표를 설정하는 등 고도의 정치적 결단이 요구되는 사안이다. 따라서 그와 같은 결정은 그 문제에 대해 정치적 책임을 질 수 있는 국민의 대의기관이 관계분야의 전문가들과 광범위하고 심도 있는 논의를 거쳐 신중히 결정하는 것이 바람직하며 우리 헌법도 그 권한을 국민으로부터 직접 선출되고 국민에게 직접 책임을 지는 대통령에게 부여하고 그 권한행사에 신중을 기하도록 하기 위해 국회로 하여금 파병에 대한 동의여부를 결정할 수 있도록 하고 있는바, 현행 헌법이 채택하고 있는 대의민주제 통치구조하에서 대의기관인 대통령과 국회의 그와 같은 고도의 정치적

결단은 가급적 존중되어야 한다."

"이 사건과 같은 파견결정이 헌법에 위반되는지의 여부, 즉 세계평화와 인류공영에 이바지하는 것인지 여부, 국가안보에 보탬이 됨으로써 궁극적으로는 국민과 국익에 이로운 것이 될 것인지 여부 및 이른바 이라크전쟁이 국제규범에 어긋나는 침략전쟁인지 여부 등에 대한 판단은 대의기관인 대통령과 국회의 몫이고, 성질상 한정된 자료만을 가지고 있는 우리 재판소가 판단하는 것은 바람직하지 않다고 할 것이며, 우리 재판소의 판단이 대통령과 국회의 그것보다 더 옳다거나 정확하다고 단정짓기 어려움은 물론 재판결과에 대하여 국민들의 신뢰를 확보하기도 어렵다고 하지 않을 수 없다."

"이 사건 파견결정은 그 성격상 국방 및 외교에 관련된 고도의 정치적 결단을 요하는 문제로서, 헌법과 법률이 정한 절차를 지켜 이루어진 것임이 명백하므로, 대통령과 국회의 판단은 존중되어야 하고 우리 재판소가 사법적 기준만으로 이를 심판하는 것은 자제되어야 한다."(헌재 2004. 4. 29. 2003헌마814 결정)

판례: 〈2007년 전시증원연습 등 위헌확인(각하)〉 "한미연합 군사훈련은 1978. 한미연합사령부의 창설 및 1979. 2. 15. 한미연합연습 양해각서의 체결 이후 연례적으로 실시되어 왔고, 특히 이 사건 연습은 대표적인 한미연합 군사훈련으로서, 피청구인이 2007. 3.경에 한 이 사건 연습결정이 새삼 국방에 관련되는 고도의 정치적 결단에 해당하여 사법심사를 자제하여야 하는 통치행위에 해당된다고 보기 어렵다."(헌재 2009. 5. 28. 2007헌마369 결정)

③ 통치행위의 주체

20. 통치행위의 주체: 집행권의 장인 대통령 또는 수상, 의회는 집행부에 대한 감독을 통해서 간접적으로만 집행부의 통치행위에 영향을 미친다

통치행위의 개념은 행정권을 중심으로 하여 발달하였다. 따라서 집행권의 장(長)인 대통령 또는 수상이 통치행위의 주체가 된다는 것은 분명한 사실이다. 통치행위의 주체로서 문제가 되는 것은 입법부와 사법부도 통치행위의 주체가 될 수 있느냐 하는 것이다.

우선, 입법부가 통치행위의 주체가 되는가 하는 문제를 논의하기 위해서는 입법부의 지위향상에 관한 역사적 고찰이 선행되어야 한다. 절대군주의 권력에 반대한 근대입헌주의운동은 그 정치적 목적을 군주의 권력을 제한하여 국민의 기본권을 보장하려는 곳에 두었다고 할 수 있다. 그런데 입헌주의운동의 결과는 군주의 권력을 제한한다는 당초의 목적을 초과달성하여 그 때까지 군주에게 속하였던 권력의 많은 부분이 의회로 넘어오게 되었다. 이러한 권력구조의 변화로 인하여 마침내 권력의 좌표가 군주에게서 의회로 옮겨지게 되었고, 그 결과 종래 군주에 의해서 통일적으로 행사되던 통치권이 군주와 의회에 의해서 분할행사되게 되었다. 이와 같은 역사적 사실로 인해 오늘날 행정부뿐 아니라 입법부

에도 통치행위의 주체성이 인정되게 되었다.[31] 의회가 행하는 통치행위에는 여러 가지가 있을 수 있으나,[32] 특히 국가의 주요정책이 법률의 형태로 나타날 때는 '법률의 형식에 의한 통치행위'(Regierungsakte in Gesetzesform)라는 개념을 사용할 수 있을 것이다. 그러나 개인적으로는 입법부는 통치행위를 스스로 행하는 면보다는 집행부에 대한 감독권을 통해서 집행부의 통치행위에 영향을 미치는 면이 더 클 것으로 생각한다.

다음으로, 사법부의 본래의 기능은 정치적인 형성행위와는 거리가 먼 법적용을 통하여 분쟁을 해결함으로써 법질서를 유지하는 데 있기 때문에, 정치적인 형성행위를 본질로 하는 통치행위의 주체가 될 수 없다고 생각한다. 그러나 주의해야 할 것은 사법부가 통치행위의 주체가 될 수 있느냐의 문제와 사법부가 통치행위를 심사할 수 있느냐의 문제는 구별하여야 한다. 이 두 문제는 결코 동일한 문제가 아니므로, 통치행위에 대한 사법적 통제의 문제는 다른 각도에서 고찰해야 한다. 다만, 사법부는 그 기능상 통치행위의 주제가 될 수 없다는 명제에서 사법부가 통치행위를 심사의 대상으로 할 수 없다는 결론을 이끌어내는 것은 가능할 것이다. 왜냐하면 사법부가 통치행위를 심사할 수 있다고 하는 경우에는 '사법부도 통치행위를 행하게 되는 것'(Gouvernement des juges)이라는 논리가 성립하게 될 것이기 때문이다.

④ 통치행위의 특질

21. 통치행위의 본질: 비규범적 정치작용

통치행위는 정치적인 형성작용인 것이 본질이기 때문에, 단순한 집행작용과는 상이한 특질을 가지고 있다. 곧 단순한 집행작용인 행정행위는 특수한 예외적인 경우를 제외하고는 무제한 재판의 대상이 됨에 반하여, 통치행위는 비규범적인 정치작용임을 그 본질로 한다. 이러한 통치행위의 본질로부터 통치행위의 특질을 추출할 수 있을 것이다.

22. 통치행위의 특질: 사법통제로부터의 자유

통치행위의 본질이 비규범적인 정치작용이라는 말은 결코 통치행위가 면책행위라는 것을 의미하는 것은 아니다. 그것은 다만 통치행위가 규범적인 판단의 대상에서 제외되는 행위라는 것을 의미할 뿐이다. 이렇게 보면 통치행위의 특질

---

31) 이에 대하여 통치행위는 법률문제와 정치문제의 혼성영역으로서 당연히 법률문제를 포함하고 있으나, 정치문제가 차지하는 비중이 더 크기 때문에 법률문제는 여기에 흡수되어 재판부재의 상태를 야기한다는 의미에서 통치행위에는 행정부의 행위뿐만 아니라, 의회의 행위를 포함한다는 견해가 있다. 이강국, 통치행위의 연구, 서울대학교 사법대학원 석사학위논문(1966), 8쪽; 신재현, 통치행위론, 고시계(1974. 8.), 14쪽.

32) 허영, 통치행위에 대한 법이론적 고찰, 새법정(1972. 9.), 10쪽은 국회가 행하는 통치행위의 대표적인 예로 국회예산안 기타 국가재정의 심의·확정행위, 국회의 조약체결에 대한 비준행위 등을 들고 있다.

은 사법통제로부터의 자유에 있다고 할 수 있다. 곧 통치행위는 어떤 조직된 단체에 나아갈 방향을 제시하고 조직단체를 이끄는 비규범적인 행위이므로, 통치행위에는 단순한 행정작용에서처럼 법치주의의 원리가 적용될 수는 없다. 이러한 통치행위의 특질을 옐리네크는 '자유로운 활동'이라고 표현하고 있다.[33] 그러나 그러한 경우에도 결코 무제한한 자유를 뜻한다고 볼 수는 없고, 다만 실정법으로부터의 자유를 의미하는 것으로 생각해야 할 것이다. 그러한 의미에서 통치행위도 헌법의 정신이나, 형평의 원칙 또는 사회정의에 위반할 정도로 비법행위(非法行爲)일 수는 없다. 따라서 통치행위의 특질로서 법치주의원리로부터의 자유를 드는 경우에도 그것은 '법률로부터의 자유'(Gesetzfreiheit)일 뿐, '법으로부터의 자유'(Rechtsfreiheit)를 뜻한다고 볼 수는 없다.[34]

⑤ 통치행위의 한계

가. 통치행위와 혁명행위의 구별

23. 통치행위와 혁명행위의 구별: 통치행위는 헌법의 테두리 내에서만 행하여진다

통치행위를 어느 범위에서 인정할 것인가는 나라와 시대에 따라 달라질 것이다. 그러나 여기에서 확실히 말할 수 있는 것은 나치독일이나 1차대전시의 일본의 실례가 보여주는 바와 같이 정치영역의 확대와 사법권의 약화 그리고 법치주의의 경시는 독재의 공통된 특징이라는 것이다.[35]

따라서 통치행위를 판례법적으로 또는 법이론적으로 인정하고 일정한 유형의 통치행위에 대해서는 사법통제를 배척하는 경우에도 통치행위에 대하여 일률적인 면책이 주장되는 일은 없다. 이 문제는 통치행위를 헌법상의 국가작용으로 볼 것인가 또는 초헌법상의 국가행위로 볼 것인가라는 문제와도 직결된다. 통치행위를 초헌법적인 것으로 보는 경우에는 그 한계성이 부인되겠지만, 통치행위를 통설에 따라 헌법적인 것으로 보는 경우에는 마땅히 그 한계가 밝혀지지 않으면 안 된다. 통치행위란 조직단체의 본질상 불가피한 것임에는 틀림이 없다. 그러나 통치행위는 어디까지나 그 단체의 조직원리 또는 이념에 입각해서만 행사될 수 있는 것이지, 나침반 없는 항해와 같은 것이 되어서는 안 된다. 이러한 의미에서 통치행위가 사실적인 요인에 의해서 좌우되는 것은 사실이지만, 그것은 동시에 헌법에 의해서 규범적으로 결정되는 것이라고 할 수 있다.

이처럼 통치행위를 비규범적인 행위라고 하는 경우에는 그 규범 속에 헌법규범이 포함되지 않은 것으로 해석해야 한다. 더욱이 국가라는 조직단체를 살펴

33) (주 29) 참조.
34) 허영, (주 32), 9쪽.
35) 윤세창, 행정법총론, 박영사, 1974, 35쪽; 구병삭, 통치행위와 사법심사, 월간고시(1975. 10.), 23쪽 참조.

볼 때, 통치행위의 주체가 되는 모든 헌법기관은 결국 헌법의 조직원리에 따라 비로소 통치행위의 주체로서 기능하는 것이기 때문에, 헌법을 떠나서는 그들의 통치행위주체성이 상실된다고 보아야 한다.

이런 의미에서 헌법상의 통치행위와 초헌법적인 혁명행위를 구별할 필요가 있다. 헌법상의 통치행위는 그 타당성근거가 국민주권사상에 입각한 정당성이론에 있지만, 초헌법적인 혁명행위는 사실상의 힘을 배경으로 하기 때문이다. 따라서 통치행위가 혁명행위가 아닌 통치행위로서 받아들여지기 위해서는 그것이 어디까지나 헌법의 테두리 안에서 이루어져야 하는 것이고, 헌법을 떠나서 통치행위를 인정할 수는 없는 것이다.[36]

나. 통치행위의 구체적 한계

24. 통치행위의 구체적 한계

이와 같이 볼 때, 통치행위를 인정함에는 다음과 같은 몇 가지 한계가 필요하다.[37] 첫째, 어떤 행위가 통치행위에 속하는가에 대한 판단은 법원의 권한에 속한다고 보아야 한다. 법원(헌법재판소)은 독립성을 가진 유권적 법해석기관이므로 그 권한으로서 모든 행위에 대한 사법심사여부를 판단하지 않으면 안 되는 까닭이다.

> **판례:** "입헌적 민주국가의 기본원칙은 어떠한 국가행위나 국가작용도 헌법과 법률에 근거하여 그 테두리 안에서 합헌적 합법적으로 행하여질 것을 요구하며, 이러한 합헌성과 합법성의 판단은 본질적으로 사법의 권능에 속하는 것이고, 다만 국가행위 중에는 고도의 정치성을 띤 것이 있고, 그러한 고도의 정치행위에 대하여 정치적 책임을 지지 않는 법원이 정치의 합목적성이나 정당성을 도외시한 채 합법성의 심사를 감행함으로써 정책결정이 좌우되는 일은 결코 바람직한 일이 아니며, 법원이 정치문제에 개입되어 그 중립성과 독립성을 침해당할 위험성도 부인할 수 없으므로, 고도의 정치성을 띤 국가행위에 대하여는 이른바 통치행위라 하여 법원 스스로 사법심사권의 행사를 억제하여 그 심사대상에서 제외하는 영역이 있으나, 이와 같이 통치행위의 개념을 인정한다고 하더라도 과도한 사법심사의 자제가 기본권을 보장하고 법치주의 이념을 구현하여야 할 법원의 책무를 태만히 하거나 포기하는 것이 되지 않도록 그 인정을 지극히 신중하게 하여야 하며, 그 판단은 오로지 사법부만에 의하여 이루어져야 한다."(대법원 2004. 3. 26. 2003도7878 판결)

둘째, 법원이 어떤 국가행위를 판례로써 통치행위로 확정함에 있어서는 여러 학설을 근거로 하여 통치행위의 효과성과 사법권의 독립에 필요한 최소한의 범위에서 이를 인정해야 할 것이다. 통치행위의 확대는 그만큼 법치주의의 희생

---

36) 허영, (주 32), 10쪽.
37) 윤세창, (주 35), 35쪽.

을 초래하는 것이기 때문이다.

셋째, 통치행위는 그것이 자유재량행위이므로 사법심사의 대상이 될 수 없다는 이른바 자유재량행위설은 무엇이 통치행위에 속하는가를 결정하는 데 하나의 이론적 근거가 될 수 있을 것이다. 따라서 통치행위는 원칙적으로 사법심사의 대상이 될 수 없지만, 자유재량의 한계를 넘는 행위는 '월권행위'(ultra vires)로서 사법심사의 대상이 되어야 할 것이다.

> **판례: 〈긴급재정경제명령 등 위헌확인(일부각하, 일부위헌)〉** "대통령의 긴급재정경제명령은 국가긴급권의 일종으로서 고도의 정치적 결단에 의하여 발동되는 행위이고 그 결단을 존중하여야 할 필요성이 있는 행위라는 의미에서 이른바 통치행위에 속한다고 할 수 있다. 그러나 통치행위를 포함하여 모든 국가작용은 국민의 기본적 가치를 실현하기 위한 수단이라는 한계를 반드시 지켜야 한다. 헌법재판소는 헌법의 수호와 국민의 기본권보장을 사명으로 하는 국가기관이므로 비록 고도의 정치적 결단에 의하여 행해지는 국가작용이라고 할지라도 그것이 국민의 기본권침해와 직접 관련되는 경우에는 당연히 헌법재판소의 심판대상이 된다."(헌재 1996. 2. 29. 93헌마186 결정)

2) 행정작용

① 형식적 행정개념과 실질적 행정개념

25. 형식적 행정개념과 실질적 행정개념

행정을 무엇으로 이해할 것인가와 관련하여 크게 형식적 행정개념과 실질적 행정개념이 대립되어 있다. 형식적 행정개념은 행정을 행정부의 권한에 속하는 작용으로 이해한다. 실질적 행정개념은 행정을 그 작용의 성질에 착안하여 파악하려 한다.

26. 행정은 실질적으로 이해하여야 한다

그러나 형식적 행정개념에 따르면 정부가 행정권 이외에 행사하고 있는 입법작용(예컨대 헌법 제75조의 대통령령제정, 제95조의 총리령·부령의 제정)이나 사법작용(예컨대 헌법 제107조 제 3 항의 행정심판)을 행정으로 이해하게 되는 모순을 드러내게 된다. 따라서 행정은 실질적으로 이해하는 것이 합리적이다.

② 행정의 개념

가. 행정의 개념정의에 대한 학설

27. 행정의 개념정의에 대한 학설: 공제설, 국가목적실현설, 기관태양설, 사회형성활동설

행정의 개념정의와 관련하여 공제설, 국가목적실현설, 기관태양설, 사회형성활동설 등 견해가 대립되어 있다.[38)]

38) 김철수, (주 20), 1120·1121쪽은 행정의 개념정의에 대한 학설을 실질설(적극설, 소극설), 형식설, 양립설로 나누고 있고, 권영성, (주 19), 761·762쪽은 형식적 의미의 행정개념과 실질적 의미의 행정개념으로 나누고 있다.

공제설은 권력분립의 역사적 배경을 근거로 하체크 *J. Hatschek,* 옐리네크 *W. Jellinek* 등이 주장하였다. 하체크에 따르면 "행정은 사법과 입법을 제외한 일체의 작용"을 말한다고 한다. 그러나 이 학설에 대해서는 그 명칭이 소극설이라고 불리어지고 있듯이 이 학설은 행정을 정면에서 정의하는 것을 포기하고 있다는 점에서 국가작용의 현실적·적극적 측면을 완전히 파악하지 못했다는 비판이 행해지고 있다.

국가목적실현설은 마이어 *O. Mayer,* 마이어 *G. Meyer* 등에 의하여 주장된 것으로, 오토 마이어는 행정을 "국가가 그 목적을 실현하기 위하여 법질서 밑에서 행하는 사법 이외의 작용"으로 이해한다. 그러나 이 견해에서는 국가목적이나 공익이라는 불확정개념을 획일적으로 정의하는 문제가 남아 있다. 더 나아가서 입법이나 사법도 국가목적이나 공익을 대상으로 하고 있기 때문에, 국가목적이나 공익을 행정의 특징으로 삼는 것은 충분치 않다는 비판이 있다.

켈젠, 메르클 *Merkl,* 안토니올리 *Antonioli* 등에 의하여 주장되는 기관태양설은 행정을 실질적 측면에서 정의하지는 않고 국가기관의 태양을 기준으로 정의하고자 하는 견해로, 그 근거는 법단계설이다. 이에 따르면 우선 입법작용을 최고법규인 헌법의 제 1 차적 집행작용으로 보고, 사법은 입법하에서 독립된 국가기관으로서의 법관의 법집행작용으로, 행정은 지시에 구속적인 행정청에 의한 법집행작용으로 해석한다.

사회형성활동설은 포르스트호프 *E. Forsthoff*가 주장하였다. 포르스트호프는 행정의 특징은 본질적으로 국가목적의 수행을 위하여 행해지는 국가의 행위로서 명확하게 된다고 하고, "행정은 활동이며, 미래지향적인 계속적 형성행위이다"라고 한다.

이러한 여러 학설 중 국내에서는 사회형성활동설이 지배적인 견해이다.

나. 행정의 개념에 대한 사견

28. 행정의 개념에 대한 사견: 국가작용 가운데서 입법작용과 사법작용을 제외한 작용으로 법 밑에서 행해지는 사회형성활동

오늘날 행정은 복잡·다양한 많은 사항을 다루고 있으므로, 행정을 소극설, 적극설의 어느 하나만으로 남김없이 정의할 수는 없다고 생각한다. 곧 양자(공제설과 사회형성활동설)를 종합하는 것이 필요하다고 생각한다. 따라서 행정은 국가작용 가운데서 입법작용과 사법작용을 제외한 작용으로 법 밑에서 행해지는 사회형성활동이라고 보아야 할 것이다.[39]

---

39) 김철수, (주 20), 1121쪽은 "행정권이라고 할 때 이를 엄격하게 형식적 또는 실질적인 의미 중 어느 한 의미로만 일률적으로 규정하지 않고, 경우에 따라 형식적 의미의 행정권과 실질적 의미의 행정권으로 각각 구분해서 고찰하는 것이 정당하지 않을까 한다"고 하여

이러한 개념정의에 따라 행정작용의 개념적 징표를 다음과 같이 여섯 가지로 정리할 수 있을 것이다. 첫째, 행정은 국가작용 가운데서 입법작용과 사법작용을 제외한 작용이다. 둘째, 행정은 사회형성적 국가작용이다. 셋째, 행정은 공공복리 내지 공익의 실현을 목적으로 하는 국가작용이다. 넷째, 행정은 적극적이고 미래지향적인 국가작용이다. 다섯째, 행정은 개별적 사안에 대하여 구체적 조치를 취하는 국가작용이다. 여섯째, 행정은 법규적 통제를 받으면서도 폭넓은 자유활동영역이 인정되는 국가작용이다.[40]

29. 행정작용의 개념적 징표

(3) 司法作用

1) 사법의 본질에 대한 학설

① 일반적 학설

사법의 본질과 관련해서는 성질설, 기관설(기능설), 형식설 등 견해가 나누

30. 사법의 본질에 대한 일반적 학설: 성질설, 기관설: 기능설, 형식설

그의 분류에 따르면 양립설의 입장을 택하고 있다. 따라서 그는 "그러나 그렇다고 하더라도 헌법 제66조 제4항의 행정권은 이를 형식적 의미로 보는 것이 타당할 것이며, 따라서 이 의미에서의 행정권은 형식적 의미의 집행권을 의미한다고 하겠으며 대통령을 수반으로 하는 정부에 속하는 기관에 의하여 행하여지는 작용이라고 보아야 할 것이요, 광의의 행정권을 말한다"고 하여 형식적 의미에서 행정권을 이해 하고 있다. 그런가 하면 다른 곳에서는(1122쪽) "행정권의 본질 또는 특색을 이해하기 위해서는 형식적 의미로 행정권을 파악해서는 어려울 것이고, 실질적 의미에서 파악해야 할 것이다. 앞서 밝힌 대로 행정을 실질적으로 그리고 적극적으로 개념짓는 경우에 여러 가지 정의가 있을 수 있는바, 행정이란 '법 아래에서 현실적으로 국가목적의 적극적 실현을 목적으로 행하여지는 전체로서 통일성을 갖는 계속적인 형성적 국가활동'이라고 정의할 수도 있다"고 하여 실질설(사회형성활동설)의 입장을 취하고 있다. 이러한 설명은 양립설을 취하는 결과에서 오는 논리적 필연이라 하더라도 문제가 있다. 곧 형식설에 따라 행정을 개념정의하는 경우 집행권을 협의의 행정권과 협의의 통치권으로 나누면서도(1118쪽), 결론적으로는 협의의 행정권(곧 행정작용)과 협의의 통치권(곧 통치행위)을 구별하지 않는 결과에 이르게 된다. 그런가 하면 일단 형식설 을 취했다면 일관되게 형식설의 입장을 취해야지 행정권의 본질 또는 특색을 이해하 기 위해서는 행정을 실질적으로 이해하여야 한다는 주장은 개념정의라는 것이 본질 또는 특색에 대한 짧은 설명이라는 개념정의의 뜻을 오해한 소치라고 생각된다. 곧 양립설은 학설로서 성립될 여지가 없다 할 것이다. 권영성, (주 19), 763쪽은 사회형성활동설을 양태설이라고 부르면서 사회형성활동설의 입장을 취하고 있다. 그에 반하여 허영, (주 15)은 행정의 개념에 대하여 아무런 언급을 하고 있지 않기 때문에 행정작용을 어떻게 이해하는지 정확히 알 수 없으나, 대통령을 수반으로 하는 정부 또는 입법·집행·사법권의 구분과 분담(829쪽)이라는 표현을 쓰고 있는 것으로 보아 통치행위와 행정작용을 구분하지 않고 이를 하나로 이해하는 것만은 분명하다. 통치행위와 행정작용은 집행작용이라는 커다란 개념 아래 포함되는 것은 사실이지만, 앞에서도 보았듯이 양자는 구별되는 것이므로 이에 대한 개념정의는 하고 넘어가는 것이 논리적으로 순서에 맞을 것이라 생각한다.

40) 이러한 행정작용의 개념징표는 첫 번째의 것을 제외하고는 김남진, 행정법 I, 법문사, 1993, 37-40쪽의 입장을 따른 것이다.

어져 있다.[41]

성질설은 사법을 구체적인 법적 분쟁이 발생한 경우에, 당사자로부터 쟁송의 제기를 기다려, 독립된 지위를 가진 기관이 제3자적 입장에서 무엇이 법인가를 판단하고 선언함으로써, 법질서를 유지하는 작용이라고 한다.

기관설(기능설)은 메르클 *Merkl*의 주장으로 사법을 독립적 지위 및 병렬적 지위를 가진 기관복합체인 법원이 소송절차에 따라 행하는 작용으로 개념정의한다.

그 밖에도 사법을 형식적으로 파악하여 성질·내용을 불문하고 법원의 관할에 속하는 사항으로 이해하는 입장도 있다. 이러한 형식설에 따르면 사법행정권이나 규칙제정권도 사법 속에 포함되게 된다.

② 국내학설

31. 사법의 본질에 대한 국내학설

국내에서는 사법의 본질에 대하여 "사법권은 법원에 속한다고 할 때의 사법권은 형식적 의미로 보고, 법원의 권한으로서의 사법권의 범위와 한계를 논할 때에는 실질적 의미로 한정할 수밖에 없을 것"이라고 하여 이른바 양립설의 입장을 취하는 견해(제1설),[42] 성질설의 입장에 서 있는 견해(제2설),[43] "사법기능이란 구체적인 쟁송을 전제로 해서 신분이 독립한 법관의 재판을 통해 법을 선언함으로써 법질서의 유지와 법적 평화에 기여하는 비정치적인 법인식기능을 말한다"고 하여 기본적으로는 성질설의 입장에 서 있으면서도 정치적인 사법작용만은 사법작용에서 제외시키는 견해(제3설)[44] 등이 대립되어 있다.

헌법재판소는 사법의 본질은 법 또는 권리에 관한 다툼이 있거나 법이 침해된 경우에 독립적인 법원이 원칙적으로 직접 조사한 증거를 통한 객관적 사실인정을 바탕으로 법을 해석·적용하여 유권적인 판단을 내리는 작용이라고 한다.[45]

---

41) 김철수, (주 20), 1200쪽은 실질설, 형식설, 양립설로 나누고 있고, 권영성, (주 19), 777쪽은 이를 실질적 의미의 사법(성질설과 기관설)과 형식적 의미의 사법으로 나누고 있다.

42) 김철수, (주 20), 1201쪽. 이 견해의 주장자는 그 주장의 근거를 "현행헌법하에서는 예외법원이 금지되고, 사법권이 법원에게 있는 이상 사법권을 실질적 의미의 사법으로 국한할 필요는 없을 것 같다. 왜냐하면 실질적 의미의 사법관념을 고집하는 경우에는 비송사건이나 위헌심판제청사건 등의 사법성을 부인하게 될 가능성이 많기 때문이다. 또 한편 법원에 속하는 권한을 모두 사법이라고 하는 형식설에도 완전히 가담할 수 없다. 왜냐하면 대법원의 사법행정권이나 규칙제정권 등은 실질적 의미에서의 법원행정이거나 실질적 의미에 있어서의 법원입법이기에 이를 사법의 개념에 포함하기는 어려우리라 생각되기 때문"(1201쪽)이라고 한다.

43) 권영성, (주 19), 777쪽.

44) 허영, (주 15), 953·954쪽.

45) 헌재 1996. 1. 25. 95헌가5 결정〈반국가행위자의처벌에관한특별조치법 제2조 제1항 제2

2) 학설에 대한 검토 및 사견

① 학설에 대한 검토

32. 사법의 본질과 관련된 학설에 대한 검토

우선, 제 1 설은 개념사용에 있어서 일관성이 결여되어 있기 때문에 따를 수 없다.

다음으로, 제 3 설은 "사법기능은 국가의 통치기능 중에서도 합법성이 가장 중요시되는 기능으로서 일체의 정치적인 고려나 합목적성의 판단으로부터 해방되어야 하는 정치적인 무풍지대의 국가작용"이기 때문에,[46] 정치적인 사법작용은 사법작용이 아니라고 한다. 이 견해의 주장자는 정치적인 사법작용이라는 용어가 무엇을 의미하는지를 명확하게 밝히고 있지는 않다. 그러나 이 견해의 주장자가 헌법재판의 특성의 하나로서 정치형성재판으로서의 특성을 들고 있고,[47] 헌법재판의 법적 성격을 제 4 의 국가작용으로 이해하고 있는[48] 점으로 보아, 이 견해의 주장자는 정치적인 사법작용이라는 용어로써 헌법재판을 말하는 것으로 이해된다.

그러나 이 견해에 대해서는 다음과 같은 몇 가지 점에서 의문을 제기할 수 있다고 생각한다. 첫째, 앞에서도 보았듯이 고도의 정치성을 가지는 통치행위에 대해서도 그것이 통치행위인가의 여부에 대한 판단은 사법에 맡겨져야 한다면, 헌법재판이 정치성을 띠었다 하여 이를 사법의 범위에서 제외시킬 이유가 없다. 둘째, 헌법재판은 그 대상이 정치적인 것일 뿐 나머지 것은 모두 사법의 본질을 그대로 가지고 있다. 셋째, 이 견해의 주장자는 "사법권은 법관으로 구성된 법원에 속한다"(헌법 제101조 제 1 항)라는 말은 적어도 (정치적인 사법작용을 제외한) 고유한 사법기능만은 법관으로 구성된 독립된 법원이 맡아야 한다는 뜻이라고 하면서, 이 헌법규정은 법원 이외의 국가기관이 헌법에 따라 예외적으로 사법유사의 기능을 맡게 되는 것을 금지하는 내용도 아니라고 한다.[49] 그러나 현행헌법상 자격과 임기와 독립성과 신분보장의 측면에서 법원을 구성하는 법관과 헌법재판소를 구성하는 헌법재판소의 재판관은 동일하기 때문에 헌법재판소의 기능을 법원 이외의 국가기관이 헌법에 따라 예외적으로 사법유사의 기능을 맡은 것이라고 할 수는 없을 것이다. 곧 사법기능은 고유한 기능과 사법유사의 기능

호 등 위헌제청(위헌)〉.

46) 허영, (주 15), 953쪽.

47) 허영, (주 15), 786쪽.

48) 허영, (주 15), 790쪽.

49) 허영, (주 15), 954쪽.

으로 양분되는 것이 아니라 고유한 기능과 첨가된 기능이 있는 것이며, 첨가된 기능을 사법의 기능에서 제외시켜 그것을 사법작용의 범위에서 제외시킬 수는 없다 할 것이다. 이는 자유권적 기본권이 원래의 기본권이고 여타의 기본권들이 후에 기본권목록에 첨가되었다 하여 그를 기본권과 유사한 권리로 치부할 수 없는 것과 마찬가지 이유라고 생각한다. 우리 헌법은 헌법재판의 대상이 정치적인 색채를 띠기 때문에, 그 특성을 감안하여 법원이 아닌 헌법재판소에 맡긴 것뿐이라고 생각한다. 더 나아가서 현행헌법과 달리 헌법재판을 헌법재판소가 아닌 법원의 권한사항으로 하는 경우를 가정할 때, 그러한 경우에도 이 견해의 주장자는 헌법재판을 사법유사의 기능이라고 하여 사법작용에서 제외시킬지 의심스럽다 하지 않을 수 없다.

② 사 견

33. 사법의 본질에 대한 사견: 법적 분쟁이 발생하는 경우 분쟁당사자 중 일방 당사자의 청구에 따라 독립된 지위를 가진 기관이 제3자적 입장에서 무엇이 법인가를 판단하고 선언함으로써 법을 유지하는 국가작용

따라서 사법작용이란 법적 분쟁이 발생하는 경우 분쟁당사자 중 일방 당사자의 청구에 따라 독립된 지위를 가진 기관이 제3자적 입장에서 무엇이 법인가를 판단하고 선언함으로써 법을 유지하는 국가작용이라 할 수 있다.

3. 國家機關一般

(1) 國家機關의 槪念

34. 국가기관의 개념: 국가작용을 담당하는 기관

우리 헌법 제1조 제2항은 국민주권의 원리를 선언하고 있다. 그러나 이 국민은 추상적 통일체이기 때문에 이들의 의사를 현실에서 실현하기 위해서는 제도적 장치가 필요하며, 그것을 우리는 국가기관으로 부르고 있다. 달리 표현한다면 국가기관(통치기구)은 국가작용을 담당하는 기관을 말한다. 앞에서 국가작용을 입법작용, 집행작용, 사법작용으로 나누었다. 현행 헌법상 국가기관으로는 입법작용을 담당하는 국회, 집행작용을 담당하는 정부, 사법작용을 담당하는 법원과 헌법재판소가 있다.

(2) 國民의 國家機關性 與否

1) 학 설

35. 국민의 국가기관성 여부에 대한 학설

국민의 국가기관성 여부에 대해서는 긍정하는 견해와 부정하는 견해가 나누어져 있다.

국민의 국가기관성을 긍정하는 견해는 국가기관을 국가권력을 행사하는 기

관이라고 정의하고[50] 이념적 통일체로서의 국민을 상정한 후, 이를 주권자로서의 국민과 주권행사기관으로서의 국민으로 나누고, 후자를 국가기관으로서의 국민이라고 한다. 곧 이 견해에 따르면 주권행사기관으로서의 국민은 국민투표기관으로서 국가중요정책을 국민투표로 결정하며, 선거기관으로서 대표기관의 선출을 담당한다고 한다.[51]

이에 대하여 국민의 국가기관성을 부정하는 견해는 국민의 국가기관성을 인정하는 견해를 "동일성이론에 따라 국민주권과 민주주의이념을 자기통치형태로 이해한 나머지 국민전체를 하나의 통치기관 내지 국가기관으로 의제하려는 결단주의적 논리"에 기초한 것이라고 하고, 이러한 견해는 자유민주적 통치질서가 필요로 하는 통치를 위한 기관의 본질을 오해하고 있다고 한다. 이 견해는 국민의 국가기관성을 부정하는 근거로서 ① 국민주권은 국가권력의 정당성을 강조하는 논리이며, ② 국민은 전체로서 하나의 국가의 기관을 구성하여 하나의 통일된 행동을 할 수 없으며, ③ 통일된 전체로서 국민의 통일된 정치의사란 정치현실과는 거리가 있으며, ④ 국민이 직접 하나의 기관으로서 국정에 관여하는 것은 하나의 환상에 지나지 않는다는 것을 든다.[52] 따라서 이 견해에 따르면 국민은 헌법제정권력의 주체이며, 국가권력의 원천 및 정당성의 근거이지 국가기관 자체일 수는 없다고 한다.[53]

2) 사 견

36. 국민의 국가기관성 여부에 대한 사견: 국가기관일 수 없다

국민은 국가의 구성요소이며, 주권자 · 기본권주체 · 피치자로서의 지위를 가진다. 그리고 이념적 통일체인 국민이 최고의 독립성을 가지고 국가의사를 불가분적으로 결정해야 한다는 주장은 하나의 의제이며 허구에 지나지 않는다. 오늘날에는 국민주권은 과거와는 다른 의미, 곧 자주적 국가질서의 기본적인 전제를 형성하는 것으로 이해되기 때문에, 국민주권은 국가질서의 정당성에 대한 근거 내지 기준으로 작용하며 국가질서가 지향해야 할 바를 제시한다. 따라서 국민주권원리는 소극적으로는 어떠한 형태의 군주국도, 전체주의적 또는 독재적 국가형태도 부정되어야 함을 뜻하며, 적극적으로는 대한민국의 국가적 질서가 자유국가적 · 국민국가적 질서라야 한다는 것을 뜻할 뿐만 아니라 또한 우리나라의

50) 김철수, (주 20), 903쪽.
51) 김철수, (주 20), 908-912쪽.
52) 허영, (주 15), 618 · 619쪽.
53) 허영, (주 16), 619쪽.

국가권력의 정당성이 국민에게만 있고, 모든 국가권력의 행사를 최후적으로 국민의 의사에 귀착시킬 수 있다는 뜻이지, 국민이 직접 국가권력을 행사한다거나 직접 국가작용을 담당하다는 뜻이 아니다. 따라서 국민은 국가기관을 구성할 수는 있어도 국가기관 자체일 수는 없다.

4. 國家機關의 構成原理

(1) 學　說

37. 국가기관의 구성원리에 대한 학설

국가작용이 주권자인 국민의 기본권을 실현한다는 목적을 지향해야만 한다면, 국가기관은 기본권실현이라는 국가작용을 정의롭고 효율적으로 실현할 수 있도록 구성되지 않으면 안 된다.

구체적으로 무엇을 국가기관의 구성원리로 볼 것인가에 대해서는 견해의 대립이 있다. 제 1 설은 통치구조의 조직원리라는 제목하에 국민대표주의, 권력분립주의, 정부형태, 국가기관을 들고 있고,[54] 제 2 설은 통치구조의 구성원리라는 표제하에 국민주권의 원리, 대의제의 원리, 권력분립의 원리, 법치주의의 원리, 책임정치의 원리를 들고 있으며,[55] 제 3 설은 통치를 위한 기관의 구성원리라는 명칭하에 대의제도, 권력분립의 원칙, 정부형태, 선거제도, 공직제도, 지방자치제도, 헌법재판제도를 들고 있다.[56]

(2) 學說에 대한 檢討

38. 국가기관의 구성원리와 관련된 학설의 검토

그러나 이러한 견해들은 몇 가지 점에서 문제가 있다. 우선, 제 1 설과 제 2 설이 사용하고 있는 통치구조라는 용어는 저자의 용어사용에 따르면 국가작용과 국가기관을 포함하는 개념이다. 그러한 한에서 제 1 설이 통치구조의 조직원리로서 국가기관을 들고 있는 것은 문제가 있다. 왜냐하면 이는 통치구조의 조직원리 중에는 통치구조의 일부가 속한다는 이야기가 되기 때문이다.

다음으로, 제 2 설에 대해서는 제 2 설이 통치구조의 구성원리로서 들고 있는 국민주권의 원리는 앞에서도 보았듯이 국가질서의 정당성에 대한 근거 내지 기준으로 작용하며 국가질서가 지향해야 할 바를 제시한다는 점에서 통치구조를 구성하는 원리라기보다는 통치구조가 지향하여야 할 이념으로 보아야 할 것이라

54) 김철수, (주 20), 863쪽 이하.
55) 권영성, (주 19), 677쪽 이하.
56) 허영, (주 15), 618쪽 이하.

는 지적을 할 수 있다.

셋째로, 제3설이 통치를 위한 기관의 구성원리로 들고 있는 선거제도와 헌법재판제도도 국가기관의 구성원리로서는 문제가 있다고 생각한다. 왜냐하면 제3설이 통치를 위한 기관의 구성원리로서 대의제도를 들고 있지 않다면 모르겠으나, 대의제도를 들고 있다면 선거제도를 대의제도와는 독립된 국가기관의 구성원리로 보기보다는 대의제도를 현실화시키기 위한 수단 또는 그 한 부분으로 분류하는 것이 바람직하지 않은가라는 생각이 든다. 또한 제3설이 들고 있는 헌법재판제도와 관련해서도 제3설의 주장자 스스로가 헌법재판을 제4의 국가작용으로 부르고 있듯이[57] 헌법재판은 국가작용의 한 부분이기 때문에 국가작용을 담당하는 국가기관의 구성원리로는 볼 수 없다는 이야기를 할 수 있다. 그럼에도 불구하고 제3설의 주장자가 헌법재판제도를 국가기관의 구성원리라는 것을 고집한다면, 제1설에 대한 지적을 그대로 적용할 수밖에 없을 것이다.

마지막으로, 국내의 모든 학설이 일치하여 들고 있는 대의제의 원리가 국가기관의 구성원리인가에 대하여도 검토해볼 필요가 있다고 생각한다. 국민주권의 원리는 국민을 국가의 시원적 지배권의 연원으로 하는 원리이기 때문에 국민이 정치의사형성에 직접·간접으로 참여할 것을 요구하며, 그 방법으로는 직접민주제와 간접민주제가 있다. 그 중에서도 직접민주제는 국민자치의 사상과 가장 부합되는 매우 민주적인 제도라고 할 수 있다. 그러나 현실적으로는 여러 가지 이유에서 직접민주제가 불가능하기 때문에 대부분의 현대국가들은 예외적인 경우를 제외하고는 간접민주제를 채택하고 있다. 간접민주제를 대의제도라고도 한다. 따라서 대의제도는 국가작용을 담당하는 국가기관의 구성원리라기보다는 국민주권을 실현하는 방법이며, 국가기관의 구성원리(특히 권력분립원리)에 이론적 기초를 제공한다고 보는 것이 더욱 설득력을 가질 것이다.[58]

---

57) 허영, (주 15), 664, 790쪽.

58) 예컨대 이러한 사실을 본기본법 제20조 제2항이 잘 말해 주고 있다. 동조항은 "모든 국가권력은 국민으로부터 나온다. 그것은 국민에 의하여 선거와 투표를 통해서 행사되고 입법, 집행, 및 사법의 특별기관에 의해서 행사된다"고 하여 국민주권의 원리(모든 국가권력은 국민으로부터 나온다) 및 국민주권의 행사방법으로서의 원칙적 대의민주제(그것은 국민에 의하여 선거 … 를 통해서 행사되고)와 예외적 직접민주제(그것은 국민에 의하여 … 투표를 통해서 행사되고(*동 제29조 제2항의 연방영역의 재편성에 대한 국민표결*) 및 권력분립의 원리(그것은 입법, 집행 및 사법의 특별기관에 의하여 행사된다)를 동시에 선언하고 있다. 특히 제20조 제2항 제2문 후단의 '입법, 집행 및 사법의 특별기관'에서 '특별기관'(besondere Organe)은 I. v. Münch, *Grundbegriffe des Staatsrechts* Ⅱ, 1976, S. 67에 따르면 '분리된 기관'(gesonderte Organe, d. h. voneinander getrennte Organe)을 의미한다.

(3) 私 見

39. 국가기관의 구성원리에 대한 사견: 권력분립의 원리, 정부형태, 공무원제도, 지방자치제도

따라서 개인적으로는 국가기관의 구성원리로서 권력분립원리, 정부형태, 공무원제도, 지방자치제도를 들 수 있다고 생각한다.

第2節 權力分立原理

1. 權力分立原理의 意義

(1) 權力分立原理의 概念

40. 권력분립원리의 개념

'권력분립의 원리'(seperation of powers, Gewaltenteilung, séparaton des pouvoirs)란 특히 대의제국가에서[59] 다양한 국가작용으로 나타나는 국가적 과제를 그 성질과 기능에 따라 여러 국가기관에 분산시킴으로써 기관 상호간의 '견제와 균형'(checks and balances)[60]을 통하여 국민의 자유와 권리를 보호하려는 국가기관의 구성원리를 말한다.

(2) 權力分立原理의 性格

41. 권력분립원리의 성격

권력분립의 원리는 한편으로는 국가권력의 남용을 억제하고 방지하는 소극

---

59) 성낙인, 권력분립론 — 프랑스 헌법의 이론과 실제, 고시계(1994. 9.), 99쪽 이하(99 · 100쪽)은 J. Barthélemy et. P. Duez, *Traité de droit constitutionnel*, 1993(Réimprime Economica, 1985), P. 138을 인용하여 권력분립원리와 대의제의 직접적인 관련성을 다음과 같이 이야기하고 있다. "권력분립의 원리는 그 이론적 기초로서 대의제와 직접 관련된 이론이다. 따라서 직접민주주의하에서는 권력분립이 특별히 차지할 위상이 없어지게 된다. 역사적으로는 권력분립론은 국민주권론과 더불어 절대권력에 대항하는 하나의 무기로서 등장하게 되었다. 그런 의미에서 프랑스혁명을 통한 절대왕권을 해체하는 과정에서 자연스럽게 권력분립론이 제기되었다. 그것은 직접민주주의를 실천하고 있는 스위스에서 권력분립론이 특별한 의미를 갖지 못하는 것으로 충분히 이해될 수 있다. 또한 고대민주주의국가에서 권력분립론이 엄격히 적용되지 못하였던 것도 같은 의미로 인용될 수 있다. 정치적으로는 권력분립의 원리는 상호분립된 권력의 공화를 통한 균형을 이룸으로써 정치적 자유의 원동력으로서의 기능을 하고 있다. 그것은 (권력분립원리가) 대의제원리에 따라 의회 등에 의한 기본권의 침해 가능성을 방지하는 하나의 중요한 권리로 정착되고 있음을 의미한다."

60) 그러나 Th. Schramm, *Staatsrecht*, Bd. I, 3. Aufl.(1985), S. 260f.는 권력분립의 개념을 '견제와 균형'으로 보는 것은 영미법적 사고이며, 대륙법의 이론에서는 G. Jellinek, (주 29), S. 602ff.의 영향에 따라 엄격한 '기능분립'(Funktionenteilung)으로 보고 있다고 한다.

적 성격을 가지며,[61][62] 다른 한편으로는 국가기관을 구성하는 적극적 성격을 가진다.[63] 또한 이 원리는 자기목적적 원리인 민주주의원리와는 달리 구체적인 역사적 상황에 대처하기 위한 '정치적 지혜'(sagesse politique)[64]의 표현으로서 기술적 조직원리이기 때문에 민주주의가 아닌 다른 국가형태와도 결합될 수 있는 중립적 원리이다.[65] 그러나 오늘날 권력의 분립은 기본권보장과 더불어 (대의제)민주주의와 법치주의의 본질적 특징으로 생각되고 있으며,[66] 권력분립은 법상태의 기초라는 점에서 기본권목록과 같은 정도로 또는 기본권목록보다 더 강조되기도 한다.[67][68] 그러나 직접민주정의 열렬한 대변자인 루소 *Rousseau*는 입법권우월적

---

61) 권영성, (주 19), 689쪽은 권력분립원리의 소극적 성격으로부터 국가 각 기관의 분리라는 조직상의 요청 외에 겸직의 금지와 장기집권의 배제라는 내용을 더 보고 있다.

62) 김철수, (주 20), 871쪽은 권력분립원리의 소극적 측면만을 강조하고 있다.

63) 허영, (주 15), 659쪽은 "권력분립의 원칙은 몽테스키외가 생각하는 것처럼 선재하는 국가권력의 단순한 '소극적 제한원리'가 아니고 기본권실현수단으로서의 국가권력을 창설하고, 국가권능과 그 한계를 설정하고, 권능간의 견제와 협동관계를 정함으로써 통치권행사의 절차적 정당성을 보장해주기 위한 국가권력의 '적극적인 창설원리'라고 이해하는 것이 옳다"고 하여 권력분립원리의 적극적 측면을 강조하고 있다.

64) J. Barthélemy et. P. Duez, (주 59), p. 138의 표현. 따라서 *Barthélemy*는 권력분립을 '정치적 기술법칙, 적절함의 원칙, 공권력의 올바른 정서(整序)법칙'으로 이해한다.

65) H. Kelsen, (주 1), S. 256.

66) 예컨대 C. Schmitt, (주 6), S. 183는 권력분립을 기본권보장과 함께 근대헌법에 있어서 법치국가의 구성부분으로 보고, 그것은 모든 국가권능의 '가측성'(Meßbarkeit)과 '통제가능성'(Kotrollierbarkeit)을 보장하기 위한 조직원리라고 한다. 또한 캐기 *W. Kägi*는 권력분립의 원리를 '현대의 자유주의적 법치국가질서에 있어서의 상수(常數)적 요소의 하나(eine der großen Konstanten)'로, 임보덴 *M. Imboden*은 '부동의 기초이며, 의심할 수 없는 진리(nicht zu bezweifelende Wahrheit)'로, 뢰벤슈타인 *K. Loewenstein*은 '권력분립의 도그마를 입헌주의이론 및 관행에 있어서 성체'(聖體, Allerheiligsten)로 표시한다.

67) 예컨대 M. Kriele, *Die demokratische Weltrevolution*, 1987, S. 33f.(홍성방 역, 민주주의 세계혁명, 도서출판 새남, 1판 1990, 2판 1996)는 권력분립의 중요성을 다음과 같이 강조하고 있다. "법상태는 권력분립을 전제로 한다. 궁극적 핵심에 있어서 권력분립은 집행권의 헌법과 법률에의 구속 … 을 의미한다. 일반적으로 국가권력이 법에 구속되어 있는 경우에만 국가권력은 또한 인권에도 구속되어 있을 수 있다. … 영국의 정치체제는 성문헌법 없이 그리고 그 결과 입법자 스스로를 구속할 수 있을 헌법차원에서의 기본권목록 없이 잘 행해지고 있다. 여러 가지 권리장전들은 단지 법률적 지위밖에 갖지 못하며, 그 결과 입법자에 의하여 폐지되거나 개정될 수도 있다. 그럼에도 불구하고 영국에서는 비교적 높은 정도의 자유가 지배하고 있다. 왜냐하면 전 정치체제는 권력분립 — 행정부의 법률에의 구속과 법관의 독립 — 에 기초하고 있기 때문이다. 이에 반해서 1936년 소련헌법은 그 당시 인정된 중요한 시민적 권리들을 기본권 목록 속에 실정화하였다. 주지하는 바와 같이 1937년은 스탈린의 테러가 정점에 달했던 해였다. 그 당시 2년 사이에 700만명의 소련국민이 — 이는 평균 매일 1만 명에 이르는 숫자이다 — 자의적으로 체포되었다. 권력이 분립되어 있지 않다면 기본권은 전혀 무의미하다."

68) 그러나 김철수, (주 20), 873쪽은 "권력분립의 원리에서 직접적으로 국가권력의 한계성이

인 권력통합이론을 주장하여 권력분립론에 반대하고 있다.[69]

'권력은 부패하기 마련이며, 절대권력은 절대로 부패하게 되어 있다'(Power tends to corrupt. Absolute power tends to corrupt absolutely)라는 액튼 *Acton*의 말에서 보듯이, 이 원리는 인간에 대한 비관론 내지 회의론을 근거로 하여 발전되었다. 따라서 과거에는 권력의 수평적 분할과 균형에 치중하였다. 그러나 현대에는 권력의 통제에 더욱 중점을 두고 권력의 수평적 분할 외에도 조직적·기능적 권력분립에도 관심이 집중되고 있다.

2. 古典的 權力分立論

(1) 權力分立論의 展開過程

42. 권력분립론의 전개과정

권력분립의 이론적 실마리는 멀리는 그리스의 아리스토텔레스 *Aristoteles*에게서 발견할 수 있다.[70]

근대에 이르러서는 그로티우스 *Grotius*, 볼프 *Wolff*, 푸펜도르프 *Pufendorf*와 같은 자연법론자들이 국가기능을 이론적으로 분석하여 정치적 기능의 분립을 논하였고, 파두아의 마르실리우스 *Marsilius von Padua*와 보댕 *Bodin* 같은 학자도 입법권과 사법권이 한 사람에 의하여 장악되는 권력집중의 위험을 경고하였다. 그런가 하면 스위프트 *Swift*와 볼링브로크 *Bolingbroke*도 몽테스키외 *Charles de Montesquieu*와 비슷하나 왕과 의회 그리고 귀족 사이의 권력균형이론을 제시하였다.[71]

그러나 현대까지 헌정의 실제와 헌법이론에 커다란 영향을 미치고 있는 것은 로크 *J. Locke*와 몽테스키외의 권력분립론이다.[72]

나오는 것은 아니며, 이를 위하여는 논리적으로 인권선언이 선행되어야 한다"고 한다.

69) 또한 루소가 주장한 주권의 불가분성에 깊은 영향을 받은 Léon Duguit, *Traité de droit constitutionnel*, 1927-1930도 국민주권의 원리를 근거로 권력분립이 불가능하다고 하였다. 곧 뒤기는 주권의 개념에서 ① 주권은 하나이다. ② 주권은 불가분이다. ③ 주권은 불가양이다. ④ 주권은 영구적이다라는 결론이 나온다고 하고, 이 중 ②로부터 논리적으로 권력분립이 불가능하다는 결론을 내리고 있다.

70) W. Schätzel, *Der Staat*, 3. Aufl.(1962), S. 37에 따르면 아리스토텔레스는 통치권을 심의권, 집행권, 사법권의 셋으로 나누고, 특히 심의권에는 전쟁과 평화에 대한 결정권, 군사동맹체결 및 해제권, 법률제정권, 사형·유배·재산몰수에 관한 결정권, 재정심의권 등이 포함되는 것으로 보았다고 한다.

71) J. Barthélemy et. P. Duez, (주 59), p. 139-140을 인용하고 있는 성낙인, (주 59), 100·101쪽 참조.

72) 권력분립론의 역사적 전개·한계·기능 등에 대하여 자세한 것은 W. Kägi, *Zur Entstehung,*

(2) 로크의 二權分立論

1) 내 용

43. 로크의 2권분립론: 1) 권력의 분리에 중점, 2) 기능적 4권분립, 기관별 2권분립, 3) 영국의 의원내각제에 영향

로크는 「시민정부2론」(*Two Treatises on Civil Government*, 1692)에서 자연법사상, 국민주권이론, 사회계약설을 근거로 전래된 보통법의 내용을 정리하여 권력의 균형보다 권력의 분리에 중점을 둔 권력분립론을 주장하였다. 로크에 따르면 국가권력은 입법권 · 집행권 · 외교권(동맹권 · 연합권) · '대권'(the prerogative)으로 4분되며, 이 중에서 입법권은 의회에, 나머지 권한은 군주에게 주어야 한다고 한다. 로크의 권력분립론에서는 사법권에 대한 언급은 없다. 이는 로크가 「시민정부2론」을 저술할 때에는 법관의 독립을 확립한 '왕위계승법(The Act of Settlement, 1700)이 아직도 실시되고 있지 않았고, 따라서 사법권을 자기 고유의 권리를 가지는 권력체로 인정할 필요를 느끼지 않았기 때문이다.[73] 이러한 로크의 권력분립론을 기능중심으로 관찰하면 4권분립론이 되고,[74] 기관중심으로 보면 2권분립론이 된다.[75]

특히 로크는 "조직된 국가에 있어서는 오직 하나의 최고권만이 존재할 수 있다. 그것이 입법권이다. 그 밖의 모든 권력은 이에 복종하여야 하며, 복종하지 않으면 안 된다"고 하여 입법권의 우월성을 주장하였다.

2) 영 향

이러한 로크의 입법부우위의 2권분립론은 영국의 의원내각제에 전형적으로 제도화되어 있다.

Wandlung und Problematik des Gewaltenteilungsprinzips, Diss. Zürich 1937; D. Th. Tsatsos, *Zur Geschichte und Kritik der Lehre von der Gewaltenteilung*, 1968 참조.

73) K. Loewenstein, *Verfassungslehre*, 3. Aufl.(1975), S. 44. 그러나 계희열, 헌법원리로서의 권력분립의 원리, 고려법학 제38호(2002), 1쪽 이하(6쪽)은 "영국에서는 보통법의 전통과 보통법 우위사상이 이미 확립되어 있었고, '누구도 자기 자신의 심판관이 될 수 없다'는 보통법의 원칙이 확립되어 있었기 때문에 로크는 사법권의 독립을 이미 당연한 것으로 전제하였기 때문"이라고 설명하고 있다.

74) Max Imboden, *Die Staatsformen*, 1959, S. 42(홍성방 역, 국가형태, 유로서적, 2011)은 기능이론의 입장에서 Locke가 4개의 기능을 분리했다고 한다.

75) 이 문제와 관련하여 국내에서는 견해가 양분되어 있다. 허영, (주 15), 645쪽은 K. Stern, *Das Staatsrecht der Bundesrepublik Deutschland*, Bd. Ⅱ, 1980, S. 517과 견해를 같이 하여 4권분립론으로 보고, 김철수, (주 20), 855쪽과 권영성, (주 19), 645쪽은 2권분립론으로 본다. 그러나 허영, (주 15), 645쪽도 말하고 있듯이, 이는 권력분립의 본질과 관련하여 중요한 의미를 가지는 것은 아니다.

(3) 몽테스키외의 三權分立論

1) 내 용

44. 몽테스키외의 3 권분립론

몽테스키외는 「법의 정신」(*De l'esprit des lois*, 1748) 제11장 제 6 절 「영국헌법에 관하여」에서 로크의 이론과 2년(1729-1731)간의 영국체류에서 얻은 영국헌정에 대한 지식[76)]을 기반으로 개인적 자유를 보장하고 정부의 횡포를 억제하기 위한 수단으로서 국가권력을 입법권 · 집행권(국제법적 사항의 집행권) · 사법권(시민권적 사항의 집행권)으로 3분하였다. 몽테스키외의 권력분립론은 로크와는 달리 권력의 기능적 분리는 물론 권력상호 간의 견제와 균형까지를 강조한 것이 특색이다. 그러나 그가 억제와 균형을 특히 강조한 것은 입법부와 집행부 사이에서이고, 사법권에 대해서는 소극적 독립성을 강조하였다.[77)]

---

76) 이 부분에 대한 평가는 국내에서 견해가 갈리고 있다. 허영, (주 15), 646쪽, 각주 4는 "몽테스키외가 마침 영국에 체류하던 시기는 야당(토리당)이 정치적인 자유와 시민의 자유보장을 위한 권력분립의 중요성을 거듭 강조하면서 *Walpole*정부(휘그당)에 의한 의회무력화공작을 비판하고 여론의 동조를 구하던 때였기 때문에 영국헌정생활의 산 모습을 체험하는 좋은 계기가 되었다고 볼 수 있다"고 평가하고 있는 반면, 성낙인, (주 59), 102쪽은 "18세기 중반 영국에서 비록 의원내각제가 정립되지는 않았지만 각료의 개별적 · 정치적 책임문제가 제기되고 있는 상황에서 의원내각제도의 방향정립과 더불어 권력분립의 정립을 몽테스키외는 직접 체험할 수 있었다. 영국에서는 1689년 이래 국왕은 의회의 동의 없이는 법률을 제정할 수 없었다. 그것은 국왕의 동의라는 조건하에서 의회는 완전한 입법권을 갖게 되었음을 의미한다. 그러나 몽테스키외는 1707년 이래 왕의 거부권이 사실상 실효되었음을 알지 못했다"고 하여, 몽테스키외가 영국의 헌정제도를 이해함에 있어서 다소 미흡한 점이 있었다고 한다. 그러나 이 부분과 관련하여 K. Loewenstein, (주 73), S. 37은 다음과 같이 적고 있다. "몽테스키외가 그의 영국방문시(1729-1731)에 당시 실시되고 있던 영국의 헌법질서로부터 입법권과 행정권의 분립을 도출시킴으로써 그것을 결정적으로 오해했다는 것은 일종의 아이러니가 아닐 수 없다. 입법권과 행정권의 분립은 잠정적으로는 윌리엄 3세와 앤 여왕 이후부터는 소멸되었고 또 실제에 있어서도 하노버가(家)의 왕위계승 이후에는 소멸되었다."

77) 몽테스키외는 사법권은 구체적 사건에 대한 법의 적용으로서 그 적용은 법적 작용이며 정치적 작용이 아니므로 재판관은 정치적으로 무색 · 중립이 요청되며, 사법권은 입법권 · 행정권과는 달리 정치적 권력이 아니므로 그것은 '무'(無, en quelque façon nul)이며, 그 임무는 사법부가 개정할 수 없는 '법조문을 적용하는'(la bouche de la loi) 데 제한된다고 하여 사법권을 무시하였다(「법의 정신」 제11권 제 6 장 참조). 따라서 K. Doehring, *Staatsrecht der Bundesrepublik Deutschland*, 1976, S. 190은 몽테스키외에 있어서는 2개의 능동적 권력만이 존재한다고 한다. 이 말은 몽테스키외의 3권분립론도 실제로는 2권분립론이었다는 것으로 해석될 수 있다. 이 부분에 대하여 K. Loewenstein, (주 73), S. 243은 다음과 같이 적고 있다. "「법의 정신」(제11권 제 6 장)의 여러 인상깊은 설명을 보면, 그가 사법권을 정부와 의회보다 엄격히 하위의 권력으로 보고 있었다는 데는 하등의 의심을 둘 여지가 없다. 몽테스키외에게 사법권은 단지 법률집행의 2차적인 분지(分枝)에 불과하고,

2) 영 향

45. 몽테스키외의 3권분립론의 영향

몽테스키외의 3권분립론은 계몽주의자들에게 커다란 영향을 미쳐 그들로 하여금 그들의 정치적 투쟁목표를 권력분립적 헌법의 제정에 두게 하였으며, 그 결과 그의 사후 한 세대를 전후하여 권력분립적 헌법이 현실적으로 제정되었다. 인권목록뿐만 아니라 제5조에서 '권력분립적 헌법하의 생활'을 규정한 1776년의 버지니아헌법, 권력의 기관별 분립모델에 따라 제정된 1787년의 미합중국헌법, 제16조에서 '인권보장과 권력분립이 확립되지 아니한 나라는 헌법을 갖지 않은 것'이라고 단언하고 있는 1789년의 프랑스인권선언 등이 그 예이다.[78] 특히 몽테스키외의 3권분립론은 미국식 대통령제의 성립에 커다란 영향을 준 것으로 알려져 있다.[79]

(4) 콩스탕의 四權分立論

1) 내 용

46. 콩스탕의 4권분립론

몽테스키외의 3권분립론은 19세기 3권 외에 군주를 제4의 권력으로 보는 콩스탕 *B. Constant*에 의하여 부분적으로 보완되었다. 그는 이 제4의 권력을 적극적 통치기능을 수행하는 것으로 보지는 않았다. 그러나 그는 이 제4의 조정적·완화적·중립적 권력이 체제의 통일성을 보장해 줄 때에만 입법·집행·사법이라는 적극적 통치기능을 담당하는 권력들이 제대로 기능할 수 있을 것으로 생각하였다. 곧 이 제4의 '중립적 권력'(pouvoir neutre)은 법률에 대하여 거부권을 행사하고 의회해산권을 행사함으로써 입법부의 행위를 교정하고, 행정부구성원들을 임명하고 파면함으로써 집행부의 행위를 통제하고 제한하며, 법관을 임명하고 사면권을 행사함으로써 사법부에 제약을 가할 수 있으리라는 것이다.[80]

사법작용은 특별한 기관과 사람들에 의해서 행사되어야 한다는 제한된 의미에서만 분립된 권력인 것이다. 법관의 직책은 자기의 법정에 제기된 소송사건에 대해서 성문법규가 규정한 그대로의 법을, 또는 자신이 관습법이라고 생각하는 법을 적용하는 것뿐이었다."

78) 권력분립론의 프랑스헌법에의 적용에 대해서는 성낙인, (주 59), 103-110쪽 참조.

79) C. Rossiter, *The American Presidency*, 2nd. ed.(1960), p. 76(문창조 역, 미국대통령의 정치론, 법문사, 1973)은 1787년의 미연방헌법의 제정을 몽테스키외의 이론에 기초하여 엄격한 입법·행정·사법의 분리와 독립에 의한 '균형정부'(balanced government)의 형성을 의미하는 것이었다고 기술하고 있다.

80) B. Constant, *Cours de Politique constitutionnele*, nouvelle édition par J.-P. Pagés, 1836, Bd. I., S. 1ff.

2) 현대헌법과 중립적 권력

47. 현대헌법과 중립적 권력

비록 권한의 범위에 있어서 정도의 차이는 있을 수 있고 그리고 국가기관의 범위 내에서 인식될 수 있는 것은 아니라 하더라도, 권력분립을 채택하고 있는 헌법에서는 그러한 제 4 의 권력의 존재를 부정할 수 없다.[81] 우리 헌법하에서도 많은 문제가 있기는 하지만 대통령을 이러한 제 4 의 중립적 권력으로 볼 수 있을 것이다.

3. 現代的 權力分立論

(1) 古典的 權力分立論의 修正必要性

1) 고전적 권력분립론의 수정필요성

48. 고전적 권력분립론의 수정필요성

봉건군주제하에서 군주의 권력을 제한·분산·통제·균형시키려는 의도로 주장된 고전적 권력분립론은 봉건사회의 몰락과 국민주권사상의 관철(자유민주적 평등사회의 등장)과 더불어 현실성을 잃게 되었다. 그 밖에도 다원사회의 등장(사회적 이익집단의 등장과 그 정치적·사회적 영향의 증가), 정당국가의 등장(정당국가의 대두로 인한 권력통합현상), 사회국가의 발전(사회국가적 급부기능의 확대), 헌법재판의 강화로 인한 사법국가화경향, 헌법관의 변화 등 때문에 고전적 권력분립론은 수정될 수밖에 없게 되었다.[82]

---

81) 본기본법하에서 그러한 제 4 의 중립적 권력으로서 K. Doehering, Der "pouvoir neutre" und das Grundgesetz, Der Staat Bd. 3(1964), S. 201ff.는 연방헌법재판소를 들고 있고, H. Lehne, *Der Bundespräsident als neutrale Gewalt nach dem Grundgesetz der Bundesrepublik Deutschland*, Diss. Bonn, 1960은 연방대통령을 들고 있다. 이 문제에 대하여는 그 밖에도 R.-R. Grauhan, *Gibt es in der Bundesrepublik einen "pouvoir neutre"*?, Diss. Heidelberg, 1959 참조.

82) 심지어 다원주의체제에서는 권력분립이란 낡고 지나간 것으로 생각되고 있다. P. Pactet, *Institutions politiqurs Droit constitutionnel*, 9 éd.(1989), p. 111-112. 그러나 권력분립의 이념은 W. Weber, Die Teilung der Gewalten als Gegenwartsproblem, in: H. Rausch(Hg.), *Zur heutigen Problematik der Gewaltentrennung*, 1969, S. 185ff.의 말처럼 '초시대적 현상'(überzeitliches Phänomen)이며, "권력분립의 이념은 그것이 인간의 가치 수호와 자유의 보장이라는 의심할 수 없는 국가적 목적을 포용하고 있으므로 모든 국가, 모든 시대에 타당한 것"이라는 H. Rausch, Vorwort, in: hg. v. ders., *Zur heutigen Problematik der Gewaltentrennung*, 1969, S. XV의 이야기가 옳은 것으로 생각된다.

2) 현대적 권력분립이론: 국가기능분립론

이러한 권력분립이론의 현대적 문제상황에 직면하여 고전적 권력분립이론을 현대적 상황에 맞게 기능적으로 수정하려는 시도가 나타나게 되었다.[83] 그러한 시도의 대표적인 것으로는 뢰벤슈타인 *K. Loewenstein*의 국가기능 3분론과 캐기 *W. Kägi*의 다원주의적 국가기능분립론을 들 수 있다.[84]

49. 현대적 권력분립이론: 국가기능분립론

(2) 뢰벤슈타인의 國家機能三分論

1) 내 용

① 개 관

뢰벤슈타인은 '권력분립이 시대에 낙후된 이론'(eine unzeitgemäßde Lehre:

50. 뢰벤슈타인의 국가기능 3분론: 국가기능을 정책결정기

---

83) 현대적 상황에 맞추어 권력분립론을 재해석하려는 시도는 기능적 분립론에 한정된 것은 아니다. 예컨대 뷰르도 *G. Burdeau*는 국가작용을 통치작용과 행정작용으로 구분하는 이원적 국가작용론을, P. Gaudemet, *La sépeparation des pouvoirs, mythe et réalité,* 1961, p. 124는 법규범의 정립에 정부의 역할을 중시하고, 이를 활동권과 통제권으로 나누는 이원적 국가작용론을, 뒤베르제 M. Duverger, *Manuel de droit constitutionnel et de science politique*, 1948, pp. 136-138는 국가작용을 결정권 또는 법규범을 제정하는 권력, 집행권, 결정에 앞선 자문권, 결정 후의 통제권으로 나누는 다원적 국가작용론을, G. A. Almond/J. S. Coleman, *The politics of the developing areas*, 1960, p. 17는 전통적인 국가작용을 output라고 하고 이를 유지하면서도 output에 상응하는 input 작용을 상정하고, 정치적 사회화, 이익에의 결부, 이익에 의한 집합, 정치적 커뮤니케이션이라는 input 작용을 전통적 권력분립에 도입할 것을 주장한 바 있다. 이에 대해서는 구병삭, 권력분립의 이론적 발전(하), 고시연구(1981. 12.), 43쪽 이하(52-54쪽) 참조.

84) 프랑스에서도 권력분립을 기능분립적 차원에서 설명하려 하고 있다. 예컨대 성낙인, (주 59), 113·114쪽은 이러한 현상을 P. Pactet, (주 82), p. 114를 인용하여 다음과 같이 설명하고 있다. "오늘날 기능의 배분하에서 정부는 중요한 정치적 결정을 하고 이를 집행하며 숙고기관으로서의 의회는 정부의 활동을 통제하게 된다. 여기서 정부는 그 정부를 견지하고 의회다수파의 끊임없는 공조체제를 구축하면서 집권정당이 선거시에 국민에게 제시한 정책강령(plate-forme)을 실현하기 위한 권력을 행사하게 된다. 바로 그러한 의미에서 진정한 권력분립은 법률제정기관과 이 법률을 집행하는 기관 사이에 있는 것이 아니라 행정기관을 동원하여 국가정책을 지휘하는 집행기관의 권력과 이 정부의 활동을 통제하는 심의기관으로서의 의회에 부여된 자유 사이에 있게 된다. 바꿔 말하면 국가원수, 정부 및 행정기관이 담당하는 행정 및 지휘기능과 의회가 담당하는 통제와 심의기능 사이에 권력의 분립이 있게 된다는 것이다."

국내에서도 종래의 여러 헌법제도를 권력분립과 관련하여 해석하려는 시도가 보인다. 예컨대 허영, (주 15), 656쪽 이하는 연방국가제도, 지방자치제도, 직업공무원제도, 복수정당제도, 헌법재판제도 등을 권력분립과 관련시켜(권력분립적 기능과 권력분립적 의미와 권력통제적 기능의 측면에서) 해석하려고 하고 있다.

능, 정책집행기능, 정책통제기능으로 3분

Die Trennung der Gewalten)이라는 것을 지적하고,[85] 권력분립을 '국가기능'(Staatsfunktionen)의 분리로 대치할 것을 주장하면서 국가기능을 정책결정기능, 정책집행기능, 정책통제기능으로 나누는 국가기능 3분론(정치동태적 기능분류이론, 동태적 권력분립이론)을 주장하고 있다.[86]

② 정책결정

'정책결정'(die politische Grundentscheidung oder politische Entscheidungsfällung)이라 함은 여러 가지 대안 중에서 현재에 있어서뿐만 아니라, 때에 따라서는 미래에 있어서도 공동사회의 구조에 대해서 방향을 지시하고 기초가 될 공동체적 결정을 말한다. 정책결정의 대상으로는 대외문제와 대내문제는 물론 정치적·사회적·경제적·도덕적 성격의 것을 불문하나, 그 대표적인 예로는 국가형태와 정부형태에 대한 결정을 들 수 있다. 입헌주의 정치체제에서는 정부와 의회가 이 기능을 공유하고 있고, 사후적으로는 선거민도 이 과정에 참여할 수 있으며, 대부분의 경우 타협과 협동을 요구한다.

③ 정책집행

'정책집행'(die Ausführung der politischen Entscheidung)이란 정치적 결정을 현실로 전환시키는 것을 말한다. 정책집행은 주로 시행법률의 형식으로 입법화되지만, 원칙적으로 국가활동의 전영역과 관련된다. 따라서 뢰벤슈타인에게 있어서는 행정과 사법을 본질적으로 구별할 필요성은 없어진다.

④ 정책통제

'정책통제'(die politische Kontrolle)에 대해서 뢰벤슈타인은 핵심적 의미를 부여하고 있다. 곧 뢰벤슈타인은 사회구성원이 가능한 한 최대한도로 포괄적인 자기실현을 가능하게 하는 것을 사회의 가장 고귀한 목적으로 보기 때문에, 해당 국가사회가 정치권력의 통제와 제약을 위한 제도를 어느 정도까지 발전시켰는가에 따라 그러한 목적에 접근하는 정도가 좌우된다고 한다. 따라서 뢰벤슈타인은 헌법을 '정치권력의 통제를 위한 기본적 장치'로 파악하고, 정책통제를 다시 수평적 통제(법률안거부권·의회해산권·위헌심사권과 같은 공권력기관 상호간의 통제와 양원제와 부서와 같은 공권력기관내부의 통제)와 수직적 통제(연방과 주간의 권력통제와 이익집단들의 정부통제)로 나눈다. 뢰벤슈타인은 정책결정, 정책집행, 정책통제의 세 가지 기능이 여러 권력주체에 의하여 협동적으로 행해지는 경우에 효과적인 권력통제가 이루어진다고 한다. 특히 정책통제가 효과적이기 위해서는 '분할

85) K. Loewenstein, (주 73), S. 29ff.
86) K. Loewenstein, (주 73), S. 39ff.

된 권력'(=권력의 상호적 통제)과 '통제된 권력'(=권력보유자가 자기 재량에 따라서 다른 권력보유자로부터 독립해서 적용할 수 있는 독립적인 통제기술)의 두 요소가 함께 작용해야 한다고 하고, 분할된 권력으로 공무원 임명에 대한 국회의 동의, 부서, 헌법개정에 대한 필수적 국민투표를 들고 있으며, 통제된 권력으로 내각불신임권, 내각의 의회해산권, 법률안거부권, 위헌법률심사제를 들고 있다.

2) 뢰벤슈타인의 국가기능 3분론의 특징과 평가

51. 뢰벤슈타인의 국가기능론의 특징과 평가

이러한 뢰벤슈타인의 국가기능 3분론의 특징은 ① 기능적 권력통제의 추구, ② 수평적·수직적 권력분배, ③ 수평적 권력분립으로서의 유권자, ④ 수평적 권력통제로서의 기관내 통제, ⑤ 연방주의에 대한 새로운 해석(국가형태론에서 권력분립론으로)으로 간추릴 수 있다. 그렇다고 하더라도 뢰벤슈타인의 국가기능 3분론의 의미를 국가의 기능분류 그 자체에 있는 것으로 보기는 어렵다. 오히려 뢰벤슈타인은 그러한 분류를 기초로 국가기능을 분리시키고 국가기능을 통제함으로써 정치권력을 효과적으로 통제할 수 있는 정치형태의 모델을 제시하려고 했다는 점에서 그의 국가기능 3분론의 의미를 찾아야 할 것이다.[87] 그가 정책통제에 핵심적 의미를 부여하는 이유가 바로 거기에 있다고 할 것이다.

(3) 캐기의 多元主義的 國家機能分立論

1) 내 용

52. 캐기의 다원주의적 국가기능분립론

캐기 또한 기능에 따른 권력분립을 강조하고 있다. 곧 캐기는 몽테스키외의 권력분립론에 대하여 행해진 후세의 고정관념(도그마)으로부터의 해방을 강조하여 권력의 분립과 통합을 포괄적인 질서개념으로 이해하고 이를 현대에 있어서 자유질서를 구축하는 원리로 파악하려고 한다. 동시에 캐기는 헌법제정·개정권과 입법권의 이원화, 양원제, 집행부내부의 권력분립, 국가기관의 임기제, 여당과 야당의 권력통제, 연방과 지방의 수직적 권력분립, 국가와 교회의 이원화, 민사권과 군사권의 분리 등을 언급하고 있다.[88]

---

87) 허영, (주 15), 667쪽.

88) W. Kägi, Wesensverschiedenheit der Akte des Herrschens und das Problem der Gewaltenteilung, in: *Vom Bonner Grundgesetz zur gesamtdeutschen Verfassung. Festschrfit f. Hans Nawiasky*, 1956; ders., Von der klassischen Dreiteilung zur umfassenden Gewaltenteilung, in: H. Rausch(Hg.), *Zur heutigen Problematik der Gewaltentrennung*, 1969, S. 268ff. 참조.

2) 평　가

53. 캐기의 다원주의적 국가기능분립론에 대한 평가

캐기의 생각은 뢰벤슈타인의 이론에 비하면 나열적이고 비체계적이라는 한계를 가진다. 그러나 그렇다고 하여 시대적 상황에 적응할 수 있는 권력분립론의 방향을 설정하려는 그의 시도를 과소평가할 수는 없을 것이다.[89)]

(4) 슈테른의 多次元的 權力分立論

1) 내　용

54. 슈테른의 다차원적 권력분립론

또한 슈테른도 고전적인 수평적 권력분립론을 보완할 필요성을 강조하면서 권력분립을 다차원적으로 구성할 것을 강조한다. 예컨대 그는 ① 국가와 사회의 구별에 기초하여 정치적 참여권과 정당, 단체들, 여론, 공직에서의 이용자들의 권력분립적 기능을 강조하고 있다. 나아가 그는 ② 수직적 권력분립으로서의 연방국가적 질서, ③ 자치행정과 분권적 행정구조, ④ 정치적 지도와 관료제적 행정의 구별 등을 권력분립의 틀 안에서 파악하고자 한다. 그 밖에도 그는 국제적 및 초국가적 조직에 의한 권력의 제한이라는 요소, 그리고 결정적인 수평적 통제요소로서의 헌법재판제도 역시 권력분립의 중요한 요소로 이해하고 있다.[90)]

2) 평　가

55. 슈테른의 다차원적 권력분립론에 대한 평가

슈테른의 생각은 뢰벤슈타인의 생각에 매우 가깝다. 다만 그가 국가와 사회의 구별에 기초한 권력분립론을 이야기하고 있는 것은 일견 특징적인 점이라 할 수 있는데, 이 또한 자세히 보면 뢰벤슈타인의 생각과 유사하다는 것을 알 수 있다. 그리고 그가 정치적 지도와 행정을 구별하는 것도 결국은 통치행위와 행정을 구별하는 종래의 사고를 달리 표현한 것에 지나지 않는다. 어떻든 그의 이론이 고전적인 수평적 권력분립론이 시대적 상황에 적합하지 않다는 것을 지적하고 그 보완이 필요하다는 것을 재삼 강조한 점에 대해서는 그 의의를 인정해야 할 것이다.

---

89) 정만희, 권력분립원리의 현대헌법적 상황, 고시연구(1991. 11.), 53쪽 이하(특히 68쪽) 참조.
90) K. Stern, (주 75), S. 546ff.

4. 權力分立의 現實的 類型

(1) 多樣한 權力分立類型의 存在可能性

56. 다양한 권력분립 유형의 존재가능성

앞에서 영국은 2권분립을, 미국은 3권분립을 채택하고 있다고 하였다. 그러나 권력분립의 기능은 현실적으로는 일반적으로 받아들여진 범주 내에 고정되지 않으며 그 정치적 실제도 헌법에 쓰여진 대로만은 되지 않는다.[91] 따라서 정치현실에서는 다양한 형태의 권력분립의 유형이 있을 수 있으며, 대만헌법의 5권분립에서 보는 것처럼 2권분립이나 3권분립에 한정되는 것도 아니다.[92][93] 더구나 의회 다수당의 지도층에 의하여 행정부가 구성되고, 국회 다수당의 당수가 행정부의 수반이 되는 것이 관례인 의원내각제헌법하에서의 권력분립을 엄격한 의미에서 권력분립이라고 부를 수 있을지도 의심스럽다 하지 않을 수 없다.[94]

---

91) G. Burdeau, *Droit constitutionnel et instituions politiques*, 14 ed.(1972), p. 138.

92) 따라서 K. Loewenstein, Die neue Dreiteilung der Staatsfunktion, in: H. Rausch(Hg.), *Zur heutigen Problematik der Gewaltentrennung*, 1969, S. 272는 권력분립을 논하는 경우 입법·행정·사법의 3권분립만을 생각하는 그러한 사고를 '녹슬은 사고틀'(eingerostetes Gedankenschema)이라고 평가하고 있다.

93) 허영, 신정판 헌법이론과 헌법, 박영사, 1995, 805·806쪽은 이 부분을 Th. Maunz/R. Zippelius, *Deutsches Staatsrecht*, 26. Aufl.(1985), S. 91, 109를 인용하여 "마운츠의 말대로 국가권력은 입법권과 법집행권의 둘만으로도 나눌 수 있고, 또 작게는 입법권, 통치권, 행정권, 사법권의 넷으로도 분류할 수 있기 때문에 3권분립만을 고집하는 것은 옳지 못하다"라고 설명하고 있다. 그러나 Th. Maunz/R. Zippelius, *Deutsches Staatsrecht*, 25. Aufl.(1983), S. 91에는 다음과 같이 쓰여 있다. "Die klaasische Unterscheidung kennt drei Gewalten: Gesetzgebung, Regierung mit Verwaltung, Rechtsprechung. Doch gibt es Auffassungen, nach denen sie sich auf zwei(Gesetzgebung und Gesetzesanwendung) oder auf vier(Gesetzgebung, Regierung, Verwaltung und Rechtsprechung)."

94) 그러나 F. A. Hermens, *Verfassungslehre*, 1964, S. 536f.는 내각책임제국가에서도 기능면에서는 3권이 분립되어 있다고 한다. 또한 김철수, (주 20), 874쪽도 "영국이나 캐나다에는 권력분립이 없다고 하는 것은 통치조직에 관한 문제이며, 기능면에서는 권력분립이 행해지고 있다"고 한다. 그러나 이 이야기는 의회에서 통과되는 법률안들이 의원의 이름으로 의회에 제출되기는 하지만 그 중 다수가 정부에 의해서 기초되고 있으며, 또한 정부에 대한 의회의 통제도 전체로서의 의회가 아닌 의회의 소수당, 곧 야당에 의해서 행해지고 있다는 내각책임제국가의 현실을 무시한 결론이라고 하겠다. 물론 경우에 따라서는 전체로서의 의회가 정부에 대하여 통제를 하는 예외적인 경우를 상정할 수는 있다. 그러나 그것은 여당 내에서 당권투쟁이 있는 경우에만 한정되며, 그러한 짧은 투쟁이 종료되면 국회 내의 여당과 정부구성여당 사이에는 다시금 본래의 협조체제로 복귀하게 된다는 것은 주지의 사실이다. 이에 대해서는 E. Stein, *Staatsrecht*, 8. Aufl.(1982), S. 68; H.-W. Arndt/W. Rudolf, *Öffentliches Recht*, 4. Aufl.(1983), S. 31f. 참조. 특히 이와 관련하여 H.-P. Schneider, Verfassungsrechtliche Bedeutung und Praxis der parlamentarischen Opposition, in: H.-P. Schneiner/W. Zeh(Hg.), *Parlamentsrecht und Parlamentspraxis in der*

(2) 權力分立의 現實的 類型

57. 권력분립의 현실적 유형

이러한 현상을 도외시하고 국내에서 일반적으로 행해지고 있는 방법에 따르면, 현실적으로 존재하는 권력분립의 유형은 입법부와 행정부의 관계 및 입법부와 사법부의 관계를 중심으로 분류할 수 있다. 입법부와 행정부의 관계를 중심으로 할 경우 엄격분리형(프랑스의 1791년헌법·공화력 3년헌법·1848년헌법, 필리핀헌법, 미국헌법), 균형형(의원내각제국가), 입법부우위형(회의정부제국가), 행정부우위형(제한군주제국가, 신대통령제국가)으로 나눌 수 있으며, 입법부와 사법부의 관계를 중심으로 할 경우 입법부우위형(영국), 균형형(미국), 사법부우위형(1920년 오스트리아헌법, 1948년 이태리헌법, 1949년 본기본법, 1978년 스페인헌법)으로 나눌 수 있다.[95]

5. 韓國憲法에 具體化된 權力分立原理

(1) 概 觀

58. 한국헌법에 구체화된 권력분립원리의 개관: 권력분립이론의 고전적 요소와 현대적 요소가 모두 반영되어 있으나, 실질적으로는 권력이 대통령에게 집중되어 있다

현행헌법에는 권력의 분리·독립 및 견제·균형이라는 권력분립이론의 고전적 요소와 권력의 기능적 통제라는 권력분립이론의 현대적 요소가 모두 반영되어 있다.

그러나 엄격하게 말한다면 우리 헌법은 대통령에게 국가원수와 행정권수반의 지위와 그에 따르는 막강한 권한을 부여하고 있기 때문에, 실질적으로는 대통령이 입법부나 사법부에 대해 우월적 지위를 가지고 있어, 권력이 대통령에게 집중되어 있는 형태를 취하고 있다. 대통령이 헌법기관인 헌법재판소장과 헌법재판소재판관을 임명하고(제111조 제 2 항, 제 4 항), 대법원장과 대법관을 임명하는 것(제104조 제 1 항, 제 2 항), 영전수여권을 가지는 것(제80조), 사면권을 가지는 것(제79조 제 1 항, 제 2 항), 헌법개정안제안권을 가지는 것(제128조 제 1 항), 국민투표

Bundesrepublik Deutschland, 1989, S. 1055ff.는 정부와 여당을 견제할 수 있는 야당의 특별한 역할을 강조하며, S. Magiera, *Parlament und Staatsleistung in der Verfassungsordnung des Grundgesetzes*, 1979, S. 252ff.는 야당에 대하여 '공동통치의 의무'(Mitregierungspflicht)를 인정하거나 '국가지도과정에 있어서의 협동'(kooperativer Staatsleistungsprozeß)을 강조함으로써 야당의 지위를 확보하려고 하고 있다.

95) 구병삭, 권력분립론의 제도화와 그 유형, 고시계(1982. 1.), 68쪽 이하(특히 75-79쪽); 김철수, (주 20), 877-879쪽; 권영성, (주 19), 695쪽 참조.

부의권을 가지는 것(제72조), 국가긴급권을 가지는 것(제76조, 제77조), 법률안을 직접 제출할 수 있는 권한을 가지는 것(제52조) 등이 이를 이야기해 준다.

(2) 權力의 分離·獨立

현행헌법은 권력을 분리·독립시켜 입법권은 국회에(제40조), 집행권은 대통령과 대통령을 수반으로 하는 정부에(제66조), 사법권은 법관으로 구성된 법원과 헌법재판소에(제101조 제1항, 제111조 제1항) 각각 부여하고 있다.

59. 한국헌법에 있어서의 권력의 분리·독립

(3) 權力의 牽制·均衡

권력의 견제와 균형은 국가기관구성에 있어서의 견제·균형과 권력행사에 있어서의 견제·균형으로 이분화할 수 있다.

60. 한국헌법에 있어서의 권력의 견제·균형

1) 국가기관구성에 있어서의 견제·균형

국가기관구성에 있어서의 견제·균형의 방법으로는 다음과 같은 것이 채택되어 있다. 첫째, 국가기관담당자의 임기가 정해져 있다. 둘째, 국무총리, 감사원장, 대법원장, 대법관, 헌법재판소장을 대통령이 임명하는 데 국회의 동의가 필요하다. 셋째, 대통령이 국무위원과 대법관을 임명하는 데 국무총리와 대법원장의 제청이 각각 필요하다. 넷째, 헌법재판소와 중앙선거관리위원회 구성에 대통령과 국회와 대법원장이 함께 관여하고 있다.

61. 국가기관구성에 있어서의 견제·균형

2) 국가권력행사에 있어서의 견제·균형(국가기관 간의 견제·균형)

국가권력행사에 있어서의 견제·균형(국가기관 간의 견제·균형)에는 행정부에 대한 견제·균형, 입법부에 대한 견제·균형 및 사법부에 대한 견제·균형이 있다.

62. 국가권력행사에 있어서의 견제·균형

우선, 행정부에 대한 견제·균형의 방법으로는 국회의 재정에 관한 권한(제54조 이하), 국회의 긴급재정·긴급재정명령 등 승인권과 긴급재정·경제처분승인권(제76조 제3항), 계엄해제요구권(제77조 제5항), 국회의 국무총리·국무위원에 대한 해임건의(제63조), 중요 외교·군사행위에 대한 국회동의권(제60조), 탄핵소추권(제65조), 법원의 명령·규칙·처분에 대한 위헌·위법심사권(제107조 제2항), 헌법재판소의 탄핵심판, 권한쟁의심판, 헌법소원심판권(제111조 제1항), 선거관리사무의 기능적 분산(제114조 제1항), 대통령의 겸직금지(제83조), 법원의 행정소송과 선거소송권 등이 있다.

다음으로, 입법부에 대한 견제·균형의 방법으로는 정부의 법률안제출권(제

52조), 대통령의 법률안공포 · 거부권(제53조), 국민투표부의권(제72조), 정부의 행정입법권(제75조, 제95조), 예산안편성권(제54조 제 2 항), 법원의 위헌법률심사권(제107조 제 1 항), 헌법재판소의 위헌법률심판권(제111조 제 1 항) 등이 있다.

> **판례: 〈금융기관의연체대출금에관한특별조치법 제 7 조의3에 대한 위헌심판(위헌)〉** "헌법재판소가 국회에서 제정한 법률을 위헌으로 선고하는 경우에도 권력분립주의와 대의제도의 원리를 보완하고 강화하는 데에 있는 것이지 이를 무시하고 초월하는 초입법적 권한을 행사할 수 있는 것은 아니다. … 국회나 정부의 입법정책에 대해서는 원칙적으로 사법적 제한을 할 수 없으며, 위헌적 선언을 할 수 있는 헌법재판에서도 권력분립주의의 원칙과 자유민주주의의 기본원리에 입각하여야 하며 그 재판권의 행사에는 민주적 성격이 왜곡되지 않도록 스스로 자제하여야 한다."(헌재 1990. 6. 25. 89헌가98 등 병합결정)

끝으로, 사법부에 대한 견제 · 균형의 방법으로는 국회의 재정에 관한 권한(제54조 이하), 탄핵소추권(제65조), 국정감사 · 조사권(제61조), 대통령의 사면 · 감형 · 복권(제79조) 등이 있다.

(4) 機關內部의 權力統制

63. 기관내부의 권력통제

기관내부의 권력통제방법으로는 집행기능을 대통령과 행정부로 2원화(제66조, 제86조), 감사원설치(제97조 이하), 각종 자문기관설치(제90조, 제91조, 제92조, 제93조, 제127조 제 3 항), 법원조직에 있어서의 합의제와 부(部)제(제102조 제 1 항), 법원의 심급제(제101조 제 2 항), 부서제도(제82조), 국무회의의 심의(제88조, 제89조) 등을 들 수 있다.

第 3 節 政府形態

1. 政府形態의 概念 및 分類

(1) 槪 念

1) 개 념

64. 정부형태의 개념: 자유민주적 헌정체제의 국가권력구조

'정부형태'(Regierungsform)란 자유민주적 헌정체제의 국가권력구조에서 권력분립원리가 적용되는 형태를 말한다. 곧 정부형태는 입법부, 사법부, 행정부 사

이에 권력이 어떻게 배분되어 있는가, 그 배분된 권력을 어떻게 행사하는가, 이들의 관계는 어떠한가의 문제, 특히 정책수립·정책수행기관인 행정부와 입법부 사이에서 권력분립원리가 구체적으로 적용되는 형태를 말한다.[96]

에서 권력분립원리가 적용되는 형태

2) 구별되어야 할 개념들

사람에 따라서는 정부형태와 통치형태(정치형태, 헌정체제, 정치체제)를 혼용하는 경우도 있다. 그러나 통치형태는 정부형태보다 광범위한 개념이므로 정부형태와 통치형태는 개념상 구별하여야 하며,[97] 더 정확하게는 국가유형과 국가형태와 정부형태를 구별하여야 할 것이다.[98]

65. 국가유형·국가형태·정부형태의 구별

---

96) 정부형태를 이렇게 이해하는 한 예컨대 김철수, (주 20), 868-869쪽이나 권영성, (주 19), 659쪽과 같이 정부형태의 개념을 정의하기 위해서 정부의 개념을 최광의, 광의, 협의, 최협의로 나누고, 그에 따라 정부형태를 각각 다르게 개념정의하려는 시도는 적절치 않으며, 더 나아가서 정부형태를 권력분립형 정부형태와 권력집중형 정부형태로 나누는 것(김철수, 주 20, 869-871쪽) 또한 적절치 않다 하겠다. 정부형태를 권력분립형 정부형태와 권력집중형 정부형태로 분류하는 것은 정부형태를 논의하기 위한 출발점이 되는 헌정체제(정치형태 또는 정치체제)를 정부형태와 혼동한 결과가 아닌가 생각된다. 곧 헌정체제는 자유민주주의적 헌정체제(권력분립형 헌정체제)와 권위주의적 헌정체제(권력집중적 헌정체제)로 나눌 수 있고, 그러한 한에서 정부형태는, 'régime politiques'라는 동일한 용어가 광의의 헌정체제로도 협의의 정부형태로도 사용되는(성낙인, 프랑스헌법학, 법문사, 1995, 288-292쪽 참조) 프랑스에서와는 달리, 권력이 분립되어 있는 헌정체제에서만 논의될 수 있는 문제이다.

97) 허영, (주 15), 670쪽은 "통치구조는 권력분립의 원칙만을 조직적·구조적으로 실현시킨 통치의 틀이 아니라 대의제도를 비롯한 선거제도·공직제도·지방자치제도 등 모든 통치기관의 구성원리를 복합적이고 종합적으로 실현시킨 통치권행사의 제도적인 틀에 해당되는 것이기 때문에 정부형태와 통치구조 내지 통치형태를 같은 것으로 평가하는 시각은 옳지 못하다"고 한다.

98) 국순옥, 공화국의 정치적 상품화와 순차결정의 과학적 기준(1993년 2월 한국공법학회 제34회 발표논문)이 이러한 구별을 제시하고 있다. 그에 따르면 우선, 국가유형은 국가의 역사적 본질과 계급적 성격을 묻는 범주로서, 한 사회의 지배적인 생산관계가 국가유형을 규정짓는 결정적 요인이 된다고 하고, 그것은 노예제국가, 봉건국가, 자본주의국가, 사회주의국가의 순으로 성립하여 왔다고 한다. 다음으로, 국가형태는 국가유형의 하위개념으로서 국가기관들의 조직형태를 말하고, 한 국가유형 안에는 다양한 국가형태가 존재한다고 한다. 예컨대 자본주의국가의 정상적인 국가형태로는 입헌군주국과 민주공화국이 있고, 예외적인 국가형태로는 군사독재국가·보나파티즘국가·파시즘국가 등이 있다고 한다. 끝으로, 정부형태는 국가기구의 최상층에 자리한 정치적 집행기관, 즉 좁은 의미의 정부가 어떻게 구성되는지를 나타내는 범주로서, 예컨대 민주공화국에서 채택하고 있는 정부형태로 대통령제·의원내각제·의회정부제 등을 들 수 있다고 한다(여기서는 권영성, 주 19, 705쪽, 각주 2에서 간접인용).

(2) 分　類

1) 정부형태의 분류

66. 정부형태의 분류: 의원내각제, 대통령제, 회의정부제

정부형태는 행정부와 입법부의 상호관계에 따라 양자가 공화·협조관계에 있는 의원내각제와 양자가 상호독립관계에 있는 대통령제로 크게 나눌 수 있다. 그 밖의 다양한 정부형태는 이 두 가지 기본형태를 해당 국가의 정치실정에 맞게 변형시킨 것에 지나지 않는다.[99] 그러나 매우 예외적인 것이기는 하지만 의원내각제와 대통령제의 어느 유형에 속하는 것으로 분류할 수 없는 제 3 의 유형인 회의정부제(회의제)도 독자적 정부형태로 보아야 할 것이다.[100]

이 밖에도 정부형태에 대한 여러 가지 새로운 분류방법이 소개되고 있다.[101]

---

99) 허영, (주 15), 671쪽.

100) 김철수, (주 20), 889쪽 이하는 대통령제, 의원내각제, 이원정부제로 나누고 있으며, 성낙인, 한국헌법과 이원정부제(반정부제), 헌법학연구 제5권 제 1 호, 1999, 63쪽 이하도 독자적인 제 3 의 정부형태로서의 이원정부제의 일반이론을 전개하고 있다.

101) 그러한 분류방법으로는 다음과 같은 것을 들 수 있다. ① 뢰벤슈타인의 분류 — 뢰벤슈타인(K. Loewenstein, 주 73, S. 27ff.)은 정부형태를 국가권력의 분산여부를 기준으로 전제제(전제주의적 정부형태 — 절대군주제, 나폴레옹의 신임투표적 황제주의, 신대통령제)와 입헌제(입헌주의적 정부형태)로 나누고, 후자를 다시 직접민주제, 회의정부제, 의원내각제(프랑스 제 3·제 4 공화국의 고전적 의원내각제, 바이마르공화국과 프랑스 제 5 공화국의 2원정부제, Bonn기본법하의 통제된 의원내각제), 내각책임제(영국), 대통령제(미국), 집정부제로 세분한다. 이러한 뢰벤슈타인의 분류에 대해서는 다음과 같은 비판이 있다. 첫째, 정치체제와 정부형태를 같은 차원으로 혼동하였다. 둘째, 단순한 정치현상을 분석한 것에 불과하다. 셋째, 지나친 기교적 분류이다. 넷째, 모델선정에 자의성이 있다. 다섯째, 논리적 일관성이 결여되어 있다. ② 뒤베르제의 분류 — 뒤베르제(M. Duverger, *Institutions politiques et droit constiturionnel*, 15. éd, 1978)는 정치기구를 뜻하는 정치제도, 정치제도의 결합을 뜻하는 정부형태, 역사적 전통, 사회·경제구조, 이념문제 등을 포함하는 정치체제로 나누고, 정부형태를 의원내각제와 대통령제로 나눈다. ③ 그 밖의 분류 — 그 밖에도 파이너(S. E. Finer, *Comparative Government*, 1970)는 정부형태의 기본유형을 자유민주주의국가의 정부형태, 전체주의국가의 정부형태, 제 3 세계국가의 정부형태로 분류하고 있고, 해티히(M. Hättich, *Lehrbuch der Politikwissenschaft*, 1969)는 지배구조 내지 권력통제의 유무, 정치의사형성의 절차, 정치적 대표의 정통성의 세 가지 구성원리에 따라 정치질서를 유형화하고 있고, 슈탐멘(Th. Stammen, *Regierungssysteme der Gegenwart*, 3. Aufl., 1972)은 현대국가에 있어서의 정치체제의 유형을 현대입헌주의적 정부형태, 현대전제주의적 정부형태, 제 3 세계의 정부형태로 나누고 있다. 그리고 크릭크(B. Crick, *Basic Form of Government: A Sketsch and a Model*, 1973)는 정부형태를 역사적 출현단계에 따라 12개의 유형으로 정리하고, 그 기본유형으로서 전제주의 정부형태, 공화주의 정부형태, 전체주의 정부형태를 제시하고 있다. ④ 또한 최근에 A. Lijphart, *Patterns of Democracies*, 1999는 복합적 정부형태유형론을 주장하고 있다. 그는 민주주의를 '국민에 의한 그리고 국민을 위한 정부'라고 이해하고, 국민들의 의견이 불일치하고 다양한 선호를 갖는 경우에, 누가 누구의 이익에 따라 통치할 것이냐는 의문을 제기한다. 이에 대한

그러나 그러한 분류방법은 정부형태를 규범적인 차원에서가 아니라, 정치현상을 분석하는 차원에서 분류한 것이고, 그 결과 정부형태와 정부형태와 구별해야 할 개념을 구별하지 않고 있으므로 이곳에서는 취할 수 없다.

2) 이원정부제는 독자적 정부형태인가

① 뒤베르제의 반대통령제이론

67. 뒤베르제의 반대통령제이론

이원정부제의 이론적 체계를 처음으로 제시한 학자는 프랑스의 뒤베르제 *M. Duverger*로 알려져 있다. 뒤베르제는 이를 '반대통령제'(régime semi-présidential)라고 부르면서 그 본질적 요소로서 대통령제적 요소로서의 국민의 보통선거에 의한 대통령선거와 의원내각제적 요소로서의 의회의 대정부불신임권을 든다. 그에 반하여 뒤베르제는 다른 학자들이 이원정부제의 본질적 요소로 들고 있는 집행부의 의회해산제도와 국가긴급권은 나라에 따라 차이가 있으므로 이를 이원정부제의 본질적 요소로 보지 아니한다. 뒤베르제는 이원정부제에 속하는 헌법유형을 취하고 있는 국가로서 바이마르공화국, 1919년 이후의 핀란드, 1929년 이후의 오스트리아, 1937년 이후의 아일랜드, 1962년 이후의 프랑스, 1976년 이후의 포르투갈을 들고 있다.[102)]

② 이원정부제의 요소 — 국내학자들의 견해

68. 이원정부제의 요소에 대한 국내학자들의 견해

국내에서는 학자에 따라 세부적인 점에서는 견해를 달리하고 있지만, 일반적으로 이원정부제의 요소로서 다음과 같은 것을 들고 있다. 첫째, 이원정부제란 의원내각제적 요소와 대통령제적인 요소가 결합되어 있다. 둘째, 집행권이 이원적 구조를 취하고 있다. 곧 집행권이 대통령과 내각(수상)으로 구성되고 대통령과 내각(수상)이 각기 실질적 권한을 갖는다. 셋째, 국민으로부터 선출된 대통령은 의회에 대하여 독립되어 있으며 의회에 대하여 책임을 지지 않는다. 넷째, 대통령은 의회해산권을 가지며 위기시에 국가긴급권을 행사한다. 다섯째, 의회는 내각불신임권을 갖는다.[103)]

③ 이원정부제의 독자적 정부형태 여부에 대한 국내학자들의 입장

69. 이원정부제의 독

이원정부제의 독자적 정부형태 여부와 관련하여 국내다수학자들은 이를 부

대답으로 그는 다수결주의모델과 합의제모델을 제시한다. 다수결주의모델은 정치권력을 단순한 다수의 수중에 집중시키는 데 반하여, 합의제모델은 다수결주의를 단지 최소한 요건으로만 받아들여 이 다수의 크기를 최대화, 즉 권력을 여러 방식으로 공유하고 분산시켜 제한하려고 한다.

102) 이상의 내용은 성낙인, (주 100), 63쪽 이하(특히 75-79쪽)에 따라 정리하였다.

103) 성낙인, (주 100), 70쪽의 정리에 따름.

자적 정부형태여부에 대한 국내학자들의 입장: 부정하는 것이 다수설의 입장

정하고 있다. 이에 반하여 일부학자들은 이원정부제의 독자적 정부형태성을 인정하고 있을 뿐만 아니라,[104] 더 나아가서 1998년 이후의 우리 헌법의 정부형태를 이원정부제로 분류하기도 한다.[105]

---

104) 김철수, (주 20), 894-896쪽. 따라서 김철수(901쪽)는 현행헌법의 정부형태를 대통령제적 요소, 의원내각제적 요소, 이원정부제적 요소로 나누어 설명한다. 성낙인은 다음 논문들에서 일관되게 이원정부제를 독자적 정부형태로 보고 있다. 성낙인, 프랑스헌법학, 1995, 358쪽 이하; 성낙인, 한국헌법상 이원정부제(반대통령제)권력구조의 정립, 고시연구(1997. 8.), 55쪽 이하; 성낙인, 권력의 민주화와 정부형태, 법과 사회(1997. 12.), 22쪽; 성낙인, 프랑스 이원정부제(반대통령제)의 현실과 전망, 헌법학연구 제4집 제2호, 1998, 186쪽; 성낙인, (주 100); 성낙인, 헌법학, 법문사, 2008, 82쪽 이하 참조; 국내에서는 최근에 이원정부제의 독자적 정부형태성을 인정하는 견해가 늘어나고 있다. 예컨대 정종섭, 헌법학원론, 박영사, 2008, 829쪽 이하는 이원정부정부제를 혼합정부제라 부르면서 그 독자적 정부형태성을 인정하고 있고, 전광석, 한국헌법론, 법문사, 2007, 444쪽은 "이원정부제는 대통령중심제와 의원내각제의 장점을 취하고자 하는 정부형태"라 하여 이원정부제가 독자적 정부형태임을 인정하고 있으며, 양건, 헌법강의 Ⅱ, 법문사, 2008, 37쪽은 "대통령제와 의원내각제를 구분 짓는 가장 결정적 요소는 입법부와 행정부의 성립·존속이 상호독립되어 있느냐 또는 의존하여 있느냐에 있다. 그런데 이원정부제의 경우, 행정권이 이원화되어 그 일부(대통령)는 입법부로부터 독립한 반면, 다른 일부(내각)는 입법부에 의존하여 있는 것이다. 이 때문에 이원정부제는 대통령제 또는 의원내각제의 어느 하나에 속한다고 볼 수 없다. 바로 이 점에서 이원정부제는 다른 절충적 정부형태와는 다른 독특한 특징을 갖고 있는 것이다. 이렇게 볼 때 이원정부제는 다른 일반적인 절충적 정부형태와 다른 독자적 정부형태라고 봄이 타당하다"라고 하면서 이원정부제가 독자적 정부형태라는 것을 인정하고 있다.

105) 성낙인, (주 100), 101쪽. 1998년 이후의 우리 헌법의 정부형태를 이원정부제로 보고 있는 성낙인의 견해에 따르면 "굳이 대통령제라고 볼 수도 없고, 그렇다고 일원적 의원내각제라고 볼 수도 없는 절충형 정부형태가 매우 다양한 모습으로 나타나고 있다. 그 중에서 특히 대통령제와 의원내각제의 핵심적인 내용을 담고 있는 중간형태로서의 이원정부제가 있음을 부인할 수 없다"(65쪽)고 하고, "현행헌법은 대통령제적 요소와 의원내각제적 요소를 혼합하고 있음에 비추어 이원정부제적이라는 평가가 불가능한 것은 아니다"라고 한다(90쪽). 곧 이 견해의 주장자에 따르면 우선 첫째, 우리 헌법이 대통령직선제를 취하고 있고(90쪽)(*이것은 정확한 지적이다*), 둘째, 현행헌법상 국무총리·국무위원해임건의권을 단순한 정치적 건의에 불과한 것이 아니라 대통령은 특별한 사유가 없는 한 이에 응하여야 하는 것으로 해석하는 한(91쪽)(*이것은 논란의 여지가 있다. 특히 우리 헌법 제63조 제1항은 '국회는 국무총리 또는 국무위원의 해임을 대통령에게 건의할 수 있다'고만 규정하고 있기 때문에 이는 해석에 일임된 문제이나, 이를 대통령이 이에 반드시 응하는 것으로 해석하여야 할 논리적 필연성은 찾아볼 수 없다. 오히려 우리 헌법의 전체구조 — 특히 국무총리를 대통령의 보좌기관으로 규정한 헌법 제86조 제2항 — 로부터 이를 단순한 정치적 건의에 불과한 것으로 보는 것이 합리적인 해석일 것이다*) 우리 헌법규범이 이원정부제의 본질적 요소를 가지고 있다는 것이다. 다음으로, 이 견해의 주장자는 현정부가 사실상 연립정부라고 할 수 있는 이른바 공동정부이기 때문에 이제 국무총리는 더 이상 방탄총리·의전총리가 아니라고 한다. 그리고 그 근거로서 공동정부를 탄생시킨 1997년 11월 3일의 "여·야 간의 정권교체를 위한 새정치국민회의·자유민주연합의 대통령후보단일화를 위한 합의문"을 든다(96쪽). 그리고 이러한 합의에 따라 권력의

④ 이원정부제의 독자적 정부형태 여부에 대한 사견

70. 이원정부제의 독자적 정부형태여부에 대한 사견: 하나의 이론적 시도에 지나지 않는다

개인적으로는 우선, 이원정부제의 독자적 정부형태를 인정하기는 어려울 것으로 생각한다. 왜냐하면 이원정부제는 "굳이 대통령제라고 볼 수도 없고, 그렇다고 일원적 의원내각제라고 볼 수도 없는 절충형 정부형태가 매우 다양한 모습으로 나타나고" 있는[106] 현상을 이론적으로 설명하려는 시도에 불과할 뿐, 그것을 고정된 정부형태로 볼 수는 없기 때문이다. 그에 대한 증거로서 이 견해의 주장자도 인정하고 있듯이 이원정부제를 가장 활발하게 실천하고 있는 것으로 평가할 수 있는 프랑스 제 5 공화국에서조차 이를 의원내각제적인 시각에서 보기도 하고 대통령제적인 시각에서 보기도 하는 다양한 견해가 존재할 뿐만 아니라 이원정부제의 헌정사적 변용이 끝나지 않았다는 점이 지적되고 있다는 점을 들 수 있다.[107]

71. 우리 헌법의 정부형태를 이원정부제로 분류할 수는 없다

다음으로, 1998년 이후(즉 김대중 정권하)의 우리 헌법의 정부형태를 이원정부제로 분류하는 데 대해서도 동의할 수 없다. 왜냐하면 우리 헌법규범이 1987년 이후 다시 개정되었다면 모르겠거니와 같은 헌법규범을 이른바 공동정부가 성립했고, 이른바 공동정부를 구성하는 양당의 약속에 따라 변칙적으로 운용한다고 해서 1998년 이전의 우리 헌법의 정부형태가 대통령제였던 것이 1998년 이후에 이원정부제로 변하는 것은 아니겠기 때문이다. 곧 헌법규범에 따라 정치현실을 해석해야지, 정치적 현실에 따라 헌법규범을 해석할 수는 없는 일이다. 양당 간의 합의문은 양당 간의 정략적 약속에 불과하다. 따라서 그것을 지키고 지키지 않고의 문제는 규범적 효력을 갖지 못하는 양당 간의 정치적 도의(?)의 문제이거나 적나라한 권력투쟁의 문제일 수는 있으나, 그 합의문이라는 것이 정부형태의 선택권자인 모든 국민의 합의에 기초하여 마련된 헌법보다 상위의 그 무엇일 수는 없다. 정치현실이 헌법을 좌우하는 것이 아니라, 헌법이 정치현실을 정당화한다. 간혹 헌법규범과 헌법현실의 모순을 이야기하면서 헌법현실에 헌법을 맞출 것을 주장하는 사람들이 있다. 그러나 헌법규범에 반하여 실현되는 내용은 '헌법현실'(Verfassungswirklichkeit), 곧 실현된 헌법일 수는 없다.[108] 또한

분점(分占)현상은 심화될 것이라고 보고, 그렇다면 이것은 결코 대통령중심제라 할 수 없을 것이며 오히려 집행권의 양두제(兩頭制)를 의미하는 이원정부제적인 시험기로 보아야 할 것이며(97쪽), 순수한 미국식대통령제로의 헌법개정을 하지 않는 한, 이원정부제적인 운용은 불가피할 것이라고 한다(105쪽).

106) 성낙인, (주 100), 65쪽.

107) 성낙인, (주 100), 65쪽, 주 4.

108) K. Hesse, (주 26), S. 18.

헌법에 반하는 헌법현실이라고 하는 것은 존재하지 않으며, 존재해서도 안 된다. 헌법에 반하는 현실을 헌법현실이라고 표현하는 것은 헌법에 반하는 선택을 포함하고 있기 때문에, 헌법적 고찰에서 지양되어야 한다(헌법해석의 문제). 오히려 중요한 것은 그러한 현실에 주목하고, 헌법에 반하는 현실의 발생을 방지하거나 헌법에 반하는 현실을 다시금 헌법과 일치시키기 위하여 필요한 것을 행하는 것이다(헌법정책의 문제).[109][110]

2. 議院內閣制

(1) 議院內閣制의 概念 및 由來

1) 개　　념

72. 의원내각제의 개념: 집행부의 존속이 의회의 신임에 종속되어 있는 정부형태

'의원내각제'(parliamentary government: 내각책임제 cabinet government)는 내각(집행부)의 존속이 의회의 신임에 종속되어 있는 정부형태,[111] 곧 의회에서 선출되고 의회에 대해서 정치적 책임을 지는 내각을 중심으로 국정이 운영되는 정부형태를 말한다.

2) 유래 및 전개

① 유　　래

73. 의원내각제의 유래: 영국에서 헌정관행으로 성립

의원내각제는 영국헌법상의 다른 제도들과 마찬가지로 역사와 함께 형성·발전해 온 '역사적 산물'(product of history)로서,[112] 영국에서 헌정관행으로 성립

109) K. Hesse, (주 26), S. 19(Rdnr. 47f.) 참조.

110) 우리 헌법상의 정부형태를 이원정부제로 해석하는 데 대한 비판으로는 김선택, 현행헌법상의 정부형태에 있어서 의원내각제적 요소의 의의(상), 법정고시(1998. 7.), 5쪽 이하(7쪽); 김욱, "왜 내각제인가", 민주법학 통권 14호(1998), 289쪽 참조. 특히 정종섭, 한국헌법상 대통령제의 과제, 헌법학연구 제5집 제1호, 1999, 9쪽 이하(16·17쪽)은 "대통령제와 부합하지 않는 이러한 이질적인 규정이 실정법에 있는 이상 그 제도의 존재 자체를 부정하는 해석은 할 수 없으나, 이러한 요소들을 들어 우리 헌법이 정하고 있는 정부형태를 비록 변형된 것이기는 하더라도 대통령제의 범주에 포함되는 것이 아닌 것으로 이해하는 것은 정부형태에 관한 전체계에 부합하지 않을 뿐만 아니라, 헌법상 정부형태를 결정하는 체계 내의 각 인자들 간의 충돌을 야기시켜 현실에서 의원내각제나 이원정부제로 성공적으로 운용될 수도 없게 만든다고 보인다"고 하고 있다.

111) F. Glum, *Das parlamentarische Regierungssystem in Deutschland, Großbritanien und Frankreich,* 1965, S. 1; H.-P. Schneider, Das parlamentarische System, in: E. Benda/W. Maihofer/H.-J. Vogel(Hg.), *Handbuch des Verfassungsrechts der Bundesrepublik Deutschland*, Bd. 1, 1984, S. 239ff.(240).

112) Sir I. Jennings, *Cabinet Government*, 3rd ed.(1961), p. 1.

되었다.[113)]

② 전 개

영국에서는 이른바 장기의회(1640-1649)와 1689년의 명예혁명의 결과 의회 주권 내지 의회우위의 원칙이 확립되었다. 그 결과 의회를 대신하여 집행권을 행사하면서도 의회의 통제에 따르는 기관이자 국왕의 자문기관이 필요하게 되었고, 그러한 필요에 응하기 위하여 튜더 *Tudor* 왕조 시부터 추밀원(Privy Council)이 성립되었다. 그 후 17세기 후반 추밀원에서 분화된 '내각'(cabinet)은 처음에는 국왕에 의해 주재되었다.[114)]

그러나 1714년 영어를 해득하지 못하였던 독일 하노버가(家) *Hannover* 출신의 조지 *George* 1세 때부터 국왕이 각의를 주재하지 않는 가운데 1721-1742년에 걸쳐 수상에 재임한 휘그당의 월폴 *Sir Robert Walpole*이[115)] 조지 1세의 전폭적인 신임하에 1721년 이래 각의를 주재하게 되어 '각의(다수多數) 중의 수석'(Primus inter pares, the first in equals)이라는 관념이 생겨났다.[116)] 이것이 수상의 기원이며, 나아가서 '군주는 군림하되, 통치하지는 않는다'는 입헌군주제의 원칙을 확립하는 계기가 되었다.

그 후 1782년에는 노드 *Lord North*의 내각이 하원의 불신임결의에 따라 총사직하게 되고,[117)] 1783년에는 토리당의 소(小) 피트 *William Pitt, the Younger* 내각이 하원의 불신임결의에 대하여 하원의 해산을 단행한 후 1784년 총선[118)]에서 압도적인 승리를 하였다. 그 결과 의회의 신임을 배경으로 하여 내각의 진퇴를 결정하는 의원내각제의 시대가 전개되기 시작하여 헌법상의 관행으로 정착되

---

113) C. F. Strong, *Modern Political Constitution*, 4th ed.(1952)은 의원내각제를 '이론으로부터 귀결된, 숙고에 의한 사고물이 아닌' 실천적인 정치적 관습의 형성물(p. 31), 곧 영국 헌법에 있어서의 '중요한 관습적 요소'(great customary or conventional element(p. 217)라고 한다.

114) O. H. Phillips, *The Constitutional Law of Great Britain and the Commonwealth*, 1952, p. 226.

115) S. B. Chrimes, *English Constitutional History*, 1960, p. 172.

116) Sir I. Jennings, (주 112), p. 173.

117) G. Jellinek, (주 29), S. 701.

118) K. Loewenstein, *Der britische Parlamentarismus*, 1964는 1784년의 영국총선을 영국헌정사에서 하나의 전환점을 이루는 것으로 보고 있다. 곧 이 선거를 통하여 영국의 2대정당제가 최종적으로 정착되었고, 국왕의 재량에 따라 내각이 조각되는 것을 최종적으로 소멸시키는 계기가 되었다는 것이다. 왜냐하면 1784년 선거에 의하여 유권자는 하원의 다수파에 기초를 둔 내각에 진정한 정당성을 부여한다는 것이 확인되었고, 소(小) 피트가 이끄는 토리당은 휘그당에 필적하는 정치세력으로 되어 2대정당제가 확립되었기 때문이다.

었다. 이렇게 정착된 영국의 의원내각제는 특히 1867년과 1884/5년에 이루어진 선거권의 확대와 선거제도의 민주화 및 그에 따른 정당조직의 정비를 통하여 현재와 같은 형태로 정립되었다.[119] 그리고 의회정치는 1831년의 벨기에헌법의 제정과 더불어 유럽에 전파되게 되었고, 종국에 가서는 전세계에 파급되게 되었다.[120]

(2) 議院內閣制의 類型

74. 의원내각제의 유형

의원내각제의 유형에는 고전적(전통적) 의원내각제, 외견적 의원내각제, 건설적 의원내각제 등 여러 가지 유형이 있다.[121]

1) 고전적 의원내각제

75. 고전적 의원내각제

고전적 의원내각제에는 두 가지 유형이 있다. 하나는 내각과 의회다수파가 형식적으로는 일치하지만 실질적으로는 내각이 강한 영국형 의원내각제(내각책임제)이다.[122]

다른 하나는 프랑스 제3공화국과 프랑스 제4공화국에서 보는 바와 같이 강한 의회와 약한 정부를 특징으로 하는 프랑스형 의원내각제이다. 프랑스에서 집행권은 대통령과 내각에 분배되어 있다. 그러나 실제로는 수상이 행정을 맡고 있고, 대통령은 의례적인 권한만을 행사한다. 또 의회는 정부에 대한 불신임권을 행사하나, 정부는 의회를 해산하지 않는 것이 관례로 되어 있다.

그러나 일반적으로는 강한 의회와 약한 정부를 특징으로 하는 프랑스형 의원내각제를 고전적 의원내각제로 부르고 있다.

2) 외견적 의원내각제

76. 외견적 의원내각제

외견적 의원내각제란 바이마르 공화국이나 프랑스 제5공화국의 이원정부제적 의원내각제를 말한다.

---

119) 허영, (주 15), 681쪽. 영국의회의 기원과 그 역사적 전개에 대해서는 F. W. Maitland, *The Constitutional History of England*, 1961, 오늘날의 영국의원내각제의 실제에 대해서는 J. Harvey/L. Bather, *The British Constitution*, 5th ed.(1982) 참조.

120) K. Loewenstein, (주 73), S. 82.

121) 김철수, (주 20), 892·893쪽은 의원내각제의 유형을 고전적인 의원내각제, 통제된 의원내각제, 내각책임제로 분류하고 있다.

122) K. Loewenstein, (주 73), S. 83는 의원내각제는 내각책임제와 동의어가 아니라, 내각책임제는 의원내각제의 '아종'(亞種, Unterart)에 지나지 않는다고 한다. 그런가 하면 Sir I. Jennings, (주 112), p. 3도 내각우위의 의원내각제는 내각책임제로 이행하게 된다고 한다.

3) 건설적 의원내각제

77. 건설적 의원내각제

건설적 의원내각제(통제된 의원내각제)란 독일기본법하에서와 같이 강한 정부와 약한 의회를 특징으로 하는 정부형태이다. 독일에도 대통령이 있다. 그러나 연방대통령은 연방의회에서 재적과반수로 선출된 자를 연방수상으로 임명하고,[123] 연방장관은 연방수상의 제청으로 연방대통령에 의하여 임면되기 때문에[124] 대통령은 조각권을 비롯한 여러 권한을 의례적으로만 가지고 있고, 실질적으로는 연방수상이 행정을 전담하고 있다.[125] 또한 독일기본법은 내각불신임과 관련하여 의회의 다수로써 후임자를 선출하지 않은 상태로는 현수상에 대한 불신임을 의결할 수 없도록 하는 이른바 건설적 불신임제도를 규정하고 있다.[126][127]

(3) 議院內閣制의 特色

78. 의원내각제의 특색

의원내각제의 가장 본질적인 요소는 의회의 다수파에 의하여 정부가 구성된다는 점이다(의존성의 원리). 이러한 의원내각제의 본질적 요소로부터 다음과 같은 것을 의원내각제의 특색으로 정리할 수 있을 것이다. ① 집행부가 이원적 구조, 곧 명목상의 대통령과 실질적 권한을 갖는 내각의 이원적 구조를 가진다. ② 의회의 내각불신임권과 정부의 의회해산권에 의하여 권력의 균형을 이룬다.[128] ③ 입법부와 행정부는 형식상 독립이나 실질적으로는 협조하는 공화와 협조관계에 있다. 이러한 입법와 행정부의 공화관계는 각료의 의원직 겸직가능, 정부의 법률안제출권, 각료의 의회출석·발언권과 의회의 각료에 대한 의회출

---

123) 독일기본법 제63조.

124) 독일기본법 제64조.

125) 독일기본법 제65조 제1문: "연방수상은 정책지침을 정하고 이에 대한 책임을 진다."

126) 독일기본법 제67조 제1항.

127) 물론 이러한 의회의 불신임에 대응하여 연방수상의 제청에 따라 연방대통령이 3주 이내에 의회를 해산할 수 있으나(독일기본법 제68조 제1항 제1문), 연방의회가 다수결로써 새로운 연방수상을 선출하면 연방대통령의 해산권은 소멸되며(독일기본법 제68조 제1항 제2문), 또한 불신임의결이나 의회해산결정은 발의 후 48시간 이후에 내려져야 한다(독일기본법 제67조 제2항, 제68조 제2항). 독일의 건설적 내각제에 대하여 더욱 자세한 것은 장영수, 독일식 의원내각제의 한국적 적용, 헌법학연구 제5집 제1호, 1999, 37쪽 이하(특히 39-49쪽) 참조.

128) 레즈롭(R. Redslob, *Die Parlamentarische Regierung in ihrer echten und in ihrer unechten Form,* 1918, S. 2f.)은 영국의 경우처럼 내각이 의회를 해산할 수 있는 경우를 진정한 의원내각제, 프랑스 제3·제4공화국처럼 내각이 의회해산권이 없거나 있더라도 유명무실한 경우를 부진정한 의원내각제라고 부르고 있다.

석·발언요구권, 국무총리 및 국무회의제도, 부서제도 등을 통하여 확보된다. ④ 내각의 각료는 의회의 의원임을 원칙으로 하며,[129] 내각이 의회에 의하여 구성되므로 민주적 정당성이 일원화된다.[130]

(4) 議院內閣制의 長·短點

1) 장 점

79. 의원내각제의 장점

의원내각제의 장점으로는 보통 다음과 같은 것들이 이야기되고 있다. ① 내각의 존속과 진퇴가 국민의 대표기관인 의회의 의사에 의존하기 때문에 민주적 요청을 만족시킨다. ② 내각이 의회에 대하여 책임을 짐으로써 책임정치를 실현할 수 있다. ③ 내각의 의회해산권과 의회의 내각불신임권 행사로 정치적 대립을 해결하는 데 용이할 뿐만 아니라 중립적인 국가원수가 정치적 대립을 조정할 수도 있다. ④ 내각이 입법부로부터의 신임을 유지하기 위하여 유능한 정치적 인재를 등용하게 되어 결과적으로 의회의 신임을 고양시킬 수 있다.

2) 단 점

80. 의원내각제의 단점

그에 반하여 의원내각제의 단점으로는 일반적으로 다음과 같은 것이 이야기되고 있다. ① 정당이 난립할 경우 정국이 불안해진다. ② 입법부가 정권탈취를 위한 정쟁장소로 될 수 있다. ③ 내각의 존속이 입법부의 신임에 좌우되기 때문에 강력한 정치를 실현할 수 없다. ④ 내각과 원내다수파가 합세할 경우 다수결의 횡포를 가져올 수 있으며, 이에 대한 견제장치가 없다.

(5) 議院內閣制의 成功條件

81. 의원내각제의 성공조건

의원내각제가 성공하기 위해서는 다음과 같은 조건이 성숙되어 있어야 한다. 복수정당제의 확립, 국민의 동질성과 화합, 언론의 자유와 정치적 자유의 완

---

129) S. Low, *The Government of England*, 1922, p. 47-48은 영국의원내각제의 전체적 기초는 "장관이 양원 중의 한 원에 소속되고 있다는 강한 관습에 있다"고 하고, 또한 각국 의원내각제에 공통된 제 1 의 특색을 내각의 각료가 동시에 의원이라는 점에서 구하고 있다. 또한 Sir I. Jennings, (주 116), p. 21은 영국에서 월폴 *Walpole* 이래 수상은 의회의원이라는 점을 확인하고 있다. 또한 1902년 이후 수상은 하원에서만 배출되는 전통도 확립되고 있다. 그러나 1963년 상원의원출신의 수상인 *Hume* 백작이 그 전통을 깨뜨린 적이 있으나, 그는 수상이 되자 백작의 지위를 포기하고 2주 후 시행된 하원의 보궐선거에 입후보하여 당선되었고 그럼으로써 수상은 하원출신이어야 한다는 전통을 이었다.

130) 의원내각제의 특색에 대하여 더욱 자세한 것은 H.-P. Schneider, (주 111), S. 241ff. 참조.

전한 보장, 문민정부의 전통과 군부의 중립성, 직업공무원제의 확립, 지방자치제의 확립, 정치인과 국민의 정치의식수준의 성숙.

3. 大統領制

(1) 大統領制의 槪念 및 由來

1) 개 념

82. 대통령제의 개념

'대통령제'(presidential government, Präsidialsystem; 대통령중심제, 대통령책임제)란 의회로부터 독립하고 의회에 대해서 정치적 책임을 지지 않는 대통령을 중심으로 국정이 운영되고, 대통령에 대해서만 정치적 책임을 지는 장관에 의해 구체적인 집행업무가 행해지는 정부형태를 말한다.

2) 유 래

83. 대통령제의 유래

대통령제는 몽테스키외의 3권분립론을 받아들인 1787년 미연방헌법에서부터 시작된 것으로 알려져 있다.[131]

(2) 大統領制의 類型

84. 대통령제의 유형

대통령제의 유형으로는 전통적 대통령제인 미국형 대통령제와 미국형 대통령제의 변형인 신대통령제, 이원정부제가 있다.[132]

1) 미국형 대통령제

85. 미국형 대통령제

미국형 대통령제(고전적 대통령제)는 완전한 3권분립형 대통령제를 말한다.[133] 미국의 대통령은 행정부의 수반으로서 국민에 의하여 4년 임기로 선출된다. 대통령은 의회에 대하여 책임을 지지 않으며 의회해산권도 갖지 않는다. 그에 상응하여 의회도 정부불신임권을 행사할 수 없다.

---

131) 미국대통령제의 기원과 발전에 대해서는 C. Rossiter, (주 79), 특히 pp. 81-121과 J. M. Burns, *Presidential Government*, 1966(이홍재 등 8인 공역, 미국형대통령제, 법문사, 1983) 참조.

132) 김철수, (주 20), 890쪽은 대통령제를 고전적 대통령제, 의원내각제에 유사한 대통령제, 후진국의 신대통령제로 유형화하고 있다.

133) 미국의 정부를 보통 '권력분립'(seperation of powers)의 정부라고 칭하고 있다. 미국에서는 사람들이 본래의 표현을 확장시켜 분립·조정된 권력의 정부라고 칭하고 있다(K. Loewenstein, (주 75), S. 109).

미국형대통령제는 현실적으로는 대통령의 개인적 정치역량과 의회의 집행부 통제력의 강약에 따라 집행부가 의회보다 우위에 있는 '해밀턴형'(Hamilton model), 의회가 집행부에 대하여 우위를 차지하는 '매디슨형'(Madison model), 집행부와 의회가 대등한 지위에 있는 '제퍼슨형'(Jefferson model) 등으로 운용되고 있다.[134]

2) 신대통령제

86. 신대통령제

신대통령제는 형식적으로는 미국형 대통령제에 가까운 권력분립적인 형태를 취하고 있으나, 실질적으로는 대통령제라는 명칭과 관계 없이 대통령에게 권력이 통합되어 있는 권위주의적 대통령제를 말한다.

뢰벤슈타인은 권력분립이 명목적이며, 대통령의 권력행사에 대한 대안이 없는 경우를 신대통령제라 부르면서, 1935년 필수츠키 *Pilsudsky*정권하의 폴란드, 나세르 *Nasser*정권하의 에집트, 고 딘 디엠 *Ngo Dinh Diem*정권하의 베트남, 이승만정권하의 한국 등을 그 대표적인 예로 들고 있다.

3) 이원정부제

87. 이원정부제

이원정부제란 의원내각제적 요소와 대통령제적 요소를 함께 가지고 있는 정부형태를 말한다. '이원정부'(double executive, die zweigeteilte Exekutive, die bipolrare Exekutive)란 평상시에는 수상이(의원내각제적 요소), 비상시에는 대통령이(대통령제적 요소) 집정하는 정부를 말한다. 이원정부제하에서는 행정부는 의회에 의하여 구성되고, 대통령은 국민에 의하여 직선되는 것이 보통이다.

뒤베르제는 이 제도를 '반대통령제'(régime semiprésidential)라 부르고 있으며, 바이메 *K. v. Beyme*도 대권을 소유하고 국민에 의하여 간선되며 무책임과 장기적 지위를 점하고 있는, 곧 공화국에 전제군주제의 기능을 도입한 대통령제를 반대통령제라 부르고 있고,[135] 벨로프 *M. Beloff*도 반대통령제에 대하여 언급하고 있다.[136]

이원정부제의 대표적인 경우로는 바이마르헌법과 드골 *De Gaulle*헌법(프랑스 제5공화국헌법)의 정부형태를 들 수 있다.

---

134) 이에 대하여 자세한 것은 J. M. Burns, (주 131), pp. 3-31 참조(이홍재 등 번역본, 17-41쪽), 이에 대한 개관은 권영성, (주 19), 720쪽 참조.

135) K. v. Beyme, *Das Präsidentielle Regierungssystem*, 1969.

136) M. Beloff, *Das Semi-Präsidentielle System, The Seperation of Powers in the Constitution of the 5th Republik, Parliamentary Affairs*, 1958/1959, p. 43.

(3) 大統領制의 特色

88. 대통령제의 특색

대통령제의 고전적 형태인 미국형 대통령제의 특색을 한마디로 간추린다면 그것은 입법부와 집행부의 상호분리·독립(독립성의 원리)이라는 말로 표현할 수 있다. 미국형 대통령제는 구체적으로는 다음과 같은 특색을 갖는다. ① 집행부는 대통령을 정점으로 일원화되고 내각은 대통령의 비서에 불과하다. ② 대통령은 국민에 의해 선출되고, 집행부의 구성원은 대통령이 임명하고 대통령에 대해서만 책임을 진다. ③ 의회의 구성원은 집행부의 구성원이 될 수 없다. ④ 의회는 정부에 대하여 불신임권이 없으며, 정부는 의회해산권이 없다. ⑤ 정부는 법률안제출권은 없으나, 그 대신 법률안거부권이 있다. ⑥ 대통령과 의회가 국민에 의하여 구성되는 이원적 민주적 정당성의 구조를 띤다.[137)]

(4) 大統領制의 長·短點

1) 장 점

89. 대통령제의 장점

대통령제는 ① 행정부와 입법부가 상호 독립되어 있기 때문에 대통령의 임기 동안 집행부가 안정되어 행정부가 강력한 행정을 수행할 수 있으며, ② 정부가 법률안거부권을 통해 국회다수파의 횡포를 견제할 수 있다는 장점이 있다.

2) 단 점

90. 대통령제의 단점

그에 반하여 대통령제의 단점으로는 ① 대통령의 임기가 고정되어 있어서 그때그때 요구되는 조정을 할 수 있는 여지가 없으며, 대통령의 독주시 독재화의 염려가 있다는 점, ② 의회가 극단으로 내달릴 때 집행부의 기능이 정지될 염려가 있으며, 극단적인 경우에는 정국불안으로 쿠데타가 발발할 염려가 있다는 점을 들 수 있다.[138)139)]

---

137) 대통령제의 특징적 요소에 대한 자세한 논의는 한태연, 헌법과 정치체제, 법문사, 1987, 38쪽 이하 참조.

138) 이 두 가지 외에도 권영성, (주 19), 722쪽은 대통령제의 단점으로 의원내각제에 비하여 국민의 정치적 훈련의 기회가 드물다는 것을 첨가하고 있다.

139) 대통령제는 이러한 장·단점을 가지고 있기 때문에 1990년 미국에서는 J. Linz, The Perils of Presidentialism, in: Journal of Democracy, Winter 1990, Vol. 1, No. 1, pp. 51-59와 D. L. Horowitz, Comparing Democratic Systems, Journal of Democracy, Fall 1990, Vol. 1, No. 4, pp. 73-79 사이에 대통령제위험론과 대통령제옹호론 논쟁이 있었다. 이에 대해서 자세한 것은 양건, 정부형태론에 관한 최근 미국학계의 논의, 고시연구 (1994. 10.), 131쪽 이하 참조.

(5) 大統領制의 成功條件

91. 대통령제의 성공 요건

미국에서 대통령제가 성공적으로 정착되고 계속하여 존립하고 있는 것은 다음과 같은 조건이 충족되었기 때문이다. 연방국가구조에 의한 수직적 권력분립의 성공적 정착, 정당조직의 분권화, 강력한 사법부, 강한 정치형성적 기능을 가진 여론의 존재, 국민의 철저한 민주의식과 현명한 정치감각, 공정한 선거제도를 통한 평화적 정권교체의 가능성.[140)]

4. 會議政府制

(1) 會議政府制의 概念

92. 회의정부제의 개념

'회의정부제'(gouvernement conventionnel, 집단정부제 Versammlungsregierung)란 일반적으로 행정부에 대한 의회의 절대적 우위로 특징지어지는 정부형태, 곧 행정부의 성립과 존속은 의회에 의존하지만 행정부는 의회를 해산시킬 수 없으므로 행정부가 전적으로 의회에 종속하는 정부형태를 말한다.

(2) 會議政府制의 類型

93. 회의정부제의 유형

회의정부제의 오래된 형태로는 영국의 장기의회(1640-1649)에 의한 통치형태를 들 수 있다. 근대에 들어서는 프랑스혁명기의 1793년 '국민공회정부제'(régime conventinell)에서 그 모습을 볼 수 있다. 회의정부제의 현대적 유형으로는 넓은 의미에서 중화인민공화국과 북한 등의 인민회의제를 들고 있다.[141)] 5·16군사쿠

140) 이러한 조건들 중 많은 것을 Fr. W. Riggs, The Survival of Presientialism in America: Para-cinstitutional Practices, in: International Political Sciense Review(1988), vol. 9, No. 4. pp. 247-248은 '준헌법적 관행'(para-constitutional practices)이라고 부르고 있다.

141) 스위스의 집정부제를 넓은 의미의 회의정부제의 하나로 분류하는 견해도 있다. 그러나 다음과 같은 최대권, 헌법학강의, 박영사, 2001, 344쪽의 설명을 보면 그러한 견해는 설득력이 없다고 생각한다. 스위스에서는 "상·하 양원으로 구성된 의회(연방의회)가 연방의 최고권력 담당자이며, 7인으로 구성된 4년 임기의 집행부(연방정부)는 정당지도자 가운데서 의회(양원합동회의)에 의하여 선출된다. 그리하여 의회가 정부를 선출한다는 점에서는 집정부제는 일견하여 회의체정부와 유사하게 보인다. 그러나 회의체정부의 경우와는 달리 정부가 의회에 대하여 결코 의회의 지시나 위임 또는 명령을 받는 관계에 서지 아니하며 의회는 불신임결의에 의하여 정부의 사임을 요구할 수 없다. 그렇다고 정부가 의회해산권을 가지는 것도 아니다. 다만 연방정부 구성원은 상·하 양원에 출석하여 토의에 참가할 수 있다. 그리고 대통령은 없으며, 매년 돌아가면서 맡게 되어 있는 연방의회의 의장이 대통령으로서의 의례적인 기능을 수행한다."

데타 후의 국가재건최고회의도 회의정부제의 유형에 속하는 견해도 있다. 그러나 국가재건최고회의는 국민의 선거에 의하여 선출된 국민의 대표기관이 아니라는 점에서 회의정부가 아니라 군사평의회에 지나지 않는 것으로 보아야 할 것이다.

그러나 북한의 인민회의제를 회의정부제의 유형으로 볼 수 있을지는 의심스럽다. 왜냐하면 북한의 최고인민회의는 실제로는 당의 정책을 합법화시켜 주는 외견상의 입법기관에 지나지 않으며, 예산승인을 위한 단순한 통법기관에 지나지 않기 때문이다.[142)]

(3) 會議政府制의 特色

94. 회의정부제의 특색

회의정부제의 특색은 한 마디로 의회가 국가권력의 정점에 위치하고 모든 국가기관에 대해서 절대적으로 우월한 지위를 가지고 있다는 것으로 요약할 수 있다. 이러한 특색은 다음과 같은 점에서 나타난다. ① 집행부는 '집단지도체제'(collégialite)이며, 집행부의 구성원은 의회에 의하여 선임되고 의회에 대하여 연대책임을 진다. 의회는 언제라도 집행부를 불신임할 수 있지만, 집행부는 의회를 해산할 수 없다. ② 집행부가 의회에 의하여 선임되기 때문에 집행부의 존립은 의회의 존립에 전적으로 종속된다. 따라서 의회가 해산되면 집행부도 퇴진한다. ③ 의회는 항상 개회하고, 정기적인 선거를 통하여 선거민에게만 책임을 진다. ④ 국가원수가 없는 것이 특색으로, 국가원수가 있다 하더라도 의례적이고 명목적인 기능만을 가진다. ⑤ 권력체계가 일원화되어 있으므로 의회는 원칙적으로 단원제이다. ⑥ 의회가 사법까지 장악한다. 이는 영국이나 프랑스의 혁명법원, 과거 우리나라의 국가재건최고회의시절의 군법회의의 예에서 확인될 수 있다. ⑦ 회의정부제는 전제주의적 통치형태로 변천하는 경향이 있다.[143)]

5. 韓國憲法上의 政府形態

(1) 原　　則

95. 현행헌법의 정부형태: 대통령제+의원내각제

현행헌법하의 정부형태는 변형된 것이기는 하지만 대통령제를 원칙으로 하고, 그에 의원내각제적 요소가 가미되어 있다.[144)]

---

142) 이상민, 북한의 당·국가관료제의 제특성과 변화, 통일문제연구, 1990 여름, 255쪽; 권영성, (주 19), 734쪽.

143) K. Loewenstein, (주 73), S. 79f. 참조.

144) 헌법재판소는 "우리나라의 정부형태는 약간의 의원내각제적 요소도 있기는 하나 기본적

(2) 大統領制的 要素

96. 한국헌법상의 대통령제적 요소

현행헌법은 원칙적으로 다음과 같은 점에서 대통령제를 채택하고 있다. ① 대통령은 국가원수인 동시에 행정부수반의 지위를 갖는다(제66조 제1항, 제4항). ② 대통령은 국민에 의해 직접 선출되고(제67조 제1항), 국민으로부터 직접 그 대표성을 부여받고 있다. ③ 대통령은 5년의 임기 동안(제70조) 탄핵소추의 경우(제65조)를 제외하고는 국회에 대해 정치적 책임을 지지 않으며, 국회도 대통령에 대하여 불신임결의를 할 수 없다. ④ 대통령에게 국회해산권이 없다. ⑤ 대통령에게 법률안거부권이 있다(제53조 제2항). ⑥ 국무회의는 의결기관이 아니고 심의기관으로서(제88조) 단순한 대통령보좌기관에 불과하다.

(3) 議院內閣制的 要素

97. 한국헌법상의 의원내각제적 요소

그러나 현행헌법은 다음과 같은 점에서는 의원내각제적 요소를 가미하고 있다. ① 대통령·국무총리·15인 이상 30인 이하의 국무위원으로 구성되는 심의기관으로서의 국무회의를 두고 있고(제88조, 제89조), 임명에 국회의 동의를 필요로 하는 국무총리제를 두고 있다(제86조 제1항). ② 국무총리는 대통령의 명을 받아 행정각부를 통할하고(제86조 제2항), 국무위원의 임명을 대통령에게 제청하며, 국무위원의 해임을 건의할 수 있다(제87조 제1항, 제3항). ③ 국회는 국무총

으로는 대통령제(또는 대통령중심제)"(헌재 1994. 4. 28. 89헌마86 결정)라고 한다. 또한 학자들도 우리 헌법의 정부형태를 변형된(변질된 또는 비정상적인) 것이기는 하지만 대통령제로 이해하고 있다. 한태연, 한국헌법에 있어서의 대통령제의 실상, 고시연구 창사 20주년 기념논집, 고시연구사, 1994, 186쪽 이하(188쪽)는 원칙적인 대통령제에 의원내각제적 요소를 결합한 우리와 같은 정부형태를 이른바 '대통령주의제'(présidentialisme)라 부르면서 대통령주의제의 경우에는 원칙적인 의원내각제에 대통령제적 요소를 혼합한 '준대통령제'(semi-présidentiel)와 달리 다른 권력에 비하여 대통령이 우월적인 것으로 되어 독재적 정부형태로 된다고 한다. 이에 대해서 정종섭, (주 114), 18쪽, 주 15는 "그러나 이러한 시각은 대통령제를 이해함에 있어 대통령제에서는 권력의 인격화와 권력의 집중이 당연한 것이라는 오해를 야기시킬 우려가 있다. … 입헌민주국가의 정부형태로서 대통령제를 이해함에 있어서는 대통령제에서 자칫 잘못하면 대통령이 '권력의 인격화'와 '선거군주'로 변질되어 나타날 위험이 있기 때문에 이 점에 대해 경계하고 이를 방지하는 장치를 두어야 한다는 면에서 접근하는 것이 필요하다"고 적절한 지적을 하고 있다. 또한 우리의 정부형태와 관련하여 대통령이 우월적인 지위를 가지는 우리의 제도와 현실에서 의원내각제적인 요소의 활성화를 통하여 대통령에 대한 권력통제의 효과를 얻고자 하는 의도에서 현행헌법의 정부형태를 의원내각제로 작동할 수 있도록 이해하자는 견해도 있다. 김선택, (주 110), 특히 10쪽 이하 및 김선택, 현행헌법하의 정부형태에 있어서 의원내각제적 요소의 의의(하), 법정고시(1998. 8.), 3쪽 이하 참조. 그러나 이러한 견해는 헌법운용론이라고 볼 수는 있어도 헌법해석론이라고 볼 수는 없다.

리와 국무위원에 대한 해임을 대통령에게 건의할 수 있다(제63조 제1항). ④ 대통령의 국법상 행위에는 국무총리와 국무위원의 부서가 있어야 한다(제82조). ⑤ 정부도 법률안을 제출할 수 있다(제52조). ⑥ 국무총리·국무위원·정부위원은 국회나 그 위원회에 출석하여 발언할 수 있고, 국회와 그 위원회도 이들을 출석시켜 답변을 요구할 수 있다(제62조 제1항, 제2항). ⑦ 국무위원은 국회의원직을 겸할 수 있다(제43조, 국회법 제29조 제1항).

第4節 公務員制度

1. 憲法規定 및 沿革

(1) 憲法規定 및 意義

1) 헌법규정

98. 공무원제도에 대한 헌법규정: 헌법 제7조

우리 헌법 제7조는 "① 공무원은 국민전체에 대한 봉사자이며, 국민에 대하여 책임을 진다. ② 공무원의 신분과 정치적 중립성은 법률이 정하는 바에 의하여 보장된다"라고 하여 공무원의 헌법상 지위(제1항)와 직업공무원제도(제2항)에 대하여 규정하고 있다.

이 밖에도 제29조 제1항에는 공무원의 직무상의 불법행위에 대한 국가배상책임이, 제33조 제2항에는 공무원의 근로3권 제한이, 제65조에는 공무원에 대한 탄핵소추와 탄핵심판이 각각 규정되어 있다.

2) 의 의

99. 공무원제도의 의의

이처럼 헌법이 공무원에 대하여 자세하게 규정하고 있는 이유는 기본권실현을 지향하는 국가작용이 국가기관, 특히 현실적으로는 공무원에 의하여 담당되기 때문이다. 달리 표현하면 공무원은 국가작용의 인적 수단이자 도구이기 때문이다. 직업공무원제도가 국가기관의 필수적 구성원리로 간주되는 이유가 여기에 있다.[145)]

(2) 沿 革

100. 공무원제도의 연혁

'직업공무원제도'(Berufsbeamtentum)는 대략 15세기 무렵부터 오늘에 이르기

145) 허영, (주 15), 742쪽.

까지 오랜 시간을 두고 점진적으로 성립되어 왔다.[146] 그러나 직업공무원제도를 헌법에 처음으로 규정한 것은 1919년 바이마르헌법(제128조-제131조)으로 알려져 있다.

우리 헌법은 공무원의 헌법상 지위에 대하여는 건국헌법에서부터 규정하고 있었다.[147] 그러나 직업공무원제는 제3차 개정헌법(제2공화국헌법)에서 처음으로 도입하였다.[148] 동헌법은 경찰의 중립에 대해서도 명문화한 바 있다.[149]

2. 公務員의 概念과 範圍

(1) 槪 念

1) 공무원의 일반적 개념정의

101. 공무원의 일반적 개념정의: 직접 또는 간접으로 국민에 의하여 선임되어 국가나 공공단체의 공무를 담당하고 있는 자

일반적으로 공무원이란 직접 또는 간접으로 국민에 의하여 선임되어 국가나 공공단체의 공무를 담당하고 있는 자를 말한다.

판례: 〈국가공무원법 제66조에 대한 헌법소원(합헌)〉 "공무원이라 함은 직접 또는 간접적으로 국민에 의하여 선출되거나 임용되어 국가 또는 공공단체와 근무관계를 맺고 공공적 업무를 담당하고 있는 자를 말한다."(헌재 1992. 4. 28. 90헌바27 등 병합결정)

2) 다양한 공무원개념

102. 다양한 공무원개념: 최광의, 광의, 협의

그러나 공무원의 개념에는 최광의, 광의, 협의 등 여러 가지 공무원개념이 있으며, 구체적인 경우에 따라 그 적용이 다르다.

최광의의 공무원은 일체의 공무담당자를 말한다. 여기에는 선거직공무원은 물론 사법상 계약·특허·사무위임·법률규정에 의하여 한정된 공무를 담당하거나 공무원으로 간주되는 사인(私人)을 포함한다. 광의의 공무원은 국가 또는 공

---

146) 직업공무원제도의 발전사에 대해서는 특히 H. Hattenhauer, *Geschichte des Berufsbeamtentums*, 1980 참조.

147) 건국헌법 제27조: "공무원은 주권을 가진 국민의 수임자이며 언제든지 국민에 대하여 책임을 진다. …"

148) 제3차헌법개정(1960. 6. 15.) 제27조: 제2항을 다음과 같이 신설하고 제2항을 제3항으로 한다. "공무원의 정치적 중립과 신분은 법률이 정하는 바에 의하여 보장된다."

149) 제3차헌법개정 제75조: 제2항을 다음과 같이 신설한다. "전항의 법률에는 경찰의 중립을 보장하기에 필요한 기구에 관하여 규정을 두어야 한다"(*동헌법 제75조 제1항: "행정각부의 조직과 직무범위는 법률로써 정한다").

공단체와 광의의 공법상 근무관계를 맺고 공무를 담당하는 기관구성자만을 말한다. 여기에는 국가의 최고기관구성자와 명예직공무원을 포함한다. 협의의 공무원은 국가 또는 자치단체와 특별행정법관계를 맺고 공무를 담당하는 기관구성자만을 말한다.

(2) 實定法上 公務員의 範圍

103. 실정법상 공무원의 개념: 국가공무원법상의 공무원개념 + 국가배상법상의 공무원

① 국가공무원법상의 공무원

가. 경력직공무원과 특수경력직공무원

104. 국가공무원법상의 공무원: 경력직공무원 + 특수경력직공무원

국가공무원법은 공무원을 경력직공무원과 특수경력직공무원으로 구분하고 있다(동법 제2조 제1항). 경력직공무원은 실적과 자격에 의하여 임용되고 그 신분이 보장되며 평생토록 공무원으로 근무할 것이 예정되는 공무원을 말한다. 이에는 일반직공무원, 특정직공무원이 있다(동법 제2조 제2항). 특수경력직공무원은 경력직공무원 이외의 공무원을 말한다. 이에는 정무직공무원, 별정직공무원이 있다(동법 제2조 제3항).

나. 정무직공무원

105. 정무직공무원

정무직공무원은 일반직공무원과는 달리 국가의 최고정책의 수립에 직접·간접으로 참여하고, 정치적 소신에 따른 정치활동을 통하여 국가와 국민에 봉사하는 공무원을 말한다. 정무직공무원의 대표적 예로는 대통령, 국회의원, 국무위원 등을 들 수 있다. 국가공무원법은 정무직공무원을 선거에 의하여 취임하거나 임명에 있어서 국회의 동의를 요하는 공무원이라 개념정의하고, 앞에서 든 예 외에도 정무직공무원에 대하여 자세하게 규정하고 있다(동법 제2조 제3항 제1호 참조).

② 국가배상법상의 공무원

106. 국가배상법상의 공무원

국가배상법상의 공무원은 널리 공무를 위탁받아 이에 종사하는 자를 말한다. 따라서 국가배상법상의 공무원에는 공무원법상의 공무원은 물론 조세의 원천징수자, 집행관, 각종 위원 등이 포함된다.

3. 公務員의 憲法上 地位

(1) 憲法規定

107. 공무원의 헌법상 지위에 대한 헌법규정: 헌법 제7조 1항

헌법 제7조 제1항은 "공무원은 국민전체에 대한 봉사자이며, 국민에 대하여 책임을 진다"라고 하여 국민전체에 대한 봉사자라는 공무원의 헌법상 지위와 그에 따르는 국민에 대한 책임을 명시하고 있다.

(2) 國民全體에 대한 奉仕者

1) 국민전체에 대한 봉사자로서의 공무원

① 의 의

108. 국민전체에 대한 봉사자로서의 공무원의 의의

'공무원은 국민전체에 대한 봉사자'라는 헌법 제7조 제1항 전단의 표현은 헌법 제1조의 국민주권주의의 제도적 구현으로서의 의미를 가진다. 국민전체에 대한 봉사란 국민전체의 이익을 위한 봉사를 말하며, 일부 국민이나 어떤 정당의 이익을 위한 봉사를 금지한다는 뜻이다.

이때의 공무원은 최광의의 공무원을 말한다.

② 공무원과 국민의 관계

109. 공무원과 국민의 관계

공무원과 국민의 관계에 대해서는 헌법적 대표설150)과 이념적 대표설(다수설)이 대립되어 있다. 다수설에 따르면 공무원은 국민의 법적 대표(위임대표)가 아니라 이념상 국민전체의 수임자로서 국민에 대하여 충성·성실 등을 내용으로 하는 정신적·윤리적 봉사관계에 있다고 한다.

2) 공무원의 국민에 대한 책임

① 책임의 성질

가. 학 설

110. 공무원의 국민에 대한 책임의 성질과 관련된 학설: 법적 채임설, 정치적·윤리적 책임설

국민에 대한 책임의 성질이 무엇이냐에 대해서는 법적 책임설151)과 정치적·윤리적 책임설152)이 대립되어 있다.

법적 책임설은 공무원의 책임은 주권자인 국민에 대하여 지는 책임이고 공무에 대하여 지는 책임이며 그 직무의 수행에 관하여 비판과 제재를 받을 책임이므로, 공무원의 책임은 국민에 대한 그리고 국무에 관한 법적 책임이라고 한다. 더 나아가서 법적 책임설은 헌법이 "공무원은 국민에 대하여 책임을 진다"라고 규정하고 있는 이상 공무원의 국민에 대한 책임은 헌법적 책임이며, 따라서 법적 책임이라고 보아야 한다고 한다.

그에 대하여 정치적·윤리적 책임설은 공무원이 국민의 수임자라고는 하지만, 국민과 공무원간에 엄격한 법상의 위임관계가 존재하지 않고 국민이 공무원을 파면할 수 없기 때문에 공무원은 엄격한 법적 의미에서의 국민의 수임자는

150) 김철수, (주 20), 197쪽, 각주 2.
151) 김철수, (주 20), 198쪽.
152) 권영성, (주 19), 221쪽.

아니며, 따라서 공무원의 책임이란 정치적·윤리적 책임으로서는 인정되나 엄격한 의미에서의 책임은 성립할 수 없다고 한다.

나. 학설에 대한 검토

111. 공무원의 국민에 대한 책임의 성질과 관련된 학설의 검토

우선, 공무원의 책임의 성질은 헌법 제7조에 "공무원은 … 국민에 대하여 책임을 진다"라는 규정이 있다고 해서 헌법규정만을 근거로 그것을 헌법적 책임이며, 따라서 법적 책임이라고 볼 수는 없다고 생각한다. 왜냐하면 여기서 말하는 헌법적 책임이란 '헌법에 규정된 책임'이라는 것을 확인하는 의미 이외의 다른 의미는 없기 때문이다. 다음으로, 국민에게 공무원파면권이 없기 때문에 공무원의 책임을 법적 책임이 아닌 정치적·윤리적 책임이라고 결론짓는 것도 지나치게 부분적인 관찰방법이라고 할 수밖에 없다고 생각한다. 이러한 이야기는 원칙적으로 간접민주정을 채택하고 있는 우리 헌법상으로는 선거직공무원에 대해서만 타당할 수 있는 이야기이며, 이를 달리 표현하자면 우리 헌법은 국민소환제를 채택하고 있지 않다는 당연한 사실에 대한 확인 이상의 아무것도 아니다. 따라서 이 견해를 논리일관되게 전개할 경우 헌법 제29조 제1항의 공무원의 배상책임도 정치적·윤리적 책임이라는 결론을 내려야 하는 모순을 가져오게 될 것이다.

다. 사　견

112. 공무원의 국민의 책임의 성질에 대한 사견: 정치적·윤리적 책임과 법적 책임을 포함한다

따라서 개인적으로는 헌법 제7조의 국민에 대한 공무원의 책임의 성질은 헌법 제7조의 규정과 그 밖의 헌법규정 및 그들을 구체화한 법률규정들을 전체적으로 관찰하여 이해하는 것이 적절할 것으로 생각한다. 그러한 한에서 개인적으로는 헌법 제7조에 규정된 국민에 대한 책임은 정치적·윤리적 책임과 법적 책임을 포함하고 있는 것으로 생각된다.

② 책임의 유형

113. 공무원의 국민에 대한 책임의 유형

공무원의 국민에 대한 책임의 유형에는 정치적 책임과 법적 책임이 있다. 정치적 책임은 선거, 국무총리·국무위원에 대한 국회의 해임건의, 불법행위를 한 공무원의 처벌청원 등을 통하여 물을 수 있고, 법적 책임은 탄핵제도, 국가배상제도, 해임, 징계·변상·형사책임 등에 의하여 물을 수 있다.

4. 職業公務員制度

(1) 憲法規定 및 概念

1) 헌법규정

114. 직업공무원제도에 대한 헌법규정: 헌법 제7조 제2항

헌법 제7조 제2항은 "공무원의 신분과 정치적 중립성은 법률이 정하는 바에 의하여 보장된다"라고 하여 직업공무원제도[153]를 칼 슈미트 *Carl Schmitt* 적 의미에서 제도적으로 보장하고 있다.

직업공무원제도를 구체화하는 일반법으로는 국가공무원법과 지방공무원법이 있으며, 특별법으로는 교육공무원법·경찰공무원법·소방공무원법, 외무공무원법 등이 있다.

2) 직업공무원제도의 개념

115. 직업공무원제도의 개념: 정권교체에 관계 없이 행정의 독자성을 유지하기 위하여 헌법 또는 법률에 의하여 공무원의 신분이 보장되는 공무원제도

직업공무원제도는 정권교체에 관계 없이 행정의 독자성을 유지하기 위하여 헌법 또는 법률에 의하여 공무원의 신분이 보장되는 공무원제도를 말한다.[154]

판례: 〈국가입법회의법 등의 위헌 여부에 관한 헌법소원(일부인용, 일부각하)〉 직업공무원제도는 "공무원이 집권세력의 논공행상의 제물이 되는 엽관제도를 지양하고 정권교체에 따른 국가작용의 중단과 혼란을 예방하고 일관성 있는 공무수행의 독자성을 유지하기 위하여 헌법과 법률에 의하여 공무원의 신분이 보장되는 공직 구조에 관한 제도이다."(헌재 1989. 12. 18. 89헌마32 등 병합결정)

판례: 〈국가공무원법 제66조에 대한 헌법소원(합헌)〉 "공무원이란 직접 또는 간접적으로 국민에 의하여 선출 또는 임용되어 국가나 공공단체와 공법상의 근무관계를 맺고 공공적 업무를 담당하고 있는 사람들을 의미하며, 공무원도 각종 노무의 대가로 얻는 수입에 의존하여 생활하는 사람이라는 점에서는 통상적인 의미의 근로자적인 성격을 지니고 있다. 다만 공무원은 임용주체가 궁극에는 주권자인 국민

---

153) 직업공무원제도를 보장하는 헌법규정이 무엇인가에 대하여는 견해의 차이가 있다. 다수설은 헌법 제7조 제2항을 직업공무원제도를 보장하는 규정으로 봄에 반하여, 허영, (주 15), 758쪽은 공무원의 지위·책임과 정치적 중립성에 관한 규정(제7조)을 그 기본조문으로 보고, 대통령의 공무원임면권(제78조), 공무원의 노동3권을 제한하는 규정(제33조 제2항), 공무원의 직무상 불법행위로 발생한 손해에 대한 국가·공공단체의 배상책임(제29조 제1항), 직업공무원제도의 구조적 요소에 관한 법률유보(제7조 제2항)규정 등을 모두 직업공무원제도를 보장하는 규정으로 보고 있다.

154) 허영, (주 15), 753쪽은 직업공무원제도를 "국가와 공법상의 근무 및 충성관계를 맺고 있는 직업공무원에게 국가의 정책집행기능을 맡김으로써 안정적이고 능률적인 정책집행을 보장하려는 공직구조에 관한 제도적 보장"이라고 정의한다.

또는 주민이기 때문에 국민전체에 대하여 봉사하고 책임을 져야 하는 특별한 지위에 있고, 그가 담당한 업무가 국가 또는 공공단체의 공공적인 일이어서 특히 그 직무를 수행함에 있어서 공공성·공정성·성실성 및 중립성 등이 요구되기 때문에 일반근로자와는 달리 특별한 근무관계에 있는 사람이다."(헌재 1992. 4. 28. 90헌바27 등 병합결정)

판례: 〈「1980년 해직공무원의 보상 등에 관한 특별조치법」 제 4 조에 대한 헌법소원(합헌)〉 "우리나라의 공무원제도는 정무직공무원의 일부를 제외하고는 대부분 성적제를 채택하고 있다고 할 수 있다(국가공무원법 제 2 조, 제26조, 경찰공무원법 제 7 조, 교육공무원법 제 2 장). 국민주권주의와 국민의 기본권보장을 양대 지주로 하고 있는 우리나라의 헌법이념상 공무원은 과거와 같이 집권자에의 충성관계나 관료적인 공리(公吏)로서가 아니라 국민의 수임자로서 국민에게 봉사하는 것을 본래의 사명으로 하고 전문적 기술적 행정을 담당함을 그 목적으로 하는 기관이라는 의미에서 공무원제도는 민주성과 중립성, 전문성, 능률성을 가진 직업공무원임을 특질로 하는 것이다."(헌재 1993. 9. 27. 92헌바21 결정)

판례: 〈지방공무원법 제31조, 제61조에 대한 헌법소원(기각)〉 "직업공무원제를 규정한 헌법 제 7 조 제 2 항은 공무원으로 하여금 정권교체에 영향을 받지 아니하게 함과 동시에 동일한 정권 아래에서도 정당한 이유 없이 해임되지 아니하도록 신분을 보장하여 국민 전체의 봉사자로서 흔들림 없이 성실하게 공무를 수행할 수 있도록 하기 위한 규정이다."(헌재 1990. 6. 25. 89헌마220 결정)

판례: 〈구 지방공무원법 제 2 조 제 3 항 제 2 호 나목 등 위헌소원(합헌)〉 "직업공무원제도는 헌법이 보장하는 제도적 보장중의 하나임이 분명하다. 따라서 입법자는 직업공무원제도에 관하여 '최소한 보장'의 원칙의 한계 안에서 폭넓은 입법형성의 자유를 가진다. 따라서 입법자가 동장의 임용의 방법이나 직무의 특성 등을 고려하여 이 사건 법률조항에서 동장의 공직상의 신분을 지방공무원법상 신분보장의 적용을 받지 아니하는 별정직공무원의 범주에 넣었다 하여 바로 그 법률조항부분을 위헌이라고 할 수는 없다."(헌재 1997. 4. 24. 95헌바48 결정)

판례: 〈지방공무원법 제62조 제 1 항 제 3 호 위헌소원(합헌)〉 "직업공무원제도는 공무원이 집권세력의 논공행상의 제물이 되는 엽관제도를 지양하고 정권교체에 따른 국가작용의 중단과 혼란을 예방하며 일관성 있는 공무수행의 독자성을 유지하기 위하여 헌법과 법률에 의하여 공무원의 신분이 보장되는 공직구조에 관한 제도이다. 이러한 직업공무원제도를 운영함에 있어서는 인사의 공정성을 유지하는 장치가 중요하지만 특히 공무원의 정치적 중립과 신분보장은 그 중추적 요소라고 할 수 있다. 그러나 보장이 있음으로 해서 공무원은 어떤 특정정당이나 특정상급자를 위하여 충성하는 것이 아니고 국민전체에 대한 공복으로서 법에 따라 그 소임을 다할 수

있게 되는 것으로 이는 당해 공무원의 권리나 이익의 보호에 그치지 않고 국가통치 차원에서의 정치적 안정의 유지와 공무원으로 하여금 상급자의 불법 부당한 지시나 정실에 속박되지 않고 오직 법과 정의에 따라 공직을 수행하게 하는 법치주의의 이념과 고도의 합리성, 전문성, 연속성이 요구되는 공무의 차질 없는 수행을 위한 것이다."

"우리 헌법 제7조가 보장하고 있는 이러한 직업공무원제도는 주관적 권리가 아닌 객관적 법규범이라는 점에서 기본권과 구별되기는 하지만 일단 헌법에 의해 제도로서 보장된 이상 입법자는 그 제도를 설정하고 유지할 입법의무를 지게 될 뿐만 아니라 헌법에 규정되어 있기 때문에 법률로써 이를 폐지할 수 없고, 비록 그 내용을 제한한다고 하더라도 그 본질적 내용을 침해할 수는 없다."(헌재 2004. 11. 25. 2002헌바8 결정)

판례: 〈공직선거법 제49조 제10항 등 위헌확인 등(기각)〉 "지방공무원법은 정무직 등의 특별한 공무원이 아닌 한 정권교체 등 외부의 영향을 받지 않게 하기 위하여 정당한 이유와 적법한 절차에 따르지 아니하고는 그 의사에 반하여 해임 등의 불이익처분을 당하지 아니하도록 하는 등 공무원의 신분을 보장하고 있다. 이러한 직업공무원제도는 공무원이 집권세력의 논공행상의 제물이 되는 엽관제도를 지양하고 정권교체에 따른 국가작용의 중단과 혼란을 예방하며 일관성 있는 공무수행의 독자성을 유지하기 위한 것으로 이러한 제도를 운영함에 있어서는 인사의 공정성을 유지하는 장치가 중요하지만 특히 공무원의 정치적 중립과 신분보장은 그 중추적 요소라고 할 수 있다."(헌재 2008. 4. 24. 2006헌마402 등 병합결정)

판례: 〈공무원보수규정 제5조에 의한 [별표10] 위헌확인(기각)〉 "헌법 제7조 제2항은 공무원의 신분과 정치적 중립성을 법률로써 보장할 것을 규정하고 있다. 위 조항의 뜻은 공무원이 정치과정에서 승리한 정당원에 의하여 충원되는 엽관제를 지양하고, 정권교체에 따른 국가작용의 중단과 혼란을 예방하며 일관성 있는 공무수행의 독자성과 영속성을 유지하기 위하여 공직구조에 관한 제도적 보장으로서의 직업공무원제도를 마련해야 한다는 것이다. 직업공무원제도는 바로 그러한 제도적 보장을 통하여 모든 공무원으로 하여금 어떤 특정 정당이나 특정 상급자를 위하여 충성하는 것이 아니라 국민 전체에 대한 봉사자로서 법에 따라 그 소임을 다할 수 있게 함으로써 공무원 개인의 권리나 이익을 보호함에 그치지 아니하고 나아가 국가기능의 측면에서 정치적 안정의 유지에 기여하도록 하는 제도이다."(헌재 2008. 12. 26. 2007헌마444 결정)

(2) 憲法 제7조 제2항의 公務員의 範圍

116. 헌법 제7조 제2항의 공무원의 범위: 협의의 공무원

헌법 제7조 제2항이 말하는 공무원은 협의의 공무원을 말한다. 따라서 헌법 제7조 제2항이 말하는 공무원은 일반직·특정직과 같은 경력직공무원만을

의미하며, 정무직 · 별정직과 같은 특수경력직공무원을 포함하지 않는다.

판례: 〈국가보위입법회의법 등의 위헌 여부에 관한 헌법소원(일부인용 — 위헌, 일부각하)〉 "여기서 말하는 공무원은 국가 또는 공공단체와 근로관계를 맺고 이른바 공법상 특별권력관계 내지 특별행정법관계 아래 공무를 담당하는 것을 직업으로 하는 협의의 공무원을 말하며 정치적 공무원이라든가 임시직 공무원은 포함되지 않는 것이다."(헌재 1989. 12. 18. 89헌마32 등 병합결정)

판례: 〈구 지방공무원법 제 2 조 제 3 항 제 2 호 나목 등 위헌소원(합헌)〉 "청구인들의 주장과 같이 비록 동장이 주민에 대한 최근접 행정조직의 책임자로서 주민생활에 직접적이고 광범위한 영향을 미치는 공무원으로서 어느 공무원보다도 주민들과의 사이에 강한 근무관계가 있고 정치적 중립의 요청이 큰 한편, 그들에게 맡겨진 공무에 특별한 전문성이나 특수성을 찾아보기 어려울 뿐만 아니라 장기간 계속하여 그 직무를 담당하게 하는 것을 회피하여야 할 필요성이 있다거나 한시적인 기간 동안만 그 직무를 담당하게 하는 것으로 예정되어 있는 것이 아니라고 할지라도 그러한 사정만으로 입법자가 동장의 임용의 방법이나 직무의 특성 등을 고려하여 공직상의 신분을 지방공무원법상 신분보장의 적용을 받지 아니하는 특수경력직공무원 중 별정직공무원의 범주에 넣었다 하여 바로 그 법률조항을 위헌이라고 할 수는 없는 것이다."(헌재 1997. 4. 24. 95헌바48 결정)

(3) 職業公務員制度의 內容

직업공무원제도는 공무원의 정치적 중립성보장과 신분보장 및 채용과 승진에 있어서의 성적주의를 내용으로 한다.[155)]

117. 직업공무원제도의 내용: 공무원의 정치적 중립성보장과 신분보장 및 채용과 승진에 있어서의 성적주의

판례: 〈1980년해직공무원의보상등에관한특별조치법 제 4 조에 대한 헌법소원(합헌)〉 "국민주권주의와 국민의 기본권보장을 양대지주로 하고 있는 우리나라의 헌법이념상 공무원은 과거와 같이 집권자에의 충성관계나 관료적인 공리(公吏)로서가 아니라 국민의 수임자로서 국민에게 봉사하는 것을 본래의 사명으로 하고 전문적 · 기술적 행정을 담당함을 그 목적으로 하는 기관이라는 의미에서 공무원제도는 민주성과 중립성, 전문성, 능률성을 가진 직업공무원임을 특질로 하는 것이다."(헌재 1993. 9. 27. 92헌바21 결정)

---

155) 이는 다수설의 입장이다. 그러나 허영, (주 15), 754-757쪽은 직업공무원제도의 내용으로서 정책집행기능의 공무원전담이라 한다. 그리고 난 후 그는 직업공무원제도의 바탕을 공법상의 근무 및 충성관계로 표현하고 현대자유민주국가에서 직업공무원제도의 가장 기본이 되는 구조적 요소로서 종신주의, 부양의무, 능력주의, 정치적 중립성, 민주적 지시계통, 신분보장, 징계절차, 국가의 배상책임 등을 들고 있다.

판례: 〈국가공무원법 제69조 등 위헌소원, 지방공무원법 제31조 제4호 위헌소원, 구 국가공무원법 제69조 등 위헌소원(합헌)〉 "헌법 제7조 제2항은 '공무원의 신분과 정치적 중립성은 법률이 정하는 바에 의하여 보장된다'라고 규정하고 있는바, 이는 공무원이 정당한 이유없이 해임되지 아니하도록 신분을 보장하여 국민전체에 대한 봉사자로서 성실히 근무할 수 있도록 하기 위한 것임과 동시에, 공무원의 신분은 무제한 보장되는 것이 아니라 공무의 특수성을 고려하여 헌법이 정한 신분보장의 원칙 아래 법률로 그 내용을 정할 수 있도록 한 것이다."(헌재 1997. 11. 27. 95헌바14 등 병합결정)

1) 공무원의 정치적 중립성

118. 공무원의 정치적 중립성: 소극적 중립

공무원의 정치적 중립이란 정치활동의 금지, 구체적으로는 집권당의 영향으로부터의 독립과 정당에 대한 불간섭·불가담을 의미하는 소극적 중립을 뜻한다.

판례: 〈대통령의 선거중립의무 준수요청 등 조치 취소(기각)〉 "이 사건 법률조항 중 수범자인 행위주체 부분을 살펴보면, 주체는 '공무원 기타 정치적 중립을 지켜야 하는 자'로 규정되어 있으므로, 이 때 '공무원'은 자유선거원칙과 선거에서의 정당의 기회균등을 수호하여야 하는 모든 공무원을 의미한다. 그런데 사실상 모든 공무원이 그 직무의 행사를 통하여 선거에 부당한 영향력을 행사할 수 있는 지위에 있으므로, 여기서의 공무원이란 원칙적으로 국가와 지방자치단체의 모든 공무원, 즉 좁은 의미의 직업공무원은 물론이고, 적극적인 정치활동을 통하여 국가에 봉사하는 정치적 공무원(예컨대, 대통령, 국무총리, 국무위원, 도지사, 시장, 군수, 구청장 등 지방자치단체의 장)을 포함하며, 특히 직무의 기능이나 영향력을 이용하여 선거에서 국민의 자유로운 의사형성과정에 영향을 미치고 정당간의 경쟁관계를 왜곡할 가능성은 정부나 지방자치단체의 집행기관에 있어서 더욱 크다고 판단되므로, 대통령, 지방자치단체의 장 등에게는 다른 공무원보다도 선거에서의 정치적 중립성이 특히 요구된다(헌재 2004. 5. 14. 2004헌나1, 판례집 16-1, 609, 636). 다만 공무원 중에서 국회의원과 지방의회의원은 정치활동의 자유가 보장되고(국가공무원법 제3조 제3항, 제65조, '국가공무원법 제3조 제3항의 공무원의 범위에 관한 규정' 제2조 제4호) 선거에서의 중립의무 없이 선거운동이 가능하므로(공직선거법 제60조 제1항 제4호, 정당법 제22조 제1항 제1호 단서) 국회의원과 지방의회의원은 위 공무원의 범위에 포함되지 않는다."(헌재 2008. 1. 17. 2007헌마700 결정)

판례: 〈국가공무원법 제65조 제2항 등 위헌소원(합헌)〉 "한편, 헌법 제7조 제2항은 "공무원의 정치적 중립성은 법률이 정하는 바에 의하여 보장된다."고 명시하고 있다. 이와 같은 공무원의 정치적 중립성의 요청은 정권교체로 인하여 행정의 일관성과 계속성이 상실되지 않도록 하고, 공무원의 정치적 신조에 따라서 행정이 좌우되지 않도록 함으로써 공무집행에서의 혼란의 초래를 예방하고 국민의 신뢰를 확보

하기 위함이다. 이와 같은 공무원에 대한 정치적 중립성의 요청은 교육 분야에서 종사하는 교육공무원에게까지 제도적으로 보장되고 있다. … 따라서 교육공무원의 선거운동을 금지하는 것은 헌법이 보장하는 공무원의 정치적 중립성, 교육의 정치적 중립성을 확보하고, 나아가 선거의 형평성, 공정성을 기하기 위한 것으로서 입법목적의 정당성이 인정될 뿐만 아니라, 그 목적달성에 적합한 수단임이 인정된다."(헌재 2012. 7. 26. 2009헌바298 결정)

판례: **〈구 「특정범죄 가중처벌 등에 관한 법률」 제2조 제1항 위헌소원 등(한정위헌)〉** "공직선거법 제9조 제1항에 규정된 '공무원'은 선거에서의 중립의무가 부과되어 있는 공무원에 국한되고, 정당의 대표자이자 선거운동의 주체로서의 지위에 있는 국회의원과 지방의회의원은 선거에서의 정치적 중립성을 요구할 수 없으므로 여기에 포함되지 않는다."(헌재 2012. 12. 27. 2011헌바117 결정)

판례: **〈공직선거법 위반〉** "구 공직선거법 제85조 제1항에서의 '공무원의 지위를 이용하여'라는 개념은 공무원이 개인의 자격으로서가 아니라 공무원의 지위와 결부되어 선거운동을 하는 행위를 뜻하는 것으로, 공무원의 지위에 있기 때문에 특히 선거운동을 효과적으로 할 수 있는 영향력 또는 편익을 이용하는 것을 의미하고, 구체적으로는 그 지위에 수반되는 신분상의 지휘감독권, 직무권한, 담당사무 등과 관련하여 공무원이 직무를 행하는 사무소 내부 또는 외부의 사람에게 작용하는 것도 포함된다."(대법원 2013. 11. 28. 2010도12244 판결)

판례: "선거구의 각 면장 · 국민학교장 · 의용소방대장 · 면서기 등 법률상 선거운동을 할 수 없는 사람이 선거운동을 한 경우는 선거의 생명으로 하는 자유와 공정이 현저히 침해되었다 할 것으로 선거무효의 사유가 된다."(대법원 1970. 12. 24. 67수12 판결)

2) 공무원의 신분보장

① 공무원의 신분보장의 내용

119. 공무원의 신분보장의 내용

공무원의 신분보장이란 정권교체시나 동일한 정권하에서 정당한 이유없이 해임당하지 않는 것을 의미한다.

판례: **〈국가보위입법회의법 등의 위헌여부에 관한 헌법소원(일부인용, 일부각하)〉** "국가보위입법회의법부칙 제4항은 '그 소속공무원은 이 법에 의하여 후임자가 임명될 때까지 그 직을 가진다'라고 규정함으로써, 조직의 변경과 관련이 없음은 물론 소속공무원의 귀책사유의 유무라든가 다른 공무원과의 관계에서 형평성이나 합리적 근거 등을 제시하지 아니한 채 임명권자의 후임자임명이라는 처분에 의하여 그 직을 상실하는 것으로 규정하였으니, … 이는 실질적으로 소급입법에 의한 공무원의 신분보장규정 침해라고 할 것이다."(헌재 1989. 12. 18. 89헌마32 등 병합결정)

판례: "헌법재판소 88헌마32 · 33 국가보위입법회의법 등의 위헌여부에 관한 헌법 소원사건의 위헌결정은 그 주문을 이유에 대비하여 보면 구국가보위입법회의법 부칙 제4항 후단이 현행헌법 제7조 제2항뿐만 아니라 구헌법 제6조 제2항의 각 공무원신분보장 규정 모두를 위헌이라고 설시하고 있는 것이다."(대법원 1991. 6. 28. 90누9346 판결)

국가공무원법에 따르면 공무원은 형의 선고, 징계처분 또는 동법에 정하는 사유에 의하지 아니하고는 그 의사에 반하여 휴직 · 강임 · 면직을 당하지 않으며(동법 제68조, 지방공무원법 제60조), 또한 일정한 사유에 해당하는 경우가 아니면 징계처분을 당하지 않는다(동법 제78조 참조). 그러나 정부조직의 개폐나 예산의 감소 등에 의하여 폐직 또는 과원이 되었을 때에는 직권면직이 가능하다(동법 제70조 제1항 제3호 등).

판례: 〈구 국가공무원법 제73조의2 제1항 단서 위헌제청(위헌) — 형사사건으로 기소되면 필요적으로 직위해제처분을 하도록 한 국가공무원법 규정의 위헌여부, 필요적 규정에 의한 과잉금지원칙의 위반가능성〉 "형사사건으로 기소되기만 하면 그가 국가공무원법 제33조 제1항 제3호 내지 제6호에 해당하는 유죄판결을 받을 고도의 개연성이 있는가의 여부에 무관계하게 경우에 따라서는 벌금형이나 무죄가 선고될 가능성이 큰 경우에 대해서까지도 당해 공무원에게 일률적으로 직위해제처분을 하지 않을 수 없도록 한 이 사건규정은 헌법 제37조 제2항의 비례의 원칙에 위반되어 직업의 자유를 과도하게 침해하고 헌법 제27조 제4항의 무죄추정의 원칙에도 위반된다."(헌재 1998. 5. 28. 96헌가12 결정)

판례: 〈지방공무원법 제31조 제5호 등 위헌확인(위헌)〉 "공무원이 금고 이상의 형의 선고유예를 받은 경우에는 공무원직에서 당연히 퇴직하는 것으로 규정하고 있는 이 사건 법률조항은 금고 이상의 선고유예의 판결을 받은 모든 범죄를 포괄하여 규정하고 있을 뿐 아니라, 심지어 오늘날 누구에게나 위험이 상존하는 교통사고 관련범죄 등 과실범의 경우마저 당연퇴직의 사유에서 제외하지 않고 있으므로 최소침해성의 원칙에 반한다.

오늘날 사회구조의 변화로 인하여 '모든 범죄로부터 순결한 공직자 집단'이라는 신뢰를 요구하는 것은 지나치게 공익만은 우선한 것이며, 오늘날 사회국가원리에 입각한 공직제도의 중요성이 강조되면서 개개 공무원의 공무담임권보장의 중요성이 더욱 큰 의미를 가지고 있다. 일단 공무원으로 채용된 공무원을 퇴직시키는 것은 공무원이 장기간 쌓은 지위를 박탈해 버리는 것이므로 같은 입법목적을 위한 것이라고 하여도 당연퇴직사유을 임용결격사유와 동일하게 취급하는 것은 타당하다고 할 수 없다. 결국, 지방공무원법 제61조 중 제31조 제5호 부분은 헌법 제25조의 공무담임권을 침해하였다고 할 것이다. 따라서 헌법재판소가 종전에 1990. 6. 25. 89

헌마220 결정에서 위 규정이 헌법에 위반되지 아니한다고 판시한 의견은 이를 변경하기로 한다."(헌재 2002. 8. 29. 2001헌마788 등 병합결정)

공무원은 위법·부당한 징계처분 기타 그 의사에 반하는 불리한 처분에 대하여는 소청심사를 청구할 수 있고 행정소송도 제기할 수 있다.

판례: 〈인사명령취소(각하)〉 "이 사건 심판청구는 국가공무원법과 법원조직법에 따른 소청심사청구와 그 결정에 대한 불복수단으로서의 행정소송이라는 구제절차를 모두 거치지 아니한 채 청구한 것이어서 보충성을 갖추지 못한 부적합한 것이다. 보충성의 원칙에 대한 예외를 인정하려면 구제절차가 당해 사건에 관하여 객관적으로 실효성이 없을 것임이 확실히 예견되는 경우라야 한다. 그런데 이 사건의 경우 소청심사위원이나 행정소송의 재판을 담당한 법관에 대한 인사권자와 청구인에 대한 이 사건 인사처분권자가 동일인(대법원장)이라는 이유만으로 소청이나 행정소송 절차에 의하여는 권리구제의 실효성을 기대하기 어렵다고 말할 수 없다. 이런 경우까지를 보충성의 원칙에 대한 예외로 인정한다면 사실상 사법행정과 관련된 모든 쟁송은 법원의 관할에서 완전히 배제되고 오로지 헌법재판소만이 맡아야 된다는 이야기가 되어 사법제도의 본질과 법치주의에 어긋나는 결과가 초래된다. 따라서 이 사건심판청구를 각하한다."(헌재 1993. 12. 23. 92헌마247 결정)

② 공무원의 신분보장(정년제도)과 관련된 판례

120. 공무원의 신분보장과 관련된 판례

공무원의 신분보장과 관련하여 정년제도, 특히 정년연령 등이 헌법 제 7 조에 위반되지 않는가 하는 것이 문제될 수 있다. 이 문제에 대하여 헌법재판소는 ① 정년제도가 정년연령 시까지의 근무계속을 보장함으로써 안심하고 직무에 전념하게 하고 ② 공무원의 계획적인 교체에 의해 연령구성의 고령화를 방지하고 조직을 활성화하여 공무능률을 유지·향상시키는 목적을 가진다고 하여 합헌으로 판단하였다.[156] 또한 헌법재판소는 계급정년제도에 대해서도 합헌으로 보고 있다.[157]

3) 채용과 승진에 있어서의 성적주의

121. 채용과 승진에 있어서의 성적주의

성적주의는 정실인사를 배제하고 자격이나 능력을 기준으로 인사행정을 행함을 말한다. 공무원법은 "공무원의 임용은 시험성적·근무성적 그 밖의 능력의 실증에 따라 행한다"(국가공무원법 제26조, 지방공무원법 제25조)라고 하여 성적주

---

156) 헌재 1997. 3. 27. 96헌바86 결정〈국가공무원법 제74조 제 1 항 제 1 호 등 위헌소원(합헌)〉.
157) 더 나아가서 헌법재판소는 계급정년규정을 소급적용하도록 한 국가안전기획부직원법 소정의 규정까지를 합헌결정한 바 있다(헌재 1994. 4. 28. 91헌바15 등 병합결정).

의를 명문화하고 있다. 따라서 공무원채용시험에서의 제대군인가산점제도는 위헌이다.[158]

(4) 公務員의 權利와 義務

1) 일 반 론

122. 공무원의 권리와 의무 일반

공무원도 국민인 이상 헌법상 보장된 기본권과 헌법이 부여하는 기본의무의 주체가 된다. 그 밖에도 공무원은 일반국민과는 달리 공무원이라는 신분에서 그에 따르는 권리와 의무의 주체가 된다. 개별법에 규정되어 있는 공무원의 권리·의무를 간추려 정리하면 다음과 같다.

2) 공무원의 권리

123. 공무원의 권리

공무원의 권리에는 신분상 권리와 재산상 권리가 있다. 공무원의 신분상 권리에는 신분보유권, 직위보유권, 직무수행권, 직명사용권 및 제복착용권, 행정쟁송권 등이 있으며, 공무원의 재산상 권리에는 보수청구·수령권, 연금청구·수령권, 실비변상수령권 등이 있다.

판례: **〈구 국가유공자예우등에관한법률 제12조 제1항 위헌소원(합헌)〉** "일반 공상공무원의 경우 위와 같은 생활보조수당, 간호수당, 보철구수당, 학자금지급 등의 혜택은 주어지되, 국가에 대한 공헌과 희생, 업무의 위험성의 정도, 국가의 재정상태 등을 고려하여 군인·경찰상이공무원과 달리 연금 및 사망일시금은 지급하지 않는다고 해서 이를 합리적인 이유없는 차별이라고 단정할 수 없다."(헌재 2001. 6. 28. 99헌바32 결정)

3) 공무원의 의무

124. 공무원의 의무

공무원의 의무에는 가장 기본적인 의무인 성실의 의무 외에도 직무전념의 의무(직장이탈금지의 의무·영리행위금지의 의무·겸직금지의 의무 등), 법령준수의 의무, 합법적인 직무상 명령에 복종할 의무, 친절·공정의 의무, 종교중립의 의무, 청렴의 의무, 업무상 비밀준수의 의무, 품위유지의 의무 등이 있다.

판례: "교육과 교원의 특수성을 감안하더라도 법률상 허용되지 아니하는 목적을 위

---

158) 헌재 1999. 12. 23. 98헌마363 결정(제대군인지원등에관한법률 제8조 제1항 등 위헌확인심판). 국가유공자와 그 유족 등 취업보호대상자에 대한 가산점제도에 대해서는 합헌결정을 하였다(헌재 2001. 2. 22. 2000헌마25 결정)가 헌재 2006. 2. 23. 2004헌마675 등 병합결정에서는 판례를 변경하여 헌법불합치결정을 내렸다.

한 집회에 참석하지 말라는 학교장의 교사에 대한 명령은 감독자의 지위에서 교육에 전심전력하여야 할 교원에게 발하여지는 정당한 직무상의 명령이라 할 것이므로, 교사가 이에 복종하지 아니하였음은 국가공무원법 제57조 소정의 복종의 의무를 위반한 것이다."(대법원 1992. 6. 26. 91누11780 판결)

판례: "전국교직원노동조합(이른바 전교조)의 결성을 위한 불법집회에 참석하여 머리띠를 두르고 구호를 외치는 등의 집단행위를 한 것은 교육자로서의 체면과 위신을 손상한 경우에 해당한다 할 것이므로, 위와 같은 행위는 국가공무원법 제63조 소정의 품위유지의 의무에 위반된다."(대법원 1992. 6. 26. 91누11780 판결)

5. 公務員의 基本權制限과 그 限界

(1) 公務員의 基本權制限

공무원의 기본권제한에는 헌법에 의한 제한과 법률에 의한 제한이 있다. 전자에 속하는 것으로는 정치운동의 제한(제 7 조 제 2 항), 이중배상금지(제29조 제 2 항), 근로 3 권의 제한(제33조 제 2 항)이 있다. 후자에 속하는 것으로 국가공무원법 제64조는 영리업무 및 겸직금지를, 제65조는 정치운동의 금지를, 제66조는 집단행위의 금지를 규정하고 있다. 이 밖에도 경찰관의 제복착용과 군인의 영내거주가 있다.

125. 공무원의 기본권제한

(2) 公務員의 基本權制限의 限界

공무원의 기본권을 제한하더라도 그 본질적 내용을 침해해서는 안 된다(제37조 제 2 항).

126. 공무원의 기본권제한의 한계

第 5 節　地方自治制度

1. 憲法規定 및 沿革

(1) 憲法規定

우리 헌법은 '지방자치'(local autonomy, kommunal Selbstverwaltung)에 대하여 다음과 같은 두 개의 규정을 두고 있다. 곧 제117조는 "① 지방자치단체는 주민의 복리에 관한 사무를 처리하고 재산을 관리하며, 법령의 범위 안에서 자치에

127. 지방자치제도에 대한 헌법규정: 헌법 제117조, 제118조

관한 규정을 제정할 수 있다. ② 지방자치단체의 종류는 법률로 정한다"라고 하여 지방자치단체의 권한에 대하여 규정함과 동시에 지방자치단체의 종류에 대한 법률주의를 정하고 있고, 제118조는 "① 지방자치단체에 의회를 둔다. ② 지방의회의 조직·권한·의원선거와 지방자치단체의 장의 선임방법 기타 지방자치단체의 조직과 운영에 관한 사항은 법률로 정한다"라고 하여 지방자치단체에 의회를 둘 것과 지방자치단체의 구성에 대한 법률주의를 규정하고 있다.

(2) 沿 革

1) 연 혁

128. 지방자치제도의 연혁

현대의 지방자치는 여러 나라에서 유래한 여러 가지 제도를 종합하여 완성되었다. 그 중에서 중요한 것으로는 영국의 주민자치, 독일의 조합 및 단체사상, 프랑스의 단체권력과 지방분권사상을 들 수 있다.[159]

2) 우리나라의 지방자치

129. 우리 나라의 지방자치

우리 나라의 경우 지방자치에 관한 규정은 건국헌법에서부터 존재해왔다. 그러나 6·25의 발발로 1952년에야 최초의 지방의회가 구성되었다. 제2공화국헌법하에서는 시·읍·면장까지도 주민이 직접 선거하였으나,[160] 그것은 1년에도 못 미친 아주 짧은 기간에 지나지 않았다. 제3공화국헌법은 부칙에서 지방의회 구성시기를 법률로 정하도록 하였으나 실시되지 못하였다. 제4공화국헌법은 지방의회구성을 조국의 평화통일 시까지로 미루어 사실상 지방자치를 폐지하였다. 제5공화국헌법은 지방의회의 구성을 지방자치단체의 재정자립도를 감안하여 순차적으로 하되 그 구성시기는 법률로 정한다는 규정을 두었으나, 지방의회가 구성되지는 않았다. 제6공화국 들어 1995년에 지방의회의원선거와 지방자치단체의 장 선거가 동시에 치러짐으로써 지방자치에 관한 헌법규정이 현실이 되었고, 본격적인 지방자치시대에 들어갔다.

---

159) 허영, (주 15), 764쪽.

160) 제2공화국헌법(1960. 6. 15.) 제97조: "… 지방자치단체의 장의 선임방법은 법률로써 정하되 적어도 시, 읍, 면의 장은 그 주민이 직접 이를 선거한다. …"

2. 地方自治의 意義

(1) 槪 念

지방자치란 지역중심의 지방자치단체가 독자적인 자치기구를 설치하여 그 자치단체의 고유사무를 국가기관의 간섭 없이 스스로의 책임 아래 처리하는 것을 말한다.

130. 지방자치의 개념: 지역중심의 지방자치단체가 독자적인 자치기구를 설치하여 그 자치단체의 고유사무를 국가기관의 간섭 없이 스스로의 책임 아래 처리하는 것

판례: 〈공직선거및선거부정방지법 제16조 제3항 위헌확인(기각)〉 "지방자치제도란 일정한 지역을 단위로 일정한 지역의 주민이 그 지방에 관한 여러 사무를 그들 자신의 책임하에 자신들이 선출한 기관을 통하여 직접 처리하게 함으로써 지방자 치행정의 민주성과 능률성을 제고하고 지방의 균형있는 발전과 아울러 국가의 민주적 발전을 도모하는 제도이다. … 지방자치는 소위 '풀뿌리민주주의'를 그 이념적 배경으로 한다."(헌재 1991. 3. 11. 91헌마21 결정)[161]

(2) 意 義

이러한 지방자치는 자유민주주의이념을 구현하는 데 이바지하고, 권력분립원리의 지방차원에서의 실현과 정치적 다원주의를 실현시켜주며, 지방의 균형있는 발전과 참정권 등의 기본권신장에도 크게 기여하는 역할을 한다.

131. 지방자치의 의의

판례: 〈지방의회의원선거법 제36조 제1항에 대한 헌법소원(헌법불합치, 일부각하)〉 "지방자치제도는 현대 입헌민주국가의 통치원리인 권력분립 및 통제·법치주의·기본권보장 등의 제 원리를 주민의 직접적인 관심과 참여 속에 구현시킬 수 있어 바로 자율과 책임을 중시하는 자유민주주의이념에 부합되는 것이므로, 국민(주민)의 자치의식과 참여의식만 제고된다면 권력분립원리의 지방에서의 실현을 가져다줄 수 있을 뿐 아니라(지방분권) 지방의 개성 및 특성과 다양성을 국가전체의 발전으로 승화시킬 수 있고, 나아가 헌법상 보장되고 있는 선거권·공무담임권(피선거권) 등 국민의 기본권의 신장에도 크게 기여할 수 있는 제도라 할 것이다. 이와 같이 지방자치제도는 민주정치의 요체이며 현대의 다원적 복합사회가 요구하는 정치적 다원주의를 실현시키기 위한 제도적 장치로서 … 국민주권주의와 자유민주주의이념구현에 크게 이바지할 수 있는 것이다."(헌재 1991. 3. 11. 91헌마21 결정)

판례: 〈「주민소환에 관한 법률」 제1조 등 위헌확인(기각)〉 "전통적으로 지방자치는 주민의 의사에 따라 지방행정을 처리하는 '주민자치'와 지방분권주의를 기초로 하여 국가내의 일정한 지역을 토대로 독립된 단체가 존재하는 것을 전제로 하여 그 단체

---

161) 헌재 1996. 6. 26. 96헌마200 결정도 참조.

의 의회와 기관이 그 사무를 처리하는 '단체자치'를 포함하고, 이러한 지방자치는 국민의 기본권이 아닌 헌법상의 제도적 보장으로 이해되고 있다. 이러한 지방자치는 민주주의의 요체이고, 현대의 복합사회가 요구하는 정치적 다원주의를 실현시키기 위한 제도적 장치로서 지방의 공동 관심사를 자율적으로 처결함과 동시에 주민의 자치역량을 배양하여 국민주권주의와 자유민주주의의 이념구현에 이바지함을 목적으로 하는 제도이며, 이러한 지방자치제의 헌법적 보장은 국민주권의 기본원리에서 출발하여 주권의 지역적 주체인 주민에 의하여 자기통치를 실현하는 것으로 요약될 수 있고, 이러한 지방자치의 본질적이고 핵심적인 내용은 입법 기타 중앙정부의 침해로부터 보호되어야 한다는 것이 헌법상의 요청이기도 하다."(헌재 2009. 3. 26. 2007헌마843 결정)

3. 地方自治의 類型과 그 類型別 特色

(1) 地方自治의 類型

132. 지방자치의 유형: 1) 주민자치 2) 단체자치

지방자치의 유형에는 주민의 '자기통치'(self-government)를 기본원리로 하여 성립된 주민자치(영·미형의 정치적 의미의 자치)와 지방분권사상을 기초로 하여 성립된 단체자치(독·불형의 법적 의미의 자치)가 있다.

(2) 地方自治의 類型別 特色

1) 주민자치의 특색

133. 주민자치의 특색

주민자치의 특색으로는 일반적으로 다음과 같은 것을 들고 있다. ① 자치권은 자연법상의 고유권이다. ② 자치기관은 국가의 지방행정청으로 의결기관과 집행기관이 분리되어 있지 않다. ③ 자치단체의 고유사무와 위임사무의 구별이 불명확하다.[162] ④ 자치단체의 권한은 법률에 의하여 개별적으로 부여된다. ⑤ 지방세는 독립세이다. ⑥ 자치단체에 대한 통제는 법원에 의해 소극적으로 이루어진다.

---

162) 原泰雄, 憲法の歷史, 1996(이경주 역, 헌법의 역사, 도서출판 이론과 실천, 1998), 73쪽, (각주 25)에 따르면 고유사무와 위임사무를 구별하기 시작한 것은 프랑스혁명에서 비롯된다고 한다. 곧 「1791년 헌법」 초안의 보고자 뚜레 *J. G. Thouret*는 국가권력과 지방권력을 구별할 것을 제창하고, 지방권력을 담당하는 지방공공단체가 담당하는 것이 고유사무라고 정의하였다고 한다. 그리고 「1791년 헌법」에 선행하여 「1789년 12월 14일법」 제49조는 기초자치단체에 대하여 다음과 같이 규정하고 있다. "기초자치단체는 두 종류의 공무를 수행한다. 하나는 기초자치단체에 고유한 사무이고, 다른 하나는 일반행정사무에 고유한 것이나 기초자치단체에 위임된 것이다."

2) 단체자치의 특색

단체자치는 주민자치와는 거의 정반대의 특색을 가지고 있다. ① 자치권은 전래된 권리로서 실정법상의 권리이다. ② 자치기관은 국가로부터 독립된 기관으로 의결기관과 집행기관이 분리되어 있다. ③ 자치단체의 고유사무와 위임사무의 구별이 명확하다. ④ 자치단체의 권한은 국가에 의하여 일반적·포괄적으로 부여된다. ⑤ 지방세는 부가세이다. ⑥ 자치단체에 대한 통제는 행정청에 의하여 적극적으로 이루어진다.

134. 단체자치의 특색

일반적으로 주민자치가 단체자치보다 민주주의원리에 적합한 것으로 평가되고 있다.

4. 地方自治權의 本質 및 地方自治의 法的 性格

(1) 地方自治權의 本質

지방자치권의 본질에 대해서는 자치고유권설과 자치권위임설이 대립되어 있다. 자치고유권설은 자치권을 국가성립 이전부터 갖고 있는 지역주민의 고유권능이라고 한다. 그에 반하여 자치권위임설은 자치권을 국가가 승인하는 한도 내에서만 행사할 수 있는 위임된 권능이라고 본다.

135. 지방자치의 본질에 대한 학설(자치고유권설, 자치권위임설) 및 사견(자치권위임설이 타당)

오늘날 지방자치는 헌법과 법률의 범위 내에서의 자치를 의미하며, 국가와 절연된 지방자치는 생각할 수 없다. 따라서 자치권위임설이 타당하며 또한 통설의 입장이다.

(2) 地方自治의 法的 性格

1) 지방자치의 법적 성격

지방자치권의 본질을 자치권위임설로 보는 한, 지방자치제도의 법적 성격은 헌법상의 제도적 보장으로 볼 수밖에 없다. 지방자치제도의 헌법적 보장은 자치고권을 포함하는 자치단체보장, 자치기능보장, 자치사무보장을 본질적 내용으로 한다.[163]

136. 지방자치의 법적 성격: 헌법상의 제도적 보장

---

163) 허영, (주 15), 771·772쪽. 그러나 김철수, (주 20), 1130쪽은 지방자치의 제도적 보장은 자치기능보장과 자치단체보장에 있다고 하고, 권영성, (주 19), 232쪽은 전권능성의 원칙(자치입법권·자주조직권·자치행정권을 내용으로 하는)과 자기책임성의 원칙을 보장하는 것이라고 한다.

판례: 〈지방세법 제9조 위헌소원(합헌)〉 "그러나 중앙정부의 감독으로부터 완전히 독립된 지방자치단체를 상상할 수 없는 것과 마찬가지로 지방자치단체 사무 모두를 국가의 사무로 하여 국가의 감독권을 강화하는 것 또한 헌법이 인정하고 있는 것은 아니다. 그러나 복지국가의 이념을 실현하기 위하여 국민생활의 안정이나 실질적 평등, 자원의 능률적·종합적인 확보와 이용, 도로·항만시설 등 사회간접 자본의 확충, 대외적 관계로부터 오는 경제질서의 유지라는 중앙정부로서 행하여야 할 광역행정정책의 필요성으로 말미암아 지방자치 또는 행정의 독자성은 어느 정도 제약을 받을 수 있는 사정 또한 수긍할 수밖에 없는 것이다."(헌재 1998. 4. 30. 96헌바62 결정)

판례: 〈입법부작위 위헌확인(각하)〉 "헌법 제117조 및 제118조가 보장하고 있는 본질적인 내용은 자치단체의 보장, 자치기능의 보장 및 자치사무의 보장이다."(헌재 2001. 6. 28. 2000헌마735 결정)

2) 지방자치의 본질적 내용과 관련된 학설

137. 지방자치의 본질적 내용과 관련된 학설

지방자치의 본질적 내용을 확정하기 위해서 독일에서는 제도밀착기준설(*K. Stern*), 공제설(독일연방법원), 제도사적 판단설(독일연방헌법재판소) 등이 주장되고 있다. 그러나 어느 것 하나 전적으로 만족할 만한 기준을 제시해 주고 있지는 않다. 지방자치의 본질적 내용은 이들을 종합적으로 판단하여야 할 것이라는 주장[164]이 설득력 있는 것으로 생각된다. 우리 헌법재판소는 지방자치의 본질적 내용을 "국민주권의 기본원리에서 출발하여 주권의 지역적 주체로서의 주민에 의한 자기통치의 실현"으로 보고 있다.[165]

5. 地方自治의 機能

(1) 地方自治의 機能에 대한 傳統的 觀點

138. 지방자치의 기능에 대한 전통적 관점

과거에는 지방자치제도를 민주주의의 불가결의 요소로 보았다. 이러한 지방자치와 민주주의의 필연적 관계는 '지방자치는 민주주의의 가장 좋은 학교이며, 그 성공을 위한 확실한 보증인'(*James Bryce*)이라든가 또는 "지방자치제도야말로 자유로운 국민의 힘이므로, 지방자치제도와 자유와의 관계는 초등학교와 학문과의 관계와 같다. 지방자치 없이도 국가는 자유로운 정부를 수립할 수 있을지 모르나 자유정신을 가질 수는 없다"(*Tocqueville*)라는 말에 잘 표현되어 있다. 우리 헌법재판소도 지방자치와 민주주의의 관계를 강조하고 있다.

---

164) 허영, (주 15), 773쪽.

165) 헌재 1998. 4. 30. 96헌바62 결정〈지방세법 제9조 위헌소원(합헌)〉 참조.

판례: 〈지방의회의원선거법 제36조 제1항에 대한 헌법소원(헌법불합치, 일부각하)〉
"지방자치제도라 함은 … 지방자치행정의 민주성과 능률성을 제고하고 지방의 균형 있는 발전과 아울러 국가의 민주적 발전을 도모하는 제도이다. 지방자치는 국민 자치를 지방적 범위 내에서 실현하는 것이므로 지방시정(施政)에 직접적인 관심과 이해관계가 있는 지방주민으로 하여금 스스로 다스리게 한다면, 자연히 민주주의가 육성·발전될 수 있다는 소위 「풀뿌리민주주의」를 그 이념적 배경으로 하고 있는 것이다."(헌재 1991. 3. 11. 91헌마21 결정)

따라서 전통적으로 지방자치에 대하여는 다음과 같은 기능이 인정되었다. 국가와 사회의 갈등해소, 행정목적의 달성, 민주주의의 실현, 지역발전효과, 제도보장.

(2) 地方自治의 機能에 대한 現代的 觀點

139. 지방자치의 기능에 대한 현대적 관점

그러나 "지방자치제가 반드시 민주주의의 전제조건은 아니다"(*G. Langrod*)라는 말에서 보듯이, 현대에 들어오면서 지방자치와 민주주의의 관계는 그렇게 자명한 것인 것만은 아니게 되었다.

이러한 인식 위에 오늘날 지방자치에는 전통적 기능 외에도 기본권실현기능, 기능적 권력분립기능, 기능분배의 기능(보충성의 원리) 등이 첨가되게 되었다.[166]

6. 우리나라의 地方自治制度

(1) 類　型

140. 우리나라 지방자치의 유형: 단체자치형(주)+주민자치형(종)

우리나라에서 채택되고 있는 지방자치는 단체자치형(집행기관과 의결기관의 분리, 자치단체에 대한 국가의 감독)을 주로 하고 주민자치형이 보완된 혼합형으로 평가되고 있다.

(2) 地方自治團體의 概念 및 種類

1) 개　념

141. 지방자치단체의 개념

지방자치단체란 국가 내의 일정 지역을 기초로 하고 그 지역의 주민을 구성원으로 하여 국가로부터 부여된 지방행정을 담당하는 단체(공법인)를 말한다.

---

166) 허영, (주 15), 769-771쪽.

2) 종 류

142. 지방자치단체의 종류: 1) 일반자치단체: 광역자치단체, 기초자치단체, 2) 특별자치단체

지방자치단체의 종류는 법률로 정한다(제117조 제2항). 현행 지방자치법에 따르면 지방자치단체는 일반자치단체와 특별자치단체가 있다.

일반자치단체는 광역자치단체(특별시, 광역시, 특별자치시, 도, 특별자치도)와 기초자치단체(자치구, 시, 군)로 나누어진다(동법 제2조 제1항). 특별자치단체는 일반자치단체 외에 특정한 목적을 수행하기 위하여 필요한 경우에 따로 설치되는 단체이며, 그 설치·운영에 필요한 사항은 대통령령으로 정한다(동법 제2조 제3항·제4항). 이 밖에도 2개 이상의 지방자치단체가 하나 또는 둘 이상의 사무를 공동으로 처리할 필요가 있을 때 설치하는 지방자치단체조합이 있다(동법 제159조). 그 예로는 수도권매립지운영관리조합, 한국지역정보개발원, 부산 진해 경제자유구역청, 부산-거제간 연결도로건설조합 등을 들 수 있다.

지방자치단체의 명칭과 구역은 종전과 같이 하고, 명칭과 구역을 바꾸거나 지방자치단체를 폐지하거나 설치하거나 나누거나 합칠 때에는 법률로 정한다. 다만, 지방자치단체의 관할구역 경계변경과 한자 명칭의 변경은 대통령령으로 정한다(동법 제4조 제1항).

판례: 〈경기도 남양주시 등 33개 도농복합형태의 시 설치 등에 관한 법률 제8조 위헌확인(기각)〉 "자치제도의 보장은 지방자치단체에 의한 자치행정을 일반적으로 보장한다는 것뿐이고 특정 자치단체의 존속을 보장한다는 것은 아니며 지방자치단체의 폐치·분합에 있어 지방자치권의 존중은 위에서 본 법정절차의 준수로 족한 것이다. 그러므로 군 및 도의회의 결의에 반하여 법률로 군을 폐지하고 타시에 병합하여 시를 설치한다 하여 주민들의 자치권을 침해하는 결과가 된다거나 헌법 제8장에서 보장하는 지방자치제도의 본질을 침해하는 것이라고 할 수 없다. 더구나 이 사건의 경우는 주민의견조사 결과 주민의 압도적 다수가 영일군의 폐지와 포항시와의 통합에 찬성하였으므로 지방자치단체의 의회(군·도)의 의견에 반하여 영일군을 폐지하고 폐지된 영일군 일원과 포항시를 통합하여 포항시를 설치하였다 하여 적법절차에 흠이 있거나 지방자치제도의 본질을 침해한 것이라고 할 수 없다."(헌재 1995. 3. 23. 94헌마175 결정)

(3) 地方自治團體의 機關

143. 지방자치단체의 기관: 1) 지방의회, 2) 자치단체의 장

지방자치단체의 기관으로는 의결기관인 지방의회와 집행기관인 자치단체의 장이 있다. 그 밖에도 광역자치단체에 교육위원회를 설치한다.[167)]

---

167) 이에 대한 법으로 「지방교육자치에 관한 법률」이 있다.

1) 지방의회

지방의회는 임기 4년으로 주민에 의해 선출되는 지방의회의원으로 구성된다(동법 제32조). 지방의회의원에게는 일정한 월정액의 의정활동비, (공무여행 시) 여비 및 직무활동에 대한 월정수당이 지급된다(동법 제33조).[168] 지방의회는 조례의 제정 및 개폐·예산의 심의·확정·결산의 승인, 중요재산의 취득·처분, 공공시설의 설치·처분 등에 관한 사항을 의결한다(동법 제39조).

144. 지방의회

판례: 〈정치자금에관한법률 제3조 제8호 등 위헌확인(기각)〉 "국회의원이 국민의 대표로서 그 활동범위가 국정 전반에 걸치고 정치를 전업으로 하는 데 반해 시·도의원은 그 활동범위가 시·도의 지역사무에 국한되고 무보수 명예직으로서 정치는 비전업의 부업에 지나지 않는다. 같은 정치활동이라 하더라도 그 결과 그 질과 양에서 근본적인 차이가 있고 그에 수반하여 정치자금을 필요로 하는 정도나 소요자금의 양에서도 현격한 차이가 있으므로 국회의원에 대해서는 개인후원회를 허용하면서 시·도의원에게는 이를 금지하였다 하여 평등의 원칙에 위반된다고 할 수 없다."(헌재 2000. 6. 1. 99헌마576 결정)

판례: 〈공직선거법 제23조 제1항 등 위헌확인(기각, 각하)〉 "지방자치의 본질은 주민의 복리에 관한 사무를 주민의 의사에 따라 처리하도록 하는 것이고, 기초의원은 주민의 대표로서 기초의회를 통하여 주민자치를 실현한다. 정당이 기초의원 후보자를 추천하게 되면, 정당이 기초의원 선거에 정치적 영향력을 행사하게 되고 소속 기초의원을 통하여 기초의회의 자치활동에도 영향력을 미치게 될 것이다. 그리고 중앙당 중심의 정치적 영향력이 과도하게 되면 자치구·시·군 주민의 복리에 관한 자치사무가 자치구·시·군 지역 주민들의 자치적 의사에 따라 처리되지 못하게 될 위험성이 있다. 게다가 기초의원의 선거구는 자치구·시·군의 관할구역 내에서 정해지는데(법 제26조), 정당은 수도에 소재하는 중앙당과 특별시·광역시·도에 각각 소재하는 시·도당으로 구성되고(정당법 제3조) 자치구·시·군의 관할구역 내에는 정당이 없으므로, 기초의원 후보자의 추천도 중앙당이나 시·도당에서 하게 될 것이다. 이러한 점들은 자치구·시·군의 주민 대표를 선발하여 주민자치를 실현하고자 하는 기초의원 선거제도와 지방의회제도의 본질에 부합되지 아니한다고 할 수 있다. 그러나 헌법 제8조가 정당의 정치적 의사 형성 기능을 중시하여 정당제도와 정당의 민주적 활동을 보장하고 있는 점, 헌법 제118조 제2항이 지방의회의 조직·권한·의원선거에 관한 사항을 법률로 정하도록 위임한 점, 그에 따라 국회가 기초의원

---

168) 허영, (주 15), 781쪽은 명예직인 지방의회의원에게 의정활동비를 따로 지급하는 현행법 규정에 대하여 "명예직인 지방의회의원의 신분과 조화되기도 어렵거니와 자립도가 낮은 지방재정을 더욱 어렵게 만들어 지방자치의 조기정착을 지연시키는 결과를 초래하게 될 것"이라고 적절하게 비판하고 있다.

후보자를 정당이 추천할 수 있도록 입법한 것인 점, 정당이 중앙당과 시·도당으로 구성된다고 하더라도 정당이 기초의원을 추천함에 있어 당해 기초의원을 선출하는 지역구 주민의 의사를 반영하지 못할 것이라고 단정하기 어려운 점 등을 종합하여 보면, 위와 같은 부작용이나 위험성이 우려된다고 하여 기초의원 후보자에 대한 정당추천제도가 지방자치제도나 지방의회제도의 본질을 훼손하여 헌법에 위반된다고 단정하기는 어렵다."(헌재 2007. 11. 29. 2005헌마977 결정)

2) 지방자치단체의 장

145. 지방자치단체의 장

지방자치단체의 장(특별시장, 광역시장, 특별자치시장, 도지사, 시장, 군수, 구청장)은 임기 4년으로 주민에 의해 선출되며 3기까지 계속 재임할 수 있다(동법 제93조-제95조).[169] 지방자치단체의 장은 당해 지방자치단체를 대표하고 그 사무를 총괄하며(동법 제101조), 소속 직원을 지휘·감독하며 그 임면·교육훈련·복무·징계 등에 관한 사항을 처리한다(동법 제105조).

판례: 〈지방자치법 제101조의2 제1항 제3호 위헌확인(소극)〉 "금고 이상의 형을 선고받은 지방자치단체의 장을 형이 확정될 때까지 잠정적으로 그 직무에서 배제함으로써 주민의 신뢰회복, 직무의 전념성 확보, 행정의 안전성과 효율성 제고, 주민의 복리와 지방행정의 원활한 운영에 대한 위험을 예방하기 위한 것이라고 할 것이다."(헌재 2005. 5. 26. 2002헌마699 등 병합결정)

판례: 〈지방자치법 제867조 제1항 위헌확인(기각)〉 "지방자치단체 장의 계속 재임을 3기로 제한한 규정의 입법취지는 장기집권으로 인한 지역발전저해 방지와 유능한 인사의 자치단체 장 진출확대로 대별할 수 있는바, 그 목적의 정당성, 방법의 적절성, 피해의 최소성, 법익의 균형성이 충족되므로 헌법에 위반되지 아니한다."(헌재 2006. 2. 23. 2005헌마403 결정)

지방자치단체의 부단체장(특별시 3인, 광역시와 특별자치시 및 도와 특별자치도는 2인)은 시·도지사의 제청으로 행정안전부장관을 거쳐 대통령이 임명하며, 기초자치단체의 경우는 당해 자치단체장이 임명한다(동법 제110조). 이처럼 지방자치단체의 장을 보좌하는 부단체장의임명방법을 이원화시켜 놓은 것은 일관성이

---

169) 지방자치단체장 선거권 및 피선거권의 법적 성격에 대해서는 헌법재판소 내에서 견해가 대립되어 있다. 헌법재판소결정(지방자치단체의 장 선거일 불공고 위헌확인 등(각하) — 헌재 1994. 8. 21. 92헌마174 결정)에서 재판관 조규광과 김진우는 법률상의 권리로 보았고, 재판관 변정수와 김양균은 헌법상의 기본권으로 보았다. 이에 대하여 김철수, (주 20), 1135쪽, 각주 1은 "주민자치의 본지로 보아 자치단체장선거권은 자연적 권리이며 헌법에서 직접 언급하지 않았다고 하더라도 국민의 선거권에 당연히 포함되므로 헌법상의 권리로 보아야 한다"고 한다.

없는 태도일 뿐만 아니라 부단체장을 중앙행정기관이 임명하는 것은 지방자치의 본질, 특히 지방자치기능보장과 조화되기 어렵다 할 것이다.[170)]

3) 지방교육자치기구

146. 지방자치교육기구

「지방교육자치에 관한 법률」은 광역자치단체인 시 · 도에만 지방교육자치를 시행하도록 하면서 교육전문의결기관으로 교육위원회를 두고, 교육전문집행기관으로 교육감을 두도록 하였다(동법 제 4 조, 제18조).

① 교육위원회

147. 교육위원회

지방자치단체의 교육 · 과학 · 기술 · 체육 그 밖의 학예에 관한 사무는 특별시 · 광역시 및 도의 사무로 한다(동법 제 2 조).

교육위원회는 교육 · 학예에 관한 의안과 청원 등을 심사 · 의결하는 시 · 도의회의 상임위원회로(동법 제 4 조), 시 · 도의회의원 가운데서 임명된 자와 주민의 보통 · 평등 · 직접 · 비밀선거에 따라 선출된 임기 4년의 교육의원으로 구성하며, 교육위원회 위원정수는 현재와 같이 시 · 도별로 7인 내지 15인으로 구성되지만 교육의원이 과반수가 되도록 구성한다(동법 제 5 조).

교육의원의 후보자는 후보자등록신청개시일로부터 과거 1년 동안 정당의 당원이 아니어야 하고, 교육의원은 교육경력 또는 교육행정경력이 5년 이상 있거나 두 경력을 합하여 5년 이상 있는 자이어야 한다(동법 제10조 제 2 항).

② 교 육 감

148. 교육감

한편 특별시 · 광역시 및 도의 교육 · 과학 · 기술 · 체육 기타 학예에 관한 사무의 집행기관으로서 특별시 · 광역시 및 도에 교육감을 둔다(동법 제18조 제 1 항). 교육감은 교육 · 학예에 관한 소관 사무로 인한 소송이나 재산의 등기 등에 대하여 당해 시 · 도를 대표한다(법 제18조 제 2 항).

교육감도 교육의원과 같이 주민의 보통 · 평등 · 직접 · 비밀선거에 따라 선출하고(동법 제22조, 제43조), 임기는 4년으로 하되 계속적인 재임은 3기로 제한하고 있다(동법 제21조). 교육감의 선거에 관해서는 정당이 후보자를 추천할 수 없도록 하고 있는데, 이와 같이 이 법률이 따로 규정하고 있는 사항을 제외하고는 공직선거법상의 시 · 도지사선거에 관한 규정을 준용한다(동법 제22조, 제46조, 제49조).

---

170) 이와 관련하여 허영, (주 15), 782쪽은 "지방자치단체의 부단체장은 기초자치단체와 광역자치단체를 구별할 필요 없이 그 신분을 지방공무원으로 일원화해서 당해 자치단체장이 지방의회의 동의를 얻어 임명하도록 통일하는 것"을 제시하고 있다.

교육감후보자는 당해 시·도지사선거에 피선거권이 있어야 하고, 후보자등록신청개시일로부터 과거 1년간 정당의 당원이 아니어야 하며, 교육경력 또는 교육행정경력이 3년 이상 있거나 두 경력을 합하여 3년 이상인 자이어야 한다(동법 제24조).

판례: 〈지방교육자치에관한법률 제53조 등 위헌소원(합헌)〉 "지방교육자치도 지방자치권행사의 일환으로서 보장되는 것이므로, 중앙권력에 대한 지방적 자치로서의 속성을 지니고 있지만, 동시에 그것은 헌법 제31조 제4항이 보장하고 있는 교육의 자주성·전문성·정치적 중립성을 구현하기 위한 것이므로, 정치권력에 대한 문화적 자치로서의 속성도 아울러 지니고 있다. 이러한 '이중적 자치'의 요청으로 말미암아 지방교육자치의 민주적 정당성요청은 어느 정도 제한이 불가피하게 된다. 지방교육자치는 '민주주의·지방자치·교육자주'라고 하는 세 가지의 헌법적 가치를 골고루 만족시킬 수 있어야만 하는 것이다."(헌재 2000. 3. 30. 99헌바113 결정)

판례: 〈지방교육자치에관한법률 제62조 제1항 위헌확인(기각)〉 "교육위원 및 교육감의 선거인단을 학교운영위원회위원 전원으로 구성하도록 한 것은, 기본적으로 과거의 교육위원 등 선출제도에서 드러난 단점과 폐해를 보완·시정하기 위한 것으로서, 교육위원 및 교육감 선거인을 획기적으로 증원함으로써 금품수수 등 선거 비리의 소지를 원칙적으로 차단하고, 직선제적 요소를 가미함으로써 교육위원 및 교육감의 주민대표성을 제고하기 위한 것이다. 지방교육자치의 영역에서는 주민자치의 원칙이라는 민주주의적 요청만을 철저하게 관철하는 것이 반드시 바람직한 것으로는 볼 수 없고, 교육자치의 특성상 민주적 정당성에 대한 요청이 일부 후퇴하는 일이 있다 하더라도 이는 헌법적으로 용인될 수 있다고 할 것이다. 따라서 교육위원 및 교육감의 선거인단을 학교운영위원회의 전원으로 하고 있는 것은, 지방교육자치제에서 요구되는 교육의 자주성에 대한 요청과 민주적 정당성에 대한 요청 사이의 조화를 꾀하기 위한 것으로서, 비록 주민의 대표성이나 주민자치의 원칙의 측면에서는 다소 부족한 점이 있다고 하더라도 이는 입법부에 주어진 합리적인 재량의 범위 내의 것이라고 할 것이므로, 이 사건 법률조항이 주민자치의 원칙을 위배하여 청구인들의 선거권을 침해한 것이라고는 볼 수 없다."(헌재 2002. 3. 28. 2000헌마283 등 병합결정)

(4) 地方自治團體의 權限

149. 지방자치단체의 권한: 자치행정권, 자치재정권, 자치입법권

지방자치단체는 '주민의 복리에 관한 사무를 처리하고 재산을 관리하며, 법령의 범위 안에서 자치에 관한 규칙을 제정할 수 있다'(제117조 제1항). 따라서 지방자치단체는 자치행정권, 자치재정권 및 자치입법권을 갖는다.

1) 자치행정권

① 고유사무처리권

150. 자치행정권: 고유사무처리권, 위임사무처리권

지방자치단체는 주민의 복리를 위하여 사무처리권(고유사무처리권)을 갖는다. 지방자치단체는 그 사무를 처리함에 있어서 주민의 편의 및 복리증진을 위하여 노력하여야 하며(동법 제8조 제1항), 법령이나 상급 지방자치단체의 조례에 위반하여 사무를 처리해서는 안 된다(동법 제8조 제3항).

판례: 〈서울특별시와 정부 간의 권한쟁의(인용)〉 "앞서 본 바와 같이 이 사건 관련규정은 문언대로 중앙행정기관의 지방자치단체의 자치사무에 대한 감사범위를 법령위반사항으로 한정하고 있다고 엄격히 해석하여야 하는데, 이 사건 관련규정상의 감사개시에 어떠한 요건이 필요한 것인지에 대해서는 헌법이나 지방자치법 등 어디에도 명시적인 규정이 없다. 그러나 지방자치단체에 대하여 중앙행정기관은 합목적성 감독보다는 합법성 감독을 지향하여야 하고 중앙행정기관의 무분별한 감사권의 행사는 헌법상 보장된 지방자치단체의 자율권을 저해할 가능성이 크므로, 이 사건 관련규정상의 감사에 착수하기 위해서는 자치사무에 관하여 특정한 법령위반행위가 확인되었거나 위법행위가 있었으리라는 합리적 의심이 가능한 경우이어야 하고, 또한, 그 감사대상을 특정해야 한다고 봄이 상당하다. 따라서 전반기 또는 후반기 감사와 같은 포괄적·사전적 일반감사나 위법사항을 특정하지 않고 개시하는 감사 또는 법령위반사항을 적발하기 위한 감사는 모두 허용될 수 없다. 왜냐하면 법령위반 여부를 알아보기 위하여 감사하였다가 위법사항을 발견하지 못하였다면 법령위반사항이 아닌데도 감사한 것이 되어 이 사건 관련규정 단서에 반하게 되며, 이것은 결국 지방자치단체의 자치사무에 대한 합목적성 감사는 안 된다고 하면서 실제로는 합목적성 감사를 하는 셈이 되기 때문이다. 이 사건 합동감사의 경우를 살펴보면, 피청구인이 감사실시를 통보한 [별지] 목록 기재 사무는 청구인의 거의 모든 자치사무를 감사대상으로 하고 있어 사실상 피감사대상이 특정되지 아니하였다고 보여질 뿐만 아니라 피청구인은 이 사건 합동감사 실시계획을 통보하면서 구체적으로 어떠한 자치사무가 어떤 법령에 위반되는지 여부를 전혀 밝히지 아니하였는바, 그렇다면 이 사건 합동검사는 위에서 본 이 사건 관련규정상의 감사의 개시요건을 전혀 충족하지 못하였다 할 것이다."(헌재 2009. 5. 28. 2006헌라6 결정)

② 위임사무처리권

그 밖에도 지방자치단체는 위임사무도 처리한다(동법 제9조). 위임사무에는 단체위임사무와 기관위임사무가 있다.

151. 단체위임사무

단체위임사무란 법령에 의하여 국가 또는 상급지방자치단체로부터 위임된 사무를 말한다(동법 제9조 제1항). 대표적인 단체위임사무로는 국세징수법에 의한 시·군의 국세징수사무, 하천법에 의한 국유하천의 점용료 등의 징수사무, 전염병예방법에 의한 예방접종사무, 지역보건법에 의한 보건소운영, 농촌진흥법에 의한 농촌지도소운영, 국민기초생활보장법에 의한 생활보호사무 등이 있다. 단체위임사무의 소요경비는 지방자치단체와 국가(상급자치단체)가 분담한다.

152. 기관위임사무

기관위임사무는 전국적으로 이해가 있는 사무로서 국가 또는 상급자치단체로부터 지방자치단체의 집행기관에 위임된 사무를 말한다. 이 사무를 위임받은 집행기관은 국가(상급자치단체)의 하급기관과 동일한 지위에서 사무를 처리한다.[171] 기관위임사무의 소요경비는 전액을 원칙적으로 국가(상급자치단체)가 부담한다.

판례: 〈당진군과 평택시간의 권한쟁의(인용— 권한확인, 각하)〉 "기관위임사무는 국가의 사무가 지방자치단체의 장 등에게 위임된 것이므로 그 처리의 효과가 국가에 귀속되는 국가의 사무이다. 지방자치단체의 장 기타의 기관은 기관위임사무를 처리하는 범위 안에서는 지방자치단체의 기관의 아니고, 그 사무를 위임한 국가 등의 기관의 지위에 서게 된다. 따라서 지방자치단체는 기관위임사무의 집행에 관한 권한의 존부 및 범위에 관한 권한분쟁을 이유로 기관위임사무를 집행하는 국가기관 또는 다른 지방자치단체의 장을 상대로 권한쟁의심판청구를 할 수 없다고 할 것이다."(헌재 2004. 9. 23. 2000헌라2 결정)

판례: 〈서울특별시와 정부 간의 권한쟁의(인용)〉 "앞서 본 바와 같이 이 사건 관련규정은 문언대로 중앙행정기관의 지방자치단체의 자치사무에 대한 감사범위를 법령위반사항으로 한정하고 있다고 엄격히 해석하여야 하는데, 이 사건 관련규정상의 감사개시에 어떠한 요건이 필요한 것인지에 대해서는 헌법이나 지방자치법 등 어디에도 명시적인 규정이 없다. 그러나 지방자치단체에 대하여 중앙행정기관은 합목적성 감독보다는 합법성 감독을 지향하여야 하고 중앙행정기관의 무분별한 감사권의 행사는 헌법상 보장된 지방자치단체의 자율권을 저해할 가능성이 크므로, 이 사건 관련규정상의 감사에 착수하기 위해서는 자치사무에 관하여 특정한 법령위반행위가 확인되었거나 위법행위가 있었으리라는 합리적 의심이 가능한 경우이어야 하고, 또한, 그 감사대상을 특정해야 한다고 봄이 상당하다. 따라서 전반기 또는 후반기 감사와 같은 포괄적·사전적 일반감사나 위법사항을 특정하지 않고 개시하는 감사 또는 법령위반사항을 적발하기 위한 감사는 모두 허용될 수 없다. 왜냐하면 법령위반

171) 권영성, (주 19), 242쪽, 각주 1은 대표적인 기관위임사무로 호적·주민등록·병사·대통령 및 국회의원의 선거, 경찰, 지적 등의 사무를 들고 있다. 그러나 지방자치법 제9조 제2항 제1호 차목은 호적 및 주민등록관리를 지방자치단체의 고유사무로 명시하고 있으며, 대법원도 호적사무는 국가의 기관위임에 의하여 수행되는 사무가 아니고, 지방자치법에서 정하는 지방자치단체의 사무(대법원 1995. 3. 28. 94나45654 판결)라는 것을 분명히 한 바 있다.

여부를 알아보기 위하여 감사하였다가 위법사항을 발견하지 못하였다면 법령위반사항이 아닌데도 감사한 것이 되어 이 사건 관련규정 단서에 반하게 되며, 이것은 결국 지방자치단체의 자치사무에 대한 합목적성 감사는 안 된다고 하면서 실제로는 합목적성 감사를 하는 셈이 되기 때문이다. 이 사건 합동감사의 경우를 살펴보면, 감사실시를 통보한 [별지] 목록 기재 사무는 청구인의 거의 모든 자치사무를 감사대상으로 하고 있어 사실상 피감사대상이 특정되지 아니하였다고 보여질 뿐만 아니라 피청구인은 이 사건 합동감사 실시계획을 통보하면서 구체적으로 어떠한 사무가 어떤 법령에 위반되는지 여부를 전혀 밝히지 아니하였는바, 그렇다면 이 사건 합동감사는 위에서 본 이 사건 관련규정상의 감사의 개시요건을 전혀 충족하지 못하였다 할 것이다."(헌재 2009. 5. 28. 2006헌라6 결정)

판례: "법령상 지방자치단체의 장이 처리하도록 하고 있는 사무가 자치사무인지, 기관위임사무에 해당하는지 여부를 판단하면서는 그에 관한 법령의 규정 형식과 취지를 우선 고려하여야 할 것이지만, 그 외에도 그 사무의 성질이 전국적으로 통일적인 처리가 요구되는 사무인지 여부나 그에 관한 경비부담과 최종적인 책임귀속의 주체 등도 아울러 고려하여 판단하여야 한다."(대법원 2010. 10.14. 2008다92268 판결)

2) 자치재정권

153. 자치재정권: 재산관리권, 지방재정권

지방자치단체는 자치재정권(재산관리권과 지방재정권)을 가진다. 따라서 지방자치단체는 기본재산을 보유하고 기금을 설치할 수 있고, 지방세를 부과하고 사용료·분담금·수수료 등을 징수할 수 있으며, 공공시설의 설치·관리 및 처분을 할 수 있다(동법 제39조).

3) 자치입법권

154. 자치입법권: 조례제정권, 규칙제정권

지방자치단체는 법령의 범위 안에서 자치에 관한 규칙을 제정할 수 있는 권한, 곧 자치입법권이 있다(동법 제22조).

자치입법에는 지방의회가 법령의 범위 내에서 의결로써 제정하는 조례(동법 제22조, 제39조 제 1 항 제 1 호)와 지방자치단체의 장이 법령 또는 조례가 위임한 범위 안에서 제정하는 규칙(동법 제23조)이 있다. 조례의 제정은 지방의회의 고유사항이다. 지방의회가 조례로 규정할 수 있는 사항은 자치사무와 단체위임사무에 한하는 것이 원칙이나, 기관위임사무의 경우에도 개별법령에서 조례로 정하도록 위임하고 있는 경우에는 조례를 제정할 수 있다.[172] 또한 조례로써 주민의 권리제한·의무부과·벌칙을 정할 때에는 반드시 법률의 위임이 있어야 한다. 조

172) 대법원 2000. 5. 30. 99추85 판결.

례의 제정 또는 개폐는 광역자치단체의 경우는 안전행정부장관에게, 기초자치단체는 시 · 도지사에게 그 전문을 첨부해서 보고해야 한다(동법 제28조).[173] 지방의회의 조례제정권은 지방자치단체의 장의 재의요구권(동법 제26조 제3항)과 제소권에 의한 통제를 받는다(동법 제172조).

판례: 〈부천시담배자동판매기설치금지조례 제4조 등 위헌확인, 강남구담배자동판 매기설치금지조례 제4조 등 위헌확인(기각)〉 "조례는 지방자치단체가 그 자치입법 권에 근거하여 자주적으로 지방의회의 의결을 거쳐 제정한 법규이기 때문에 조례 자체로 인하여 직접 그리고 현재 자기의 기본권을 침해받은 자는 그 권리구제의 수단으로서 조례에 대한 헌법소원을 제기할 수 있다."(헌재 1995. 4. 20. 92헌마264 등 병합결정)

판례: 〈부천시담배자동판매기설치금지조례 제4조 등 위헌확인, 강남구담배자동판 매기설치금지조례 제4조 등 위헌확인(기각)〉 "조례의 제정권자인 지방의회는 선거를 통해서 그 지역적인 민주적 정당성을 지니고 있는 주민의 대표기관이고 헌법이 지방자치단체에 포괄적인 자치권을 보장하고 있는 취지로 볼 때, 조례에 대한 법률의 위임은 법규명령에 대한 법률의 위임과 같이 반드시 구체적으로 범위를 정하여 할 필요가 없으며 포괄적인 것으로 족하다."(헌재 1995. 4. 20. 92헌마264 등 병합결정)

판례: "지방자치단체가 조례를 제정할 수 있는 사항은 지방자치단체의 고유사무인 자치사무와 개별법령에 의하여 자치단체에 위임된 이른바 단체위임사무에 한하고, 국가사무로서 지방자치단체의 장에 위임된 이른바 기관위임사무에 관한 사항은 조례제정의 범위 밖이라고 할 것이다."(대법원 1992. 7. 28. 92추31 판결)

판례: "법률이 주민의 권리의무에 관한 사항에 관하여 구체적으로 아무런 범위도 정하지 아니한 채 조례로 정하도록 포괄적으로 위임하였다고 하더라도, 행정관청의 명령과는 달리 조례는 주민의 대표기관인 지방의회의 의결로 제정되는 지방자치단체의 자주법인 만큼, 지방자치단체가 법령에 위반되지 않는 범위 내에서 주민의 권리의무에 관한 사항을 조례로 정할 수 있는 것이다."(대법원 1991. 8. 27. 90누6613 판결) "다만 주민의 권리제한 또는 의무부과에 관한 사항이나 벌칙을 정할 때에는 법령의 위임이 있어야 한다."(대법원 1997. 9. 26. 97추43 판결)

판례: 〈구 주택건설촉진법 제52조 제1항 제2호 등 위헌소원(합헌)〉 "죄형법정주의와 위임입법의 한계의 요청상 처벌법규를 위임하기 위하여는 첫째, 특히 긴급한 필요가 있거나 미리 법률로써 자세히 정할 수 없는 부득이한 사정이 있는 경우에 한

---

173) 헌법재판소는 지방세법에서 지방자치단체가 과세면제조례를 제정할 때 미리 감독관청인 행정자치부장관의 허가를 얻도록 한 것은 자치입법권의 침해가 아니라고 하였다(헌재 1998. 4. 30. 96헌바62 결정 — 지방세법 제9조 위헌소원: 합헌).

정되어야 하며, 둘째, 이러한 경우일지라도 법률에서 범죄의 구성요건은 처벌대상행위가 어떠한 것일 것이라고 이를 예측할 수 있을 정도로 구체적으로 정하여야 하며, 셋째, 형벌의 종류 및 그 상한과 폭을 명백히 규정하여야 한다."(헌재 1995. 10. 26. 93헌바62 결정)

판례: "(청주시) 정보공개조례안은 국가위임사무가 아닌 자치사무에 관한 정보만을 공개대상으로 하고 있다고 풀이되는 이상 반드시 전국적으로 통일된 기준에 따르도록 할 것이 아니라 행정자치단체가 각 지역의 특수성을 고려하여 자기 고유사무와 관련된 행정정보의 공개사무에 관하여 독자적으로 규율할 수 있다고 보여지므로, 구태여 국가의 입법미비를 들어 조례제정권의 행사를 가로막을 수 없다."(대법원 1992. 6. 23. 92추17 판결)

판례: "조례제정은 원칙적으로 자치사무와 단체위임사무에 한정되며, 기관위임사무에 관해 조례를 제정할 수 없다. 다만 기관위임사무도 개별법령에서 위임한 경우에는 예외적으로 가능하다."(대법원 1999. 9. 17. 99추30 판결)

판례: "지방의회의원이 지방자치단체의 장이 조례안으로서 제안한 행정기구를 종류 및 업무가 다른 행정기구로 전환하는 수정안을 발의하여 지방의회가 의결 및 재의결하는 것은 지방자치단체의 장의 고유권한에 속하는 사항의 행사에 관하여 사전에 적극적으로 개입하는 것으로서 허용되지 아니한다."(대법원 2005. 8. 19. 2005추48 판결)

판례: 〈지방의회 조례안 재의결 무효확인 청구〉 "조례가 규율하는 특정사항에 관하여 그것을 규율하는 국가의 법령이 이미 존재하는 경우에도 조례가 법령과 별도의 목적에 기하여 규율함을 의도하는 것으로서 그 적용에 의하여 법령의 규정이 의도하는 목적과 효과를 전혀 저해하는 바가 없는 때, 또는 양자가 동일한 목적에서 출발한 것이라고 할지라도 국가의 법령이 반드시 그 규정에 의하여 전국에 걸쳐 일률적으로 동일한 내용을 규율하려는 취지가 아니고 각 지방자치단체가 그 지방의 실정에 맞게 별도로 규율하는 것을 용인하는 취지라고 해석되는 때에는 그 조례가 국가의 법령에 위반되는 것은 아니다."(대법원 2006. 10. 12. 2006추38 판결)

판례: "지방자치법은 지방의회와 지방자치단체의 장에게 독자적 권한을 부여하고 상호견제와 균형을 이루도록 하고 있으므로 지방의회는 법률에 특별한 규정이 없는 한 견제의 범위를 넘어서 상대방의 고유권한을 침해하는 내용의 조례를 제정할 수 없다."(대법원 2007. 2. 9. 2006추45 판결)

판례: 〈조례안 의결무효 확인청구〉 "조례안재의결 무효확인소송에서의 심리대상은 지방의회에 재의를 요구할 당시 이의사항으로 지적되어 재의결에서 심의의 대상이 된 것에 국한된다."(대법원 2007. 12. 13. 2006추52 판결)

4) 주민투표회부권

155. 주민투표회부권

지방자치단체의 장은 지방자치단체의 주민에게 과도한 부담을 주거나 중대한 영향을 미치는[174] 지방자치단체의 주요결정사항 등을 주민투표에 붙일 수 있다.

판례: 〈입법부작위 위헌확인(각하)〉 "우리 헌법은 법률이 정하는 바에 따른 '선거권'과 '공무담임권' 및 국가안위에 관한 중요정책과 헌법개정에 대한 '국민투표권'만을 참정권으로 보장하고 있으므로, 지방자치법 제13조의2에서 규정한 주민투표권은 그 성질상 선거권, 공무담임권, 국민투표권과 전혀 다른 것이어서 이를 법률이 보장하는 참정권이라고 할 수 있을지언정 헌법이 보장하는 참정권이라고 할 수 없다."(헌재 2001. 6. 28. 2000헌마735 결정)

판례: 〈주민투표법 제 7 조 제 1 항 등 위헌확인(각하)〉 "우리 헌법은 간접적인 참정권으로 선거권(헌법 제24조), 공무담임권(헌법 제24조)을, 직접적인 참정권으로 국민투표권(헌법 제72조, 제130조)을 규정하고 있을 뿐 주민투표권을 기본권으로 규정한 바가 없고 제117조, 제118조에서 제도적으로 보장하고 있는 지방자치단체의 자치의 내용도 자치단체의 설치와 존속 그리고 그 자치기능 및 자치사무로서 지방자치단체의 자치권의 본질적 사항에 관한 것이므로 주민투표권을 헌법상 보장되는 기본권이라고 하거나 헌법 제37조 제 1 항의 "헌법에 열거되지 아니한 권리"의 하나로 보기 어렵다. 지방자치법이 주민에게 주민투표권(제13조의2), 조례의 제정 및 개폐청구권(제13조의3), 감사청구권(제13조의4) 등을 부여함으로써 주민이 지방자치사무에 직접 참여할 수 있는 길은 일부 열어놓고 있지만 이러한 제도는 어디까지나 입법에 의하여 채택된 것일 뿐 헌법에 의하여 보장되고 있는 것은 아니므로 주민투표권은 법률이 보장하는 권리일 뿐 헌법이 보장하는 기본권 또는 헌법상 제도적으로 보장되는 주관적 공권으로 볼 수 없다."(헌재 2005. 12. 22. 2004헌마530 결정)

주민투표의 대상·발의자·발의요건·그 밖의 투표절차 등에 관한 사항은 따로 법률로 정한다(동법 제14조).

주민투표권자는 19세 이상의 주민 중 투표인명부 작성기준일 현재 다음의 하나에 해당하는 사람이다. ① 그 지방자치단체의 관할구역에 주민등록이 되어 있는 사람 또는 「재외동포의 출입국과 법적 지위에 관한 법률」 제 6 조에 따라

174) 우리 헌법재판소는 지방자치단체의 폐치·분합은 헌법소원의 대상이 되지만(헌재 1994. 12. 29. 91헌마201 결정〈경기도남양주시등33개도농복합형태의시설치등에관한 법률 제 4 조 위헌확인(기각)〉, 반드시 주민투표에 의한 주민의사확인절차를 거쳐야 하는 것이 아니라(헌재 1995. 3. 23. 94헌마175 결정〈경기도남양주시등33개도농복합형태의시설치등에관한법률 제 8 조 위헌확인(기각)〉고 한다.

국내거소신고가 되어 있는 재외국민, ② 출입국관리 관계 법령에 따라 대한민국에 계속 거주할 수 있는 자격을 갖춘 외국인으로서 지방자치단체의 조례로 정한 사람(주민투표법 제 5 조 제 1 항).

(5) 地方自治團體에 대한 國家의 監督

1) 필 요 성

지방자치단체의 사무처리는 해당 주민과 일반국민의 이해관계에 직접·간접으로 영향을 준다. 뿐만 아니라 지방자치의 운영은 국가행정에도 커다란 영향을 미친다. 그에 따라 국가는 광역행정정책의 필요성 때문에 지방자치를 감독할 필요가 있다.

156. 지방자치단체에 대한 국가의 감독필요성

2) 방 법

지방자치단체에 대한 국가의 감독방법으로는 입법적 통제, 사법적 통제, 행정적 통제 및 기타 방법이 있다.

157. 지방자치단체에 대한 국가의 감독방법

입법적 통제란 국회가 제정하는 법률로써 지방자치단체의 조직·권한 및 운영을 통제하는 방법을 말한다. 사법적 통제란 입법적 통제를 전제로 하여 지방자치단체가 위법적인 행위를 할 때 재판을 통하여 그 위법행위를 억제하는 방법이다. 행정적 통제란 지방자치단체의 일반적 권한만을 법률로써 정함으로써 지방자치단체의 권한행사를 중앙행정기관이 명령·인가·허가·검사·취소·임명·파면 등의 방법으로 통제하는 것을 말한다.[175]

현재 지방자치단체에 대한 중앙행정기관의 감독권으로는 감독관청의 자치사무감사권(동법 제171조), 자치단체장의 명령·처분에 대한 시정명령 및 취소권(동법 제169조 제 1 항), 지방의회 의결사항에 대한 재의요구지시권(제172조 제 1 항) 외에도 지방의회 재의결사항에 대한 제소지시 및 직접제소권(동법 제172조 제 4 항)과 직무이행명령 및 대집행권이 있다(동법 제170조).

3) 한 계

그러나 지방자치단체에 대한 국가의 감독은 필요한 최소한에 그쳐야 하며, 그 정도를 지나칠 때에는 지방자치의 본질을 침해하는 것이 될 것이다. 이와 관련 직무이행명령권과 제소지시권 및 직접제소권 등은 지방자치의 본질 또는 지방자치의 현대적 기능과 조화되기 어렵다는 점에서 문제가 있는 규정이라 하

158. 지방자치단체에 대한 국가감독의 한계

175) 김철수, (주 20), 1132쪽; 권영성, (주 19), 243·245쪽.

겠다.[176)]

판례: **〈서울특별시와 정부 간의 권한쟁의(인용)〉** "피청구인 행정안전부장관 등이 2006. 9. 14.부터 2006. 9. 29.까지 청구인 서울특별시를 상대로 자치사무에 대하여 실시한 합동감사가 지방자치권을 침해하는지에 대한 권한쟁의심판청구사건에서, "중앙행정기관이 구 지방자치법 제158조 단서 규정상의 감사에 착수하기 위해서는 자치사무에 관하여 특정한 법령위반행위가 확인되었거나 위법행위가 있었으리라는 합리적 의심이 가능한 경우이어야 하고, 또한 그 감사대상을 특정해야 한다. 따라서 전반기 또는 후반기 감사와 같은 포괄적·사전적 일반감사나 위법사항을 특정하지 않고 개시하는 감사 또는 법령위반사항을 적발하기 위한 감사는 모두 허용될 수 없다. 행정안전부장관 등이 감사실시를 통보한 사무는 서울특별시의 거의 모든 자치사무를 감사대상으로 하고 있어 사실상 피감사대상이 특정되지 아니하였고 행정안전부장관 등은 합동감사 실시계획을 통보하면서 구체적으로 어떠한 자치사무가 어떤 법령에 위반되는지 여부를 밝히지 아니하였는바, 그렇다면 행정안전부장관 등의 합동감사는 구 지방자치법 제158조 단서 규정상의 감사개시요건을 전혀 충족하지 못하였다 할 것이므로 헌법 및 지방자치법에 의하여 부여된 서울특별시의 지방자치권을 침해한 것이다."(헌재 2009. 5. 28. 2006헌라6 결정)

---

176) 허영, (주 15), 783쪽.

第2章 國 會

第1節 議會主義

1. 議會制度의 沿革

(1) 議會制度의 起源에 대한 學說

159. 의회제도의 기원에 대한 학설

의회제도가 언제 그리고 어디에서 시작되었는지에 대해서는 정확히 이야기할 수 없다. 학자에 따라서는 1215년 영국의 대헌장에서 귀족들에게 조세승인권을 인정하고 있는 사실에서부터 조세를 승인하는 귀족들의 모임을 의회의 시초라고 보아 1215년에 이미 의회가 존재하였다고 보는가 하면,[177] 어떤 학자는 1285년 영국의 '모범의회'(Model Parliament)를 의회제도의 시초로 보기도 하며,[178] 또 다른 학자는 중세의 등족회의를 의회제도의 시초로 보기도 한다.[179] 이 중에서 일반적인 견해는 영국의 모범의회를 의회의 시초로 보고 있다.[180]

---

177) K. Stern, *Das Staatsrecht der Bundesrepublik Deutschland*, 2. Aufl.(1984), S. 946.

178) 권영성, (주 19), 804·805쪽.

179) 김철수, (주 20), 913쪽. 특히 허영, (주 15), 831쪽은 등족회의란 용어대신 영주회의란 용어를 쓰면서 그 이유를 같은 쪽 (주 1)에서 다음과 같이 설명하고 있다. "국내문헌에서는 '등족회의'라는 일본식의 번역이 많이 통용되고 있으나, 역시 우리의 언어감각과는 거리가 멀 뿐 아니라 신분대표적 성격을 나타내기 위해서도 '영주회의'로 부르기로 한다." 언어학도가 아닌 저자로서는 등족회의가 우리 언어감각과 거리가 있는지에 대해서는 판단할 수 없다. 그러나 등족회의의 신분대표성을 나타내기 위해서 영주회의라는 용어가 더 적절하다는 주장에 대해서는 동조하기가 어렵다. 왜냐하면 그것을 무엇으로 부르든 이러한 기구가 승려와 귀족과 시민대표로 구성되었다는 것은 확실하기 때문이다. 승려와 귀족은 지방영주인 경우도 있었겠지만, 시민들은 결코 영주가 아니었다. 따라서 등족회의가 일본인들의 번역이라면 이 기구가 신분대표들로 구성되었기 때문에 '신분회의' 또는 '신분의회'로 부르든가 그냥 '3부회의'로 부르는 것이 어떨까 싶다.

180) 그러나 구병삭, 의회제도의 발전과 대표성, 고시계(1982. 7.), 37쪽 이하(43쪽)는 다음과 같이 설명하고 있다. "영국은 1965년에 의회제 700년을 축하한 적이 있다. 그것은 1265년에 처음으로 각주에서 2인의 기사와 성속(聖俗)의 귀족을 함께 소집한 적이 있는데 이것이 의회제의 시작이라고 보기 때문이다."

(2) 議會制度의 成立

160. 의회제도의 성립: 의회는 13세기 영국과 프랑스에서 각각 독자적으로 성립하였다

그러나 이미 프랑스에서 13세기에 의회에 해당되는 용어가 사용되고 있었고, 영국에서 이미 1246년 이후부터 귀족과 승려로 구성된 왕의 자문기관이자 사법기능을 담당하는 특권신분층의 집합체인 '대회의'(magnum concilium)를 의회란 명칭으로 부르고 있었다면,[181] 이미 의회제도는 영국과 프랑스에서 독자적으로 성립해 있었던 것으로 볼 수 있다. 그러나 그 당시 영국과 프랑스에 존재해 있던 의회라는 명칭을 가진 기구에는 아직 서민이 참여하지 않았기 때문에, 이를 근대의회의 선구로 볼 수는 없을 것이다.

(3) 近代議會의 선구

161. 근대의회의 선구: 1285년 영국의 모범의회

보통 근대의회의 선구로서의 명예는 영국의 모범의회에게 주어지고 있다. 에드워드 1세 때인 1285년에 개최된 모범의회도 전체 국민의 대표가 아니라 각 계층·단체의 대표라는 점에서 근대의회라고는 할 수 없으며 중세적 등족회의의 연장선상에 존재하는 것이었다.[182] 그러나 명칭이 말하여주듯 모범의회는 널리 각 계층과 도시 시민대표를 참가시킨 그 당시로서는 가장 완비된 형태의 것이었으며, 특히 그곳에는 도시의 대표를 다수 출석시켰다는 점에서 오늘날의 의회, 곧 하원(서민원)의 선구가 되었다고 할 수 있다. 영국의 의회는 '승려'(Lords Spritual), '귀족'(Lords Temporal) 및 '서민'(Commons)으로 구성되었기 때문에 본래 '3부회'(Three Estates)의 형태를 띤 것이었다. 그러나 각 계층간에 이해관계를 둘러싸고 이합집산이 이루어지다가 14세기에 3부회는 2개로 통합되기 시작하여 16세기에는 '상원'(House of Lords)과 '하원'(House of Commons)의 양원제의회로 확립되었다.[183]

---

181) 현대 각국의 의회 또는 그 의회의 원형인 영국의 의회를 나타내는 말 Parliament는 프랑스어의 Parler 또는 이탈리아어의 Palare를 어원으로 하며, 이들은 다시금 라틴어의 Parliamentum(말하다, 논의하다)에서 유래한다. 영국에서는 이미 13세기에 국민의 여러 부분을 대표하는 회의체를 표시하는 말로서 parliament가 사용되었다(J. Hatschek, *Englische Verfassungsgeschichte*, 1973, S. 331). 또한 K. Stern, (주 177), S. 946도 참조.

182) J. Harvey/L. Bather, (주 119), p. 21.

183) 영국의 의회발달단계는 賢議會(Witenagement) → 대회의(Magnum Councilum) → 모범의회 → 양원제확립 → 튜더·스튜어트 왕조기에 걸친 절대군주와의 투쟁 → 의회제의 시련→ 1689년의 명예혁명 → 입헌군주제의 승리 → 의원내각제확립 → 하원의 우위확립의 단계로 나누어 볼 수 있다. 권영성, (주 19), 805쪽, 주 1 참조.

(4) 중세등족회의에서 近代議會로의 발전과정에서 생겨난 변화들

이러한 과정에서 일어난 변화를 간추리면 다음과 같다. ① 등족회의의 3부제가 양원제로 발달하였다. ② 대표는 출신계급대표에서 전국민의 대표로 되었다. ③ 군주에 대한 청원서제출권은 근대의회의 법률안발안권으로 되었다. ④ 등족회의의 조세승인권은 근대의회의 예산심의권으로 되었다. ⑤ 등족회의의 명령적 위임(=강제위임)은 근대의회의 무기속위임(=자유위임)으로 되었다.

162. 중세등족회의에서 근대의회로의 발전과정에서 생겨난 변화들

(5) 英國議會制度의 구미 각국에의 影響

영국에서 발전한 의회제도는 여러 나라에도 커다란 영향을 행사하였다. 1789년 대혁명을 전후하여 프랑스에서는 신분제의회인 '3부회'(état généraux)가 부정되고 그를 대신하여 국민의회가 국민의 대표기관인 동시에 일반의지의 상징으로서 국가의사결정의 중심적인 기구로 기능했는가 하면,[184] 독일과 당시에는 신생국가였던 미합중국의 정치발전에도 적지 않은 역할을 행사하였다.[185] 곧 의회의 세기, 이른바 의회주의의 세기가 열린 것이다.[186]

163. 영국의회제도의 구미 각국에의 영향

2. 議會主義의 概念

(1) 議會主義의 두 가지 概念

'의회주의'(Parlamentarismus)는 대단히 다의적인 개념이다. 곧 의회주의라는 용어는 시대와 국가에 따라, 그리고 그것을 사용하는 사람에 따라 그 뜻이 다르다.[187] 그러나 이를 크게 분류한다면, 의회가 권력의 최정상에 자리하고 있으면

164. 의회주의의 두 가지 개념: 1) 19세기적 의회주의의 개념, 2) 현대국가에서의 의회주의의 개념

---

184) H. C. Lockwood, Constitutional History of France, 1980, pp. 49-50.

185) 권영성, (주 19), 805쪽은 근대적 의회제도의 발전과정을 다음과 같은 4단계로 구분하고 있다. ① 의회가 군주제국가의 부속기관 내지 군주의 자문기관에 불과하였던 중세말로부터 근세초에 이르는 참여형의회기, ② 시민혁명을 통하여 입헌정치가 실현된 입헌주의의 회기, ③ 보통선거제가 확립됨으로써 의회제민주주의가 확립된 시기, ④ 사회국가, 정당국가 등의 등장으로 의회가 본래의 기능과 역할을 수행할 수 없게 된 1930년대 이후의 의회제민주주의의 위기기.

186) 이하의 의회주의에 대한 설명은 홍성방, 의회주의의 본질과 현대적 의의, 한림법학 FORUM 제 1 권, 1991, 1쪽 이하(2쪽 이하)를 거의 그대로 옮긴 것이다. 의회주의에 대하여는 이병훈, 대표원리와 의회주의의 기능, 고려대학교 대학원 법학박사학위논문(1988. 7.), 특히 155쪽 이하도 참조.

187) C. Schmitt, (주 6), S. 303f.는 의회주의란 용어가 가진 다의성을 적절하게 지적하고 있다.

서 다른 국가권력에 대하여 시원적 역할을 했던 19세기의 의회주의에 대한 개념과, 행정권이 강화되고 사회국가에 대한 요청이 높아지고 정당이 국가정치에서 차지하는 비중이 높아진 현대국가의 의회주의에 대한 개념으로 양분할 수 있다.

(2) 議會主義에 대한 칼 슈미트의 槪念定義

165. 의회주의에 대한 칼 슈미트의 개념정의: 행정부에 대한 의회의 지배

의회주의의 고전적 개념을 대표하는 칼 슈미트는 "19세기 유럽대륙의 여러 나라에서 중요한 일은 선출된 국민대표가 군주의 정부에 대하여 그 정치적 영향력을 확대하는 것이었다"고 전제하고, 이로부터 의회주의를 '행정부에 대한 의회, 곧 국민대표의 지배'(eine Herrschaft des Parlaments, d. h. Volksvertretung über die Regierung)라 개념정의하였다.[188] 그리고 이러한 의미의 의회주의가 통용되는 시민적 법치국가의 의회는 여당과 야당 사이에 정치적 의견이 공개토론(토론과 반대토론, 설득과 타협)됨으로써 국민의 전체의사가 일반의사로 완성될 수 있는 장소이자 국민적 교양과 이성을 대표하며 그 안에 국민의 예지를 통합할 수 있는 장소로 간주되었다.

(3) 議會主義의 要素

166. 의회주의의 요소: 뢰벤슈타인, 데닝거

그러나 이러한 슈미트식의 고전적 의회주의의 이념적 전제는 실제로 충족된 바 없다. 뿐만 아니라 이러한 의회주의의 이념적 전제는 특히 사회적 정의와 사회적 안전을 요구하는 국민의 요청이 원인이 되어 나타난 의회에 대한 행정부의 상대적 지위강화 및 정당국가의 출현으로 여러 면에서 변화되어 있다. 따라서 의회주의의 개념은 수정되지 않으면 안 된다. 그리고 이를 위해서는 의회주의의 특징적인 요소들을 살펴보아야 할 것이다.

뢰벤슈타인은 의회주의의 요소로서 다음과 같은 세 가지를 들고 있다. ① 어떤 나라에 대표제도 또는 의회제도가 존재한다고 해서 그 나라에 의회주의적 정부형태가 존재함을 의미하지는 않는다. ② 의회정부제는 내각책임제와 동의어가 아니다. 내각책임제는 의회정부제의 '아종'(亞種, Unterart)에 지나지 않는다.[189] ③ 의회주의적이기 위해서는 일정한 특색을 가져야 하며, 그 중 가장 중

---

188) C. Schmitt, (주 6), S. 304. 국내에서는 한태연, 헌법학, 1985, 235쪽이 "오늘에 있어서는 의회주의와, 그리고 의회에 의하여 정부가 선출되고 통제되게 되는 의원내각제가 하나의 동의이어(同義異語)로 사용되고 있다"고 하여 의회주의의 고전적 개념에 집착하고 있다.

189) 그러나 뢰벤슈타인 자신도 결국 의회주의를 기관 사이의 통제수단인 불신임권과 해산권이 제도적으로나 헌법현실에서도 기능하는 의원내각제와 동의어로 이해하였다. K. Loewenstein, Zum Begriff des Parlamentarismus, in: Kluxen(Hg.), *Parlamentarismus*, 5.

요한 것은 의회가 행정부와 균형을 이루면서 국가의 기본정책형성 및 입법을 통한 집행에 참여하는 것이다.[190] 그런가 하면 데닝거 *E. Denninger*는 한스 켈젠[191]을 인용하면서 의회주의를 개념짓는 특징적 요소로서 ① 국민의 보통·평등선거권에 기초하여 성립된, 곧 민주적으로 선출된 집합체를 통하여 권위있는 국가의사가 형성될 것, ② 정부에 대하여 대표기관이 실효성있는 통제권한을 가질 것을 들고 있다.[192]

(4) 議會主義의 概念定義

167. 의회주의의 개념정의

이상을 참작하여 우리는 의회주의를 보통·평등선거권에 기초를 둔 국민으로부터 민주적으로 선출된 합의체국민대표기관인 의회가 행정부와 균형을 이루면서 입법을 통해 국가의 기본정책결정에 참여하는 정치원리라고 정의할 수 있을 것이다. 그리고 이러한 의미의 의회주의는 영국형의 의원내각제에서뿐만 아니라 미국형의 대통령제에서도 그 모습을 찾아볼 수 있다고 보아야 한다. 왜냐하면 의회주의는 하나의 정치원리, 곧 이념이고 그 결과 실제에 있어서는 다양한 형태로 나타날 수 있기 때문이다.[193]

3. 議會主義의 理念的 前提

의회주의의 이념적·사상적 근거는 영국과 유럽대륙에 있어서 커다란 차이가 있다.

(1) 英國의 議會主義

168. 영국의 의회주의: 1) 정치적 관습

영국의 의회주의는 어떤 이론이나 이념의 산물이 아니라 어디까지나 군주의

Aufl.(1980), S. 65ff.(67).

190) K. Loewenstein, (주 73), S. 82f.

191) H. Kelesen, *Vom Wesen und Wert der Demokratie*, 2. Aufl.(1929), S. 29은 의회주의의 본질을 "국민에 의하여 보통·평등선거권의 기초 위에 민주적으로 선거된 합의기관에 의해 다수결원리로서 규범적 국가의사를 형성하는 것"이라고 한다.

192) E. Denninger, *Staatsrecht* 2, 1979, S. 15.

193) 이러한 의미에서 정치원리인 의회주의와 정부형태 내지는 권력분립형태를 의미하는 의원내각제를 구별하는 견해(허영, 주 15, 830쪽)는 정당하며, 의회주의, 의회정치, 의회제, 의회제민주정 등의 개념을 혼용하는 것은 바람직하지 못하다. 그러나 허영, (주 15), 831쪽은 의회제도의 연혁과 발전을 의회주의의 연혁과 발전으로 표현하고 있기 때문에 결과적으로는 정치원리인 의회주의와 현실적 제도인 의회제도를 혼동하고 있다.

의 산물, 2) 무기속 위임사상의 확립과 같이 한다

권력에 대하여 오랜 역사를 두고 투쟁해 온 구체적 경험과 정치적 관습의 산물이다. 그것은 외부로부터 고립된 섬나라인 영국의 지정학적 위치와 또한 영국사회구조의 유연성과 같은 그 사회학적 이유에 기초한 정치제도를 의미한다.[194) 따라서 영국의회주의의 이념적·사상적 근거에 대해서는 의회의 위치는 14세기에 나타나고[195) 18세기에 블랙스톤 *W. Blackston*과[196) 버크 *E. Burke*에[197) 의하여 실현된 무기속위임사상의 확립과 같이 한다는 것을 지적함으로써 충분하다.

(2) 獨逸의 議會主義

1) 개 관

169. 독일의 의회주의

이에 반하여 의회제도가 대륙에 이식되고부터는 이론화하여 실천과 관습이 아니라 뚜렷한 이론과 이념, 특히 정신사적 입장에서 문제되게 된다. 그러한 경향은 다른 어느 곳에서보다 특히 독일에서 뚜렷하다.

2) 의회주의의 정신사적 기반에 대한 칼 슈미트의 견해

170. 의회주의의 정신사적 기반에 대한 칼 슈미트의 견해

독일에서는 바이마르민주주의의 위기의 해라고 불리는 1923년에 의회주의에 대한 두 가지의 상반된 견해가 슈미트와 트뢸치 *E. Troeltsch*에 의하여 주장되었다. 슈미트는 「현대 의회주의의 정신사적 상황」에서 버크, 벤담 *Bentham*, 기조 *Guizot*, 밀 *J. S. Mill* 등과 같은 자유주의 정치이론가들의 견해를 인용하면서 의회정치를 '토론에 의한 정치'(Government by Discussion)라 정의하고[198) 의회제도의 정신사적 기반을 '공개성과 토론'(Öffentlichkeit und Diskussion)의 개

---

194) E. Fraenkel, *Deutschland und die westlichen Demokratien*, 4. Aufl.(1968), S. 14.

195) J. Hatschek, (주 181), S. 215.

196) 블랙스톤은 그의 저서 「영국법주석」(*Commentaries on the Laws of England*, 1765)에서 "모든 의원은 비록 특정지역에서 선출되었으나 전 국가의 대표이며, 따라서 그가 스스로 옳다고 그리고 합리적이라고 생각하지 않는 경우에는 어떤 문제에 있어서든 선거인의 충고나 의견을 받아들일 필요는 없다"고 하여 의원의 무기속위임을 주장하였다.

197) 버크는 1774년 그의 지역구 브리스톨 *Bristol*시의 유권자들에게 보낸 편지에서 "의회는 각 의원이 대리인이나 수임자처럼 다른 대리인이나 수임자에 대하여 상이한 이익을 옹호하기 위한 심부름꾼들의 회합이 아니라, 전체의 이익을 위하여 자유롭게 협의하는 회합이다. 대표를 선출한 것은 여러분이나 일단 선출되고 나면 그는 브리스톨시의 대표가 아니라 의회의 구성원이다"(E. Burke, Speech to the Electors of Bristol, 1774, in: *The Writings and Speaches in 12 Volumes*, 1901, Bd. II, p. 89 이하)라 하여 명령위임을 부정하고 있다.

198) C. Schmitt, *Die gesistesgeschichtliche Lage des heutigen Parlamentarismus*, 2. Aufl.(1926), S. 43, 57, 62.

념으로 규정하였다. 그리고 이러한 공개토론에 의하여 추구되는 것은 '다름 아닌 진리와 정의 그 자체'(nicht weniger als Wahrheit und Gerechtigkeit selbst)의 발견이라고 한다. 왜냐하면 ① 권력은 토론에 의하여 국민과 함께 진리를 구하도록 항상 강제되고, ② 전 국가생활의 공개성이 권력을 국민의 감시하에 두며, ③ 출판의 자유가 스스로 자유를 발견하여 그것을 권력을 향하여 발언하는 기회를 국민에게 부여하고 있기 때문이라는 것이다. 따라서 그는 '폭력의 대용품으로서의 토론'(la discussion substituée à la force)이라는 포까드 *Eugène Forcade*의 말을 인용하면서 공개토론만으로도 적나라한 세계에 속하는 권력이나 폭력은 극복될 수 있다고 한다.

3) 의회주의의 정신사적 기반에 대한 트뢸치의 견해

171. 의회주의의 정신사적 기반에 대한 트뢸치의 견해

이에 반하여 트뢸치는 의회주의의 정신사적 기반을 유럽공동체의 자연법적 전통에서 구하면서, 의회민주주의는 인권, 이성, 정의 및 진보라는 이념들과의 내면적 관련성을 가지고 있다고 한다.[199)]

4) 의회주의의 정신사적 기반에 대한 슈미트의 견해 검토

172. 의회주의의 정신사적 기반에 대한 슈미트의 견해검토

그러나 슈미트는 의회가 아닌 의회이론의 역사를 논증의 지표로 삼고 있으며, 그가 지적하는 의회이론의 역사는 19세기 전반기에 국한되었다는 점에서 비판을 면할 수 없을 것이다.[200)] 결국 이상주의적인 의회주의의 모델을 설정하여 그에 적합하지 못한 현대의 의회현실을 의회주의의 몰락으로 이해한 것은 슈미트의 결정적 잘못이라고 할 수밖에 없을 것이다.[201)] 따라서 발표 당시 별 주목과 반응을 얻지 못했던 트뢸치의 견해는 히틀러 *Hitler*의 독재와 동독에서 마르크스주의 독재체제하의 현실을 체험한 후 싹튼 의회주의의 참다운 정신사적 기반을 이해하려는 자각적 노력에 실마리가 되었고, 그것은 부분적으로는 열매를

---

199) E. Troeltsch, *Naturrecht und Humanität in der Weltpolitik*, 1923.

200) M. Kriele, *Einführung in die Staatslehre*, 5. Aufl.(1994), S. 247f.(국순옥 역, 민주적 헌정국가의 역사적 전개, 종로서적, 1983). 이 밖에도 크릴레는 슈미트가 인용한 이론들이 미화적(美化的)인 성격을 가진 것임과, 전체적인 맥락을 고려하지 않고 마구 사용하였기 때문에 비현실적인 인상을 주고 있음을 지적하였다. 또한 U. Scheuner, Das repräsentative Prinzip in der modernen Demokratie, in: *Festschrift f. Hans Huber*, 1961, S. 222 이하는 슈미트의 논증방법에 대하여 "국법상의 근본이념을 특정시대의 개념세계에 묶어둠으로써 특정시대에 규범적 역할을 부여하려고 한 것은 온당치 못한 일이라는 방법론상의 비난을 받아도 마땅하다"고 이야기하고 있다.

201) E. Denninger, (주 192), S. 17.

맺고 있다 할 것이다.[202]

4. 議會主義의 原理

(1) 槪 念

173. 의회주의의 원리

의회주의의 본질적 원리가 무엇인지에 대해서 학설은 구체적인 내용에 있어서 일치를 보이고 있지 않다. 그러나 대부분의 국내학자들은 슈미트와 견해를 같이하여 의회주의의 본질적 원리로서 토론과 공개성, 대표의 원리를[203] 들면서 거기에 다수결의 원리를 하나 더 첨가하고 있다.[204] 보통 의회주의의 본질은 의원이 각자 자신의 의견을 개진하고, 그것을 상호 토론으로 대립시켜 서로 상대방을 이론적으로 설득시킴으로써 변증법적인 고차원의 의견을 얻게 하는 데 있다고 한다.

(2) 討論의 原理

174. 의회주의의 원리로서의 토론의 원리

슈미트는 의회제도의 정신사적 기반을 공개토론으로 특색짓고, 공개토론은 의회주의의 기초일 뿐만 아니라 언론과 출판의 자유, 공개회의, 의원의 면책특권과 불체포특권 등 여러 제도들의 기반을 구성한다고 한다. 그러므로 슈미트에 있어서는 "의회는 사람들 사이에 산재되어 있고 불평등하게 분배되어 있는 이성의 조각들이 집합하여 공공의 지배를 가능하게 하는 장소"이며,[205] "정치적 의견을 공개토론하는 장소이다. 의회는 다수자와 소수자, 여당과 야당이 논거와 반대논거를 개진함으로써 올바른 결론을 추구한다. 의회가 교양과 이성을 대표하

---

202) M. Kriele, (주 200), S. 249. 이러한 입장에서 크릴레는 의회주의를 "소송절차상의 이념을 정치적 입법과정에 옮겨 놓은 것"이라 정의한다. M. Kriele, (주 200), S. 246.

203) 슈미트가 의회주의의 본질적 원리로서 무엇을 생각했는지는 우리가 생각하는 것처럼 그렇게 자명한 것은 아니다. 왜냐하면 그는 어떤 곳에서는 의회주의의 제 원리란 표제하에 공개성과 토론, 권력분립(권력균형)을 들고 있으며(C. Schmitt, 주 198, S. 41ff.), 다른 곳에서는 의회주의의 이념적 전제의 탈락이란 소제목하에 토론, 공개성, 의회의 대표성에 대하여 언급하고 있기 때문이다(C. Schmitt, 주 6, S. 318f.).

204) 김철수, (주 20), 896쪽은 의회제의 본질적 원리로서 의회의 대표기능성과 의회의 합의기능성을, 권영성, (주 19), 749-751쪽은 국민대표의 원리, 공개와 이성적 토론의 원리, 다수결의 원리, 정권교체의 원리를 들고 있고, 허영, (주 15)은 침묵하고 있다. 이러한 것들 중에서 정권교체의 원리를 독립적인 의회주의의 원리로 보기는 힘들 것이다. 왜냐하면 곧 정권교체가능성(다수관계의 교체가능성)은 다수결원리의 전제 가운데 하나이기 때문이다.

205) C. Schmitt, (주 198), S. 44.

고, 의회 내에 전 국민의 교양과 이성을 대표하고, 의회 내에 전 국민의 지성이 결집되는 한 진정한 토론이 가능하다. 공개연설과 그에 대한 반대연설에서 국민의 진정한 전체의사가 일반의사로서 완성된다. … 절대군주정은 권력과 명령, 자의와 압제이며, 직접민주정은 격정과 이익에 따라 움직여지는 대중의 지배이다. … 이러한 양자 또는 그것을 초월하여 공개토론에서는 이성적 진리와 올바른 규범을 찾아내는 의회가 참된 중용으로서 존재한다. 토론은 인도적인 것이고, 평화적인 것이고, 진보적인 것이며, 모든 종류의 독재와 권력에 대한 반대물이다. 합리적인 토론을 통해서 사고가능한 모든 대립과 갈등은 평화롭고 정당하게 해결될 수 있다."[206]

(3) 公開性의 原理

175. 의회주의의 원리로서의 공개성의 원리

의회주의의 두 번째 본질적 원리로 슈미트가 들고 있는 것은 공개성의 원리이다. 그는 16세기와 17세기에 지배적이었던 '국가기밀설'(Theorie von den Staatsgeheimnissen, den 'Arcana rei publicae')의 비도덕성을 지적한다.[207] 그리고 공개성의 요구는 절대주의의 관료적 비밀정치에 대항하는 실제적 수단이었으며, 이를 통하여 공개성은 모든 정치적 병폐와 부패에 대한 만능치료제, 즉 전적으로 유효한 통제기관의 역할을 한다고 한다.[208] 따라서 슈미트는 공개성이 의회주의의 기본원리라는 점에서 의사의 공개와 토론장소로서의 본회의중심주의를 이끌어내고 있다.[209]

(4) 代表의 原理

176. 의회주의의 원리로서의 대표의 원리

다음으로 슈미트가 의회주의의 본질적 원리로서 들고 있는 것은 대표의 원리이다. 그러나 그는 대표의 원리를 직접 의회주의의 본질적 원리라고는 하고 있지 않으며 단지 간접적으로만 그러한 암시를 주고 있다.[210] 슈미트는 대표를 "볼 수 없는 존재를 공적으로 현존하는 존재를 통하여 볼 수 있도록 만드는 것, 곧 눈 앞에 생생하게 그려 보이는 것"[211][212]이라고 정의하고, 의회는 전체국민을

---

206) C. Schmitt, (주 6), S. 315.
207) C. Schmitt, (주 198), S. 47.
208) C. Schmitt, (주 198), S. 48.
209) C. Schmitt, (주 6), S. 316.
210) C. Schmitt, (주 6), S. 319.
211) C. Schmitt, (주 6), S. 209.
212) 독일어의 Repräsentation이라는 말의 어원은 라틴어의 repraesentare로서, 그 의미는 G.

대표하고 개개 의원 역시 대표적 성격을 갖는다고 한다. 그리고 이러한 의회와 의원의 대표성에서부터 행정부로부터의 신분보장을 통한 의원의 의회활동의 보장, 위임입법의 금지, 의원과 선거인과의 독립, 의원의 면책특권, 의원의 대리제 불허, 의원의 겸직금지, 의원의 명예직적 성격 등을 이끌어내고 있다.213)

(5) 多數決原理

177. 의회주의의 원리로서의 다수결원리

의회주의의 네 번째 본질적 원리로서 이야기되는 것은 다수결원리이다. 다수결원리에는 국민평등의 원리와 다수의 결정에 따르는 것이 합리적이라는 경험적 판단 그리고 독단이나 전제를 배제하는 상대주의철학이 숨어 있다. 그리고 다수결원리는 토론과 반대토론이 첨예하게 대립되는 의회에서 그 결정에 민주적 정당성을 부여하고, 의견의 다툼을 종식시켜 새로운 의견이 성립될 수 있는 새롭고 분명한 상황을 만들어 낸다는 점에서 의회주의의 기능원리로서 작용한다.

판례: 〈국회의원과 국회의장 간의 권한쟁의(인용=권한침해, 기각)〉 "의회민주주의와 다수결원리의 헌법적 의미를 고려할 때, 헌법 제49조는 단순히 재적의원 과반수의 출석과 출석의원 과반수에 의한 찬성을 형식적으로 요구하는 것에 그치지 않고, 국회의 의결은 통지가 가능한 국회의원 모두에게 회의에 출석할 기회가 부여된 바탕 위에 재적의원 과반수의 출석과 출석의원 과반수의 찬성으로 이루어져야 함을 뜻하는 것으로 해석하여야 한다."(헌재 1997. 7. 16. 96헌라2 결정, 재판관 3인의 의견)

판례: 〈국회의원과 국회의장 등 간의 권한쟁의(각하, 권한침해확인, 기각)〉 "의회민주주의의 기본원리의 하나인 다수결의 원리는 의사형성과정에서 소수파에게 토론에 참가하여 다수파의 견해를 비판하고 반대의견을 밝힐 수 있는 기회를 보장하여 다수파와 소수파가 공개적이고 합리적인 토론을 거쳐 다수의 의사로 결정한다는 데 그 정당성의 근거가 있는 것이다. 따라서 입법과정에서 소수파에게 출석할 기회조차 주지 않고 토론과정을 거치지 아니한 채 다수파만으로 단독 처리하는 것은 다수결의 원리에 의한 의사결정이라고 볼 수 없다."(헌재 2010. 12. 28. 2008헌라7 결정)

Leibholz, *Das Wesen der Repräsentation und der Gewaltwandel im 20. Jahrhundert*, 1960, S. 26에 따르면 "실제로 현존하지 않는 무엇인가가 현존한다는 것 또는 실존한다는 것이며, 현재 존재하지 않는 것을 존재하게끔 만든다는 것을 의미한다"고 하고, F. Glum, Begriff und Wesen der Repräsentation, 1929, in: H. Rausch, *Zur Theorie und Geschichte der Repräsentation und Repräsentationsverfassung*, 1968, S. 205에 따르면 "실재하지만 구체적으로 볼 수 없는 존재가 볼 수 있는 존재를 통하여 현존하게 되는 것"이라 한다.

213) C. Schmitt, (주 6), S. 316f.

5. 議會主義의 變質

(1) 議會主義의 變質

1) 의회주의의 변질원인

그러나 이러한 의회주의의 본질적 원리들은 이념적인 것일 뿐, 국가가 적극적으로 사회문제·경제문제에 관여하는 사회국가로 이행함에 따라 거대하고 적극적인 행정권의 형성과 그것에의 권력집중이 필연적으로 되며 선거권이 확대되어 대중적 정당제도가 발달한 현대사회에서는 이상적으로 기능하고 있지 않다.[214)]

178. 의회주의의 변질원인

2) 의회주의의 개별적 원리들의 변질

① 공개토론의 원리의 변질

우선 공개토론의 원리를 보면, 토론을 연애에 비교하면서 그 속에 give and take의 정신이 표현되어 있다고 한 낭만적, 목가적 견해가 없는 것은 아니지만,[215)] 이러한 견해는 고전적인 견해가 되고 말았다. 오늘날 의회에서의 의견은, 슈미트가 공개토론의 장소라는 의회의 본질적 요소로서 지적한 의사의 공개성, 토론장소로서의 본회의중심과는 달리, 사실상 위원회 또는 정당과 교섭단체 내지는 정당연합의 소위원회가 닫혀진 문의 배후에서 결정하고 있다. 현실적으로 볼 때 의회에 있어서 의원은 정당에 구속되며 정당의 방침에 따른 의견을 표명하며 투표하는 거수기에 지나지 않는다. 그리고 의회에 있어서의 각파의 세력비에 반하여 얻은 결론은 이미 확정된 것이며, 이런 분파에 있어서 자기 당의 의사를 결정하는 것은 모두 이해관계적·계층적 구속성에 의한 것이지, 결코 진리와 정의 자체를 추구하는 공개토론에서 올바른 중용을 취한 결과는 아니다. 곧 공개토론의 원리는 그 목적에서부터 매우 멀어져 있다.

179. 의회주의의 원리로서의 공개토론의 원리의 변질

② 대표의 원리의 변질

그런가 하면 대표의 원리도 오늘날 민주정이 선거권의 확대로 대중민주정으

180. 의회주의의 원리로서의 대표의 원리의 변질

214) 의회주의가 변질되게 된 원인을 허영, (주 15), 832-834쪽은 정당국가적 경향으로 인한 의회기능의 약화, 국가적 과제의 증가로 인한 의회역량의 한계, 선거제도의 결함으로 인한 의원의 질저하 및 의회대표성의 약화, 의회주의의 표상으로서의 의원내각제의 부정적인 경험, 반의회주의적 결단주의 헌법철학의 영향, 의회운영방식과 의사절차의 비효율성으로 인한 의회기능의 약화를 들고 있다. 의회주의의 변질원인에 대해서는 김철수, (주 20), 899·900쪽; 권영성, (주 19), 808·809쪽도 참조.

215) E. Barker, *Reflection on Government*, 1942, p. 67.

로 이행한 결과 구조적으로 변질되고 있다. 곧 라이프홀츠 *G. Leibholz*가 적절히 지적한 바와 같이, 자유주의적·대의적 민주주의가 정당국가적 민주주의로 이전함에 따라 국민의 보편의사는 정당에 의하여 형성되고 국민의 의사는 정치적 대표의 원리가 아닌 자동성의 원리에 의하여 형성되고, 의회는 점차 종래의 고유한 성격을 상실하여 의회는 공개토론의 광장이 아니라 이미 정당대표들에 의하여 작성된 의견을 전시하는 장소에 불과하게 된다.[216)]

③ 다수결원리의 변질

181. 의회주의의 원리로서의 다수결원리의 변질

다수결원리에 대해서도 오늘날 예외는 인정되지 않는다. 곧 다수결원리도 그것이 기능하기 위한 전제와 한계는 간과된 채 예컨대 현실의 의회정치에 있어서 대립되는 소수자들에게 의사를 표시할 기회를 전혀 부여하지 않든가 또는 토론과 설득의 과정을 생략한 채 다수결로써 결정을 내리는 것과 같은 다수자의 횡포가 여러 곳에서 자행되고 있다.

(2) 議會主義의 衰退에 대한 指摘

182. 의회주의의 쇠퇴에 대한 지적: 칼 슈미트, 제임스 브라이스

이렇듯 의회주의의 본질적 원리들이 이념형대로 작용하지 못하고 있기 때문에 슈미트는 "의회와 정치생활의 현실과 그에 기초한 일반의 확신은 오늘날 그러한 믿음(의회주의의 제 원리에 대한 믿음 — 저자)과는 아주 멀어져 있다"고 지적하고, '의회주의의 이념적 전제의 탈락'(Wegfall der ideellen Voraussetzung der Parlamentarismus)을 확인하고 있다.[217)]

그런가 하면 1921년에 브라이스 *J. V. Bryce*는 그의 역저 「근대민주정」에서 세계 주요국가들의 의회정을 검토하고 난 후 이를 개괄하여 "대의정치가 건설된 것에 구세주의 재림에 비견할 만한 것을 기대하고 대의제도에 의한다면 행정부는 적절히 지휘·감독되고, 국내의 가장 현명한 인사들이 의회에 모여 그들의 토론을 통하여 국민을 계몽하고 그릇이 큰 인물들은 그들의 영향력을 충분히 발휘할" 것으로 믿었던 19세기의 사람들이 "대의제도에 대하여 가졌던 존경과 신뢰는 이제는 모든 나라에서 쇠퇴의 징후를 나타내고 있다"고 하여 '입법부의 쇠퇴'(Decline of Legislatures)와 '입법부의 병리'(Pathology of Legislatures)를 지적하였다.[218)]

---

216) G. Leibholz, (주 212), S. 93ff.
217) C. Schmitt, (주 198), S. 62.
218) J. V. Bryce, *Modern Democracies*, Vol. 2, 1921, p. 632.

6. 議會主義의 現代的 意義

(1) 議會主義批判

183. 의회주의비판: 의회는 반드시 필요한 제도는 아니다

이러한 지적은 대단히 옳다. 그리고 이러한 의회주의의 쇠퇴에 대한 지적은 슈미트에게서 보는 것처럼 근대의회제도의 정곡을 찌르고, 의회주의의 대안으로서 소렐 *Sorel*처럼 신화의 정치적 관철을, 곧 '순교에의 에너지와 폭력행사의 용기'[219]를 지니고 있을 뿐만 아니라 '결정적이고도 존망을 다투는 유혈의 전투관'에 입각한 일종의 이데올로기를 제시하는 것일 수도 있다. 곧 의회주의는 자유주의에 기초하는 것이지 민주주의와는 무관하다고 하면서 민주주의의 이름으로 의회제도를 필수적으로 존치시키는 것을 부정하고 독재를 정당화하는 길로 나아갈 수도 있다.[220]

(2) 現代의 議會主義에 대한 私見

184. 현대의 의회주의에 대한 사견: 1) 가장 민주적인 정치원리, 2) 의회는 국정에서 가장 중추적인 역할을 담당하고 있다

그러나 이미 앞에서 지적한 것처럼 방법론상의 잘못은 그만두고라도 자유주의와 민주주의를 상이한 것으로 보는 슈미트의 관점에는 찬성할 수가 없다. 왜냐하면 개념상 자유주의와 민주주의를 구별할 수 있을지는 모르나 그것들을 역사적 현상으로서 구별하기는 어렵기 때문이다. 그리고 의회주의라는 것이 국민의 대표기관인 의회로 하여금 국가의 의사를 결정하게 하고 국정운영의 중추기관이 되게 하는 원리라고 한다면 그것은 국민주권사상과 자유민주주의의 사상을 그 안에 담고 있는 가장 민주적인 정치원리일 수밖에 없다. 결국 의회주의에 대한 태도결정은 바로 민주주의에 대한 태도결정인 것이다.

뿐만 아니라 오늘날과 같이 사회국가적·행정국가적·정당국가적 요소가 강한 국가에서도 의회는 국가의 기본적 정책형성에 참여하고, 그것을 입법을 통하여 행사하게 하며, 또한 그러한 것을 통하여 행정권을 감독하고 억제하며 통제하는 기능을 담당하고 있다. 곧 의회는 국민 다수의 바람과 걱정을 토론의 광장에 반영시킴으로써 권력의 남용으로부터 국민의 자유를 수호하고, 토론을 통하여 지도하며 법률의 집행을 감독하는 기능을 담당하고 있을 뿐만 아니라 또한 행정이 부당할 때에는 이를 비판하여 공개적으로 토론하고 그 정도가 지나칠 때에는 행정부에 대하여 책임을 추궁하는 역할을 하고 있다고 할 것이다.

---

219) C. Schmitt, (주 198), S. 80.

220) 의회주의비판에 대한 자세한 내용은 H. Wasser, *Parlamentarismuskritik von Kaiserreich zur Bundesrepublik. Analyse und Dokumentation*, 1974 참조.

(3) 議會機能의 活性化를 위한 代案들

185. 의회기능의 활성화를 위한 대안들

따라서 우리가 민주주의를 신봉하고 확신하는 한 의회주의의 쇠퇴에 대한 지적은 곧 의회기능을 활성화시키려는 노력으로 나타나게 된다. 그리고 그러한 방법으로 거론되는 것에는 직접민주제의 활용 내지 보완, 비례대표제의 채택 및 직능대표제의 실시와 국회전문위원회의 확대개편 그리고 정당조직과 정당의사결정의 민주화 등이 있다.[221]

第2節 國會의 憲法上 地位

1. 國會의 憲法上 地位의 根據

(1) 國會의 憲法上 地位의 根據에 대한 學說

186. 국회의 헌법상 지위의 근거에 대한 학설

국회의 헌법상 지위를 어디에서 이끌어내느냐에 대해서는 국내학자들 사이에 두 가지 견해가 대립되어 있다. 제1설은 국회의 헌법상 지위는 국가형태, 헌법유형, 정부형태에 의하여 정해진다고 한다.[222] 그에 대하여 제2설은 국가형태, 헌법유형, 정부형태 등은 국회의 지위를 설명함에 있어 상대적 의미밖에 가지지 못하며 국회의 지위는 어디까지나 의회주의의 본질에서 이끌어내야 한다고 한다.[223]

(2) 國會의 憲法上 地位의 根據에 대한 私見

187. 국회의 헌법상 지위의 근거에 대한 사견: 현행헌법규정으로부터 이해되어야 한다

개인적으로는 국회의 헌법상 지위를 설명함에 있어서 일반론(또는 원칙론)과 구체적인 헌법해석론을 구별해야 한다고 생각한다. 달리 말하자면, 일반적인 의회의 지위를 논하는 데는 의회제도의 발전사와 의회주의의 본질이 그 지표가 될 수 있겠지만, 우리 헌법상의 국회의 지위를 논함에 있어서는 우리의 구체적인 헌법규정을 근거로 해야 한다는 이야기이다. 의회주의는 정치원리(또는 정치이념)이고, 정치원리(정치이념)로서의 의회주의는 구체적인 헌법을 제·개정함에 있어서 방향을 제시한다. 그렇다고 해서 그것이 현실적인 헌법에 그대로 표현되는

221) 허영, (주 15), 834·835쪽 참조. 또한 김철수, (주 20), 918쪽; 권영성, (주 19), 809·810쪽도 참조.

222) 권영성, (주 19), 811쪽.

223) 허영, (주 15), 835·836쪽.

것은 아니다. 언제나 구체적인 국가의 사정에 따라 어느 정도의 변형은 불가피하며, 경우에 따라서는 그 변질된 정도가 지나치기 때문에 의회주의의 쇠퇴가 이야기되는 것이다. 이러한 경우 문제가 되는 것은 원리나 이념에 합치하지 않는 헌법규범에 대한 정비·개선책을 제시하는 것이다. 그러나 그것은 헌법해석론은 아니다.

(3) 國會의 憲法上 地位

188. 국회의 헌법상 지위

우리 헌법상 국회는 국민의 대표기관으로서의 지위, 입법기관으로서의 지위, 국정통제기관으로서의 지위를 갖는다.[224)]

2. 國民의 代表機關으로서의 地位

(1) 憲法規定

189. 국회의 국민대표기관으로서의 지위의 근거규정에 대한 판례와 학설

국회의 국민대표성을 명문으로 규정하고 있는 독일기본법[225)]과는 달리, 우리 헌법은 국회의 국민대표성을 명시적으로 규정하고 있지 않다. 그러나 국회가 국민대표기관이라는 것은 자명한 사실로 받아들여지고 있거나,[226)] 현행헌법은 국민주권원리에 비추어 국회의 국민대표성이 전제되어 있는 것으로 생각되고 있다.[227)]

190. 국회의 국민대표기관으로서의 지위에 대한 헌법규정

그러나 국회의 헌법상 지위를 헌법에 규정되어 있는 국회의 지위로 이해하는 이상, 국민대표기관으로서의 국회의 지위를 논하기 위해서는 그를 근거짓는 헌법규정을 확인해야 할 것이다. 비록 우리 헌법이 국회의 구성원인 국회의원이 국민대표기관임을 명시하는 규정을 두고 있지는 않으나, 우리 헌법은 국회의 국민대표성을 여러 곳에서 간접적으로 규정하고 있다. 국민주권원리를 규정한 헌법 제1조 제2항, 공무원의 국민전체에 대한 봉사자임을 규정하고 있는 헌법

---

224) 김철수, (주 20), 927쪽 이하; 권영성, (주 19), 812쪽 이하. 그러나 허영, (주 15), 836쪽 이하는 국회의 헌법상 지위로서 대의기관으로서의 지위, 입법기관으로서의 지위, 국정통제기관으로서의 지위, 합의체의 국가의사결정기관으로서의 지위를 든다.

225) 독일기본법 제38조 제1항: "독일연방의회의 의원은 보통, 직접, 자유, 평등 및 비밀선거에 의하여 선출된다. 그들은 국민전체의 대표자이고 명령과 지시에 구속되지 않으며 자신의 양심에만 따른다."

226) 우리 헌법재판소는 구 국회의원선거법 제33조·제34조에 대한 위헌심판에서 "국회의 권위를 존중하고 국민대표기관으로서의 본질적 기능을 보장하기 위하여" 동조항들의 헌법불합치와 입법촉구결정을 내린다고 하였다(헌재 1989. 9. 8. 88헌가9 결정).

227) 권영성, (주 19), 812쪽, 주 1.

제7조 제1항, 국회의원을 국민의 보통·평등·직접·비밀선거에 의하여 선출할 것을 규정하고 있는 헌법 제41조 제1항, 국회의원의 불체포특권을 규정하고 있는 헌법 제44조, 국회의원의 면책특권을 규정하고 있는 헌법 제45조, 국회의원의 국가이익우선의무와 양심에 따른 직무수행을 규정하고 있는 헌법 제46조 제2항 등이 그러한 규정들이다.

(2) 代表의 性格

1) 학 설

191. 국회의 국민대표의 성격에 대한 학설: 1) 법적 대표설: 법적 위임대표설, 법정대표설, 헌법적 대표설, 2) 정치적 대표설: 대의적 대표설, 정치적 대표설

국회가 국민을 대표한다고 할 때 대표의 성격과 관련하여 그것이 구속력을 갖는가 여부와 관련하여 크게 법적 대표설과 정치적 대표설이 나누어져 있다. 법적 대표설은 법적 위임대표설, 법정대표설 및 헌법적 대표설로 나누어지며, 정치적 대표설은 대의적 대표설과 정치적 대표설로 나누어진다.

법적 위임대표설은 자연법론을 근거로 한 영국·미국·프랑스학자들의 견해이다. 이 견해는 국민주권사상에 입각하여 주권 내지 입법권은 국민에게만 있고 국민은 선거에 의해 그 권한을 국회에 위임하여 국회로 하여금 위임받은 권한을 행사하게 한다고 한다. 법정대표설은 옐리네크가 주장하였다. 옐리네크는 제1차기관과 제2차기관의 구별을 전제로, 제2차 국가기관인 국회의 의사는 국민(제1차 국가기관)의 의사로 간주되는 법적 효과를 갖는다고 한다.[228] 헌법적 대표설은 국회의 대표기관성은 모든 국가권력은 국민으로부터 나온다는 헌법규정(제1조 제2항)으로부터 근거지어진다고 한다.[229]

대의적 대표설은 국회의 대표기관성은 대의의 개념을 전제로 한 개념형식이며, 대의기관이란 의미는 대의적인 대표기관에 불과하다고 한다.[230]

정치적 대표설은 라반트 *P. Laband*,[231] 켈젠 등이 주장한 학설로, 국회는 정치적·이념적으로 국민을 대표한다고 한다.[232]

---

228) G. Jellinek, (주 29), S. 582ff.

229) 김철수, (주 20), 928쪽.

230) 허영, (주 15), 836쪽.

231) P. Laband, *Das Staatsrecht des Deutschen Reiches*, Bd. I, 1911, S. 72ff.는 국민과 의회 간에는 법적 의미에서 어떠한 명령·지시관계가 존재하지 않기 때문에 의회는 국민의 대표가 아니라 단지 국가의 입법기관임을 의미할 뿐이라고 하고 있다. 이러한 의미에서는 라반트는 국민과 국회 간의 대표관계를 부정하였다고 해석할 수 있다. 그러나 라반트도 법적 대표성을 부정한다는 점에서는 정치적 대표설의 입장에 포함시킬 수 있다.

232) 권영성, (주 19), 812·813쪽.

2) 학설에 대한 검토

192. 국회의 국민대표의 성격에 대한 학설의 검토

이상의 견해들은 여러 가지 점에서 문제가 있다. 우선, 법적 위임대표설은 선거를 위임으로 보나, 선거는 입법권의 위임을 내용으로 하는 위임계약이 아니다.

다음으로, 법정대표설은 제 1 차기관인 국민과 국민이 선거를 통하여 구성된 제 2 차기관의 구분을 전제하나, 국민은 국가기관을 구성할 수는 있어도 국가기관 자체일 수는 없다는 저자의 입장에서는 납득하기 어렵다.

셋째로, 일반적으로 법학에서 '법적'이라고 할 때 그 용어로서 의미하는 바는 '법적 효과'나 '법적 책임'이 발생하는 것을 의미하므로, 헌법적 대표설이 주장하는 바는 결국 국회의 대표기관으로서의 지위에 어떤 법적 효과나 법적 책임이 발생한다는 의미가 되어 문제가 있다. 더 나아가서 헌법적 대표설이 일반적인 용어사용과 다른 것을 생각하고 있다면, 그것은 법과 법학의 영역에서 이미 합의되어 통용되고 있는 '법적'이란 개념에 혼란을 불러일으킬 염려가 있다 하겠다.[233)234)]

마지막으로, 대의적 대표기관설은 이러한 논의들을 무용한 것으로 간주하나, 결국 법적 책임을 인정하지 않는다는 점에서 이는 정치적 책임설의 한 유형으로 보아야 할 것이다.

3) 사 견

193. 국회의 국민대표의 성격에 대한 사견: 국회의원에게 강제적 위임을 규정하고 있지 않으므로 정치적 대표설이 타당하다

이러한 모든 학설들은 법적 책임설이나 정치적 책임설이나를 막론하고 우리 헌법규정을 근거로 한 논증이 아니라는 한 가지 점에서는 공통되고 있다. 그러나 앞에서도 본 바와 같이 국회의 헌법상 지위가 우리 헌법규정을 통해서 확인되어야 한다면, 국회가 국민을 대표한다고 할 때의 대표의 성격도 우리 헌법규정을 통해서 확인되어야 할 것으로 생각한다.

우리 헌법의 어디에도 국회의원에게 명령적 또는 강제적 위임을 지시하고 있는 규정은 없다. 따라서 국회가 국민을 대표한다고 할 때 대표의 성격을 정함

---

233) 정종섭, 대의민주제에서의 대표관계성질에 대한 학설 재검토, 사법행정(1992. 2.), 39쪽 이하(52쪽).

234) 참고로 독일의 문헌에서는 Th. Maunz, in: Maunz/Dürig, *Grundgesetz-Kommentar*, Rdnr. 1 zu Art. 38가 "국민의 대표라는 것은 민법상의 대리의 의미가 아니라 … '헌법상의 대표'(verfassundrechtliche Repräsentation)의 의미로 이해하여야 한다"라고 언급하고 있다.

에 있어서는 우리 헌법이 국회의원에게 강제적 위임을 인정하고 있지 않다(제45조)는 것이 척도가 되어야 할 것으로 본다. 그러한 한에서 개인적으로는 정치적 대표설이 타당하다고 본다.

(3) 國民代表機關으로서 國會의 地位變質

1) 국민대표기관으로서 국회의 지위변질의 원인

194. 국민대표기관으로서의 국회의 지위변질의 원인: 정당정치의 발전과 국회의원의 정당기속

오늘날에는 정당정치의 발전과 국회의원의 정당기속 때문에 국회는 국민의 대표기관이 아니라 정당대표기관들이 당리당략에 따라 경우에 따라서는 투쟁하고 경우에 따라서는 타협하는 기관으로 전락한 듯한 인상을 주고 있다.[235] 이에 국민의 국회에 대한 불신은 커져만 가고 있고, 그러한 불만은 최근 들어 특히 각종 시민단체의 등장으로 이어지고 있다.

2) 국민대표기관으로서 국회의 지위변질에 대한 대응책

195. 국민대표기관으로서의 국회의 지위변질에 대한 대응책

우리 헌법은 이에 대한 대책으로서 위헌법률심사제를 채택하고 있으나, 그것만으로는 부족하다. 그 밖에도 국회의원에 대한 소환제와 특정 입법에 대한 국민투표제 등이 도입될 필요성이 있다. 그러나 가장 중요한 것은 정당이 국민의 정치의사형성이라는 본연의 임무에 충실하는 것이 필요하며, 그를 위해 가장 필요한 것은 진정한 당내민주주의를 실천하는 것일 것이다.

3. 立法機關으로서의 地位

(1) 憲法規定

196. 국회의 입법기관으로서의 지위에 대한 헌법규정: 헌법 제40조

우리 헌법은 제40조에서 "입법권은 국회에 속한다"라고 하여 국회의 입법기관으로서의 지위를 명시하고 있다.

(2) 立法權의 意味

197. 헌법 제40조의 입법의 의미

이때의 입법권은 법률제정권이며, 법률에 유보되어 있는 사항은 국민의 권리·의무사항과 국가의 통치조직 및 통치작용에 관한 기본적이고 본질적인 사항이라는 것은 이미 앞에서 살펴보았다.

---

235) 따라서 국회가 '정당의 대표기관'으로 전락하고 있다든지(김철수, 주 20, 929쪽), '정당을 대표하는 기관'(권영성, 주 19, 813쪽)으로 전락하고 있는 듯한 징후를 보이고 있다는 표현은 문제가 있다.

(3) 立法機關으로서 國會의 地位와 그 變質

입법기관으로서의 지위는 국회의 가장 본질적이고 고유한 지위이다. 그러나 이 지위는 위임입법의 증대와 국회의 통법부화 현상 등으로 많은 도전을 받고 있다. 그렇다고 해서 국회의 입법기관으로서의 지위가 부정되거나 과소평가될 수는 없다. 이에 대한 대책으로 직능대표제의 실시와 국회전문위원회의 확대개편 등이 제시되고 있다.

198. 입법기관으로서의 국회의 지위와 그 변질

4. 國政統制機關으로서의 地位

(1) 憲法規定

우리 헌법은 국회의 국정통제기관성을 확인할 수 있는 여러 가지 규정을 가지고 있다. 국무총리 · 국무위원에 대한 국회출석요구권 · 질문권 · 해임건의권(제62조, 제63조), 탄핵소추의결권(제65조), 재정에 관한 권한(제54조-제59조), 긴급명령승인권과 긴급재정 · 경제명령승인권(제76조), 계엄해제요구권(제77조), 국정감사 · 조사권(제61조)에 대한 규정 등이 그것이다.

199. 국정통제기관으로서의 국회의 지위에 대한 헌법규정

(2) 國定統制機關으로서 國會의 地位强化

국회의 국정통제기관으로서의 지위는 통치권행사의 절차적 정당성을 확보하기 위한 것으로, 권력분립주의의 내용인 견제와 균형이 표현된 것이다.

현대국가에서 국회의 국민대표기관으로서의 지위 및 입법기관으로서의 지위는 약화되고 있는 반면, 그에 비해서 국정통제기관으로서의 지위는 이전보다 더 강조되고 있다.

200. 국정통제기관으로서의 국회의 지위 강화

第3節 國會의 構成과 組織

1. 國會의 構成

국회를 구성하는 방법에는 국회를 두 개의 상호독립한 합의체기관으로 구성하는 양원제와 하나의 합의체기관으로 구성하는 단원제의 두 가지 방법이 있다.[236)]

201. 국회의 구성방법: 양원제, 단원제

236) 그러나 현실적으로는 예외도 있다. 예컨대 1826년의 볼리비아헌법은 3원제를, 1799년 프

(1) 兩 院 制

1) 양원제의 유래

202. 양원제의 유래: 영국의 귀족원, 서민원

양원제는 영국의 '귀족원'(House of Lords)과 '서민원'(House of Commons)에서 유래하였다. 세계적으로 양원제를 택하고 있는 국가는 현재 감소추세에 있다.

2) 양원제의 유형

203. 양원제의 유형: 귀족원형, 연방국가형, 민선형, 직능대표형

양원제는 영국의 특수한 사정에서 유래한 제도이다. 곧 양원제는 이론적 연구나 기술적 고찰의 결과가 아니라 역사적 관행의 산물이며, 극단적으로 본다면 우연의 소산이라고도 할 수 있다.

현재 양원제를 채택하고 있는 국가들은 각각 그 구체적인 사정에 따라 각각 다른 이유에서 다른 유형의 양원제를 채택하고 있다. ① 한 나라의 사정이 매우 격리된 2개의 계급으로 분리되어 있을 때에는 정치조직의 면에도 그것이 반영되어 양원제를 채택하게 된다. 영국의 귀족원형 양원제가 그 예이다.[237] 이론적으로는 몽테스키외가 이 유형의 양원제를 주장하고 있다.[238] ② 연방국의 경우에는 주(또는 지방支邦)의 이해관계를 반영하기 위하여 양원제가 채택된다.

랑스헌법, 1809년 스웨덴헌법은 4원제를 채택한 바 있다.

237) 영국에서는 상원폐지론이 계속하여 주장되고 있는 가운데 최근에는 귀족법의 개혁결과 상원의 기능이 상당히 활성화되었다고 평가받고 있다. S. B. Chrimes, (주 115)에 따르면 각 분야의 전문가가 1대귀족이 되어 상원에 진출함으로써 상원의 전문성이 확보되었고, 또한 귀족원의원은 종신의석이 보장되기 때문에 정당기속에서 자유로우며 일당 이외의 보수가 지급되지 않아 상원이 하원과는 다른 '재고의원'(再考議院)으로서 상당한 기능을 발휘하고 있다고 한다. 참고로 1985년 현재 영국의 귀족수는 1,185명이며, 이들 가운데 귀족원의원자격이 있는 귀족(성년의 귀족)은 1,179명이다. 이 중 항상 출석하는 귀족은 300명 정도이다. 이들은 초대의 세습귀족, 서민원을 물러난 1대귀족, 산업·금융·노동조합·교육·매스컴 등의 분야에서 풍부한 경험을 가진 1대귀족들이다.

238) 몽테스키외는 「법의 정신」(De L'espirit des lois, liv. Ⅱ, ch. 6)에서 다음과 같이 적고 있다. "국가에는 항상 출생, 부 또는 명예에 따라 우대받는 자들이 있다. 만약 그들이 일반 국민과 같이 한 표밖에 가질 수 없다고 한다면 서민의 자유란 그들에게 있어서는 노예상태가 될 것이다. 또 그들은 옹호하여야 할 하등의 이익도 가질 수 없게 될 것이다. 왜냐하면 대부분의 의결은 그들의 이익에 반하는 것이 되기 때문이다. 따라서 그들이 입법에 참여하는 정도는 그들이 국가에 있어서 가지는 유리한 지위와 비례되지 않으면 안 된다. 그래서 그 목적을 달성하기 위해서는 국민이 그들의 기회를 저지할 수 있는 권리를 갖는 것과 같이 그들도 국민의 기회를 저지할 수 있는 의회를 조직하여야 한다. 따라서 입법권은 귀족의 일단(一團)과 국민의 대표로서 선출된 일단(一團)에게 맡겨져야 한다. 그리고 양자는 별도로 집회하고 토의함으로써 각각 상이한 의견과 이해관계를 갖게 되는 것이다"(백상기, 비교정치제도, 형설출판사, 1987, 209쪽에서 재인용).

미국이나 독일의 주대표형 양원제가 그 예이다.[239] 그러나 프랑스는 1875년 이래 단일국가이면서도 준지역대표형 양원제를 채택하고 있다. ③ 단일국가로서 특권계급도 존재하지 않는 경우에는 이상과 같은 이유에서 양원제의 필요성은 존재하지 않는다. 그러나 단일국에서도 특별한 지식·재능·경험을 이유로 양원제를 채택하는 경우가 있다. 우리나라 제 2 공화국의 참의원이나 일본의 참의원과 같은 민선형 양원제 또는 아일랜드나[240] 독일 바이에른주의 직능대표형 양원제가 그 예이다. 이론적으로는 브라이스가 이 유형의 양원제의 필요성을 강조하고 있는 반면,[241][242] 뢰벤슈타인은 비판적인 태도를 취하고 있다.[243]

---

239) 독일의 양원제는 다음과 같은 두 가지 이유에서 전통적인 양원제와는 그 성격이 다르다. ① 독일의 '연방상원'(Bundesrat)은 각주에서 선출된 의원으로 구성되지 않고 각주의 정부각료나 파견공무원으로 구성된다. ② 각주의 대표들은 개별적인 의사결정을 할 수 없고 주단위로 행동통일을 하여야 한다.

240) 아일랜드 상원의 정원은 60명이다. 이 중 11명은 수상이 임명하고, 6명은 대학이 선출하며, 나머지 43명은 문화·농어업·노동·상공업·행정의 5개 직역(職域)대표로서 선출한다. 직역대표 43명의 선거인단은 새롭게 선출된 하원의원과 전(前)의회의 상원의원 60인 및 시·군·면의원 758명으로 조직된다. 박찬균, 양원제의 이론과 실제 — 한국의 양원제의 심화를 위하여, 입법조사연구(1988. 6.), 83쪽 이하(116·117쪽) 참조. 그러나 아일랜드의 직능대표형 상원은 실패한 것으로 보인다. 이를 K. Loewenstein, (주 73), S. 404f.은 다음과 같이 기술하고 있다. "그러나 그 실제결과는 실망을 안겨주었다. 상원의 직능대표적 구성은 실제로는 실현될 수 없었다. 데이르 아이레안(하원)의 정당구성은 정당들과 지방관청들이 명부로부터 후보자를 선출하는 데 실제로 간섭하였기 때문에, 상원의원들은 실제로는 정당에 의해서 지명되고 거의 항상 정당의 노선을 따라서 투표를 한다."

241) J. V. Bryce, (주 218), part 3, ch. 61에서 대강 다음과 같은 이야기를 하고 있다. 오늘날 의회에 대한 비난은 지식·재능·경험을 가진 사람들의 참가가 극히 적다는 사실과 정당에 의하여 당리를 위한 지배가 행해진다는 사실로 요약된다. 만약 국민의 의견이 항상 정당하며 또 의원이 이를 적절히 실행할 수 있다고 한다면 이를 억제하기 위한 제 2 원은 필요하지 않다. 그러나 그렇지 못할 경우에는 이상과 같은 결점을 보완하기 위한 수단이 필요하며 또 국정이 점차로 복잡해짐에 따라서 이를 처리하기 위한 지식과 기능을 요하기 때문에 더욱 그 필요성은 커진다. 이러한 결점을 시정하기 위하여 제 2 원을 설치하고 지식·재능·경험에서 우수한 사람들을 모아서 하원과 동일한 권한을 갖게 하는 것이 아니라 다만 그 행동이 경(輕)하거나 격한 경우에만 이를 반대하도록 한다. 곧 지식과 경험을 가진 그리고 초당파적인 입장에서 제 1 원의 지나침을 억제하는 것이 제 2 원의 본질이다.

242) 그 밖에도 양원제지지론자로는 *Hamilton, Bluntschuli, Bagehot* 등이 있다. 김철수, (주 20), 919쪽, 주 1.

243) K. Loewenstein, (주 73), S. 405는 다음과 같이 적고 있다. "사실 일반적으로 직능대표를 상원에 도입시키면 토론의 질을 향상시킬 수 있을는지 모르지만, 대다수 국가에서는 상원의 권한이 제약되어 있기 때문에 이 제도로써는 다원적 집단이 다원적 사회에서의 그들의 지위에 합당한 영향을 발휘할 수 있게 할 수는 없는 것이다. 그리고 또 그 제도로써 입법과정의 외부에서 발휘되는 이익집단의 영향력에 대한 대항물이 형성된다든가 또는 상원에서 이익집단들이 대변자를 가지게 된다든가 하는 것은 전연 문제시될 수 없는

3) 양원제의 장·단점

① 양원제의 장점

204. 양원제의 장점

양원제의 장점으로는 다음과 같은 것을 들 수 있다. ① 의안의 심의에서 신중과 공정을 기할 수 있다. ② 파쟁을 조정하고 부패를 방지할 수 있다. ③ 국회다수파의 전제와 횡포를 방지하여 국민의 권익을 옹호할 수 있다. ④ 정부와 한 원(院)이 충돌하는 경우 다른 원(院)이 조정할 수 있다. ⑤ 연방국가의 경우 지방이익을 고려할 수 있다.

② 양원제의 단점

205. 양원제의 단점

그에 반하여 양원제의 단점으로는 다음과 같은 것이 이야기되고 있다. ① 이중절차를 통하여 심의가 지연되고 국고가 낭비된다. ② 책임의 소재가 불명확하다. ③ 정부에 대한 의회의 지위가 상대적으로 약화된다.

4) 양원의 상호관계

206. 양원의 상호관계

양원의 관계는 독립조직의 원칙, 독립의결의 원칙, 의사일치의 원칙, 동시활동(의사병행)의 원칙으로 요약된다. 곧 양원은 조직과 권한 및 활동에서 서로 독립적이며, 양원의 의견이 일치하는 경우에만 의회의 의결로 한다. 단 양원은 동시에 개회하고 폐회한다.

대부분의 나라에서는 하원이 우월한 지위에 있다.[244] 그러나 미국은 건국당시 지방분권주의가 강하였기 때문에 각 지방을 대표하는 상원이 하원보다 우월한 지위를 갖는다. 그 결과 대통령의 권한대행순위에 있어서도 부통령을 겸직하게 되어 있는 상원의장이 하원의장보다 순위가 앞선다. 또한 상원의원의 임기는 6년이며 하원의원의 임기는 2년이다. 이는 일반적으로 상원은 보수적이며, 하원은 상대적으로 진보적이라는 데 근거한다.

(2) 單 院 制

207. 단원제

루소 *J. J. Rousseau*, 시이에스 *E. J. Sieyès* 등이 주장하였다.[245] 특히 시이

상태이다."

244) J. V. Bryce, (주 218), part 3, ch. 64는 양원의 권한과 관련하여 ① 양원이 법률적으로도 실제적으로도 대등한 권한을 가지는 유형, ② 법률적으로는 양원이 대체로 대등한 권한을 가지지만 실제로는 상원의 권한이 약한 유형, ③ 법률적으로도 실제적으로도 상원의 권한이 약한 유형의 세 가지 유형으로 구분하고 있다.

245) 그 밖에도 단원제지지론자로는 *Paine, Franklin, Bentham, Laski, Hatscheck, Tocqueville* 등이 있다. 김철수, (주 20), 919쪽, 주 3.

예스는 "제 2 원이 제 1 원과 같은 동일한 결의를 한다면 제 2 원은 불필요한 존재이고, 제 2 원이 제 1 원과 다른 결정을 한다면 제 2 원은 해로운 존재이다"라고 하여 단원제를 역설한 바 있다. 역사적으로는 1791년 프랑스헌법이 최초로 단원제를 채택하였다.

일반적으로 양원제의 장점은 단원제의 단점으로 작용하고, 양원제의 단점은 단원제의 장점으로 작용한다.

(3) 韓國憲法上의 國會의 構成

1) 단원제국회

208. 한국헌법상의 국회의 구성: 단원제

현행헌법은 단원제를 채택하고 있다. 헌정사적으로는 1952년 제 1 차헌법개정에서 양원제를 채택하였으나 실시되지 않았고, 1960년 제 2 공화국헌법이 민의원과 참의원의 양원제를 단기간 채택·운영한 경험이 유일한 예이다.

2) 국회의 구성

209. 국회의 구성: 국회의원으로 구성

국회는 국민의 보통·평등·직접·비밀·자유선거에 의하여 선출된 지역구의원으로 구성되며, 비례대표제가 가미될 수 있다(제41조 제 1 항, 제 3 항). 국회의원 정수는 법률로 정하되 200인 이상으로 한다(제41조 제 2 항). 현재의 국회의원정수는 246개 선거구에서 다수대표제에 의하여 선출되는 지역구국회의원 246인과 비례대표제에 의하여 선출되는 비례대표국회의원 54인을 합한 300명이며(공직선거법 제21조 제 1 항), 임기는 4년이다(제42조).

3) 의원선출

① 국회의원선거권자

210. 국회의원선거권자

선거권자는 만19세 이상의 국민으로(동법 제15조 제 1 항), 결격사유가 없어야 한다. 결격사유는 공직선거법 제18조에 규정되어 있다.

② 국회의원피선거권자

211. 국회의원피선거권자

피선거권자는 만25세 이상의 국민으로(동법 제16조 제 2 항), 결격사유가 없어야 한다. 결격사유는 공직선거법 제19조에 규정되어 있다.

③ 국회의원후보자

212. 국회의원후보자

후보자에 대하여는 공직선거법 제47조 이하에 규정되어 있다.

지역구후보자는 후보자등록신청개시일로부터 2일간 정당원은 소속정당의 추천서, 비정당원은 지역구에 주민등록된 선거권자 300이상 500인 이하가 기명·날인한 추천장을 첨부하여 관할선거구선거관리위원회에 등록신청한다(동법 제48조 제 2 항 제 2 호, 제49조 제 1 항, 제 2 항).

비례대표후보자는 후보자등록신청개시일로부터 2일간 정당이 순서를 정하여 추천한 전국구후보자명부와 본인의 승락서를 첨부하여 중앙선거관리위원회에 신청한다(동법 제49조 제 2 항).

지역구후보자등록신청자는 등록신청시 1,500만 원을 중앙선거관리위원회규칙이 정하는 바에 따라 관할선거구선거관리위원회에 기탁하여야 한다(동법 제56조 제 1 항 제 2 호).

판례: 〈지방의회의원선거법 제28조 등에 대한 헌법소원(부분위헌, 일부기각)〉 "원래 기탁금제도는 선거에 있어서 후보자로 하여금 일정금액을 기탁하게 하고 후보자가 선거에서 일정수준의 득표를 하지 못할 때 기탁금의 전부 또는 일부를 국고에 귀속시킴으로써 후보자의 무분별한 난립을 방지하고 그럼으로써 당선자에게 가급적 다수표를 몰아주어 정국의 안정도 기하고 아울러 후보자의 성실성을 담보하려는 취지에서 생겨난 것이며, 세계 여러 나라의 기탁금제도는 이러한 의미의 기탁금제도(순수한 의미의 기탁금제도)이다. 우리나라에서도 이를 인정하는 헌법상의 명문규정은 없지만 대통령선거법(제26조 제 1 항), 국회의원선거법(제33조 제 1 항), 지방의회선거법(제36조 제 1 항) 등에 그에 관한 규정을 두고 있다. 기탁금제도 그 자체는 헌법 제25조 및 제37조 제 2 항의 규정이 그 근거가 될 수 있을 것이므로 그 금액이 과다하지 않는 한 이를 위헌적인 제도라 할 수는 없을 것이다. 우리나라의 기탁금제도에는 공영비용(에 대한 보증금)예납의 의미와 후보자난립을 방지하고 후보사퇴·등록무효 등 후보자의 성실성을 담보하기 위한 제재금예납의 의미가 혼합되어 있다고 할 수 있다. 중앙선거관리위원회의 의견에 의하면 공영비용을 기탁금에서 충당하는 국가는 없으며, 이는 우리나라 기탁금제도의 특색이라고 한다."(헌재 1991. 3. 11. 91헌마21 결정 참조)

판례: 〈공직선거및선거부정방지법 제146조 제 2 항 위헌확인, 공직선거및선거부정방지법 제56조 등 위헌확인, 공직선거및선거부정방지법 제189조 위헌확인(위헌, 한정위헌)〉

1. 국회의원 후보자등록시 2천만 원의 기탁금을 납부토록 한 공직선거및선거부정방지법(이하 "공선법") 제56조 제 1 항 제 2 호의 위헌 여부(적극)

기탁금의 액수는 불성실한 입후보를 차단하는 데 필요한 최소한으로 정하여야지, 진지한 자세로 입후보하려는 국민의 피선거권을 제한하는 정도여서는 아니 된다. 공선법 제56조 제 1 항 제 2 호는 국회의원 후보자등록을 신청하는 후보자로 하여금 2천만 원을 기탁금으로 납부하도록 하고 있다. 그런데 이 금액은 평균적인 일반국민의 경제력으로는 피선거권 행사를 위하여 손쉽게 조달할 수 있는 금액이라고 할 수 없다. 이와 같이 과도한 기탁금은 기탁금을 마련할 자력이 없으면 아무리 훌륭한 자질을 지니고 있다 할지라도 국회의원 입후보를 사실상 봉쇄당하게 되며, 그로 말미암아 서민층과 젊은 세대를 대표할 자가 국민의 대표기관인 국회에 진출하지 못하게 한다. 반면 재력이 풍부하여 그 정도의 돈을 쉽게 조달·활용할 수 있는 사람들에게는 아무런 입후보 난립방지의 효과를 갖지 못하여 결국 후보자의 난립방지라는 목적을 공평하고 적절히 달성하지도 못하면서, 진실된 입후보의 의사를 가진 많은 국민들로 하여금 입후보등록을 포기하지 않을 수 없게 하고 있다. 따라서 과도한 기탁금은 이들의 평등권과 피선거권, 이들을 뽑으려는 유권자들의 선택의 자유를 침해하는 것이다.

2. 위 기탁금의 반환 및 국고귀속의 기준을 정한 공선법 제57조 제1항, 제2항의 위헌 여부(적극)

선거는 그 과정을 통하여 국민의 다양한 정치적 의사가 표출되는 장으로서 낙선한 후보자라고 하여 결과적으로 '난립후보'라고 보아 제재를 가하여서는 아니 된다. 따라서 기탁금 반환의 기준으로 득표율을 사용하고자 한다면 그 기준득표율은 유효투표총수의 미미한 수준에 머물러야 한다. 그런데 공선법 제57조 제1항, 제2항은 지역구국회의원선거에 있어 후보자의 득표수가 유효투표총수를 후보자수로 나눈 수 이상이거나 유효투표총수의 100분의 20 이상인 때에 해당하지 않으면 기탁금을 반환하지 아니하고 국고에 귀속시키도록 하고 있다. 이러한 기준은 과도하게 높아 진지한 입후보희망자의 입후보를 가로막고 있다. 또한 일단 입후보한 자로서 진지하게 당선을 위한 노력을 다한 입후보자에게 선거결과에 따라 부당한 제재를 가하는 것이 된다. 특히 2, 3개의 거대정당이 존재하는 경우 군소정당이나 신생정당 후보자로서는 위 기준을 충족하기가 힘들게 될 것이므로 결국 이들의 정치참여 기회를 제약하는 효과를 낳게 되어 위 조항은 국민의 피선거권을 침해하는 것이다(헌재 2001. 7. 19. 2000헌마91 등 병합결정).

④ 국회의원선거일

213. 국회의원선거일

임기만료로 인한 총선거는 만료일 전 50일 이후 첫 번째 수요일에(동법 제34조 제1항 제2호), 보궐선거는 전년도 10월 1일부터 3월 31일까지의 사이에 그 선거의 실시사유가 확정된 때에는 4월 중 마지막 수요일에, 4월 1일부터 9월 30일까지의 사이에 그 선거의 실시사유가 확정된 때에는 10월 중 마지막 수요일에(동법 제35조 제2항), 선거의 일부무효로 인한 재선거는 확정판결 또는 결정의 통지를 받은 날부터 30일 이내에(동법 제35조 제3항) 실시한다.

2. 國會의 組織

(1) 國會의 機關

214. 국회의 기관

헌법은 국회의 기관과 관련하여 의장 1인과 부의장 2인을 선출하도록 규정하고 있고(제48조), 위원회와 교섭단체 등 나머지 사항에 대하여는 국회법에서 규정하고 있다. 또한 이 밖에도 의정활동 보조기관이 있다.

(2) 議長·副議長

1) 선거 및 직무대리

① 선 거

215. 국회의장의 선거

의장 1인과 부의장 2인은 국회에서 무기명투표로 선거하되, 재적의원 과반수득표로 당선된다. 재적의원 과반수의 득표자가 없는 경우에는 2차투표를 하고, 2차투표에서도 당선자가 없을 때에는 최고득표자와 차점자에 대하여 결선투표를 하여 다수득표자를 당선자로 한다(동법 제15조). 의장과 부의장은 모두 국회의 기관이기 때문에 그 어느 쪽이 궐위되더라도 지체없이 보궐선거를 해야 한다(동법 제16조).

② 직무대리

216. 국회의장의 직무대리

의장 유고시에는 의장이 지정하는 부의장이 의장을 대리하며(동법 제12조 제1항), 의장이 심신상실 등 부득이한 사유로 의사표시를 할 수 없게 되어 직무대리자를 지정할 수 없는 때에는 소속의원수가 많은 교섭단체소속인 부의장의 순으로 의장이 직무를 대행한다(동법 제12조 제2항). 의장과 부의장이 모두 유고시에는 임시의장을 선출한다(동법 제13조). 총선 후 최초의 임시회합(의원임기개시 후 7일에 집회)은 국회사무총장이 공고한다(동법 제14조). 그 밖에도 의장 등 선거시에는 최다선의원이나 최다선의원 중 연장자가 의장직무를 대행하는 경우가 있다(동법 제18조).

2) 임 기

217. 국회의장·부의장의 임기

의장과 부의장의 임기는 2년이며, 보궐선거로 위 직에 취임한 자의 임기는 전임자의 잔임기간이다(동법 제9조).

3) 직무 및 권한

의장은 국회를 대표하고 의사를 정리하며, 질서를 유지하고 사무를 감독한다(동법 제10조). 그에 따라 의장에게는 다음과 같은 여러 가지 권한이 주어지고 있다. 임시회집회공고권(동법 제 5 조), 의사일정작성 · 변경권(동법 제76조 이하), 원내 각 위원회에의 출석 · 발언권(동법 제11조), 국회에서 의결된 의안의 정부이송권(동법 제98조 제 1 항), 대통령이 확정법률을 공포하지 않을 때의 법률공포권(제53조 제 6 항, 동법 제98조 제 3 항), 의원에 대한 청가수리권(동법 제32조 제 1 항), 폐회중의 의원사직허가권(동법 제135조 제 1 항 단서), 원내 및 회의의 질서유지에 관한 권한(동법 제145조), 방청허가권(동법 제 152조) 등이 그것이다.

218. 국회의장의 직무 및 권한

4) 사임 및 겸직제한

의장 · 부의장의 사임에는 국회의 동의가 필요하며(동법 제19조), 원칙적으로 의원 이외의 직을 겸할 수 없다(동법 제20조). 따라서 의장과 부의장은 일반의원과는 달리 국무위원직을 겸할 수 없다. 또한 의장은 당적을 보유할 수도 없다(동법 제20조의2).[246)]

219. 국회의장 · 부의장의 사임 및 겸직제한

(3) 委 員 會

1) 의 의

① 국회의 위원회의 개념

위원회란 본회의의 의사진행을 원활하게 할 목적으로 구성된 소수 의원들의 합의체기관을 말한다.

220. 국회의 위원회의 개념

② 국회의 위원회의 필요성

의회는 원래 국민의 대표자로 구성된 이상 의원 전원에 의하여 운영되는 것이 바람직하다. 그러나 다음과 같은 몇 가지 이유 때문에 그것은 바람직하지도 않고 효율적이지도 않다. i) 모든 사항을 의원 전원이 참여한 가운데 숙의하기에는 구성원이 너무 많다. ii) 입법사무가 양적으로 방대하고 안건이 산적하게 되는 오늘의 의회에서 모든 문제를 본회의에서 심의한다는 것은 현실적으로 불가능하다. iii) 선출된 의원은 특수문제의 전문가로서 선출된 것이 아니다. 따라서 입법과정도 그 모두를 본회의 중심으로 처리할 수 없게 되어 위원회제도

221. 국회의 위원회의 필요성

---

246) 과거 1960년 당시의 국회법에서는 국회의장은 당적을 가질 수 없도록 규정한 바 있다.

가 고안되게 되었다.

③ 국회법상 위원회의 역할

222. 국회법상 위원회의 역할

우리 국회법은 국회의 운영에 있어 상임위원회중심주의와 본회의결정주의를 취하고 있기 때문에, 위원회는 실질적으로 국회기능의 가장 중요한 부분을 대신하고 있다고 볼 수 있다. 따라서 위원회를 소국회라 부르는 사람도 있다.

판례: 〈국회의원과 국회의장간의 권한쟁의(기각)〉 "상임위원회(Standing Committee)를 포함한 위원회는 의원 가운데서 소수의 위원을 선임하여 구성되는 국회의 내부기관인 동시에 본회의의 심의 전에 회부된 안건을 심사하거나 그 소관에 속하는 의안을 입안하는 국회의 합의제기관이다. 위원회의 역할은 국회의 예비적 심사기관으로서 회부된 안건을 심사하고 그 결과를 본회의에 보고하여 본회의의 판단자료를 제공하는 데 있다. 우리나라 국회의 법률안 심의는 본회의 중심주의가 아닌 소관 상임위원회 중심으로 이루어진다. 소관 상임위원회에서 심사·의결된 내용을 본회의에서는 거의 그대로 통과시키는 이른바 '위원회 중심주의'를 채택하고 있는 것이다(헌재 2000. 2. 24. 99헌라1 결정, 판례집 12-1, 115, 17). 오늘날 의회의 기능에는 국민대표기능, 입법기능, 정부감독기능, 재정에 관한 기능 등이 포함된다. 의회가 이러한 본연의 기능을 수행함에 있어서는 국민대표로 구성된 의원 전원에 의하여 운영되는 것이 이상적일 것이나, 의원 전원이 장기간의 회기 동안 고도의 기술적이고 복잡다양한 내용의 방대한 안건을 다루기에는 능력과 시간상의 제약이 따른다. 이러한 한계를 극복하기 위한 방안으로 위원회제도가 창설된 것이다. 그리하여 상임위원회의 구성과 활동은 의회의 업적과 성패를 실질적으로 결정짓는 변수가 되고 있다고 평가되고 있다."(헌재 2003. 10. 30. 2002헌라1 결정)

2) 기 능

223. 국회위원회의 순기능

위원회의 기능에는 순기능과 역기능이 있다.

위원회의 순기능으로는 의안심의의 능률향상, 안건의 효율적 처리, 전문지식을 토대로 한 심도 있는 의안심사, 회의운영의 탄력성보장 등을 들 수 있다.

224. 국회위원회의 역기능

그에 반하여 위원회의 역기능으로는 대정부 통제기능의 약화, 이익단체나 압력단체의 로비로 의안처리의 공정성저해, 당리당략적인 이유로 인한 의사방해의 용이성, 의원에게 폭넓은 국정심의의 기회박탈 등이 거론된다.[247]

3) 종류와 직무

225. 국회위원회의 종류와 직무

위원회에는 '상임위원회'(standing committee), '특별위원회'(special commi-

247) 김철수, (주 20), 944쪽; 허영, (주 15), 845쪽 참조.

ttee), '소위원회'(sub-committee), 전원위원회 및 '연석회의'(joint committee)가 있다. 역사적으로는 특별위원회가 상임위원회보다 먼저 생겨났으나, 의회제도가 확립되면서부터 점차 특별위원회의 기능은 감소되고 상임위원회가 주류를 이루게 되었다.

① 상임위원회

226. 국회상임위원회

상임위원회는 일정한 의안을 심의하기 위하여 상설적으로 설치된 위원회를 말한다. 현행 국회법상으로는 국회운영 · 법제사법 · 정무 · 기획재정 · 미래창조과학방송통신 · 교육문화체육관광 · 외교통일 · 국방 · 안전행정 · 농림축산식품해양수산 · 산업통상자원 · 보건복지 · 환경노동 · 국토교통 · 정보 · 여성가족 등 16개의 상임위원회가 있으며, 그 소관사무는 법정되어 있다(동법 제37조). 상임위원회의 위원정수는 국회규칙으로 정하지만, 정보위원회의 위원정수는 12인으로 한다(동법 제38조). 상임위원회위원은 교섭단체의 소속위원수의 비율에 따라 각 교섭단체대표의원의 요청으로 국회의장이 선임하며(동법 제48조 제1항), 그 위원은 2년 동안 재직한다(동법 제40조 제1항). 의원은 2 이상의 상임위원회의 위원이 되고(동법 제39조 제1항),[248] 각 교섭단체의 대표의원은 국회운영위원회의 위원이 되며(동법 제39조 제2항), 국회운영위원회 또는 정보위원회의 위원은 겸할 수 있다(동법 제48조 제3항 단서). 상임위원회위원장은 당해 상임위원 중에서 임시의장의 예에 준하여 국회본회의에서 선출한다(동법 제17조, 동법 제41조 제2항).[249] 상임위원회에는 각 교섭단체별로 간사 1인을 두며, 간사는 위원회에서 호선한다(동법 제50조). 국회의장은 상임위원회의 구성원이 될 수 없으며(동법 제39조 제3항), 위원회에 출석 · 발언은 할 수 있으나 표결권은 없다(동법 제11조).

판례: 〈국회의원과 국회의장간의 권한쟁의(기각)〉 "앞에서 본 교섭단체의 역할에 비추어 볼 때, 국회의장이 국회의 의사를 원활히 운영하기 위하여 상임위원회의 구성원인 위원의 선임 및 개선에 있어 교섭단체대표의원과 협의하고 그의 '요청'에 응하는 것은 국회운영에 있어 본질적인 요소라고 아니할 수 없다. 따라서 교섭단체대표의원의 '요청'이 헌법 또는 법률에 명백히 위반되는 것이 아닌 한, 교섭단체대표의원이 상임위원의 개선에 있어 청구인의 주장대로 '당해 위원이 위원회의 구성원으로

248) 단 국무총리, 국무위원, 국무조정실장, 처의 장, 행정각부의 차관 기타 국가공무원직을 겸한 의원은 상임위원을 사임할 수 있다(동법 제39조 제4항).

249) 참고로 미국의회의 상임위원회의 경우에는, 상임위원회의 위원배정과 위원장의 선임에 전문성을 확보하기 위하여 '고참자우선원칙 또는 선임우선제도'(Seniority Rule or Seniority System)에 의하여 배정하고 선임하는 것을 원칙으로 한다. 여기서 적용되는 선임순위는 의회서열이 아니라 위원회서열을 말한다. 또한 미국의회의 상임위원회는 업무분야별로 분류 · 설치되어 있으며, 한국국회의 상임위원회처럼 행정부처별로 분류되어 있지는 않다.

서의 지위를 계속 유지하기에 적합하지 않다고 판단할 만한 불법 또는 부당한 사유를 가지고 있는 경우에' 한하여 그의 개선을 요청할 수 있다고 볼 것은 아니다. 교섭단체대표의원의 상임위원 개선 '요청'이 헌법 또는 법률에 위반되는 것이 아닌 한 국회의장이 이에 따르는 것은 정당국가에서 차지하는 교섭단체의 의의와 기능을 고려할 때 입법취지에도 부합하는 것이다."(헌재 2003. 10. 30. 2002헌라1 결정)

판례: 〈국회의원과 국회의장간의 권한쟁의(기각)〉 "이 사건에서 피청구인(*국회의장)은 2001. 12. 24. ○○○당 교섭단체대표의원이 요청한, 같은 ○○○당 의원으로서 국회 보건복지위원회 소속이던 청구인과 환경노동위원회 소속이던 위 ×××를 서로 맞바꾸는 내용의 상임위원회 위원 사·보임 요청서에 결재를 하였고, 이는 법 제48조 제1항에 규정된 바와 같이 교섭단체대표의원의 요청에 따른 상임위원 개선 행위이다. 위와 같은 피청구인의 개선행위에 따라 청구인은 같은 날부터 보건복지위원회에서 사임되고, 위 ×××의원이 보임되었다. 따라서, 청구인의 상임위원 신분의 변경을 가져온 피청구인의 이 사건 사·보임 결제행위는 권한쟁의심판의 대상이 되는 처분이라고 할 것이다."(헌재 2003. 10. 30. 2002헌라1 결정)

② 특별위원회

227. 국회특별위원회

특별위원회는 여러 개의 상임위원회 소관사항과 관련되거나 특히 필요하다고 인정한 안건을 효율적으로 심사하기 위하여 본회의의 의결로 두는 위원회이다(동법 제44조 제1항). 특별위원회는 원칙적으로 임시적인 기구이고(동법 제 44조 제2항), 그 안건이 국회에서 의결될 때까지만 존속한다(동법 제44조 제3항). 이와 같은 특별위원회를 일반특별위원회라 한다.

일반특별위원회 외에 임기 1년에 50인으로 구성되는 예산결산특별위원회(동법 제45조)와 윤리특별위원회(동법 제46조) 및 윤리심사자문위원회(동법 제46조의2)가 있다. 이와 같은 특별위원회는 상설적으로 설치·운영된다는 점에서 일반특별위원회와 구별된다. 그 밖에도 처음부터 활동기간을 정하고 그 활동기한의 종료시까지만 존속하는 한시적인 비상설특별위원회로 인사청문특별위원회가 있다. 인사청문특별위원회의 구성과 운영에 관하여 필요한 사항은 따로 법률로 정한다(동법 제46조의3 제2항).

판례: 〈대통령(노무현)탄핵(기각)〉 "대통령은 그의 지휘·감독을 받는 행정부 구성원을 임명하고 해임할 권한(헌법 제78조)을 가지고 있으므로, 국가정보원장의 임명행위는 헌법상 대통령의 고유권한으로서 법적으로 국회 인사청문회의 견해를 수용해야 할 의무를 지지는 않는다. 따라서 대통령은 국회 인사청문회의 판정을 수용하지 않음으로써 국회의 권한을 침해하거나 헌법상 권력분립원칙에 위배되는 등 헌

법에 위반한 바가 없다."(헌재 2004. 5. 14. 2004헌나1 결정)

특별위원회의 위원도 상임위원회의 위원과 마찬가지로 교섭단체의 소속위원수의 비율에 따라 국회의장이 선임하며(동법 제48조 제4항), 위원장은 위원회에서 호선한다(동법 제47조 제1항). 다만 예산결산특별위원회의 위원장은 예산결산특별위원회의 위원 가운데서 임시의장 선거의 예에 준해서 본회의에서 선거한다(동법 제45조 제4항).

③ 소위원회

228. 국회소위원회

소위원회는 상임위원회나 특별위원회에서 파생된 일종의 소특별위원회적인 성격을 지닌 것이라고 할 수 있다. 소위원회제도는 상임위원회나 특별위원회의 급증하는 업무부담을 효과적으로 수행하기 위한 하나의 방편으로 생겨났으며, 특히 미국에서 활성화되고 있다.

우리 국회법은 정보위원회를 제외한 각 상임위원회는 그 소관사항을 분담·심사하기 위하여 상설소위원회를 둘 수 있도록 규정하고 있다(동법 제57조 제2항).

④ 전원위원회

229. 국회전원위원회

전원위원회는 국회의원 전원으로 구성되는 위원회이다. 전원위원회는 위원회의 심사를 거치거나 위원회가 제안한 의안 중 정부조직에 관한 법률안, 조세 또는 국민에게 부담을 주는 법률안 등 주요의안을 심사한다. 전원위원회는 재적의원 4분의 1 이상의 요구가 있을 때 구성한다(동법 제63조의2).

⑤ 연석회의

230. 국회의 연석회의

둘 이상의 위원회가 연석하여 개최하는 연석회의는 일종의 의견조정장치이므로, 독립위원회가 아니다. 따라서 토론은 할 수 있으나 표결은 할 수 없다(동법 제63조 제1항).

4) 운 영

231. 국회위원회의 운영

위원회는 본회의 의결이 있거나 의장 또는 위원장이 필요하다고 인정할 때, 재적위원 4분의 1 이상의 요구가 있을 때 개회한다(동법 제52조). 상임위원회는 폐회중에도 최소한 월 2회(정보위원회는 월 1회) 정례적으로 개최하되, 그 중 1회는 미리 그 개회의 주(週)와 요일을 지정하여 자동개회한다(동법 제53조). 위원회는 재적위원 5분의 1 이상의 출석으로 개의하고, 재적위원 과반수의 출석과 출석위원 과반수의 찬성으로 의결한다(동법 제54조).

5) 권 한

232. 국회위원회의 권한

위원회는 공청회[250)]와 청문회를 열 수 있으며(동법 제64조, 제65조), 소관사항에 관하여 법률안과 의안을 제출할 수 있다(동법 제51조 제1항). 그러나 대안의 제시는 원칙적으로 위원회에서 원안을 심사하는 동안에만 인정된다.

(4) 交涉團體

233. 국회의 교섭단체

20인 이상의 의원을 가진 정당은 하나의 교섭단체를 구성한다. 그러나 동일 정당소속의원이 아니라도 20인 이상으로 교섭단체를 구성할 수 있다(동법 제33조 제1항). 교섭단체에는 의원총회와 대표의원(원내총무 floor leader)을 둔다. 교섭단체는 원내발언의 순서나 상임위원회 위원배정 등의 권한을 갖는다.

판례: 〈국회의원과 국회의장 간의 권한쟁의(기각)〉 "교섭단체(Negotiation Group)는 원칙적으로 국회에 일정수 이상의 의석을 가진 정당에 소속된 의원들로 구성되는 원내의 정당 또는 정파를 말한다. 정당은 국민의 정치적 의사형성을 목적으로 하는 국민의 자발적 조직이다. 따라서 원내에 의석을 확보한 정당은 정당의 정강정책을 소속의원을 통하여 최대한 국정에 반영하고 소속의원으로 하여금 의정활동을 효율적으로 할 수 있도록 권고·통제할 필요가 있다. … 교섭단체는 정당국가에서 의원의 정당기속을 강화하는 하나의 수단으로 기능할 뿐만 아니라 정당소속 의원들과의 원내 행동통일을 기함으로써 정당의 정책을 의안심의에서 최대한으로 반영하기 위한 기능도 갖는다."(헌재 2003. 10. 30. 2002헌라1 결정)

(5) 議政活動補助機關

234. 국회의 의정활동 보조기관

그 밖에도 국회의 의정활동을 보조하는 기관으로 국회사무처(동법 제21조)와 국회도서관(동법 제22조)이 있다.

---

250) L. N. Rieselbach, *Congressional Politics*, 1973, pp. 244-246은 공청회가 법안의 심사과정에서 가지는 기능을 다음과 같은 네 가지로 간추리고 있다. ① 공청회는 의원과 일반대중을 교육시키는 역할을 수행한다. ② 이익집단이나 관련 당사자들에게 그들의 의사를 공개적으로 나타낼 수 있는 기회를 제공한다. ③ 다양한 이익집단들과 원내 각 정파들의 갈등을 조정해 준다. ④ 이러한 과정을 통하여 나타난 결과는 위원회의 활동에 정당성을 부여해 준다.

第4節　國會의 運營과 議事原則

1. 一 般 論

국회의 운영과 국회의 의사원칙에 대하여는 헌법과 국회법에 자세하게 규정되어 있다. 그러나 국회의 운영과 국회의 의사원칙에 대하여 규정되어 있지 않은 경우에는 국회의 자율권에 의하여 국회규칙으로 정하거나 국회의 관례에 따른다.

235. 국회의 운영과 의사원칙 일반론

2. 國會의 運營

국회는 회기, 정기회와 임시회, 회계연도 등에 따라 운영된다(제44조, 제47조, 제54조 제2항·제3항).

236. 국회의 운영

(1) 立法期·會期·會計年度

1) 입 법 기

'입법기'(Legislaturperiode, 의회기)란 총선에서 선출되어 구성된 국회의원들의 임기개시일부터 임기만료일 또는 국회가 해산되기까지의 기간을 말한다.

237. 입법기

2) 회　　기

'회기'(Sitzungsperiode)란 입법기 내에서 의회가 실제로 활동할 수 있는 기간, 곧 집회일로부터 폐회일까지의 기간을 말하며, 입법기는 원칙적으로 여러 회기로 구분된다. 국회의 회기에는 정기회, 임시회가 있다.[251] 그러나 회기제도는 필연적인 것은 아니다. 회기가 특별히 의미를 가지는 경우는 미국의 경우와 같이 회기불계속의 원칙이 적용되어, 회기 중에 처리하지 못한 의안이 자동적으로 폐기되는 경우이다.

238. 회기

국회는 회기 중이라도 의결로 일정한 기간을 정하여 활동을 중지할 수 있는데, 이를 휴회라 한다. 그러나 휴회 중이라도 대통령의 요구가 있거나, 의장이

---

251) 이 밖에도 특별회가 있다. 특별회란 국회가 해산된 다음 새롭게 선출된 국회의원이 소집되는 회의를 말한다. 그러나 우리 헌법에는 국회해산제도가 없기 때문에 우리 법에는 이에 대한 규정은 없다.

긴급한 필요가 있다고 인정할 때 또는 재적의원 4분의 1 이상의 요구가 있으면 회의를 재개한다(국회법 제8조 제2항). 회기가 끝나면 국회는 폐회하며, 다음 회기까지 그 활동을 중지한다.

3) 회계연도

239. 회계연도

회계연도란 국가예산편성과 집행의 기준이 되는 기간을 말한다. 우리나라의 회계연도는 매년 1월 1일에 시작하여 12월 31일에 종료한다(국가재정법 제2조). 정부는 회계연도마다 예산을 편성하여 회계연도 개시 90일 전까지 국회에 제출하고, 국회는 회계연도 30일 전까지 예산을 의결하여야 하기 때문에(제54조 제2항), 회계연도는 매년 9월 1일에 집회되는 국회의 정기회(제47조 제1항, 국회법 제4조)운영에 커다란 영향을 미친다.

(2) 定期會와 臨時會

1) 정 기 회

240. 국회의 정기회

매년 1회 정기적으로 소집되는 회의를 정기회라 한다. 정기회는 매년 1회(제47조 제1항) 9월 1일(그 날이 공휴일이면 그 다음 날)에 집회한다(동법 제4조). 정기회의 회기는 100일을 초과할 수 없다(제47조 제2항). 정기회에서는 일반적으로 예산안을 심의·확정하고, 법률안 또는 그 밖의 의안을 심의·통과시키며, 국정을 감사한다.

2) 임 시 회

241. 국회의 임시회

임시회란 국회가 필요에 따라 수시로 집회하거나 국회의원총선거가 있는 달을 제외한 2, 4, 6월의 1일에 집회하는 회의를 말한다(동법 제5조의2 제2항 제1호). 임시회는 대통령 또는 재적의원 4분의 1 이상의 요구로 집회한다. 대통령이 임시회의 집회를 요구할 때에는 기간과 집회요구의 이유를 명시하여야 한다(제47조 제3항). 임시회의 회기는 30일을 초과할 수 없다(제47조 제2항). 임시회의 소집은 의장이 집회기일 3일 전에 공고한다(동법 제5조 제1항). 의장은 내우·외환·천재·지변 또는 중대한 재정·경제상의 위기, 국가의 안위에 관계되는 중대한 교전상태나 전시·사변 또는 이에 준하는 국가비상사태에 있어서는 집회기일 1일 전에 공고할 수 있다(동법 제5조 제2항). 국회의원총선 후 최초의 임시회는 국회의원 임기개시후 7일에 집회한다(동법 제5조 제3항). 임시회의 의안은 임시회의 집회이유에 따라 다르다.

3) 운 영

국회는 연중 상시 운영하며, 이를 위하여 의장은 각 교섭단체 대표의원과의 협의를 거쳐 원칙적으로 매년 12월 31일까지 다음 연도의 국회운영기본일정을 정하여야 한다. 국회운영기본일정은 국회의원총선거가 있는 월과 8월·10월 및 12월을 제외한 짝수월 1일에 임시회를 집회하되, 위 임시회의 회기 중 1주는 정부에 대하여 질문을 행하도록 작성한다(동법 제 5 조의2 제 1 항, 제 2 항 제 1 호 및 제 3 호).

3. 國會의 議事原則

(1) 國會의 議事原則一般

242. 국회의 의사원칙: 의사공개의 원칙, 회기계속의 원칙, 일사부재의의 원칙, 정족수의 원칙

국회의 의사는 민주성의 요청과 능률성의 요청을 충족시키는 것이어야 한다. 우리 헌법과 국회법은 이러한 요청을 충족시키기 위하여 국회의 의사원칙으로서 의사공개의 원칙, 회기계속의 원칙, 일사부재의의 원칙, 정족수의 원칙을 채택하고 있다.[252)]

(2) 議事公開의 原則

1) 헌법규정 및 의의

243. 의사공개의 원칙에 대한 헌법규정: 헌법 제50조 제 1 항 본문

헌법 제50조 제 1 항 본문은 "국회의 회의는 공개한다"고 하여 의사공개의 원칙을 규정하고 있다. 따라서 국회의 의사절차는 공개회의를 원칙으로 하여야 한다. 의사공개의 원칙은 국회는 민의의 전당이므로 그 회의를 주권자인 국민이 비판하고 감시할 수 있도록 함으로써 책임정치를 구현하기 위한 것이다.

판례: 〈국회예결산특별위원회 계수조정소위원회 방청허가불허 위헌확인, 국회상임위원회 방청허가불허 위헌확인(일부각하, 일부기각)〉 "헌법 제50조 제 1 항은 '국회의 회의는 공개한다'라고 하여 의사공개의 원칙을 규정하고 있다. 이는 단순한 행정적 회

---

252) 국회의 의사원칙을 무엇으로 볼 것인가에 대해서는 견해가 일치되어 있지 않다. 김철수, (주 20), 947-950쪽은 회의의 원칙이란 명칭하에 의사공개의 원칙, 다수결원칙, 회의계속의 원칙, 일사부재의의 원칙을 들고 있고, 권영성, (주 19), 831-854쪽은 의사절차에 관한 원칙이란 표제하에 의사공개의 원칙, 회기계속의 원칙, 일사부재의의 원칙을 들고 있으며, 허영, (주 15), 851-854쪽은 국회의 의사원칙으로 의사공개의 원칙, 다수결의 원칙, 회기계속의 원칙, 일사부재의의 원칙, 정족수의 원리를 들고 있다.

의를 제외하고 국회의 헌법적 기능과 관련된 모든 회의는 원칙적으로 국민에게 공개되어야 함을 천명한 것으로서, 의사공개원칙의 헌법적 의미, 오늘날 국회기능의 중점이 본회의에서 위원회로 옮겨져 위원회중심주의로 운영되고 있는 점, 국회법 제75조 제1항 및 제71조의 규정내용에 비추어 본회의든 위원회의 회의든 국회의 회의는 원칙적으로 공개되어야 하고, 원하는 모든 국민은 원칙적으로 그 회의를 방청할 수 있다."(헌재 2000. 6. 29. 98헌마443 등 병합결정)

판례: **〈국회의원과 국회의장 등 간의 권한쟁의(각하, 권한침해확인, 기각)〉** "의회민주주의 원리는 국가의 정책결정에 참여할 권한을 국민의 대표기관인 의회에 유보하는 것에 그치지 않고 나아가 의사결정과정의 민주적 정당성까지 요구한다. 절차의 민주성과 공개성이 보장되어야만 민주적 정당성도 획득될 수 있다. 의회민주주의국가에서 의사절차는 공개와 이성적 토론의 원리, 합리적 결정, 다원적 개방성, 즉 토론과 다양한 고려를 통하여 의안의 내용이 변경될 가능성, 잠재적인 통제를 가능케 하는 절차의 개방성, 다수결의 원리에 따른 의결 등 여러 가지 요소에 의하여 이루어져야 하지만, 무엇보다도 중요한 요소는 헌법 제49조의 다수결의 원리와 제50조의 의사공개의 원칙이라 할 것이다."(헌재 2010. 12. 28. 2008헌라7 결정)

2) 내 용

244. 의사공개의 원칙의 내용

의사공개의 원칙은 방청의 자유, 국회의사록의 공표나 배부의 자유, 보도의 자유를 그 내용으로 한다. 국회법은 원칙적으로 국회의 회의를 녹음·녹화·촬영·중계방송할 수 있도록 하고 있다(동법 제149조의2).

3) 적용범위

245. 의사공개의 원칙의 적용범위

의사공개의 원칙의 적용범위와 관련하여 의사공개의 원칙은 본회의에만 적용되고, 국회의 위원회에는 적용되지 않을 수도 있다는 견해가 있다.[253] 그러나 오늘날 국회가 위원회를 중심으로 운영될 뿐만 아니라 정보위원회의 운영에만 비공개를 규정하고 있는 점(동법 제54조의2 제1항)을 볼 때 의사공개의 원칙은 본회의와 위원회 모두에 적용되는 것으로 보는 것이 타당하다.[254]

판례: **〈국회예결산특별위원회 계수조정소위원회 방청허가불허 위헌확인, 국회상임 위원회 방청허가불허 위헌확인(일부각하, 일부기각)〉** "국회법 제55조 제1항은 위원회의 공개원칙을 전제로 한 것이지, 비공개를 원칙으로 하여 위원장의 자의에 따라 공개여부를 결정케 한 것이 아니다. 따라서 위원장이라고 하여 아무런 제한 없이 임의로 방청불허 결정을 할 수 있는 것이 아니라, 회의장의 장소적 제약으로 불가피한

253) 김철수, (주 20), 947쪽.
254) 권영성, (주 19), 832쪽: 허영, (주 15), 851쪽.

경우, 회의의 원활한 진행을 위하여 필요한 경우 등 결국 회의의 질서유지를 위하여 필요한 경우에 한하여 방청을 불허할 수 있는 것으로 제한적으로 풀이된다. 이와 같이 이해하는 한, 위 조항은 헌법에 규정된 의사공개의 원칙에 저촉되지 않으면서도 국민의 방청의 자유와 위원회의 원활한 운영간에 적절한 조화를 꾀하고 있다. 따라서 위 법률조항은 국민의 기본권을 침해하는 위헌조항이라 할 수 없다. … 소위원회의 회의도 가능한 한 국민에게 공개하는 것이 바람직하다. 그러나 전문성과 효율성을 위한 제도인 소위원회의 회의를 공개할 경우 우려되는 부정적 측면도 외면할 수 없고, 헌법은 국회회의의 공개 여부에 관하여 회의구성원의 자율적 판단을 허용하고 있으므로, 소위원회 회의의 공개 여부 또한 소위원회 또는 소위원회가 속한 위원회에서 여러 가지 사정을 종합하여 합리적으로 결정할 수 있다."(헌재 2000. 6. 29. 98헌마443 등 병합결정)

4) 예 외

246. 의사공개원칙의 예외: 헌법 제50조 제1항 단서

헌법은 제50조 제1항 단서에서 "다만 출석의원 과반수의 찬성이 있거나 의장이 국가의 안전보장을 위하여 필요하다고 인정할 때에는 공개하지 않을 수 있다"고 하여 의사공개의 원칙에 대한 예외를 규정하고 있다. 비공개를 발의하는 데는 의원 10인 이상의 찬성을 요한다(동법 제75조 제1항). 비공개회의 내용의 공개여부에 대해서는 헌법은 법률에 위임하였고(제50조 제2항), 법률은 본회의의 의결 또는 의장의 결정으로 비밀유지 등 필요가 없을 때에는 이를 공표할 수 있게 하고 있다(동법 제118조 제4항).

판례: 〈국회법 제57조 제5항 단서 등 위헌소원(합헌, 각하)〉 "국회에 설치된 소위원회는 법률안 기타 안건의 심사를 전문적·효율적으로 하기 위하여 국회법 제57조에 따라 두는 것으로, 법률안에 대한 구체적·실질적 심사, 수정안 작성, 위원회안의 기초 작업 등을 한다. 오늘날 국회기능의 중점이 본회의에서 위원회로 이동하여 위원회 중심으로 운영되고 있고, 법안 등의 의안에 대한 실질적인 심의가 위원회에서 이루어지고 있는 현실에서, 헌법 제50조 제1항 본문이 천명한 국회 의사공개의 원칙은 위원회의 회의에도 적용되며, 소위원회의 회의에도 당연히 적용되는 것으로 보아야 한다. 따라서 국회법 제57조 제5항 본문에서 "소위원회의 회의는 공개한다"라고 규정한 것은 헌법 제50조 제1항 본문에서 천명한 국회 의사공개의 원칙을 확인한 것에 불과하다 할 것이다. 헌법 제50조 제1항 본문의 의사공개 원칙이 위원회와 소위원회에도 적용되는 것과 마찬가지로, 동항 단서의 예외적인 회의비공개에 관한 규정 역시 본회의뿐 아니라 위원회, 소위원회에 적용되는 것으로 봄이 마땅하다. 소위원회 회의를 예외 없이 공개한다면 경우에 따라서는 의원이 자신의 선거구민을 의식한 정치적인 홍보성 발언과 표결에 치중하여 국민의 대표자로서의 역할이 왜곡·축소될 수 있다. 또한, 법안처리 과정에서 각종 이익단체나 사회적 압력으로

부터 자유로운 정치적 의사표현에 부정적 영향을 받을 수 있고, 특히 경제 관련 법안 등의 경우에는 법안 논의과정의 공개 그 자체만으로 경제에 불의의 영향을 미칠 소지도 있으며, 모든 발언과 표결의 공개는 오히려 정당한 조정과 타협의 과정이라는 정치의 본질을 훼손시킬 위험도 있음을 부정하기 어렵다. 국회법 제57조 제5항 단서는, 국회회의의 공개 여부에 관하여 회의 구성원의 자율적 판단을 허용하는 헌법 제50조 제1항 단서를 이어받아, 소위원회의 공개 여부 또한, 소위원회 관장 업무의 성격, 심사대상 의안의 특성, 회의 공개로 인한 장단점, 그간의 의사관행 등 여러 사정을 종합하여 소위원회가 합리적으로 결정할 수 있게 하였다. 즉 동항 단서 부분은 소위원회 고유의 자율권을 따로이 부여한 조문이 아니라 국회 의사공개의 원칙 및 알권리에 대한 헌법유보에 해당하는 헌법 제50조 제1항 단서의 취지를 소위원회의 경우에도 그대로 반영한 것에 불과하다 할 것이다. 또한, 국회법 제54조는 위원회의 의결은 재적위원 과반수의 출석과 출석위원 과반수의 찬성으로 함을 규정하고 있고, 이 규정은 국회법 제57조 제7항에 의하여 소위원회에 준용되므로, 소위원회의 비공개의결에는 출석위원 과반수의 찬성이라는 절차적 요건이 충족되어야 하며, 이는 국회회의의 비공개의결에 출석의원 과반수의 찬성을 요하도록 절차적 통제를 가한 헌법의 규정과 궤를 같이하는 것이라고 볼 수 있다. 한편, 국회법 제57조 제7항, 제71조, 제118조 제4항 단서에 의하면, 회의 비공개결정을 한 이후에 비공개의 사유가 소멸되었다고 판단되는 경우에는 소위원회의 의결 또는 그 위원장의 결정으로 회의 내용을 공표할 수 있다. 즉, 국회법 제57조 제5항 단서는 회의 비공개의 사유 및 절차 등 여건을 헌법이 규정한 비공개요건에 비하여 더 완화시키고 있는 것이 아니므로, 기본권을 법률로써 제한할 때 문제되는 과잉금지의 원칙에 어긋난다고 볼 여지가 없다. 헌법 제50조 제1항 단서가 국회 의사비공개에 관하여 정한 것 이상으로 국회법에서 소위원회의 비공개 영역을 넓힌다면 법률에 의한 기본권제한의 정당성에 관한 위헌심사를 할 여지가 있을 것이나, 국회법에서 소위원회 회의의 비공개 요건을 헌법이 규정한 것보다 더욱 엄격하게 규정함으로써 헌법상 규정된 국회 의사공개의 원칙을 확대하여 관철하는 것은 물론, 국회법 제57조 제5항 단서와 같이 헌법의 규정과 동등한 수준으로 규정하는 것은 위헌의 소지가 발생하지 않는다고 보아야 할 것이다. 결국 국회법 제57조 제5항 단서 조항은 헌법 제50조 제1항 단서가 국회 의사공개 원칙에 대한 예외로서의 비공개 요건을 규정한 내용을 소위원회 회의에 관하여 그대로 이어받아 규정한 것에 불과하므로, 헌법 제50조 제1항에 위반하여 국회 회의에 대한 국민의 알권리를 침해하는 것이라거나 과잉금지의 원칙을 위배하는 위헌적인 규정이라 할 수 없다."(헌재 2009. 9. 24. 2007헌바17 결정)

(3) 會期繼續의 原則

247. 회기계속의 원

헌법 제51조 본문은 "국회에 제출된 법률안 기타의 의안은 회기 중에 의결되지 못한 이유로 폐기되지 아니한다"고 하여 회기계속의 원칙을 규정하고 있다. 회기계속의 원칙이 채택되고 있는 이유는 국회를 매회기마다 독립된 별개의 국회가 아니라 입법기 중에는 일체성과 동일성을 가지는 의회로 보기 때문이다.[255)]

칙에 대한 헌법규정: 헌법 제51조 본문

그러나 회기계속의 원칙은 한 입법기 내에서만 효력이 있으므로, 국회의원의 임기가 만료된 경우에는 회기가 계속되지 않는다(제51조 단서).

(4) 一事不再議의 原則

1) 개 념

일사부재의의 원칙이란 의결된 안건은 동일회기 중에 다시 발의하거나 제출하지 못한다는 원칙을 말한다.

248. 일사부재의의 원칙의 개념

2) 기 능

우리 국회법은 원내소수파의 '의사방해'(filibustering)를 막기 위하여 발언회수제한 및 시간의 제한(동법 제103조, 제104조), 교섭단체별 발언자수제한(동법 제104조, 105조) 등을 규정하고 있다. 그럼에도 불구하고 일사부재의의 원칙은 소수파에 의한 의사방해를 배제하고, 의사의 능률을 도모하는 가장 실효성 있는 수단으로서 기능한다.

249. 일사부재의의 원칙의 기능

3) 근 거

우리 헌법에는 일사부재의의 원칙에 대한 규정은 없다. 다만 국회법 제92조가 "부결된 안건은 같은 회기 중에 다시 발의 또는 제출하지 못한다"라고 하여 일사부재의의 원칙을 정하고 있다. 따라서 일사부재의의 원칙은 헌법상의 원칙이 아니라 국회법상의 원칙이다.

250. 일사부재의의 원칙의 근거: 국회법 제92조

4) 예 외

일사부재의의 원칙은 절대적인 것이 아니다. 따라서 다음의 경우에는 일사부재의의 원칙이 적용되지 아니한다. ① 일단 의제로 채택되었으나 철회되어 의결에 이르지 아니한 경우, ② 동일의안이라도 전회기에 의결한 것을 다음 회기에 다시 심의하는 경우, ③ 동일 안건에 대하여 새로운 사유의 발생을 이유로 다시 심의하는 경우, ④ 위원회의 의결을 본회의에서 다시 심의하는 경우.

251. 일사부재의의 원칙의 예외

---

255) 권영성, (주 19), 832쪽.

(5) 定足數의 原則

1) 개　　념

252. 정족수의 개념

'정족수'(quorum)란 회의를 진행하고 의사를 결정하는 데 필요한 출석자수를 말한다.

2) 기　　능

253. 정족수의 원칙의 기능

정족수는 다수결의 원리에 의하여 운영되는 국회에서 자율성을 보장하고 소수를 보호하며 정치적 평화를 보장함으로써, 궁극적으로는 국회의 의사결정에 민주적 정당성과 절차적인 정당성을 부여한다.

3) 유　　형

254. 정족수의 유형

정족수에는 의사정족수(개의정족수)와 의결정족수가 있다.

① 의사정족수

255. 의사정족수

의사정족수란 국회의 회의가 성립하기 위한 최소한의 출석자수를 말한다. 국회는 재적의원 5분의 1 이상의 출석으로 개의하며, 회의 중 이에 미달된 때에는 회의의 중지 또는 산회를 선포한다(동법 제73조). 위원회의 의사정족수도 같다(동법 제54조).

② 의결정족수

256. 의결정족수

의결정족수란 국회의 의결이 유효하기 위한 최소한의 참석의원수를 말한다. 의결정족수는 다시 일반의결정족수와 특별의결정족수로 나누어진다.

가. 일반의결정족수

257. 일반의결정족수

국회는 헌법 또는 법률에 특별한 규정이 없는 한 재적의원 과반수의 출석과 출석의원 과반수의 찬성으로 의결한다. 가부동수인 때에는 부결된 것으로 본다(제49조, 동법 제109조). 위원회의 의결정족수도 또한 같다(동법 제54조).

나. 특별의결정족수

258. 특별의결정족수

우리 헌법은 특히 신중을 요하는 의안의 의결에 대해서는 일반의결정족수에 대한 가중적 예외를 규정하고 있다. 이러한 예외적인 의결정족수를 특별의결정족수라 한다. 이에는 재적의원 4분의 1 이상 찬성(제47조 제1항의 국회임시회소집 요구), 재적의원 과반수의 출석과 출석의원 3분의 2 이상 찬성(제53조 제4항의 법률안재의결), 재적의원 3분의 1 이상 찬성(제63조 제2항과 제65조 제2항의 국무총리·국무위원해임건의발의·대통령이외자탄핵소추발의), 재적의원 과반수 이상 찬성

(제77조 제5항의 계엄해제요구, 제128조 제1항의 헌법개정안발의, 제63조 제2항의 국무총리·국무위원해임건의, 제65조 제2항의 대통령탄핵소추발의·대통령이외자탄핵의결), 재적의원 3분의 2 이상 찬성(제130조 제1항의 헌법개정안의결, 제64조 제3항의 의원제명, 제65조 제2항의 대통령탄핵소추의결) 등 여러 경우가 있다.

다. 국회에서의 표결방법

국회에서는 전자투표에 의한 기록표결을 원칙으로 한다. 다만, 투표기기의 고장 등 특별한 사정이 있을 때에는 기립표결로 가부를 결정할 수 있다(동법 제112조 제1항).

259. 국회에서의 표결방법

판례: 〈대통령(노무현) 탄핵(기각)〉 "국회의장이 국회의 관례에 따라 의장석에서 투표용지에 직접 기표를 하고 기표내용을 다른 사람이 알지 못하도록 투표용지를 접은 후 의사직원에게 전달하여 그로 하여금 투표함에 넣게 한 사실이 인정될 뿐이므로, 대리투표에 해당하지 않는다."(헌재 2004. 5. 14. 2004헌나1 결정)

그러나 이에는 다음과 같은 예외가 있다. 첫째, 의장 또는 국회의원의 동의로 본회의의 의결 또는 재적의원 5분의 1 이상이 찬성한 경우에는 기명·전자·호명 또는 무기명투표를 할 수 있다(동법 제112조 제2항). 둘째, 헌법개정안은 기명투표로 한다(동법 제112조 제4항). 셋째, 대통령으로부터 환부된 법률안에 대한 재의결, 국회에서 실시하는 각종 선거, 국무총리 또는 국무위원에 대한 해임건의안, 탄핵소추안, 인사에 관한 안건(단 겸직으로 인한 의원사임과 위원장사임에 대하여 의장이 각 교섭단체대표의원들과 협의한 경우는 그렇지 아니하다)에 대해서는 무기명투표로 한다(동법 제112조 제5항). 넷째, 위원회에서는 거수로도 표결할 수 있다(동법 제71조).

第5節　國會의 權限

1. 國會의 權限의 分類

(1) 각국 議會에 공통된 權限

어느 국가를 막론하고 의회는 입법기관과 국정통제기관으로서의 지위를 가진다. 그 결과 의회는 입법에 관한 권한, 국정통제에 관한 권한, 의회내부 사항에 관한 자율적 권한을 행사한다는 점에서는 공통점을 가진다고 할 수 있다.

260. 각국 의회에 공통된 권한: 입법에 관한 권한, 국정통제에 관한 권한, 의회내부 사항에 관한 자율적 권한

(2) 權限行使의 實質的 性質에 따른 우리 國會의 權限

261. 권한행사의 실질적 성질에 따른 우리 국회의 권한

우리 헌법상 국회의 권한은 권한행사의 실질적 성질과 권한행사의 형식을 중심으로 구별할 수 있다. 전자를 기준으로 할 때 국회의 권한은 입법에 관한 권한, 재정에 관한 권한, 헌법기관구성에 관한 권한, 국정통제에 관한 권한, 국회내부사항에 관한 권한으로 나눌 수 있고,[256] 후자를 기준으로 할 때는 의결권, 동의권, 승인권, 통고권(예컨대 국회법 제137조에 규정된 의장의 궐원통지권), 통제권 등으로 나눌 수 있다. 아래에서는 국회의 권한을 권한행사의 실질적 성질을 중심으로 살펴보기로 한다.

2. 立法에 관한 權限

262. 국회의 입법에 관한 권한

국회의 입법에 관한 권한에는 의회 본래의 권한으로서의 법률제정권과 헌법개정발의·의결권, 조약의 체결·비준에 대한 동의권 및 국회규칙제정권이 있다.

(1) 法律制定權

1) 법률의 개념

263. 법률의 개념

법률이란 국회가 헌법에 규정된 일정한 입법절차에 따라 심의·의결하고 대통령이 서명·공포함으로써 효력이 발생하는 헌법하위의 법규범을 말한다.

법률은 원칙적으로 일반적·추상적이어야 한다. 일반적이라 함은 법률이 불특정 다수인에게, 곧 모든 사람에게 적용되어야 하는 것을 말하고, 추상적이라 함은 법률이 모든 사건에 적용되어야 함을 뜻한다.

2) 법률의 필수적 규율사항

264. 법률의 필수적 규율사항: 법규사항 + 입법사항

헌법은 '입법권은 국회에 속한다'(제40조)라고 하여 국회중심입법주의를 규정하고 있다. 따라서 헌법이 금지하지 않는 것이고, 다른 국가기관에 명시적으

256) 국회의 권한을 어떻게 분류하는가는 학자에 따라 약간씩 다르다. 김철수, (주 20), 974쪽은 입법에 관한 권한, 재정에 관한 권한, 일반국정에 관한 권한, 국회내부에 관한 권한으로 나누고 있고, 권영성, (주 19), 835쪽은 입법에 관한 권한, 재정에 관한 권한, 헌법기관구성에 관한 권한, 국정통제에 관한 권한, 국회내부사항에 관한 권한으로 나누고 있으며, 허영, (주 15), 854쪽은 기능분립론의 입장에서 국회의 권한이란 용어 대신 국회의 기능이란 용어를 사용하면서 이를 입법기능, 재정기능, 통제기능, 인사기능, 자율기능 등으로 분류하고 있다.

로 위임한 것이 아니면 국회는 모든 국가작용에 관하여 법률로 규율할 수 있다.

그러나 앞에서 보았듯이 국민의 권리·의무의 형성을 내용으로 하는 '법규'(Rechtssatz)사항[257]과 통치조직과 작용에 관한 기본적인 사항과 국가중요정책사항, 곧 입법사항(법률사항)은 반드시 법률로써 규율하지 않으면 안 된다(의회유보, Parlamentsvorbehalt).[258]

판례: 〈한국방송공사법 제35조 등 위헌소원(합헌, 헌법불합치)〉 "오늘날 법률유보원칙은 … 국가공동체와 그 구성원에게 기본적이고도 중요한 의미를 갖는 영역, 특히 국민의 기본권실현에 관련된 영역에 있어서는 행정에 맡길 것이 아니라 국민의 대표자인 입법자 스스로 그 본질적 사항에 대하여 결정하여야 한다는 요구까지 내포하는 것으로 이해하여야 한다."(헌재 1999. 5. 27. 98헌바70 결정)

3) 처분적 법률

① 개 념

265. 처분적 법률의 개념: 개별적·구체적 사항을 규율하는 법률

'처분적 법률'(Maßnahmegesetz)이란 일반적·추상적 법률과는 달리 개별적·구체적 사항을 규율하는 법률을 말한다.[259] 곧 처분적 법률이란 입법자가 아주

---

257) 예컨대 법규사항으로는 죄형법정주의(제12조 제 1 항), 재산권의 내용과 한계 및 보상의 기준(제23조), 선거권(제24조), 공무담임권(제25조), 재판청구권(제27조), 국가배상청구권(제29조), 범죄피해자구조청구권(제30조), 사회보장수급권(제34조 제 5 항), 기본권제한입법(제37조 제 2 항), 납세의무(제38조), 국방의 의무(제39조) 등을 들 수 있다.

258) 의회유보란 개념은 독일연방헌법재판소의 '중요하며 본질적인 국가적 결정은 의회 입법자에 의해 이루어져야 한다'는 '본질성이론'(Wesentlichkeitstheorie, 중요사항설)에서 형성되었다. 물론 민주공화국에서의 의회의 지위와 관련하여 볼 때 법률유보론에서 발전된 이론이 의회유보론이기는 하다. 그러나 최근에 '행정유보'(Verwaltungsvorbehalt)이론이 등장함으로써 의회와 집행부 간의 권한분배의 문제는 헌법학에서 해결을 요하는 중요한 사안이 되고 있다. 의회유보의 기준에 대해서는 적극설과 소극설 그리고 독일연방헌법재판소 사이에 의견의 차이가 있다. 적극설은 G. Müller, *Inhalt und Formen der Rechtssetzung als Problem der demokratischen Kompetenzordnung*, 1979, S. 111ff.와 K. Eichenberger, Von der Rechtssetzungsfunktion im heutigen Staat, in: *Probleme der Rechtssetzung*, 1974, S. 21, Anm. 22가 주장하고 있고, 소극설은 C.-E. Eberle, Gesetzesvorbehalt und Parlamentsvorbehalt, DöV 1984, S. 490ff.가 주장하고 있다. 독일연방헌법재판소의 입장은 확실하지 않다. 어떤 판결에서는 기본권관련성을 가장 중요한 것으로 보았는가 하면(BVerfGE 33, 1, 11; 41, 252, 263), 다른 판결에서는 민주적 요청을 근거로 삼았고(BVerfGE 33, 125, 129; 40, 237, 249; 41, 251, 260), 또 다른 판결에서는 행정의 민주적 정당성도 그 판결기준으로 하였다(BVerfGE 49, 89, 125f.).

259) E. Forsthoff, Über Maßnahmegesetz, in: *Gedächtnisschrift für W. Jellinek,* 1955, S. 222ff.(225)는 처분적 법률은 목적과 수단과의 일정한 관계로 특징지어지며 정의의 이념을 실현하는 고전적 법률과는 달리 일정한 목적을 추구하고 이에 예속되어 있는 '행위'(Actio)라고 정의하고, 처분적 법률은 특정한 상황에서 제정되며 그와 논리적으로 필

구체적인 사안과 관련하여 특정의 구체적 목적을 실현시키기 위해 제정한 법률을 말한다.

따라서 처분적 법률의 특징은 구체적인 목표를 가지고 있고, 이 목표가 법률에 규정된 조치에 대하여 논리적으로 우위를 가진다는 것, 곧 처분법률은 구체적인 목적(정치적·경제적·사회적·문화적 목적)에 대한 수단이라는 것이 그 특징(본질)이지, 국내에서 일반적으로 말하여지듯 행정적 집행이나 사법적 재판을 매개로 하지 아니하고 직접 국민에게 권리나 의무를 발생하게 하는 것, 곧 자동집행력을 가지는 것이 그 특징(본질)이 아니다. 달리 표현하자면, 처분적 법률은 특정의 구체적 목적을 실현하기 위해서 특정의 사람이나 특정의 사항을 대상으로 구체적으로 제정되기 때문에 그 결과 자동집행력을 가지는 것으로 나타날 수도 있는 것이지 반드시 자동집행력을 가지는 것은 아니다. 그리고 특정의 목적이 소멸하면(성취되면) 그 법률도 불필요한 것이 될 수밖에 없기 때문에 그 시간적 효력도 한시적일 수밖에 없는 것이다. 그러한 한에서 본질과 본질의 결과를 혼동하고 있을 뿐만 아니라, 또한 '집행적 법률'(Vollziehungsgesetz, Vollzugsgesetz)[260] 과 처분적 법률을 개념적으로 구분하지 않고 있는 처분적 법률에 대한 국내의 일반적 이해는 시정되어야 할 것으로 본다.

판례: 〈국가보위입법회의법 등의 위헌 여부에 관한 헌법소원(일부인용, 일부각하)〉
"국가보위입법회의법부칙 제4항 후단이 규정하고 있는 '… 그 소속공무원은 이 법에 의한 후임자가 임명될 때까지 그 직을 가진다'라는 내용은 행정집행이나 사법재판을 매개로 하지 아니하고 직접 국민에게 권리나 의무를 발생하게 하는 법률, 즉

연적인 관계에 있다고 한다. Chr.-Fr. Menger, Das Gesety als Norm und Maßnahme, *VVDStRL* Heft 15, S. 3ff.(5ff.)는 고전적인 규범적 법률을 정의를 지향하는 체계적인 가치질서에서 나오는 행위규범으로 이해한 반면, 처분적 법률은 시간적으로나 숫자적으로 제한된 범주의 생활관계를 순수한 합목적적인 효과에 예속시키려는 의도하에서 하나의 법률요건에 함축시킨 법규라고 정의하였다. 처분적 법률에 대하여 더욱 자세한 것은 정하중, 법률의 개념, 법정고시(1996. 4.), 88쪽 이하(97-105쪽) 참조.

260) 정하중, (주 259), 110·111쪽은 집행적 법률을 다음과 같이 설명하고 있다. "집행적 법률은 법률이 행정행위의 매개 없이 스스로 집행행위의 형식을 갖는 법률을 의미한다. 집행적 법률의 전형적인 예는 직접 법률에 의한 수용(이른바 입법수용) 또는 지방자치단체의 구역이나 경계를 변경하는 법률(Eingliederungsgesetz)을 들 수 있다. 이들 집행적 법률의 공통적인 점은 법률에 의하여 직접 창조된 법적 상태가 법률을 근거로 한 행정행위에 의하여 대체적으로 실현될 수 있다는 점이다. 집행적 법률은 많은 경우에 있어서 개별적 법률에 해당하나 반드시 동일한 개념은 아니다. 특정한 집단의 사람에 대하여 제정된 개별적 법률은 행정행위의 매개를 통하여 집행될 수가 있기 때문이다. 이러한 집행적 법률이 헌법적으로 제한 없이 허용될 수 있는지가 역시 문제가 되고 있다. 학설은 집행적 법률의 허용성을 권력분립의 원칙과 권리보호의 축소라는 관점에서 논의하고 있다."

법률이 직접 자동집행력을 갖는 처분적 법률의 예에 해당하는 것이며, 따라서 국가보위입법회의법의 의장 등의 면직발령은 위 법률의 후속조치로서 당연히 행하여져야 할 사무적 행위에 불과하다."(헌재 1989. 12. 18. 89헌마32 등 병합결정)

판례: 〈대한민국과일본국가간의어업에관한협정비준 등 위헌확인(각하)〉 "한일 양국간에 이 사건 협정이 새로이 발효됨으로 인하여, 우리나라의 어민들은 종전에 자유로이 어로활동을 영위할 수 있었던 수역에서 더 이상 자유로운 어로활동을 영위할 수 없게 된 셈이다. 이로 인해 이 사건 청구인들이 주장하는 기본권의 침해가능성이 인정되고, 따라서 이 사건 협정은 법령을 집행하는 행위가 존재하지 아니하고 바로 법령으로 말미암아 직접 기본권이 침해되는 예외적인 경우에 해당한다."(헌재 2001. 3. 21. 99헌마139 등 병합결정)

② 유 형

266. 처분적 법률의 유형

처분적 법률에는 '개별인적 법률'(Einzelpersonengesetz), '개별사건적 법률'(Einzelfallgesetz), '한시적 법률'(Zeitgesetz)이 있다.

개별인적 법률은 일정한 범위의 국민만을 대상으로 하는 법률을 말한다. 그 예로는 부정선거관련자처벌법, 정치활동정화법, 부정축재처리법, 「일제강점하 반민족행위 진상규명에 관한 특별법」, 「친일반민족행위자재산의 국가귀속에 관한 법률」 등이 있다. 헌법재판소는 구 국가보위입법회의법 부칙 제4항 후단에 대하여 "소속공무원의 귀책사유의 유무라든가 다른 공무원과의 관계에서 형평성이나 합리적인 근거 등을 제시하지 아니한 채 임명권자의 후임자 임명이라는 처분에 의하여 그 직을 상실하는 것을 규정"하였으므로 처분적 법률의 일례로 볼 수 있다고 하였다.[261)]

개별사건적 법률은 개별적·구체적인 상황 또는 사건을 대상으로 하는 법률을 말한다. 그 예로는 긴급금융조치법, 긴급통화조치법, 「5·18민주화운동 등에 관한 특별법」[262)] 등이 있다. 헌법재판소는 보훈기금법 부칙 제5조에 대하여 "분조합 또는 분조합원의 사유재산을 박탈하여 보훈기금에 귀속시키기 위한 개별적 처분법률"이라고 하였다.[263)]

한시적 법률은 적용기간이 한정된 법률을 말한다. 그 예로는 재외국민취

---

261) 헌재 1989. 12. 18. 89헌마32 등 병합결정〈국가보위입법회의법 등의 위헌여부에 관한 헌법소원(일부인용, 일부각하)〉.

262) 헌재 1996. 2. 16. 96헌가2 등 병합결정〈5·18민주화운동등에관한특별법 제2조 위헌제청 등(합헌)〉 참조.

263) 헌재 1994. 4. 28. 92헌가3 결정〈보훈기금법 부칙 제5조 및 한국보훈복지공단법 부칙 제4조 제2항 후단에 관한 위헌심판(한정위헌, 한정합헌)〉.

적·호적정정및호적정리에관한임시특례법이 있다.

③ 처분적 법률에 대한 태도

267. 처분적 법률에 대한 태도

처분적 법률은 과거에는 기본권을 침해할 위험성이 있을 뿐만 아니라 권력분립의 원칙과 평등의 원칙에 위배된다는 점 때문에 부정적인 평가를 받아왔다.

그러나 사회국가·행정국가의 등장과 더불어 국민의 인간다운 생활과 사회복지의 실현, 비상적 위기상황에 대처하기 위한 수단으로 처분적 법률의 필요성이 재인식되게 되었다. 그러나 처분적 법률은 예외적인 것이기 때문에 합리적 이유가 있는 범위 내에서 극히 예외적인 경우에만 제정할 수 있는 것으로 이해되어야 한다.

판례: 〈5·18민주화운동등에관한특별법 제2조 위헌제청 등(합헌)〉 "개별사건법률은 원칙적으로 평등원칙에 위배되는 자의적 규정이라는 강한 의심을 불러일으키는 것이지만, 개별법률금지의 원칙은 법률제정에 있어서 입법자가 평등원칙을 준수할 것을 요구하는 것이기 때문에 특정규범이 개별사건법률에 해당한다 하여 곧바로 위헌을 뜻하는 것은 아니며, 이러한 처분적 법률이 합리적인 이유로 정당화될 수 있는 경우에는 합헌적일 수 있다."(헌재 1996. 2. 16. 96헌가2 등 병합결정)

판례: 〈「뉴스통신 진흥에 관한 법률」 제10조 등 위헌확인(기각)〉 "우리 헌법은 처분적 법률로서 개인대상법률 또는 개별사건법률의 정의를 따로 두고 있지 않음은 물론, 이러한 처분적 법률의 제정을 금하는 명문의 규정도 두고 있지 않은바, 특정규범이 개인대상법률 또는 개별사건법률에 해당한다고 하여 그것만으로 바로 헌법에 위반되는 것은 아니라고 할 것이다. 결국 심판대상조항이 일반 국민을 그 규율의 대상으로 하지 아니하고 특정 개인만을 그 대상으로 한다고 하더라도 이러한 차별적 규율이 합리적인 이유로 정당화되는 경우에는 허용된다."(헌재 2005. 6. 30. 2003헌마841 결정)

판례: 〈한나라당 대통령후보 이명박의 주가조작 등 범죄행위의 진상규명을 위한 특별검사의 임명 등에 관한 법률 위헌확인(위헌, 기각)〉 "우리 헌법은 처분적 법률로서의 개인대상법률 또는 개별사건법률의 정의를 따로 두고 있지 않음은 물론, 이러한 처분적 법률의 제정을 금하는 명문의 규정도 두고 있지 않으므로 특정한 규범이 개인대상 또는 개별사건법률에 해당한다고 하여 그것만으로 바로 헌법에 위반되는 것은 아니다. 다만 이러한 법률이 일반국민을 그 규율대상으로 하지 아니하고 특정 개인이나 사건만을 대상으로 함으로써 차별이 발생하는바, 그 차별적 규율이 합리적인 이유로 정당화되는 경우에는 허용된다."(헌재 2008. 1. 10. 2007헌마1468 결정)

④ 처분적 법률에 대한 심사

우리 헌법은 위헌법률심사를 구체적 규범통제에 한정시키고 있다(제107조 제1항). 따라서 처분적 법률이 위헌소지가 있을 때 그것을 심사하기 위해서는 재판의 전제성의 요건을 충족시켜야만 하는지 여부가 문제될 수 있다.

268. 처분적 법률에 대한 심사

이와 관련하여 재판의 전제 없이 심사를 할 수 있으며, 구체적 직접성이 있으므로 헌법소원도 가능하다는 견해가 있다.[264] 그러나 개인적으로는 처분적 법률이라 하더라도 우리 헌법의 규정상 재판의 전제가 된 경우에만 심사할 수 있다고 생각한다. 헌법재판소는 별도의 집행행위 없이 법률규정 자체에 의하여 직접 기본권이 침해된 경우, 그 법률규정에 대한 헌법소원을 인정하여 결과적으로는 헌법소원을 통한 위헌법률심사를 하고 있다.[265]

판례: 〈지방의회의원선거법 제36조 제1항에 대한 헌법소원(헌법불합치=잠정적용, 각하〉 "법률에 대한 헌법소원심판도 가능함은 헌법재판소법 제68조 제1항의 해석상 당연하다. 다만, 모든 법률이 다 헌법소원심판의 대상이 되는 것이 아니고 청구인 스스로가 당해 법률규정과 법적인 관련성이 있어야 할 뿐만 아니라 당해 법률의 규정에 의하여 별도의 구체적 집행행위의 매개 없이 직접적으로 헌법상 보장된 기본권을 현재 침해당하고 있는 경우, 자기성·직접성·현재성이 구비된 경우에 한정됨을 원칙으로 한다"(헌재 1991. 3. 11. 91헌마21 결정)

4) 법률의 제정절차

법률은 일반적으로 법률안의 제출·법률안의 심의·법률안의 의결·의결된 법률안의 정부에의 이송·대통령의 서명과 공포라는 절차를 거쳐 제정되며 발효한다.

269. 법률의 제정절차

① 법률안의 제출

법률안은 국회의원과 정부가 제출할 수 있다(제52조). 국회의원이 법률안을 발의하는 경우에는 의원 10인 이상의 찬성을 얻어 의장에게 제출한다(국회법 제79조). 국회법상 위원회도 법률안을 제출할 수 있다. 위원회가 그 소관사항에 관하여 법률안을 제출하는 경우에는 위원장이 제출자가 되며, 10인 이상의 찬성이란 요건은 필요 없다(동법 제51조).

270. 법률안의 제출권자: 국회의원, 정부, 국회의 위원회

264) 김철수, (주 20), 980쪽.

265) 헌재 1990. 10. 8. 89헌마89 결정〈교육공무원법 제11조 제1항에 대한 헌법소원(위헌, 일부각하)〉; 헌재 1991. 3. 11. 90헌마28 결정〈지방의회의원선거법 제28조 등에 대한 헌법소원(위헌, 일부기각)〉; 헌재 1991. 3. 11. 91헌마21 결정〈지방의회의원 선거법 제36조 제1항에 대한 헌법소원(헌법불합치, 일부각하)〉.

정부가 법률안을 제출하는 경우에는 국무회의의 심의를 거쳐(제89조 제3호) 국무총리와 관계국무위원의 부서를 받은 후(제82조) 대통령이 문서로 국회의장에게 제출하여야 한다.

② 법률안의 심의·의결

가. 일반적 절차

271. 법률안의 심의·의결절차

제출된 법률안은 국회의장이 이를 인쇄하여 의원에게 배부하고 본회의에 보고한 후 소관 상임위원회에 회부하고 상임위원회에서 심사·토의·가결한 후, 본회의에 상정한다.

나. 소관상임위원회

272. 소관상임위원회의 법률안심의

소관위원회가 불명한 경우에는 의장이 국회운영위원회와 협의·결정하고 협의가 이루어지지 않을 경우에는 의장이 결정한다(동법 제81조 제2항). 위원회는 법률의 주요내용 등을 입법예고할 수 있으며, 본회의에 부의할 필요가 없다고 결정된 경우 이를 폐기할 수 있다(동법 제87조, 이른바 보류함 pigeon hole). 그러나 폐기결정이 본회의에 보고된 후 7일 이내에 30인 이상의 의원의 요구가 있을 때에는 본회의에 부의하여야 한다. 본회의에서 위원회가 폐기한 의안을 의결하는 것을 '위원회의 해임'(discharge of committee)이라고 한다.

다. 법제사법위원회

273. 법제사법위원회의 자구수정·체계정비

위원회에서 심의가 끝난 법률안은 법사위원회에서 자구수정과 체계정립 후 (동법 제86조 제1항) 본회의에 회부된다.

라. 본 회 의

274. 본회의의 의결

본회의에 회부된 법률안은 심사보고 후 의원의 질의가 끝나면 토의에 부하여 이를 종결한 후에 표결한다. 법률안은 축조낭독하여 심의하되 의장은 이를 생략할 수 있다. 본회의에서는 재적의원과반수의 출석과 출석의원과반수의 찬성으로 의결한다(제49조). 법률안의 수정동의에는 일반법률안의 경우 의원 30인 이상, 예산안의 경우에는 의원 50인 이상의 찬성이 필요하다(동법 제95조 제1항).

판례: **〈「게임산업 진흥에 관한 법률」 제32조 제1항 제7호 위헌확인(기각)〉** "국회의장이 국회의 위임 없이 법률안을 정리하더라도 그러한 정리가 국회에서 의결된 법률안의 실질적 내용에 변경을 초래하는 것이 아닌 한 헌법이나 국회법상의 입법절차에 위반된다고 볼 수 없다."(헌재 2009. 6. 25. 2007헌마451 결정)

판례: **〈국회의원과 국회의장 간의 권한쟁의(권한침해, 기각)〉** "국회의장이 적법한 반대토론 신청이 있었음에도 반대토론을 허가하지 않고 토론절차를 생략하기 위한 의

결을 거치지도 않은 채 법률안들에 대한 표결절차를 진행한 것은 국회법 제93조 단서를 위반하여 국회의원의 법률안 심의·표결권을 침해하였다."(헌재 2011. 8. 30. 2009헌라7 결정)

③ 대통령의 서명·공포

가. 대통령의 공포

275. 대통령의 법률 공포

국회에서 의결된 법률안이 정부에 이송되면 대통령은 이송된 날로부터 15일 이내에 서명·공포한다(제53조 제1항). 대통령의 법률안 서명·공포에는 국무회의의 심의(제89조 제3호)와 국무총리 및 관계국무위원의 부서가 필요하다(제82조).

공포는 관보에 게재함으로써 한다. 통설과 판례[266]에 따르면 관보에 게재된 시기는 관보가 서울의 중앙보급소에 도달하여 일반국민이 구독할 수 있는 상태에 놓인 최초의 시점이다(최초구독가능성설).

나. 대통령의 거부권행사와 국회의 재의결

276. 법률안에 대한 대통령의 거부권행사와 국회의 재의결

그러나 법률안에 대하여 이의가 있을 때에는 대통령은 15일 이내에 이의서를 붙여 환부하고 재의를 요구할 수 있다. 국회의 폐회중에도 같다(제53조 제2항). 대통령이 이 기간 내에 재의의 요구도 없이 공포를 하지 아니한 때에는 그 법률안은 법률로서 확정된다(제53조 제5항). 재의의 요구가 있을 경우 재적의원 과반수의 출석과 출석의원 3분의 2 이상 찬성으로 재의결하면 법률로서 확정되고(제53조 제4항), 다시 대통령에게 송부되어 5일 이내에 대통령이 공포하여야 한다. 그러나 대통령이 정한 기간 내에 공포하지 않으면 국회의장이 공포한다(제53조 제6항).[267][268] 국회의장이 법률을 공포한 때에는 대통령에게 이를 통지하여야 한다(동법 제98조 제3항).

다. 서명·재의결·공포의 성격

277. 법률안에 대한 서명·재의결·공포의 성격

대통령의 서명과 국회의 재의결은 법률의 성립요건이고, 공포는 법률의 효력발생요건이다. 따라서 법률에 시행일이 명시된 경우에도 시행일 이후에 공포된 때에는 시행일에 관한 법률규정은 그 효력을 상실한다.[269]

266) 대법원 1968. 12. 6. 68다1753 판결; 대법원 1970. 7. 21. 70누76 판결; 대법원 1970. 10. 23. 70누26 판결.

267) 국회의장의 예외적 법률공포권은 제5차개헌에서 처음으로 규정되었다.

268) 공포를 하지 않은 경우에는 공포권자에 대해서는 헌법침해의 효과가 발생되며, 법률안에 대해서는 헌법장애상태가 발생한다. 따라서 전자에 대해서는 헌법보호절차가 진행되어야 하며, 후자는 헌법규범과 헌법현실의 갈등관계의 문제로서 결국은 헌법개정으로써 이를 해결하여야 한다(헌법변천의 방법도 있을 수 있다).

269) 대법원 1955. 6. 21. 4288형상95 판결.

판례: "법률의 효력은 헌법 제40조 제5항에 의하여 공포일로부터 20일 후, 기타 법률의 정한 일에 비로소 발생하는 것이고, 그것이 동조 제2·제3항 소정의 사유와 절차로 인하여 법률안으로 확정되었다 하더라도, 그 확정만으로써는 당연히 그 효력이 발생하는 것이 아니다."(대법원 1954. 10. 5. 4287형상16 판결)

④ 발 효

278. 법률의 효력발생

법률은 특별한 규정이 없으면 공포한 날로부터 20일을 경과함으로써 효력이 발생된다(제53조 제7항). 단, 국민의 권리제한 또는 의무부과와 직접 관련되는 법률은 특별할 사유가 없는 한 공포일로부터 적어도 30일이 경과한 날로부터 시행되도록 하여야 한다(「법령 등 공포에 관한 법률」 제13조의2).

⑤ 입법절차에 대한 위헌심사

279. 입법절차에 대한 위헌심사

위헌법률심사권이 국회의 입법절차에도 미치는가 여부에 대하여 긍정설[270)]과 부정설의 입장이 대립되어 있으나, 권력분립의 원칙과 자주성존중의 원칙을 논거로 하는 부정설이 다수설이다. 헌법재판소는 헌법소원심판과 권한쟁의심판[271)]을 통하여 실질적으로 입법절차에 대한 심사를 하고 있다. 즉 헌법재판소는 「지방자치단체폐치·분합에 관한 법률」에 대한 헌법소원심판에서 이 법률의 '제정절차와 관련한 적법절차는 청문절차'라고 하여 그 적법절차의 준수 여부를 심사하였다.[272)] 그러나 이른바 '날치기' 통과된 법률에 대해서는 "법률의 입법절차가 국회법에 위반된다고 하더라도 그러한 사유만으로는 그 법률로 인하여 국민의 기본권이 현재, 직접적으로 침해받는다고 볼 수 없"으므로 헌법소원심판을 청구할 수 없다고 판시하였다.[273)]

5) 법률제정권(국회입법권)의 한계

280. 법률제정권의 한계: 합헌성의 원칙

국회의 법률제정권은 '합헌성의 원칙'과 '체계적합성'(체계정당성, Systemgerechtigkeit)의 원칙에 의한 한계가 있다.[274)]

---

270) 김철수, (주 20), 983쪽; 정재황, 국회의 입법권행사·입법절차준수에 대한 법적 통제, 고시연구(1992. 9.), 45쪽 이하(56-58쪽).

271) 헌재 1997. 7. 16. 96헌라2 결정〈국회의원과 국회의장간의 권한쟁의(일부인용, 일부기각)〉.

272) 헌재 1994. 12. 29, 94헌마201 결정; 헌재 1995. 3. 23. 94헌바175 결정.

273) 헌재 1998. 7. 14. 97헌마8 등 병합결정.

274) 입법권의 한계로서 김철수, (주 20), 984-986쪽은 적(適)헌법성의 한계와 적(適)국제법성의 한계를 들고 있고, 권영성, (주 19), 753-757쪽은 합헌성의 원칙에 의한 한계, 국제법상의 일반원칙에 관한 한계, 입법재량의 기속성(입법재량권남용금지의 원칙)에 의한 한계를 들고 있고, 허영, (주 15), 860·861쪽은 능동적 한계(헌법원리상의 한계와 이론상의 한계)와 수동적 한계(정부의 입법관여기능과 법원과 헌법재판소의 규범통제권)로 나누어 설명하고 있다.

에 의한 한계+체계적합성의 원칙에 의한 한계

합헌성의 원칙이란 법률은 헌법에 합치되어야 한다는 원칙을 말한다. 합헌성의 원칙은 구체적으로는 헌법의 기본원리와 기본이념을 위배한 법률제정금지, 헌법의 일반유보조항침해 법률금지,[275] 헌법의 개별적·구체적 명문규정위배 법률금지로 나타난다.[276] 체계적합성의 원리란 법규범 상호간에는 동일법률[277] 내에서는 물론 상이한 법률 사이에서도 수직·수평관계를 불문하고 규범구조나 규범내용면에서 상호모순되어서는 안 된다는 원리를 말한다.[278]

법률제정권의 한계를 벗어난 법률은 무효가 된다. 위헌법률여부는 헌법재판소가 결정한다.

판례: 〈상속세및증여세법 제41조의2 위헌소원(합헌)〉 "'체계정당성'(Systemgerechtigkeit)의 원리라는 것은 동일 규범 내에서 또는 상이한 규범간에(수평적 관계이건 수직적 관계이건) 그 규범의 구조나 내용 또는 규범의 근거가 되는 원칙면에서 상호 배치되거나 모순되어서는 안 된다는 하나의 헌법적 요청(Verfassungspostulat)이다. 즉 이는 규범 상호간의 구조와 내용 등이 모순됨이 없이 체계와 균형을 유지하도록 입법자를 기속하는 헌법적 원리라고 볼 수 있다. 이처럼 규범 상호간의 체계정당성을 요구하는 이유는 입법자의 자의를 금지하여 규범의 명확성, 예측가능성 및 규범에 대한 신뢰와 법적 안정성을 확보하기 위한 것이고 이는 국가공권력에 대한 통제와 이를 통한 국민의 자유와 권리의 보장을 이념으로 하는 법치주의원리로부터 도출되는 것이라고 할 수 있다. 그러나 일반적으로 일정한 공권력작용이 체계정당성에 위반한다고 해서 곧 위헌이 되는 것은 아니다. 즉 체계정당성 위반(Systemwidrigkeit) 자체가 바로 위헌이 되는 것은 아니고 이는 비례의 원칙이나 평등원칙위반 내지 입법의 자의금지위반 등의 위헌성을 시사하는 하나의 징후일 뿐이다. 그러므로 체계정당성위반은 비례의 원칙이나 평등원칙위반 내지 입법자의 자의금지위반 등 일정한 위헌성을 시사하기는 하지만 아직 위헌은 아니고, 그것이 위헌이 되기 위해서는 결과적으로 비례의 원칙이나 평등의 원칙 등 일정한 헌법의 규정이나 원칙을 위반하여야 한다. 또한 입법의 체계정당성위반과 관련하여 그러한 위반을 허용할 공

---

275) 헌법재판소는 헌법 제10조와 제37조의 두 규정은 국민의 기본권에 대한 그 제한의 내용을 원칙적으로 입법기관인 국회가 정하는 법률에 위임하면서도, 그 제한법률은 헌법상의 여러 원칙에 위배되지 않는 범위 내에 머물러야 한다는 입법형성권의 한계를 명백히 선언한 것이라고 한다〈헌재 1989. 9. 8. 88헌가6 결정(국회의원선거법 제33조, 제34조의 위헌심판(위헌: 헌법불합치)〉

276) 김철수, (주 20), 985쪽 참조.

277) 우리 헌법재판소는 형벌에 관한 입법시에는 형벌체계상의 정당성이 존중되어야 한다고 한다〈헌재 1992. 4. 28. 90헌바24 결정 — 특정범죄가중처벌등에관한법률 제5조의3 제2항 제1호에 대한 헌법소원(위헌)〉.

278) Ch. Degenhart, *Systemgerechtigkeit und Selbstbindung des Gesetzgebers als Verfassungspostulat*, 1976; BVerfGE 81, 156(207).

익적인 사유가 존재한다면 그 위반은 정당화될 수 있고 따라서 입법상의 자의금지 원칙을 위반한 것이라고 볼 수 없다. 나아가 체계정당성의 위반을 정당화할 합리적인 사유의 존재에 대하여는 입법의 재량이 인정되어야 한다. 다양한 입법의 수단 가운데서 어느 것을 선택할 것인가 하는 것은 원래 입법의 재량에 속하기 때문이다. 그러므로 이러한 점에 관한 입법의 재량이 현저히 한계를 일탈한 것이 아닌 한 위헌의 문제는 생기지 않는다고 할 것이다."(헌재 2004. 11. 25. 2002헌바66 결정)

(2) 憲法改正案發議·議決權

281. 헌법개정안발의·의결권

국회는 국회재적의원 과반수의 찬성으로 헌법개정을 제안할 수 있다. 헌법개정은 국회 외에도 대통령이 국무회의의 심의를 거쳐 제안할 수 있다(제128조 제1항).

헌법개정안이 국회에 제안되면 국회는 이를 정부에 이송하고 대통령이 20일 이상의 기간 이를 공고하며, 국회는 헌법개정안이 공고된 날로부터 60일 이내에 의결하여야 한다. 국회의 의결은 재적의원 3분의 2 이상의 찬성을 얻어야 한다(제130조 제1항).

헌법개정안은 수정통과시킬 수 없다. 왜냐하면 수정의결은 공고제도에 위반되기 때문이다. 헌법개정안은 역사적 책임소재를 분명히 하기 위해서 기명투표를 한다(국회법 제112조 제4항).

(3) 條約의 締結·批准에 대한 同意權

1) 의 의

282. 조약의 체결·비준에 대한 국회동의권의 의의

조약의 체결·비준은 대통령의 권한에 속한다(제73조). 그러나 일정한 사항에 대한 조약에 관하여는 반드시 국회의 동의를 받아야 한다(제60조 제1항).[279)]

이는 대통령의 자의를 방지하고 국민의 권리·의무 및 국가재정에 미치는 영향을 고려하여 국민적 합의를 얻기 위해서이다. 더 나아가서 국회의 동의는 대통령의 비준행위를 정당화시키고 조약의 국내법상의 효력의 근거를 마련해주는 의미도 있다.

그러나 이러한 국회의 동의권이 침해되었다 하더라도 국회의원은 이를 다툴

---

279) 따라서 행정협정, 곧 정부 간 협정 또는 집행협정으로 그 내용은 주로 조약의 위임에 근거한 세칙규정이나 조약의 실시에 필요한 사항을 규정하는 협정은 국회의 동의를 요하지 않는다. 그 예로는 문화협정, 비자협정, 무역조약, 어업조약, 국가승인 등이 있다. 남북합의서의 성격에 대해서는 조약으로 보는 견해와 단순한 신사협정 내지 공동성명인가에 대하여 견해가 나누어지나 조약으로 보는 것이 다수설이다.

수 없다.

판례: 〈국회의원과 정부간의 권한쟁의(각하)〉 "국회가 헌법 제60조 제1항에 따라서 조약의 체결·비준에 대한 동의권한을 행사하는 경우에, 국회의원은 헌법 제40조 및 제41조 제1항과 국회법 제93조 및 제109조 내지 제112조에 따라서 조약의 체결·비준 동의안에 대하여 심의·표결할 권한을 가진다. 그런데 국회의 동의권과 국회의 심의·표결권은 비록 국회의 동의권이 개별 국회의원의 심의·표결절차를 거쳐 행사되기는 하지만 그 권한의 귀속주체가 다르고, 또 심의·표결권의 행사는 국회의 의사를 형성하기 위한 국회 내부의 행위로서 구체적인 의안 처리와 관련하여 각 국회의원에게 부여되는 데 비하여, 동의권의 행사는 국회가 그 의결을 통하여 다른 국가기관에 대한 의사표시로서 행해지며 대외적인 법적 효과가 발생한다는 점에서 구분된다. 따라서 국회의 동의권이 침해되었다고 하여 동시에 국회의원의 심의·표결권이 침해된다고 할 수 없고, 또 국회의원의 심의·표결권은 국회의 대내적인 관계에서 행사되고 침해될 수 있을 뿐 다른 국가기관과의 대외적인 관계에서는 침해될 수 없는 것이므로 국회의원들 상호간 또는 국회의원과 국회의장 사이와 같이 국회 내부적으로만 직접적인 법적 연관성을 발생시킬 수 있을 뿐이고 대통령 등 국회 이외의 국가기관과의 사이에서는 권한침해의 직접적인 법적 효과를 발생시키지 아니한다. 따라서 피청구인 대통령이 국회의 동의 없이 조약을 체결·비준하였다 하더라도 국회의 체결·비준 동의권이 침해될 수는 있어도 국회의원인 청구인들의 심의·표결권이 침해될 가능성은 없다고 할 것이므로 … "(헌재 2007. 7. 26. 2005헌라8 결정)

2) 동의의 시기

283. 조약의 체결·비준에 대한 국회의 동의시기

조약체결과정에서 조약문안의 확정 및 가서명단계에 이르게 되면, 일반적으로 국내절차로 관계부처의 합의 → 법제처 심사 → 국무회의심의 → 대통령의 재가 및 외교통상부장관과 국무총리의 부서 → 대통령의 서명 → (국회의 동의를 필요로 하는 조약의 경우) 국회동의 → 비준서교환 내지 비준서기탁 → 공포의 과정을 밟게 된다. 국회의 동의를 필요로 하는 조약의 경우 동의의 시기가 문제된다.

조약에 대한 동의권이 가지고 있는 의의를 감안한다면, 조약의 체결에 대한 국회의 동의는 사전동의라야 한다. 사전이라 함은 조약에 대한 기속적인 동의의사가 확정되기 전이라는 뜻이다.[280] 즉 기속적인 동의의사가 비준에 의하여 표현되는 경우에는 비준 전을 의미하고, 서명만으로 기속적인 동의의사가 표현되는 경우에는 서명 전을 의미한다.[281]

---

280) 권영성, (주 19), 837쪽은 사전을 기명날인 전이라고 해석한다.

281) 김철수, (주 20), 989쪽은 다음과 같이 주장한다. "현실적으로는 동의의 시기는 조약의

3) 동의시 조약의 수정가능성

284. 국회동의시 조약의 수정가능성

국회의 동의권 중에 수정권이 포함되는가에 관하여는 수정부정설과 수정긍정설로 견해가 나누어져 있다.

수정부정설은 그 논거로서 다음과 같은 세 가지를 들고 있다. ① 국회의 동의대상인 조약안은 이미 상대국과 협의를 거쳐 내용이 확정된 것이므로 국회가 그 내용을 수정하는 것은 대통령의 조약체결권을 침해하는 것이 된다. ② 조약을 조인한 후 수정·삭제 또는 유보부승인을 하는 것은 상대국의 동의가 없는 한 허용되지 않는 것이 국제법상의 일반원칙이다. ③ 수정을 가하는 경우에는 조약의 불승인 또는 새로운 조약의 제의로 보아야 한다. 이러한 수정부정설에 대하여 수정긍정설은 국회는 조약에 대한 전면적인 불승인권을 가지기 때문에 부분적인 승인을 의미하는 수정도 가능하다고 본다.

수정부정설이 다수설의 입장이다. 그러나 조약 상대국과의 협의를 통하여 수정하도록 조건부로 동의하는 것은 무방하다 할 것이다.

4) 조약에 대한 국회의 동의거부의 효과

285. 조약에 대한 국회의 동의거부의 효과

사전동의가 요구되는 경우 사전동의가 행해지지 않으면 조약은 비준 또는 서명될 수 없고, 그 결과 조약은 성립되지 않으며 효력도 발생하지 않는다.

조약의 효력이 발생한 후에 동의가 거부되는 경우에 대하여는 무효설, 유효설, 조건부무효설, 조건부유효설 등 견해가 대립되어 있다. 그러나 국제조약법은 조건부무효설의 입장을 취하고 있다.

5) 조약의 종료에 대한 동의

286. 조약의 종료에는 국회의 동의가 필요없다

헌법은 일정한 조약의 체결·비준에 대해서만 국회의 동의를 필수적 요건으로 하고 있을 뿐(제60조 제1항), 조약의 종료에 대해서는 언급하고 있지 않다. 더 나아가서 헌법은 대통령에게 대외관계와 외교문제에 관한 일반적인 권한을 부여하고 있다. 따라서 조약의 종료는 국회의 동의 없이 국무회의의 심의를 거쳐 대통령이 단독으로 행할 수 있다.

체결절차에 따라 사전동의와 사후동의로 구분할 수 있다. 정부에서 전권위임장을 수여한 전권위원이 대통령의 비준을 유보하여 서명하고 비준에 의하여 확정되는 조약의 경우에는 국회의 동의는 사전동의, 곧 서명 후 비준 전에 하는 것이 원칙이다. 그에 반하여 전권위원이 비준을 유보하지 않고 서명하는 조약의 경우에는 국회의 동의는 체결에 대한 사후동의가 된다. 후자의 경우에 조약의 효력은 국회의 동의 후에 발생한다."

(4) 國會規則制定權

287. 국회규칙제정권

국회는 법률에 저촉되지 아니하는 범위 안에서 의사와 내부규율에 관한 규칙을 제정할 수 있다(제64조 제1항). 국회규칙제정권은 권력분립의 결과 국회의 자주성과 독자성을 존중하기 위한 것이다.

국회규칙은 원칙적으로 그 규율대상이나 효력이 그 기관 내에 미치는 것이 원칙이지만, 국회방청규칙처럼 국회의 구성원뿐만 아니라 의사당이나 원내에 입장하는 제3자에게도 그 효력이 미치는 경우가 있다.

3. 財政에 관한 權限

(1) 財政에 관한 權限의 槪觀

288. 국회의 재정에 관한 권한의 개관

우리 헌법의 재정에 관한 규정은 실체법적 규정과 절차법적 규정으로 구성되어 있다. 재정에 관한 실체법적 규정으로는 제38조의 법률에 의한 납세의무와 제59조의 조세법률주의를 들 수 있다. 재정에 관한 절차법적 규정으로는 제54조와 제56조의 국회의 예산 및 추가경정예산의 심의·확정권, 제55조 제1항의 계속비에 대한 국회의 의결권, 제99조의 국회의 결산심사권, 제55조 제2항의 예비비설치에 관한 의결권과 그 지출승인권, 제58조의 국채의 모집과 예산 외에 국가의 부담이 될 계약의 체결에 대한 의결권을 들 수 있다.

(2) 財政에 관한 憲法原則

289. 재정에 관한 헌법원칙: 의회입법주의

재정이라 함은 공권력의 주체가 공공의 수요를 충족시키기 위하여 필요한 재원(財源)을 조달하고 재산을 관리·사용·처분하는 일체의 행위를 말한다.[282] 재정작용은 집행작용에 속한다. 그러나 재정작용은 국민의 재산권과 납세의 의무 등 국민의 권리·의무에 커다란 영향을 미치므로, 우리 헌법은 국민의 대표기관인 국회에 재정에 관한 권한을 부여하고 있다. 국회의 재정에 관한 권한을 관통하는 원칙은 한 마디로 의회의결(입법)주의로 요약된다.

의회의결(입법)주의(제54조, 제59조)는 첫째, 납세의무의 내용과 한계의 명시(공평과세의 원칙), 둘째, 조세의 부과·징수 작용의 절차와 한계규정(조세법률주의), 셋째, 국가재정작용(재산의 관리·사용·처분)에 대한 민주적 통제·감시(재정통

282) 권영성, (주 19), 839쪽.

제주의)로 이루어져 있다.

판례: 〈상속세법 제32조의2의 위헌 여부에 관한 헌법소원(일부인용 — 한정합헌)〉 "조세입법에 관한 헌법상의 2대원칙은 조세법률주의와 조세평등주의(학자에 따라서는 조세공평주의·공평과세의 원칙 등으로 불러지기도 한다)라 할 수 있다. … 조세평등주의는 헌법 제11조 제1항에 의한 평등의 원칙 또는 차별금지의 원칙의 조세법적 표현이다. 따라서 국가는 조세입법을 함에 있어서 조세의 부담이 공평하게 국민들 사이에 배분되도록 법을 제정하여야 할 뿐만 아니라, 조세법의 해석·적용에 있어서도 모든 국민을 평등하게 취급하여야 할 의무를 진다. 이러한 조세평등주의의 이념을 실현하기 위한 법제도의 하나가 국세기본법 제14조에 규정한 실질과세의 원칙이라고 할 수 있다. 또한 이러한 조세평등주의는 정의의 이념에 따라 '평등한 것은 평등하게' 그리고 '불평등한 것은 불평등하게' 취급함으로써 조세법의 입법과정이나 집행과정에서 조세정의를 실현하려는 원칙이라고 할 수 있다."(헌재 1989. 7. 21. 89헌마38 결정)

판례: 〈지방세법 제31조에 대한 위헌심판(부분위헌)〉 "조세의 합법률성의 원칙은 형식적으로는 국민의 대표기관인 국회가 제정한 법률에 의하여서만 조세를 부과·징수할 수 있다는 뜻이지만, 실질적으로는 과세요건과 절차 및 그 법률효과를 미리 법률로써 명확하게 규정하여 이를 국민에게 공포함으로써 국민으로 하여금 세제상 자신에게 불이익을 초래할 행위를 스스로 삼가거나 자제할 수 있도록 하는 등 장래에의 예측과 행동방향의 선택을 보장하고 그 결과로 국민의 재산권이 국가의 과세권의 부당한 행사로부터 침해되는 것을 예방하고 국민생활의 법적 안정성을 보호하려는 데 그 참뜻이 있는 것이다. 즉 조세의 합법률성의 원칙의 본래의 사명은 국민에 대하여 장래에의 예측가능성을 보장해주는 데 있다고 할 것이므로 절차상 국민의 대표기관인 국회에 의하여 제정(공포)되어야 함은 물론 내용상 조세예측이 가능하고 제3자의 우연한 체납행위로 불측의 재산상의 손해를 입게 되는 것과 같은 우연성이나 불확실성이 내포되어서는 아니됨을 의미하는 것이다. 조세의 합형평성의 원칙은 조세권자의 자의가 배제되고 객관적인 사실을 기초로 한 합리적인 근거에 의하여 조세가 부과·징수되도록 내용이 규정되어야 함을 의미하는 것이라고 할 수 있으며, 따라서 그런 법률이라고 할 수 있기 위하여서는 과세대상의 선정규정과 과세금액의 산정규정에 합리성이 배려되어 결국 과세적격 사유가 있는 대상에 대하여 그 능력에 합당한 과세액이 부과·징수되도록 규정되어 있는 것을 의미하는 것이라 할 것이다."(헌재 1991. 11. 25. 91헌가6 결정)

(3) 租稅法律主義

1) 헌법규정

290. 조세법률주의에

헌법은 "조세의 종목과 세율은 법률로 정한다"(제59조)라고 하여 조세법률주의를 규정하고 있다.

대한 헌법규정: 헌법 제59조

2) 조세의 개념

291. 조세의 개념

조세라 함은 국가나 지방자치단체 등 공권력의 주체가 재원조달의 목적으로 과세권을 발동하여 반대급부 없이 일반국민으로부터 강제적으로 부과, 징수하는 과징금을 말한다.[283)]

판례: 〈국세기본법 제35조 제1항 제3호의 위헌심판(부분위헌)〉 "조세는 국가 또는 지방자치단체가 재정수요를 충족시키거나 경제적·사회적 특수정책의 실현을 위하여 국민 또는 주민에 대하여 아무런 특별한 반대급부 없이 강제적으로 부과징수하는 과징금을 의미한다."(헌재 1990. 9. 3. 89헌가95 결정)

3) 조세의 종류

292. 조세의 종류: 국세, 지방세

조세에는 국세와 지방세가 있다. 국세에는 국세기본법과 국세징수법이, 지방세에는 지방세기본법과 지방세법이 각각 적용된다.

293. 준조세

조세는 아니나 조세에 준하는 것(준조세)으로서 법률에 근거하여 엄격한 규제를 요하는 경우로는 부담금,[284)] 수수료[285)] 및 국무회의심의를 거쳐 대통령이 승인하는 국가독점사업의 요금, 행정권으로 규정하는 국·공립병원의 입원료·국공립도서관·미술관 입장료가 있다.

판례: 〈먹는물관리법 제28조 제1항 위헌소원(합헌)〉 "부담금은 그 부과목적과 기능에 따라 ① 순수하게 재정조달 목적만 가지는 것(이하 '재정조달목적부담금'이라 한다)과 ② 재정조달 목적뿐 아니라 부담금의 부과 자체로 추구되는 특정한 사회·경제정책 실현 목적을 가지는 것(이하 '정책실현목적부담금'이라 한다)으로 양분해 볼 수 있다. 전자의 경우에는 추구되는 공적 과제가 부담금 수입의 지출 단계에서 비로소 실현된다고 한다면, 후자의 경우에는 추구되는 공적 과제의 전부 혹은 일부가 부담금의 부과 단계에서 이미 실현된다고 할 것이다. … 재정조달목적부담금의 헌법적 정당화에 있어서는 다음과 같은 요청들이 충족되어야 할 것으로 판단된다. (가) 첫째, 부담금은 조세에 대한 관계에서 어디까지나 예외적으로만 인정되어야

---

283) 헌재 1991. 11. 25. 91헌가6 결정〈지방세법 제31조에 대한 위헌심판(위헌)〉.

284) 부담금은 분담금 또는 납부금이라고도 한다. 부담금은 특정한 공익사업에 특별한 관계 있는 자가 그 경비의 전부 또는 일부를 국가 또는 공공단체에 대하여 부담하는 공법상의 금전급부의무를 말한다. 헌법재판소는 텔레비전방송수신료의 법적 성격에 대해서 조세나 수수료가 아닌 특별부담금에 해당된다고 밝힌 바 있다(헌재 1999. 5. 27. 98헌바70 결정).

285) 수수료는 국가 또는 공공단체가 사인을 위하여 행하는 공역무 또는 사인에게 허용하는 공물의 사용에 대한 반대급부로서 징수하는 요금을 말한다.

하며, 어떤 공적 과제에 관한 재정조달을 조세로 할 것인지 아니면 부담금으로 할 것인지에 관하여 입법자의 자유로운 선택권을 허용하여서는 안 된다. … 둘째, 부담금 납부의무자는 재정조달 대상인 공적 과제에 대하여 일반국민에 비해 '특별히 밀접한 관련성'을 가져야 한다. … 셋째, 이상과 같은 부담금의 예외적 성격과 특히 부담금이 재정에 대한 국회의 민주적 통제체계로부터 일탈하는 수단으로 남용될 위험성을 감안할 때, 부담금이 장기적으로 유지되는 경우에 있어서는 그 징수의 타당성이나 적정성이 입법자에 의해 지속적으로 심사될 것이 요구된다고 하여야 한다. … 정책실현목적부담금의 경우 재정조달목적은 오히려 부차적이고 그보다는 부과 자체를 통해 일정한 사회적·경제적 정책을 실현하려는 목적이 더 주된 경우가 많다. 이 때문에, 재정조달목적부담금의 정당화 여부를 논함에 있어서 고려되었던 사정들 중 일부는 정책실현목적부담금의 경우에 똑같이 적용될 수 없다. … 재정조달목적부담금의 헌법적 정당화에 있어서는 중요하게 고려 되는 '재정조달 대상 공적 과제에 대한 납부의무자 집단의 특별한 재정책임' 내지 '납부의무자 집단에 대한 부담금의 유용한 사용 여부' 등은 정책실현목적부담금의 헌법적 정당화에 있어서는 그다지 결정적인 의미를 가지지 않는다고 할 것이다."(헌재 2004. 7. 15. 2002헌바42 결정)

4) 조세법률주의

① 개 념

294. 조세법률주의의 개념

조세법률주의란 조세 및 기타 공과금의 부과·징수는 반드시 법률로써 하여야 한다는 원칙을 말한다.

② 역사 및 사상적 기초

295. 조세법률주의의 역사 및 사상적 기초

조세법률주의는 1215년의 영국대헌장에서 확인되었으며, 그 사상적 기초는 '국민대표의 동의에 의한 과세'(no taxation without representation)이다.

③ 내 용

296. 조세법률주의의 내용: 과세요건 법정주의, 과세요건 명확주의, 소급과세금지의 원칙, 합법성의 원칙, 납세자의 권리보호원칙

조세법률주의는 과세요건 법정주의, 과세요건 명확주의, 소급과세금지의 원칙, 합법성의 원칙, 납세자의 권리보호원칙을 내용으로 한다. 따라서 조세의 종목과 세율뿐만 아니라 과세권의 남용의 우려가 있는 사항은 모두 법률로 정하여야 한다. 따라서 납세의무자, 과세대상, 과세표준, 과세절차까지 법률로 정하여야 한다. 대법원은 조세를 대통령령에 위임할 수 있으며, 과세대상을 대통령령에 위임한 것도 합헌이라고 한다.[286)]

판례: 〈지방세법 제31조에 대한 위헌심판(일부한정합헌, 일부각하)〉 "헌법 제38조 및 제59조에 근거를 둔 조세법률주의는 과세요건법정주의와 함께 과세요건명확주의를

286) 대법원 1974. 12. 24. 70누2 판결.

그 핵심적인 내용으로 하고 있고, 과세요건명확주의는 과세요건에 관한 법률규정의 내용이 지나치게 추상적이거나 불명확하면 이에 대한 과세관청의 자의적인 해석과 집행을 초래할 염려가 있으므로 그 규정내용이 명확하고 일의적이어야 함을 의미한다."(헌재 1994. 8. 31. 91헌가1 결정)

판례: 〈상속세법 제32조의2의 위헌 여부에 관한 헌법소원(일부인용 — 한정합헌)〉 "헌법 제38조 및 제59조에 근거를 둔 조세법률주의는 조세평등주의와 함께 조세법의 기본원칙으로서, 법률의 근거 없이는 국가는 조세를 부과·징수할 수 없고, 국민은 조세의 납부를 요구받지 않는다는 원칙이다. 이러한 조세법률주의는 이른바 과세요건 법정주의와 과세요건 명확주의를 그 핵심적 내용으로 삼고 있다. 과세요건 법정주의는 조세는 국민의 재산권 보장을 침해하는 것이 되기 때문에 납세의무를 성립시키는 납세의무자·과세물건·과세표준·과세기간·세율 등의 과세요건과 조세의 부과·징수절차를 모두 국민의 대표기관인 국회가 제정한 법률로 규정하여야 한다는 것이고, 과세요건 명확주의는 과세요건을 법률로 규정하였다 하더라도 그 규정내용이 지나치게 추상적이고 불명확하면 과세관청의 자의적인 해석과 집행을 초래할 염려가 있으므로 그 규정내용이 명확하고, 일의적(一義的)이어야 한다는 것이다. 결국 조세법률주의의 이념은 과세요건을 법률로 규정하여 국민의 재산권을 보장하고, 과세요건을 명확하게 규정하여 국민생활의 법적 안정성과 예측가능성을 보장하려는 것이다."(헌재 1989. 7. 21. 89헌마38 결정)

판례: 〈국세기본법 제35조 제1항 제3호의 위헌심판(부분위헌)〉 "헌법 제38조와 제59조는 조세의 합법률성의 원칙(조세법률주의)을 천명한 것으로서, 결국 조세의 요건과 그 부과·징수절차는 국민의 대표기관인 국회가 제정한 법률에 의하여 규정되어야 하고, 나아가 그 법률의 집행에 있어서도 이것이 엄격하게 해석·적용되어야 하며 행정편의적인 확장해석이나 유추해석은 허용되지 않음을 명백히 한 것이다. … 헌법전문의 '… 각인의 기회를 균등히 하고 …', '… 안으로는 국민생활의 균등한 향상을 기하고 …'라는 규정 및 제10조의 행복추구권규정과 제11조 제1항의 법앞의 평등규정에서 평등취급의 원칙, 불평등취급금지의 원칙을 그 내용으로 하는 조세의 합형평성(合衡平性)의 원칙(조세형평주의)을 표명하고 있다. … 조세의 합법률성의 원칙은 형식적으로는 국민의 대표기관인 국회가 제정한 법률에 의하여서만 조세를 부과·징수할 수 있다는 뜻이지만, 실질적으로는 과세요건과 절차 및 그 법률효과를 미리 법률로써 명확하게 규정하여 이를 국민에게 공포함으로써, 국민으로 하여금 세제상 자신에게 불이익을 초래할 행위를 스스로 삼가거나 자제할 수 있도록 하는 등 장래에의 예측과 행동방향의 선택을 보장하고 그 결과로 국민의 재산권이 국가의 과세권의 부당한 행사로부터 침해되는 것을 예방하고 국민생활의 법적 안정성을 보호하려는 데 그 참뜻이 있는 것이다. 즉, 조세의 합법률성의 원칙의 본래의 사명은 국민에 대하여 장래에의 예측가능성을 보장해 주는 데 있다고 할 것이므로 절차상 국민의 대표기관인 국회에 의하여 제정·공포되어야 함은 물론, 내용상

건전한 국민의 선량한 주의의무로 조세예측이 가능하고, 거래행위자의 귀책사유 없는 제3자의 우연한 체납행위로 불측의 재산상의 손실을 입게 되는 것과 같은 우연성이나 불확실성이 내포되어서는 아니됨을 의미하는 것이다. 조세의 합형평성의 원칙은 조세관계법률의 내용이 과세대상자에 따라 상대적으로 공평(상대적 평등)하여야 함을 의미하는 것으로서, 비슷한 상황에는 비슷하게, 상이한 상황에는 상이하게 그 상대적 차등에 상응하는 법적 처우를 하도록 하는 비례적·배분적 평등을 의미하며, 본질적으로 평등한 것을 자의적으로 불평등하게 취급하거나 본질적으로 불평등한 것을 자의적으로 평등하게 취급하는(내용의) 법률의 제정을 불허함을 의미한다. … 따라서 합리적인 근거에 의하여 조세가 부과·징수되는 내용의 법률이라고 할 수 있기 위하여서는, 과제대상의 선정규정과 담세력의 산정규정에 합리성이 배려되어, 결국 과세적격사유가 있는 대상에 대하여 그 능력에 합당한 과세액이 부과·징수되도록 규정되어 있는 것을 의미하는 것이라고 할 것이다. 그러한 관점에서 이상적인 조세(관계)법률이라고 평가될 수 있기 위하여서는, 국가의 조세수입은 충분히 확보될 수 있으면서도 조세구조가 경제자원의 최적배분에 합당하고 징세비는 적게 소요되고 납세자에게도 최대한의 편의가 보장되어 국민의 조세정의 내지 조세감정에 부합하는 내용의 것이라야만 할 것이다. 그리고 조세의 합형평성의 원칙은 국가가 조세관계법률을 제정함에 있어서만 필요한 요건이 아니고, 그 법의 해석 및 집행에 있어서 일관해서 적용되는 부동의 기준이 되며, 법률이 조세의 합형평성의 원칙을 침해하였는지의 여부를 판별함에 있어서는 당해 법률의 형식적 요건이나 내용 외에 그 실질적 내용을 기준으로 그것이 헌법의 기본정신이나 일반원칙에 합치하는지의 여부가 검토되어야 하는 것이다."(헌재 1990. 9. 3. 89헌가95 결정)

판례: "구헌법이나 현행헌법은 모두 조세법률주의를 채택하여 조세의 세율뿐만 아니라 과세대상, 과세표준, 납세의무자 등 조세의 부과·징수에 관한 구체적 사항은 모두 법률에 의하여서만 규정되어야 하는 것으로 해석되며, 또한 조세법률주의는 납세의무의 한계가 조세법에 명백히 규정됨이 요청되고, 조세법의 확장해석이나 유추적용을 금하여 납세의무자에게 불리한 결과를 초래함은 허용될 수 없다 할 것이다."(대법원 1964. 5. 21. 61누161 판결)

판례: 〈상속세법 제29조의4 제2항에 대한 위헌심판·상속세법 제29조의4 제2항에 대한 헌법소원(위헌)〉 "조세법률주의는 조세행정에 법치주의를 적용하게 하기 위한 것으로서 조세징수로부터 국민의 재산권을 보호하고 법적 안전을 도모하려는 데 그 목적이 있다. … 조세법률주의는 과세요건 법정주의와 과세요건 명확주의를 그 핵심적인 내용으로 한다. … 조세법률주의도 어디까지나 실질적 법치주의에 따라야 하기 때문에 비록 과세요건이 법률로 명확히 정해진 것일지라도 그것만으로는 충분한 것이 아니고 조세법의 목적이나 내용이 기본권보장의 헌법이념과 이를 뒷받침하는 헌법상 제 원칙에 합치하지 않으면 안 된다."(헌재 1992. 2. 25. 90헌가69 등 병합결정)

판례: 〈상속세법 제9조 제2항에 대한 헌법소원(위헌)〉 "상속(증여)세를 자진신고하지 않은 경우 세무서가 상속재산을 상속 당시의 가액이 아닌 세금부과 당시의 가액으로 평가, 세금을 부과하도록 규정한 개정 전의 구상속세법규정은 조세법률주의의 원칙에 위반된다."(헌재 1992. 12. 24. 90헌바21 결정)

판례: 〈구 국세기본법 제39조 위헌소원·구 국세기본법 제39조 제2호 위헌소원(한정합헌)〉 "헌법은 제38조에서 국민의 납세의 의무를 규정하는 한편 국민의 재산권보장과 경제활동에 있어서의 법적 안정성을 위하여 그 제59조에서 조세법률주의를 선언하고 있는바, 오늘날의 법치주의는 사실적 법치주의를 의미하므로 헌법상의 조세법률주의도 과세요건이 형식적 의미의 법률로 명확히 정해질 것을 요구할 뿐 아니라, 조세법의 목적이나 내용이 기본권보장의 헌법이념과 이를 뒷받침하는 헌법상의 제 원칙에 합치되어야 하고, 나아가 조세법률은 조세평등주의에 입각하여 헌법 제11조 제1항에 따른 평등의 원칙에도 어긋남이 없어야 한다."(헌재 1997. 6. 26. 93헌바49 등 병합결정).

판례: 〈구 조세감면규제법 제88조의2 등 위헌소원(합헌, 각하)〉 "조세법률주의의 원칙상 과세요건이나 비과세요건 또는 조세감면요건을 막론하고 조세법규의 해석은 특별한 사정이 없는 한 법문대로 해석할 것이고 합리적 이유 없이 확장해석하거나 유추 해석하는 것은 허용되지 아니하며, 특히 감면요건 규정 가운데에 명백히 특혜규정이라고 볼 수 있는 것은 엄격하게 해석하는 것이 조세공평의 원칙에도 부합한다."(헌재 1996. 8. 29. 95헌바41 결정; 대법원 2009. 8. 20. 2008두11372 판결 참조)

판례: 〈구 조세감면규제법 부칙 제23조 위헌소원(한정위헌)〉 "과세요건법정주의 및 과세요건명확주의를 포함하는 조세법률주의가 지배하는 조세법의 영역에서는 경과규정의 미비라는 명백한 입법의 공백을 방지하고 형평성의 왜곡을 시정하는 것은 원칙적으로 입법자의 권한이고 책임이지 법문의 한계 안에서 법률을 해석·적용하는 법원이나 과세관청의 몫은 아니다. 뿐만 아니라 구체적 타당성을 이유로 법률에 대한 유추해석 내지 보충적 해석을 하는 것도 어디까지나 '유효한' 법률조항을 대상으로 할 수 있는 것이지 이미 '실효된' 법률조항은 그러한 해석의 대상이 될 수 없다. 따라서 관련당사자가 공평에 반하는 이익을 얻을 가능성이 있다 하여 이미 실효된 법률조항을 유효한 것으로 해석하여 과세의 근거로 삼는 것은 과세근거의 창설을 국회가 제정하는 법률에 맡기고 있는 헌법상 권력분립원칙과 조세법률주의의 원칙에 반하므로, "이 사건 전부개정법의 시행에도 불구하고 이 사건 부칙조항이 실효되지 않은 것으로 해석하는 것"은 헌법상의 권력분립원칙과 조세법률주의의 원칙에 위배되어 헌법에 위반된다."(헌재 2012. 5. 31. 2009헌바123 결정)

판례: 〈국세징수법 제30조 위헌소원(합헌)〉 "사례행위 이후에 성립한 조세채권이 구 국세징수법 제30조의 피보전채권이 될 수 있다고 해석, 적용하는 것이 엄격해석의

원칙에 반하는 것도 아니므로 구 국세징수법 제30조는 조세법률주의에 반하지 아니한다."(헌재 2013. 11. 28. 2012헌바22 결정)

④ 법률주의(영구세주의)

297. 영구세주의

조세에는 일년세주의와 영구세주의가 있다. 일년세주의는 조세를 매년 의회의 의결을 거쳐 부과하는 것을 말하며, 영구세주의는 조세를 한 번 법률의 형식으로 국회의 의결로 정하면 매년 계속해서 과세할 수 있게 하는 것을 말한다.

헌법은 조세의 종목과 비율은 법률로 정하게 하였고, 법률의 효력은 별도의 규정이 없는 한 영구적이며, 헌법에 일년세주의를 규정하지 않은 것으로 보아 우리 헌법은 영구세주의를 택하고 있다.

⑤ 조세법률주의의 예외

298. 조세법률주의의 예외: (1) 조례에 의한 지방세의 세목규정, (2) 조약에 의한 협정관세율, (3) 긴급재정·경제명령에 의한 예외

조세법률주의에는 예외가 인정되고 있다. 왜냐하면 현대의 복잡한 경제현실 때문에 조세의 종목과 세율을 모두 법률로 정하기가 곤란할 뿐만 아니라, 그것을 모두 법률로 정할 경우 과세대상의 적정한 결정이 어려워 공평과세에 의한 국민의 재산권보호에 미흡할 수도 있기 때문이다. 조세법률주의에 대한 예외의 대표적인 것으로는 조례에 의한 지방세의 세목규정, 행정협정에 의한 관세율, 긴급재정·경제명령에 의한 경우를 들 수 있다.

가. 조례에 의한 지방세의 부과·징수

지방자치단체는 지방자치법 제135조에 따라 법률이 정하는 바에 의하여 지방세를 부과·징수할 수 있으며, 지방세기본법 제5조에 따라 지방세의 부과와 징수에 관하여 필요한 사항을 조례로 정할 수 있다.

지방세와 조세법률주의와의 관계에 대하여 지방세과세권 국가귀속설과 지방세과세권 자치단체고유권설이 대립되어 있다. 전자는 지방세과세권은 법률에 의하여 국가로부터 부여받은 것으로 보고, 후자는 지방세과세권은 헌법상 인정된 것으로 지방세에 관하여 법률에 규정이 없는 경우에도 지방자치단체의 과세권은 인정된다고 한다.

판례: "지방세법 제7조 제1항, 제9조의 규정내용에 비추어 볼 때, 헌법이 보장한 자치권에 기하여 제정된 지방자치단체의 조례로써 소유권보존등기에 대한 등록세의 면제대상이 되는 아파트의 범위를 종전보다 축소하여 정한 것은 조세법률주의의 취지에 위반하는 것이라 볼 수 없다."(대법원 1989. 9. 29. 88누11957 판결)

나. 행정협정에 의한 관세율

관세법 제73조와 「국제조세조정에 관한 법률」 제28조는 외국과의 조약에

의하여 관세에 관한 협정세율을 정할 수 있게 하고 있다.

다. 긴급재정·경제명령에 의한 예외

대통령은 중대한 재정·경제상의 위기를 극복하기 위하여 재정·경제에 관한 필요한 법률의 효력을 가진 명령을 발할 수 있다(제76조). 그리고 이러한 긴급재정·경제명령은 조세법률주의에 대한 예외를 정할 수도 있다.

⑥ 조세법률주의의 한계

법률제정권의 일반적 한계와 조세평등의 원칙을 존중해야 한다. 특히 납세자의 담세능력을 무시한 획일적인 세율정책 등은 조세법률주의의 한계를 일탈한 것이다.

299. 조세법률주의의 한계

(4) 豫算審議·確定權

1) 예산의 개념

예산이란 1회계연도에 있어서 국가의 세입·세출의 예정준칙을 내용으로 하고 국회의결로써 성립하는 법규범의 일종을 말한다.

300. 예산의 개념

2) 예산의 형식

예산의 형식을 결정하는 방법에는 예산법률주의와 예산비법률주의(예산특수의결주의)가 있다. 영국, 미국, 독일, 프랑스 등은 예산을 법률의 형식으로 규율하는 예산법률주의를 채택하고 있으며, 일본, 스위스 등은 법률과는 다른 예산이라는 특별한 법형식으로 규율하는 예산비법률주의를 채택하고 있다.

301. 예산의 형식: 예산비법률주의

우리 헌법은 제40조의 입법권과는 별도로 제54조에서 국회의 예산심의권을 규정하여 법률과 예산의 형식을 구별하고 있으며, 일년예산주의를 채택하고 있다. 따라서 우리나라는 일본, 스위스 등의 예에 따라 예산비법률주의를 채택하고 있다.

3) 예산의 법적 성격

예산의 성격과 관련하여 승인설(비법규설)과 법규설(법형식설)의 대립이 있다. 승인설(비법규설)은 예산은 행정부의 국회에 대한 의사표시에 불과하고, 국회는 정부의 세출을 승인한 것에 불과하다고 한다. 그에 반하여 법규설(법형식설)은 예산은 단순한 세입·세출의 견적표가 아니라 정부의 행위를 규율하는 법규범으로서 법률과 양립되는 국법의 한 형식으로 보아야 한다고 한다.

302. 예산의 법적 성격: 법률과 양립되는 국법의 한 형식

법규설이 다수설이며, 또한 옳다고 생각한다.

4) 예산과 법률의 차이

303. 예산과 법률의 차이

예산도 법규범의 일종이고 예산과 법률이 모두 국회의 의결을 거쳐 제정된다는 점에서는 양자가 동일하다. 그러나 예산과 법률은 형식과 성립절차와 효력면에서 다음과 같은 차이가 있다. ① 예산은 예산의 형식을 취함에 반하여, 법률은 법률의 형식으로 성립된다. ② 예산은 정부만이 제안하고, 정부의 동의 없이 국회가 증액 또는 신설할 수 없으며(삭감은 가능), 대통령에게 거부권이 없다. 그에 반하여 법률은 국회의원(10인 이상)과 정부가 제안하며, 국회는 법률안을 자유롭게 수정·삭제할 수 있으며, 대통령이 거부권을 가진다. ③ 예산은 당해회계연도에 한하여 국가기관만을 구속하며 의결로 효력을 발생한다(예산일년주의). 그에 반하여 법률은 폐지시까지 국가와 모든 국민을 구속하며 공포로 효력을 발생한다.

5) 예산과 법률의 상호관계

① 예산과 법률의 상호관계

304. 예산과 법률의 상호관계: 상호독립관계, 상호구속관계

예산과 법률은 상호독립관계·상호구속관계에 있다. 곧 예산과 법률은 별개의 국법형식이므로 서로가 서로를 변경시킬 수 없다는 점에서는 상호독립관계에 있다. 그러나 예산에는 지출이 계상되어 있어도 그에 대한 법률의 근거가 없으면 정부는 지출을 할 수 없으며, 법률에는 지출이 인정되더라도 예산이 계상되어 있지 않으면 지출할 수 없다는 점에서는 상호구속관계에 있다.

② 예산과 법률이 불일치할 경우의 해결

305. 예산과 법률이 불일치한 경우의 해결

따라서 예산과 법률이 불일치한 경우에는 추가경정예산이나 예비비제도 등을 통하여 조정하거나, 법률의 시행기일을 연기하거나, 법률의 시행을 일시유예하거나, 지체없이 필요한 법률을 제정함으로써 그 불일치를 조정하여야 한다.

6) 예산의 성립절차

① 성립절차

가. 성립절차개관

306. 예산의 성립절차 개관

예산은 편성 → 제출 → 심의 → 의결의 절차를 밟아 성립된다.

나. 예산안의 편성·제출

307. 예산안의 편성·제출권자: 정부

예산안은 일년예산주의, 회계연도독립의 원리, 예산총계주의,[287] 예산단일주

---

287) 예산총계주의는 수입·지출의 차액만을 계상하는 예산순계주의에 대립되는 원칙으로서,

의,[288] 예산구분주의를 기본원리로 하여 정부에서 편성된다.

예산안은 각 부처의 예산요구를 취합하여(5월 31일 한) 기획재정부에서 작성하고 국무회의의 심의를 거친 후(제89조 제4호) 대통령의 승인을 얻어 회계연도 개시 90일 전까지 국회에 제출하여야 한다(제54조 제2항). 정부는 제출한 예산안을 본회의 또는 위원회의 동의를 얻어 수정 또는 철회할 수 있다(국회법 제90조 제2항).

다. 예산안의 심의·확정

308. 예산안의 심의·확정: 국회

예산안은 정부의 시정연설을 청취한 후 상임위원회의 예비심사와 예산결산특별위원회의 종합심사를 거쳐 회계연도 30일 전까지 국회본회의에서 의결·확정하여야 한다.

라. 예산의 공고

309. 예산의 공고

국회본회의에서 의결·확정된 예산은 정부로 이송되어 대통령이 서명하고 국무총리 및 관계국무위원이 부서한 후 전문을 붙여 관보에 게재하여 공고한다(「법령 등 공포에 관한 법률」 제8조, 제11조 참조).

② 예산심의권의 한계

310. 예산심의권의 한계

국회의 예산심의권에는 다음과 같은 한계가 있다. i) 예산안의 발안권은 정부에만 있으며, 국회에는 발안권이 없다. 국회에는 삭제·감액권(소극적 수정권)만 인정된다. 그러나 정부의 동의가 있는 경우에는 증액하거나 새 비목을 설치할 수 있다(제57조). ii) 조약이나 법률로써 확정된 금액(법률비)과 채무부담행위(의무비)로서 전년도에 이미 국회의 의결을 얻은 금액은 삭감할 수 없다(통설). iii) 예산이 수반되는 국가적 사업을 규정한 법률이 존재하고, 정부가 이를 위한 예산안을 제출할 때에는 국회의 예산심의권은 이에 구속된다.

③ 예산의 구성과 종류

311. 예산의 구성과 종류

예산은 총칙, 세입세출예산(예비비 포함), 계속비, 명시이월비, 국고채무부담행위 등으로 구성되어 있다(국가재정법 제19조).

가. 계 속 비

312. 계속비

헌법 제55조 제1항은 예산일년주의에 대한 예외로서 계속비를 정하고 있다. 계속비라 함은 수년도에 걸친 사업의 경비에 관하여 미리 일괄하여 국회의 의결을 얻고, 이를 변경할 경우를 제외하고는 다시 의결을 얻을 필요가 없는 경

세입·세출 모두 예산에 편입하는 예산편성의 방법을 말한다.

288) 예산단일주의란 수입과 지출을 단일회계로 통일하여 정리하는 예산편성의 방법을 말한다. 예산단일주의에 대한 예외로는 특별회계, 추가경정예산 등이 있다.

비를 말한다.

계속비는 사업목적, 경비총액, 연간(5년 이내) 및 각 연도에 지출할 금액을 미리 정하여 국회의 의결을 얻어야 한다(국가재정법 제23조).

나. 예 비 비

313. 예비비

예비비란 예측할 수 없는 예산 외의 지출 또는 예산초과지출에 충당하기 위하여 따로 항목을 두어 마련된 경비를 말한다. 이러한 예비비는 총액으로 국회의 의결을 얻어야 하며, 그 지출은 차기국회의 승인을 얻어야 한다(동법 제22조). 예비비의 지출에 대하여 국회의 승인을 얻지 못한 때에는 지출행위의 효력에는 영향이 없으나, 정부는 정치적 책임을 져야 한다.

다. 예산의 종류

314. 예산의 종류

예산의 종류에는 본예산과 추가경정예산, 확정예산과 임시예산, 일반회계예산(총예산)과 특별회계예산 등이 있다.

7) 예산의 불성립·변경

① 예산의 불성립과 임시예산

315. 예산의 불성립과 임시예산

예산은 회계연도개시 30일 전까지 국회에서 의결되어야 한다(제54조 제2항). 그러나 새로운 회계연도가 개시될 때까지 예산이 의결되지 못할 경우 헌법이나 법률에 의하여 설치된 기관 또는 시설의 유지·운영, 법률상 지출의무의 이행, 이미 승인된 사업의 계속에 대해서는 전년도 예산에 준하여 집행할 수 있다(제54조 제3항, 동법 제55조). 이를 임시예산(준예산, 잠정예산)이라 한다.[289]

② 예산의 변경과 추가경정예산

316. 예산의 변경과 추가경정예산

정부는 예산에 변경을 가할 필요가 있을 때에는 추가경정예산안을 편성하여 국회에 제출하여야 한다(동법 제89조). 추가경정예산안에 대한 심의는 본예산심의와 같은 절차와 방법을 따른다.

(5) 決算審査權

1) 결산심사권

317. 결산심사권자: 국회

감사원은 세입·세출의 결산을 매년 검사하여 대통령과 차년도 국회에 그 결과를 보고하여야 한다(제99조, 국가재정법 제60조, 제61조). 따라서 국회는 예산

289) 임시예산과 구별해야 할 개념으로 가예산이 있다. 임시예산은 전년도 예산에 준하여 예산을 집행하나, 가예산은 새로운 예산을 편성하여야 하며, 그 유효기간은 1개월이다. 건국헌법은 가예산을 규정하였으나, 제2공화국 헌법에서 임시예산으로 변경되었다.

집행의 적부에 대한 사후심사권을 행사한다.

2) 국회의 결산심사절차

318. 국회의 결산심사절차

결산절차에 대해서는 국가재정법에서 자세하게 규정하고 있다. 그 절차는 각부처의 장의 결산보고서 제출(차년도 2월말 한) → 기획재정부장관의 세입·세출 결산보고서작성 → 국무회의의 심의 → 대통령의 승인(동법 제58조, 제59조) → 기획재정부장관과 감사원에 각각 제출(차년도 4월 10일 한) → 감사원의 검사 후 보고서작성·보고서 기획재정부장관에 송부(차년도 5월 20일 한) → 다음다음 회계연도 개시 90일 전(차년도 5월 31일)까지 국회에 결산서제출(동법 제60조, 제61조) → 소관상임위원회, 예산결산위원회, 본회의 순으로 각각 부의하여 의결의 순서로 행해진다.

3) 결산심사에 대한 후속조치

319. 결산심사에 대한 후속조치

국회는 결산을 심사한 결과 그 집행이 부당·위법하다고 인정될 때에는 정부에 정치적 책임은 물론 탄핵소추 등 법적 책임을 물을 수 있다.

(6) 그 밖의 政府財政行爲에 대한 權限

1) 국채모집 등에 대한 동의권

320. 국채모집 등에 대한 국회의 동의권

헌법 제58조는 "국채를 모집하거나 예산 외에 국가의 부담이 될 계약을 체결하려 할 때에는 정부는 미리 국회의 의결을 얻어야 한다"고 하여 국채모집 등에 관한 국회의 동의권을 정하고 있다.

국채모집 등에 관한 의결권은 정부의 재정행위에 대한 국회의 통제권을 의미한다. 예산 외에 국가의 부담이 될 계약의 예로는 외국차관의 정부지불보증행위, 외국인고용계약, 임차계약 등을 들 수 있다. 제58조의 계약은 사법상의 계약이다.

2) 그 밖의 정부재정행위에 대한 국회의 권한

321. 그 밖의 정부재정행위에 대한 국회의 권한

그 밖에도 국회는 긴급재정경제처분·명령에 대한 승인권(제76조 제3항), 예비비지출에 대한 동의권(제55조 제2항 제2문), 재정적 부담을 지우는 조약의 체결·비준에 대한 동의권(제60조 제1항)을 가지며, 기금에 대하여 통제권을 가진다. 기금이라 함은 특정한 사업을 계속적이고 탄력적으로 수행하기 위하여 예산회계법에 따라 세입세출예산 외에 운영할 수 있도록 조성된 자금을 말한다. 기금의 관리·운영을 위하여 국가재정법이 제정되어 있다.

4. 憲法機關構成에 관한 權限

322. 헌법기관구성에 관한 국회의 권한

국회는 국가기관 중에서 가장 민주적 정당성이 강한 기관이다. 따라서 우리 헌법은 국회가 다른 국가기관의 구성에 참여하여 그 기관의 민주적 정당성을 높이고 경우에 따라서는 견제기능을 하도록 하고 있다.

(1) 大統領決選投票權

323. 국회의 대통령 결선투표권

대통령선거에서 최고득표자가 2인 이상인 때에는 국회의 재적의원 과반수가 출석한 공개회의에서 다수표를 얻은 자를 당선자로 한다(제67조 제2항, 국회법 제112조 제6항).

(2) 憲法機關構成員選出權

324. 국회의 헌법기관구성원선출권

국회는 헌법재판소재판관 3인(제111조 제3항)과 중앙선거관리위원회위원 3인(제114조 제2항)을 선출한다.

(3) 憲法機關構成員에 대한 同意權

325. 국회의 헌법기관구성원에 대한 동의권

국회는 국무총리임명(제86조 제1항), 대법원장과 대법관의 임명(제104조 제1항·제2항), 헌법재판소장의 임명(제111조 제4항), 감사원장의 임명(제98조 제2항)에 대하여 동의권을 가진다.

5. 國政統制에 관한 權限

(1) 槪 觀

326. 국회의 국정통제에 관한 권한의 개관

앞에서도 보았듯이 현대국가에서는 의회의 대표기관으로서의 지위와 입법기관으로서의 지위는 약화되고 있는 반면, 그에 비해서 국정통제기관으로서의 지위는 이전보다 더 강조되고 있다.

이에 따라 우리 헌법에서도 국회가 국정을 통제할 수 있는 권한을 여러 곳에서 규정하고 있다. 탄핵소추의결권(제65조), 국정감사·조사권(제61조), 긴급명령과 긴급재정·경제처분 및 그 명령에 대한 승인권(제76조 제3항), 계엄해제요구권(제77조 제5항), 국방·외교정책에 대한 동의권(제60조), 국무총리 또는 국무위원에 대한 해임건의권(제63조), 일반사면에 대한 동의권(제79조 제2항), 국무총리·국무위원 등의 국회출석요구 및 질문권(제62조 제2항)이 그것이다.

이러한 국회의 국정통제권을 유형화하면 직접통제권과 간접통제권, 사전통제권과 사후통제권, 일반적 통제권과 개별적 통제권으로 분류할 수 있다.

(2) 彈劾訴追議決權

1) 탄핵제도일반

① 탄핵의 개념

327. 탄핵의 개념

탄핵이란 일반적인 사법절차나 징계절차에 따라 소추하거나 징계하기가 곤란한 집행부의 고위직공무원이나 법관 또는 선거관리위원회위원과 같이 신분이 보장된 공무원이 직무상 중대한 비위를 범한 경우에 이를 의회가 소추하여 처벌하거나 파면하는 제도를 말한다.

② 탄핵제도의 연혁

328. 탄핵제도의 연혁

탄핵제도의 기원은 그리스와 로마시대까지 거슬러 올라간다. 그러나 근대적 의미의 탄핵제도는 14세기 말 에드워드 3세 치하의 영국에서 출발하였으며, 근대에 와서는 1805년 멜빌 *Melvile*사건[290]에서 확립된 것으로 보고 있다.[291]

③ 탄핵제도의 정치적 가치

가. 탄핵제도의 정치적 가치에 대한 학설

329. 탄핵제도의 정치적 가치에 대한 학설

탄핵제도의 정치적 가치에 대해서는 유용론과 무용론이 대립되어 있으나, 유용론이 다수설이다. 유용론은 탄핵제도가 있음으로 해서 첫째, 고위직 공무원들이 탄핵을 두려워하여 위헌·위법행위를 자제하게 될 것이고, 둘째, 국민이 혁명이나 폭력과 같은 비상수단을 사용하지 않고서도 공분(公憤)을 발산할 수 있다고 한다.

나. 탄핵제도의 정치적 가치

330. 탄핵제도의 정치적 가치에 대한 사견

오늘날 국회의 조사적 통제기능과 정책통제기능이 활성화되어 있기 때문에 탄핵소추의 기능은 이전에 비하여 매우 약화되어 있는 것이 사실이다. 더 나아가서 우리 헌법이 탄핵요건을 너무 엄격하게 규정하고 있고, 탄핵심판권은 헌법재판소에 주고 있고 국회에는 탄핵소추의결권만을 주고 있기 때문에 사실상 그

---

290) 멜빌사건은 1805년 4월 8일 멜빌이 해사고등법원장 재직 중 독직죄의 혐의로 탄핵을 받아 하원에서 찬반 216표를 받자 의장이 찬성쪽을 택함으로써 탄핵소추가 가결되어 멜빌이 동직을 사임한 사건이다. 그러나 그 다음 해 6월 12일 상원에서 행해진 탄핵심판은 과반수로써 멜빌의 무죄를 선언하였다.

291) 권영성, (주 19), 855쪽.

의미는 매우 감소되어 있다고 할 수 있다. 그러나 현행헌법하에서도 탄핵제도는 국민주권의 이념을 구현하며, 집행부와 사법부에 대한 감시통제기능을 하며, 헌법을 수호하는 기능을 하고 있다는 점에서 탄핵제도의 의의와 기능을 지나치게 과소평가할 수만도 없을 것이다.[292]

판례: 〈대통령(노무현) 탄핵(기각)〉 "헌법 제65조는 집행부와 사법부의 고위공직자에 의한 헌법위반이나 법률위반에 대하여 탄핵소추의 가능성을 규정함으로써, 그들에 의한 헌법위반을 경고하고 사전에 방지하는 기능을 하며, 국민에 의하여 국가권력을 위임받은 국가기관이 그 권한을 남용하여 헌법이나 법률에 위반하는 경우에는 다시 그 권한을 박탈하는 기능을 한다. 공직자가 직무수행에 있어서 헌법에 위반한 경우 그에 대한 법적 책임을 추궁함으로써, 헌법의 규범력을 확보하고자 하는 것이 바로 탄핵심판절차의 목적과 기능인 것이다."(헌재 2004. 5. 14. 2004헌나1 결정)

2) 탄핵소추의결권

① 탄핵소추기관

331. 탄핵소추기관: 국회

헌법 제65조 제 1 항에 따라 국회가 탄핵소추를 한다. 양원제를 채택하고 있는 국가에서는 일반적으로 하원을 탄핵소추기관으로 하고 있다.

② 탄핵소추대상자

332. 탄핵소추대상자

헌법 제65조 제 1 항에 따르면 탄핵대상자는 대통령, 국무총리, 국무위원, 행정각부의 장, 헌법재판소 재판관, 법관, 중앙선거관리위원회 위원, 감사원장, 감사위원, 기타 법률이 정한 공무원이다.

기타 법률이 정한 공무원은 입법으로 결정될 것이다. 그러나 탄핵제도의 의의에서 판단건대 일반적인 사법절차나 징계절차에 따라 소추하거나 징계하기가 곤란한 고급공무원이 이에 해당된다고 할 수 있다. 그러한 공무원의 범위에 대해서는 다양한 견해가 있으나, 검찰총장, 검사, 각 처장, 정부위원, 각군 참모총장, 고위외교관, 별정직 공무원 등이 그에 해당된다고 보면 될 것이다. 개별법에서는 검찰청법 제37조가 "검사는 탄핵이나 금고 이상의 형을 선고받은 경우를 제외하고는 파면되지 아니하며, 징계처분이나 적격심사에 의하지 아니하고는 해임·면직·정직·감봉·견책 또는 퇴직의 처분을 받지 아니한다"고 규정하고 있고, 또 경찰법 제11조 제 6 항은 "경찰청장이 그 직무집행에 있어서 헌법이나 법률을 위배한 때에는 국회는 탄핵의 소추를 의결할 수 있다"고 규정하고 있다.

---

292) 권영성, (주 19), 856쪽; 허영, (주 15), 874쪽.

③ 탄핵소추사유

가. 헌법규정

헌법은 탄핵소추사유를 "… 그 직무집행에 있어서 헌법이나 법률을 위배한 때"(제65조 제1항)라고 정하고 있다. 따라서 '직무집행'과 '헌법이나 법률에 위배'가 무엇을 뜻하는지가 문제된다.

333. 탄핵소추사유에 대한 헌법규정: 헌법 제65조 제1항

나. 직무집행

(i) 학　설

직무집행행위의 범위와 관련하여 현직에서의 직무집행뿐만 아니라 전직에서의 직무집행을 포함하여야 한다는 견해와 현직에서의 직무집행만을 의미한다는 견해가 나누어져 있다.

334. 탄핵소추사유로서의 '직무집행'의 범위에 대한 학설

(ii) 검　토

전직에서의 직무집행을 포함하여야 한다는 견해는 공무원의 위헌·위법행위는 전직에서의 것일지라도 고위공무원직과 상용될 수 없다는 것을 강조한다.[293] 그러나 고위공무원직에 취임하기 위해서는 전직에서 위헌·위법행위를 행하지 않았을 것이 전제될 뿐만 아니라 설혹 그러한 행위가 있었음이 고위공무원직취임 이후에 알려진다 하더라도 탄핵소추 이전에 임명권자가 파면하거나 스스로 사직할 것이기 때문에 탄핵대상행위에 전직에서의 직무집행행위를 포함시킬 필요는 없을 것으로 생각된다.

335. 탄핵소추사유로서의 '직무집행'의 범위에 대한 사견: 현직에서의 공무수행에 한정

(iii) 사　견

따라서 직무집행행위는 현직에서의 공무수행에 한정되는 것으로 해석되어야 하며, 그러한 한에서 공무수행과 무관한 사생활이나 취임 전·퇴직 후의 활동을 근거로 탄핵소추를 할 수는 없다.

다. 헌법과 법률에 위배

헌법과 법률에 위배한다고 할 때 헌법은 형식적 헌법과 헌법적 관행을 포함하며, 법률은 형식적 의미의 법률 및 법률과 동등한 효력을 가지는 국제조약, 일반적으로 승인된 국제법규, 긴급명령까지를 포함한다.

336. 탄핵소추사유로서의 '헌법과 법률에 위배'

그러나 이때의 헌법과 법률에 위배한다는 것은 고의·과실·무지에 의한 헌법위반 또는 법률위반을 요구하므로, 단순한 정치적 무능력이나 정책결정상의 과오, 단순한 부도덕 등은 해임건의사유가 될 수는 있으나 탄핵소추사유는 되지 않는다.

---

293) 김철수, (주 20), 999쪽.

④ 탄핵소추의 발의와 의결

가. 탄핵소추발의

337. 탄핵소추발의

대통령을 소추하는 경우에는 재적의원 과반수의 발의가 있어야 하며, 대통령 이외의 고급공무원을 소추하는 경우에는 재적의원 3분의 1 이상의 발의가 있어야 한다(제65조 제2항).

탄핵소추가 발의되면 국회의장은 본회의에 보고하고, 본회의는 의결로 법제사법위원회에 회부하여 조사하게 할 수 있다(국회법 제130조 제1항).

나. 탄핵소추의결

338. 탄핵소추의결

대통령을 소추하는 경우에는 재적의원 3분의 2 이상의 찬성이 필요하며, 대통령 이외의 고급공무원을 소추하는 경우에는 재적의원 과반수의 찬성이 있어야 한다(제65조 제2항).

탄핵소추의 의결은 무기명투표로 하며(동법 제130조 제2항), 피소추자의 성명, 직위, 탄핵소추사유를 표시한 소추의결서로써 하여야 한다(동법 제133조).

⑤ 탄핵소추의결의 효과

339. 탄핵소추의결의 효과: 권한행사정지

탄핵소추의 의결을 받은 자는 소추의결서가 본인에게 송달된 때로부터 헌법재판소의 탄핵심판이 있을 때까지 그 권한행사가 정지된다(제65조 제3항, 동법 제134조 제2항). 따라서 탄핵소추가 의결된 이후에 행해진 직무행위는 위헌·무효이다. 또한 소추의결서가 송달되면 임명권자는 피소추자의 사직원을 접수하거나 해임할 수 없다(동법 제134조 제2항). 그러나 파면은 허용된다. 왜냐하면 탄핵결정의 효과도 공직으로부터 파면됨에 그치기(제65조 제4항 제1문) 때문이다. 탄핵소추를 받은 자가 결정선고 이전에 파면되면 헌법재판소는 탄핵심판청구를 기각하여야 한다(헌법재판소법 제53조 제2항). 헌법재판소의 탄핵심판에 있어서 소추위원은 국회법제사법위원장이 맡는다(국회법 제37조 제1항 제2호, 헌법재판소법 제49조 제1항).

(3) 國政監査·調査權

1) 헌법규정

340. 국정감사·조사권에 대한 헌법규정: 헌법 제61조

헌법은 제61조에서 다음과 같이 국회의 국정감사·조사권을 규정하고 있다. "① 국회는 국정을 감사하거나 특정한 국정사안에 대하여 조사할 수 있으며, 이에 필요한 서류의 제출, 또는 증인의 출석과 발언이나 의견의 진술을 요구할 수 있다. ② 국정감사 및 조사에 관한 절차 기타 필요한 사항은 법률로 정한다."

현재 국정감사 및 조사에 관한 절차 기타 필요한 사항을 정한 법으로는 국회법과 「국정감사 및 조사에 관한 법률」이 있다. 국회의 국정감사와 국정조사에 관하여 국회법이 정한 것을 제외하고는 「국정감사 및 조사에 관한 법률」이 정하는 바에 따른다(국회법 제127조).

2) 개 념

국정조사권이라 함은 의회가 그 입법에 관한 권한, 재정에 관한 권한, 국정통제에 관한 권한 등을 유효·적절하게 행사하기 위하여 국정일반 또는 특정한 국정사안에 관하여 조사를 할 수 있는 권한을 말한다.

341. 국정조사권의 개념

그러나 우리 헌법은 국정조사와 국정감사를 구별하여 사용하고 있다. 일반적으로 국정조사는 부정기적 특정국정조사를 말하고, 국정감사는 정례적 일반국정조사를 말한다.

342. 국정감사와 국정조사의 개념구별

3) 연 혁

국정조사는 1689년 영국의회가 특별위원회를 구성하여 아일랜드 전쟁에서의 실패원인을 규명하고, 책임소재를 규명한 것이 그 효시로 알려져 있다. 그러나 국정조사권을 처음으로 규정한 헌법은 바이마르헌법이며, 미연방헌법은 학설과 판례를 통하여 인정하였다.

343. 국정조사제도의 연혁

우리 헌법의 경우 건국헌법때부터 국정감사에 관한 규정을 두었다.[294] 그러나 1972년 헌법에서 삭제되었다가, 1975년 6월 개정된 국회법(제121조, 제122조)에서 국정조사에 대한 법률적 근거를 마련하고, 1980년 헌법에서 특정사항에 대한 국정조사권을 규정하였고,[295] 현행헌법은 국정감사권과 국정조사권을 같이 규정하고 있다.

4) 법적 성격

① 감사·조사권의 법적 성격에 대한 학설

국정감사권과 국정조사권의 법적 성격에 대해서는 독립적 권한설(고전적 이론)과 보조적 권한설(기능적 이론)이 대립되어 있다.[296] 독립적 권한설은 국정감

294) 건국헌법 제43조: "국회는 국정을 감사하기 위하여 필요한 서류를 제출케 하며 증인의 출석과 증언 또는 의견의 진술을 요구할 수 있다."

295) 1980년 헌법 제97조: "국회는 특정한 국정사안에 관하여 조사할 수 있으며, 그에 직접 관련된 서류의 제출, 증인의 출석과 증언이나 의견의 진술을 요구할 수 있다. 다만, 재판과 진행중인 범죄수사·소추에 간섭할 수 없다."

296) 이 밖에도 허영, (주 15), 874-877쪽은 독립적 권한설과 보조적 권한설을 고전적 이론으

사·조사권을 입법권, 국정통제권, 예산심의권과 더불어 국회의 4대 권한의 하나로 본다. 보조적 권한설은 국정감사·조사권을 국회의 독자적인 기능을 수행하기 위한 권한이 아니라, 국회의 권한을 유효하게 수행하는 데 필요한 보조적 권한으로 본다. 영국, 미국, 일본, 독일, 프랑스에서는 독립적 권한설이 다수설이나, 우리나라에서는 보조적 권한설이 다수설이다.[297]

② 사 견

344. 국정감사·국정조사권의 법적 성격에 대한 사견

그러나 개인적으로는 국정감사·조사권이 독립적 권한이냐 보조적 권한이냐 하는 것은 관점에 따라 다를 수 있을 뿐만 아니라 그것이 국정조사의 실제에 영향을 주는 것도 아니기 때문에 논의의 실익이 없다고 생각한다.[298]

5) 주 체

345. 국정감사·조사의 주체: 국회본회의, 상임위원회, 특별위원회

헌법은 국회가 "국정을 감사하거나 특정한 국정사안에 대하여 조사할 수 있다"고만 정하고 있다. 그러나 국회법 제127조와 「국정감사 및 조사에 관한 법률」 제2조·제3조에 따라 본회의와 상임위원회가 모두 국정감사·국정조사의 주체가 된다. 또한 국정조사를 위한 특별위원회도 구성될 수 있다(국감법 제3조). 양원제를 취하는 국가의 경우에는 각 원이 주체가 된다.

6) 시기, 기간 및 절차

① 국정감사

346. 국정감사의 시기·기간·절차

국정감사는 「국정감사 및 조사에 관한 법률」에 따라 소관 상임위원회 별로 매년 9월 10일부터 20일간 행한다. 단 본회의의 의결에 의하여 그 시기를 변경할 수 있다.

국정감사는 상임위원장이 국회운영위원회와 협의하여 작성한 감사계획서(감사반의 편성·감사일정·감사의 요령 등 사항기재)에 의하여 행한다(동법 제2조 제3항).

② 국정조사

347. 국정조사의 시기·기간·절차

국정조사는 국회재적의원 4분의 1 이상이 조사요구서(조사의 목적, 조사할 사

로 분류하고, 그 밖에도 기능적 이론과 기본권적 이론을 소개하고 있다.

297) 김철수, (주 20), 1002쪽은 국정감사권은 독립적 권능이나, 국정조사권은 보조적 권능이라고 보고 있으며, 양건, 국회의 국정감사·국정조사권(고시계 1989. 2.), 75쪽 이하(76쪽)는 "오늘날의 의회의 중심기능은 국정의 비판기능에 있고, 그 비판기능은 국정을 조사하고 이를 국민에게 알림으로써 이루어진다"고 하면서 국정감사·조사권의 본질을 의회의 독자적 기능으로 보고 있다.

298) 허영, (주 15), 877쪽.

안의 범위, 조사를 시행할 위원회 등 기재)를 국회의장에게 제출 → 본회의보고 → 특별위원회 구성 또는 해당 상임위원회 회부, 조사위원회 확정 → 조사위원회는 조사의 목적, 조사할 사안의 범위와 조사방법, 필요기간 및 소요경비 등을 기록한 조사계획서 본회의에 제출 → 본회의에서 의결(반려 또는 승인, 기간연장 또는 단축)의 절차에 따라 필요가 있을 때마다 행해진다(동법 제3조).

7) 대상기관·범위

① 대상기관

348. 국정감사의 대상기관: 국감법 제7조

국정감사의 대상기관에 대하여는 「국정감사 및 조사에 관한 법률」 제7조에 규정되어 있으며, 이는 위원회선정 대상기관과 본회의승인 대상기관으로 나눌 수 있다. 위원회선정 대상기관으로는 정부조직법 기타 법률에 의하여 설치된 국가기관, 지방자치단체 중 특별시·광역시·도(위임사무), 정부투자기관, 한국은행, 농·수협중앙회가 있으며, 본회의승인 대상기관으로는 위원회선정대상기관 외에 지방행정기관, 지방자치단체, 감사원법에 의한 감사원의 감사대상기관이 있다. 특별시·광역시·도에 대한 감사범위는 국가위임사무와 국가가 보조금 등 예산을 지원하는 사업으로 하며(동법 제7조 제2호), 시·군·구의 경우에는 고유·위임사무 모두에 대하여 감사할 수 있다(동법 제7항 제4호). 국정조사의 대상기관은 조사계획서에 의하여 정하여진다.

② 범 위

349. 국정감사·조사의 범위

국정감사는 국정감사권의 한계를 지키는 한 널리 국정일반에 대하여 할 수 있기 때문에 그 범위에 제한이 없다. 그에 반하여 국정조사의 대상은 조사계획서에 기재된 사안에 국한된다(제61조, 동법 제3조).

8) 행사방법

① 공개여부

350. 국정감사·조사의 공개여부

국정감사와 국정조사는 공개로 한다. 다만 위원회의 의결로 달리 정할 수 있다(동법 제12조).

② 서류의 제출·증언요구 등

351. 국정감사·조사를 위한 서류의 제출·증언요구 등

국회는 국정을 감사하거나 조사하기 위하여 필요한 서류의 제출 또는 증인의 출석과 증언이나 의견의 진술을 요구할 수 있다(제61조 제1항). 이러한 요구를 받은 자 또는 기관은 「국회에서의 증언·감정 등에 관한 법률」에서 특별히 규정한 경우 외에는 그에 응하고 협조해야 한다(「국정감사 및 조사에 관한 법률」

제10조 제1항·제4항). 정당한 이유 없이 그러한 요구에 응하지 않거나 증인과 감정인의 출석과 감정을 방해한 경우에는 징역형이나 벌금형에 처한다(「국회에서의 증언·감정 등에 관한 법률」 제12조).

9) 결과의 처리

352. 국정감사·조사 결과의 처리

국정감사와 국정조사의 결과는 감사 또는 조사의 경과와 결과 및 처리의견을 기재하고 그 중요근거서류를 첨부한 감사 또는 조사보고서로 작성되어 의장에게 제출되고, 의장에 의하여 본회의에 보고된다(「국정감사 및 조사에 관한 법률」 제15조).

국회는 감사 또는 조사보고서를 토대로 정부에 그 시정을 요구하거나, 정부 또는 해당기관에서 처리함이 타당하다고 인정되는 사항은 정부 또는 해당기관에 이송하거나 또는 탄핵소추나 해임건의와 같은 적절한 조치를 할 수 있다. 시정 요구를 받거나 이송받은 사항에 대해서 정부나 해당기관은 이를 지체 없이 처리하고 그 결과를 국회에 보고하여야 한다(동법 제16조).

10) 한 계

353. 국정감사·조사권의 한계

「국정감사 및 조사에 관한 법률」 제8조는 "감사 또는 조사는 개인의 사생활을 침해하거나 계속중인 재판 또는 수사중인 사건의 소추에 관여할 목적으로 행사되어서는 아니된다"라고 하여 국정감사·조사권의 한계에 대하여 부분적으로만 규정하고 있다.

그러나 일반적으로 국정감사권과 국정조사권에는 권력분립상의 한계, 기본권보장상의 한계, 중대한 국가이익상의 한계,[299] 국회기능상의 한계가 있다고 한다. ① 권력분립상의 한계로서 국정감사·조사는 직접 행정처분을 하거나 취소하거나 정치적 압력을 가하는 것이어서는 안 되며, 사법권의 독립에 간섭해서는 안 된다. ② 기본권보장상의 한계로서 국정감사·조사는 사생활[300] 등을 문제삼아서는 안 되며, 증인이나 참고인에게 불리한 진술을 강요해서는 안 된다. ③

---

299) 허영, (주 15), 879쪽은 이를 규범조화적 한계로 부르고 있다.

300) 그러나 사생활에 관한 사항일지라도 국가작용과 관련이 있는 사항, 예컨대 정치자금의 출처와 용도, 선거에 관한 사회적 조직과 활동 등은 그 대상으로 할 수 있다. 예컨대 미국의 판례는 "주의회는 파괴활동자를 조사할 권한이 있으며, 이를 위하여 하기합숙회참가자명단 제출명령은 그로 인한 이익이 증인 개인의 이익과 교량하여 중요한 경우에는 정당화된다"고 하였고〈Uphauer v. Wyman, 360 U.S. 72(1972)〉, 다른 사건에서는 "국정조사위원회의 질문에 대하여 노동조합장은 조합기금 사용내용에 관해서 답변해야 한다"고 하였다〈Hutcheson v. United States, 369 U.S. 599(1962)〉.

중대한 국가이익상의 한계로서 군사·외교·대북관계 등 국가기밀에 관한 사항 등에 대하여는 증언이나 서류제출이 제한된다(「국회에서의 증언·감정 등에 관한 법률」 제4조 제1항 단서). ④ 국회기능상의 한계로서 국정조사권은 입법·재정·인사기능을 확보하기 위한 보조적 수단이므로 국회의 기능과 무관한 사항을 그 대상으로 할 수 없다.

(4) 國務總理·國務委員解任建議權

1) 헌법규정

헌법 제63조는 국회의 국무총리·국무위원해임건의권을 규정하고 있다. "① 국회는 국무총리 또는 국무위원의 해임을 대통령에게 건의할 수 있다. ② 제1항의 해임건의는 국회재적의원 3분의 1 이상의 발의에 의하여 국회재적의원 과반수의 찬성이 있어야 한다."

354. 국무총리·국무위원 해임건의권에 대한 헌법규정: 헌법 제63조

2) 의 의

국무총리·국무위원해임건의권은 행정부에 대한 감시·비판과 행정부구성에 대한 견제의 기능을 하나, 대통령제에서는 이례적인 제도이다.

355. 국무총리·국무위원 해임건의권의 의의

3) 해임건의 사유 및 해임건의 횟수

① 해임건의사유

해임건의사유에 대해서는 헌법에 명시적인 규정이 없다. 일반적으로 대표적인 해임건의사유로는 직무집행에서 헌법위반 또는 법률위반이 있는 경우, 정책의 수립과 집행에서 중대한 과오를 범한 경우, 부하직원의 과오나 범법행위에 대하여 정치적 책임을 추궁하는 경우, 대통령이나 국무총리를 잘못 보좌한 경우를 들고 있다. 따라서 해임건의사유는 탄핵소추사유보다 더 광범위하고 포괄적이다.

356. 국무총리·국무위원 해임건의사유

② 해임건의횟수

해임건의권의 행사에는 횟수의 제한이 없다.

357. 국무총리·국무위원 해임건의회수

4) 절 차

해임건의는 국무총리 또는 국무위원에 대하여 개별적으로 또는 일괄적으로 할 수 있다. 해임건의를 하려면 재적의원 3분의 1 이상 발의와 재적의원 과반수의 찬성이 필요하다(제63조 제2항). 해임건의안이 발의되면 본회의에 보고된 때

358. 국무총리·국무위원 해임건의절차

로부터 24시간 이후 72 시간 이내에 무기명투표로 표결한다. 이 기간 내에 표결하지 아니한 때에는 해임건의안은 폐기된 것으로 본다(국회법 제112조 제7항).

5) 해임건의의 법적 구속력

① 학 설

359. 국무총리 · 국무위원 해임건의의 법적 구속력에 대한 학설

현행헌법상 대통령에의 해임건의가 법적 구속력을 가지는가에 대하여는 해임건의는 법적 구속력이 있으나, 특별한 사유가 있는 경우에는 대통령은 이에 응하지 않을 수 있다는 견해(제1설)와[301] 현행헌법상의 해임건의제는 의원내각제의 수상에 대한 불신임의결과는 상이한 제도이기 때문에 대통령은 반드시 해임할 구속을 받지 아니하는 것으로 보는 견해(제2설)[302] 및 해임건의가 갖는 기속력의 강약은 해석론이나 헌법이론의 문제가 아니고 해임건의의 구체적인 여러 변수에 의해서 정해진다고 하는 견해(제3설)[303]가 대립되어 있다.

② 학설에 대한 검토

360. 국무총리 · 국무위원 해임건의의 법적 구속력에 대한 학설의 검토

우선, 제1설은 헌법의 명문규정을 무시한 해석이라는 점에서 취할 수 없다. 다음으로, 제2설은 현행헌법의 정부형태가 의원내각제가 아니라는 이유를 들어 대통령은 반드시 해임할 구속력을 받지 아니한다고 하고 있다. 그러나 2설은 논리적으로 철저하지 못하다고 생각한다. 왜냐하면 의원내각제가 아닌 이상, 곧 대통령중심제인 이상 대통령은 국회의 해임건의에 구속을 받지 아니한다고 해석하여야지, '반드시' 해임하여야 할 구속을 받지 아니한다라고 해석해서는 안되기 때문이다. 끝으로, 제3설은 해임건의가 갖는 기속력의 강약을 해석론이나 헌법이론의 문제가 아니라고 보는 점에서 문제가 있다. 왜냐하면 해임건의가 헌법에 규정되어 있는 이상 그 해임건의가 갖는 구속력 또한 해석론이나 헌법이론의 문제가 되어야 하지, 그것을 정치적 문제로 변질시킬 수는 없기 때문이다.

③ 사 견

361. 국무총리 · 국무위원 해임건의의 법적 구속력에 대한 사견: 대통령은 법적 구속을 받지 않는다

따라서 개인적으로는 이전 헌법들[304]과는 달리 현행헌법에는 해임건의의 대통령에 대한 법적 구속력을 근거짓는 어떠한 표현도 찾아볼 수 없기 때문에, 대통령은 해임할 법적 구속을 받지 않는 것으로 해석하여야 할 것으로 생각한다.

---

301) 김철수, (주 20), 996쪽.

302) 권영성, (주 19), 872쪽.

303) 허영, (주 15), 883쪽.

304) 제3공화국헌법 제59조 제3항: "제1항과 제2항에 의한 건의가 있을 때에는 대통령은 특별한 사유가 없는 한 이에 응하여야 한다."
제5공화국헌법 제99조 제3항: "국무총리에 대한 해임의결이 있는 경우에는 대통령은 국무총리와 국무위원 전원을 해임하여야 한다."

헌법재판소도 해임건의권에 대해 법적 구속력을 인정하지 않는다.

판례: 〈대통령(노무현)탄핵(기각)〉 "국회는 국무총리나 국무위원의 해임을 건의할 수 있으나(헌법 제63조), 국회의 해임건의는 대통령을 기속하는 해임결의권이 아니라, 아무런 법적 구속력이 없는 단순한 해임건의에 불과하다. 우리 헌법 내에서 '해임건의권'의 의미는, 임기 중 아무런 정치적 책임을 물을 수 없는 대통령 대신에 그를 보좌하는 국무총리·국무위원에 대하여 정치적 책임을 추궁함으로써 대통령을 간접적이나마 견제하고자 하는 것에 지나지 않는다. 헌법 제63조의 해임건의권을 법적 구속력 있는 해임결의권으로 해석하는 것은 법문과 부합할 수 없을 뿐만 아니라, 대통령에게 국회해산권을 부여하고 있지 않는 현행 헌법상의 권력분립 질서와도 조화될 수 없다."(헌재 2004. 5. 14. 2004헌나1 결정)

그러나 전혀 기속력이 없는 해임건의는 헌법에 명문규정이 없더라도 가능한 것이기 때문에 — 제 3 설의 주장처럼 해임건의의 사유와 횟수에 있어서 아무런 제한을 받지 않는 국회의 각료해임건의권은 해석론적·이론적인 안목에서 볼 때 하나의 무의미한 전시적인 통제수단에 지나지 않는 것[305]이 아니라 — 오히려 입법론적 측면에서 해임건의권은 무의미한 규정, 곧 개정되어야 할 규정이라고 할 수 있을 것이다.

(5) 國務總理·國務委員에 대한 國會出席要求權 및 質問權

1) 헌법규정

362. 국무총리·국무위원에 대한 국회출석요구권 및 질문권에 대한 헌법규정: 헌법 제62조

헌법 제62조는 국무총리·국무위원에 대한 국회출석요구권 및 질문권을 규정하고 있다. "① 국무총리·국무위원 또는 정부위원은 국회나 그 위원회에 출석하여 국정처리상황을 보고하거나 의견을 진술하고 질문에 응답할 수 있다. ② 국회나 그 위원회의 요구가 있을 때에는 국무총리·국무위원 또는 정부위원은 출석·답변하여야 하며, 국무총리 또는 국무위원이 출석요구를 받은 때에는 국무위원 또는 정부위원으로 하여금 출석·답변하게 할 수 있다."

2) 의 의

363. 국무총리·국무위원에 대한 국회출석요구권 및 질문권의 의의

국무총리·국무위원 국회출석요구권 및 질문권은 대통령제국가에서는 이례적인 제도이다. 그러나 우리나라에는 이 제도가 있으므로 해서 각료는 국회에 출석·발언·응답할 수 있고, 국회는 정부에 대하여 영향력을 행사할 수 있다.

---

305) 허영, (주 15), 883쪽.

결국 이 제도는 대통령제 정부형태를 취하는 우리 헌법하에서 집행부와 국회가 긴밀한 공화·협조 관계를 유지하고, 국회의 집행부 통제에 효력을 주려는 의도하에서 의원내각제적 요소를 가미한 것이라고 볼 수 있다.

3) 출석·답변의무의 주체

364. 국회출석·답변 의무의 주체

국회의 요구로 국회에 출석하여 답변하여야 하는 자는 국무총리, 국무위원, 정부위원이다. 정부위원은 국무조정실의 실장 및 차장, 부·처·청의 처장·차관·청장·차장·실장·국장(외국의 국장 포함) 또는 부장 및 차관보를 말한다(정부조직법 제10조).

국회법 제121조 제4항은 이 밖에도 본회의 또는 위원회는 특정한 사안에 대하여 질문하기 위하여 대법원장·헌법재판소장·중앙선거관리위원회위원장·감사원장 또는 그 대리인의 출석을 요구할 수 있다고 하고 있다.

그러나 대통령은 국회에 출석·발언할 권한만 있고, 의무는 없다(제81조).

4) 질문의 종류 및 절차

365. 국회질문의 종류 및 절차

국회의 질문에는 정부에 대한 서면질문, 대정부질문, 긴급현안질문의 세 종류가있으며, 각각 그 절차가 다르다.[306)]

① 정부에 대한 서면질문

366. 정부에 대한 서면질문

의원은 정부에 대하여 서면으로 질문할 수 있다. 의장은 질문서를 정부에 이송하고, 정부는 질문서를 받은 날로부터 10일 이내에 서면으로 답변하여야 하며, 그 기간 내에 답변하지 못할 때에는 그 이유와 답변할 수 있는 기한을 통지하여야 한다(동법 제122조).

② 대정부질문

367. 대정부질문

국회본회의는 회기중 기간을 정하여 국정전반 또는 국정의 특정분야를 정하여 질문을 할 수 있다. 이를 대정부질문이라 한다. 대정부질문은 일문일답의 방식으로 하되, 의원의 질문은 20분을 초과할 수 없다. 이 경우 질문시간에는 답변시간이 포함되지 아니한다(동법 제122조의2 제2항).

대정부질문을 하고자 하는 의원은 미리 질문의 요지를 기재한 질문요지서를 구체적으로 작성하여 의장에게 제출하여야 하며, 의장은 늦어도 질문시간 48시

---

306) 이러한 질문권과는 구별해야 할 개념으로 질의권이 있다. 질의권이란 의원이 현재 의제가 되어 있는 의안에 대하여 위원장·발의자·국무총리·국무위원·정부위원 등에 대하여 질의할 수 있는 권한을 말한다.

간 전까지 질문요지서가 정부에 도달되도록 송부하여야 한다(동법 제122조의2 제7항).

③ 긴급현안질문

긴급현안질문이란 국회의 회기 중 대정부질문 시에 제기되지 아니한 사안으로서 긴급히 발생한 중요특정현안문제 또는 사건에 대하여 의원 20인 이상의 찬성으로 대정부질문을 요청할 수 있도록 하는 제도이다.

368. 긴급현안질문

긴급현안질문을 요구하는 의원은 질문요구서를 본회의 개의 24시간 전까지 의장에게 제출해야 한다. 긴급현안질문시간은 총 120분이며, 연장할 수 있다. 긴급현안질문을 할 때 의원의 질문은 10분을, 보충질문은 5분을 초과할 수 없다(동법 제122조의3).

5) 효 과

국회에 출석·답변요구를 받은 각료는 그 요구를 거부할 수 없다. 다만, 대리출석하게는 할 수 있다. 그러나 국회에 출석·답변하기를 거부한 경우에 대하여는 규정이 없으므로 그 제재는 정치적 통제에 맡겨질 수밖에 없을 것이고, 극단적인 경우에는 해임건의 또는 탄핵소추의 사유가 될 것이다.

369. 국무총리·국무위원에 대한 국회출석권 및 질문권의 효과

(6) 그 밖의 國會의 國政統制에 관한 權限

이들 외에도 헌법은 국회에 긴급명령과 긴급재정·경제처분 및 그 명령승인권(제76조 제3항), 계엄해제요구권(제77조 제5항), 국방 및 외교정책에 대한 동의권(제60조 제2항), 일반사면에 대한 동의권(제79조 제2항)을 부여하고 있다.

370. 그 밖의 국회의 국정통제에 관한 권한

6. 國會(內部事項에 관한) 自律權

(1) 憲法規定

헌법 제64조는 국회내부사항에 관한 자율권을 규정하고 있다. "① 국회는 법률에 저촉되지 아니하는 범위 안에서 의사와 내부규율에 관한 규칙을 제정할 수 있다. ② 국회는 의원의 자격을 심사하며, 의원을 징계할 수 있다. ③ 의원을 제명하려면 국회재적의원 3분의 2 이상의 찬성이 있어야 한다. ④ 제2항과 제3항의 처분에 대하여는 법원에 제소할 수 없다."

371. 국회자율권에 대한 헌법규정: 헌법 제64조

(2) 意 義

372. 국회자율권의 의의

국회의 자율권이란 국회가 다른 국가기관의 간섭이나 개입 없이 자주적으로 자신의 조직 · 활동 및 내부사항에 대해서 결정할 수 있는 권리를 말한다.

국회의 자율권은 영국에서 헌정관행, 곧 '의회의 법과 관행'(lex et consuetudo parliament)으로 확립된 것으로,[307] 뢰벤슈타인은 국회자율권의 인정근거를 권력분립의 요청, 기능독립의 요청, 기능자치의 요청으로 요약하였다.[308]

(3) 內 容

1) 개 관

373. 국회자율권 개관

국회내부사항에 관한 자율권은 집회 등에 관한 권한, 내부조직권(원내조직권, 자주조직권), 의사에 관한 권한, 질서유지에 관한 권한, 의원의 신분에 관한 권한, 규칙제정권을 그 주요내용으로 한다. 이 중에서 집회 등에 관한 권한, 내부조직권, 의사에 관한 권한, 규칙제정권에 대해서는 이미 다른 곳에서 살펴보았다. 따라서 아래에서는 질서유지에 관한 권한, 의원의 신분에 관한 권한에 대해서만 간단히 살펴보기로 한다.

> 판례: **〈국회의원과 국회의장간의 권한쟁의(일부인용, 일부기각) — 국회의원과 국회의장이 권한쟁의심판의 당사자가 될 수 있는지 여부, 야당의원들에게 개의일시를 통지하지 않음으로써 출석의 기회를 박탈한 채 본회의를 개의, 법률안을 가결처리 한 경우 야당의원들의 법률안 심의·표결권의 침해여부, 위와 같은 법률안 가결선 포행위의 위헌여부〉** "법치주의의 원리상 모든 국가기관은 헌법과 법률에 의하여 기속을 받는 것이므로 국회의 자율권도 헌법이나 법률을 위반하지 않는 범위 내에서 허용되어야 하고 따라서 국회의 의사절차나 입법절차에 헌법이나 법률의 규정을 명백히 위반한 흠이 있는 경우에도 국회가 자율권을 가진다고는 할 수 없다 … 그렇다면 피청구인이 국회법 제76조 제 3 항을 위반하여 청구인들에게 본회의 개의일시를 통지하지 않음으로써 청구인들은 이 사건 본회의에 출석할 기회를 잃게 되었고 그 결과 이 사건 법률안의 심의 · 표결과정에도 참여하지 못하게 되었다. 따라서 나머지 국회법규

---

307) 의회의 자율권에는 영국의 의원(議院)특권과 프랑스의 의원(議院)독립의 두 가지 유형이 있는 것으로 생각하는 사람들이 있다. 그러나 프랑스의 의원독립의 사고는 의회정치가 유럽대륙에 이식 · 채택될 때 영국의 '의원특권관념'(conception of parliamentary privilege)이 프랑스에 계수된 것으로 생각되기 때문에(Fr. J. Goodnow, *Principles of Constirutional Government*, 1961, p. 193), 국회의 자율권은 영국에서 확립된 것으로 보는 것이 타당할 것이다.

308) K. Loewenstein, (주 73), S. 177.

정의 위헌여부를 더 나아가 살필 필요도 없이 피청구인의 그러한 행위로 인하여 청구인들이 헌법에 의하여 부여받은 권한인 법률안의 심의·표결권이 침해되었음이 분명하다."(헌재 1997. 7. 16. 96헌라2 결정)

2) 질서유지에 관한 권한(내부경찰권, 의원가택권)

374. 국회의 질서유지에 관한 권한

국회의 질서유지에 관한 권한은 내부경찰권과 의원가택권을 포함한다. 내부경찰권은 원내의 질서유지를 위하여 원내에 있는 어떤 자에 대하여서든지 명령하고 강제할 수 있는 권한을 말한다. 국회의 내부경찰권은 국회의장에게 속하며, 의장은 경위와 파견경찰관의 협력을 받아 이를 관장한다.

의원가택권 또는 국회가택권은 국회의 의사에 반한 국회 내의 침입을 금지하고 필요하다고 인정될 때에는 퇴장을 요구할 수 있는 권한을 말한다. 의원가택권도 의장이 관장한다.

3) 의원의 신분에 관한 권한(신분자율권)

① 종 류

375. 의원의 신분에 관한 권한의 종류

의원의 신분에 관한 권한에는 사직허가권, 자격심사권, 의원징계권이 있다.

② 사직허가권

376. 국회의 의원사직허가권

국회는 그 의결로 의원의 사직을 허가할 수 있다. 그러나 폐회 중에는 의장이 사직을 허가할 수 있다. 사직의 허가여부는 토론 없이 표결한다(국회법 제135조).

③ 자격심사권

377. 국회의 의원자격심사권

의원이 다른 의원의 자격에 대하여 이의가 있을 때에는 30인 이상의 연서로 자격심사를 의장에게 청구할 수 있다(동법 제138조). 의원의 자격이란 의원이 헌법상 의원으로서 지위를 보유하는 데 필요한 자격을 말한다. 의원의 자격심사는 윤리특별위원회의 예심을 거쳐(동법 제140조), 본회의에서 재적의원 3분의 2 이상의 찬성으로 의결한다(동법 제142조 제3항).

자격심사의 결과에 대해서는 법원에 제소할 수 없다(제64조 제4항).

④ 의원징계권

378. 국회의 의원징계권

의원이 청렴의무위반·이권운동 등 헌법상의 품위규정위반, 2회의 윤리위반 통고, 의사에 관한 국회법상의 규정위반, 「국정감사 및 조사에 관한 법률」의 규정위반, 공직자윤리법상의 징계사유에 해당될 때, 국회의원윤리강령이나 국회의원윤리실천규범을 위반한 때에는 국회는 의원을 징계할 수 있다(제64조 제2항, 동법 제155조).

징계요구권자는 의장, 위원장, 의원 20인 이상, 모욕당한 의원 등이며, 징계요구시한은 사항에 따라 3일 또는 10일이다(동법 제155조-제157조). 징계사건은 윤리특별위원회가 심사하고 본회의에서 의결하며(동법 제162조), 징계의 의결은 의장이 공개회의에서 선포한다(동법 제163조 제5항).

징계의 종류에는 공개회의에서의 경고, 공개회의에서의 사과, 30일 이내의 출석정지, 제명이 있다(제64조 제3항, 동법 제163조 제1항). 제명을 결정하려면 국회 재적의원 3분의 2 이상의 찬성이 있어야 한다(제64조 제3항). 징계처분에 대하여는 법원에 제소할 수 없다(제64조 제4항).[309]

판례: "지방의회의원에 대한 징계의결은 법원의 재판대상이 된다."(대법원 1993. 11. 26. 93누7341 판결)

(4) 自律權의 限界

379. 국회자율권의 한계

의회의 자율권도 헌법이나 법률을 위반하지 않는 범위 내에서만 허용된다. 따라서 국회의 의사절차·입법절차에 헌법이나 법률의 규정을 명백히 위반한 흠이 있는 경우에는[310] 그것을 자율권의 문제라고 할 수 없다.

판례: **〈국회상임위원회 방청불허행위 위헌확인 등(기각)〉** "원만한 회의 진행 등 회의의 질서유지를 위하여 방청을 금지할 필요성이 있었는지에 관하여는 국회의 자율적 판단을 존중하여야 하며 헌법재판소가 관여할 정도로 명백히 이유 없는 자의적인 것이라고 보여지지 않는다."(헌재 2000. 6. 29. 98헌마443 등 병합결정)

第6節 國會議員

1. 國會議員의 法的 地位

(1) 國會議員의 憲法上의 地位

1) 개 관

380. 국회의원의 헌법상의 지위 개관

국회의원을 전체 국민의 대표[311]로 명시하고 있는 바이마르헌법이나[312] 독

309) 권영성, (주 19), 879쪽은 제명의 경우에는 헌법재판소에 헌법소원을 제기할 수 있다고 본다.

310) 헌재 1998. 7. 14. 98헌라3 결정〈국회의장과 국회의원간의 권한쟁의(각하)〉 참조.

311) 국회의원 국민대표성을 최초로 명시한 헌법은 1791년 프랑스헌법(Constitution du

일기본법과는 달리, 우리 헌법에는 국회의원의 지위를 명시하고 있는 규정은 없다. 그러나 헌법의 여러 규정들로부터 국회의원은 국회의 구성원으로서의 지위, 국민의 대표기관으로서의 지위 및 정당의 대표자(구성원)로서의 지위를 가진다고 할 수 있다.[313)]

2) 국회의 구성원으로서의 지위

381. 국회의 구성원으로서의 국회의원의 지위

헌법 제41조 제1항은 "국회는 국민의 보통·평등·직접·비밀선거에 의하여 선출된 국회의원으로 구성한다"고 하여 국회의원이 국회의 구성원임을 명시하고 있다.

따라서 국회의원은 국회의 구성원으로서 넓은 의미의 공무원, 정확하게 말하면 선거직공무원이다. 국회의원은 공무원으로서 국민전체에 대한 봉사자이며, 국민에 대하여 책임을 진다.

국회구성원으로서의 국회의원은 국회의 '기관'(Organ)은 아니며 국회의 '기관구성원'(Organwalter)이라 할 수 있다. 왜냐하면 기관의 본질은 그 기관의 행위를 어떤 단체의 행위로서 귀속시킬 수 있다는 데 있는데 국회와 국회의원 간에는 그러한 관계가 성립되지 않기 때문이다.[314)] 국회의원은 국회구성원의 지위에서 국회의 운영 및 활동에 관한 권한과 그 밖의 권리를 가지며 의무를 부담한다.

3) 국민의 대표기관으로서의 지위

382. 국민의 대표기관으로서의 국회의원의 지위

국회의원이 국민의 대표기관이라는 말은 국회의원이 국민의 대표기관인 국회의 구성원이면서 동시에 국회의원직 하나하나가 헌법기관으로서, 국민의 대표기관인 국회와는 별개로 독립된 국민의 대표기관이라는 말이다.[315)] 더 정확하게

Septembre 1791)으로 알려져 있다. 동헌법은 제6조에서 "대표(의원)는 전체로서 프랑스 인민의 이름으로 그 의사를 표명한다"라고 규정하고, 제7조에서 "도(道)에서 선출된 의원은 특정 도(道)의 대표자가 아니라 전체국민의 대표자이며, 의원에 대하여는 어떤 위임도 부여되지 않는다"라고 규정하였다.

312) 바이마르헌법 제21조: "의원은 전체 국민의 대표자이다. 의원은 양심에만 따르며, 지시에 구속되지 아니한다."

313) 허영, (주 15), 890-892쪽은 국회의원의 지위를 선거공직자로서의 지위, 국민의사대변자로서의 지위, 합의체통치기관의 구성원으로서의 지위로 나누어 설명하고 있다.

314) H.-J. Wolff/O. Bachof, *Verwaltungsrecht* Ⅱ, 1976, S. 741f.

315) 허영, (주 15), 891쪽은 "국회의원은 합의체통치기관인 국회의 구성원으로서 국가 의사결정에 적극적으로 참여할 책임을 지는 헌법기관으로서 지위를 가진다. 국회의원은 헌법기관인 국회의 구성원인 동시에 스스로도 헌법에 의하여 그 권한과 의무의 내용이 분명히 정해진 하나의 헌법기관이라는 2중적 지위를 가진다"라고 한다.

말한다면, 국회의원(직) 하나하나가 국민의 대표기관이기 때문에 국민의 대표기관인 국회의원들로 구성되는 국회도 국민의 대표기관이라고 하는 것이 논리적일 것이다. 국민의 대표기관성은 국민의 어느 한 부분을 기속적으로 대표하는 것이 아니라 국민을 전체로서 대표하는 데에서 표현된다. 달리 표현하자면 국회의원의 국민대표성은 국회의원의 무기속위임(자유위임)에서 표현된다.

판례: 〈전국구국회의원 의석승계 미결정 위헌확인(각하)〉 "헌법 제7조 제1항의 '공무원은 국민 전체에 대한 봉사자이며, 국민에 대해 책임을 진다'라는 규정, 제45조의 '국회의원은 국회에서 직무상 행한 발언과 표결에 관하여 국회 외에서 책임을 지지 아니한다'라는 규정 및 제46조 제2항의 '국회의원은 국가이익을 우선하여 양심에 따라 직무를 행한다'라는 규정들을 종합하여 볼 때, 헌법은 국회의원을 자유위임의 원칙하에 두었다고 할 것이다."(헌재 1994. 4. 28. 92헌마153 결정)

383. 국회의원의 국민대표기관성을 표현하는 헌법규정: 헌법 제45조, 제46조

우리 헌법에는 국회의원이 국민의 대표기관이라는 명문규정은 없다. 그러나 특히 무기속위임을 간접적으로 표현하고 있는 헌법 제45조와 제46조 제2항(그 밖에도 헌법 제1조 제2항, 제7조 제1항, 제41조 제1항, 제44조 등을 들 수 있을 것이다[316])을 근거로 판단할 때 국민은 국민전체를 대표한다고 할 수 있다.

384. 국회의원의 국민대표의 성격

국회의원이 국민의 대표기관로서의 지위를 가진다고 할 때 대표의 성격과 관련하여 정치적 대표설과 법적 대표설 등 견해가 나뉘어 있다. 헌법재판소는 분명한 표현을 하고 있지는 않으나 국민과 국회의원의 상호관계를 자유위임관계에 있는 것으로 보고 있기 때문에 정치적 대표설의 입장에 서 있는 것으로 생각된다. 이 중에서 정치적 대표설이 다수설이며, 또한 옳다. 따라서 국회의원에 대해서는 선거나 여론 등의 방법으로 정치적 책임을 물을 수 있다.

판례: 〈국회구성권 등 침해위헌확인(각하)〉 "국민의 국회의원선거권이란 … 국민의 대표자인 국회의원을 선출하는 권리에 그치고, 개별유권자 혹은 집단으로서의 국민의 의사를 선출된 국회의원이 그대로 대리하여 줄 것을 요구할 수 있는 권리까지 포함하는 것은 아니다. 또한 대표제도에 있어서 국민과 국회의원은 명령적 위임관계에 있는 것이 아니라 자유위임관계에 있기 때문에 일단 선출된 후에는 국회의원은

---

316) 국회의원의 국민대표성 또는 국회의원의 무기속위임을 근거짓는 헌법규정을 무엇으로 볼 것인가에 대해서는 여러 가지 견해가 있다. 예컨대 김철수, (주 20), 953쪽은 제7조 제1항, 제44조, 제45조를, 권영성, (주 19), 881쪽은 제1조 제2항, 제7조, 제44조, 제45조, 제46조 제2항을, 허영, (주 15), 890·891쪽은 제46조 제2항을, 김문현, 국회의원의 헌법상 지위, 고시계(1998. 2.), 57쪽은 제1조 제2항, 제46조, 제7조 제1항을, 헌법재판소는 제7조 제1항, 제45조, 제46조 제1항을 각각 그 근거로 든다(헌재 1994. 4. 28. 92헌마153 결정).

국민의 의사와 관계없이 독자적인 양식과 판단에 따라 임할 수 있다."(헌재 1998. 10. 29. 96헌마186 결정)

판례: 〈공직선거및선거부정방지법 〔별표 1〕의 「국회의원지역선거 구역표」위 헌확인심판(일부위헌, 일부기각)〉 "선거구의 획정에는 인구 이외에 행정구역·지세·교통 등 여러 가지 조건을 고려하여야 하므로, 그 위헌여부를 결정하는 기준을 획일적으로 일정한 수치로써 확정하기는 지극히 어려운 문제이지만, 일응 그 기준은 선거구획정에 있어서 투표가치의 평등으로서 가장 중요한 요소인 인구비례의 원칙과 우리나라의 특수사정으로 투표가치의 평등 못지 않게 중요한 요소인 단원제의 채택으로 인한 국회의원의 지역대표성 및 인구의 도시집중으로 인한 도시와 농어촌간의 극심한 인구편차 등 3개의 요소를 합리적으로 참작하여야 할 것이다."(헌재 1995. 12. 27. 95헌마224 등 병합결정)

4) 정당의 대표자(구성원)로서의 지위

385. 국회의원의 정당의 대표자로서의 지위

국회의원이 정당의 대표자로서의 지위를 가진다는 데 대해서는 학설상 이견이 없는 것으로 보인다.[317] 다만 그 근거에 대해서는 견해를 약간씩 달리하고 있다. 제 1 설은 교섭단체의 운영을 볼 때 국회의원의 정당대표성은 어느 정도 인정되며, 전국구선출의원은 정당의 후보자 추천리스트에 따라 당선될 뿐만 아니라 공직선거법이 비례대표국회의원이 소속정당의 합당·해산 또는 제명 외의 사유로 당적을 이탈·변경하거나 2 이상의 당적을 가지는 경우에는 퇴직하게 하고 있기 때문에 정당대표성이 강하다고 한다.[318] 제 2 설은 오늘날의 정당제민주주의에서는 의회의원의 대부분이 특정정당에 소속하는 정당원으로서 소속정당을 대표하는 지위에 있고, 의원의 정당에의 기속이 특징이라는 점을 들어 국회의원의 정당의 대표자로서의 지위를 인정한다.

어떻든 오늘날 국회의원이 정당의 대표자로서의 지위도 함께 가지고 있다는 것을 부정할 수는 없다.

---

317) 물론 정종섭, 전국구국회의원의 탈당과 의원직상실의 문제, 변호사 제26집, 1996, 35쪽과 같이 헌법 제 8 조는 어디에도 정당기속을 규정하고 있지 않고, 대의제민주주의에서는 의원이 정당에 소속되어 있다고 하더라도 그에게는 국민의 대표자의 지위만 인정될 뿐 정당의 대표자로서의 지위가 인정되는 것은 아니며, 의원의 국민대표성과 정당대표성의 양립은 헌법원리상 불가능하다고 하는 견해가 없지는 아니하다. 그러나 이 견해는 오늘날의 민주주의가 정당제민주주의는 아니라고 하더라도 정당제민주주의가 가미된 민주주의라는 것을 간과하고 있기 때문에 따르기 어렵다.

318) 김철수, (주 20), 956쪽.

판례: 〈전국구국회의원 의석승계 미결정 위헌확인(각하)〉 "공무원책임조항인 헌법 제7조 제1항, 국회의원의 발언표결면책특권조항인 제45조, 국회의원의 국가이익 우선의무조항인 제46조 제2항의 규정들을 종합하여 볼 때, 헌법은 국회의원을 자유위임의 원칙하에 두었다고 할 것이고 따라서 별도의 법률규정이 있는 경우는 별론으로 하고, 전국구의원의 소속정당 탈당으로 의원직상실이 되지 않는 것이다."(헌재 1994. 4. 28. 92헌마153 결정)

5) 국민대표기관으로서의 지위와 정당대표자로서의 지위의 관계

386. 국회의원의 국민대표기관으로서의 지위와 정당대표자로서의 지위의 관계에 대한 학설

① 학 설

따라서 국민의 대표기관으로서의 지위와 정당대표자로서의 지위가 충돌되는 경우가 있을 수 있으며, 그 경우에 어떤 지위가 우선하는가라는 문제가 제기된다. 이에 대해서는 다음과 같은 해석에 대체로 의견이 일치하고 있다.

국회의원의 국민의 대표기관으로서의 지위가 정당의 구성원으로서의 지위와 충돌할 때에는 국회의원에게는 탈당의 자유가 있을 뿐만 아니라 표결에 있어서 비밀투표가 보장되어 있으므로, 국가의 이익과 소속정당의 이익이 충돌할 경우에는 양심에 따라 소속정당의 결정과 반대되는 발언이나 표결도 할 수 있고,[319] 국가이익우선의 의무(제46조 제2항)가 있기 때문에 국민의 대표기관으로서의 지위가 우선한다. 그러나 국가이익우선 의무는 그에 대한 법적 제재가 예상되어 있지 않기 때문에 정치적·도의적 의무로서의 성격을 갖는다.[320]

② 사 견

가. 사 견

387. 국회의원의 국민대표기관으로서의 지위와 정당의 대표자로서의 지위의 관계에 대한 사견

개인적으로는 국회의원의 국민대표기관으로서의 지위는 헌법기관으로서의 지위인 반면에, 국회의원의 정당대표자(구성원)로서의 지위는 헌법기관이 아닌 국민의 의사와 국가의사를 중개하는 중개자적 기관으로서의 준헌법기관인 정당의 구성원으로서의 지위이기 때문에, 당연히 국회의원은 국민대표기관으로서의 지위를 우선해야 한다고 생각한다.

나. 정당제 민주주의하에서 무기속위임원칙의 기능제고방안

388. 정당제민주주의하에서 무기속위임원칙의 기능제고방안

그러나 현실적으로는 국회의원이 정당에 기속되고 있는 것이 사실이다. 따라서 정당제 민주주의하에서도 무기속위임의 원칙이 그 기능을 발휘할 수 있도록 다음과 같은 세 가지가 요청된다 하겠다. 첫째, 당내민주주의를 현실화하여

319) G. Leibholz, Verfassungsrechtliche Stellung und innere Ordnung der Parteien, in: *38. Deutschen Juristentag*, S. 19.
320) 권영성, (주 19), 882쪽.

야 한다. 당내의 의사결정과정이 구성원 모두의 의사를 충실히 반영하여 이루어진다면 정당의 사실상의 구속에 대해서 국민과 헌법이 크게 우려할 바는 없다고 할 것이다.

판례: 〈국회의원과 국회의장 간의 권한쟁의(기각)〉 "무릇 국회의원의 원내활동을 기본적으로 각자에게 맡기는 자유위임은 자유로운 토론과 의사형성을 가능하게 함으로써 당내민주주의를 구현하고 정당의 독재화 또는 과두화를 막아주는 순기능을 갖는다. 그러나 자유위임은 의회 내에서의 정치의사형성에 정당의 협력을 배척하는 것이 아니며, 의원이 정당과 교섭단체의 지시에 기속되는 것을 배제하는 근거가 되는 것도 아니다. 또한 국회의원의 국민대표성을 중시하는 입장에서도 특정정당에 소속된 국회의원이 정당기속 내지는 교섭단체의 결정(소위 '당론')에 위반하는 정치활동을 한 이유로 제재를 받는 경우, 국회의원 신분을 상실하게 할 수는 없으나, '정당내부의 사실상의 강제' 또는 소속 '정당으로부터의 제명'은 가능하다고 보고 있다. 그렇다면, 당론과 다른 견해를 가진 소속 국회의원을 당해 교섭단체의 필요에 따라 다른 상임위원회로의 전임(사·보임)하는 조치는 특별한 사정이 없는 한 헌법상 용인될 수 있는 '정당내부의 사실상 강제'의 범위 내에 해당한다고 할 것이다."(헌재 2003. 10. 30. 2002헌라1 결정)

둘째, 교차투표, 자유투표를 인정하여야 한다. 국회의원이 국민전체의 봉사자로서 정당의 이익에 배치되는 사안에 대해서도 국가의 이익을 위해서 투표할 수 있도록 교차투표, 자유투표가 가능하고 이에 대하여는 불이익 내지 이단시하지 아니하는 정치풍토의 조성이 요망된다.

셋째, 탈당의 자유를 보장하여야 한다. 의원에게 탈당의 자유를 보장함으로써 국민전체의 이익과 정당의 이익이 상충하는 경우 탈당을 함으로써 국민전체의 이익을 도모할 수 있도록 해야 할 것이다. 이런 견지에서 현행 공직선거법상 비례대표국회의원의 임의적 당적변경 시 의원직상실규정(동법 제192조 제4항)은 위헌의 소지가 있다 할 것이다. 이에 대해 국회의원의 임의적 당적변경이 국민의 국회구도결정권 침해란 이유로 이에 찬동하는 견해가 있기는 하다. 그러나 현재와 같은 상태에서는 국민의 국회구도결정권은 지켜질 수는 있어도 의원의 정당에 대한 철저한 기속을 가져와 국민전체의 대표자로서가 아니라 철저한 정당의 대표자의 지위로 전락할 수 있으므로 탈당의 자유를 보장해야 할 것이다.

(2) 議員資格의 發生과 消滅

1) 의원자격의 발생시기와 국회의원의 임기

① 의원자격의 발생시기

389. 의원자격의 발생시기에 대한 학설

의원자격의 발생시기와 관련하여 당선결정설, 취임승낙설, 임기개시설 등 견해가 나누어져 있다. 당선결정설은 우리나라에서는 후보자등록제를 채택하고 있으므로 입후보하여 당선되면 의원이 되려는 의사표시가 후보자등록으로써 이루어졌다고 보아 선거에 의한 당선인의 결정에 의하여 의원자격이 발생한다고 한다. 취임승낙설은 투표의 결과 당선인의 결정과 당선인의 취임승낙에 의하여 의원자격이 발생한다고 한다. 임기개시설은 헌법과 법률이 정한 임기개시와 동시에 의원자격이 발생한다고 한다. 이 중 임기개시설이 다수설이며, 또한 옳다.

② 국회의원의 임기

390. 국회의원의 임기

국회의원의 임기는 4년이며(제42조), 임기는 총선거에 의한 전임의원의 임기만료일의 다음 날부터 개시한다(공직선거법 제14조 제 2 항).

2) 의원자격의 소멸

391. 의원자격의 소멸사유

다음의 경우에는 의원자격이 소멸한다.

① 임기만료(제42조), 사망

② 선거소송의 결과 선거무효나 당선무효의 유죄판결이 확정된 경우

가. 피선거권이 없었던 사실이 임기개시 후에 발견된 경우

나. 당선된 의원의 선거사무장 또는 회계책임자가 정해진 비용의 200분의 11 이상을 초과지출한 이유로 징역형 또는 300만 원 이상의 벌금형을 선고받은 경우 또는 회계책임자가 정치자금법 제49조의 죄를 범하여 징역형 또는 300만 원 이상의 벌금형을 선고받은 경우

다. 당선된 의원이 선거법 또는 정치자금법 제49조 위반으로 징역형 또는 100만 원 이상의 벌금형을 선고받은 경우

판례: "당선인 또는 다른 입후보자가 선거운동과정에서 선거사범에 해당하는 잘못을 저질렀다고 하는 사유는 관계자가 형사상 선거법위반의 처벌대상이 될 뿐이고 선거무효소송의 주장사유로는 삼을 수 없다."(대법원 1992. 10. 16. 92수198 판결)

라. 당선된 의원의 선거사무장·회계책임자 또는 후보자의 직계존·비속 및 배우자가 공직선거법 제230조 내지 제234조 또는 제257조 제 1 항 중

기부행위를 한 죄 또는 정치자금법 제45조 제1항의 정치자금 부정수수 죄를 범하여 징역형 또는 300만 원 이상의 벌금형의 선고를 받은 경우

마. 기타 사유로 대법원에서 선거무효 또는 당선무효가 선고된 경우

③ 퇴직의 경우(국회법 제136조)

가. 공직선거법 제53조의 규정에 의하여 사직원을 제출하여 공직선거후보자로 등록한 때

나. 의원이 법률에 규정된 피선거권이 없게 된 경우

④ 국회의 허가를 받아 사직한 경우(동법 제135조 제1항)

⑤ 제명(제64조 제3항), 무자격판정(제64조 제2항, 동법 제142조 제3항)

⑥ 당적변경과 소속정당의 강제해산

비례대표국회의원은 합당·해산 또는 제명 외의 사유로 당적이탈·변경, 이중당적을 가지고 있을 때에는 퇴직된다(공선법 제192조 제4항).

판례: 〈전국구국회의원 의석계승 미결정 위헌확인(각하)〉 "전국구의원이 그를 공천한 정당을 탈당할 때 의원직을 상실하는 여부는 그 나라의 헌법과 법률이 국회의원을 이른바 자유위임(또는 무기속위임)하에 두었는가, 명령적 위임(또는 기속위임)하에 두었는가, 양제도를 병존하게 하였는가에 달려있는데, 자유위임하의 국회의원의 지위는 그 의원직을 얻는 방법, 즉 전국구로 얻었는가, 지역구로 얻었는가에 의하여 차이가 없으며, 전국구의원도 그를 공천한 정당을 탈당하였다고 하여도 별도의 법률규정이 있는 경우는 별론으로 하고 당연히 국회의원직을 상실하지는 않는다. 헌법 제7조 제1항, 제45조, 제46조 제2항의 규정들을 종합하면 헌법은 국회의원을 자유위임의 원칙하에 두었다고 할 것이고, 청구인정당소속 전국구의원이던 조윤형이 청구인정당을 탈당할 당시 시행되던 구국회의원선거법이나 국회법에는 전국구의원이 그를 공천한 정당을 탈당한 경우에 의원직을 상실한다는 규정을 두고 있지 않았다."(헌재 1994. 4. 28. 92헌마153 결정)

⑦ 국회해산

국회의 결정에 따라 자진해산한 경우

2. 國會議員의 權利와 義務

392. 국회의원의 권리와 의무

전체국민의 대표이면서 동시에 국회의 구성원인 국회의원에게는 그 지위에 따르는 여러 가지 권한과 권리가 주어져 있으며, 그에 상응하는 의무도 부과되고 있다.

(1) 國會議員의 權限과 權利

1) 국회의 운영과 활동에 관한 권한

393. 국회의원의 국회의 운영과 활동에 관한 권한

국회의원의 국회의 운영과 활동에 관한 권한으로는 임시회집회요구권(제47조 제1항), 각종 의안발안권(제52조, 제128조 제1항, 제65조 제2항, 국회법 제79조), 질문권(제62조 제2항, 동법 제122조-제122조의3), 질의권, 찬반토론권(동법 제106조 제1항), 표결권(제49조) 등이 있다.

판례: 〈입법권침해 등에 대한 헌법소원(각하)〉 "국회의원의 질의권, 토론권, 표결권 등은 국회의 구성원의 지위에 있는 국회의원에게 부여된 권한이지 국회의원 개개인에게 헌법이 보장하는 권리, 즉 기본권으로 인정된 것이라 할 수 없다."(헌재 1995. 2. 23. 90헌마125 결정)

판례: 〈국회의장과 국회의원간의 권한쟁의(기각)〉 "국회의원은 국민이 직접 선출하는 대표로서 헌법과 법률에서 여러 권한을 부여하고 있지만 그 중에서 가장 중요하고 본질적인 것은 입법에 대한 권한임은 두말할 필요가 없다. 이 권한에는 법률안제출권(헌법 제52조)과 법률안 심의·표결권이 포함되는 것이다. 이 법률안 표결·심의권은 의회민주주의의 원리, 입법권을 국회에 귀속시키고 있는 헌법 제40조, 국회는 국민이 선출한 국회의원으로 구성한다고 규정한 헌법 제41조 제1항으로부터 도출되는 헌법상의 권한이다. 그리고 이러한 법률안 심의·표결권은 국회의 다수파의원에게만 보장되는 것이 아니라 소수파의원과 특별한 사정이 없는 한 국회의원 개개인에게 모두 보장되는 것 또한 의문의 여지가 없다."(헌재 2000. 2. 24. 99헌라1 결정)

판례: 〈국회의원과 국회의장간의 권한쟁의(기각)〉 "장내소란으로 의안상정·제안설명 등 정상적인 의사진행이 이루어지지 못하고 질의신청을 하는 의원도 없는 상황에서 위원회의 심사를 거치지 않은 의안에 대하여 제안자의 취지설명·질의·토론절차를 거치지 않은 채 표결절차를 진행한 국회의장의 행위가 국회법 제93조의 심의절차에 위반하였다고 볼 수 없고 질의·토론을 거치도록 정한 국회법 제93조에 위반하여 국회의원의 심의·표결권을 침해할 정도에 이르렀다고 보기 어렵다."(헌재 2008. 4. 24. 2006헌라2 결정)

판례: 〈국회의원과 국회의장 간의 권한쟁의(권한침해, 기각)〉 "국회의장이 적법한 반대토론 신청이 있었음에도 반대토론을 허가하지 않고 토론절차를 생략하기 위한 의결을 거치지도 않은 채 법률안들에 대한 표결절차를 진행한 것은 국회법 제93조 단서를 위반하여 국회의원의 법률안 심의·표결권을 침해하였다."(헌재 2011. 8. 30. 2009헌라7 결정)

2) 수당과 여비를 받을 권리

394. 국회의원의 수당과 여비를 받을 권리

국회의원은 수당과 여비를 받을 권리를 가진다(동법 제30조). 이 권리는 월정수당(세비), 입법활동비, 특별활동비, 여비를 포함한다.

세비의 성격에 대해서는 세비를 의원의 생활을 보장하는 것이 아니라 직무를 행함에 필요한 비용을 변상하는 것이라는 수당설(비용변상설)과 세비를 의원의 근무에 대한 보수로 보는 보수설[321]의 대립이 있다. 국회법과 「국회의원수당 등에 관한 법률」은 실비전보설에 입각하고 있다(「국회의원수당 등에 관한 법률」 제1조).

그러나 의원직이 과거와 같이 단순한 명예직이 아니라 엄연한 하나의 직업으로 인정받는 현실을 감안할 때 우리 현행법의 태도는 문제가 있다 하겠다. 그러한 한에서 개인적으로는 세비는 근무의 대가인 동시에 의원과 그 가족의 생계유지를 위한 급여로서의 성격을 갖는다고 생각한다.[322]

3) 국유교통수단의 무료이용권

395. 국회의원의 국유교통수단의 무료이용권

의원은 국유의 철도, 선박과 항공기를 무료로 이용할 수 있다. 다만, 폐회중에는 공무의 경우에 한한다(국회법 제31조).

이 권리는 의원의 신분상의 특권이 아니고, 의정활동에 대한 지원으로서의 성격을 갖는다.

(2) 國會議員의 義務

396. 국회의원의 의무: 헌법상의 의무+국회법상의 의무

국회의원의 의무는 헌법상의 의무와 국회법상의 의무로 나눌 수 있다.

1) 헌법상의 의무

397. 국회의원의 헌법상의 의무

국회의원의 헌법상의 의무로는 국민전체에 대한 봉사의무(제7조 제1항), 겸직금지의 의무(제43조), 청렴의 의무(제46조 제1항), 국가이익우선의 의무(제46조 제2항), 이권개입(지위남용)금지의 의무(제46조 제3항)가 있다.

2) 국회법상의 의무

398. 국회의원의 국회법상의 의무

국회의원의 국회법상의 의무로는 다음과 같은 것들이 있다. 본회의와 위원

321) 김철수, (주 20), 970쪽.

322) 김철수, (주 20), 970쪽; 허영, (주 15), 894·895쪽; 독일연방헌법재판소(BVerfGE 40, 296ff.).

회에 출석할 의무(동법 제155조 제8호), 의사에 관한 법령과 국회규칙을 준수할 의무(동법 제6장), 회의장의 질서를 준수하고 국회의 위신을 손상하지 않을 의무(동법 제145조, 제25조), 다른 의원을 모욕하거나 다른 의원의 발언을 방해하지 않을 의무(동법 제146조, 제147조), 국정감사·국정조사에 있어서 주의의무(동법 제155조 제9호, 제10호), 의장의 질서유지에 관한 명령에 복종할 의무(동법 제145조, 제155조 제6호).

3. 國會議員의 特權

(1) 槪 觀

399. 국회의원의 특권 개관

앞에서 국회의원은 그 자체로서 독립된 헌법기관이면서 국민의 대표기관이라고 하였다. 국민의 대표기관인 국회의원은 합의체인 국회의 구성원으로서 활동하기도 하지만 개인으로서도 활동한다. 특히 국회의원이 개인으로서 국익을 추구하는 국민대표기관의 역할을 소신껏 양심에 따라 수행할 수 있기 위해서는 막강한 조직을 가진 행정부, 소속정당, 사회의 거대세력들 및 유권자집단, 심지어는 동료 국회의원(들)으로부터 어떤 보호장치가 있지 않으면 안 된다. 이러한 필요를 충족시켜주는 헌법적 장치가 국회의원의 특권이라 할 수 있다. 국회의원의 특권에는 면책특권과 불체포특권이 있다.

(2) 免責特權

1) 헌법규정

400. 국회의원의 면책특권에 관한 헌법규정: 헌법 제45조

헌법 제45조는 "국회의원은 국회에서 직무상 행한 발언과 표결에 관하여 국회외에서 책임을 지지 아니한다"고 하여 국회의원의 발언·표결에 관한 면책특권을 규정하고 있다.

2) 연혁과 기능

① 연 혁

401. 국회의원의 면책특권의 연혁

'면책특권'(Indemnität)의 기원은 멀리 1397년 영국의 Haxey's Case까지 거슬러 올라갈 수 있다. 그러나 그것이 명문화된 것은 1689년 영국의 권리장전이 처음이라 할 수 있으며,[323] 근대헌법으로서 면책특권을 처음으로 수용한 것은

323) 허영, (주 15), 900쪽.

미연방헌법이다.[324)]

② 기　　능

면책특권은 집행부의 부당한 탄압을 배제하고, 선거민 · 사회적 세력 · 정당의 수뇌부로부터 독립(당내민주주의의 근거)을 보장해 주는 의의가 있다.

402. 국회의원의 면책특권의 의의

판례: "면책특권은 국회의원이 국민의 대표자로서 자유롭게 그 직무를 수행할 수 있도록 보장하기 위하여 마련된 장치이다."(대법원 1992. 9. 22. 91도3317 판결)

3) 법적 성질

면책특권은 위법 · 유책의 행위이지만 처벌을 면제하는 것, 즉 인적 처벌조각사유에 해당된다. 면책특권은 의원 개인의 특권이자 의회의 특권으로 포기할 수 없다. 면책특권은 국회의 의결로도 그 효력을 제한할 수 없다는 점에서 불체포특권과 구별된다.

403. 국회의원의 면책특권의 법적 성질: 인적 처벌조각사유

4) 주　　체

면책특권이 인정되는 자는 국회의원에 한정된다.[325)] 따라서 지방의회의원에게는 면책특권이 인정되지 아니한다.

404. 국회의원의 면책특권의 주체

의원이 국무위원직을 겸하고 있는 경우에 대해서는 견해가 나누어져 있다. 제 1 설은 양직을 겸하고 있는 경우에는 이를 구분하기가 어렵기 때문에 어떤 자격으로서 행한 발언인지를 불문하고 면책되어야 한다고 한다.[326)] 제 2 설은 양직을 겸하고 있는 경우에 의원인 자격에서 행한 원내발언에 대해서만 면책특권을 인정하여야 한다고 한다.[327)]

개인적으로는 면책특권은 국회의원에게만 인정되는 것이기 때문에 제 2 설이 타당하다고 본다.

---

324) 미연방헌법 제 1 조 제 6 항 ① "상원의원과 하원의원은 그 직무에 대하여 보수를 받으며, 그 보수액은 법률로써 정하고 합중국의 국고로부터 지급한다. 양원의 의원은 반역죄, 특별중죄 및 공안을 해하는 죄를 제외하고는 어떠한 경우에도 그 원의 회의에 출석중이거나 그 왕복도중에 체포되지 아니하는 특권이 있다. 양원의 의원은 그 원내에서 한 발언 또는 토론에 관하여 원외에서 문책을 받지 아니한다."

325) 참고로 영국의 경우는 의사절차에 참가한 증인과 청원인에게도 면책특권을 인정하고 있고, 미국에서는 Gravel v. U. S.(1972) 사건 이후 의원보조자에게도 면책특권을 인정하고 있다.

326) 김철수, (주 20), 967쪽.

327) 권영성, (주 19), 887쪽; 허영, (주 15), 901쪽.

5) 대상과 범위

405. 국회의원의 면책특권의 대상과 범위

면책특권의 대상은 국회의원이 국회에서 직무상 행한 발언과 표결이다. 국회라 함은 의사당, 본회의나 위원회가 개최되고 있는 장소, 기타 국회가 활동하고 있는 모든 장소(국정감사장)를 말한다(실질적 기능의 중시). 직무상 행한 발언과 표결은 직무행위 그 자체는 물론 직무부수적 행위, 예컨대 본회의와 위원회에서 발언할 내용을 발언 직전에 원내기자실에서 출입기자들에게 배포하는 행위를 포함한다. 그러나 직무상의 행위에 사담, 야유, 난투 등은 포함되지 않는다.

판례: 〈이른바 유성환의원의 국시사건〉 "국회의원의 면책특권의 대상이 되는 행위는 직무상의 발언과 표결이라는 의사표현행위 자체에 국한되지 아니하고 이에 통상적으로 부수하여 행하여지는 행위까지 포함하고, 그와 같은 부수행위인지 여부는 결국 구체적인 행위의 목적, 장소, 태양 등을 종합하여 개별적으로 판단할 수밖에 없다. 원고의 내용이 공개회의에서 행할 발언내용이고(회의의 공개성), 원고의 배포시기가 당초 발언하기로 예정된 회의시작 30분 전으로 근접되어 있으며(시간적 근접성), 원고배포의 장소 및 대상이 국회의사당 내에 위치한 기자실에서 국회출입 기자들만을 상대로 한정적으로 이루어지고(장소 및 대상의 한정성), 원고배포의 목적이 보도의 편의를 위한 것(목적의 정당성)이라면, 국회의원이 국회본회의에서 질문할 원고를 사전에 배포한 행위는 면책특권의 대상이 되는 직무부수행위에 해당한다."(대법원 1992. 9. 22. 91도3317 판결)

판례: "면책특권의 대상이 되는 행위는 국회의 직무수행에 필수적인 국회의원의 국회 내에서의 직무상 발언과 표결이라는 의사표현행위 자체에만 국한되지 않고 이에 통상적으로 부수하여 행하여지는 행위까지 포함되므로, 국회의원이 국회의 위원회나 국정감사장에서 국무위원·정부위원 등에 대하여 하는 질문이나 질의는 국회의 입법활동에 필요한 정보를 수집하고 국정통제기능을 수행하기 위한 것이므로 면책특권의 대상이 되는 발언에 해당함은 당연하고, 또한 국회의원이 국회 내에서 하는 정부·행정기관에 대한 자료제출의 요구는 국회의원이 입법 및 국정통제활동을 수행하기 위하여 필요로 하는 것이므로 그것이 직무상 질문이나 질의를 준비하기 위한 것인 경우에는 직무상 발언에 부수하여 행하여진 것으로서 면책특권이 인정되어야 한다."(대법원 1996. 11. 8. 96도1742 판결)

판례: "발언내용이 허위라는 점을 인식하지 못했다면 비록 발언내용에 다소 근거 가 부족하거나 진위 여부를 확인하기 위한 조사를 제대로 하지 않았다고 하더라 도, 그것이 직무수행의 일환으로 이뤄진 것인 이상 면책특권의 대상이 된다. … 발언내용이 허위라고 생각하면서도 발언을 했다기보다는 미처 진위 여부를 파악치 못한 채 발언을 했다고 봄이 상당하므로 당시 발언이 면책특권의 범위를 벗어나는 것이

라고 보기 어렵다."(대법원 2007. 1. 12. 2005다57752 판결)

6) 효　과

406. 국회의원의 면책특권의 효과

면책의 효과는 임기 중·임기 후를 불문하고 국회 외에서 민·형사상의 책임을 지지 않는다는 것이지, 적법행위로 된다는 것을 의미하지는 않는다. 따라서 국회 내에서 행한 발언과 표결을 문제삼아 공소가 제기되었을 때에는 공소를 기각해야 할 것이다.

판례: "국회의원의 면책특권에 속하는 행위에 대하여는 공소를 제기할 수 없으며 이에 반하여 공소가 제기된 것은 결국 공소권이 없음에도 공소가 제기된 것이 되어 형사소송법 제327조 제2호의 '공소제기의 절차가 법률의 규정에 위반하여 무효인 때'에 해당되므로 공소를 기각하여야 한다."(대법원 1992. 9. 22. 91도3317 판결)

판례: "국회의원인 피고인이, 구 국가안전기획부 내 정보수집팀이 대기업 고위관계자와 중앙일간지 사주 간의 사적대화를 불법 녹음한 자료를 입수한 후 그 대화내용과, 전직 검찰간부인 피해자가 위 대기업으로부터 이른바 떡값 명목의 금품을 수수하였다는 내용이 게재된 보도자료를 작성하여 국회 법제사법위원회 개의 당일 국회의원회관에서 기자들에게 배포한 사안에서, 피고인이 국회 법제사법위원회에서 발언할 내용이 담긴 위 보도자료를 사전에 배포한 행위는 국회의원 면책특권의 대상이 되는 직무부수행위에 해당하므로 피고인에 대한 허위사실적시 명예훼손 및 통신비밀보호법 위반의 점에 대한 공소를 기각하여야 한다."(대법원 2011. 5. 13. 2009도14442 판결)

그러나 국회 내에서 징계책임을 묻거나, 소속정당으로부터 제명되거나 선거구민에 대하여 정치적 책임을 질 수는 있다.

7) 한　계

407. 국회의원의 면책특권의 한계

의원이 국회 내에서 한 발언과 표결이라 하더라도 그것을 다시 원외에서 발표하거나 출판하는 경우에는 면책되지 아니한다.

그러나 공개회의의 회의록을 그대로 공개한 경우는 면책된다(국회법 제118조 참조). 회의록공표가 무방한 것은 면책특권의 효력 때문이 아니고, 국민의 알 권리 내지 의원의 의정활동보고책임 또는 언론의 자유의 효과 때문이다.

(3) 不逮捕特權

1) 헌법규정

408. 국회의원의 불체포특권에 대한 헌법규정: 헌법 제44조

헌법 제44조는 "① 국회의원은 현행범인인 경우를 제외하고는 회기중 국회의 동의 없이 체포 또는 구금되지 아니한다. ② 국회의원이 회기 전에 체포 또는 구금된 때에는 현행범인이 아닌 한 국회의 요구가 있으면 회기 중 석방된다"고 하여 국회의원의 불체포특권을 규정하고 있다.

2) 연혁와 의의

① 연 혁

409. 국회의원의 불체포특권의 연혁

'불체포특권'(Immunität)은 영국의 Privilege of Parliament Act(1603)에 기원을 두고 있으나, 근대헌법에서 의원의 불체포특권을 처음 명문화한 것은 미연방헌법이다.

② 의 의

410. 국회의원의 불체포특권의 의의

불체포특권은 집행부의 불법한 억압으로부터 국회의 자주적 활동을 보장함과 동시에 의원의 국민대표기관으로서의 활동을 보호해 준다는 의미를 동시에 갖고 있다.

3) 법적 성질

411. 국회의원의 불체포특권의 법적 성질

불체포특권의 법적 성질에 대해서는 행정부에 의하여 의원의 직무수행이 방해되지 않도록 그 신체의 자유를 보장하는 것이라는 의원개인의 신체의 자유보장설과 의원개인의 신체의 자유를 보장하기 위한 것이 아니라 의회의 정상적인 활동을 보장하기 위한 것이라는 의회의 정상활동보장설 및 의원 개인의 특권인 동시에 국회의 특권이라는 결합설이 대립되어 있다. 국회의 특권이자 의원개인의 특권이라는 것이 다수설의 입장이다. 따라서 의원개인은 불체포특권을 포기할 수 없다.

불체포특권은 형사책임의 면제가 아닌 유예라는 점에서 임기 후까지 형사소추가 면제되는 면책특권과 구별된다.

4) 내 용

① 원 칙

412. 국회의원의 불

우선, 불체포특권은 회기 중에는 의원을 체포할 수 없다는 것을 그 내용으

로 한다. 회기 중이란 집회일로부터 폐회일까지의 기간(휴회기간 포함)을 말한다. 체포, 구금이란 형사소송법상의 강제처분과 행정상의 강제처분(경찰관직무집행법상의 보호조치, 감호처분, 격리처분 등)을 포함한다.

체포특권이 인정되는 경우

다음으로, 불체포특권은 회기 전에 체포, 구금한 때에도 국회의 요구가 있으면 석방해야 한다는 것을 내용으로 한다. 회기 전은 회기가 시작되기 이전 및 전회기를 말한다. 석방요구를 발의하려면 재적의원 4분의 1 이상의 연서로 그 이유를 첨부한 요구서를 의장에게 제출하여야 하며(국회법 제28조), 그 의결은 재적의원 과반수의 출석과 출석의원 과반수의 찬성으로 의결한다(제49조). 그러나 석방요구는 회기 전 현행범에게는 인정되지 아니한다.

② 예 외

413. 국회의원의 불체포특권이 인정되지 않는 경우

우선, 불체포특권은 현행범인에게는 인정되지 아니한다. 현행범인은 범죄의 실행 중에 있거나 실행 직후에 있는 자(형소법 제211조)를 말한다. 국회 내의 현행범인은 체포한 후 의장의 지시를 받아야 하고, 의원의 경우에는 의장의 명령이 있어야 체포할 수 있다(동법 제150조 단서). 이는 국회의 자율권을 존중하기 위한 것이다.

다음으로, 국회의 동의가 있는 경우에는 불체포특권이 인정되지 아니한다. 국회의 동의를 받기 위해서는 관할법원의 판사는 영장을 발부하기 전에 체포동의요구서를 정부에 제출하여야 하며, 정부는 이를 수리한 후 국회에 체포동의를 요청하여야 한다(동법 제26조). 이 때 국회는 구속되지 아니한다(국회의 재량사항). 그러나 동의에는 조건과 기한을 붙일 수 없다는 것이 다수설의 입장이다. 또한 전회기에 국회의 동의가 있더라도 현회기에서는 석방을 요구할 수 있다.

끝으로, 회기 전에 체포, 구금되고 또 현행범인이 아닌 경우에도 국회의 석방요구가 없으면 불체포특권은 인정되지 아니한다.

第 3 章 大統領과 行政府

第 1 節 大統領의 憲法上 地位

1. 一般的 類型

414. 대통령의 헌법상 지위의 일반적 유형

대통령의 헌법상 지위는 정부형태에 따라 다르다. 미국형 대통령제하의 대통령은 원칙적으로 입법권, 사법권과 동렬에 있다. 의원내각제하의 대통령은 원칙적으로는 형식적, 의례적인 권한을 갖는 명목적, 상징적 국가원수에 지나지 않는다. 그러나 예외적으로 부진정한(변형된) 의원내각제하의 대통령은 실질적인 권한 내지 헌법상의 특권을 갖는 명실상부한 국가원수로서의 지위를 갖는다. 라틴아메리카, 아프리카, 중동, 동남아 등의 나라의 대통령은 입법부나 사법부에 비하여 월등하게 우월한 지위를 갖고 있다. 뢰벤슈타인은 이를 신대통령제라 부르고 있다.

2. 우리 憲法上 大統領의 地位

(1) 우리 歷代憲法에 共通된 特徵

415. 우리 역대헌법에 공통된 대통령의 지위

우리 역대헌법에 채택된 대통령제의 공통점은 한 마디로 미국형대통령제가 아닌 언제나 변형된 대통령제였고, 대통령이 언제나 입법부, 사법부에 대하여 절대적 또는 상대적으로 우월적 지위를 점하여 왔다는 말로써 표현할 수 있다.

(2) 現行憲法上의 大統領의 地位

1) 헌법규정

416. 대통령의 지위에 대한 헌법규정: 헌법 제66조

우리 헌법은 제66조 제 1 항과 제66조 제 4 항에서 대통령의 지위를 정하고 있다. 곧 제66조 제 1 항은 "대통령은 국가의 원수이며, 외국에 대하여 국가를

대표한다"고 하고, 제66조 제4항은 "행정권은 대통령을 수반으로 하는 정부에 속한다"고 하고 있다. 따라서 대통령은 국가원수로서의 지위와 행정부수반으로서의 지위를 갖는다.

2) 대통령의 지위분류

① 대통령의 지위에 대한 학설

417. 대통령의 지위에 대한 학설

대통령의 지위를 어떻게 분류할 것인가라는 문제와 관련하여 여러 가지 견해가 대립되어 있다. 제1설은 "헌법 제66조는 「① 대통령은 국가의 원수이며, 외국에 대하여 국가를 대표한다. … ④ 행정권은 대통령을 수반으로 하는 정부에 속한다」고 하여 대통령제에 있어서의 대통령의 지위를 규정하고 있다. … 현행 헌법상의 대통령은 주권의 행사기관으로서, 입법부·사법부에 동위 내지는 우월한 기관으로서 이들 통치기관을 조정하는 지위를 가지고 있다 하겠다. 그리고 「대통령은 국가의 독립·영토의 보전·국가의 계속성과 헌법을 수호할 의무를」 지며(제66조 제2항), 「조국의 평화적 통일을 위하여 성실한 의무를」 지도록 하고 있다(제66조 제3항). 또한 현행헌법의 대통령은 국가권력 전부를 행사하는 것이 아니고, 또 유일한 주권행사기관이 아니며, 주권행사기관 중의 하나이다"라고 하면서 대통령의 지위를 국가원수로서의 지위, 국가의 한 주권행사기관으로서의 지위, 행정권의 수반으로서의 지위, 긴급시의 국가수호자로서의 지위로 4분한다.[328)]

제2설은 대통령의 지위를 대통령은 국민에 의하여 직접 선출된다는 직선제 조항(제67조)과 대통령은 임기 중 탄핵결정에 의하지 아니하고는 퇴임하지 아니한다는 정치적 무책임 조항(제65조) 그리고 국가원수 조항(제66조 제1항)을 근거로 국민대표기관으로서의 지위, 제66조 제1항을 근거로 국가원수로서의 지위, 제66조 제4항을 근거로 집행부수반으로서의 지위의 셋으로 나누고 있다.[329)]

제3설은 대통령의 지위를 제66조 제1항을 근거로 국가원수로서의 지위, 제66조 제2항·제3항과 제69조를 근거로 국정의 최고책임자로서의 지위, 제66조 제4항을 들어 행정부수반으로서의 지위, 대통령의 직선제도(제67조 제1항)와 탄핵결정(제65조)을 들어 대의기관으로서의 지위, 헌법수호의무(제66조 제2항)·취임선서(제69조)·법률안공포권과 거부권(제53조 제1항과 제2항)·공무원임면권(제78조)·사면권(제79조)·국가긴급권(제76조와 제77조)을 들어 기본권보호기관으

---

328) 김철수, (주 20), 1044쪽.
329) 권영성, (주 19), 900쪽.

로서의 지위로 5분한다.[330)]

② 대통령의 지위분류에 대한 학설의 검토

가. 국가원수의 개념에 대한 견해차이

418. 국가원수의 개념에 대한 견해차이

대통령의 지위에 대한 이러한 견해의 차이는 전적으로 국가원수의 개념과 그 기능 내지 권한을 무엇으로 보는가에 달려 있는 것으로 보인다. 왜냐하면 제1설과 제2설은 국가원수에게 대내적 · 대외적 지위를 함께 부여함에 반하여, 제3설은 "대통령이 국가의 원수라는 말은 대외적인 국제관계에서 대통령이 국가를 대표한다는 뜻이다. 우리나라처럼 자유민주적 통치구조를 가지고 있는 헌법질서 아래서 대통령은 대내적인 관계에서는 국정의 최고책임자일 수는 있어도 국가의 원수일 수는 없다"고 하여 대통령에게 대외적 지위만을 인정면서 제1설과 제2설이 용어사용에 문제가 있음을 지적하고 있다.[331)]

나. 국가원수에 대한 개념정의

419. 국가원수에 대한 개념정의: 대내적 · 대외적으로 국가의 정치적 통일을 대표하는 지위와 권한을 가진 국가기관

독일연방헌법재판소장과 독일연방대통령을 차례로 지낸 헤르초크 *Roman Herzog*는 "국가학에서 관례가 된 용어에 따르면 국가원수는 특히 국제법적 임무와 권한을 통하여, 국제관계에서는 물론 국내정치생활에서도 특정의 특권(면책특권, 우선권)을 통하여, 그리고 매우 일반적으로는 그에게 주어진 국가의 정치적 통일을 대표하는 능력을 통하여 그 밖의 국가기관들과 구별된다"고 하고, 그 권한을 국가긴급상태에서의 권한과 정치적 (공동)결정권으로 요약하고 있다.[332)] 그런가 하면 만틀 *Wolfgang Mantl*은 "오늘날 국가원수는 대부분 전통에 따라 깊은 영향을 받은 특정된 다수의 기능과 권한을 가진, 그러나 최고의 국가기관 자체가 아니라 여러 기관들 가운데서 최고의 집행기관인 국가기관을 말한다. 국가원수의 법적 지위는 면책특권, 명예권, 양립할 수 없고 특수한 구조를 띤 정치적 · 법적 책임을 통하여 나타나고 있다"고 하면서 국가원수의 기능과 권능을 둘러싼 헌법정책적 논쟁에서 '중립적 권력', '헌법의 수호자', '중재자'라는 용어들이 사용되었음과 의회민주정국가에서도 국가원수는 대내적 · 대외적으로 정치적 통일을 대표하고 상징한다고 한다.[333)] 이들의 이야기를 한 마디로 간추린다면 '국가원수는 대내적 · 대외적으로 국가의 정치적 통일을 대표하는 지위와 권한을

330) 허영, (주 15), 904-906쪽.
331) 허영, (주 15), 904쪽.
332) R. Herzog, Art. Staatsoberhaupt, in: *Evangelisches Staatslexikon*, 2. Aufl.(1975), Sp. 2515ff.
333) W. Mantl, Staatsoberhaupt, in: Die Görres-Gesellschft(Hg.), *Staatslexikon* 5. Bd., 7. Aufl.(1989), Sp. 205ff.

가진 국가기관'으로 정의할 수 있다.

다. 대통령의 헌법상 지위에 대한 학설의 검토

420. 대통령의 헌법상 지위에 대한 학설의 검토

따라서 우리 헌법 제66조 제1항의 대통령은 국가의 원수라는 말은 대외적인 국제관계에서 대통령이 국가를 대표한다는 뜻으로 해석하는 제3설의 태도에는 찬성할 수 없다. 또한 국가원수를 대내·외적으로 국가를 대표한다고 보면서도 제66조 제2항과 제3항을 국가원수의 지위가 아닌 국가의 한 주권행사기관으로서의 지위를 근거짓는 규정으로 보는 제1설도 문제가 있다고 할 수밖에 없다. 그렇다고 해서 제2설도 전혀 문제가 없는 것은 아니다. 제2설은 대통령의 지위를 국가원수로서의 지위와 집행부수반으로서의 지위 외에 대통령의 직선제 조항과 정치적 무책임 조항, 국가원수 조항을 근거로 국민대표기관으로서의 지위를 들면서 국회가 다원적 집단이익의 대표를 의미한다면 대통령은 통일적 국가이익의 대표를 의미한다고 설명하고 있다. 그러나 국가원수는 대통령제 국가이든 의원내각제 국가이든, 직선이든 간선이든을 묻지 않고 대내적·대외적으로 국가의 정치적 통일을 대표한다. 또한 제2설이 '국회는 다원적 집단이익의 대표'라는 말로써 무엇을 의미하는지는 알 수 없으나 국회(나 국회의원)가 국민전체가 아닌 집단이익을 대표한다는 이야기는 문제가 있다. 오히려 국회가 국민을 대표한다는 것은 입법작용과 국정통제작용을 통해서 국민을 대표하며, 국가원수는 정치적 통일을 이루어내고 유지함으로써 국민을 대표한다는 이야기는 가능할 것이다. 그러나 대통령의 지위를 설명함에 있어 국민대표기관성은 그리 중요한 요소는 아니라고 생각한다. 왜냐하면 대통령은 국가원수이며, 국가원수는 대내·외적으로 국가의 정치적 통일을 대표하는 국가기관이라는 정의 속에 이미 대통령의 국민대표성은 전제 또는 포함되어 있기 때문이다.

③ 대통령의 지위에 대한 사견

421. 대통령의 지위에 대한 사견

따라서 개인적으로는 헌법 제66조를 전체로서 대통령의 지위를 근거짓는 규정으로 보고, 제66조 제1항·제2항·제3항은 대통령의 국가원수로서의 지위를, 제66조 제4항은 대통령의 행정부수반으로서의 지위를 근거짓는 규정으로 보고자 한다. 그러므로 국내에서 대통령의 지위로서 들고 있는 것 중 행정부수반의 지위가 아닌 것은 모두 대통령의 국가원수의 지위로 분류되어야 할 것이다.[334)]

---

334) 이러한 구분은 집행작용을 통치행위와 협의의 행정작용으로 구분한 것과 밀접한 관련이 있다. 곧 대통령이 국가원수로서 대내·외적으로 국가의 정치적 통일을 형성·유지하기 위한 행위는 협의의 행정작용과는 구별해야 한다는 것이다. 물론 대통령 1인에게 그러한

3) 국가원수로서의 지위 및 권한

① 국가원수로서의 대통령의 지위

422. 국가원수로서의 대통령의 지위

국가원수로서의 대통령의 지위는 대외적으로 국가를 대표할 지위(제66조 제 1 항 후단, 제73조), 국가와 헌법의 수호자로서의 지위(제66조 제 2 항, 제69조, 제76조, 제77조, 제 8 조 제 4 항, 제91조 제 2 항), 국정의 통합·조정자로서의 지위(제128조 제 1 항, 제72조, 제47조 제 1 항, 제81조, 제52조, 제79조. 그 밖에 제66조, 제92조, 제93조도 연관이 있음), 헌법기관구성자로서의 지위(제98조 제 2 항, 제104조 제 1 항·제 2 항, 제111조 제 2 항·제 4 항, 제114조 제 2 항)로 분류할 수 있다.

② 국가원수로서의 대통령의 권한

423. 국가원수로서의 대통령의 권한

대통령은 대외적으로 국가를 대표할 지위에서 국가의 대표 및 외교에 관한 권한(제73조)과 영전수여권(제80조)을, 국가와 헌법의 수호자의 지위에서 국군통수권(제74조), 비상적 권한(제76조, 제77조), 위헌정당해산제소권(제 8 조 제 4 항)을, 국정의 통합·조정자로서의 지위에서 국회임시회집회요구권(제47조 제 1 항), 법률안제출권(제52조), 중요정책에 대한 국민투표부의권(제72조), 사면·감형·복권에 관한 권한(제79조), 국회출석·발언권(제81조)을, 그리고 헌법기관구성자로서의 지위에서 헌법기관구성권(제98조 제 2 항, 제104조 제 1 항·제 2 항, 제111조 제 2 항·제 4 항, 제114조 제 2 항)을 각각 갖는다.

4) 행정부수반으로서의 대통령의 지위 및 권한

① 행정부수반으로서의 대통령의 지위

424. 행정부수반으로서의 대통령의 지위

대통령의 행정부수반으로서의 지위는 행정의 최고지휘권자·최고책임자로서의 지위, 행정부조직권자로서의 지위, 국무회의의장으로서의 지위를 포함한다.

② 행정부수반으로서의 대통령의 권한

425. 행정부수반으로서의 대통령의 권한

대통령은 행정의 최고지휘권자·최고책임자로서 법률안거부권(제53조 제 2 항)과 행정입법권(제75조)을, 행정부조직권자로서는 행정부구성권(제86조 제 1 항, 제87조 제 1 항, 제94조)과 공무원임면권(제78조)을 갖는다. 또한 대통령은 정부의 권한에 속하는 중요정책에 대한 심의기관인 국무회의의장으로서의 지위와 그에 따른 권한(제88조)을 갖는다.

막강한 권한을 준 것은 헌법정책적으로 바람직하지 않으며, 통치행위란 용어가 갖고 있는 부정적 의미와 남용가능성 때문에 긍정적 의미를 가지는 적합한 용어를 찾는 것이 필요하다는 전제를 달고 하는 이야기이다.

第 2 節　大統領職

1. 大統領의 選擧

(1) 大統領의 選擧方法

대통령선거는 직선제를 원칙으로 한다. 곧 대통령은 국민의 보통·평등·직접·비밀선거에 의하여 선출한다(제67조 제 1 항). 그러나 이 선거에서 최고득표자가 2인 이상인 때에는 국회의 재적의원 과반수가 출석한 공개회의에서 다수표를 얻은 자를 당선자로 한다(제67조 제 2 항). 또한 대통령후보자가 1인일 때에는 그 득표수가 선거권자 총수의 3분의 1 이상이 아니면 대통령으로 당선될 수 없다(제67조 제 3 항).

426. 대통령의 선거방법: 1) 원칙 — 직선, 2) 예외 — 국회에서 간선

대통령선거에 관한 사항은 법률로 정하며(제67조 제 5 항), 그에 따라 공직선거법이 제정되어 있다.

(2) 大統領選擧權者

대통령선거권자는 만19세 이상의 국민으로서(동법 제15조) 결격사유가 없어야 한다. 결격사유는 공직선거법 제18조에 자세하게 규정되어 있다. 또한 선거를 하기 위해서는 선거인명부에 올라 있어야 한다(동법 제37조).

427. 대통령 선거권자: 만19세 이상의 국민

(3) 大統領候補者

1) 대통령피선거권자

대통령에 피선될 수 있는 자는 선거일 현재 5년 이상 국내에 거주하고 있는(동법 제16조 제 1 항) 40세에 달한 자(제67조 제 4 항, 동법 제16조 제 1 항)로서 결격사유가 없어야 한다. 결격사유는 공직선거법 제19조에 규정되어 있다. 40세 이상이란 규정은 헌법이 기본권행사능력을 명시한 유일한 예이다.

428. 대통령 피선거권자

2) 대통령후보등록

대통령선거에는 정당의 추천을 받거나 무소속으로 입후보할 수 있다. 대통령후보자는 대통령선거일 전 24일부터 2일간 중앙선거관리위원회에 등록을 신청하여야 한다. 대통령후보등록시에 정당이 추천하는 때에는 1인의 후보자에 대하

429. 대통령 후보등록

여 정당의 추천서와 본인의 승낙서를 첨부하여야 하고(동법 제47조, 제49조), 무소속후보자는 5개 이상의 시·도에서 각 700인 이상 총 3,500인 이상 6,000인 이하의 추천장을 첨부하여야 한다(동법 제48조 제2항 제1호). 또한 후보등록 시에 대통령후보자는 3억 원을 기탁하여야 하며, 후보자의 득표수가 유효투표총수의 100분의 10 이상 100분의 15 미만을 득표한 경우에는 기탁금의 100분의 50, 유효득표총수의 100분의 10 미만을 득표한 경우에는 기탁금 전액이 국고에 귀속된다(동법 제56조, 제57조).

> **판례: 〈공직선거법 제56조 제1항 제1호 위헌확인(헌법불합치)〉** "후보자난립 방지를 위하여 기탁금제도를 두더라도 그 금액이 현저하게 과도하거나 불합리하게 책정된 것이라면 허용될 수 없다. 5억원의 기탁금은 대통령선거 입후보예정자가 조달하기에 매우 높은 액수임이 명백하다. 개정된 정치자금법은 대통령선거의 후보자 및 예비후보자도 후원회 지정권자에 포함시켰으나, 5억원은 쉽게 모금할 수 있는 액수라고 보기 어렵고, 지지도가 높은 후보자라고 하더라도 그 지지도가 반드시 후원금의 기부액수로 연결될 것이라고 단정할 수 없다. 기탁금은 공직선거법상 유효투표총수의 10~15%의 득표를 받을 경우에 50%가 반환되고, 15% 이상의 득표를 받은 경우에만 전액 반환되므로, 그러한 지지율에 못 미칠 경우 5억원을 기꺼이 희생할 수 있는 사람이 아니라면 피선거권 행사를 못하게 될 것이다. 헌법재판소는 1995. 5. 25. 92헌마269 등 결정에서 대통령선거에서 3억원의 기탁금을 규정한 구 대통령선거법 제26조 제1항을 합헌으로 결정하였으나, 당시 선거법은 기탁금으로 선거인명부 및 부재자신고인명부의 사본작성비용, 그리고 TV와 라디오를 통한 각 1회의 후보자 및 연설원의 연설비용을 국가가 부담하면서 7% 이상 득표하지 못한 경우 기탁금에서 공제하도록 하였지만, 현행 공직선거법은 선거인 명부 작성비용을 기탁금으로 부담하게 하는 제도를 폐지하였고 선거방송비용도 선거방송토론위원회가 주관하는 대담·토론회 및 정책토론회 외에는 전적으로 후보자 개인부담으로 하였다. 따라서 현행 선거법 하에서 대통령선거의 기탁금 액수가 종전과 같이 3억원이 되어야 할 필요성은 오히려 약해졌는데도 기탁금이 5억원으로 증가되어 있고, 또 기탁금이 반환되는 유효투표총수의 득표율은 더 높아졌다. 결국, 이 사건 조항은 개인에게 현저하게 과다한 부담을 초래하며, 이는 고액 재산의 다과에 의하여 공무담임권 행사기회를 비합리적으로 차별하므로, 청구인의 공무담임권을 침해한다."(헌재 2008. 11. 27. 2007헌마1024 결정)

정당은 후보자등록 후에는 후보자의 추천을 취소 또는 변경할 수 없다. 다만, 후보자가 등록기간 중 사퇴 또는 사망하거나 소속정당의 제명이나 중앙당의 시·도당창당승인취소 외의 사유로 등록이 무효로 된 때에는 예외로 한다(동법 제50조 제1항). 또한 선거권자도 후보자에 대한 추천을 취소 또는 변경할 수 없다(동법 제50조 제2항).

(4) 大統領選擧區·開票區

대통령선거구는 전국을 단위로 하고(동법 제20조), 투표구는 읍·면·동에(동법 제31조), 개표소는 구·시·군선거관리위원회가 공고한다(동법 제173조).

430. 대통령 선거구·개표구

(5) 大統領選擧日

대통령선거는 임기만료의 경우에는 임기만료일 70일 내지 40일 전에 선거하며(제68조 제1항), 선거일은 그 임기만료일 전 70일 이후 첫 번째 수요일이다(동법 제34조 제1항 제1호). 궐위의 경우에는 60일 이내에 선거를 실시하며(제68조 제2항), 선거일은 늦어도 선거일 전 50일까지 대통령 또는 대통령권한대행자가 공고한다(동법 제35조 제1항).

431. 대통령선거일

(6) 大統領選擧에 대한 訴訟

대통령선거에 대한 소송에는 선거소송과 당선소송이 있다. 선거소송은 선거인, 정당 또는 후보자가 선거일부터 30일 이내에 당해 선거구선거관리위원회위원장을 피고로 대법원에 제기하며(동법 제222조), 당선소송은 이의가 있는 정당 또는 후보자가 당선인 결정일로부터 30일 이내에 당선인이나 중앙선거관리위원회위원장을 피고로 대법원에 제기한다. 국회결선투표에 대한 대통령당선소송에서는 중앙선거관리위원회위원장 또는 국회의장을, 당선소송 중 당선인이 사망한 경우에는 법무부장관을 각각 피고로 한다(동법 제223조).

432. 대통령선거에 대한 소송

선거에 관한 소송은 다른 소송에 우선하여 신속히 재판하여야 하며, 180일 이내에 처리하여야 한다(동법 제225조).

2. 大統領 就任宣誓

대통령당선자는 대통령직에 취임함으로써 대통령으로서의 신분을 취득하고 그 직무를 수행할 수 있다.

433. 대통령 취임선서: 헌법 제69조

대통령은 취임에 즈음하여 다음의 선서를 한다. "나는 헌법을 준수하고 국가를 보위하며 조국의 평화적 통일과 국민의 자유와 복리의 증진 및 민족문화의 창달에 노력하여 대통령으로서의 직책을 성실히 수행할 것을 국민 앞에 엄숙히 선서합니다"(제69조).

판례: 〈대통령(노무현) 탄핵(기각)〉 "'헌법을 준수하고 수호해야 할 의무'가 이미 법치국가원리에서 파생되는 지극히 당연한 것임에도, 헌법은 국가의 원수이자 행정부의 수반이라는 대통령의 막중한 지위를 감안하여 제66조 제2항 및 제69조에서 이를 다시 한번 강조하고 있다. 이러한 헌법의 정신에 의한다면, 대통령은 국민 모두에 대한 '법치와 준법의 상징적 존재'인 것이다. 이에 따라 대통령은 헌법을 수호하고 실현하기 위한 모든 노력을 기울여야 할 뿐만 아니라, 법을 준수하여 현행법에 반하는 행위를 해서는 안 되며, 나아가 입법자의 객관적 의사를 실현하기 위한 모든 행위를 해야 한다. 행정부의 법존중 의무와 법집행 의무는 행정부가 위헌적인 것으로 간주하는 법률에 대해서도 마찬가지로 적용된다. 위헌적인 법률을 법질서로부터 제거하는 권한은 헌법상 단지 헌법재판소에 부여되어 있으므로, 설사 행정부가 특정 법률에 대하여 위헌의 의심이 있다 하더라도, 헌법재판소에 의하여 법률의 위헌성이 확인될 때까지는 법을 존중하고 집행하기 위한 모든 노력을 기울여야 한다. … 결론적으로, 대통령이 국민 앞에서 현행법의 정당성과 규범력을 문제삼는 행위는 법치국가의 정신에 반하는 것이자, 헌법을 수호해야 할 의무를 위반한 것이다."(헌재 2004. 5. 14. 2004헌나1 결정)

판례: 〈대통령(노무현) 탄핵(기각)〉 "헌법 제69조는 대통령의 취임선서의무를 규정하면서, 대통령으로서 '직책을 성실히 수행할 의무'를 언급하고 있다. 비록 대통령의 '성실한 직책수행의무'는 헌법적 의무에 해당하나, '헌법을 수호해야 할 의무'와는 달리, 규범적으로 그 이행이 관철될 수 있는 성격의 의무가 아니므로, 원칙적으로 사법적 판단의 대상이 될 수 없다고 할 것이다."(헌재 2004. 5. 14. 2004헌나1 결정)

3. 大統領의 任期

434. 대통령의 임기

대통령의 임기는 5년으로 하며, 중임할 수 없다(제70조). 임기연장 또는 중임변경을 위하여 헌법을 개정할 수는 있으나, 그 개정은 그 헌법개정 제안 당시의 대통령에 대하여는 효력이 없다(제128조 제2항).

4. 大統領의 權限行使方法

(1) 憲法規定

435. 대통령의 권한행사에 대한 헌법규정: 헌법 제82조

헌법 제82조는 "대통령의 국법상 행위는 문서로써 하며, 이 문서에는 국무총리와 관계 국무위원이 부서한다. 군사에 관한 것도 같다"라고 하여 대통령의

권한행사방법을 규정하고 있다. 또한 헌법 제89조에는 국무회의의 필수적 심의사항을 규정하고 있고, 제90조에서부터 제93조까지에는 대통령의 자문기관이 규정되어 있다. 그런가 하면 대통령의 권한행사 중 어떤 것은 국회의 동의나 승인을 받도록 되어 있다.

따라서 대통령의 권한행사는 문서로써 하되 각종 자문기관의 자문과 국무회의의 심의를 거치며, 경우에 따라서는 국회의 동의나 승인을 받되, 국무총리와 관계 국무위원의 부서가 있어야 할 수 있다.

(2) 文書에 의한 行使

대통령의 국법상 행위는 문서로써 한다(제82조). 국법상 행위란 헌법과 법령이 대통령의 권한으로 하고 있는 모든 행위를 말한다. 대통령의 국법상 행위를 문서로써 하도록 한 것은 국민에게 예측가능성과 법적 안정성을 보장하고, 그에 관한 증거를 남기며, 권한행사에 있어 신중을 기하도록 하려는 것이다.[335] 대통령이 국법상 행위를 문서로 하지 않은 경우에는 무효가 된다.

(3) 副 署

1) 개념 및 유래

436. 부서의 개념 및 유래

부서란 대통령의 서명에 이어 국무총리와 관계국무위원이 서명하는 것을 말한다. 부서는 영국에서 유래하였다.

2) 법적 성격

437. 부서의 법적 성격: 복합적 성질

부서는 대통령의 전제를 방지하고 국무총리와 국무위원의 책임소재를 분명히 하기 위한 것이다. 그러나 이 밖에도 다만 대통령의 국무행위에 참여하였다는 물적 증거로서의 성질만을 가지는 것으로 보는 견해(물적 증거설)와 대통령의 국정행위에 대한 포괄적 보좌기관으로서의 책임을 지겠다는 의미와 대통령의 국정행위가 절차적으로 정당하게 이루어질 수 있도록 기관 내 통제권을 행사한다는 의미를 함께 갖는 복합적 성질의 행위로 보는 견해(복합적 성질설)가 나누어져 있다. 이 중 복합적 성질설이 다수설의 입장이다.

---

335) 권영성, (주 19), 956쪽.

3) 부서 없는 대통령행위의 효력

① 학 설

438. 부서 없는 대통령의 행위의 효력에 대한 학설

부서 없는 대통령의 국법상 행위의 효력에 대해서는 유효설[336)]과 무효설[337)]이 대립되어 있다. 유효설은 부서제도는 대통령의 국정행위에 대한 유효요건이 아니라 적법요건이므로 부서 없는 대통령의 행위도 당연히 무효가 되는 것이 아니고 위법행위가 되는 데 그치며, 다만 국회는 이를 탄핵소추의 사유로 삼을 수 있을 뿐이라고 한다. 그에 반하여 무효설은 부서의 성격 내지는 기능이 복합적인 것이라는 것과 또한 국무총리 또는 국무위원이 부서를 거부할 수도 있다는 것을 이유로 들어 부서 없는 대통령의 국정행위는 무효라고 한다.

② 사 견

439. 부서 없는 대통령의 행위의 효력에 대한 사견: 무효

우리는 문서로써 하지 않은 대통령의 국법행위를 무효라고 하였다. 그리고 이 문서는 완전할 것이 요구되며, 이 문서가 완전하기 위해서는 부서가 있어야만 한다. 뿐만 아니라 부서는 대통령의 국무행위에 참여하였다는 단순한 확인적 성격만을 가지는 것은 아니다. 따라서 개인적으로는 부서 없는 대통령의 국법행위는 무효라고 생각한다.

(4) 大統領의 權限行使에 대한 統制

440. 대통령의 권한행사에 대한 통제

대통령의 권한행사에는 국무회의의 심의, 자문기관의 자문을 통한 대내적 통제와 국민, 정당, 국회, 법원, 헌법재판소를 통한 대외적 통제가 있다.

5. 大統領權限代行

(1) 大統領權限代行의 事由와 그 順序

1) 대통령 권한대행의 사유와 그 순서

441. 대통령 권한대행의 사유와 그 순서에 대한 헌법규정: 헌법 제71조

대통령이 궐위되거나 사고로 인하여 직무를 수행할 수 없을 때에는 국무총리, 법률이 정한 국무위원의 순서로 그 권한을 대행한다(제71조, 정부조직법 제22조). 그러나 제68조 제 2 항의 규정상 대통령궐위 시 권한대행은 60일 이내에서만 가능하다.

336) 권영성, (주 19), 957쪽.

337) 김철수, (주 20), 1095쪽; 허영, (주 15), 936쪽.

궐위란 대통령이 재위하지 않게 된 경우로 사망, 탄핵결정에 의한 파면, 피선자격상실, 사임의 경우를 포함하며, 사고란 대통령이 재위하고 있으나 그 권한행사가 정지되어 있는 경우로 신병, 탄핵소추가 의결된 경우를 포함한다.[338)]

2) 대통령 권한대행의 사유에 대한 존부판단

① 학　설

442. 대통령 권한대행의 사유에 대한 존부판단

대통령이 궐위된 경우는 명백하므로 별 문제가 없으나, 대통령이 사고인 경우는 대통령권한대행의 사유가 있는가 없는가에 대한 판단을 누가 할 것인가가 문제된다. 이 문제에 대하여 학설은 탄핵소추가 의결된 경우처럼 사고가 명백한 경우를 제외하고는 권한대행의 필요여부와 그 기간은 제 1 차적으로는 대통령이 결정한다는 데 대해서는 견해가 일치되어 있다. 또한 의식불명 등으로 인하여 이를 결정할 수 없을 때에 누가 이것을 결정할 것인가에 대하여 미리 법으로 규정하여 둘 필요가 있다는 데 대해서도 학설은 일치된 견해를 보이고 있다.

문제는 현행헌법하에서 그러한 경우에 어떤 기관이 그 사유의 존부와 대행기간을 정하느냐는 것이다. 이에 대해서는 프랑스헌법의 예를 들어 헌법재판소가 정하는 것이 바람직하다는 견해와[339)] 우리 헌법 제89조 제 1 호, 제 5 호, 제 7 호, 제17호를 근거로 국무회의의 심의를 거쳐 그 권한대행기간을 정할 수밖에 없다는 견해가[340)] 대립되어 있다.

② 사　견

443. 대통령 권한대행의 사유의 존부판단에 대한 사견: 국회가 바람직

대통령은 국민이 직선하되, 예외적인 경우에는 국민의 대표기관인 국회에서 선출하도록 하고 있다(제67조 제 2 항). 따라서 개인적으로는 이 경우에도 국회에서 그 권한대행사유가 존재하는가 여부와 그 권한대행기간을 정하는 것이 바람직하다고 본다.

---

338) 해외순방도 사고의 경우로 보는 견해가 있다. 그러나 다음과 같은 이유에서 해외순방의 경우를 사고에서 제외시키기로 한다. "대통령의 해외순방은 대통령이 국가원수로서 국가를 대표하여 대통령의 직무를 수행하고 있는 경우이지 직무수행불능의 경우가 아니다. 물론 이 경우 대통령이 국내에 부재하다는 특수성 때문에 국내에서 행해져야 하는 대통령의 직무에 일부 문제가 발생할 수는 있겠지만 정보통신기술이 발달한 오늘날의 상황에서 대통령의 권한수행이 불능에 이를 정도의 문제가 발생한다고 보이지는 않는다. 따라서 사고로 인한 직무수행불능을 대통령이 부분적으로 직무를 수행하고 부분적으로 직무를 수행할 수 없는 경우를 포함하는 것으로 개념정의하지 않는 한 해외순방을 여기에 포함시키는 것은 타당하지 않다고 생각된다"(김재윤, 한국헌법상 국무총리제도, 서강대학교 대학원 박사학위청구논문, 2006, 115 · 116쪽).

339) 김철수, (주 20), 1053쪽; 권영성, (주 19), 910쪽.

340) 허영, (주 15), 908쪽.

(2) 大統領權限代行者의 職務範圍

1) 학 설

444. 대통령 권한대행자의 직무범위에 관한 학설

대통령의 궐위와 사고시 권한대행자의 직무범위가 현상유지냐 여부에 대해서 궐위된 경우 현상유지·사고의 경우 현상유지,[341] 궐위된 경우 현상변경·사고의 경우 현상유지[342]로 견해가 양분되어 있다.

2) 사 견

445. 대통령 권한대행자의 직무범위에 대한 사견: 현상유지적인 것에 한정

여기에서 중요한 것은 비록 단기간이라 하더라도 국민이 선출하지 않은, 곧 민주적 정당성을 결여한 국무총리 또는 국무위원이 대통령의 권한을 대행한다는 점이다.[343] 따라서 대통령 권한대행자는 잠정적인 관리자에 불과하며, 그러한 한에서 그의 직무범위는 현상유지적인 것에 한정되어야 한다고 본다.

6. 大統領의 刑事上特權

446. 대통령의 형사상 특권: 헌법 제84조

대통령은 내란 또는 외환의 죄를 범한 경우를 제외하고는 재직중 형사상의 소추를 받지 아니한다(제84조). 형사소추란 원래 공소제기를 뜻하나, 이 규정에서 말하는 소추란 체포·구속·수색·검증까지를 포함한다고 보는 것이 통설의 입장이다. 대통령재직 중에는 내란 또는 외환의 범죄를 제외하고는 공소시효가 정지된다. 그러나 내란죄의 경우에도 「헌정질서파괴범죄의 공소시효 등에 관한 특례법」에 따라 공소시효가 배제된다.[344]

판례: 〈불기소처분취소(일부각하, 일부기각)〉 "헌법 제84조는 대통령재직중에 형사상의 특권을 부여함으로써 대통령직책을 원활하게 수행할 수 있게 하기 위한 규정이기 때문에, 대통령재직중 형사상의 소추를 할 수 없는 범죄에 대한 공소시효의 진행은 정지되는 것으로 해석하는 것이 옳다. 따라서 피의자 전두환에 대한 군형법상의 반란죄 등에 관한 공소시효는 그가 대통령으로 재직한 기간은 그 진행이 정지되었다고 보아야 하므로 2001년 이후에야 완성된다. 그러나 이 사건 피의자에 대한 검찰의 기소유예처분은 정당한 검찰권의 행사라고 할 것이다. 내란죄는 1994. 12.

---

341) 김철수, (주 20), 1054쪽; 허영, (주 15), 908쪽.

342) 권영성, (주 19), 910·911쪽.

343) 김철수, (주 20), 1054쪽; 허영, (주 15), 908쪽.

344) 헌재 1996. 2. 16. 96헌가2 등 병합결정〈5·18민주화운동등에관한특별법 제2조 위헌제청등(합헌)〉에서는 위헌 5, 합헌 4로 위헌선언의 정족수에 미달하였다.

11.일에 공소시효가 완성되어 심판의 이익이 없다."(헌재 1995. 1. 20. 94헌마246 결정)

대통령의 형사상 특권은 재직중 국가원수로서의 권위를 유지하기 위한 것이므로 퇴직한 뒤에는 형사상 소추될 수 있으며, 재직중이라도 민사상 책임은 면제되지 아니한다.

7. 大統領의 義務

447. 대통령의 의무

대통령에게는 직무상의 의무와 겸직금지의 의무가 있다. 곧 대통령은 헌법을 준수하고 국가를 보위하며 조국의 평화적 통일과 국민의 자유와 복리의 증진 및 민족문화의 창달에 노력하여 대통령직을 성실히 수행할 직무상의 의무(제69조)와 그를 위해 법률이 정하는 공·사의 직을 겸직하지 않을 의무(제83조)가 있다. 그 밖에도 대통령은 선거에서 중립을 지켜야 할 의무가 있다.

판례: 〈대통령(노무현) 탄핵(기각)〉 "공선법에서의 '공무원'의 개념은 국회의원 및 지방의회의원을 제외한 모든 정무직 공무원을 포함하는 것으로 해석된다. 예컨대, 공무원을 원칙적으로 선거운동을 할 수 없는 자로 규정하는 공선법 제60조 제 1 항 제 4 호, 공무원의 선거에 영향을 미치는 행위를 금지하는 공선법 제86조 제 1 항 등의 규정들에서 모든 정무직 공무원을 포함하는 포괄적인 개념으로 사용하고 있다. 뿐만 아니라 국가공무원법(제 2 조 등), 정당법(제 6 조 등) 등 다른 법률들에서도 '공무원'이란 용어를 모든 정무직 공무원을 포함하는 포괄적인 의미로 사용하고 있음을 확인할 수 있다. 따라서 선거에 있어서 정치적 중립성은 행정부와 사법부의 모든 공직자에게 해당하는 공무원의 기본적 의무이다. 더욱이 대통령은 행정부의 수반으로서 공정한 선거가 실시될 수 있도록 총괄·감독해야 할 의무가 있으므로, 당연히 선거에서의 중립의무를 지는 공직자에 해당하는 것이고, 이로써 제 9 조의 '공무원'에 포함된다."(헌재 2004. 5. 14. 2004헌나1 결정)

8. 前職大統領의 禮遇

(1) 前職大統領의 禮遇

448. 전직대통령의 예우

전직대통령은 「전직대통령 예우에 관한 법률」이 정하는 바에 따라 예우를 받으며(제85조), 직전대통령은 헌법상 임의기관인 국가원로자문회의가 구성되는 경우에는 국가원로자문회의의 의장이 되고 그 밖의 대통령은 그 위원이 된다(제90조).

(2) 前職大統領으로서 禮遇를 받지 못하는 경우

449. 전직대통령으로서 예우를 받지 못하는 경우

그러나 다음의 경우에는 전직대통령으로서의 예우를 하지 않는다. ① 재직중 탄핵결정을 받아 퇴임한 경우, ② 금고 이상의 형이 확정된 경우, ③ 형사처분을 회피할 목적으로 외국정부에 대하여 도피처 또는 보호를 요청한 경우, ④ 대한민국의 국적을 상실한 경우(「전직대통령 예우에 관한 법률」 제7조 제2항). 또한 전직대통령에게 국민의 알 권리를 충족시키기 위하여 증언 등의 진술을 요구하는 것은 예우에 어긋난다고 볼 수 없다.[345]

9. 大統領의 諮問機關

(1) 概 觀

450. 대통령의 자문기관 개관

대통령직을 수행하는 데 자문하기 위하여 여러 가지 자문기관을 두고 있다. 대통령의 자문기관에는 제3공화국 헌법 이래 헌법상 필수기관인 국가안전보장회의와 임의적 자문기관인 국가원로자문회의, 민주평화통일자문회의, 국민경제자문회의가 있고, 헌법기관이 아닌 법률상의 자문기구로서 국가과학기술자문회의가 있다.

(2) 國家安全保障會議

1) 의의 및 연혁

451. 국가안전보장회의의 의의 및 연혁

국가안전보장에 관련되는 대외정책·군사정책과 국내정책의 수립에 관하여 국무회의의 심의에 앞서 대통령에게 자문하는 기관이 국가안전보장회의이다(제91조 제1항). 국가안전보장회의는 제5차개정(제3공화국)헌법에서 처음 신설된 헌법상 대통령의 필수자문기관이다.

2) 조직과 직무범위

국가안전보장회의의 조직과 직무범위 및 기타 필요한 사항은 법률로 정한다(제91조 제3항). 이에 대한 법으로 국가안전보장회의법이 있다.

① 조 직

452. 국가안전보장회의의 조직

국가안전보장회의는 의장인 대통령(제91조 제2항)과 국무총리, 통일부장관,

345) 허영, (주 15), 910쪽.

외교통상부장관, 국방부장관, 국가정보원장과 대통령이 위촉하는 약간의 위원으로 구성된다(국가안전보장회의법 제2조 제1항).

② 직무범위

국가안전보장회의는 국가안전보장에 관련되는 대외정책·군사정책과 국내정책의 수립에 관하여 대통령의 자문에 응한다(동법 제3조).

453. 국가안전보장회의의 직무범위

국가안전보장회의는 국무회의의 전심기관이나 국가안전보장회의를 거치지 아니하고 국무회의에 상정하여도 그 효력과 적법성에는 영향이 없다.

(3) 國家元老諮問會議

1) 의의 및 연혁

국가원로자문회의는 국정의 중요한 사항에 관한 대통령의 자문에 응하기 위하여 국가원로로 구성될 수 있는 대통령의 자문기관이다(제90조 제1항). 국가원로자문회의는 제5공화국 헌법에서 국정자문회의로 처음 규정하였으며, 그 지위는 대통령의 임의적 자문기관이다.

454. 국가원로자문회의의 의의 및 연혁

2) 조직과 직무범위

국가원로자문회의의 조직과 직무범위 기타 필요한 사항은 법률로 정한다(제90조 제3항). 이에 따라 1988년 국가원로자문회의법이 개정되었으나 위헌성이 문제되어 1989년 3월 폐지되었다.

① 조　　직

국가원로자문회의의 조직·직무범위 기타 필요한 사항은 법률로 정한다(제90조 제3항). 의장은 직전(直前) 대통령이 된다. 다만 직전대통령이 없을 때에는 대통령이 지명한다(제90조 제2항).

455. 국가원로자문회의의 조직

② 직무범위

국가원로자문회의는 국정의 중요사항에 대하여 대통령의 자문에 응하거나 기타 필요한 사항을 심의한다.

456. 국가원로자문회의의 직무범위

(4) 民主平和統一諮問會議

1) 의의 및 연혁

민주평화통일자문회의란 평화통일정책의 수립에 관한 대통령의 자문에 응하기 위하여 둘 수 있는 대통령의 자문기관이다(제92조 제1항). 민주평화통일자문

457. 민주평화통일자문회의의 의의 및 연혁

회의는 제5공화국헌법에서 평화통일정책자문회의로 처음 규정한 대통령의 임의적 자문기관이다.

2) 조직 및 직무범위

민주평화통일회의의 조직 및 직무범위는 법률로 정한다(제92조 제2항). 이에 대한 법으로 민주평화통일자문회의법이 있다.

① 조 직

458. 민주평화통일자문회의의 조직

민주평화통일자문회의의 의장은 대통령이 되며, 자문위원은 특별시·광역시·특별자치시·도·특별자치도 및 구·시·군의회의 의원인 인사 등을 포함하는(민주평화통일자문회의법 제10조) 대통령이 위촉하는 7천 명 이상의 자문위원으로 구성된다(동법 제3조).

민주평화통일자문회의는 민주평화통일자문회의의 회의에서 위임한 사항과 의장이 명한 사항을 처리하기 위하여 상임위원회를 두며(동법 제18조), 특별시·광역시·특별자치시·도·특별자치도·이북 5도 및 재외동포별로 지역회의를, 시·군·구 및 해외지역별로 지역협의회를 둘 수 있다(동법 제29조).

② 직무범위

459. 민주평화통일자문회의의 직무범위

민주평화통일자문회의의 직무는 조국의 민주적 평화통일에 관한 국민적 합의를 확인하고, 범민족적 의지와 역량을 집결하여 민주적 평화통일을 달성함에 필요한 제반정책의 수립 및 추진에 관하여 대통령에게 건의하고 그 자문에 응하는 것이다(동법 제2조).

3) 회 의

460. 민주평화통일자문회의의 회의

민주평화통일자문회의는 2년에 1회 의장이 소집한다. 다만 의장이 필요하다고 인정하거나 재적위원 3분의 1 이상의 요구가 있을 때에도 소집된다(동법 제20조).

(5) 國民經濟諮問會議

1) 의의 및 연혁

461. 국민경제자문회의의 의의 및 연혁

국민경제자문회의는 국민경제의 발전을 위한 중요정책의 수립에 관하여 대통령의 자문에 응하기 위하여 설치할 수 있는 대통령의 자문기관이다(제93조 제1항). 국민경제자문회의는 현행헌법에서 신설하였다.

2) 조직 및 직무범위

국민경제자문회의의 조직·직무범위 기타 필요한 사항은 법률로 정한다(제93조 제2항). 1999년 8월 31일에 국민경제자문회의법이 제정되었다.

462. 국민경제자문회의의 조직 및 직무범위

(6) 國家科學技術諮問會議

1) 의 의

국가과학기술자문회의는 과학기술의 혁신과 정보 및 인력의 개발을 통한 국민경제의 발전을 위하여 설치될 수 있는 대통령의 자문기관이다(제127조 제1항·제3항). 국가교육과학기술자문회의는 헌법기관이 아닌 법률상의 자문기구로, 1991년 국가과학기술자문회의법이 제정되었다.

463. 국가과학기술자문회의의 의의

2) 조직 및 직무범위

국가과학기술자문회의의 조직과 직무범위에 대하여 자세한 사항은 국가과학기술자문회의법에 규정되어 있다.

464. 국가과학기술자문회의의 조직 및 직무범위

第3節 大統領의 權限

1. 大統領의 權限의 分類

(1) 大統領의 權限分類에 대한 學說

대통령의 권한을 설명하는 방법은 학자에 따라 차이가 있다. 제1설은 대통령의 권한을 그 내용에 따라 ① 헌법개정과 국민투표에 관한 권한, ② 헌법기관구성에 관한 권한, ③ 국회에 관한 권한, ④ 입법에 관한 권한, ⑤ 사법에 관한 권한, ⑥ 행정에 관한 권한, ⑦ 국가긴급권 등으로 나누어 설명한다.[346)]

465. 대통령의 권한분류에 대한 학설

제2설은 대통령의 권한을「편의상」그 실질적 성질에 따라 ① 비상대권적 권한, ② 헌법기관구성에 관한 권한, ③ 입법에 관한 권한, ④ 집행(행정)에 관한 권한, ⑤ 사법에 관한 권한 등으로 분류한다.[347)]

제3설은 대통령의 지위와 권한을 결부시켜 대통령의 권한을 외교적 권한,

346) 김철수, (주 20), 1055쪽.
347) 권영성, (주 19), 912쪽.

통치적 권한, 조직적 권한, 정책적 권한으로 나눈다.[348)]

(2) 大統領의 權限分類에 대한 學說의 檢討

466. 대통령의 권한 분류에 대한 학설의 검토

개인적으로는 대통령의 권한을 내용에 따라 분류하는 것보다 지위에 따라 나누는 것이 더 논리적이라고 생각한다. 왜냐하면 지위와 권한은 불가분의 관계에 있을 뿐만 아니라, 대통령의 권한을 내용에 따라 분류하는 경우 외교에 관한 권한이나 위헌정당해산제소권 또는 영전수여권 등은 내용상 속하여야 할 적당한 장소를 찾기가 어렵기 때문이다.

그렇다고 해서 제3설도 논리적으로 철저하다고는 할 수 없다. 그 이유는 제3설은 대통령의 지위를 국가원수로서의 지위, 국정의 최고책임자로서의 지위, 행정부수반으로서의 지위, 대의기관으로서의 지위, 기본권보장자로서의 지위로 나누고 있기 때문이다. 따라서 제3설이 논리적으로 철저하게 대통령의 지위에 상응하여 대통령의 권한을 분류하려면 대통령의 권한을 달리 분류했어야 할 것이다.

(3) 大統領의 權限分類에 대한 私見

467. 대통령의 권한 분류에 대한 사견: 국가원수로서의 권한: 국가의 대표자, 국가와 헌법의 수호자, 국정의 통합·조정자, 헌법기관 구성자 + 행정부수반으로서의 권한: 행정의 최고지휘권자·최고책임자, 행정부조직권자

따라서 이곳에서는 대통령의 권한을 그 지위에 따라 크게 국가원수로서의 권한과 행정부수반으로서의 권한으로 나누고, 권가원수로서의 권한을 다시 4분하고 행정부수반으로서의 권한을 2분하기로 한다. 다만 설명의 필요상 행정부수반으로서의 권한은 하나로 통일하여 다루기로 한다.

그러므로 대통령의 권한은 다음과 같이 5분될 것이다. ① 대통령은 대외적으로 국가를 대표할 지위에서 국가의 대표 및 외교에 관한 권한(제73조)과 영전수여권(제80조)을, ② 국가와 헌법의 수호자의 지위에서 국군통수권(제74조), 비상적 권한(제76조, 제77조), 위헌정당해산제소권(제8조 제4항)을, ③ 국정의 통합·조정자로서의 지위에서 국회임시회집회요구권(제47조 제1항), 법률안제출권(제52조), 중요정책에 대한 국민투표부의권(제72조), 사면권(제79조), 국회출석·발언권(제81조)을, ④ 그리고 헌법기관구성자로서의 지위에서 헌법기관구성권(제98조 제2항, 제104조 제1항·제2항, 제111조 제2항·제4항, 제114조 제2항)을 각각 갖는다. ⑤ 또한 대통령은 행정부의 수반으로서 그에 상응하는 권한을 갖는다.

---

348) 허영, (주 15), 910쪽.

2. 國家代表者인 地位에서의 大統領의 權限

대통령은 국가를 대표하는 지위에서 외교에 관한 권한과 영전수여권을 갖는다.

468. 국가대표자인 지위에서의 대통령의 권한: 외교에 관한 권한＋영전수여권

(1) 外交에 관한 權限

대통령은 국가의 대표로서 조약을 체결·비준하고, 외교사절을 신임·접수 또는 파견하며, 선전포고와 강화를 할 뿐만 아니라(제73조), 국군을 외국에 파견하는 권한을 가진다(제60조 제 2 항). 더 나아가서 헌법에 명문의 규정은 없지만 대통령은 국가대표자인 지위에서 국제법적 의미의 국가승인·정부승인·교전단체승인 등을 할 수도 있다. 외교에 관한 권한은 어느 나라를 막론하고 국가원수에게 공통적으로 주어져 있는 권한이다.

469. 대통령의 외교에 관한 권한

그러나 대통령이 외교에 관한 권한을 행사하기 위해서는 국무회의의 심의를 거쳐(제89조 제 2 호-제 6 호) 국무총리와 관계국무위원이 부서한 문서로써 하여야 한다(제82조). 또한 대통령이 중요한 조약을 체결·비준하거나(제60조 제 1 항), 외국군대를 우리나라에 주류시키려면 국회의 동의를 받아야 한다(제60조 제 2 항).

(2) 榮典授與權

대통령은 국가의 대표로서 법률이 정하는 바에 의하여 훈장 기타의 영전을 수여한다(제80조). 영전수여권 또한 전통적으로 대표적인 국가원수의 권한에 속한다.[349)]

470. 대통령의 영전수여권

그러나 대통령이 영전수여권을 행사하기 위해서는 국무회의의 심의를 거쳐(제89조 8호), 국무총리와 관계국무위원이 부서한 문서로써 해야 한다(제82조). 또한 대통령은 이 권한을 행함에 있어 영전일대의 원칙과 특권불인정원칙(제11조 제 3 항)을 지켜야 한다. 현재 영전수여에 관한 법률로는 상훈법이 있다.

3. 國家와 憲法守護者인 地位에서의 大統領의 權限

대통령은 국가와 헌법의 수호자로서 국군통수권, 비상적 권한, 위헌정당해산제소권을 갖는다.

471. 국가와 헌법의 수호자인 지위에서의 대통령의 권한: 국군통수권, 비상적 권한, 위헌정당해산제소권

---

349) 허영, (주 15), 923쪽은 영전수여권을 국정의 최고책임자인 동시에 행정부의 수반의 지위에서 행하는 것이라고 한다.

(1) 國軍統帥權

1) 군사제도의 2대원칙

472. 군사제도의 2대원칙: 군정분리주의, 군정통합주의

헌법상의 군사제도에는 군정분리주의와 군정통합주의가 있다. 군정분리주의는 군령권(지휘권·내부적 편제권·교육권·기율권)과 군정권(군정에 관한 섭외사항·군령의 공포와 시행·재정에 관한 사항·인사사항)을 분리시켜 일반 행정부가 아닌 국가원수 직속하의 독립한 군정기관으로 하여금 관장케 하는 군사제도이다. 군정분리주의는 과거 제정독일이나 패전 전의 일본에서 채택하였다. 그에 반하여 군정통합주의는 군령과 군정을 국가행정에 통합시킴으로써 정부의 책임으로 함과 동시에 이 두 작용에 대하여 의회가 통제하도록 하는 군사제도이다. 오늘날 대부분의 국가는 군정통합주의를 채택하고 있다.

2) 우리 헌법의 군사제도

① 군정통합주의

473. 우리 헌법의 군사제도: 군정통합주의

우리 헌법도 대통령은 헌법과 법률이 정하는 바에 의하여 국군을 통수한다(제74조)고 하여 군정통합주의를 채택하고 있으며, 그에 대한 법률로 국군조직법·향토예비군설치법·군인사법·계엄법 등이 있다.

② 국가원수의 국군통수권

474. 국군통수권은 국가원수의 지위에서 온다

국군최고사령관으로서 국군을 지휘·통솔하는 국군통수권을 대통령의 국가원수의 지위에서 가지는 권한으로 볼 것인가 아니면 대통령의 행정부의 수반의 지위에서 가지는 권한[350]으로 볼 것인가 아니면 양자의 성격을 병유하고 있는 것으로 볼 것인가[351]에 대해서는 견해가 나누어져 있다. 그러나 개인적으로는 대통령의 국가원수의 지위, 그것도 국가와 헌법의 수호자의 지위에서 가지는 권한으로 본다. 왜냐하면 역사적으로 항상 군통수권은 국가원수에게 속하여 왔으며, 군통수권을 상실한 국가원수는 국가원수로서 기능할 수 없었기 때문이다.

③ 국군통수권의 행사

475. 대통령의 국군통수권의 행사

대통령의 국군통수권의 행사는 군사에 관한 중요사항의 경우 국가안전보장회의의 자문과 국무회의의 심의를 거쳐 국무총리와 관계국무위원이 부서한 문서로 하여야 하며(제91조, 제89조 제6호, 제82조), 선전포고를 하거나 국군을 외국에 파견하기 위해서는 국회의 사전동의가 있어야 한다(제60조 제2항). 또한

---

350) 김철수, (주 20), 1065쪽.
351) 허영, (주 15), 921·922쪽.

대통령은 침략적 전쟁의 목적으로 국군통수권을 행사해서도 안 된다(제5조, 제69조).

(2) 非常的 權限

1) 비상적 권한일반

① 위기정부와 국가긴급권

476. 위기정부와 국가긴급권

전쟁·내란 또는 경제공황과 같은 비상사태가 발생한 경우 국가는 평상시와는 달리 일정한 국가기관에게 권력을 집중시켜 이러한 위기를 극복하는 것이 관례이다. 이를 '위기정부'(Krisenregierung)라 하며, 위기정부에 주어지는 권한을 국가긴급권 또는 비상적 권한이라 한다. 이러한 국가긴급권에는 명시적인 헌법상의 수권 없이 행정부가 발동하는 초헌법적인 비상조치권과 헌법상의 명문규정에 근거하여 발동되는 헌법적 비상조치권이 있다.

국가긴급권은 국가의 존립과 전체법질서를 수호하기 위한 '필요의 법'(Law of necessity)이며, '비정상적인 법질서'를 통하여 '정상적인 법질서'를 회복하려는 것이기는 하다. 그렇지만 헌법규정에 위반한 비상수단에 호소한다는 것은 헌법의 파괴를 의미한다. 따라서 입헌주의국가에서는 헌법상 근거가 없는 국가긴급권, 곧 초헌법적인 비상조치권은 인정될 수 없다.

판례: 〈국가보위에관한특별조치법 제5조 제4항 위헌제청(위헌)〉 "국가보위에관한특별조치법은 초헌법적인 국가긴급권을 대통령에게 부여하고 있다는 점에서 이는 헌법을 부정하고 파괴하는 반입헌주의, 반법치주의의 위헌법률이고, 국가긴급권 발동(비상사태선포)의 조건을 규정한 위 특별조치법 제2조의 '국가안전보장에 대한 중대한 위협에 효율적으로 대처하고 사회의 안녕질서를 유지하여 국가를 보위하기 위하여 신속한 사태대비조치를 취할 필요가 있을 경우'라는 규정내용은 너무 추상적이고 광범위한 개념으로 되어 있어 남용·악용의 소지가 매우 크므로 기본권제한법률 특히 형벌법규의 명확성의 원칙에 반하고 그럼에도 불구하고 국회에 의한 사후통제장치도 전무하다는 점에서 비상사태선포에 관한 위 특별조치법 제2조는 위헌·무효이고, 이 사건 심판대상 법률조항을 포함하여 비상사태선포가 합헌·유효인 것을 전제로 하여서만 합헌·유효가 될 수 있는 위 특별조치법의 그 밖의 규정은 모두 위헌이다."(헌재 1994. 6. 30. 92헌가18 결정)

② 국가긴급권의 정당화 근거

477. 국가긴급권의 정당화 근거

헌법에 규정된 국가긴급권, 곧 입헌적 독재[352]라고 하더라도 그것은 정상적인 것은 아니므로 그를 정당화하는 근거가 필요하다. 그 정당화근거는 다음과 같은 세 가지로 간추릴 수 있다. 첫째, 평상시의 법치주의적 국가기구로는 국가적 비상사태를 효율적으로 대처하기가 어렵다. 곧 민주적 입헌국가의 복잡한 정치조직은 정상상태하에서 기능하도록 설계되어 있기 때문에 국가의 위기시에는 효율적으로 대처하기가 어렵다.[353] 둘째, 헌법은 평상시뿐만 아니라 비상시에도 그 효력을 유지해야 한다. 그러나 헌법이 비상사태를 극복하기 위하여 아무런 배려도 하고 있지 않다면, 그러한 상황을 극복해야 하는 책임 있는 국가기관으로서는 헌법을 무시하는 방법 이외의 다른 방법은 없게 된다.[354] 곧 초헌법적 또는 불문법적 긴급권을 인정하지 않기 위해서도 국가긴급권을 헌법에 규정해 놓는 것이 요구된다. 셋째, 국가긴급권을 헌법에 실정화하여 그 발동요건, 기간 그리고 한계 등을 규정해 놓음으로써 비상사태하에서의 국가긴급권의 남용을 다소간이나마 방지할 수 있다.

③ 한국헌법상의 비상적 권한

478. 한국헌법상의 비상적 권한: 긴급명령권, 긴급재정·경제처분 및 그 명령권, 계엄선포권

우리 헌법상 대통령의 비상적 권한에는 긴급명령권, 긴급재정·경제처분 및 그 명령권, 계엄선포권이 있다.[355] 이들은 헌법보호의 비상적 수단이다.

2) 긴급명령권

① 헌법규정

479. 긴급명령권에 대한 헌법규정: 헌법 제76조 제2항

헌법 제76조 제2항은 "대통령은 국가의 안위에 관계되는 중대한 교전상태에 있어서 국가를 보위하기 위하여 긴급한 조치가 필요하고 국회의 집회가 불가능한 때에 한하여 법률의 효력을 가지는 명령을 발할 수 있다"라고 하여 대통령의 긴급명령권을 규정하고 있다.

② 긴급명령의 개념

480. 긴급명령의 개념

긴급명령이란 통상적인 입법절차만으로는 대처할 수 없는 국가의 안위에 관계되는 비상적 사태가 발생한 경우에 국회의 집회가 불가능한 경우에 한하여 대통령이 이를 극복하기 위하여 발동하는 예외적인 긴급입법조치를 말한다.

352) C. Schmitt, *Die Diktatur*, 2. Aufl.(1928), S. 136f.(김효전 역, 독재론, 법원사, 1996).

353) C. Rossiter, *Constitutional Dictatorship*, 1963, p. 5.

354) K. Hesse, (주 26), S. 286(Rdnr. 723).

355) 무엇을 대통령의 비상적 권한으로 보는가는 학자에 따라 그 견해가 다르다. 김철수, (주 20), 1069쪽 이하는 긴급명령권, 긴급재정·경제명령·처분권, 계엄선포권을, 권영성, (주 19), 912쪽 이하는 긴급입법권과 긴급처분권(긴급명령권, 긴급재정경제처분권, 긴급재정경제명령권), 계엄선포권, 국민투표부의권을, 허영, (주 15), 912쪽 이하는 국가긴급권이란 부분에서 긴급재정·경제처분 및 명령권, 긴급명령권, 계엄선포권을 들고 있다.

③ 긴급명령의 종류

긴급명령에는 국회의 집회여부와 관계없이 발하는 광의의 긴급명령(협의의 긴급명령 Notstandsverordnung과 비상명령 Ausnahmeverordnung 포함)과 국회가 소집될 수 없는 경우에 발하는 협의의 긴급명령이 있다. 현행헌법의 긴급명령은 후자에 속한다.

481. 긴급명령의 종류

④ 긴급명령권의 성격

긴급명령은 입법사항을 규정할 수 있는 국가긴급권이다.

482. 긴급명령권의 성격

판례: "이에 의하면 위 긴급명령은 일반적으로 다른 법률에 우선하는 것이나, 조세의 감면에 관한 한 특별법인 조세감면규제법이 우선 적용된다고 해석함이 상당하다 할 것이다."(대법원 1982. 9. 14. 81누376 판결)

⑤ 긴급명령의 발동요건

긴급명령을 발하기 위해서는 실질적 요건과 절차적 요건을 충족하여야 한다.

483. 긴급명령의 발동요건

가. 긴급명령을 발동하기 위한 실질적 요건

긴급명령을 발하기 위해서는 실질적으로 다음과 같은 세 가지 요건을 충족하여야 한다. 첫째, 국가의 안위에 관계되는 중대한 교전상태가 발생하여야 한다. 여기서 말하는 중대한 교전상태란 외국과의 전쟁(정규전)뿐만 아니라 이에 준하는 내란·사변(비정규전)까지를 포함한다. 또한 그 교전상태는 직접적으로 국가의 안위에 관계되는 중대한 것이어야 한다. 이러한 위기상황에 대한 판단은 일차적으로 대통령이 하지만, 사후에 국회의 통제를 받는다.

484. 긴급명령을 발동하기 위한 실질적 요건

둘째, 국가를 보위하기 위하여 긴급한 조치가 필요하여야 한다. 여기서 국가를 보위한다는 것은 국가안전보장을 방어하는 것을 말하며, 긴급한 조치가 필요하다는 것은 그러한 조치가 없으면 국가안전을 방어하는 목적달성이 불가능한 것을 말한다.

셋째, 국회의 집회가 불가능하여야 한다. 국회의 집회가 불가능하다는 것은 국회의 집회가 사실상 불가능한 경우와 국회재적의원 과반수가 집회에 불응하는 경우를 포함한다.

나. 긴급명령을 발동하기 위한 형식적 요건

긴급명령을 발하기 위해서는 실질적 요건 외에도 다음과 같은 절차적 요건을 충족하여야 한다. 첫째, 국무회의의 심의(제89조 제5호)와 국가안전보장회의의 자문을 거쳐야 하며(제91조), 문서로써 하되 국무총리와 관계 국무위원의 부서가 있어야 한다(제82조).

485. 긴급명령을 발동하기 위한 형식적 요건

둘째, 지체없이 국회(폐회중인 경우 임시회소집 요구 또는 휴회중인 경우 회의재개 요구)에 보고하여 승인을 얻어야 한다(제76조 제3항). 이 때 의결정족수는 국민의 자유와 권리에 대한 제한가능성을 포함하고 있으므로 헌법 제77조 제5항을 유추적용하여야 한다는 재적의원 과반수설[356]과 명문규정이 없으므로 헌법 제49조를 적용해야 한다는 출석의원 과반수설이 대립되어 있다. 개인적으로는 제49조를 적용하여야 한다고 본다.

셋째, 대통령은 긴급명령을 발한 후에 국회에 보고하여 승인을 요청했다는 사실과 그 승인여부를 지체없이 공포하여야 한다(제76조 제5항).

⑥ 긴급명령의 한계

486. 긴급명령의 한계

긴급명령은 국가를 보위하기 위한 긴급조치이다. 따라서 이 긴급조치는 첫째, 국가를 보위하기 위한 목적 이외의 목적으로는 발급할 수 없다. 곧 긴급상태를 수습하는 것이 아니라 적극적인 공공복리를 증진시키기 위해서는 발급할 수 없다.

둘째, 긴급명령은 법률적 효력을 가진 것이므로 헌법을 개정할 수 없다. 곧 긴급명령으로써는 헌법적 효력을 가진 명령이나 헌법에 반하는 명령을 발할 수 없다.

셋째, 제76조 제3항의 규정상 국회에 보고하여 승인을 얻어야 하기 때문에 국회를 해산할 수 없다.

넷째, 국회나 헌법재판소 및 법원의 권한에 대하여 특별한 조치를 할 수 없다.

다섯째, 제77조의 규정상 군정을 실시할 수 없다.

⑦ 긴급명령의 효력

487. 긴급명령의 효력

긴급명령의 효력은 국회의 승인 여부에 따라 다르다. 긴급명령이 국회의 승인을 얻은 경우에는 법률대위명령으로서 효력을 발생한다. 그러나 긴급명령이 국회의 승인을 얻지 못한 경우에는 그 명령은 그때부터 효력을 상실하며, 이 경우 그 명령에 의하여 개정 또는 폐지되었던 법률은 그 명령이 승인을 얻지 못한 때부터 당연히 효력을 회복한다(제76조 제4항).

⑧ 긴급명령에 대한 통제

488. 긴급명령에 대한 통제

긴급명령에 대한 통제로는 우선, 국회에 그에 대한 승인여부가 전적으로 유보되어 있다(제76조 제4항). 따라서 긴급명령에 대한 국회의 통제권은 절대적인 것이라 할 수 있다. 또한 국회의 승인은 수정승인권을 포함한다.

---

356) 권영성, (주 19), 916쪽.

다음으로, 긴급명령은 법원에 의해서도 통제된다. 곧 긴급명령이 헌법이나 법률에 위반되는지의 여부가 재판의 전제가 된 경우에는 헌법재판소에 위헌심판을 제청할 수 있다(제107조 제 1 항).

끝으로, 헌법재판소도 위헌법률심판이나 헌법소원심판을 통하여(제111조 제 1 항 제 1 호, 제 5 호) 긴급명령을 통제할 수 있다.

3) 긴급재정·경제처분 및 그 명령권

① 헌법규정

헌법 제76조 제 1 항은 "대통령은 내우·외환·천재·지변 또는 중대한 재정·경제상의 위기에 있어서 국가의 안전보장 또는 공공의 안녕질서를 유지하기 위하여 긴급한 조치가 필요하고 국회의 집회를 기다릴 여유가 없을 때에 한하여 최소한으로 필요한 재정·경제상의 처분을 하거나 이에 관하여 법률의 효력을 가지는 명령을 발할 수 있다"라고 하여 대통령의 긴급재정·경제처분 및 그 명령권을 규정하고 있다.

489. 긴급재정·경제처분 및 그 명령권에 대한 헌법규정: 헌법 제76조 1항

② 긴급재정·경제명령권의 성격

긴급재정·경제명령권은 입법사항을 규정할 수 있는 국가긴급권이다.

490. 긴급재정·경제명령권의 성격

판례: 〈긴급재정·경제명령 등 위헌확인(일부각하, 일부기각)〉 "긴급재정·경제명령은 정상적인 재정운용·경제운용이 불가능한 중대한 재정·경제상의 위기가 현실적으로 발생하여 긴급한 조치가 필요함에도 국회의 폐회 등으로 국회가 현실적으로 집회될 수 없고 국회의 집회를 기다려서는 그 목적을 다할 수 없는 경우에 이를 사후적으로 수습함으로써 기존질서를 유지·회복하기 위하여 위기의 직접적 원인의 제거에 필수불가결한 최소의 한도 내에서 헌법이 정한 절차에 따라 행사되어야 한다. 그리고 긴급재정경제명령은 평상시의 헌법질서에 따른 권력행사방법으로서는 대처할 수 없는 중대한 위기상황에 대비하여 헌법이 인정한 비상수단으로서 의회주의 및 권력분립의 원칙에 대한 중대한 침해가 되므로 위 요건은 엄격히 해석되어야 할 것이다."(헌재 1996. 2. 29. 93헌마186 결정)

③ 긴급재정·경제처분 및 그 명령의 발동요건

긴급재정·경제처분 및 그 명령을 발하기 위해서는 실질적으로 다음과 같은 네 가지 요건을 갖추어야 한다. 첫째, 내우·외환·천재·지변 또는 중대한 재정·경제상의 위기가 발생하여야 한다. 이에 대한 제 1 차적 판단권자는 대통령이지만, 사후에 국회의 통제를 받는다.

491. 긴급재정·경제처분 및 그 명령의 발동요건

둘째, 국가의 안전보장 또는 공공의 안녕질서를 유지하기 위하여 긴급한 조

치가 필요하여야 한다. 따라서 공공복리를 증진시키는 것과 같은 적극적인 목적을 실현하기 위해서는 발급될 수 없다.

셋째, 국회의 집회를 기다릴 여유가 없어야 한다. 따라서 긴급재정·경제처분 및 그 명령을 발할 수 있는 경우는 국회가 폐회중이어서 임시회의 집회에 필요한 1일을 기다릴 여유조차 없는 경우에 한정된다(국회법 제5조 제2항). 왜냐하면 국회가 휴회중인 경우에는 언제라도 재개가 가능하기 때문이다(제47조 제1항).

넷째, 최소한으로 필요한 처분이어야 한다.

판례: 〈긴급재정·경제명령 등 위헌확인(일부각하, 일부기각)〉 "긴급재정·경제명령은 정상적인 재정운용·경제운용이 불가능한 중대한 재정·경제상의 위기가 현실적으로 발생하여(그러므로 위기가 발생할 우려가 있다는 이유로 사전적·예방적으로 발생할 수는 없다) 긴급한 조치가 필요함에도 국회의 폐회 등으로 국회가 현실적으로 집회될 수 없고 국회의 집회를 기다려서는 그 목적을 다할 수 없는 경우에 이를 사후적으로 수습함으로써 기존질서를 유지·회복하기 위하여(그러므로 공공복지의 증진과 같은 적극적 목적을 위하여는 발할 수 없다) 위기의 직접적 원인의 제거에 필수불가결한 최소의 한도 내에서 헌법이 정한 절차에 따라 행사되어야 한다."(헌재 1996. 2. 29. 93헌마186 결정)

긴급재정·경제처분 및 그 명령을 발급하기 위해서 갖추어야 할 형식적 요건은 긴급명령권의 경우와 같다.

④ 긴급재정·경제처분 및 그 명령의 내용

492. 긴급재정·경제처분 및 그 명령의 내용: 재정사항과 경제사항에 한정

긴급재정·경제처분 및 그 명령은 재정사항과 경제사항만을 그 내용으로 할 수 있다. 이 점이 모든 사항을 대상으로 할 수 있는 긴급명령권과의 커다란 차이이다.

⑤ 그 밖의 사항, 예컨대 형식, 절차, 효력, 통제 등은 긴급명령의 경우와 같다.

판례: 〈긴급재정·경제명령 등 위헌확인(일부각하, 일부기각)〉 "대통령의 긴급재정·경제명령은 국가긴급권의 일종으로서 고도의 정치적 결단에 의하여 발동되는 행위이고 그 결단을 존중하여야 할 필요성이 있는 행위라는 의미에서 이른바 통치행위에 속한다고 할 수 있으나, 통치행위를 포함하여 모든 국가작용은 국민의 기본적 가치를 실현하기 위한 수단이라는 한계를 반드시 지켜야 할 것이고, 헌법재판소는 헌법의 수호와 국민의 기본권보장을 사명으로 하는 기관이므로 비록 고도의 정치적 결단에 의하여 행해지는 국가작용이라고 할지라도 그것이 국민의 기본권침해와 직접관련되는 경우에는 당연히 헌법재판소의 심판대상이 된다."(헌재 1996. 2. 29. 93

헌마186 결정)

판례: "금융실명거래및비밀보장에관한긴급재정경제명령은 그 발동 당시 헌법 제76조 제1항에서 정한 긴급재정·경제명령의 발동요건이 갖추어져 있었다고 보이고 국회의 승인을 얻었으므로 헌법상의 긴급재정·경제명령으로서 유효하게 성립하였다고 할 것이고, 위와 같이 긴급명령이 유효하게 성립한 이상 가사 그 발동의 원인이 된 '내우·외환·천재·지변 또는 중대한 재정·경제상의 위기'가 사라졌다고 하여 곧바로 그 효력이 상실되는 것이라고는 할 수 없다."(대법원 1997. 6. 27. 95도1964 판결)

4) 계엄선포권

① 헌법규정

가. 헌법규정

493. 계엄선포권에 대한 헌법규정: 헌법 제77조 제1항

헌법 제77조 제1항은 "대통령은 전시·사변 또는 이에 준하는 국가비상사태에 있어서 병력으로써 군사상의 필요에 응하거나 공공의 안녕질서를 유지할 필요가 있을 때에는 법률이 정하는 바에 의하여 계엄을 선포할 수 있다"고 하여 대통령의 계엄선포권을 규정하고 있다. 이에 대한 법으로서 계엄법이 있다.

나. 다른 국가긴급권과의 차이

494. 계엄선포권과 다른 국가긴급권과의 차이

따라서 긴급명령이나 긴급재정·경제처분 및 그 명령권이 헌법에 따라 직접 그 효력이 발생함에 반하여, 계엄선포권은 헌법상의 권한이긴 하지만 헌법을 근거로 제정된 법률에 따라 발동되는 국가긴급권이라는 점에서 차이가 있다. 또한 다른 국가긴급권들은 긴급처분 또는 긴급입법적 성질을 가짐에 반하여, 계엄선포권은 입법기능을 제외한 행정·사법분야에서 한시적인 군정을 가능하게 한다는 점에서 본질적인 차이가 있다.[357)]

② 계엄선포의 요건

495. 계엄선포의 요건

계엄을 선포하기 위해서는 다음의 두 가지 요건을 충족하여야 한다. 첫째, 전시, 사변 또는 이에 준하는 비상사태는 이미 발생한 것이어야 한다. 따라서 그러한 가능성이 존재한다는 것만으로는 계엄은 선포할 수 없다. 이러한 사태에 대한 판단은 대통령이 하나, 사후에 국회의 통제를 받는다. 둘째, 그러한 비상사태를 해결하기 위하여 병력동원이 필요한 경우여야 한다.[358)]

---

357) 허영, (주 15), 916쪽.

358) 계엄선포요건의 존재여부를 사법부가 심사할 수 있는가라는 문제에 대하여 대법원은 초기에는 부정하는 입장이었다가(대법원 1954. 1. 20. 4286형상103 판결), 긍정하는 입장을 취했다(대법원 1964. 7. 21. 64초4 재결). 그러나 다시 그 후에는 부정적인 입장을 취하고

③ 계엄선포절차

496. 계엄선포절차

대통령이 국무회의의 심의를 거쳐 선포하여야 하며(제89조 제5호), 계엄선포의 이유·종류·시행일·지역 그리고 계엄사령관을 공고하여야 한다(계엄법 제3조). 국방부장관 또는 행정안전부장관은 계엄선포의 사유가 발생한 경우 국무총리를 거쳐 대통령에게 계엄의 선포를 건의할 수 있다(동법 제2조 제6항).

또한 계엄을 선포한 후에는 대통령은 지체 없이 국회에 통고하여야 한다(제77조 제4항, 동법 제4조 제1항). 국회가 폐회중인 경우에는 지체없이 임시회를 요구하여야 한다(동법 제4조 제2항).

④ 계엄의 종류

497. 계엄의 종류: 비상계엄, 경비계엄

계엄에는 비상계엄과 경비계엄이 있다(제77조 제2항). 비상계엄은 전시·사변 또는 이에 준하는 국가비상사태에 있어서 적과 교전상태에 있거나 사회질서가 극도로 교란되어 행정 및 사법의 수행이 현저히 곤란한 경우에 선포한다(동법 제2조 제2항).

> **판례:** "비상계엄의 요건에 해당하는 적의 포위공격이라고 함은 병력만에 의한 전투방법으로부터 국가총력전으로 그 양상이 변한 오늘날에 와서는, 고도의 정치성과 군사상·기술상의 개념을 내포하고 있음이 그 특징이라 할 것이고, 시야에 나타나는 외형적 방법만에 의한 적의 직접적인 포위공격만을 뜻하는 것은 아니라고 할것이다."(대법원 1964. 7. 21. 64초4 재정)

경비계엄은 전시·사변 또는 이에 준하는 국가비상사태에 있어서 일반행정기관만으로는 치안을 확보할 수 없는 경우에 선포한다(동법 제2조 제3항).

또한 계엄은 선포된 후에 그 지역을 확대·축소할 수 있으며, 또 사태의 변화에 따라 계엄의 종류도 변경할 수 있다(동법 제2조 제4항).

⑤ 계엄의 효력

가. 일반적 효력

498. 계엄의 일반적 효력

계엄은 그것이 비상계엄이냐 또는 경비계엄이냐에 따라 그 효력이 다르다. 다만 국회의원은 현행범인인 경우를 제외하고는 체포 또는 구금되지 아니한다는 점은(동법 제13조) 모든 계엄에 공통된다.

있다(대법원 1979. 12. 7. 79초27 재결; 1981. 1. 23. 80도2756 판결; 1981. 2. 10. 80도3147 판결; 1981. 3. 24. 81도304 판결; 1981. 5. 26. 81도1116 판결; 1981. 9. 22. 81도1833 판결; 1982. 9. 14. 82도1847 판결).

나. 비상계엄의 효력

(i) 효 력

499. 비상계엄의 효력

비상계엄의 효력은 다음과 같은 세 가지로 간추릴 수 있다. 첫째, 비상계엄이 선포된 때에는 법률이 정하는 바에 의하여 영장제도, 언론·출판·집회·결사의 자유, 정부나 법원의 권한에 관하여 특별한 조치를 할 수 있다(제77조 제3항).

둘째, 모든 행정·사법사무가 군대의 관할사항으로 된다(동법 제7조 제2항). 사법사무는 재판작용을 제외한 사법행정사무, 곧 사법경찰, 검찰, 공소제기, 형의 집행, 민사비송사건 등을 말한다. 또한 비상계엄하의 군사재판은 군인·군무원의 범죄나 군사에 관한 간첩죄의 경우와 초병·초소·유독음식물공급·포로에 관한 죄 중 법률이 정한 경우에 한하여 단심으로 할 수 있다. 다만, 사형을 선고한 경우에는 그러하지 아니하다(제110조 제4항).

> **판례:** "비상계엄 하의 군사법원은 계엄선포 이후의 범죄행위는 물론 계엄선포 전후를 통하여 비상계엄선포가 있는 지역 내의 범죄에 대해서도 재판권을 갖는다."(대법원 1964. 7. 21. 64초4 재정)

> **판례:** "비상계엄선포 중에도 검사는 영장을 발부할 수 없다. 계엄법 제13조에 규정한 특별조치가 헌법 제9조 제2항에 명시한 규정에 위반하여 법관의 영장 없이 체포·구금·수색할 수 있음을 포함한 것이라고 논할 근거가 없다."(헌위 4286. 10. 8. 4286헌위2 결정)

> **판례: 〈구 「인신구속 등에 관한 임시특례법」 제2조 제1항 위헌제청(위헌)〉** "영장주의를 완전히 배제하는 특별한 조치는 비상계엄에 준하는 국가비상사태에 있어서도 가급적 회피하여야 할 것이고, 설사 그러한 조치가 허용된다고 하더라도 지극히 한시적으로 이루어져야 할 것이며, 영장 없이 이루어진 수사기관의 강제처분에 대하여는 사후적으로 조속한 시간 내에 법관에 의한 심사가 이루어질 수 있는 장치가 마련되어야 할 것임에는 의문의 여지가 없다. 그런데 국가보안법위반죄 등을 범한 자를 법관의 영장 없이 구속·압수·수색할 수 있도록 했던 구 인신구속 등에 관한 임시 특례법 제2조 제1항이 1961. 8. 7.부터 계엄이 해제된 이후인 1963. 12. 17.까지 무려 2년 4개월이 넘는 기간 동안 시행되었는바, 비록 일부 범죄에 국한되는 것이라도 이러한 장기간 동안 영장주의를 완전히 무시하는 입법상 조치가 허용될 수 없음은 명백하고 따라서 이 사건 법률조항은 구 헌법 제64조나 현행 헌법 제77조의 특별한 조치에 해당한다고 볼 수 없다."(헌재 2012. 12. 27. 2011헌가5 결정)

셋째, 기본권에 대한 특별조치를 할 수 있다. 계엄법 제9조에 따르면 "① 비상계엄지역 안에서 계엄사령관은 군사상 필요한 때에는 체포·구금·압수·수색·거주·이전·언론·출판·집회·결사 또는 단체행동에 대하여 특별한 조치를 할 수 있다. 이 경우에 계엄사령관은 그 조치내용을 미리 공고하여야 한다. ② 비상계엄지역 안에서는 사령관은 법률이 정하는 바에 의하여 동원 또는 징발할 수 있으며, 필요한 경우에는 군수에 공할 물품의 조사·등록과 반출금지를 명할 수 있다. ③ 비상계엄지역 안에서는 계엄사령관은 작전상 부득이한 경우에는 국민의 재산을 파괴 또는 소훼할 수 있다"고 규정하고 있다.

(ii) 계엄법 제9조의 위헌 여부

500. 계엄법 제9조의 위헌 여부: 위헌이다

계엄법 제9조에 규정된 거주·이전의 자유에 대한 제한의 위헌여부에 대해서는 계엄법 제9조에 규정된 거주·이전의 자유의 제한이 헌법 제77조 제3항에 대한 위반여부에 대하여 제77조 제3항을 예시규정으로 보느냐, 한정적 규정으로 보느냐에 따라 견해가 나누어져 있다. 예시규정으로 보는 견해는 계엄을 헌법보호의 수단으로 이해하여 합헌이라 하고,[359] 한정적 규정으로 보는 견해는 계엄선포의 본질을 비상대권으로 이해하여 위헌이라고[360] 본다. 개인적으로는 개인의 기본권을 가능하면 더 보호할 수 있는 방법인 한정적 규정으로 보는 견해에 동의한다.

다. 경비계엄의 효력

501. 경비계엄의 효력

경비계엄이 선포되면 군사에 관한 행정·사법사무가 군대의 관할에 속하게 된다(동법 제7조 제2항). 경비계엄으로는 국민의 자유와 권리를 제한할 수 없으며, 군사법원의 관할도 평상시와 동일하다.

⑥ 계엄의 해제

502. 계엄의 해제

대통령은 비상사태가 평상상태로 회복하거나, 국회가 재적의원 과반수의 찬성으로 그 해제를 요구하거나(제77조 제5항), 국방부장관이나 행정안전부장관이 국무총리를 거쳐 해제건의를 하면 국무회의의 심의를 거쳐 해제하고 이를 공고하여야 한다(동법 제11조 제3항). 국회의 계엄해제요구에 대통령이 응하지 않을 경우 그것은 탄핵소추사유가 된다.

판례: "모든 정치활동의 중지 및 정치적 발언을 일체 불허한다는 취지의 포고령은 국회의 고유권한까지를 제한하는 것은 아니므로, 국회의 계엄해제요구권을 무효화시키는 것은 아니다."(대법원 1981. 3. 24. 81도304 판결)

계엄이 해제되면 평상상태로 복귀한다(동법 제12조 제1항). 다만 대통령이

---

359) 김철수, (주 20), 1079쪽.

360) 권영성, (주 19), 927쪽; 허영, (주 15), 917쪽.

필요하다고 인정할 때에는 군사법원의 재판권은 1개월 연장할 수 있다(동법 제12조 제2항). 이에 대해서는 국민은 비상계엄이 선포·시행중인 경우를 제외하고는 군법회의의 재판을 받지 않을 권리를 가진다는 견해가 학설상으로는 다수설이다.[361] 그러나 판례는 합헌으로 본다.[362]

⑦ 계엄에 대한 통제

503. 계엄에 대한 통제

계엄에 대한 통제방법으로는 국회에 의한 통제방법, 법원에 의한 통제방법 그리고 헌법재판소에 의한 권리구제방법이 있다. 우선, 국회는 계엄의 해제를 요구할 수 있다. 이 때 국회의 해제요구에 대통령이 응하지 않으면 탄핵소추사유가 된다.

다음으로, 법원에 의해서도 계엄은 통제된다. 계엄에 대한 사법적 심사가 가능한가에 대하여 통치행위라는 이유로 사법심사를 할 수 없다는 견해와 계엄사령관의 포고령이나 구체적 처분을 대상으로 사법심사를 할 수 있다는 견해가 나누어져 있다. 그러나 개인적으로는 무엇이 통치행위인가에 대한 판단권은 법원에 속하며, 통치행위라 하더라도 재량권을 일탈한 부분은 월권행위이므로 사법심사의 대상이 되어야 한다고 본다.

끝으로, 계엄선포나 계엄에 관한 특별조치로 기본권이 침해된 경우에는 헌법소원을 제기할 수 있다.

(3) 違憲政黨解散提訴權

504. 대통령의 위헌정당해산제소권

대통령은 국가와 헌법의 수호자인 지위에서 위헌정당해산제소권을 갖는다. 헌법은 "정당의 목적이나 활동이 민주적 기본질서에 위배될 때에는 정부는 헌법재판소에 그 해산을 제소할 수 있고 …"(제8조 제4항)라 하여 위헌정당해산제소권을 규정하고 있다.

위헌정당해산제도는 방어적 민주주의의 표현으로서 헌법수호에 커다란 기여를 한다. 위헌정당해산과 관련해서는 다른 곳에서 이미 다루었다.

---

361) 김철수, (주 20), 1082쪽.
362) 대법원 1985. 5. 28. 81도1045 판결.

4. 國政統合·調整者인 地位에서의 大統領의 權限

(1) 槪 觀

505. 국정통합·조정자인 지위에서의 대통령의 권한 개관

대통령은 국정통합·조정자의 지위에서 헌법개정안발안권, 국회임시회집회요구권, 법률안제출권, 법률안공포권, 국가중요정책에 대한 국민투표부의권, 사면·감형·복권에 관한 권한, 국회출석·발언권을 가진다. 다른 것들은 이미 다른 곳에서 언급했기 때문에 이곳에서는 국가중요정책에 대한 국민투표부의권과 사면권에 대해서만 살펴보기로 한다.

(2) 國家重要政策에 대한 國民投票附議權

1) 헌법규정

506. 국민투표부의권에 대한 헌법규정: 헌법 제72조

헌법 제72조는 "대통령은 필요하다고 인정할 때에는 외교·국방·통일 기타 국가안위에 관한 중요정책을 국민투표에 붙일 수 있다"고 하여 대통령의 국가중요정책에 대한 국민투표부의권을 규정하고 있다.

이 조항의 전신은 제2차 개정헌법에서 신설된[363] 제7조의2로서, 1972년 헌법에서 좀더 포괄적으로 규정한 것을 현행헌법이 그대로 계승한 것이다.

2) 법적 성격

507. 국민투표부의권의 법적 성격

국가중요정책에 대한 국민투표는 헌법 제130조 제2항의 헌법개정안에 대한 국민투표와 더불어 우리 헌법이 예외적인 직접민주제를 규정하고 있는 것이며, 그 종류는 헌법개정안에 대한 국민투표가 필수적 국민투표인 것과는 달리 일종의 임의적 국민투표이다.

국민투표가 헌법에 규정된 사항, 예컨대 정책의 결정에 대한 것이면 레퍼랜덤, 헌법에 규정되지 않은 사항, 예컨대 영토의 변경, 주권의 제약, 정권의 정통성에 대한 것이면 프레비시트가 될 것이다.

---

363) 제2차개정헌법(1954. 11. 29.) 제7조의2: "대한민국의 주권의 제약 또는 영토의 변경을 가져올 국가안위에 관한 중대사항은 국회의 가결을 거친 후에 국민투표에 부하여 민의원선거권자 3분지 2 이상의 투표와 유효투표 3분지 2 이상의 찬성을 얻어야 한다.

전항의 국민투표의 발의는 국회의 가결이 있은 후 1개월 이내에 민의원선거권자 50만인 이상의 찬성으로써 한다.

국민투표에서 찬성을 얻지 못한 때에는 제1항의 국회의 가결사항은 소급하여 효력을 상실한다.

국민투표의 절차에 관한 사항은 법률로써 정한다."

3) 대 상

508. 국민투표부의권의 대상

국민투표에 부의하는 사항은 외교, 국방, 통일 기타 국가안위에 관한 중요정책으로, 이곳에 열거된 것은 한정적인 것이다.[364] 다만 기타 국가안위에 관한 중요정책에 대한 구체적인 사항은 대통령의 재량에 따라 결정될 것이다. 그렇다고 하더라도 국민투표에 의한 입법이나 재신임 국민투표제안은 불가능하다고 보아야 한다. 왜냐하면 기타 국가안위에 관한 중요정책에 법률제정은 속하지 않을 것이기 때문이다. 또한 헌법 제10장의 규정상 헌법개정도 국민투표에 부의하는 사항에서 제외되어야 할 것이다.[365]

판례: 〈대통령(노무현) 탄핵〉 "국민투표는 직접민주주의를 실현하기 위한 수단으로서 '사안에 대한 결정', 즉 특정한 국가정책이나 법안을 그 대상으로 한다. 따라서 국민투표의 본질상 '대표자에 대한 신임'은 국민투표의 대상이 될 수 없으며, 우리 헌법에서 대표자의 선출과 그에 대한 신임은 단지 선거의 형태로써 이루어져야 한다. 대통령이 자신에 대한 재신임을 국민투표의 형태로 묻고자 하는 것은 헌법 제72조에 의하여 부여받은 국민투표부의권을 위헌적으로 행사하는 경우에 해당하는 것으로, 국민투표제도를 자신의 정치적 입지를 강화하기 위한 정치적 도구로 남용해서는 안 된다는 헌법적 의무를 위반한 것이다. 물론, 대통령이 위헌적인 재신임 국민투표를 단지 제안만 하였을 뿐 강행하지는 않았으나, 헌법상 허용되지 않는 재신임 국민투표를 국민들에게 제안한 것은 그 자체로서 헌법 제72조에 반하는 것으로 헌법을 수호해야 할 대통령의 의무를 위반한 것이다."(헌재 2004. 5. 14. 2004헌나1 결정)

판례: 〈「신행정수도 후속대책을 위한 연기·공주지역 행정중심복합도시 건설을 위한 특별법」 위헌확인(각하)〉 "헌법 제72조는 국민투표에 부쳐질 중요정책인지 여부를 대통령이 재량에 의하여 결정하도록 명문으로 규정하고 있고 헌법재판소 역시 위 규정은 대통령에게 국민투표의 실시 여부, 시기, 구체적 부의사항, 설문내용 등을 결정할 수 있는 임의적인 국민투표발의권을 독점적으로 부여하였다고 하여 이를 확인하고 있다. 따라서 특정의 국가정책에 대하여 다수의 국민들이 국민투표를 원하고 있음에도 불구하고 대통령이 이러한 희망과는 달리 국민투표에 회부하지 아니한다

---

364) 김철수, (주 20), 1056쪽. 그러나 권영성, (주 19), 930쪽은 예시적인 것으로 본다.

365) 예컨대 변해철, 헌법 제72조에 의한 영토조항에 대한 합헌성 통제, 고시계(1999. 7), 88쪽은 현행헌법과 헌법현실에 비추어 본다면 헌법 제72조의 국민투표조항을 통하여 헌법개정을 단행하는 것은 ① 경성헌법의 원리에 심각한 도전을 야기하고, ② 대의제를 채택하고 있는 헌법질서에 위배되고, ③ 공고절차의 생략으로 인하여 국민의 알 권리가 침해되고, ④ 헌법개정을 위한 별도의 특별절차를 침해하며, ⑤ 국회의 심의·표결권을 침해하여 권한분쟁의 가능성이 야기되는 등의 이유로 위헌으로 보아야 한다고 한다.

고 하여도 이를 헌법에 위반된다고 할 수 없고 국민에게 특정의 국가정책에 관하여 국민투표에 회부할 것을 요구할 권리가 인정된다고 할 수도 없다."(헌재 2005. 11. 24. 2005헌마579 결정)

4) 국민투표결과의 구속력

509. 국민투표결과의 구속력

대통령이 일단 어떤 사항을 국민투표에 붙인 이상 국민의 다수결로 나타나는 결과는 모든 국가기관을 구속한다고 보아야 한다. 따라서 국민투표 후에 대통령은 국민의사에 반하는 정책결정은 할 수 없다고 본다.

5) 국민투표의 방법

510. 국민투표의 방법

중요한 국가정책에 대한 국민투표는 찬반투표로 결정하는 것이 일반적이다. 국민투표의 방법에 관한 구체적인 사항은 국민투표법에 규정되어 있다.

(3) 赦 免 權

1) 헌법규정 및 연혁

① 헌법규정

511. 사면권에 대한 헌법규정: 헌법 제79조 제1항

헌법 제79조 제1항은 "대통령은 법률이 정하는 바에 의하여 사면·감형 또는 복권을 명할 수 있다"고 하여 넓은 의미에서 대통령의 사면권을 규정하고 있다. 이에 대한 법률로는 사면법이 있다.

판례: "사면의 종류, 대상, 범위, 절차, 효과 등은 범죄의 죄질과 보호법익, 일반국민의 가치관 내지 법감정, 국가이익과 국민화합의 필요성, 권력분립의 원칙과의 관계 등 제반사항을 종합하여 입법자가 결정할 사항으로서 광범위한 입법재량 내지 형성의 자유가 부여되어 있다."(헌재 2000. 6. 1. 97헌바74 결정)

② 연 혁

512. 사면권의 연혁

국가원수의 사면권은 군주제에서 행해지던 은사권의 유물적 제도이다.[366] 곧 영국에서 헨리 7세 때부터 행해지던 보통법상의 은사권을 사면권으로 처음 규정한 헌법은 미연방헌법으로 알려져 있다.[367]

---

366) K. Loewenstein, *Verfassungsrecht und Verfassungspraxis der Vereinigten Staaten*, 1959, S. 313f. 그러나 허영, (주 15), 934쪽은 아직도 사면권이란 용어 대신 은사권이란 용어를 그대로 쓰고 있다.

367) 미연방헌법 제2조 제2항 ①의 제3문: "대통령은 합중국에 대한 범죄에 대하여 탄핵의 경우를 제외하고는 형의 집행정지 또는 사면을 명하는 권한이 있다."

2) 사 면 권

① 사면의 개념

513. 사면의 개념

사면은 협의의 사면과 감형 및 복권을 포함한다. 협의의 사면은 형사소송법이나 그 밖의 형사법규에 정한 절차에 의하지 아니하고 형의 선고의 효과 또는 공소권을 소멸시키거나 형집행을 면제시키는 국가원수의 행위를 말한다. 감형은 형의 선고를 받은 자에 대하여 선고받은 형을 경감하거나 형의 집행을 감경하여 주는 국가원수의 행위를 말한다. 복권은 죄를 범하여 형의 선고를 받은 자가 그 형의 선고의 부수적 효력으로서 다른 법령에 의하여 자격이 상실 또는 정지된 경우에 그 상실 또는 정지된 자격을 회복시켜주는 국가원수의 행위를 말한다.[368)]

② 협의의 사면권

514. 협의의 사면권

협의의 사면에는 일반사면(대사)과 특별사면(특사)이 있다. 일반사면이란 특정범죄를 지정하여 이에 해당하는 모든 범죄인에 대하여 형의 선고의 효과를 전부 또는 일부 소멸시키거나 형의 선고를 받지 아니한 자에 대하여 공소권을 소멸시키는 것을 말한다. 일반사면은 대통령령으로써 하되 국무회의의 심의를 거치고 국회의 동의를 얻어야 한다(제89조 제9호, 제79조 제2항). 특별한 규정이 없는 한 일반사면으로 형의 선고는 그 효력을 상실하고, 형의 선고를 받지 아니한 자에 대하여는 그 공소권이 상실된다(사면법 제5조 제1항 제1호). 그러나 형의 선고에 의한 기성의 효과는 변경되지 아니한다(동법 제5조 제2항).

이에 반하여 특별사면은 이미 형의 선고를 받은 특정인에 대하여 형의 집행을 면제하는 것이다. 특별사면은 검찰총장이 상신신청하고 법무부장관이 상신하면 대통령의 명(命)으로써 한다. 특별사면은 형의 집행을 면제하는 효과를 가져온다. 다만 특별한 사정이 있을 때에는 형의 선고의 효력을 상실케 할 수 있다. 그러나 형의 선고에 의한 기성의 효과는 변경되지 아니한다(동법 제5조 제1항 제2호, 제2항)

③ 감 형 권

515. 감형권

감형에는 일반감형과 특별감형이 있다. 죄 또는 형의 종류를 정하여 일반적으로 행하는 일반감형은 국무회의의 심의를 거쳐 대통령령으로써 하며, 특정인에 대한 특별감형은 법무부장관의 상신으로 국무회의의 심의를 거쳐 대통령이 명(命)으로써 한다(제89조 제9호, 동법 제5조 제1항 제3호·제4호, 제8조, 제9

---

368) 대법원 1986. 7. 3. 85수2 판결.

조). 감형도 그 종류를 불문하고 형의 선고에 의한 기성의 효과는 변경되지 아니한다(동법 제5조 제2항).

④ 복 권

516. 복권

복권은 자격이 상실 또는 정지된 자 중에서 형의 집행이 끝나거나 집행이 면제된 자에 대해서만 행해진다(동법 제6조). 복권에는 일반복권과 특별복권이 있다. 죄 또는 형의 종류를 정하여 일반적으로 행하는 일반복권은 대통령령으로써 하고(동법 제8조), 특정한 자에 대하여 행하는 특별복권은 법무부장관의 상신에 따라 대통령이 명(命)으로써 한다(동법 제9조). 복권은 종류를 불문하고 국무회의의 심의를 거쳐야 하며(제89조 제9호), 그 효과는 장래에 향해서만 발생한다.

3) 사면권의 한계

517. 사면권의 한계

우리 헌법상 사면권의 한계에 대해서는 명문규정이 없다. 그러나 일반적으로 다음 사항을 사면권의 한계로 들고 있다.[369] ① 국가이익과 국민화합의 차원에서 행사되어야 하고 정치적으로 남용되거나 당리당략적 차원에서 행사되어서는 안 된다. ② 권력분립의 원칙상 사법권의 본질을 침해해서는 안 된다. ③ 탄핵 등의 정치적 책임을 질 자에 대해서는 공소권의 소멸이나 탄핵소추권 소멸을 해서는 안 된다. ④ 사면의 결정에 사법부의 의견이 반영되어야 한다. ⑤ 국회는 일반사면에 대한 동의여부를 심리함에 있어 대통령이 제안하지 아니한 죄의 종류를 추가할 수 없다.

5. 憲法機關構成者인 地位에서의 大統領의 權限

518. 헌법기관구성자인 지위에서의 대통령의 권한

대통령은 헌법기관구성자인 지위에서 헌법기관구성권을 갖는다. 구체적으로 대통령이 가지는 헌법기관구성권은 감사원장·감사위원임명권(제98조 제2항·제3항), 대법원장 및 대법관임명권(제104조 제1항·제2항), 헌법재판소장·헌법재판소재판관임명권(제111조 제2항·제4항), 중앙선거관리위원회위원 중 3인 임명권(제114조 제2항)이다. 이 중 감사원장, 대법원장·대법관, 헌법재판소장의 임명에는 국회의 동의가 필요하다.

---

369) 김철수, (주 20), 1063쪽; 권영성, (주 19), 955쪽.

6. 行政府首班인 地位에서의 大統領의 權限

(1) 槪　觀

대통령은 행정의 최고지휘권자·최고책임자로서 법률안거부권과 행정입법권을 가지며, 행정부조직권자로서는 행정부구성권과 공무원임면권을 갖는다. 또한 대통령은 정부의 권한에 속하는 중요정책에 대한 심의기관인 국무회의의장으로서의 지위와 그에 따른 권한을 갖는다.

519. 행정부수반인 지위에서의 대통령의 권한의 개관

(2) 行政의 最高指揮權者·最高責任者로서의 權限

1) 법률안거부권

① 헌법규정 및 의의

가. 헌법 규정

헌법 제53조 제2항 제1문은 "법률안에 이의가 있을 때에는 대통령은 제1항의 기간 내에 이의서를 붙여 국회로 환부하고, 그 재의를 요구할 수 있다"고 하여 대통령의 법률안 거부권을 규정하고 있다.

520. 법률안거부권에 대한 헌법규정: 헌법 제53조 제2항 제1문

나. 법률안거부권의 유래와 기능

'법률안거부권'(right of veto, 법률안재의요구권)은 미연방헌법에서 유래하였다.[370] 미국의 대통령제하에서는 정부에 법률안제출권이 없어 법률의 제정에 정부가 관여하지 못하게 되어 있다. 따라서 의회가 매우 부당한 법률을 제정하는 경우 또는 정부가 집행할 수 없는 법률을 제정하는 경우에 그것을 저지할 필요가 있고 그에 대한 헌법적 제도로서 대통령의 법률안거부권이 채택되었다. 곧 대통령의 법률안거부권은 입법부에 대한 행정부의 통제수단으로서 기능한다.

521. 법률안거부권의 유래와 기능

다. 우리 헌법상의 법률안거부권의 기능

그러나 우리 헌법은 대통령을 수반으로 하는 정부에 법률안제출권을 인정하고 있다. 따라서 대통령의 법률안거부권은 긍정적으로 기능하기보다는 오히려 부정적으로 기능할 가능성이 많다는 것이 일반적인 평가이다.[371] 우리 헌법이 대통령에게 법률안제출권을 인정하면서 동시에 법률안거부권을 인정하고 있는

522. 우리 헌법상의 법률안거부권의 기능: 부정적으로 기능할 가능성이 농후

370) 미연방헌법 제1조 제7항 ② 제1문: "하원과 상원을 통과한 모든 법률안은 법률로서 성립하기 전에 이를 합중국대통령에게 송부하여야 하며, 대통령이 이를 승인하는 경우에는 이에 서명하고, 이를 승인하지 아니하는 경우에는 이의서를 첨부하여 제의한 원(院)에 환부하여야 한다."

371) 김철수, (주 20), 1058쪽; 권영성, (주 19), 940쪽; 허영, (주 15), 925쪽.

것은 우리 헌법상의 대통령제가 변형된 대통령제임을 확인시켜주는 또 하나의 증거라 하겠다.

② 법적 성격

523. 법률안거부권의 법적 성격: 정지조건부 거부권

법률안거부권이 어떤 법적 성격을 가지느냐에 대해서는 정지조건적 권한설, 해제조건적 권한설, 취소권설 및 공법특유의 제도설 등 여러 가지 견해가 대립되어 있다. 국내의 다수설은 거부권을 법률안이 의회에서 재의결되지 않는다는 조건하의 소극적인 권한, 곧 정지조건부 거부권으로 보고 있다. 따라서 대통령은 법률안을 재의에 붙였다 하더라도 의회가 의결하기 전에는 언제든지 이를 철회할 수 있으며,[372] 또 의회도 이를 번복할 수 있다.[373]

③ 종 류

가. 법률안거부의 방법

524. 법률안거부의 방법: 환부거부, 보류거부

법률안거부방법에는 '환부거부'(direct veto)와 '보류거부'(pocket veto)의 두 가지 방법이 있다. 환부거부는 정해진 기간 내에 거부하는 법률안을 의회에 환송하여 재의토록 하는 방법이며, 보류거부는 국회의 폐회 또는 해산으로 정해진 기간 내에 환송이 불가능한 경우 그 법률안이 자동으로 폐기되는 경우를 말한다.

우리 헌법은 대통령이 법률안에 대하여 이의가 있을 때에는 15일 이내에 이의서를 붙여 국회에 환부토록 하고 있다(제53조 제1항, 제2항). 또한 대통령은 법률안의 일부에 대하여 또는 법률안을 수정하여 재의를 요구할 수도 없다(제53조 제3항).

나. 법률안거부의 문제

(ⅰ) 학 설

525. 우리 헌법하에서는 보류거부가 인정되지 않는다

우리 헌법하에서도 보류거부가 인정되는가에 대해서는 그를 긍정하는 견해와 부정하는 견해가 나누어져 있다. 그리고 우리 헌법은 제51조에서 회기계속의 원칙을 채택하고 있고, 제53조 제2항 제2문에서 국회의 폐회 중에도 환부를 인정하고 있으며, 동 제5항에서는 대통령이 15일 이내에 공포나 재의를 요구하지 않으면 그 법률안이 법률로서 확정된다고 규정하고 있기 때문에, 우리 헌법상 보류거부는 인정되지 않으며, 다만, 국회의원의 임기가 만료되어 폐회된 경우에는 환부대상이 없기 때문에 이때에는 예외를 인정할 수밖에 없을 것이라는 것이 다수설의 입장이다.

---

372) 권영성, (주 19), 941쪽.
373) 김철수, (주 20), 1058쪽.

(ii) 사 견

그러나 개인적으로는 우리 헌법은 환부거부만을 인정하고 있기 때문에 보류거부는 인정되지 않으며, 국회의원의 임기가 만료되어 폐회된 경우에는 임기만료에 따른 법률안폐기이지 보류거부가 아니라는 해석론[374]이 정당한 것으로 보인다.

④ 행사사유 및 행사절차

가. 행사사유

대통령이 법률안거부권을 행사하기 위해서는 정당하고 합리적인 사유가 있어야 한다. 법률안거부권의 행사사유로는 법률안이 헌법과 다른 법률과의 체계에 문제가 있는 경우, 법률안의 집행이 불가능한 경우, 국가이익에 위배되는 경우, 정부에 대한 부당한 압박을 내용으로 하는 경우의 넷을 들 수 있다.

526. 법률안거부권의 행사사유

나. 행사절차

대통령의 법률안거부권은 법률안이 정부로 이송되어 온 날로부터 15일 이내에, 국무회의의 심의를 거친 후, 그 법률안에 이의서를 붙여, 국회로 환부하여 재의를 요구하는 절차에 따라 행사된다.

527. 법률안거부권의 행사절차

2) 행정입법권

① 헌법규정

헌법 제75조는 "대통령은 법률에서 구체적으로 범위를 정하여 위임받은 사항과 법률을 집행하기 위하여 필요한 사항에 관하여 대통령령을 발할 수 있다"고 하여 대통령에게 위임명령과 집행명령을 발할 권한, 곧 행정입법권을 주고 있다.

528. 대통령의 행정입법권에 대한 헌법규정: 헌법 제75조

② 행정입법일반론

가. 행정입법의 필요성

현대 법치국가에서는 국민의 권리와 자유에 관한 사항은 의회가 법률의 형식으로 규율하는 것을 원칙으로 한다. 그러나 아무리 법치국가라 하더라도 현대의 행정국가적 요청, 사회국가적 요청을 모두 법률로써 직접 규정한다는 것은 오늘날 불가능할 뿐만 아니라 또한 부적합하다고 할 수 있다. 왜냐하면 법률 자체가 가지고 있는 보수적 성격이나 기술적 성격 때문에 법률에는 일정한 한계가 있기 때문이다. 따라서 오늘날에는 국회의 입법권에 깊은 배려를 하면서 헌법에 근거하여 여러 행정기관에 그 기능의 특질에 대응하여 입법권을 부여하는 것이 일반화되어 있다.

529. 행정입법의 필요성

374) 허영, (주 15), 925쪽.

오늘날 행정입법이 요구되는 이유는 다음과 같은 네 가지로 요약할 수 있다. 첫째, 전문적·기술적 사항에 대한 입법이 증대하였다. 둘째, 사정의 변화에 즉응하여 기민하게 적응할 필요가 있다. 셋째, 법률의 일반적 규정으로써는 지방적 사정과 같은 특수사정을 규율하기가 곤란하다. 넷째, 객관적 공정성이 요구되는 경우에 국회가 그것을 일괄적으로 처리하는 것이 반드시 적절하지 못한 분야가 있다.

나. 행정입법의 유형

530. 행정입법의 유형

행정입법은 여러 가지로 구분되나, 보통 그 성질에 따라 법규명령과 행정명령(행정규칙)으로 나누는 것이 일반적이다. 법규명령은 다시 위임명령과 집행명령으로 나누어진다. 헌법적 관점에서 행정입법의 주종을 이루는 것은 대통령이 발하는 법규명령으로서의 위임명령과 집행명령이다.

③ 법규명령

가. 개 념

531. 법규명령의 개념

'법규명령'(Rechtsverordnung, Rechtsvorschrift)은 행정기관이 헌법에 근거하여 국민의 권리·의무에 관한 사항(법규사항)을 규정하는 명령을 말한다. 따라서 법규명령은 형식적으로는 행정입법이나, 실질적으로는 법률과 다를 바 없는 법규범이다. 법규명령은 여러 가지 분류가 가능하나, 일반적으로 성질과 형식에 따라 구분되고 있다.

나. 위임명령과 집행명령

532. 성질에 따른 법규명령의 분류: 위임명령, 집행명령

법규명령은 성질에 따라 '위임명령'(Auftragsverordnung, übertragene Verordnung)과 '집행명령'(Ausführungsverordnung)으로 구분된다. 위임명령과 집행명령은 어느 것이나 궁극적으로는 법률을 집행하기 위한 명령인 점에서는 공통된다. 그러나 위임명령은 상위법규범으로부터 위임을 받아 법률의 규정을 보충하기 때문에 새롭게 권리나 의무를 창설할 수 있는 명령임에 반하여, 집행명령은 상위법의 집행세목이나 집행절차를 구체화하기 위한 명령이기 때문에 새롭게 권리나 의무를 창설할 수 없다는 점에서 구별된다. 따라서 집행명령은 일종의 법률시행세칙이다.

다. 대통령령, 총리령, 부령

533. 제정주체에 따른 법규명령의 분류

또한 법규명령은 형식에 따라, 곧 제정주체에 따라 대통령령, 총리령 그리고 부령으로 구분된다. 일반적으로 대통령령은 총리령과 부령보다 상위에 있으나, 총리령과 부령 사이에는 그런 위계가 없는 것으로 이해되고 있다.[375]

---

375) 허영, (주 15), 937·938쪽은 총리령과 부령 사이에는 효력상 우열의 차이는 없으며, "다

④ 행정명령(행정규칙)

가. 개 념

534. 행정명령의 개념

'행정명령'(Verwaltungsverordnung) 또는 '행정규칙'(Verwaltungsvorschrift) 또는 행정내규는 행정기관이 자신의 고유권한으로 헌법상 근거 없이 제정하는, 국민의 자유와 권리와는 직접적인 관계가 없는 법규범으로 행정조직 내부에서만 효력을 가지는 법규범을 말한다.

나. 법규명령과 행정명령의 구별의 상대성

535. 법규명령과 행정명령의 구별의 상대성

과거에는 법규명령과 행정명령을 대국민적 효력이 있느냐 또는 행정기관 내부에서만 효력을 가지느냐를 근거로 구별하였다. 그러나 구체적인 명령이 법규명령이냐 행정규칙이냐 하는 문제는 반드시 획일적으로 판단할 수 없다. 우리 헌법재판소 출범초기에 문제된 바 있는 법무사법 시행규칙(대법원규칙)과 같이 형식적으로는 규칙으로 제정된 것이라 하더라도 그 실질이 국민의 권리·자유와 관계되는 것이 있을 수 있다.[376] 그러므로 법규명령과 행정명령 사이에는 획일적인 구별이 불가능한 영역이 있고, 그러한 의미에서는 법규명령과 행정명령의 차이는 상대적인 것이라고 할 수 있다. 최근에는 판례도 행정명령의 법규성을 예외적·부분적으로 인정하려는 경향이 있다.

> **판례**: "상급행정기관이 하급행정기관에 대하여 업무처리지침이나 법령의 해석적용에 관한 기준을 정하여서 발하는 이른바 행정규칙은 일반적으로 행정조직 내부에서만 효력을 가질 뿐 대외적인 구속력을 가지는 것은 아니지만, 법령의 규정이 특정행정기관에게 그 법령내용의 구체적 사실을 정할 수 있는 권한을 부여하면서 그 권한행사의 절차나 방법을 특정하고 있지 아니한 관계로 수임행정기관이 행정규칙의 형식으로 그 법령의 내용이 될 사항을 구체적으로 정하고 있다면, 그와 같은 행정규칙·규정은 행정규칙이 갖는 일반적 효력으로서가 아니라, 행정기관에 법령의 구체적 내용을 보충할 권한을 부여한 법령규정의 효력에 의하여 그 내용을 보충하는 기능을 갖게 된다 할 것이므로, 이와 같은 행정규칙·규정은 당해 법령의 위임한계를 벗어나지 아니하는 한 그것들과 결합하여 대외적인 구속력이 있는 법규명령으로서의 효력을 갖게 된다."(대법원 1988. 3. 22. 87누654 판결)

만 국무총리는 그의 행정감독권에 따라 부령이 위법 또는 부당하다고 인정할 때에는 대통령의 승인을 얻어 이를 고치게 할 수는 있을 것이다(정부조직법 제19조). 그러나 이것은 국무총리가 갖는 행정감독권의 행사이지 규범효력의 우열문제는 아니다"라고 한다.

376) 헌재 1990. 10. 15. 89헌마178 결정<법무사법시행규칙에 대한 헌법소원(위헌)>. 이 결정에 대한 평석은 홍성방, 헌법 제107조와 헌법소원, 한국공법학회 제12회 월례발표회 발표논문(1990. 11. 24.), 13-22쪽 참조.

판례: **〈전라남도 교육위원회의 1990학년도 인사원칙(중등)에 대한 헌법소원(각하)〉** "이른바 행정규칙이 법령의 규정에 의하여 행정관청에 법령의 구체적 내용을 보충할 권한을 부여한 경우 또는 재량권행사의 준칙인 규칙이 그 정한 바에 따라 되풀이 시행되어 행정관행이 이룩되게 되면, 평등의 원칙이나 신뢰보호의 원칙에 따라 행정기관은 그 상대방에 대한 관계에서 그 규칙에 따라야 할 자기구속을 당하게 되는 경우에는 대외적인 구속력을 가지게 된다 할 것이다."(헌재 1990. 9. 3. 90헌마13 결정)

판례: **〈강남구와 행정자치부장관간의 권한쟁의(기각)〉** "헌법 제117조 제1항에서 규정하고 있는 '법령'에 법률 이외에 헌법 제75조 및 제95조 등에 의거한 '대통령령', '총리령' 및 '부령'과 같은 법규명령이 포함된다는 것은 물론이지만, 헌법재판소의 '법령의 직접적인 위임에 따라 수임행정기관이 그 법령을 시행하는 데 필요한 구체적 사항을 정한 것이면, 그 제정형식은 비록 법규명령이 아닌 고시, 훈령, 예규 등과 같은 행정규칙이더라도, 그것이 상위법령의 위임한계를 벗어나지 아니하는 한, 상위법령과 결합하여 대외적인 구속력을 갖는 법규명령으로서 기능하게 된다고 보아야 한다'라고 판시한 바에 따라 헌법 제117조 제1항에서 규정하는 '법령'에는 법규명령으로서 기능하는 행정규칙이 포함된다."(헌재 2002. 10. 31. 2002헌라2 결정)

판례: "법령의 규정이 특정 행정기관에게 법령내용의 구체적 사항을 정할 수 있는 권한을 부여하면서 권한행사의 절차나 방법을 특정하지 아니한 경우에는 수임 행정기관은 행정규칙이나 규정 형식으로 법령 내용이 될 사항을 구체적으로 정할 수 있다. 이 경우 행정규칙 등은 당해 법령의 위임한계를 벗어나지 않는 한 대외적 구속력이 있는 법규명령으로서 효력을 가지게 되지만, 이는 행정규칙이 갖는 일반적 효력이 아니라 행정기관에 법령의 구체적 내용을 보충할 권한을 부여한 법령 규정의 효력에 근거하여 예외적으로 인정되는 것이다. 따라서 그 행정규칙이나 규정이 상위법령의 위임범위를 벗어난 경우에는 법규명령으로서 대외적 구속력을 인정할 여지는 없다. 이는 행정규칙이나 규정'내용'이 위임범위를 벗어난 경우뿐 아니라 상위법령의 위임규정에서 특정하여 정한 권한행사의 '절차'나 '방식'에 위배되는 경우도 마찬가지이므로, 상위법령에서 세부사항 등을 시행규칙으로 정하도록 위임하였음에도 이를 고시 등 행정규칙으로 정하였다면 그 역시 대외적 구속력을 가지는 법규명령으로서 효력이 인정될 수 없다."(대법원 2012. 7. 5. 2010다72076 판결)

⑤ 위임입법의 형식과 법규명령 제정의 한계

가. 위임입법의 형식

536. 위임입법의 형식

법률이 명령에 위임하는 형식에는 일반적·포괄적 위임과 개별적·구체적 위임이 있다. 우리 헌법 제75조는 "구체적으로 범위를 정하여 위임받은 사항"을 명시하고 있기 때문에 일반적·포괄적 위임은 불가능하다. 이와 관련하여 법규명령제정의 한계가 문제가 된다.

판례: 〈교육법 제 8 조의2에 관한 위헌심판(합헌)〉 "위임의 구체성·명확성이 요구되는 정도는 규제대상의 종류와 성격에 따라서 달라진다. 기본권침해영역에서는 급부행정영역보다는 구체성의 요구가 강화되고, 다양한 사실관계를 규율하거나 사실관계가 수시로 변화될 것이 예상될 때에는 위임의 명확성의 요건이 완화되어야 한다." (헌재 1999. 2. 11. 90헌가27 결정)

판례: 〈국민연금법 제33조 제1항 제3호 등 위헌제청 등(합헌)〉 "법률이 어떤 사항에 관하여 대통령령에 위임할 경우에는 국민이 장래 대통령령으로 규정될 내용을 일일이 예견할 수는 없다고 할지라도 적어도 그 기본적 윤곽만은 예측할 수 있도록 기본적인 사항들에 관하여 법률에서 구체적으로 규정하여야 한다. 위임의 구체성·명확성의 요구 정도는 그 규율대상의 종류와 성격에 따라 달라질 것이지만, 특히 처벌법규나 조세법규 등 국민의 기본권을 직접적으로 제한하거나 침해할 소지가 있는 법규에서는 구체성·명확성의 요구가 강화되어 그 위임의 요건과 범위가 일반적인 급부행정법규의 경우보다 더 엄격하게 제한적으로 규정되어야 하는 반면에, 규율대상이 지극히 다양하거나 수시로 변화하는 성질의 것일 때에는 위임의 구체성·명확성의 요건이 완화되어야 할 것이다. 즉 급부영역에서는 기본권침해영역보다는 구체성의 요구가 다소 약화되어도 무방하다고 해석되며 다양한 사실관계를 규율하거나 사실관계가 수시로 변화될 것이 예상될 때에는 위임의 명확성의 요건이 완화된다. 뿐만 아니라 위임조항에서 위임의 구체적 범위를 명확히 규정하고 있지 않다고 하더라도 당해 법률의 전반적 체계와 관련규정에 비추어 위임조항의 내재적인 위임의 범위나 한계를 객관적으로 분명히 확정할 수 있다면 이를 일반적으로 포괄적인 백지위임에 해당하는 것으로 볼 수 없다."(헌재 2007. 4. 26. 2004헌가29 등 병합결정)

판례: 〈구 「국토의 계획 및 이용에 관한 법률」 제37조 제 1 항 제 2 호 등 위헌소원(합헌)〉 "'역사문화미관지구'내에서 허용될 수 있는 건축물의 층수나 용적률, 건폐율 등의 건축제한 내용을 정하는 것은 해당 지구의 지정목적, 지역적 특성, 주민의 생활편익과 문화재의 보존가치와의 조화를 고려하여 급변하는 사회·경제환경에 맞추어 탄력적으로 규율해야 할 필요가 있으므로, 지방자치단체의 조례에 위임할 필요성이 인정된다. 따라서 '역사문화미관지구'내 토지소유자들에 대한 재산권제한의 구체적 내용을 해당 지방자치단체의 조례에 위임하고 있는 이 사건 재산권제한조항은 포괄위임입법금지원칙에 위반되지 아니한다."(헌재 2012. 7. 26. 2009헌바328 결정)

나. 법규명령 제정의 한계

537. 법규명령 제정의 한계

법규명령의 제정의 한계에는 형식적 한계와 실질적 한계가 있다.

위임명령의 형식적 한계로는 법규명령을 제정할 수 있는 정당한 권한을 가진 행정청이 모법인 상위법의 범위 내에서 제정한 것이어야 한다는 것을 들 수 있다. 여기에서 문제되는 것은 재위임의 문제이다. 이 경우 위임명령, 곧 대통령령이 위임받은 사항에 관하여 대강만을 규정하고 특정사항을 범위를 정하여 하위명령, 곧 총리령·부령 등에 다시 위임하는 것은 무방하나, 법률에서 위임받은 사항을 전혀 규정하지 아니하고 그대로 재위임하는 것은 복위임금지의 법리를 인정할 것도 없이 실질적으로 수권법의 내용을 변경하는 결과를 가져오기 때문에 허용되지 아니한다는 것이 통설과 판례의 입장이다.

판례: 〈풍속영업의규제에관한법률 제2조 제6호 등 위헌확인(일부각하, 일부기각)〉 "법률에서 위임받은 사항을 전혀 규정하지 않고 재위임하는 것은 복위임금지의 법리에 반할 뿐 아니라 수권법의 내용변경을 초래하는 것이 되고, 부령의 제정·개정절차가 대통령령에 비하여 보다 용이한 점을 고려할 때 재위임에 의한 부령의 경우에도 위임에 의한 대통령에 가해지는 헌법상의 제한이 당연히 적용되어야 할 것이므로 법률에서 위임받은 사항을 전혀 규정하지 아니하고 그대로 재위임하는 것은 허용되지 않으며 위임받은 사항에 관하여 대강을 정하고 그 중의 특정사항을 범위를 정하여 하위법령에 다시 위임하는 경우에만 재위임이 허용된다."(헌재 1996. 2. 29. 94헌마213 결정)

이러한 통설과 판례의 입장에 대해서는 원칙적으로는 찬성할 수 있으나, 전혀 문제가 없다고는 볼 수 없다. 왜냐하면 통설과 판례는 최초에 위임한 법률이 어디에 위임했느냐, 곧 대통령령에 위임했느냐 또는 부령에 위임했느냐가 문제될 수도 있다는 것을 고려하지 않고 있기 때문이다. 법률이 대통령에게 그 권한을 위임하는 것과 각부 장관에게 위임하는 것 사이에는 커다란 차이가 있을 수 있다. 따라서 재위임이 허용될 것인가라는 문제는 획일적으로 긍정할 것이 아니라 법률 그 자체가 어디에 위임했는가를 살펴 개별적으로 판단하여야 할 것으로 생각된다.

판례: 〈국민연금법 제3조 제1항 제3호 등 위헌제청 등(합헌)〉 "법률이 어떤 사항에 관하여 대통령령에 위임할 경우에는 국민이 장래 대통령령으로 규정될 내용을 일일이 예견할 수는 없다고 할지라도 적어도 그 기본적 윤곽만은 예측할 수 있도록 기본적인 사항들에 관하여 법률에서 구체적으로 규정하여야 한다. 위임의 구체성·명확성의 요구정도는 그 규율대상의 종류와 성격에 따라 달라질 것이지만, 특히 처벌법규나 조세법규 등 국민의 기본권을 직접적으로 제한하거나 침해할 소지가 있는 법규에서는 구체성·명확성의 요구가 강화되어 그 위임의 요건과 범위가 일반적인 급부행정법규의 경우보다 더 엄격하게 제한적으로 규정되어야 하는 반면에, 규

율대상이 지극히 다양하거나 수시로 변화하는 성질의 것일 때에는 위임의 구체성·명확성의 요건이 완화되어야 할 것이다. 즉 급부행정 영역에서는 기본권침해 영역보다는 구체성의 요구가 다소 약화되어도 무방하다고 해석되며 다양한 사실관계를 규율하거나 사실관계가 변화될 것이 예상될 때에는 위임의 명확성의 요건이 완화된다. 뿐만 아니라 위임조항에서 위임의 구체적 범위를 명확히 규정하고 있지 않다고 하더라도 당해 법률의 전반적 체계와 관련규정에 비추어 위임조항의 내재적인 위임의 범위나 한계를 객관적으로 분명히 확정할 수 있다면 이를 일반적으로 포괄적인 백지위임에 해당하는 것으로 볼 수 없다."(헌재 2007. 4. 26. 2004헌가29 등 병합결정)

법률에 의한 위임이 일반적으로 인정된다 하더라도 그것은 무한정 인정되는 것은 아니다. 헌법 제40조의 국회입법권과의 관계에서 그 입법권을 침해하지 않는 범위 내에서만 법규명령(위임명령)이 인정된다는 것을 명심하지 않으면 안 된다. 따라서 무제한적이고 포괄적인 백지위임은 인정되지 않는다. 그러므로 위임명령의 제정이 허용되는 경우는 일차적으로는 법률의 보충적 규정의 경우와 해석규정의 경우이다. 법률에 대한 특례적 경우도 인정해야 한다는 견해가 있을 수 있으나, 이는 부정되어야 한다. 왜냐하면 명령에 의하여 법률에 대한 특례가 용이하게 인정되게 되면 수권법을 파괴할 우려가 크기 때문이다. 따라서 국적취득의 요건(제2조 제1항), 조세의 종목과 세율(제59조), 지방자치단체의 종류(제117조 제2항) 등과 같은 국회의 전속사항은 위임명령으로 규정할 수 없다. 또한 벌칙, 곧 처벌의 종류와 정도는 죄형법정주의에 입각하여 반드시 법률과 적법한 절차로써 정하여야 한다(제12조 제1항). 그러나 처벌의 수단과 정도(양형)는 수권법에서 최고한도를 정한 후 그 범위 안에서 구체적인 범위를 정하도록 위임할 수 있다.

판례: 〈수산업법 제52조 제2항 등 위헌제청(합헌)〉 "처벌법규의 위임은 특히 긴급한 필요가 있거나 미리 법률로써 자세히 정할 수 없는 부득이한 사정이 있는 경우에 한정되어야 하고, 이러한 경우일지라도 법률에서 범죄의 구성요건은 처벌대상인 행위가 어떠한 것일 것이라고 이를 예측할 수 있을 정도로 구체적으로 정하고 형벌의 종류 및 그 상한과 폭을 명백히 규정하여야 한다."(헌재 1994. 6. 30. 93헌가15 등 병합결정)

(3) 行政府組織權者로서의 權限

1) 행정부구성권

538. 대통령의 행정부구성권

대통령은 행정부조직권자로서 국회의 동의를 얻어 국무총리를 임명하고(제86조 제1항), 국무총리의 제청으로 국무위원을 임명하며(제87조 제1항), 국무위원 중에서 국무총리의 제청으로 행정각부의 장을 임명한다(제94조). 또한 대통령은 국회의 동의를 얻어 감사원장을 임명하며, 감사원장의 제청으로 감사위원을 임명할 뿐만 아니라(제98조 제2항·제3항), 중앙선거관리위원회위원 3인을 임명한다(제114조 제2항).

2) 공무원임면권

① 공무원임면권

539. 대통령의 공무원임면권

대통령은 행정부조직권자로서 헌법과 법률이 정하는 바에 의하여 공무원을 임면한다(제78조). 임면이란 단순한 임명과 면직은 물론 보직·전직·휴직·징계처분 등이 포함된다.

그러나 현행 국가공무원법에 따르면 행정기관 소속 5급 이상 공무원 및 고위공무원단에 속하는 일반직공무원은 소속장관의 제청으로 안전행정부장관과 협의를 거친 후에 국무총리를 경유하여 대통령이 임용하고(국가공무원법 제32조 제1항), 그 밖의 공무원은 그 소속된 부(部)의 장관이 일체의 임용권을 가진다(동법 제32조 제2항). 그리고 소속장관은 그 임용권의 일부를 대통령령이 정하는 바에 따라 그 소속기관의 장에게 위임할 수 있다(동법 제32조 제3항).

② 공무원임명권의 제약

540. 대통령의 공무원임명권의 제약

대통령의 공무원임명권은 권력분립주의와 공직제도의 기본원리 및 헌법과 법률의 규정에 의하여 다음의 경우에는 제한된 권한으로서의 성격을 갖는다. 임명에 법정된 자격을 요하는 경우, 임명에 다른 기관의 제청을 요하는 경우(국무위원·행정각부의 장·감사위원 등), 임명에 다른 기관의 선거 또는 지명을 요하는 경우, 임명에 국회의 동의를 요하는 경우(국무총리·감사원장 등), 임명에 국무회의의 심의를 요하는 경우(제89조 제16호에 규정된 공무원)가 그 예이다.

③ 공무원면직권의 제약

541. 대통령의 공무원면직권의 제약

대통령의 공무원면직권은 공직자에 대한 헌법상의 신분보장과 직업공무원제도상의 신분보장에 의하여 제한된다.

第 4 節 行 政 府

1. 行政府一般論

(1) 政府의 概念

542. 정부의 개념

정부의 개념에는 광의, 협의, 최협의 및 그 밖의 것 등 여러 개가 있다. 광의의 정부란 국가 그 자체 또는 국가권력을 행사하는 모든 국가기관을 말한다. 국가보안법 제 1 조에서 사용하는 국가의 개념은 최광의의 정부에 해당된다. 협의의 정부란 입법부 및 사법부와 대립되는 집행부를 의미한다. 헌법 제66조 제 4 항과 정부조직법 제11조에서 말하는 정부란 협의의 정부를 말한다. 최협의의 정부란 내각책임제 정부형태에서 국가원수(대통령 또는 군주)를 제외한 내각을 말한다.

경우에 따라서 정부는 경제주체로서의 국가, 곧 국고(國庫)의 의미로 사용되기도 한다. 양곡관리법(제 2 조 제 2 호)에서 사용하는 정부는 국고를 뜻한다.

(2) 行政府의 構造

1) 행정부의 구조에 대한 일반적 견해

543. 행정부의 구조에 대한 일반적 견해

보통 헌법학에서 정부라 할 때에는 협의의 정부, 곧 입법부 및 사법부에 대립되는 집행부란 뜻으로 사용된다. 집행부에 선거관리위원회가 포함되는가에 대해서는 견해가 나누어지지만, 집행부는 대통령과 (행)정부로 이루어지고 (행)정부는 국무총리 · 국무위원 · 국무회의 · 각종자문회의 · 행정각부 · 감사원으로 구성된다는 데에는 견해가 일치되어 있다.[377] 이러한 분류는 정부라는 장(章) 아래 절(節)을 분리하여 제 1 절에는 대통령, 제 2 절에는 행정부를 규정하면서 행정부 내에서 국무총리와 국무위원 · 국무회의와 각종자문회의 · 행정각부 · 감사원의 순서로 규정하고 있는 우리 헌법의 구조와도 일치된다.

이러한 우리 정부구조를 2원적인 정부구조라고 표현하면서 다음과 같이 타당한 지적을 하는 견해가 있다. "그런데 우리 헌법처럼 3권분립적 통치구조를 국회 · 정부 · 법원으로 구별하는 것은 문제가 있다. 정부라는 말은 흔히 국회와 법원을 포함하는 국가의 모든 통치기관을 총칭하는 개념으로도 사용되기 때문이

377) 김철수, (주 20), 1085쪽 이하; 권영성, (주 19), 961쪽 이하; 허영, (주 15), 932쪽 이하.

다. 따라서 정부라는 개념 대신에 행정부라는 말을 사용해서 국회·행정부·법원으로 구별하든지, 구태여 2원적인 정부구조를 강조하는 뜻에서 대통령을 그 보좌기관인 행정부와 구별하려고 한다면 정부보다는 집행부를 국회·법원과 대칭시키는 것이 보다 합리적이라고 할 것이다. 이 경우 국회는 입법부로, 법원은 사법부로 바꾸는 것이 보다 개념논리에 맞는다고 생각한다."[378] 그러면서도 이 견해의 주장자는 "아무튼 우리 헌법상 행정부는 대통령을 보좌하고 자문하는 통치기관을 말하는데, 국무총리, 국무위원, 국무회의와 행정각부 및 감사원, 그리고 각종 자문기관이 여기에 속한다"라고 한다.[379]

2) 행정부의 구조에 대한 사견

544. 행정부의 구조에 대한 사견: 행정부수반으로서의 대통령과 그를 보좌하는 국무총리·국무위원·국무회의·행정각부·감사원으로 구성된다

그러나 개인적으로는 대통령의 각종 자문기관을 행정부에 포함시키는 것은 문제가 있다고 생각한다. 물론 국무회의와 자문기관은 하나는 대통령의 정책심의기관으로, 다른 하나는 정책자문기관으로서 비슷한 지위를 가진다고 할 수 있다. 그러나 그 구성원을 볼 때 국무회의는 실질적으로 행정을 담당하는 자들로 구성됨에 반하여, 각종 자문기관의 경우에는 정책에 대한 자문만을 할 뿐 실질적인 행정에는 전혀 관여하지 않고 있다. 그에 따라 각종 자문기관은 협의의 행정부의 수반인 대통령의 정책자문기관이라기보다는 국가원수로서의 대통령의 정책자문기관이라고 보는 것이 합당할 것으로 판단된다. 따라서 행정부는 행정부수반으로서의 대통령과 그를 보좌하는 국무총리·국무위원·국무회의·행정각부·감사원으로 구성된다고 할 수 있다. 그러나 행정부수반으로서의 대통령에 대해서는 이미 앞에서 설명하였기 때문에, 이곳에서는 그를 제외한 나머지 행정기관에 대해서만 살피기로 한다.

2. 國務總理

(1) 憲法規定 및 制度의 意義

1) 헌법규정

545. 국무총리에 대한 헌법규정: 헌법 제86조

헌법 제86조는 다음과 같이 국무총리에 대하여 규정하고 있다. "① 국무총리는 국회의 동의를 얻어 대통령이 임명한다. ② 국무총리는 대통령을 보좌하

---

378) 허영, (주 15), 932쪽.
379) 허영, (주 15), 932쪽.

며, 행정에 관하여 대통령의 명을 받아 행정각부를 통할한다. ③ 군인은 현역을 면한 후가 아니면 국무총리로 임명될 수 없다."

2) 국무총리제도의 의의

546. 국무총리제의 의의

전통적 대통령제에서는 대통령의 궐위시나 유고시에 대비하여 부통령을 두는 것이 보통이다. 따라서 대통령제를 채택하고 있는 우리 헌법이 국무총리제도를 두고 있는 것은 이례적인 것이기 때문에 헌법정책적인 측면에서는 많은 비판이 가해지기도 하며,[380] 개인적으로도 그러한 비판에 공감한다.

그러나 해석론적으로는 우리 헌법에 국무총리를 두고 있는 것은 우리 헌법에 의원내각제적 요소가 가미된 것으로 볼 수 있다. 아무튼 우리 헌법상 국무총리제도가 가지는 의의를 다음과 같은 몇 가지로 간추릴 수 있다. 첫째, 부통령을 두고 있지 않으므로 대통령유고시에 그 권한대행자가 필요하다. 둘째, 대통령을 대신하여 국회에 출석하여 국정처리상황을 보고하거나 의견을 진술하고 질문에 응답함으로써 입법부와 행정부의 공화관계를 유지할 대행자가 필요하다. 셋째, 대통령제의 능률을 극대화하기 위하여 대통령을 보좌하고 또 집행부수반인 대통령의 의견을 받들어 집행부를 통할·조정하는 보좌기관이 필요하다.

(2) 國務總理의 憲法上 地位

547. 국무총리의 헌법상 지위: 대통령권한대행 제 1 순위자로서의 지위, 행정부의 제 2 인자로서의 지위, 국무회의의 부의장으로서의 지위, 대통령 다음가는 상급행정기관으로서의 지위

국무총리의 지위는 '대통령의 첫째가는 보좌기관'이란 한 마디로 요약할 수 있다. 국무총리는 대통령의 첫째가는 보좌기관으로서 대통령의 국법행위에 부서한다(제82조). 국무총리는 대통령의 첫째가는 보좌기관으로서 구체적으로는 대통령권한대행 제 1 순위자로서의 지위, 행정부의 제 2 인자로서의 지위, 국무회의의 부의장으로서의 지위, 대통령 다음가는 상급행정기관으로서의 지위를 가진다.[381]

---

380) 예컨대 김철수, (주 20), 1087쪽은 국무총리제도에 대하여 "i) 대통령권한대행의 제 1 순위자가 민선 아닌 국무총리로 된 것은 대통령제의 정신 내지 민주적 원칙에 위배되며, ii) 대통령의 궐위시 국무총리가 최장 60일간 대통령의 권한을 대행하게 되는 기묘한 현상을 나타내게 될 것이다"라고 하며, 허영, (주 15), 933쪽은 "우리의 국무총리제는 우리 집행부구조의 2원성을 잘 나타내주는 징표로서 대통령직을 성역화해서 대통령직을 격상시키기 위한 권위적인 대통령관의 그릇된 역사적인 유물이라고 볼 수 있다. … 우리 국무총리제는 우리 헌정사에서 유래하는 특유한 제도로서 우리의 변형된 대통령제가 신대통령제적 성격을 가졌던 것과도 불가분의 연관성이 있다고 할 것이다. 그러나 우리의 정부형태하에서는 국무총리제를 폐지하고 부통령제를 두는 것이 헌법이론적으로 옳다고 생각한다"라고 한다.

381) 국무총리의 헌법상 지위는 학자에 따라 달리 분류된다. 김철수, (주 20), 1088·1089쪽은

판례: 〈정부조직법 제14조 제1항 등의 위헌여부에 관한 헌법소원(일부각하, 합헌)〉
"… 국무총리의 지위가 대통령의 권한행사에 다소의 견제적 기능을 할 수 있다고 보여지는 것이 있기는 하나, 우리 헌법이 대통령중심제의 정부형태를 취하면서도 국무총리제도를 두게 된 주된 이유가 부통령제를 두지 않았기 때문에 대통령 유고시의 그 권한대행자가 필요하고 또 대통령제의 기능과 능률을 높이기 위하여 대통령을 보좌하고 그 의견을 받들어 정부를 통할·조정하는 보좌기관이 필요하다는 데 있었던 점과 대통령에게 법적 제한 없이 국무총리해임권이 있는 점(헌법 제78조, 제86조 제1항 참조) 등을 고려하여 총체적으로 보면 내각책임제 밑에서의 행정권이 수상에게 귀속되는 것과는 달리 우리나라의 행정권은 헌법상 대통령에게 귀속되고, 국무총리는 단지 대통령의 첫째가는 보좌기관으로서 행정에 관하여 독자적인 권한을 가지지 못하고 대통령의 명을 받아 행정각부를 통할하는 기관으로서의 지위만을 가지며, 행정권 행사에 대한 최후의 결정권자는 대통령이라고 해석하는 것이 타당하다고 할 것이다. 이와 같은 헌법상의 대통령과 국무총리의 지위에 비추어 보면 국무총리의 통할을 받는 행정각부에 모든 행정기관이 포함된다고 볼 수 없다 할 것이다."(헌재 1994. 4. 28. 89헌마221 결정)

1) 대통령의 권한대행 제1순위자로서의 지위

국무총리는 대통령의 첫째가는 보좌기관으로서(제86조 제2항, 제87조 제1항) 대통령이 궐위되거나 사고로 인하여 직무를 수행할 수 없을 때에는 제1순위로 대통령의 권한을 대행한다(제71조).[382]

2) 행정부의 제2인자로서의 지위

국무총리가 가지는 행정부의 제2인자로서의 지위는 행정각부의 장보다 상위에 있는 지위이다. 이 지위에서 행정각부의 장의 임명을 대통령에게 제청하고(제94조) 행정각부의 장관에 대한 해임건의권을 가지며(제87조 제3항), 행정각부의 장을 지휘·감독하고 그 장의 명령이나 처분이 위법 또는 부당하다고 인정될 때에는 대통령의 승인을 얻어 이를 중지하거나 취소할 수 있다(정부조직법 제18조

대통령의 보좌기관으로서의 지위, 국무회의 부의장으로서의 지위, 타국무위원에 우월한 지위, 행정부의 제2인자로서의 지위, 중앙행정관청으로서의 지위로 5분하며, 권영성, (주 19), 964쪽-966쪽은 대통령의 보좌기관의 지위, 집행부 제2인자의 지위, 국무회의 부의장의 지위, 대통령 다음가는 상급행정관청의 지위로 4분하고, 허영, (주 15), 933쪽은 대통령의 포괄적 보좌기관으로서의 지위, 집행부의 제2인자로서의 지위, 차상급 중앙행정관청으로서의 지위로 3분한다.

382) 국무총리의 대통령권한대행 제1순위권을 국무총리의 어떤 지위에서 나오는 것으로 보는가에 대해서는 견해가 대립되고 있다. 김철수, (주 20), 1089쪽은 행정부의 제2인자로서의 지위에서, 권영성, (주 19), 965쪽은 국무회의 부의장의 지위에서, 허영, (주 15), 933쪽은 집행부의 제2인자로서의 지위에서 찾고 있다.

제 2 항).

3) 국무회의의 부의장으로서의 지위

국무총리는 국무회의의 구성원으로서 국무회의의 심의에 있어서는 대통령 및 국무위원들과 법상 대등한 지위를 갖지만(제88조 제 2 항), 국무회의의 운영에 있어서는 부의장으로서(제88조 제 3 항) 국무위원의 임명을 대통령에게 제청하며, 국무위원의 해임을 대통령에게 건의하는 등 국무위원들보다 우월한 지위에 있다(제87조 제 1 항 · 제 3 항). 국무총리는 이러한 지위에서 국회에 출석 · 답변할 의무를 지며(제62조), 국회에 대하여 책임을 진다(제63조).

4) 대통령 다음가는 상급행정기관으로서의 지위

국무총리는 대통령 다음가는 상급행정기관(차상급 중앙행정관청)으로서의 지위를 가진다(헌법 제86조 제 2 항). 따라서 국무총리는 대통령 다음가는 상급행정기관으로서 소관사무, 즉 행정각부의 사무조정(정부조직법 제18조 제 1 항) 및 행정각부에 공통적으로 해당되어 성질상 어느 한 부처에 귀속시키는 것이 적절하지 않은 행정사무를 스스로 관장 · 처리한다. 그리고 이러한 소관사무에 대하여 법률 또는 대통령령의 위임 또는 직권으로 총리령을 발할 권한을 갖는다(제95조).

대통령 다음가는 상급행정기관으로서의 국무총리의 직무를 보좌하기 위해 국무총리 밑에 국무조정실, 국무총리비서실을 두며, 그 소속기관으로서 법제처, 국가보훈처, 식품의약품안전처를 두고 있다(정부조직법 제20조 내지 제25조).

판례: 〈공중위생법시행규칙 [별표3] 중 2의 나의 (2)의 (다)목 위헌확인(기각)〉 "헌법 제75조는 대통령에 대한 입법권한의 위임에 관한 규정이지만, 국무총리나 행정각부의 장으로 하여금 법률의 위임에 따라 총리령 또는 부령으로 발할 수 있도록 하고 있는 헌법 제95조의 취지에 비추어볼 때, 입법자는 법률에서 구체적으로 범위를 정하기만 한다면 대통령령뿐만 아니라 부령에 입법사항을 위임할 수도 있다."(헌재 1998. 2. 27. 97헌마64 결정)

판례: "공무원징계양정등에관한규칙은 그 형식은 총리령으로 되어 있으나, 그 제 2 조가 규정하는 징계양정의 기준의 설정은 행정기관 내부의 사무처리 준칙에 지나지 아니한 것이지 대외적으로 국민이나 법원을 기속하는 것은 아니다."(대법원 1992. 4. 14. 91누9954 판결)

(3) 國務總理職

1) 국무총리의 임명

① 국무총리의 임명

548. 국무총리의 임명

국무총리는 국회의 동의를 얻어 대통령이 임명하며(제86조 제1항), 현역군인이 아니어야 한다(제86조 제3항). 국무총리의 임명에 대한 국회의 동의는 재적의원 과반수의 출석과 출석의원 과반수의 찬성으로써 의결한다(제49조).

② 국무총리의 임명에 국회의 동의를 얻도록 한 이유

549. 국무총리의 임명에 국회의 동의를 얻도록 한 이유

이렇게 국무총리의 임명에 국회의 동의를 얻도록 한 것은 대통령제 헌법에서는 이례적인 것이다. 그러나 국회의 동의를 얻도록 한 것은 첫째, 국민의 대표기관인 국회의 관여를 보장함으로써 국무총리직에 민주적 정당성을 부여하며, 둘째, 강력한 대통령제에서 집행부의 독선과 독주를 견제하여 권력의 균형을 유지하며, 셋째, 집행부와 입법부의 융화를 도모하며, 넷째, 국회의 신임을 배경으로 한 강력한 행정을 추진할 수 있도록 뒷받침하기 위한 것이다.[383] 문민주의는 군국주의화를 방지하기 위한 것이다.

2) 국무총리서리

550. 국무총리서리: 위헌

국회가 국무총리임명에 동의를 하지 않을 경우 대통령은 국무총리서리를 임명할 수 있는가가 논란이 된 바 있고, 대통령과 국회의원 간의 권한쟁의심판이 청구되었으나 각하되어 본안결정이 이루어지지 못하였다.[384] 학설상으로는 헌법 제86조 제1항이 "국무총리는 국회의 동의를 얻어 대통령이 임명한다"고 규정하고 있으므로 국회가 동의하지 아니한 국무총리서리를 임명하는 것은 위헌이라는 견해가 다수설의 입장이다.[385]

3) 국무총리의 국회의원겸직

551. 국무총리의 국회의원겸직: 가능하다

헌법과 법률(국회법 제29조 제1항)에 국무총리의 국회의원겸직을 금하는 규정이 없으므로 국무총리는 국회의원직을 겸할 수 있다. 국무총리의 국회의원겸직 또한 대통령제헌법에서는 이례적인 것이나, 이는 국정을 의원내각제적으로 운영할 수 있게 하기 위한 것으로 이해되고 있다.[386]

---

383) 김철수, (주 20), 1090쪽; 권영성, (주 19), 966쪽; 허영, (주 15), 937쪽.
384) 헌재 1998. 7. 14. 98헌라1 결정〈대통령과 국회의원간의 권한쟁의(각하)〉.
385) 권영성, (주 19), 967쪽; 정종섭, 헌법판례연구(Ⅰ), 철학과 현실사, 1998, 243-302쪽.
386) 김철수, (주 20), 1093쪽.

4) 국무총리의 해임

552. 국무총리의 해임

대통령이 해임하거나, 국회가 재적의원 3분의 1 이상의 발의·재적의원 과반수의 찬성으로 대통령에게 해임을 건의할 수 있다(제63조). 국회의 국무총리 해임건의권은 대통령의 독주를 견제하기 위한 것이나, 대통령은 국회의 해임건의에 구속되지 아니한다.

5) 국무총리직대행

553. 국무총리직대행

국무총리 사고 시에는 부총리가 그 직무를 대행하고, 국무총리와 부총리가 모두 사고로 직무를 수행할 수 없는 경우에는 대통령이 지명하는 국무위원(지정대리)이 대행하며, 대통령의 지명이 없는 경우에는 정부조직법 제26조 제1항에 규정된 순서에 따른다(정부조직법 제22조).

(4) 國務總理의 權限

1) 국무총리의 권한 일반

554. 국무총리의 권한 일반

국무총리는 대통령의 첫째가는 보좌기관으로서 대통령권한대행 제1순위권(제71조), 부서권(제82조), 국무위원과 행정각부의 장의 임명제청권(제87조 제1항 및 제94조)과 국무위원해임건의권(제87조 제3항), 국무회의에서의 심의권(제88조), 행정각부통할권(제86조 제2항), 총리령을 발하는 권한(제95조), 국회출석·발언권(제62조) 등을 가진다.

2) 국무총리의 행정각부 장의 임명제청과 국무위원해임건의

555. 국무총리의 행정각부의 장의 임명제청과 국무위원해임건의권

특히 국무총리의 행정각부 장의 임명제청과 국무위원해임건의가 대통령을 구속하는가와 관련하여 견해가 나누어지고 있다. 개인적으로는 국무총리는 우리 헌법상 대통령을 보좌하는 기관에 불과하므로 그의 행정각부의 장의 임명제청과 국무위원의 해임건의는 대통령을 구속하지 않는다고 본다.

또한 국무총리가 해임되거나 사임한 경우 그가 임명제청한 국무위원들도 사임하여야 하는가에 대해서도 사임필요설과 사임불요설이 대립되어 있다. 그러나 국무총리의 임명제청권은 명목적인 권한에 지나지 않으므로, 다른 국무위원이나 행정각부의 장은 사임할 이유가 없다고 본다.

(5) 國務總理의 責任

556. 국무총리의 책임

국무총리는 대통령과 국회에 대하여 정치적·법적 책임을 진다. 대통령은 국무총리를 임명하였고, 국회는 국무총리의 임명에 동의하였기 때문이다. 곧 국무총리는 대통령에 대하여는 보좌의무와 행정각부 통할책무를 지며, 국회에 대하여는 국회의 요구가 있을 때 정부를 대표해서 출석·답변·보고하여야 하고(제62조 제2항), 국회가 정치적 책임을 물어 해임건의를 하고 대통령이 그를 받아들이면 물러나야 하며(제63조), 국회가 탄핵을 하면 그에 따른 책임을 진다(제65조, 헌법재판소법 제53조·제54조).[387]

3. 國務委員

(1) 憲法規定 및 意義

1) 헌법규정

557. 국무위원에 대한 헌법규정: 헌법 제87조

헌법 제87조는 국무위원에 대하여 규정하고 있다. "① 국무위원은 국무총리의 제청으로 대통령이 임명한다. ② 국무위원은 국정에 관하여 대통령을 보좌하며, 국무회의의 구성원으로서 국정을 심의한다. ③ 국무총리는 국무위원의 해임을 대통령에게 건의할 수 있다. ④ 군인은 현역을 면한 후가 아니면 국무위원으로 임명될 수 없다."

2) 국무위원제도의 의의

558. 국무위원제도의 의의

국무위원제도는 미국식 대통령제에서는 이질적 요소이다. 국무위원은 성격상으로는 의원내각제의 각료와 대통령제의 각부 장관의 중간에 위치한다. 현역군인을 국무위원으로 임명할 수 없도록 한 것은 군국주의를 사전에 예방하기 위한 것이다.

(2) 國務委員의 憲法上 地位

559. 국무위원의 헌법상 지위

국무위원은 헌법상 국무회의의 구성원이자 대통령의 보좌기관으로서의 지위를 가진다.

우선, 국무위원은 국무회의의 구성원으로서 국무회의에 의안을 제출할 수

387) 국무총리에 대하여 더 자세한 것은 김재윤, (주 338) 참조.

있으며, 그 심의에 참가한다(제87조 제2항, 제89조 제17호). 국무회의의 구성원으로서의 지위가 대통령이나 국무총리와 동일한 지위를 가지는가에 대해서는 긍정하는 입장[388]과 부정하는 입장[389]이 나누어져 있다. 그러나 우리 헌법상 국무회의는 의결기관이 아니라 심의기관에 지나지 않기 때문에(제88조 제1항), 국무위원이 대통령과 동일한 지위를 가진다고 보기는 어렵다고 생각한다. 그러나 국무위원은 국무회의의 심의에 있어서는 국무총리와 동일한 지위에 있는 것으로 볼 수 있다.

다음으로, 국무위원은 대통령의 보좌기관으로서의 지위에서 국정에 관하여 대통령을 보좌할 권한과 책임이 있다(제87조 제2항). 국무위원의 대통령에 대한 보좌는 주로 정책보좌를 의미하기 때문에, 행정각부의 장은 국무위원 중에서 임명된다. 따라서 일반적으로 국무위원은 동시에 행정각부의 장으로서 자신이 담당한 업무와 관련하여 대통령을 보좌한다. 국무위원은 대통령의 국법상 행위에 부서한다(제82조).

(3) 國務委員의 任免

1) 국무위원의 임명

560. 국무위원의 임명

국무위원은 국무총리의 제청으로 대통령이 임명하며(제87조 제1항), 군인의 경우에는 현역을 면하여야 한다(제87조 제4항).

국무총리의 제청 없이 한 대통령의 임명행위의 효력과 관련하여 유효설과 무효설의 대립이 있다. 다수설은 국무총리의 국무위원 임명제청은 대통령의 명시적·묵시적 승인을 전제로 하는 보좌적 기능이라는 의미에서 명목적인 권한에 불과하므로 그것은 유효요건이 아니라 적법요건에 지나지 않는다고 한다.

2) 국무위원의 수

561. 국무위원의 수

국무위원의 수는 15인 이상 30인 이하이다(제88조 제2항).

3) 국무위원의 해임

562. 국무위원의 해임

국무위원의 해임은 대통령의 자유이다. 국무총리는 국무위원의 해임을 건의할 수 있으며(제87조 제3항), 국회도 해임을 건의할 수 있다(제63조). 그러나 어느 경우에도 대통령은 구속받지 않는다.

---

388) 권영성, (주 19), 975쪽.
389) 김철수, (주 20), 1100쪽.

(4) 國務委員의 權限

563. 국무위원의 권한

국무위원은 대통령권한대행권(제71조), 국무회의 소집요구권(정부조직법 제12조 제3항), 의장을 통하여 국무회의에 의안을 제출할 권한(제89조 제17호), 국무회의에서의 출석·발언·심의권(제87조 제2항), 부서권(제82조), 국회출석·발언권(제62조 제1항) 등을 갖는다.

(5) 國務委員의 責任

564. 국무위원의 책임

국무위원은 대통령과 국회 및 국무총리에 대해서 정치적·법적 책임을 진다. 곧 대통령은 언제나 국무위원을 해임할 수 있다. 국무위원은 국회에 대해서는 국회의 요구에 따라 언제든지 국회에 출석·답변하여야 하고(제62조 제2항), 국회가 정치적 책임을 물어 해임건의를 하고 대통령이 그를 받아들이면 물러나야 하며(제63조), 국회가 탄핵을 하면 그에 따른 책임을 진다(제65조). 또한 국무위원은 국무총리에 대해서도 정치적 책임을 지며, 이는 국무총리의 해임건의의 형태로 나타난다(제87조 제3항).

4. 國務會議

(1) 憲法規定

565. 국무회의에 대한 헌법규정: 헌법 제88조, 제89조

우리 헌법은 국무회의에 관하여 2개 조항을 할애하고 있다. 곧 제88조는 "① 국무회의는 정부의 권한에 속하는 중요한 정책을 심의한다. ② 국무회의는 대통령·국무총리와 15인 이상 30인 이하의 국무위원으로 구성한다. ③ 대통령은 국무회의의 의장이 되고, 국무총리는 부의장이 된다"고 하여 국무회의의 업무와 구성에 대하여 규정하고, 제89조는 국무회의의 심의사항에 대하여 자세하게 규정하고 있다.

국무회의의 명칭은 건국헌법에서는 국무원, 제2차 개정헌법에서부터 제4차개정헌법까지는 내각으로 부르다가, 제5차 개정헌법에서부터 국무회의로 변경되어 현행헌법에서도 그대로 사용되고 있다.

(2) 國務會議의 類型

566. 국무회의의 유형

국무회의는 미국식 대통령제에서는 대통령을 보좌하는 임의적인 자문기관이

나, 내각책임제에서는 집행에 대하여 일체의 권한을 가지는 의결기관인 것이 보통이다.

우리 헌법사에서 국무회의는 제1공화국과 제2공화국(제3차 개정헌법)에서는 의결기관이었으나, 제3공화국 이후에는 의결기관도 그렇다고 자문기관도 아닌 심의기관이다.

(3) 國務會議의 憲法上 地位 및 制度的 意義

1) 국무회의의 헌법상 지위

567. 국무회의의 헌법상 지위

우리 헌법상 국무회의는 헌법상의 필수기관이고 집행부의 최고·최종 정책심의기관으로 독립된 합의제 심의기관이다. 따라서 국무회의는 대통령에 소속된 대통령의 하급기관이 아니다.

2) 국무회의의 제도적 의의

568. 국무회의의 제도적 의의

이렇게 단순한 심의권 밖에 없는 국무회의를 두고 있는 제도적 의의는 첫째, 대통령이 정책을 결정함에 있어서 신중을 기하게 하고, 둘째, 행정각부의 정책을 조정·통합하게 하며, 셋째, 행정각부 정책의 특수성을 반영하게 하고, 넷째, 대통령의 전제나 독선을 방지하려는 데 그 의의가 있다.

(4) 國務會議의 構成

569. 국무회의의 구성

국무회의는 의장인 대통령과 부의장인 국무총리 그리고 국무총리의 제청으로 임명되는 15인 이상 30인 이하의 국무위원으로 구성한다(제88조). 의장이 사고로 인하여 직무를 수행할 수 없을 때에는 부의장인 국무총리가 그 직무를 대행하고, 의장과 부의장이 모두 사고일 때에는 부총리가 그 직무를 대행하며, 부총리가 직무를 수행할 수 없는 경우에는 정부조직법 제26조 제1항에 규정된 순서에 따라 그 직무를 대행한다(정부조직법 제12조 제2항).

(5) 國務會議의 審議

1) 심의절차

570. 국무회의의 심의절차

국무회의는 대통령이 스스로 또는 국무위원의 요구에 의하여 소집하며, 합의제기관이므로 의결의 형식을 취한다. 또한 국무회의는 구성원 과반수의 출석으로 개의하고 출석 구성원 3분의 2 이상의 찬성으로 의결한다(국무회의규정 제6조).

국무회의에는 국무회의의 구성원이 아닌 국무조정실장·법제처장·국가보훈처장·식품의약품안전처장 그 밖에 법률이 정하는 공무원(대통령실장·국가정보원장 등)도 출석하여 발언할 수 있다(동법 제13조 제1항). 그러나 이들은 국무회의의 구성원이 아니므로 의결에는 참여할 수 없다.

2) 심의사항

571. 국무회의의 심의사항: 헌법 제89조

국무회의의 심의사항은 제89조에 자세하게 규정되어 있으며, 그 내용은 국정전반에 걸친다. 헌법 제89조에 규정되어 있는 사항은 그것이 어느 기관의 관할에 속하는 것이든 반드시 국무회의의 심의를 거쳐야 한다.

3) 심의의 효과

① 학 설

572. 국무회의의 심의의 효과에 대한 학설

국무회의에서의 심의가 효력발생요건인가 적법요건인가에 대해서는 견해가 나누어진다. 효력발생요건설(무효설)은 국무회의가 필수적 국가최고정책심의기관이라는 것을 근거로 국무회의의 심의가 결여된 대통령의 국법행위는 무효라고 한다.[390] 그에 반하여 적법요건설(유효설)은 국무회의가 의결기관이 아니라 심의기관이라는 것을 이유로 국무회의의 심의절차를 무시한 대통령의 국법행위는 무효가 아니라 위법한 (헌법위반)행위로서 탄핵소추의 원인이 되는 데 그친다고 한다.[391]

판례: 〈이라크전쟁 파견동의안 의결 위헌확인(각하)〉 "국무회의의 의결은 국가기관의 내부적 의사결정행위에 불과하여 그 자체로 국민에 대하여 직접적인 법률효과를 발생시키는 행위가 아니므로 헌법재판소법 제68조 제1항에서 말하는 공권력의 행사에 해당하지 아니한다."(헌재 2003. 12. 18. 2003헌마225 결정)

② 사 견

573. 국무회의의 심의의 효과에 대한 사견: 효력발생요건

개인적으로는 제89조가 "다음 사항은 국무회의의 심의를 거쳐야 한다"고 규정하고 있는 이상 비록 국무회의가 의결기관이 아닌 심의기관이라고 하더라도, 그리고 또한 대통령이 국무회의의 심의결과에 구속되지 않는다 하더라도, 국무회의의 심의는 효력발생요건으로 보아야 한다고 생각한다.

---

390) 김철수, (주 20), 1108쪽; 허영, (주 15), 942쪽.
391) 권영성, (주 19), 983쪽.

5. 行政各部

(1) 憲法規定

574. 행정부에 대한 헌법규정: 헌법 제94조-제96조

헌법은 행정각부에 대하여 3개 조항을 할애하고 있다. 곧 제94조는 "행정각부의 장은 국무위원 중에서 국무총리의 제청으로 대통령이 임명한다"고 하여 행정각부의 임명에 대해서 규정하고 있고, 제95조는 "… 행정각부의 장은 소관사무에 관하여 법률이나 대통령의 위임 또는 직권으로 … 부령을 발할 수 있다"고 하여 행정각부의 장의 부령제정권을 규정하고 있으며, 제96조는 "행정각부의 설치·조직과 직무범위는 법률로 정한다"고 하여 행정각부의 구성에 관한 법률주의를 규정하고 있다.

(2) 行政各部의 槪念 및 地位

1) 개　　념

575. 행정각부의 개념

행정각부란 대통령을 수반으로 하는 행정부의 구성단위로서, 국무회의의 심의를 거쳐 대통령이 결정한 정책과 그 밖의 행정부의 권한에 속하는 사항을 집행하는 중앙행정기관을 말한다.

판례: 〈정부조직법 제14조 제1항 등의 위헌여부에 관한 헌법소원(일부각하, 합헌)〉
"헌법이 '행정각부'의 의의에 관하여는 아무런 규정도 두고 있지 않지만, '행정각부의 장(長)'에 관하여는 '제3관 행정각부'의 관(款)에서 행정각부의 장은 국무위원 중에서 임명되며(헌법 제94조) 그 소관사무에 관하여 법률이나 대통령령의 위임 또는 직권으로 부령을 발할 수 있다고 규정하고 있는바 국무위원이라 하더라도 그 소관사무에 관하여 부령을 발할 권한이 없는 경우에는, 그 기관은 우리 헌법이 규정하는 실정법적 의미의 행정각부로는 볼 수 없다는 헌법상의 간접적인 개념제한이 있음을 알 수 있다. 따라서 정부의 구성단위로서 그 권한에 속하는 사항을 집행하는 모든 행정기관이 곧 헌법 제86조 제2항 소정의 행정각부는 아니라 할 것이다. 또한 입법권자는 헌법 제96조에 의하여 법률로써 행정을 담당하는 행정기관을 설치함에 있어 그 기관이 관장하는 사무의 성질에 따라 국무총리가 대통령의 명을 받아 통할할 수 있는 기관으로 설치할 수도 있고 또는 대통령이 직접 통할하는 기관으로 설치할 수도 있다 할 것이므로 헌법 제86조 제2항 및 제94조에서 말하는 국무총리의 통할을 받는 행정각부는 입법권자가 헌법 제96조의 위임을 받은 정부 조직법 제29조에 의하여 설치하는 행정각부만을 의미한다고 할 것이다."(헌재 1994. 4. 28. 89헌마221 결정)

2) 지 위

576. 행정각부의 지위

따라서 행정각부는 대통령이나 국무총리의 단순한 보조기관이 아니라, 그들의 하위에 있는 행정관청이다.

(3) 行政各部의 設置·組織·職務範圍

577. 행정각부의 설치·조직·직무범위

행정각부의 설치·조직과 직무범위는 법률로 정하며(제96조), 그에 대한 법률로 정부조직법이 있다. 정부조직법에 따르면 현재 기획재정, 미래창조과학, 교육과학기술, 교육, 외교, 통일, 법무, 국방, 안전행정, 문화체육관광, 농림축산식품, 산업통상자원, 보건복지, 환경, 고용노동, 여성가족, 국토교통, 해양수산의 17부가 있다(동법 제26조 제1항).

행정각부에 장관 1인과 차관 1인(기획재정부·미래창조과학부·외교부·안전행정부·문화체육관광부·산업통상자원부·국토교통부에는 차관 2인)을 두되, 장관은 국무위원으로 보하고, 차관은 정무직으로 한다(동법 제26조 제2항).

판례: 〈정부조직법 제14조 제1항 등의 위헌여부에 관한 헌법소원(일부각하, 합헌)〉 "국가안전기획부를 대통령직속기관으로 한 정부조직법 제14조는 행정각부를 국무총리의 통할하에 두도록 한 헌법 제86조 제2항에 위반되지 않는다."(헌재 1994. 4. 28. 89헌마221 결정)

(4) 行政各部의 長

1) 임 명

578. 행정각부의 장의 임명

행정각부의 장은 국무위원 중에서 국무총리의 제청으로 대통령이 임명한다(제94조). 따라서 국무위원이 아닌 자는 행정각부의 장이 될 수 없고, 현역군인은 행정각부의 장이 될 수 없다. 이렇게 국무위원 중에서 행정각부의 장을 임명하는 것은 정책기획과 정책심의 및 정책집행을 유기적으로 통일시키기 위한 것이다.

2) 지위 및 권한

579. 행정각부의 장의 지위 및 권한

행정각부의 장은 독임제행정관청으로 소관사무를 통할하고 소속공무원을 지휘·감독하며(정부조직법 제7조), 소관사무에 관하여 지방행정의 장을 지휘·감독하는 권한인(동법 제26조 제3항) 소관사무집행권과 부령발포권(제95조)이 있다. 곧 17부의 장관은 법규명령인 위임명령, 집행명령(직권명령), 비법규명령인 행정명령(행정규칙)을 발할 수 있다. 부령은 관계 행정각부의 장이 서명하고 관보에 공포하며, 특별한 규정이 없는 한 공포한 날로부터 20일을 경과함으로써 효력을 발생한다(제53조 제7항, 「법령 등 공포에 관한 법률」 제13조). 또한 행정각부의 장은 소속공무원 임용제청권(5급 이상 공무원)·임용권(6급 이하 공무원)을 가진다(국가공무원법 제32조).

> **판례: 〈전라남도 교육위원회의 1990학년도 인사원칙(중등)에 대한 헌법소원(각하)〉** "이른바 행정규칙은 일반적으로 행정조직 내부에서만 효력을 가지는 것이고 대외적인 구속력을 갖는 것이 아니다. 다만, 행정규칙이 법령의 규정에 의하여 행정관청에 법령의 구체적인 내용을 보충할 권한을 부여한 경우, 또는 재량권행사의 준칙인 규정이 그 정한 바에 따라 되풀이 시행되어 행정관행이 이룩되게 되면 평등의 원칙이나 신뢰보호의 원칙에 따라 행정기관은 그 상대방에 대한 관계에서 그 규칙에 따라야 할 자기구속을 당하게 되는 경우에는 구속력을 가지게 된다."(헌재 1990. 9. 3. 90헌마13 결정)

> **판례:** "행정각부의 장이 부령으로 제정할 수 있는 범위는 법률 또는 대통령령이 위임한 사항이나 법률 또는 대통령령의 실시에 필요한 사항에 한정되므로, 법률 또는 대통령령으로 규정할 사항이 부령으로 규정되었다고 하면 그 부령은 무효임을 면치 못하는 것이다."(대법원 1962. 1. 25. 4294민상9 판결)

> **판례:** "모법의 위임에 의하여 제정된 부령은 그 효력의 우열에 있어 차이가 없으나, 동위의 법령 사이에 서로 모순·저촉되는 점이 있는 경우에는 후법우선의 원칙에 따를 수밖에 없다."(대법원 1982. 4. 30. 82노530 판결)

6. 監 査 院

(1) 憲法規定

580. 감사원에 대한 헌법규정: 헌법 제97조-제100조

헌법은 제97조에서부터 제100조에 걸쳐 감사원에 대하여 규정하고 있다. 곧 헌법 제97조는 "국가의 세입·세출의 결산, 국가 및 법률이 정한 단체의 회계검사와 행정기관 및 공무원의 직무에 관한 감찰을 하기 위하여 대통령소속하에 감사원을 둔다"고 하여 감사원의 권한과 지위를, 제98조는 감사원의 구성을, 제99조는 감사원의 의무를, 제100조는 감사원법의 헌법적 근거를 각각 규정하고 있다.

제3공화국헌법 이전에는 감사원이 존재하지 않았다. 곧 건국헌법에는 직무감찰권을 가지는 감찰위원회와 회계검사권을 가지는 심계원이 분리되어 있었는

데, 제3공화국헌법이 이 양자를 통합시켜 감사원을 두었고 이것이 현행헌법에서도 그대로 이어지고 있다.

(2) 監査院의 憲法上 地位

581. 감사원의 헌법상 지위

감사원은 국가원수로서의 대통령 소속하의 헌법상 필수적 합의제독립기관이다(제97조, 감사원법 제2조, 제11조 내지 제15조). 곧 감사원은 조직상으로는 국가원수인 대통령에 소속되나, 기능상·직무상으로는 대통령으로부터 독립된 기관이다. 감사원을 합의제관청으로 한 이유는 감사원의 독립성을 보장함과 동시에 그 직무를 신중하고 공정하게 처리하도록 하기 위한 것이다.[392)]

(3) 構成·任期·身分保障 등

1) 구 성

582. 감사원의 구성

감사원은 원장을 포함한 5인 이상 11인 이하의 감사위원으로 구성하며(제98조 제1항), 감사원의 조직·직무범위·감사위원의 자격·감사대상공무원의 범위 기타 필요한 사항은 법률로 정한다(제100조). 이에 따라 감사원법이 제정되어 있으며, 동법은 감사원은 원장을 포함하여 7인의 감사위원으로 구성된다고 규정하고 있다(동법 제3조).

2) 임 기

583. 감사원장과 감사위원의 임기

감사원장은 국회의 동의를 얻어 대통령이 임명하고, 감사위원은 원장의 제청으로 대통령이 임명하며, 임기는 4년으로 1차에 한하여 중임할 수 있다(제98조 제2항, 제3항). 감사원장의 사고시에는 선임 감사위원 순으로 권한을 대행한다(동법 제4조).

3) 신분보장 및 의무

584. 감사위원의 신분보장 및 의무

감사위원의 정년은 65세(원장인 감사위원은 70세)이며(동법 제6조 제2항), 탄핵결정이나 금고 이상의 형의 선고를 받았을 때나 장기의 심신쇠약으로 직무를 수행할 수 없게 된 때가 아니면 그 의사에 반하여 면직되지 아니한다(동법 제8조).

감사위원은 일정한 공직이나 보수를 받는 직을 겸할 수 없고(동법 제9조), 정당에 가입하거나 정치운동에 관여해서는 안 된다(동법 제10조).

---

392) 김철수, (주 20), 1115쪽; 허영, (주 15), 945쪽.

(4) 監査院의 權限

감사원은 결산 및 회계검사와 보고권, 직무감찰권(제97조, 제99조) 및 규칙제정권을 갖는다.

585. 감사원의 권한

1) 결산 및 회계검사와 그 보고권

감사원은 세입·세출의 결산을 매년 검사하여 대통령과 차년도국회에 보고할 권한과 의무가 있다(제97조, 제99조).

586. 감사원의 결산 및 회계검사와 그 보고권

감사원의 회계검사사항에는 필요적 검사사항과 선택적 검사사항이 있다. 필요적 검사사항은 국가, 지방자치단체, 한국은행의 회계와 국가 또는 지방자치단체가 자본금의 2분의 1 이상을 출자한 법인의 회계와 법률로 정한 단체의 회계이며(동법 제22조), 선택적 검사사항은 감사원이 인정한 사항과 국무총리의 요청이 있는 사항이다(동법 제23조).

2) 직무감찰권

① 비위감찰권과 행정감찰권

감사원은 행정기관 및 공무원의 직무에 대하여 소극적인 비위감찰권(동법 제24조 제1항)과 적극적인 행정감찰권(근무평정, 행정관리의 적부심사분석과 그 개선 등)이 있다(동법 제33조, 제34조). 그러나 국회·법원 및 헌법재판소의 공무원은 감찰대상에서 제외된다(동법 제24조 제3항). 또한 국무총리로부터 국가기밀에 속한다는 소명이 있는 사항, 국방부장관으로부터 군기밀 또는 작전상 지장이 있다는 소명 있는 사항은 감찰할 수 없다(동법 제24조 제4항).

587. 감사원의 직무감찰권: 비위감찰권, 행정감찰권

② 감사원의 감사결과처리권

또한 감사원은 감사결과와 관련 변상책임유무의 판정권(동법 제31조), 징계처분 및 문책의 요구·권고권(동법 제32조), 시정·주의 등의 요구·권고권(동법 제33조), 법령·제도·행정의 개선요구·권고권(동법 제34조의2), 수사기관에의 고발권(동법 제35조), 재심의청구처리권(동법 제36조-제40조)을 가진다.

588. 감사원의 감사결과처리권

판례: "감사원의 변상판정처분에 대하여는 행정소송을 제기할 수 없고, 재결에 해당하는 재심의 판정에 대하여만 감사원을 피고로 하여 행정소송을 제기할 수 있다."(대법원 1984. 4. 10. 84누91 판결)

판례: "감사원법 제33조 제1항에 의한 감사원의 시정요구 자체만으로는 이해관계

인의 권리관계에 영향이 없고, 그 시정요구에 의하여 행정청이 일정한 처분을 하였을 때 비로소 영향을 미친다 할 것이므로 감사원의 시정요구는 행정청 사이의 내부적인 의사결정의 경로에 지나지 않아 행정처분을 하게 된 연유에 불과하다."(대법원 1977. 6. 28. 76누294 판결)

판례: 〈강남구청 등과 감사원 간의 권한쟁의(각하, 기각)〉 "감사원법에 의하면 감사원은 일정한 경우 공무원에 대한 징계요구 등을 그 소속장관 또는 임용권자에게 할 수 있고(제32조), 감사의 결과 위법 또는 부당하다고 인정되는 사실이 있을 때에는 소속장관, 감독기관의 장 또는 당해 기관의 장에게 시정·주의 등을 요구할 수 있으며(제33조 제1항), 감사결과 법령상·제도상 또는 행정상 모순이 있거나 그 밖에 개선할 사항이 있다고 인정할 때에는 국무총리, 소속장관, 감독기관의 장 또는 해당 기관의 장에게 법령 등의 제정·개정 또는 폐지를 위한 조치나 제도상 또는 행정상의 개선을 요구할 수 있고(제34조 제1항), 위와 같은 요구를 하는 것이 부적절하거나 관계기관의 장으로 하여금 자율적으로 처리하게 할 필요가 인정되는 때 또는 행정운영 등의 경제성·효율성 및 공정성 등을 위하여 필요하다고 인정되는 때에는 소속장관, 감독기관의 장 또는 해당기관의 장에게 그 개선 등에 관한 사항을 권고하거나 통보할 수 있다(제34조의 2). 위와 같은 감사원법 규정들의 구체적 내용을 살펴보면 감사원의 직무감찰권의 범위에 인사권자에 대하여 징계 등을 요구할 권한이 포함되고, 위법성뿐 아니라 부당성도 감사의 기준이 되는 것은 명백하며, 지방자치단체의 사무의 성격이나 종류에 따른 어떠한 제한이나 감사기준의 구별도 찾아볼 수 없다."(헌재 2008. 5. 29. 2005헌라3 결정)

3) 규칙제정권

589. 감사원의 규칙제정권

감사원은 감사원규칙제정권을 가진다(동법 제52조). 감사원규칙은 행정명령(행정규칙)이다. 헌법상 근거 없는 법규명령을 인정할 수 없기 때문이다.

第5節 選擧管理委員會

1. 憲法規定 및 意義

(1) 憲法規定

590. 선거관리위원회에 대한 헌법규정: 헌법 제114조-제116조

우리 헌법은 정부의 장(章)이 아닌 별개의 장에서 선거관리에 관하여 규정하고 있는바, 제7장(제114조-제116조)이 그에 해당된다. 곧 헌법 제114조 제1항은 선거관리위원회의 설치목적을, 제2항은 중앙선거관리위원회의 구성을, 제3

항에서 제5항까지는 선거관리위원회위원의 임기·정치적 중립성·신분보장을, 제6항은 규칙제정권을, 제7항은 각급선거관리위원회의 조직·직무범위 및 기타 필요한 사항의 법률주의를 각각 규정하고 있으며, 이에 따라 선거관리위원회법이 제정되어 있다. 그런가 하면 제115조는 선거관리위원회의 일반적 권한을 규정하고 있고, 제116조는 선거운동과 선거공영제에 관하여 규정하고 있다.

(2) 選擧管理委員會에 대한 憲法規定 및 意義

591. 선거관리위원회에 대한 헌법규정의 의의

우리 헌법사에서 중앙선거관리위원회를 헌법기관으로 격상시킨 것은 제2공화국 헌법이며, 각급 선거관리위원회를 헌법에 처음으로 규정한 것은 제3공화국 헌법에서부터이다. 이렇게 우리 헌법이 선거관리위원회를 헌법에 규정하고 있는 이유는 선거와 국민투표 그리고 정당사무를 공정하게 처리함으로써 대의민주주의의 기반을 확립하기 위한 것이다.[393)]

2. 選擧管理委員會의 憲法上 地位

592. 선거관리위원회의 헌법상 지위

선거관리위원회는 선거와 국민투표의 공정한 관리와 정당에 관한 사무를 처리하는 헌법상 필수적 합의제독립기관이다.

선거관리위원회의 업무는 그 성질상 행정작용에 해당되지만, 그 조직과 기능면에서는 입법·행정·사법부로부터 완전히 독립된 기관으로서의 지위를 갖는다. 그런가 하면 중앙선거관리위원회는 9인의 선거관리위원으로 구성되는 합의제기관이며, 헌법상 반드시 설치하여야 하는 필수적 헌법기관이다.

3. 選擧管理委員會의 構成 및 選擧管理委員會委員

(1) 概 念

593. 선거관리위원회의 구성

중앙선거관리위원회는 대통령이 임명하는 3인, 국회에서 선출하는 3인과 대법원장이 지명하는 3인의 위원으로 구성하며, 위원장은 위원 중에서 호선한다(제114조 제2항). 위원의 임기는 6년으로 연임제한이 없으며(제114조 제3항), 법관에 준하는 강력한 신분보장을 받는다(제114조 제5항). 그 대신 선거관리위원회의 중립성과 독립성을 위해서 선거관리위원의 정당가입이나 정치활동은 금지된다

---

393) 권영성, (주 19), 995쪽; 허영, (주 15), 948쪽.

(제114조 제4항).

(2) 種　類

594. 선거관리위원회의 종류

선거관리위원회에는 중앙선거관리위원회 밑에 특별시 · 광역시 · 도선거관리위원회(9인), 구 · 시 · 군선거관리위원회(9인), 읍 · 면 · 동선거관리위원회(7인)가 있다.

4. 選擧管理委員會의 權限과 義務

(1) 中央選擧管理委員會의 權限

595. 중앙선거관리위원회의 권한

중앙선거관리위원회는 선거와 국민투표의 관리권, 정당사무관리권과 정치자금배분권(정치자금의 기탁, 기탁된 정치자금과 국고보조금을 각 정당에 배분하는 사무)(제114조 제6항, 정당법 제7조, 제35조, 정치자금법 제22조, 제23조, 제25조, 제27조) 및 규칙제정권을 갖는다(제114조 제6항). 특히 각급 선거관리위원회는 선거인명부의 작성 등 선거사무와 국민투표사무에 관하여 관계 행정기관에 필요한 지시를 할 수 있으며, 그러한 지시를 받은 당해 행정기관은 우선적으로 그에 응하여야 한다(제115조 제1항, 선거관리위원회법 제16조).

판례: 〈공직선거및선거부정방지법 제179조 제3항 제3호 등 위헌확인(각하)〉 "공직선거에관한사무처리예규는, 각급선거관리위원회와 그 위원 및 직원이 공직선거에 관한 사무를 표준화 · 정형화하고, 관련법규의 구체적인 운용기준을 마련하는 등 선거사무의 처리에 관한 통일적 기준과 지침을 제공함으로써 공정하고 원활한 선거관리를 기함을 목적으로 하는 것이므로, 개표관리 및 투표용지의 유 · 무효를 가리는 업무에 종사하는 각급 선거관리위원회직원 등에 대한 업무처리지침 내지 사무처리준칙에 불과할 뿐 국민이나 법원을 구속하는 효력이 없는 행정규칙이라고 할 것이어서 이 예규부분은 헌법소원 심판대상이 되지 아니한다."(헌재 2000. 6. 29. 2000헌마325 결정)

판례: "공직선거관리규칙은 중앙선거관리위원회가 헌법 제114조 제6항 소정의 규칙제정권에 의하여 공직선거및선거부정방지법에서 위임된 사항과 대통령 · 국회의원 · 지방의회의원 및 지방자치단체의 장의 선거의 관리에 필요한 세부사항을 규정함을 목적으로 하여 제정된 법규명령이라고 할 것이다."(대법원 1996. 7. 12. 96우16 판결)

판례: 〈공직선거법 제265조의2 제1항 위헌소원(합헌)〉 "선거공영제는 선거 자체가 국가의 공적 업무를 수행할 국민의 대표자를 선출하는 행위이므로 이에 소요되는

비용은 원칙적으로 국가가 부담하는 것이 바람직하다는 점과 선거경비를 개인에게 모두 부담시키는 것은 경제적으로 넉넉하지 못한 자의 입후보를 어렵거나 불가능하게 하여 국민의 공무담임권을 부당하게 제한하는 결과를 초래할 수 있다는 점을 고려하여, 선거의 관리·운영에 필요한 비용을 후보자 개인에게 부담시키지 않고 국민 모두의 공평부담으로 하고자 하는 원칙이다."(헌재 2011. 4. 28. 2010헌바232 결정)

(2) 各級選擧管理委員會의 義務

596. 각급 선거관리위원회의 의무

각급 선거관리위원회는 선거권자의 주권의식을 높이기 위하여 계몽을 실시하여야 한다. 특히 선거나 국민투표가 실시될 때에는 그 주관하에 여러 가지 방법으로 투표방법·기권방지 기타 선거 또는 국민투표에 관하여 필요한 계도를 실시하여야 한다(동법 제14조).

5. 選擧管理委員會의 議事

597. 선거관리위원회의 의사

각급 선거관리위원회는 위원 과반수의 출석으로 개의하고, 출석위원 과반수의 찬성으로 의결한다. 위원장은 표결권을 가지며, 가부동수인 때에는 결정권을 가진다(동법 제10조 제1항, 제2항).

第4章 法　　院

第1節 法院의 憲法上 地位

1. 法院의 憲法上 地位에 대한 學說

(1) 學　說

598. 법원의 헌법상 지위에 대한 학설

법원이 헌법상 어떤 지위를 가지는가에 대해서는 학자들 사이에 견해가 일치되어 있지 않다. 제1설은 대법원은 주권행사기관의 하나로서의 지위, 최고기관의 하나로서의 지위, 국민의 기본권보장기관으로서의 지위, 최고최종심법원으로서의 지위, 위헌법률심판제청기관으로서의 지위, 최고사법행정기관으로서의 지위를 가진다고 하고[394] 제2설은 법원은 사법기관으로서의 지위, 중립적 권력으로서의 지위, 헌법수호기관으로서의 지위, 기본권보장기관으로서의 지위를 가진다고 하며,[395] 제3설은 대법원은 최고법원으로서의 지위, 기본권보호기관으로서의 지위, 법적 평화보장기관으로서의 지위를 가진다고 한다.[396]

(2) 學說에 대한 檢討

599. 법원의 헌법상 지위에 대한 학설의 검토

우선, 학설들을 살펴보면 제1설과 제3설은 대법원의 지위를 논하는 반면, 제2설은 법원의 지위를 논하고 있다.

그러나 제1설과 제3설처럼 대법원의 헌법상 지위를 논하는 것은 다른 국가기관, 곧 국회와 정부의 헌법상 지위와 비교되는 법원의 특유한 지위를 밝혀주지 못한다. 제1설과 제3설의 입장은 대법원의 지위가 확인되면 그 밖의 법원의 지위도 그에 따라 저절로 정해진다는 생각인 것 같다. 그러나 이제까지의 논의에서 국회와 정부의 지위를 논했다면 그에 따라 법원의 경우도 법원의 일반

394) 김철수, (주 20), 1158-1160쪽.
395) 권영성, (주 19), 1002·1003쪽.
396) 허영, (주 15), 974·975쪽.

적 지위를 논해야지 법원의 경우에만 한정하여 대법원의 지위를 논할 이유는 없다고 생각한다. 곧 법원의 지위를 논함에 있어서 중요한 것은 다른 국가기관의 헌법상 지위, 곧 국회와 정부의 헌법상 지위와 구별되는 법원의 지위를 밝히는 일이지, 대법원의 지위와 다른 법원의 지위를 비교하거나 그 관계를 확인하는 것이 아니라는 것이다. 제1설과 제3설의 입장을 따라 대법원의 지위로부터 법원의 일반적 지위를 추론하려고 할 때 다음과 같은 재미있는 결론이 나온다. 제1설은 (대)법원은 주권행사기관의 하나로서의 지위, (최고)기관의 하나로서의 지위, 국민의 기본권보장기관으로서의 지위, (최고최종심)법원으로서의 지위, 위헌법률심판제청기관으로서의 지위, (최고)사법행정기관으로서의 지위를 가진다라고 할 수밖에 없을 것이며, 제3설은 (대)법원은 (최고)법원으로서의 지위, 기본권보호기관으로서의 지위, 법적 평화보장기관으로서의 지위를 가진다고 할 수밖에 없을 것이다. 그럴 경우 제1설에서 법원은 기관의 하나로서의 지위와 법원으로서의 지위를 가진다는 부분과 제3설에서 법원은 법원으로서의 지위를 가진다는 부분은 법원의 지위를 밝히는 데 전혀 도움이 되지 않는다. 이러한 부분을 뺀다면 제1설은 법원을 주권행사기관의 하나로서의 지위, 국민의 기본권보장기관으로서의 지위, 위헌법률심판제청기관으로서의 지위, 사법행정기관으로서의 지위를 가진다고 하는 것이 될 것이고, 제3설은 법원을 기본권보호기관으로서의 지위, 법적 평화보장기관으로서의 지위를 가진다고 하는 것이 될 수밖에 없을 것이다. 그러나 이렇게 고쳐 읽는다고 하여 국회나 정부와 구별되는 법원의 특유한 지위가 밝혀진다고는 볼 수 없다. 왜냐하면 국회나 정부도 주권행사기관으로서의 지위와 기본권보장기관으로서의 지위와 법적 평화보장기관으로서의 지위를 가지고 있음을 부정할 수는 없기 때문이다.

따라서 제2설처럼 법원의 헌법상 지위를 살피는 것이 옳다고 할 수 있다. 그렇다고 제2설처럼 한 마디의 설명도 없이 법원은 사법기관으로서의 지위, 중립적 권력으로서의 지위, 헌법수호기관으로서의 지위, 기본권보장기관으로서의 지위를 갖는다고 할 수는 없는 일이다.

(3) 私 見

600. 법원의 헌법상 지위에 대한 사견: 사법기관으로서의 지위, 소극적·중립적

법원의 헌법상 지위는 우리 헌법규정을 근거로 확정되어야 한다. 우리 헌법상 법원의 지위를 확정하는 데 있어 가장 핵심적인 헌법조항은 "사법권은 법관으로 구성된 법원에 속한다"(제101조 제1항)라는 규정이다. 곧 법원의 기본적 지

권력으로서의 지위, 헌법수호기관으로서의 지위, 기본권보장기관으로서의 지위

위는 사법기관으로서의 지위이며, 따라서 사법작용이 무엇이냐에 따라 우리 헌법상 법원의 지위는 정해질 것이다. 앞에서 사법작용이란 법적 분쟁이 발생하는 경우 분쟁당사자 중 일방 당사자의 청구에 따라 독립된 지위를 가진 기관이 제3자적 입장에서 무엇이 법인가를 판단하고 선언함으로써 법을 유지하는 국가작용이라 할 수 있다고 정의하였다. 이러한 사법작용의 정의로부터 법원은 사법기관으로서의 지위 외에도 소극적·중립적 권력으로서의 지위, 헌법수호기관으로서의 지위 그리고 기본권보장기관으로서의 지위를 갖는다고 할 수 있다.

2. 司法機關으로서의 地位

601. 사법기관으로서의 법원과 그에 대한 예외

사법에 관한 권한은 원칙적으로 법원이 행사한다(제101조 제1항).

그러나 이에는 헌법상 다음과 같은 예외가 있다. 첫째, 헌법재판 중 위헌법률심판, 탄핵심판, 위헌정당심판, 권한쟁의심판, 헌법소원심판은 헌법재판소의 관할로 되어 있다(제111조 제1항). 둘째, 국회의원의 자격심사나 징계처분은 국회의 자율에 맡기고 있다(제64조 제2항). 셋째, 행정소송과 관련하여 그 전심절차인 행정심판은 행정기관도 다룰 수 있다(제107조 제3항). 넷째, 사면·복권·감형은 대통령의 권한사항으로 하고 있다(제79조).

3. 消極的·中立的 權力으로서의 地位

(1) 消極的·中立的 權力으로서의 法院

602. 소극적·중립적 권력으로서의 법원

사법작용은 '분쟁당사자 중 일방 당사자의 청구에 따라 독립된 지위를 가진 기관이 제3자적 입장에서 법을 유지하는 작용'이다. 곧 국회가 법률을 형성하거나 정립하고 정부가 법률을 집행하고 정책형성을 하는 등 적극적인 국가작용을 행함에 반하여, 법원은 법을 인식하고 판단하고 유지하는 소극적인 작용을 담당한다.

그런가 하면 객관적인 법을 인식하고 판단하고 유지하기 위해서 법원은 정치적으로 중립적일 수밖에 없다. 법원의 중립성은 한편으로는 사법작용의 본질에서 오는 개념필연적 사항이기도 하지만, 다른 한편으로는 사법부에 대한 요청이기도 하다. 오늘날의 정당국가적 민주주의하에서 법원의 정치적 중립성은 특히 요구되고 있다. 우리 헌법은 제103조에서 "법관은 헌법과 법률에 의하여 그

양심에 따라 독립하여 심판한다"고 함으로써 사법권의 독립과 법원의 정치적 중립성을 강조하고 있다.

(2) 法院의 政治的 中立性을 威脅하는 요소들

603. 법원의 정치적 중립성을 위협하는 요소들

그러나 법원의 정치적 중립성은 법원의 구성과 예산에서 정치적 기관인 국회와 정부에 의존하고 있기 때문에 실제에 있어서는 위협받고 있다. 곧 대법원장과 대법관은 국회의 동의를 얻어 대통령이 임명하고(제104조 제1항·제2항), 법원의 예산안은 정부가 편성하고 국회가 심의·확정한다(제54조). 더 나아가서 대통령은 비상계엄을 선포하여 법원의 권한에 대하여 특별한 조치를 할 수도 있다(제77조 제3항). 따라서 법원의 중립성을 보장하는 여러 가지 방법이 제안되고 있다.[397)]

4. 憲法의 守護者로서의 地位

604. 헌법의 수호자로서의 법원

우리 헌법상 헌법수호의 기능은 대통령과 헌법재판소 그리고 법원에 분산되어 있다. 그러나 대통령의 헌법수호자로서의 지위는 비상사태에서 기능하는 측면이 강한 반면, 법원과 헌법재판소의 그것은 전적으로 평상시에 작용하는 점에서 차이가 있다.

또한 평상시 헌법수호의 기능은 대부분의 경우 그리고 중요한 부분에서 헌법재판소가 담당하고 있다(제111조 제1항). 따라서 법원의 헌법수호자로서의 기능은 부차적인 것이라 할 수밖에 없다. 곧 법원은 명령·규칙의 위헌·위법 심사(제107조 제2항), 헌법재판소에의 위헌법률심사의 제청(제107조 제1항), 선거에 대한 재판 등을 통하여 헌법수호의 기능을 부분적으로 수행하고 있을 뿐이다.

5. 基本權保障機關으로서의 地位

605. 기본권보장기관으로서의 법원

역사적으로 군주와의 투쟁에서 법원은 의회와 함께 기본권보장자로서 기능하여 왔다. 현행 헌법하에서도 법원은 국민의 자유와 권리를 보호하는 기능을

---

397) 김철수, (주 20), 1181·1182쪽은 대법원장의 대법관임명제청권의 실질화, 사법부의 독자적인 예산안편성권, 사법부의 사법에 관한 법률안제안권 인정을 제안하고 있고, 권영성, (주 19), 1003쪽은 법관선거인단에 의한 법원구성의 원칙, 법원예산독립편성의 원칙, 법원권한불가침의 원칙 등의 실현을 제안하고 있다.

담당하고 있다. 곧 헌법 제27조 제1항에 따라 '모든 국민은 헌법과 법률이 정한 법관에 의하여 법률에 의한 재판을 받을 권리를 가지며', 그 결과 법원은 기본권보장자로서의 지위를 가진다. 특히 법원의 기본권보장자로서의 역할은 행정부의 명령·규칙·처분에 대한 위헌·위법심사에서 두드러진다. 그러나 공권력에 의한 기본권침해에 대한 최종수단인 헌법소원에 대한 심판권이 헌법재판소에 있기 때문에(제111조 제1항 제5호), 최종적인 기본권보장자로서의 지위는 헌법재판소에 있다고 보아야 한다.

第2節 司法權의 獨立

1. 憲法規定

606. 사법권독립에 대한 헌법규정: 헌법 제103조

우리 헌법 제101조 제1항은 "사법권은 법관으로 구성된 법원에 속한다"고 하여 사법권이 법원에 속한다는 것을 규정하고, 제103조는 "법관은 헌법과 법률에 의하여 그 양심에 따라 독립하여 심판한다"고 하여 법관의 독립을 규정함으로써 사법권의 독립을 분명히 하고 있다. 그런가 하면 대법원과 각급법원의 조직에 대한 법률주의를 규정하고 있는 제102조 제3항과 대법원의 규칙제정권을 규정하고 있는 제108조는 제101조 제1항에 대한 보조규정으로서, 법관의 자격에 대한 법률주의를 규정하고 있는 제101조 제3항과 법관의 임기와 정년을 규정하고 있는 제105조와 법관의 신분을 보장하고 있는 제106조는 제103조에 대한 보조규정으로서 사법권의 독립과 밀접한 관련이 있는 규정이다.

2. 司法權의 獨立의 意義

(1) 概 念

607. 사법권독립의 개념

사법권의 독립이란 사법권을 행사하는 법관이 구체적 사건을 재판함에 있어서 절대적으로 독립하여 누구의 지시나 명령에도 구속되지 아니하는 것을 말한다. 따라서 사법권의 독립은 최종적인 판결이나 결정의 독립은 물론 판결이나 결정에 이르는 모든 심리절차의 독립을 포함하는 개념이다. 사법권의 독립은 판결의 자유를 목표로 하며, 법원의 독립(자율성)과 법관의 독립을 그 내용으로 한다.

(2) 沿 革

사법권을 다른 국가권력에서 분립시켜 체계적으로 고찰한 것은 몽테스키외라고 알려져 있다. 곧 몽테스키외는 그의 「법의 정신」에서 "재판권이 입법권 및 집행권에서 분리되어 있지 않으면 자유는 존재하지 않는다. 만약에 재판권이 입법권과 결합되면 시민의 생명 및 자유에 대한 권력의 사용이 자의적으로 될 것이다. 왜냐하면 재판관이 입법자로 될 것이기 때문이다. 만약에 재판관이 집행권에 결합되면 재판관은 압제자의 힘을 가질 수 있을 것이다"라고 하여 시민의 자유를 확보하기 위한 전제로서 사법권이 다른 권력으로부터 독립해야 할 당위성을 강조하였다.

608. 사법권독립의 연혁

그러나 사법권의 독립은 1776년 버지니아권리장전이 공정한 형사소송절차와 배심제도를 보장함으로써(제 8 조-제11조) 성문화되었으며, 1787년의 미연방헌법 제 3 조 제 1 항[398]은 오늘날과 같은 형태의 사법권의 독립을 선언한 최초의 헌법문서로 알려져 있다.

(3) 制度的 意義

뢰벤슈타인 *K. Loewenstein*은 사법권의 독립을 입헌민주주의와 법치주의의 초석이라 하고, 슈미트 *C. Schmitt*는 사법권의 독립을 시민적 법치국가의 가장 중요한 조직적 징표 중의 하나라 한다.

609. 사법권독립의 제도적 의의

사법권의 독립은 연혁적으로는 '관방사법'(Kabinettsjustiz)을 부정하고 민주사법을 지향하려는 것이었다. 그러나 현대에는 그 자체가 목적이 아니라 권력분립원리의 실천, 법질서의 안정성유지 및 국민의 자유와 권리를 완전하게 보장하기 위하여 공정하고 정당한 재판을 확보하기 위한 것이라는 데 그 의의가 있다.

3. 法院의 獨立

법원의 독립은 권력분립의 원리에 따라 법원이 국회와 정부로부터 독립하여 상호 견제와 균형을 이룰 것을 내용으로 한다.

610. 법원의 독립: 1) 국회로부터의 독립, 2) 정부로부터의 독립

398) 미연방헌법 제 3 조 제 1 항: "합중국의 사법권은 1개의 연방대법원에, 그리고 연방의회가 수시로 제정, 설치하는 하급법원들에 속한다. 연방대법원 및 하급법원의 판사는 중대한 죄가 없는 한 그 직을 보유하며, 그 직무에 대하여 정기적으로 보수를 받으며, 그 보수는 재임 중에 감액되지 아니한다."

(1) 國會로부터의 獨立

우선, 법원의 독립은 국회로부터의 독립을 내용으로 한다. 따라서 국회와 법원은 조직·구성·운영·기능면에서 상호 독립적이어야 한다.

그러나 법원은 국회의 입법에 의하여 구성되고 법관은 법률에 따라 재판한다. 이것은 법치주의의 요청일 뿐 법원이 국회에 예속됨을 뜻하지는 않는다. 국회는 법원에 대하여 국정감사·조사권, 대법원장과 대법관에 대한 임명동의권, 법원예산심의·확정권과 법관탄핵소추권을 가지며, 이에 대하여 법원은 위헌법률심사제청권을 가짐으로써 상호 견제와 균형을 이루고 있다. 법원의 국회로부터의 독립은 특히 대법원에 소송절차·법원의 내부규율 및 사무처리에 관한 규칙제정권을 부여하고 있는 제108조에 잘 표현되어 있다.

국회로부터의 법원의 독립과 관련하여 가장 문제가 되는 것은 국정감사·조사권의 한계와 사법권의 한계이다. 국회는 법원에 대하여 국정감사·조사권을 가지나, 계속중인 재판 또는 수사중인 사건의 소추에 관여할 목적으로 감사 또는 조사를 해서는 안 된다(「국정감사 및 조사에 관한 법률」 제8조). 이에 대응하여 법원도 국회의 내부행위에 대하여는 관여할 수 없다. 예컨대 국회가 행한 국회의원에 대한 자격심사·제명·징계에 대해서는 국회의 자율권을 보장하기 위해 법원에 제소할 수 없게 되어 있다(제64조 제4항).

(2) 政府로부터의 獨立

다음으로, 법원의 독립은 정부로부터의 독립을 내용으로 한다. 따라서 정부와 법원은 조직·운영·구성·기능면에서 상호 독립적이어야 한다. 그 결과 정부의 구성원과 법관의 겸직은 금지되며, 법원이 행정처분을 할 수 없듯이 정부도 재판에 간섭하거나 영향력을 미칠 수 없다. 법원의 정부로부터의 독립은 대법원과 각급법원의 조직에 대한 법률주의를 규정하고 있는 제102조 제3항과 법관자격의 법률주의를 규정하고 있는 제101조 제3항에 규정되어 있다.

그러나 법원은 행정처분이나 명령·규칙에 대하여 행정재판권과 위헌명령심사권을 가지고 있는 반면, 정부는 사법부예산의 편성권과 사면·감형·복권 등의 권한을 가지고 있어 이를 통하여 서로 견제와 균형을 이루고 있다.

4. 法官의 獨立

(1) 法官의 職務上 獨立과 身分上 獨立의 相互關係

611. 법관의 직무상 독립과 신분상 독립의 상호관계

헌법 제103조는 "법관은 헌법과 법률에 의하여 그 양심에 따라 독립하여 심판한다"고 하여 법관의 독립을 규정하고 있다. 법관의 독립은 직무상 독립(물적 독립, sachliche Unabhängigkeit)과 신분상 독립(인적 독립, persönliche Unabhängigkeit)으로 이루어진다. 법관의 신분상 독립은 법관의 직무상 독립을 보장하기 위한 수단적 의미를 가진다.

판례: 〈1980년해직공무원의보상등에관한특별조치법 제2조에 대한 위헌심판(일부위헌)〉 "사법권의 독립은 재판상의 독립 즉 법관이 재판을 함에 있어서 오직 헌법과 법률에 의하여 그 양심에 따라 할 뿐 어떠한 외부적인 압력이나 간섭도 받지 않는다는 것뿐만 아니라 그 수단으로서 법관의 신분보장도 차질없이 이루어져야 함을 의미하는 것이다. 특히 신분보장은 법관의 재판상의 독립을 보장하는 데 있어서 필수적인 전제로서 정당한 법절차에 따르지 않은 법관의 파면이나 면직처분 내지 불이익처분의 금지를 의미하는 것이다."(헌재 1992. 11. 12. 91헌가2 결정)

(2) 法官의 職務上 獨立

1) 법관의 직무상 독립의 내용

612. 법관의 직무상 독립의 내용: 1) 헌법과 법률 및 양심에 따른 심판, 2) 독립하여 하는 심판

법관의 직무상 독립은 헌법과 법률 및 양심에 따른 심판과 독립하여 하는 심판을 내용으로 하며, 독립하여 하는 심판은 다시 외부작용으로부터의 독립 및 사법부내부에서의 독립을 내용으로 한다. 법관의 직무상 독립은 재판상 독립, 물적 독립, 실질적 독립이라고도 한다.[399]

2) 헌법과 법률 및 양심에의 구속

① 헌법과 법률에 의한 심판

613. 헌법과 법률에 의한 심판

헌법과 법률에 의한 심판은 헌법을 정점으로 하는 법질서의 통일성을 유지하고, 재판의 정당성을 보장하기 위한 것이다.

여기에서 헌법은 성문헌법과 헌법적 관습을 포함한다. 법률은 형사재판의 경우에는 형식적 의미의 법률(예외 제76조)이나, 민사재판의 경우에는 일체의 성문법과 이에 저촉되지 아니하는 모든 불문법을 말하며, 절차법의 경우에는 형식

---

399) 허영, (주 15), 968쪽 이하는 법관의 직무상 독립을 법원의 기능상의 독립으로 표시한다.

적 법률(예외 제76조, 제108조)을 뜻한다.

법관이 이러한 법규에 의하여 재판을 하는 경우에 첫째, 법률일 때에는 그 폐지 여부, 신·구법 여부, 일반법 또는 특별법 여부, 그 위헌 여부 등을 심사하여야(문제시되는 경우 헌법재판소에 심사제청)하며, 둘째, 그 밖의 법규일 때에는 그 효력 여하, 타법규와의 위계 여하, 위헌·위법 여부를 심사하여야 한다. 그 결과 위헌 또는 위법인 경우에는 적용을 거부할 수 있으나, 단순히 부당하다는 이유만으로는 적용을 거부할 수 없다.

② 양심에 따른 심판

614. 양심에 따른 심판

여기서 양심이란 법관으로서의 양심, 곧 법의 해석, 특히 재판을 직무로 하는 자의 법조적 양심인 법적 확신을 말한다. 인간적 양심과 법조적 양심이 충돌하는 경우 법관은 법조적 양심을 우선해야 한다.

판례: 〈형법 제337조 위헌소원(각하)〉 "법관이 형사재판의 양형에 있어 법률에 기속되는 것은 헌법 제103조의 규정에 따른 것으로서 헌법이 요구하는 법치국가원리의 당연한 귀결이며, 법관의 양형판단재량권 특히 집행유예 여부에 관한 재량권은 어떠한 경우에도 제한될 수 없다고 볼 성질의 것이 아니므로, 강도상해죄를 범한 자에 대하여는 법률상의 감경사유가 없는 한 집행유예의 선고가 불가능하도록 한 것이 사법권의 독립 및 법관의 양형판단재량권을 침해 내지 박탈하는 것으로서 헌법에 위반된다고는 볼 수 없다."(헌재 2001. 4. 26. 99헌바43 결정)

3) 독립하여 하는 심판

① 독립하여 하는 심판의 의미

615. 독립하여 하는 심판: 1) 외부작용으로부터의 독립, 2) 사법부내부로부의 독립

독립하여 하는 심판이란 법관이 재판에 있어서 헌법과 법률 및 자신의 양심을 제외한 어떠한 외부적 간섭이나 영향을 받지 아니하고, 재판결과에 대해서도 형사상·징계상의 책임을 추궁당하지 않음을 의미한다. '독립하여 하는 심판'의 '독립'은 외부작용으로부터의 독립과 사법부내부로부터의 독립을 포함한다.

② 외부작용으로부터의 독립

616. 법관의 외부작용으로부터의 독립: 1) 소송당사자로부터의 독립, 2) 사회적·정치적세력으로부터의 독립

법관의 외부작용으로부터의 독립은 소송당사자로부터의 독립과 사회적·정치적 세력으로부터의 독립을 내용으로 한다.

법관은 재판을 함에 있어서 소송당사자로부터 독립하여야 한다. 법관의 소송당사자로부터의 독립을 보장하여 공정한 재판을 할 수 있도록 각종 소송법에는 법관에 대한 제척·기피·회피제도가 마련되어 있다.

판례: 〈금융기관의연체대출금에관한특별조치법 제7조의3에 대한 위헌심판(위헌)〉 "금

융기관의 연체대출금에 대해서 회사정리법의 규정에 불구하고 경매를 진행할 수 있게 한 금융기관의연체대출금에관한특별조치법 제 7 조의3의 규정은 회사정리법상의 법원의 권력을 무력화시키고 금융기관의 의사에 따르지 않을 수 없게 하여 사법권 독립에 위협의 소지가 될 수 있다."(헌재 1990. 6. 25. 89헌가98 등 병합결정)

판례: "민사소송법 제39조 제 1 항은 법관에게 재판의 공정을 기대하기 어려운 사정이 있는 때에는 당사자는 기피신청을 할 수 있다라고 한다. 여기서 '재판의 공정을 기대하기 어려운 사정이 있는 때'라 함은 당사자가 불공정한 재판이 될지도 모른다고 추측할 만한 주관적인 사정이 있는 때를 말하는 것이 아니고, 통상인의 판단으로서 법관과 사건과의 관계로 보아 불공정한 재판을 할 것이라는 의혹을 갖는 것이 합리적이라고 인정될 만한 객관적 사정이 있는 때를 말한다."(대법원 1992. 12. 30. 92마783 판결)

사회적·정치적 세력으로부터의 독립이란 그것이 국가기관이나 사회적·정치적 세력이나 또는 국민이나를 불문하고 법관이 재판을 함에 있어서 부당한 압력을 행사해서는 안 된다는 것을 의미한다.[400] 따라서 재판 자체에 간섭하는 내용의 비판이나 사전에 재판에 영향을 미치기 위하여 법관에게 직접 위협을 가하는 집단적 행동 또는 법관의 전속적 권한에 속하는 사실인정이나 유·무죄의 판단 자체를 대상으로 하는 비판, 형사피고인의 무죄추정의 원칙을 부정하는 정도의 비판은 인정될 수 없다. 그에 반하여 법관의 법해석 및 사실인정에 적용된 법규에 대한 학문적인 비판으로서의 판례평석 및 사법의 민주화를 위한 비판 등은 인정된다고 할 것이다.

③ 사법부내부로부터의 독립

617. 법관의 사법부내부로부터의 독립

법관은 심급제에 관계없이 재판권행사에 있어 상급심법원의 지휘·감독 및 그 밖의 간섭을 받지 않는다. 또한 법관은 합의재판에 있어서도 독립하여 그 직권을 행사하고 법원장이나 다른 법관의 지시에 따르지 않는다.

판례: 〈특정범죄가중처벌등에관한법률 제 5 조의3 제 2 항 제 1 호에 대한 헌법소원(위헌)〉 "법정형이 최하 10년 이상의 유기징역, 무기징역, 사형으로 규정된 특정범죄가중처벌등에관한법률 제 5 조의3의 제 2 항 제 1 호는 사법권행사의 기본인 법관의 양형재량의 독립적 권한을 지나치게 제한하여 위헌이다."(헌재 1992. 4. 28. 90헌바24 결정)

---

400) 따라서 사회적·정치적 세력으로부터의 심판의 독립의 범위가 다른 국가기관에 한정되는 것이냐 국민까지를 포함하는 것이냐와 관련된 상대적 독립설과 절대적 독립설의 대립은 무의미한 것으로 보인다.

이와 관련하여 문제가 되는 것은 법원조직법 제8조 “상급법원의 재판에 있어서의 판단은 당해 사건에 관하여 하급심을 기속한다”이다. 이 규정의 의미는 하급심이 상급법원의 지시에 따라 재판하여야 한다는 것이 아니라, 상급법원이 파기·취소·환송의 판결을 내린 경우 그 상급법원의 판결에서 이루어진 법률상의 판단이 하급심법원을 기속한다는 뜻이다. 따라서 이는 계층적인 상소제도를 인정하는 결과일 뿐 법관의 독립을 규정한 헌법 제103조에 위반되는 것은 아니다.[401]

판례: “원판결이 대법원의 판례와 다른 법령해석을 함으로써 행정처분의 취소를 명함은 법원조직법 제8조의 위반이다.”(대법원 1957. 10. 25. 4290행상126 판결)

판례: “상고심으로부터 사건을 환송받은 법원은 그 사건을 재판함에 있어서 상고법원이 파기이유로 한 사실상 및 법률상의 판단에 대하여 기속된다.”(대법원 2009. 4. 9. 2008도10572 판결)

(3) 法官의 身分上 獨立

1) 법관의 신분상 독립의 의의

618. 법관의 신분상 독립의 의의

법관의 신분상 독립(또는 인적 독립)은 법관의 신분보장을 내용으로 하며, 법관의 직무상 독립을 목적으로 한다. 법관의 신분상 독립은 법관인사의 독립, 법관자격의 법률주의, 법관의 임기제 등을 내용으로 한다.

2) 법관인사의 독립

619. 법관인사의 독립

우리 헌법상 대법원장은 국회의 동의를 얻어 대통령이 임명한다(제104조 제1항).

그러나 대법관은 대법원장의 제청으로 국회의 동의를 얻어 대통령이 임명하며(제104조 제2항), 대법원장과 대법관이 아닌 법관은 대법관회의의 동의를 얻어 대법원장이 임명하며(제104조 제3항), 판사의 보직은 대법원장이 행한다(법원조직법 제44조). 또한 법관의 인사에 관한 기본계획의 수립 및 인사운영을 위하여 대법원장의 자문기관으로 법관인사위원회를 두고 있다(동법 제25조의2).

3) 법관자격의 법률주의

620. 법관자격의 법률주의

법관의 자격은 법률로 정한다(제101조 제3항). 이에 대한 법률로 법원조직

401) 김철수, (주 20), 1178쪽; 권영성, (주 19), 1011쪽.

법이 있으며, 동법은 법관의 자격을 10년 이상 ① 판사·검사·변호사 직에 있던 자, ② 변호사의 자격이 있는 자로서 국가기관, 지방자치단체, 「공공기관의 운영에 관한 법률」 제4조에 따른 공공기관, 그 밖의 법인에서 법률에 관한 사무에 종사한 자, ③ 변호사의 자격이 있는 자로서 공인된 대학의 법률학 조교수 이상의 직에 있던 자 중에서 임용한다고 규정하고 있다(동법 제42조 제2항).

4) 법관의 임기제·연임제·정년제

621. 법관의 임기제·연임제·정년제

법관의 임기는 10년으로 하며 연임될 수 있다(제105조 제3항). 다만 대법원장과 대법관의 임기는 6년으로 대법원장은 중임할 수 없으며, 대법관은 법률이 정하는 바에 의하여 연임할 수 있다(제105조 제1항·제2항). 법관의 임기제는 법관의 보수화와 관료화를 막기 위한 것이며, 연임제는 법관의 전문성·숙련성을 확보하기 위한 것이다. 연임이란 법관의 임기가 만료되어 당연퇴직하는 법관이 계속하여 법관으로 임명되는 것이며, 중임이란 임기종료 후 연임이나 재임명 등의 방법으로 다시 법관직에 취임할 수 있는 것을 말한다.

또한 법관의 정년은 법률로 정한다(제105조 제4항). 법원조직법은 대법원장과 대법관의 정년은 70세, 그 밖의 법관의 정년은 65세로 정하고 있다(동법 제45조 제4항).

> **판례: 〈법원조직법 제45조 제4항 위헌확인(기각)〉** "이 사건 법률조항은 정년을 직위에 따라 대법원장 70세, 대법관 65세, 그 이외의 법관 63세로 하여 법관 사이에 약간의 차이를 두고 있는 것으로, 헌법 제11조 제1항에서 금지하고 있는 차별의 요소인 '성별', '종교' 또는 '사회적 신분' 그 어디에도 해당되지 아니할 뿐만 아니라, 그로 인하여 어떠한 사회적 특수계급제도를 설정하는 것도 아니고, 그와 같이 법관의 정년을 직위에 따라 순차적으로 낮게 차등하게 설정한 것은 법관업무의 성격과 특수성, 평균수명, 조직체 내의 질서 등을 고려하여 정한 것으로 그 차별에 합리적인 이유가 있다고 할 것이므로, 청구인의 평등권을 침해하였다고 볼 수 없다. 또한 이 사건 법률조항과 같이 법관의 정년을 설정한 것은 법관의 노령으로 인한 정신적·육체적 능력 쇠퇴로부터 사법이라는 업무를 제대로 수행함으로써 사법제도를 유지하게 하고, 한편으로는 사법인력의 신진대사를 촉진하되 사법조직에 활력을 불어넣고 업무에 효율성을 제고하고자 하는 것으로 그 입법목적이 정당하다."(헌재 2002. 10. 31. 2001헌마557 결정)

5) 법관의 신분보장

622. 법관의 신분보

헌법 제106조는 법관의 그 밖의 신분보장에 대하여 규정하고 있다. 그에 따

장: 헌법 제106조 제1항

르면 법관의 파면은 탄핵 또는 금고 이상의 형의 선고에 의해서만 가능하고(제106조 제1항, 동법 제46조),[402] 법관에 대한 정직·감봉 기타 불이익처분은 대법원에 설치된 법관징계위원회의 징계처분으로 가능하다(제106조 제1항, 동법 제46조, 제48조). 법관의 징계에는 견책·감봉·정직이 있다(법관징계법 제3조). 법관의 퇴직은 법관이 중대한 심신상의 장해로 직무를 수행할 수 없을 때 법률이 정하는 바에 따라 할 수 있으며(제106조 제2항), 대법관인 경우에는 대법원장의 제청에 의하여 대통령이, 그 밖의 판사인 경우에는 대법원장이 퇴직을 명할 수 있다(법원조직법 제47조). 그 밖에도 법관에게 병역의무·법률연수·질병요양 등 사유가 있을 때에는 대법원장은 법관의 휴직을 허가할 수 있다(동법 제51조).

6) 법관의 정치적 중립·겸직금지·파견근무·겸임

① 정치적 중립

623. 법관의 정치적 중립

법원조직법 제49조 제1호·제3호는 법관에게 재직 중 국회 또는 지방의회의 의원이 되는 일과 정치운동에 관여하는 일을 금지함으로써 법관에게 정치적 중립을 요구하고 있다. 이는 공무원의 정치적 중립을 요구하는 헌법규정(제7조 제2항)의 구체화라 해야 할 것이다.

② 겸직금지

624. 법관의 겸직금지

법관은 대법원장의 허가 없이 보수 있는 직무에 종사하거나, 대법원장의 허가 없이 보수의 유무를 불문하고 국가기관 이외의 법인·단체 등의 고문·임원·직원 등의 직위에 취임하거나, 금전상의 이익을 목적으로 하는 업무에 종사하거나 그 밖에 대법원규칙으로 정한 일은 겸직할 수 없다(동법 제49조 제4호·제5호·제6호, 「법관이 관여할 수 없는 직무 등에 관한 규칙」 제2조).

③ 파견근무

법관은 다른 행정부서의 공무원이 될 수 없다(동법 제49조 제2호). 그러나 다른 국가기관의 요청이 있고, 그 요청이 타당하다고 인정되며 당해 법관이 동의하는 경우 대법원장이 그 기간을 정하여 파견근무를 허가할 수 있다(동법 제50조).

④ 겸 임

625. 법관의 겸임

대법원장은 법관을 사건의 심판 외의 직에 보하거나 그 직을 겸임하게 할 수 있다(동법 제52조 제1항).

---

402) 헌재 1992. 11. 12. 91헌가2 결정〈1980년해직공무원의보상등에관한특별조치법 제2조에 대한 위헌심판(일부위헌) 참조.

7) 법관의 보수

626. 법관의 보수

법관의 보수는 그 직무와 품위에 상응하도록 법률로 정한다(동법 제46조 제 2 항,「법관의 보수에 관한 법률」 참조).

第 3 節　法院의 組織과 管轄

1. 憲法規定

627. 법원의 조직에 관한 헌법조항: 헌법 제101조 제 2 항, 제102조 제 3 항

법원은 최고법원인 대법원과 각급법원으로 조직되며(제101조 제 2 항), 그 조직은 법률로 정한다(제102조 제 3 항). 이에 따라 법원조직법이 제정되어 있고, 동법에 따르면 법원에는 대법원, 고등법원, 특허법원, 지방법원, 가정법원, 행정법원의 6종류가 있다(동법 제 3 조 제 1 항). 또한 지방법원과 가정법원의 사무의 일부를 처리하게 하기 위하여 그 관할구역 내에 지원, 가정지원, 시·군법원, 등기소를 둘 수 있다(동법 제 3 조 제 2 항, 제31조, 제39조, 제33조, 제36조).

2. 大法院의 組織과 管轄

(1) 大法院의 組織

1) 구　　성

628. 대법원의 구성

대법원은 대법원장과 대법관으로 구성되며(제102조 제 2 항, 제104조 제 1 항), 대법관의 수는 대법원장을 포함하여 14인이다(동법 제 4 조 제 2 항). 또한 대법원에는 대법관이 아닌 법관을 둘 수 있으며(제102조 제 2 항 단서), 이에 따라 대법원장은 판사 중에서 재판연구관을 지명하여 대법원에서 사건의 심리 및 재판에 관한 조사·연구에 종사하게 할 수 있다(동법 제24조).

2) 구성원의 임명과 그 권한

① 대법원장

629. 대법원장

대법원장은 만45세 이상, 20년 이상의 법조경력을 가진 자 중에서(동법 제42조 제 1 항) 국회의 동의를 얻어 대통령이 임명하며(제104조 제 1 항), 임기는 6년으로 중임할 수 없고(제105조 제 1 항), 정년은 70세이다(동법 제45조 제 4 항).

대법원장은 법원을 대표하는 법원의 수장으로서 대법원의 일반사무를 관장하며, 대법원의 직원과 각급법원 및 그 소속기관의 사법행정사무에 관하여 직원을 지휘·감독한다(동법 제13조 제2항). 따라서 대법원장은 법원을 대표할 권한, 대법관임명제청권, 헌법재판소재판관 3인지명권, 중앙선거관리위원회위원 3인지명권, 일반법관의 임명권과 보직권, 법원공무원임명·지휘·감독권, 법원업무에 관련된 법률제정·개정에 대한 국회에의 서면의견제출권을 가진다. 다만, 대법원장이 행한 처분에 대한 행정소송의 피고는 법원행정처장으로 한다(동법 제70조).

대법원장의 궐위·유고시에는 선임대법관이 그 권한을 대행한다(동법 제13조 제3항).

② 대 법 관

630. 대법관

대법관은 만 45세 이상, 20년 이상의 법조경력을 가진 자 중에서(동법 제42조 제1항) 대법원장의 제청으로 국회의 동의를 얻어 대통령이 임명하며(제104조 제2항), 임기는 6년으로 연임할 수 있고(제105조 제2항), 정년은 70세이다(동법 제45조 제4항).

대법관은 최고법원인 대법원의 구성원으로서 사법권을 행사하고, 대법관회의의 구성원으로서 소관사항에 관하여 의결권을 가진다(동법 제16조).

3) 대법관전원합의체와 대법원의 부

① 대법관전원합의체

631. 대법관전원합의체

대법원에는 대법관전원의 3분의 2 이상으로 구성되고 대법원장이 재판장이 되는 대법관전원합의체를 둔다(동법 제7조 제1항).

② 대법원의 부

632. 대법원의 부

또한 대법원에 부를 둘 수 있으며(제102조 제1항), 부는 대법관 3인 이상으로 구성한다(동법 제7조 제1항 단서). 부에는 일반부와 특정부가 있다. 대법원장은 필요하다고 인정하는 경우에 특정한 부로 하여금 행정·조세·노동·군사·특허 등 사건을 전담하여 심판하게 할 수 있다(동법 제7조 제2항). 특정부는 재판의 전문성을 발휘하도록 하기 위한 것이다.

4) 대법관회의

① 구성 및 의사

633. 대법관회의의 구성 및 의사

대법관회의는 대법관으로 구성되며, 대법원장이 그 의장이 된다(동법 제16조 제1항). 대법관회의는 대법관 전원의 3분의 2 이상의 출석과 출석인원과반수의 찬성으로 결정하고, 가부동수인 때에는 의장이 결정권을 갖는다(동법 제16조 제2항·제3항).

② 의결사항

대법관회의는 주로 사법행정에 관한 다음 사항을 의결한다. i) 판사의 임명에 대한 동의(법관의 보직권은 대법원장이 단독으로 행사), ii) 대법원규칙의 제정과 개정 등에 관한 사항, iii) 판례의 수집·간행에 관한 사항, iv) 예산요구, 예비금 지출과 결산에 관한 사항, v) 다른 법령에 의하여 대법관회의의 권한에 속하는 사항, vi) 특히 중요하다고 인정되는 사항으로서 대법원장이 부의한 사항(동법 제17조).

634. 대법관회의의 의결사항

5) 부속기관

대법원의 부속기관으로 법원행정처, 사법연수원, 사법정책연구원, 법원공무원교육원, 법원도서관, 대법원장비서실, 재판연구관, 법관인사위원회(이상 필수기관), 사법정책자문위원회(임의기관)가 있다(동법 제19조-제25조의2).

635. 대법원의 부속기관

법원행정처는 사법행정사무를 담당하고, 사법연수원은 판사와 예비판사의 연수와 사법연수생의 수습을 담당하며, 사법정책연구원은 사법제도 및 재판제도의 개선에 관한 연구를 담당하며, 법원공무원연수원은 법원직원·집행관 등의 연수 및 양성에 관한 사무를 담당한다. 또한 법원도서관은 재판사무를 지원하고 법률문화를 창달하며, 대법원장비서실은 대법원장의 사무를 보좌하며, 법관인사위원회는 대법원장의 법관인사운영에 관하여 자문하며, 사법정책자문위원회는 대법원장의 자문기관이다. 재판연구관은 대법원에서 사건의 심리 및 재판에 관한 조사·연구를 행한다.

(2) 大法院의 管轄 및 權限

1) 대법원의 관할일반

대법원은 상고심, 명령·규칙의 위헌·위법여부의 최종심사, 위헌법률심사의 제청, 선거소송을 관할한다. 또한 대법원은 규칙제정권을 갖는다(제108조).

636. 대법원의 관할일반

2) 최종심사권

① 대법원의 최종판결

대법원은 고등법원 또는 항소법원·특허법원의 판결에 대한 상고사건, 항고

637. 대법원의 최종심사권

법원·고등법원 또는 항소법원·특허법원의 결정·명령에 대한 재항고사건, 다른 법률에 의하여 대법원의 권한에 속하게 된 사건에 대해서 최종심판권을 갖는다(동법 제14조). 다른 법률에 의하여 대법원의 권한에 속하는 사건으로는 공직선거법에 의한 대통령·국회의원선거소송사건과 시·도지사선거소송사건(동법 제222조, 제223조)과 국민투표법에 의한 국민투표무효소송사건(동법 제92조) 및 지방자치법에 의한 기관소송사건(동법 제169조 제2항, 제170조 제3항, 제172조 제3항·제6항)이 있다.

판례: "특별항고는 하급심에서 한 결정이나 명령에 영향을 미친 헌법위반 또는 법률위반이 있음을 이유로 하는 때에 한하여 대법원에 할 수 있는 것이고, 대법원의 판결에 대하여는 특별항고를 제기할 수 없다."(대법원 1988. 3. 23. 88프1 판결)

② 대법원의 심판

638. 대법원의 심판

대법원의 심판은 대법관전원의 3분의 2 이상의 합의체에서 행한다. 그러나 명령·규칙의 위헌·위법결정, 종전 대법원판례의 변경, 부에서 재판함이 적당하지 아니함을 인정하는 경우 등을 제외하고는 대법관 3인 이상으로 구성된 부에서 먼저 사건을 심리하여 의견이 일치된 때에 한하여 그 부에서 재판할 수 있다(법원조직법 제7조 제1항). 합의심판에서는 헌법과 법률에 별도의 규정이 없으면 과반수로써 결정하며(동법 제66조 제1항), 대법원재판서에는 합의에 관여한 모든 대법관의 의견을 표시하여야 한다(동법 제15조).

판례: "법원조직법 제7조 제1항 제2호는 명령 또는 규칙이 법률에 위반함을 인정하는 경우에는 대법관 전원의 3분의 2 이상의 합의체에서 심판하도록 규정하고 있는바, 여기에서 말하는 명령 또는 규칙이라 함은 국가와 국민에 대하여 일반적 구속력을 가지는 이른바 법규로서의 성질을 가지는 명령 또는 규칙을 의미한다 할 것이다."(대법원 1990. 2. 27. 88재누55 판결)

판례: "대법관 전원의 3분의 2에 미달되는 수의 대법관으로 구성된 부에서 종전에 대법원에서 판시한 적용법률에 관한 의견을 변경한 경우 민사소송법 제422조 제1항 제1호 소정의 재심사유에 해당한다."(대법원 2011. 7. 21. 2011재다199(전합) 판결; 대법원 2000. 5. 12. 99재다524 판결)

3) 규칙제정권

① 헌법규정

639. 대법원규칙제정

헌법 제108조는 "대법원은 법률에 저촉되지 아니하는 범위 안에서 소송에 관한 절차, 법원의 내부규율과 사무처리에 관한 규칙을 제정할 수 있다"고 하여 대법원의 규칙제정권을 규정하고 있다.

권에 대한 헌법규정: 헌법 제108조

② 제도적 의의

대법원의 규칙제정권은 법원의 자율권의 하나로서 i) 법원의 독립성과 자주성을 확보하고, ii) 대법원규칙의 규율사항은 국민의 권리·의무와 직접적인 관계가 적을 뿐만 아니라 전문적이고 기술적인 사항이므로 재판에 정통한 대법원이 실정에 맞는 규칙을 제정할 수 있도록 하고, iii) 사법부 내에서의 대법원의 통제권과 감독권을 강화하고 그 실효성을 확보하기 위한 것이다.

640. 대법원규칙제정권의 제도적 의의

③ 제정주체와 절차

대법원규칙을 제정하기 위해서는 대법관회의의 의결을 거쳐야 하며, 의결된 후 15일 이내에 법원행정처장이 공포절차를 밟고, 공포는 관보에 게재함으로써 한다(「대법원규칙의 공포에 관한 규칙」 제 4 조).

641. 대법원규칙의 제정주체와 절차

④ 대상과 범위

가. 대　　상

대법원규칙은 소송에 관한 절차, 법원의 내부규율 및 사무처리에 관한 사항(제108조)을 대상으로 한다. 그러나 소송에 관한 절차사항(감치 또는 과태료에 처하는 재판에 관한 사항)은 단순히 사법부내부의 사항에 그치는 것이 아니라 법원소속공무원과 소송관계인까지도 구속하므로 이에 대한 사항은 기술적·세부적 사항에 한정되어야 한다.

642. 대법원규칙의 규율대상

나. 범　　위

대법원규칙으로 정할 범위는 형사소송에 관한 규칙, 각급법원에 배치할 판사의 수, 대법관회의의 운영, 법원도서관의 조직과 운영, 사법정책자문위원회의 조직과 운영, 판례심사위원회, 사법연수원의 운영, 대법원장비서실의 조직과 운영, 법원행정처의 기구와 사무분장, 조사관·집행관의 수수료, 법정에서의 방청·촬영, 법원직원의 보수 등이다.

643. 대법원규칙의 규율범위

그러나 제108조에 규정된 사항은 예시적인 것이며, 그것을 대법원규칙의 전속적 규율사항으로 볼 수는 없다. 따라서 이러한 사항을 법률이나 법률의 위임에 기한 대통령령 등으로 정할 수 있다.

⑤ 효　　력

대법원규칙은 공포한 날로부터 20일이 경과함으로써 효력이 발생하며(「대법원규칙의 공포에 관한 규칙」 제 6 조), 대법원규칙과 법률이 경합하는 경우에는 헌법 제37조 제 2 항과 제40조의 해석상 법률이 우선한다. 왜냐하면 대법원규칙은

644. 대법원규칙의 효력

형식적·실질적 효력이 명령 또는 규칙에 해당되기 때문이다.

3. 高等法院의 組織과 管轄

(1) 高等法院의 組織

645. 고등법원의 조직

고등법원은 판사로 구성된다. 고등법원에는 고등법원장과 부를 두며, 부에는 부장판사를 둔다(동법 제26조 제1항, 제27조 제1항·제2항). 고등법원장과 부장판사로 임용되기 위해서는 15년 이상의 법조경력이 필요하다(동법 제44조 제2항).

고등법원장은 그 법원의 사법행정사무를 관장하며 소속공무원을 지휘·감독한다(동법 제26조 제3항). 고등법원장의 유고시에는 수석부장판사·선임부장판사의 순으로 그 권한을 대행한다(동법 제26조 제4항).

부장판사는 그 부의 재판에 있어서 재판장이 되며 고등법원장의 지휘에 따라 그 부의 사무를 감독한다(동법 제27조 제3항).

(2) 高等法院의 管轄

646. 고등법원의 관할

고등법원의 심판권은 판사 3인으로 구성된 합의부에서 행한다(동법 제7조 제3항).

고등법원은 ① 지방법원합의부·가정법원합의부 또는 행정법원의 제1심 판결·심판·결정·명령에 대한 항소 또는 항고사건과 ② 지방법원단독판사·가정법원단독판사의 제1심 판결·심판·결정·명령에 대한 항소 또는 항고사건으로서 형사사건을 제외한 사건 중 대법원규칙으로 정하는 사건 및 ③ 다른 법률에 의하여 고등법원의 권한에 속하는 사건을 심판한다(동법 제28조). 다른 법률에 의한 관할사건으로는 공직선거법 제222조 제2항과 제223조 제2항에 의한 지방의회의원 및 기초단체장선거에 대한 소송사건이 있다.

판례: "항소심은 당사자의 불복종신청범위 내에서 제1심판결의 당부를 판단할 수 있을 뿐이므로, 설사 제1심판결이 부당하다고 인정되는 경우라 하더라도 그 판결을 불복당사자의 불이익으로 변경하는 것은 당사자가 신청한 불복의 한도를 넘어 제1심판결의 당부를 판단하는 것이 되어 허용될 수 없다."(대법원 1983. 12. 27. 83다카1503 판결)

판례: "항고법원의 조사범위는 항고이유에 제한되는 것이 아니므로 항고법원은 불

복의 대상이 된 제 1 심결정의 당부를 가리기 위하여 항고이유의 주장 유무에 관계 없이 기록에 나타난 자료의 진부여부를 직권으로 조사하여 심리·판단하여야 한다."(대법원 1982. 1. 12. 82마523 판결)

4. 特許法院의 組織과 管轄

(1) 特許法院의 組織

647. 특허법원의 조직

특허법원은 판사로 구성된다. 특허법원에는 특허법원장과 부를 두며, 부에는 부장판사를 둔다(동법 제28조의2, 제28조의3). 특허법원장과 부장판사로 임용되기 위해서는 15년 이상의 법조경력이 필요하다(동법 제44조 제 2 항).

특허법원장은 그 법원의 사법행정사무를 관장하며, 소속공무원을 지휘·감독한다(동법 제28조의2 제 3 항). 특허법원장의 유고시에는 수석부장판사·선임부장판사의 순으로 그 권한을 대행한다(동법 제28조의2 제 4 항).

부장판사는 그 부의 재판에 있어서 재판장이 되며 특허법원장의 지휘에 따라 그 부의 사무를 감독한다(동법 제28조의3 제 2 항).

(2) 特許法院의 管轄

648. 특허법원의 관할

특허법원의 심판은 판사 3인으로 구성된 합의부에서 행한다(동법 제 7 조 제 3 항).

특허법원은 특허심판위원회[403]의 결정에 대한 재심법원으로서 ① 특허법 제186조 제 1 항, 실용신안법 제33조, 디자인보호법 제166조 및 상표법 제86조 제 2 항이 정하는 제 1 심사건과 ② 다른 법률에 의하여 특허법원의 권한에 속하는 사건을 심판한다(동법 제28조의4).

5. 地方法院의 組織과 管轄

(1) 地方法院의 組織

649. 지방법원의 조직

지방법원은 판사로 구성한다. 지방법원에는 지방법원장(동법 제29조 제 1 항)과 부를 두고 부에는 부장판사를 두며(동법 제30조), 지원과 가정지원에는 지원장을 두며(동법 제31조), 시·군법원에는 판사를 둔다(동법 제33조). 지방법원장으로

403) 헌재 1995. 9. 28. 92헌가11 등 병합결정〈특허법 제186조 제 1 항 등 위헌제청(헌법 불합치)〉 참조.

임용되기 위해서는 15년 이상의 법조경력이 필요하며(동법 제44조 제2항), 지방법원의 판사는 10년 이상 ① 판사·검사·변호사 직에 있던 자, ② 변호사의 자격이 있는 자로서 국가기관, 지방자치단체,「공공기관의 운영에 관한 법률」제4조에 따른 공공기관, 그 밖의 법인에서 법률에 관한 사무에 종사한 자, ③ 변호사의 자격이 있는 자로서 공인된 대학의 법률학 조교수 이상의 직에 있던 자 중에서 임용한다(동법 제42조 제2항).

지방법원장은 그 법원과 소속지원, 시·군법원 및 등기소의 사법행정사무를 관장하며, 소속공무원을 지휘·감독한다(동법 제29조 제3항). 지방법원장의 유고 시에는 수석부장판사·선임부장판사의 순으로 그 권한을 대행한다(동법 제29조 제4항). 부장판사는 그 부의 재판에 있어서 재판장이 되며, 지방법원장의 지휘에 의하여 그 부의 사무를 감독한다(동법 제30조 제2항).

(2) 地方法院의 管轄

1) 지방법원본원의 관할

① 지방법원의 심판

650. 지방법원의 심판

지방법원의 심판은 단독판사가 행하며, 합의심판을 요할 때에는 판사 3인으로 구성되는 합의부에서 한다(동법 제7조 제4항·제5항).

② 단독판사의 관할

651. 지방법원단독판사의 관할

지방법원단독판사는 대법원규칙이 정하는 민사사건과 형사사건의 경우 절도, 폭행사건 등과 단기 1년 미만의 징역이나 금고, 벌금형에 처할 사건 등 합의부의 심판권에 속하지 않는 형사사건을 심판한다(동법 제32조 제1항 제3호 단서). 또한 지방법원단독판사는 소속지방법원장의 명령을 받아 소속법원의 관할사건과 관계없이 즉결심판청구사건을 심판할 수 있다(「즉결심판에 관한 절차법」제3조의2).

③ 합의부의 관할

가. 제1심판결

652. 지방법원: 지원합의부의 관할

지방법원(지원)합의부는 ① 합의부 스스로 결정한 사건, ② 민사사건에 관하여는 대법원규칙으로 정하는 사건, ③ 사형·무기 또는 단기 1년 이상의 징역 또는 금고에 해당하는 사건 및 ④ 이와 동시에 심판할 공범사건, ⑤ 지방법원판사에 대한 제척·기피사건, ⑥ 다른 법률에 의하여 지방법원합의부의 권한에 속하는 사건을 제1심으로 심판한다(동법 제32조 제1항).

나. 제 2 심판결

지방법원본원합의부(항소부)는 ① 지방법원 단독판사의 판결에 대한 항소사건, ② 지방법원단독 판사의 결정·명령에 대한 항고사건을 제 2 심으로 심판한다(동법 제32조 제 2 항).

653. 지방법원본원합의부의 관할

2) 지방법원지원의 관할

지방법원지원의 관할사항은 지방법원본원의 관할사항과 동일하다(동법 제32조).

654. 지방법원지원의 관할

3) 시·군법원의 관할

시·군법원은 ① 소액사건심판법의 적용을 받는 민사사건, ② 화해·독촉 및 조정에 관한 사건, ③ 20만 원 이하의 벌금 또는 구류나 과료에 처할 범죄사건, ④ 「가족관계의 등록 등에 관한 법률」 제75조에 의한 협의상 이혼의 확인사건을 심판한다(동법 제34조 제 1 항).

655. 시·군법원의 관할

특히 20만 원 이하의 벌금이나 구류·과료에 처할 범죄사건에 대하여는 이를 즉결심판한다. 즉결심판을 받은 피고인은 그 고지를 받은 날로부터 7일 이내에 정식재판을 청구할 수 있다(동법 제35조).

6. 家庭法院의 組織과 管轄

(1) 家庭法院의 組織

가정법원은 판사로 구성한다. 가정법원에는 가정법원장(동법 제37조 제 1 항)과 부를 두고 부에는 부장판사를 두며(동법 제38조), 지원에는 지원장을 둔다(동법 제39조). 가정법원장으로 임용되기 위해서는 15년 이상의 법조경력이 필요하다(동법 제44조 제 2 항).

656. 가정법원의 조직

가정법원장은 그 법원과 소속지원, 시·군법원 및 등기소의 사법행정사무를 관장하며, 소속공무원을 지휘·감독한다(동법 제37조 제 3 항). 가정법원장의 유고시에는 수석부장판사·선임부장판사의 순으로 그 권한을 대행한다(동법 제37조 제 4 항). 부장판사는 그 부의 재판에 있어서 재판장이 되며, 가정법원장의 지휘에 의하여 그 부의 사무를 감독한다(동법 제38조 제 2 항).

(2) 家庭法院의 管轄

1) 가정법원의 심판

657. 가정법원의 심판

가정법원의 심판은 단독판사가 행하며, 합의심판을 요할 때에는 판사 3인으로 구성되는 합의부에서 한다(동법 제7조 제4항 · 제5항).

2) 단독판사의 관할

658. 가정법원 단독판사의 관할

가정법원단독판사는 가사소송법 제2조에서 정하는 라류가사비송사건과 합의부의 권한에 속하지 아니하는 마류가사비송사건(법원조직법 제40조 제1항) 및 가사소송법 제49조의 가사조정사건(민사조정법 제7조 제1항)을 심판한다.

3) 합의부의 관할

① 제1심판결

659. 가정법원: 지원합의부의 관할

가정법원(지원)합의부는 ① 가사소송법에서 정한 가사소송과 마류비송사건 중 대법원규칙으로 정하는 사건과 ② 가정법원판사에 대한 제척 · 기피 사건 및 ③ 다른 법률에 의하여 가정법원합의부의 권한에 속하는 사건(동법 제40조 제1항)을 제1심으로 심판한다.

판례: "가사비송사건, 특히 미성년자의 후견인을 선임하는 재판을 함에 있어서는 그 재판이 미성년자의 이익에 직결되는 것이므로, 이를 심리하는 법원은 무엇이 미성년자의 이익에 가장 도움이 되는가를 신중히 판단하여야 하고, 그와 같은 판단을 하기 위하여는 사전에 직권에 의하여 충분한 증거조사를 함으로써 성년들간의 재산 기타 이해관계를 둘러싼 분쟁에서 미성년자가 불측의 피해를 입는 일이 없도록 법원의 후견적 임무를 다하여야 한다고 할 것이다."(대법원 1992. 3. 25. 91스11 판결)

② 제2심판결

660. 가정법원본원합의부의 관할

가정법원본원합의부(항소부)는 가정법원 단독판사의 판결 · 심판 · 결정 · 명령에 대한 항소 또는 항고사건을 제2심으로 심판한다(동법 제40조 제2항).

7. 行政法院의 組織과 管轄

(1) 行政法院의 組織

661. 행정법원의 조직

행정법원은 판사로 구성한다. 행정법원에는 행정법원장(동법 제40조의2 제1

항)과 부를 두고 부에는 부장판사를 둔다(동법 제40조의3). 행정법원장으로 임용되기 위해서는 15년 이상의 법조경력이 필요하다(동법 제44조 제2항).

행정법원장은 그 법원의 사법행정사무를 관장하며, 소속공무원을 지휘·감독한다(동법 제40조의2 제3항). 행정법원장의 유고시에는 수석부장판사·선임부장판사의 순으로 그 권한을 대행한다(동법 제40조의2 제4항). 부장판사는 그 부의 재판에 있어서 재판장이 되며, 행정법원장의 지휘에 의하여 그 부의 사무를 감독한다(동법 제40조의3 제2항).

(2) 行政法院의 管轄

1) 행정법원의 심판

662. 행정법원의 심판

행정법원의 심판은 판사 3인으로 구성된 합의부에서 행한다(동법 제7조 제3항).

2) 행정법원의 관할

663. 행정법원의 관할

행정법원은 행정소송법에서 정한 행정사건과 다른 법률에 의하여 행정법원의 권한에 속하는 사건을 제1심으로 심판한다(동법 제40조의4).

행정소송법에 따르면 취소소송의 제1심 관할법원은 피고의 소재지를 관할하는 행정법원이며, 중앙행정기관 또는 그 기관의 장이 피고인 경우의 관할법원은 대법원소재지의 행정법원이다(행정소송법 제9조 제1항). 그러나 토지의 수용 기타 부동산 또는 특정의 장소에 관계되는 처분 등에 대한 취소소송은 그 부동산 또는 장소의 소재지를 관할하는 행정법원에 이를 제기할 수 있다(동법 제9조 제2항).

8. 特別法院

(1) 特別法院의 槪念

664. 특별법원의 개념: 예외법원설

특별법원이 무엇이냐라는 문제에 대해서는 특수법원설과 예외법원설이 대립되어 있다. 특수법원설은 법관의 자격이 있는 자가 재판을 담당하고 대법원에 상고가 인정되더라도 그 관할이나 대상이 한정된 사건만을 담당하는 법원을 특별법원으로 이해한다. 그에 반하여 예외법원설은 특별법원이란 법관이 아닌 자가 재판을 담당하거나 대법원을 최종심으로 하지 아니하거나 일반법원의 독립성에 관계되는 규정들이 적용되지 아니하는 법원을 말한다고 한다. 예외법원설이 다수설과 헌법재판소의 입장이며 또한 옳다.

> **판례: 〈군사법원법 제6조 등 위헌소원(합헌)〉** "헌법 제110조 제1항에서 '특별법원으로서 군사법원을 둘 수 있다'는 의미는 군사법원을 일반법원과 조직, 권한 및 재판관의 자격을 달리하여 특별법원으로 설치할 수 있다는 뜻으로 해석된다."(헌재 1996. 10. 31. 93헌바25 결정)

> **판례: 〈군사법원법 제6조 등 위헌소원(합헌)〉** "헌법이 군사법원을 특별법원으로 설치하도록 허용하되 대법원을 군사재판의 최종심으로 하고 있고, 구 군사법원법 제21조 제1항은 재판관의 재판상의 독립을, 같은 조 제2항은 재판관의 신분을 보장하고 있으며, 또한 같은 법 제22조 제3항, 제23조 제1항에 의하면 군사법원의 재판관은 반드시 일반법원의 법관과 동등한 자격을 가진 군판사를 포함시켜 구성하도록 하고 있는바, 이러한 사정을 감안하면 구 군사법원법 제6조가 일반법원과 따로 군사법원을 군부대 등에 설치하도록 하였다는 사유만으로 헌법이 허용한 특별법원으로서 군사법원의 한계를 일탈하여 사법권의 독립을 침해하고 위임입법의 한계를 일탈하거나 헌법 제27조 제1항의 재판청구권, 헌법 제11조의 평등권을 본질적으로 침해한 것이라고 할 수 없다."(헌재 1996. 10. 31. 93헌바25 결정)

우리 헌법상 사법권은 법관으로 구성된 법원에 속하며, 법원은 최고법원인 대법원과 각급법원으로 조직되며(제101조 제1항·제2항), 모든 국민은 헌법과 법률이 정한 법관에 의한 재판을 받을 권리를 가지기(제27조) 때문에, 군사법원(제110조) 이외의 특별법원의 설립은 불가능하다.

(2) 軍事法院

1) 헌법규정

665. 군사법원에 대한 헌법규정: 헌법 제110조

우리 헌법은 제110조에서 군사법원에 대하여 규정하고 있다. "① 군사재판을 관할하기 위하여 특별법원으로서 군사법원을 둘 수 있다. ② 군사법원의 상고심은 대법원에서 관할한다. ③ 군사법원의 조직·권한 및 재판관의 자격은 법률로 정한다. ④ 비상계엄하의 군사재판은 군인·군무원의 범죄나 군사에 관한 간첩죄의 경우와 초병·초소·유독음식물공급·포로에 관한 죄 중 법률이 정한 경우에 한하여 단심으로 할 수 있다. 다만, 사형을 선고한 경우에는 그러하지 아니하다."

현재 군사법원법이 제정되어 있다.

2) 군사법원의 연혁

제 2 차 개정헌법(1954)에서 군사재판제도를 신설하여 군법회의를 설치하고, 현행헌법에서 군사법원으로 개칭하였다. 군사법원은 우리 헌법상 유일한 특별법원이지만, 임의적 헌법기관이다(제110조 제 1 항 참조).

666. 군사법원의 연혁

판례: 〈군사법원법 제 6 조 등 위헌소원(합헌)〉 "헌법 제110조 제 1 항에서 '특별법원으로서 군사법원을 둘 수 있다'는 의미는 군사법원을 일반법원과 조직, 권한 및 재판관의 자격을 달리하여 특별법원으로 설치할 수 있다는 뜻으로 해석된다. 따라서 법률로 군사법원을 설치함에 있어서 군사재판의 특수성을 고려하여 그 조직권한 및 재판관의 자격을 일반법원과 달리 정하는 것은 헌법상 허용되고 있다. 그러나 아무리 군사법원의 조직권한 및 재판관의 자격을 일반법원과 달리 정할 수 있다고 하여도 그것이 아무런 한계없이 입법자의 자의에 맡겨질 수는 없는 것이고 사법권의 독립 등 헌법의 근본원리에 위반되거나 헌법 제27조 제 1 항의 재판청구권, 헌법 제11조 제 1 항의 평등권, 헌법 제12조의 신체의 자유 등 기본권의 본질적 내용을 침해하여서는 안 될 헌법적 한계가 있다."(헌재 1996. 10. 31. 93헌바25 결정)

3) 군사법원의 설치

군사법원에는 고등군사법원과 보통군사법원이 있다(군사법원법 제 5 조). 고등군사법원은 국방부에 설치하며, 보통군사법원은 국방부·국방부직할통합부대·각 군본부 및 편제상 장관급장교가 지휘하는 예하부대 또는 기관에 설치한다(동법 제 6 조). 군사법원의 조직에 관하여 필요한 사항은 대통령령으로 정한다(동법 제 6 조 제 4 항).

667. 군사법원의 설치

판례: 〈군사법원법 제 6 조 등 위헌소원(합헌)〉 "1. 군사법원을 일반법원과 달리 군부대 등에 설치토록 한 것은 군대조직 및 군사재판의 특수성을 고려하여 군사재판을 신속·적정하게 하여 군기를 유지하며 군지휘권을 확립하기 위한 것으로 필요하고도 합리적인 이유가 있다고 보아 합헌이다. 2. 일반법원과 달리 군사법원에 관할관을 두고 군검찰관에 대한 임명, 지휘, 감독권을 가지고 있는 관할관이 군판사 및 심판관의 임명권 및 재판관의 지정권을 가지고 있다고 해서 군사법원의 헌법적 한계를 일탈하여 사법권의 독립과 재판의 독립을 침해하고 죄형법정주의에 반하거나 인간의 존엄과 가치, 행복추구권, 평등권, 신체의 자유, 정당한 재판을 받을 권리를 본질적으로 침해한 것이라 할 수 없다."(헌재 1996. 10. 31. 93헌바25 결정)

4) 군사법원의 구성

① 군사법원의 구성일반

668. 군사법원의 구성일반

군사법원은 재판관(군판사와 심판관)과 관할관으로 구성된다(동법 제22조 제3항, 제7조). 군판사는 법관의 자격이 있는 소속 군법무관 중에서 각군 참모총장 또는 국방부장관이 임명한다(동법 제23조 제1항·제2항). 심판관은 법관의 자격이 없는 자로서 법에 관한 소양이 있고 인격과 학식을 갖춘 장교 중에서 관할관 또는 참모총장이 임명한다(동법 제24조).

관할관은 군사법원의 행정사무를 관할한다. 보통군사법원의 관할관은 군사법원이 설치되는 부대와 지역의 사령관·장 또는 책임지휘관이 되며, 고등군사법원의 관할관은 국방부장관이 된다(동법 제7조).

② 고등군사법원의 구성

669. 고등군사법원의 구성

고등군사법원은 재판관 3인 또는 5인으로 구성하며, 재판장은 선임재판관이 된다(동법 제22조). 재판관의 지정권은 관할관에게 있으며(동법 제25조), 관할관은 군판사 3인을 재판관으로 지정한다. 다만 관할관이 지정한 사건의 경우 군판사 3인과 심판관 2인을 재판관으로 지정하며, 군판사인 재판관 중 1인을 주심군판사로 지정한다(동법 제27조).

③ 보통군사법원의 구성

670. 보통군사법원의 구성

보통군사법원은 재판관 1인 또는 3인으로 구성하며, 재판장은 선임재판관이 된다(동법 제22조). 재판관은 관할관이 지정하며(동법 제25조), 군판사 2인과 심판관 1인을 재판관으로 하고, 군판사인 재판관 중 1인을 주심군판사로 지정한다(동법 제26조).

5) 군사법원의 관할

① 원 칙

671. 군사법원의 관할에 관한 원칙

군사법원은 원칙적으로 군인 또는 군무원에 대해서만 재판하고, 군인 또는 군무원이 아닌 국민은 예외적으로만 군사법원의 재판을 받는다.

판례: "군인으로서 군법회의에서 군용물특수절도죄로 확정판결을 받고 군에서 제적된 자에 대하여 군법회의는 재판권이 없으므로, 그 자가 제기한 보통군법회의판결에 대한 재심청구에 대하여는 그에 상응하는 심급으로서 피고인의 현재지를 관할하는 일반법원이 재판권 및 재심관할권을 가진다."(대법원 1981. 11. 24. 81초69 재정)

② 고등군사법원의 관할

고등군사법원은 보통군사법원의 재판에 대한 항소·항고사건과 그 밖의 법률에 의하여 고등군사법원의 권한에 속하는 사건을 심판한다(동법 제10조).

672. 고등군사법원의 관할

③ 보통군사법원의 관할

보통군사법원은 군인·군무원 등의 군형법위반사건, 국군부대의 간수하에 있는 포로가 범한 죄, 군사기밀보호법 제13조의 죄와 그 미수범, 계엄법위반사건 등을 심판한다(동법 제2조, 제3조, 제11조).

673. 보통군사법원의 관할

6) 군사법원의 심판

군사법원의 재판관은 헌법과 법률에 의하여 그 양심에 따라 독립하여 심판하며, 재판관·검찰관·변호인은 재판에 관한 직무상의 행위로 인하여 징계 기타 어떠한 불이익처분도 받지 않는다(동법 제21조). 군사재판의 심리와 판결은 공개한다. 다만, 안녕질서를 해할 염려가 있을 때 또는 군사기밀을 보호할 필요가 있을 때에는 군사법원의 결정으로 재판의 심리에 한하여 공개하지 아니할 수 있다(동법 제67조). 재판의 합의는 공개하지 않으며, 법률에 다른 규정이 없으면 재판관 과반수의 의견에 의한다(동법 제69조). 대법원은 군사법원판결의 상고사건에 대하여 심판한다(동법 제9조).

674. 군사법원의 심판

第4節 司法節次와 運營

사법절차를 특징짓는 요소로는 판단기관의 독립성·공정성, 대심적(對審的) 심리구조, 당사자의 절차적 권리보장 등을 들 수 있다.[404]

1. 裁判의 審級制

(1) 審級制의 意義

법률상의 분쟁이 생겼을 경우 그에 대한 판단을 1회의 판단에 그치지 않고 여러 종류의 법원으로 하여금 반복(反覆)심판시킬 경우에 그 종류가 다른 법원 사이의 심판의 순서를 심급이라 한다. 우리 헌법은 여러 규정에서 간접적으로 심급제를 규정하고 있다. 법원을 최고법원인 대법원과 각급법원으로 조직하게

675. 심급제의 의의

404) 헌재 2000. 6. 1. 98헌바8 결정〈산업재해보상보험법 제94조 제2항 등 위헌소원(합헌)〉.

하고 있는 제101조 제 2 항, 명령·규칙에 대한 최종심사권을 대법원에 부여하고 있는 제107조 제 2 항, 군사법원의 상고심을 대법원으로 규정하고 있는 제110조 제 2 항 및 비상계엄하의 단심군사재판을 예외적인 현상으로 규정하고 있는 제110조 제 4 항 등이 그 예이다. 그런가 하면 법원조직법은 법원의 심판권과 관련하여 3심제를 규정하고 있다. 이렇게 헌법과 법원조직법이 심급제를 채택하고 있는 것은 법관의 사실판단과 법률적용에서 있을 수 있는 잘못을 사법절차를 통해 시정함으로써 재판의 공정성을 기하고 그럼으로써 국민의 자유와 권리보호에 만전을 기하려는 것이다.

(2) 3審制의 原則

676. 3심제의 원칙

앞에서도 보았듯이 헌법은 심급제를 규정하고 있을 뿐 반드시 3심제를 요구하고 있지는 않다. 3심제의 원칙은 법원조직법에서 항소, 상고제도와 항고, 재항고제도를 규정함으로써(동법 제14조, 제28조, 제28조의4, 제32조, 제40조, 제40조의4) 법률차원에서 인정하고 있다. 따라서 심급제도 자체는 헌법상 필수적인 것이지만, 반드시 모든 재판이 3심제이어야만 하는 것은 아니다.

판례: 〈상고심절차에관한특례법 제 4 조 위헌확인 등(일부합헌, 일부기각)〉 "심급제도는 사법에 의한 권리보호에 관하여 한정된 법발견자원의 합리적인 분배의 문제인 동시에 재판의 적정과 신속이라는 서로 상반되는 두 가지의 요청을 어떻게 조화시키느냐의 문제로 돌아가므로 원칙적으로 입법자의 형성의 자유에 속하는 사항이다."(헌재 1997. 10. 30. 97헌바37 등 병합결정)

판례: 〈소액사건심판법 제 3 조에 대한 헌법소원(합헌)〉 "소액사건에 관하여 일반사건에 비하여 상소 및 재항고를 제한하고 있는 소액사건심판법 제 3 조는 헌법 제27조의 재판을 받을 권리를 침해하는 것이 아니고 좀더 크고 국민의 법률생활의 중요한 영역의 문제를 해결하는데 집중적으로 투입활용되어야 할 공익상의 요청과 신속, 간편, 저렴하게 처리되어야 할 소액사건 절차특유의 요청 등을 고려할 때 현행 소액사건 상고제한제도가 결코 위헌적인 차별대우라고 할 수 없으며, 소액사건심판법 제 3 조는 대법원에 상고할 수 있는 기회를 제한하는 것이지 근본적으로 박탈하고 있는 것이 아니므로 결국 위 법률조항은 헌법에 위반되지 않는다."(헌재 1992. 6. 26. 90헌바25 결정)

3심제의 원칙은 민사재판과 형사재판 그리고 행정재판에 적용되고 있다. 따라서 민사사건과 형사사건에 관한 소송 중 합의부관할사건은 지방(가정)법원(지원)합의부→고등법원→대법원의 순으로 진행되고, 지방(가정)법원단독판사 관할사건은 지방(가정)법원(지원)단독부 → 지방(가정)법원본원합의부(항소부) → 대법원의 순으로 진행된다. 행정사건도 행정(지방)법원(지원)합의부 → 고등법원 → 대법원의 순으로 진행되며, 또한 군사재판도 제110조 제4항의 예외를 제외하고는 보통군사법원 → 고등군사법원 → 대법원의 순으로 진행된다.

그러나 3심제의 원칙은 「상고심절차에 관한 특례법」이 민사소송·가사소송·행정소송·특허소송의 상고사건의 경우 중대한 법령위반과 부당한 법률해석 및 대법원판례와 상반되는 해석을 한 경우를 제외하고는 더 이상 심리를 속행하지 아니하고 판결로 상고를 기각할 수 있도록 하는 심리불속행제도를 채택함으로써 부분적으로 제한되고 있다.

판례: 〈상고심절차에관한특례법 제4조 위헌확인 등(일부합헌, 일부기각)〉 "헌법이 대법원을 최고법원으로 규정하였다고 하여 대법원이 곧바로 모든 사건을 상고심으로서 관할하여야 한다는 결론이 당연히 도출되는 것은 아니며, '헌법과 법률이 정하는 법관에 의하여 법률에 의한 재판을 받을 권리'가 사건의 경중을 가리지 않고 모든 사건에 대하여 대법원을 구성하는 법관에 의한 균등한 재판을 받을 권리를 의미하는 것이라고 할 수는 없다. 또한 심급제도는 사법에 의한 권리보호에 관한 한정된 법발견자원(法發見資源)의 합리적인 분배의 문제인 동시에 재판의 적정과 신속이라는 서로 상반되는 두 가지의 요청을 어떻게 조화시키느냐의 문제로 돌아가므로 원칙적으로 입법자의 형성의 자유에 속하는 사항이다. 그러므로 상고심절차에관한특례법 제4조 제1항 및 제3항과 제5조 제1항 및 제2항은 비록 국민의 재판청구권을 제약하고 있기는 하지만 위 심급제도와 대법원의 기능에 비추어 볼 때 헌법이 요구하는 대법원의 최고법원성을 존중하면서 민사, 가사, 행정 등 소송사건에 있어서 상고심재판을 받을 수 있는 객관적인 기준을 정함에 있어 개별적 사건에서의 권리구제보다 법령해석의 통일을 더 우위에 둔 규정으로서 그 합리성이 있다고 할 것이므로 헌법에 위반되지 아니한다."(헌재 1997. 10. 30. 97헌바37 등 병합결정)

(3) 3審制에 대한 例外

3심제의 원칙에 대한 예외로는 단심제와 이심제가 있다.

677. 3심제에 대한 예외

1) 단 심 제

① 대통령·국회의원 및 시·도지사선거소송

678. 단심제: 1) 대통령·국회의원 및 시·도지사선거소송, 2) 군사법원에 의한 비상계엄하의 일정한 재판

대통령선거와 국회의원선거 그리고 시·도지사선거에 관한 소송은 대법원의 전속관할이다(공직선거법 제222조, 제223조). 따라서 이들 소송은 단심일 수밖에 없다. 이처럼 이들 선거에 관한 소송을 단심제로 하면서 처리기간을 180일 이내

로 제한하고 있는 이유는 선거소송이 헌법재판으로서의 성격을 가질 뿐만 아니라 심급제를 통하여 그 기간이 장기화되는 경우 소의 이익이 상실될 우려가 있기 때문이다.

② 군사법원에 의한 비상계엄하의 일정한 재판

비상계엄하의 군사재판은 군인·군무원의 범죄나 군사에 관한 간첩죄의 경우와 초병·초소·유독음식물공급·포로에 관한 죄 중 법률이 정한 경우에 한하여 단심으로 할 수 있다. 그러나 사형이 선고된 경우에는 대법원의 최종심이 보장된다(제110조 제4항).

2) 2심제

679. 2심제: 특허소송

특허소송의 경우 제1심은 특허법원에서 관할하고 제2심은 대법원에서 관할하는 2심제(복심제)를 채택하고 있다. 특허소송의 2심제는 특허심판의 기술적 전문성과 밀접한 관련이 있다.

(4) 陪審制와 參審制

1) 배 심 제

① 배심제의 개념

680. 배심제의 개념

배심제란 법률전문가가 아닌 국민 중에서 선출된 일정수의 배심원으로 구성되는 배심이 심판을 하거나 기소하는 제도를 말한다.

② 배심의 종류

681. 배심의 종류

배심은 그 임무에 따라 심리배심과 기소배심, 의무적인 것이냐 여부에 따라 법정배심과 청구배심으로 나누어진다. 심리배심은 공판배심, 심판배심, '소배심'(petit jury)이라고도 하며, 심판 또는 심리를 행한다. 그에 반하여 기소배심은 '대배심'(grand jury)이라고도 하며, 기소여부를 결정한다. 법정배심은 배심이 의무적으로 결정된 경우의 배심을 말하며, 청구배심은 일정한 자의 청구에 따라 행하여지는 배심을 말한다.

③ 배심제의 순기능과 역기능

682. 배심제의 순기능과 역기능

배심제는 i) 국민의 참여를 통하여 관료적 사법에 대한 국민의 불신을 막을 수 있고, ii) 일반적인 법규를 구체적 사건에 적용하는 데 있어서 일정한 조정을 통하여 융통성을 불어넣어주며, iii) 일반국민을 교육하는 효과가 있어 법과 질서를 존중하는 사회적 분위기를 진작시킬 뿐만 아니라 iv) 배심의 평결은 여러 계층의 정서와 관점에 기초하고 있으므로 더 나은 판단방법이 될 수 있는 등 긍정적으로 기능하기도 하는 반면,[405] i) 배심원들에게 사실인정의 판단능력이 결여되어 있어 그 평결이 흔히 타협에 의하는 경우가 많으며, ii) 배심원의 선정에 공정성을 기하기가 어려운 점 등은 배심제에 대한 부정적 평가를 내리는 원인이 된다.

우리 헌법은 배심제를 채택하고 있지 않다.

2) 참 심 제

683. 참심제

참심제란 선거나 추첨에 의하여 국민 중에서 선출된 자, 곧 참심원이 직업적인 법관과 함께 합의체를 구성하고, 이 합의체가 사실문제와 법률문제를 판단하고 유죄여부 및 형량을 결정하는 제도를 말한다. 배심제는 배심원이 법관으로부터 독립하여 판정을 내림에 반하여, 참심제는 참심원이 법관과 더불어 합의체를 구성하여 재판한다는 점에서 양자는 구별된다.

우리나라에서는 해양안전심판원의 경우에 참심제를 규정하고 있다(「해양사고의 조사 및 심판에 관한 법률」 제14조).

3) 국민사법참여제

우리나라에서는 일반국민이 형사재판과정에 참여하는 국민사법참여제가 2008년부터 배심제와 참심제의 혼합·병렬형으로 시행되고 있다. 그러나 우리의 국민사법참여제는 배심원의 평결과 양형에 관한 의견에 권고적 효력만을 규정하고 있어 문제점이 지적되고 있다.

2. 裁判의 公開制

(1) 憲法規定 및 意義

1) 헌법규정

684. 재판공개제에 대한 헌법규정: 헌법 제109조 본문

헌법 제109조는 "재판의 심리와 판결은 공개한다. 다만, 심리는 국가의 안전보장 또는 안녕질서를 방해하거나 선량한 풍속을 해할 염려가 있을 때에는 법

---

405) 권영성, (주 19), 1046쪽은 "배심제는 (ㄱ) 사법과정의 민주성을 보장하고, (ㄴ) 법관의 관료화를 억제할 수 있으며, (ㄷ) 사법절차를 인권보장에 적합한 것이 되게 할 뿐 아니라, (ㄹ) 국민이 재판에 친근해질 수 있도록 하는 데 유익한 제도이므로 그 도입을 검토하여 봄직하다"고 한다.

원의 결정으로 이를 공개하지 아니할 수 있다"고 하여 재판의 공개제를 규정하고 있다.

2) 의 의

685. 재판공개제의 의의

재판의 공개제는 재판의 심리와 판결이 일반인의 방청이 허용된 공개법정에서 행하여져야 한다는 것, 곧 재판비밀주의를 배척함을 뜻한다. 재판의 공개제는 재판의 심리와 판결을 공개함으로써 여론의 감시하에 재판의 공정성을 확보하고 소송당사자의 인권을 보장하며, 나아가 재판에 대한 국민의 신뢰를 확보하는 데 그 의의가 있다.

> **판례:** "헌법 제109조는 재판공개의 원칙을 규정하고 있는 것으로서 검사의 공소제기절차에는 적용될 여지가 없으며 재판공개의 원칙이 법원이 판결하기 전에 당사자에게 미리 그 내용을 알려줄 것을 의미하는 것은 아니다."(대법원 2008. 12. 24. 2006도1427 판결)

(2) 裁判公開制의 內容

1) 재판공개의 원칙

① 재판공개의 원칙

686. 재판공개의 원칙: 헌법 제109조 본문

재판공개제는 재판공개의 원칙, 곧 재판의 심리와 판결은 공개하여야 한다는 것(제109조 본문)을 내용으로 한다.

여기서 심리라 함은 법관 앞에서 원고와 피고가 심문을 받고 변론을 함을 말하며, 판결이란 그 사건의 실체에 대한 법원의 판단을 말한다. 따라서 공개를 요하는 것은 민사소송에서의 구술변론절차와 형사소송에서의 공판절차, 민사소송에 준하는 행정소송과 특허소송에서의 구술변론절차 및 사건의 실체에 대한 법원의 판단고지이다.

② 비송사건의 절차 등의 공개 여부

그러나 심리에 해당되지 않는 공판준비절차나 심판의 합의과정, 판결이 아닌 비송사건절차나 소송법상의 결정, 명령은 공개할 필요가 없다.

비송사건의 절차 등의 공개 여부에 대하여는 심리와 판결을 민사 및 형사의 소송절차에 한정시키는 비포함설, 심리와 판결은 법원의 재판사건 전반에 대한 심리와 판결을 의미한다는 포함설, 소송사건과 비송사건의 엄격한 구별이 불가능하다는 전제하에 완전한 재판형식성을 갖춘 소송절차에서는 합리적인 예외가 인정된다고 하는 절충설 등 견해가 나누어져 있다.

통설은 헌법 제109조의 심리와 판결이란 민사·형사 및 행정사건과 특허사건의 소송절차를 말하고, 따라서 이외의 절차, 예컨대 비송사건절차나 가사소송절차는 헌법 제109조에서 말하는 판결에 포함되지 않는다고 한다. 또한 재판공개의 원칙은 원하는 모든 사람에게 방청을 허용한다는 뜻은 아니므로 법정의 수용능력을 이유로 한 방청인수의 제한은 허용된다.

> **판례:** "법원이 법정의 규모, 질서의 유지, 심리의 원활한 진행 등을 고려하여 방청을 희망하는 피고인들의 가족, 친지 기타 일반국민에게 미리 방청권을 발행하게 되고 그 소지자에 한하여 방청을 허용하는 등의 방법으로 방청인의 수를 제한하는 조치를 취하는 것이 공개재판주의의 취지에 반하는 것은 아니다."(대법원 1990. 6. 8. 90도646 판결)

2) 재판공개원칙에 대한 예외

① 재판공개원칙의 예외

687. 재판공개원칙의 예외: 헌법 제109조 단서

헌법은 "심리는 국가의 안전보장 또는 안녕질서를 방해하거나 선량한 풍속을 해할 염려가 있을 때에는 법원의 결정으로 이를 공개하지 아니할 수 있다"(제109조 단서)고 하여 공익목적을 위한 비공개의 경우만을 규정하고 있다. 그러나 재판은 소송당사자의 이익을 위하여 비공개할 수도 있으며, 그에 따라 소년보호사건절차는 공개하지 않으며, 소년사건과 가사사건은 그 보도가 제한되고 있다(소년법 제68조, 가사소송법 제10조 등).

② 재판공개 정지결정과 그 선언

688. 재판공개 정지결정과 그 선언

그러나 재판의 공개정지를 결정하면 법원은 그 이유를 제시하여 선언하여야 한다(법원조직법 제57조 제 2 항). 공개정지는 절대적인 비공개와 상대적인 비공개로 나눌 수 있으며, 후자는 재판장이 적당하다고 인정하는 사람만은 법정에 남을 수 있도록 허가하는 경우이다(동법 제57조 제 3 항). 심리를 비공개로 하는 경우에도 판결은 반드시 공개하여야 한다.

(3) 法的 效果

689. 재판공개제의 법적 효과

공개의 규정에 위반한 경우 그 재판은 헌법위반으로 상고이유가 된다. 형사소송법은 항소사유로 규정하고 있으며(동법 제361조의5 제 9 호), 민사소송법은 절대적 상고이유라는 것을 명시하고 있다(동법 제424조 제 1 항 제 5 호). 또한 공개의 규정에 위반하여 행해진 재판에 대해서는 재판에 대한 헌법소원을 인정하고 있지 않은 헌법재판소법 제68조 제 1 항의 규정에도 불구하고 헌법소원이 가능하여

야 할 것이다.[406)]

3. 法廷秩序維持

(1) 司法節次에 있어서 法廷秩序維持의 機能

690. 사법절차에 있어서 법정질서유지의 기능

법정질서의 유지는 법원의 심리와 판결이 공개되어야 하는 경우 특히 중요한 의미를 갖는다. 법정질서가 유지되지 않으면 실체적 진실발견의 과정인 법원의 심리가 제대로 행해질 수 없으며, 실체적 진실발견과정에 흠이 있는 경우 그 결과인 판결도 실체적 진실발견의 결과 그 자체를 의미한다고는 볼 수 없다. 재판공개의 원칙이 공정한 재판의 전제로서 작용한다면, 법정의 질서유지는 재판공개의 원칙이 본래의 목적대로 기능하기 위한 전제가 된다. 따라서 재판공개의 원칙을 채택하고 있는 나라에서는 예외 없이 법정의 질서를 유지하기 위한 장치를 마련하고 있다.

(2) 法廷秩序維持權

691. 법정질서유지권

법정질서유지권의 주체는 원래 법원이다. 그러나 그것이 신속·적정하고 수시로 행사되어야 하는 특수성 때문에 법정을 대표하는 재판장이 행사하도록 하고 있다(법원조직법 제58조 제1항).

우리 법원조직법상 재판장은 법정의 존엄과 질서를 해할 우려가 있는 자에 대하여 입정을 금지하거나 퇴정을 명령하고 기타 법정의 질서유지에 필요한 명령을 하며(법원조직법 제58조), 재판장의 허가 없는 법정 내에서의 녹화·촬영·중계방송 등은 금지된다(동법 제59조). 또한 재판장은 법정의 질서를 유지하기 위해서 필요하다고 판단하는 경우에는 개정 전후를 불문하고 언제든지 관할경찰서장에게 경찰관의 파견을 요구할 수 있고 파견된 경찰관을 지휘하여 법정 안팎의 질서를 유지한다(동법 제60조). 더 나아가서 재판장은 법정질서를 유지하기 위한 재판장의 명령을 어기거나 폭언·소란 등의 행위로 법정의 심리를 방해하거나 재판의 위신을 현저히 훼손한 사람에게 감치처분, 곧 20일 이내의 기간 그 신체

406) 허영, (주 15), 990쪽은 이 부분을 "법원의 결정에 대해서는 헌법소원을 제기할 수 없도록 한 우리 헌법재판소법(제68조 제1항)의 규정에도 불구하고 이 경우만은 헌법소원이 가능하도록 합헌적인 법률해석이 필요하다고 생각한다"고 적고 있다. 그러나 저자는 법원의 결정에 대해서 헌법소원을 제기할 수 없도록 한 우리 헌법재판소법 제68조 제1항 자체가 위헌의 소지가 있다고 본다. 홍성방, 헌법재판소법 제68조 제1항 본문은 위헌이다, 판례월보(1998. 8.), 12쪽 이하.

의 자유를 구속하거나 100만원 이하의 과태료에 처하거나 이를 병과할 수 있다(동법 제61조).

판례: "이른바 필요적 변호사건에 있어서 변호인이 명시적 또는 묵시적 동의 아래 그 방어권행사의 한 방법으로, 재판장의 허가 없이 임의로 퇴장하여 버리거나 피고인과 합세하여 법정의 질서를 문란케 하여 재판의 진행 등을 방해하는 등의 행위를 하여 재판장으로부터 질서유지를 위한 퇴정을 명받는 경우와 같이, 변호인의 재정의무위반이 피고인 자신의 귀책사유에 기인할 뿐만 아니라 피고인측의 방어권의 남용 내지 변호권의 포기로 보여지는 경우에는, 신속한 재판 및 사법권의 옹호라는 측면을 중시하여 형사소송법 제330조의 규정을 유추적용하여 예외적으로 변호인 없이 개정·심리할 수 있다."(대법원 1990. 6. 8. 90도646 판결)

(3) 法廷秩序維持權의 限界

692. 법정질서유지권의 한계

법정질서유지권은 시간적·장소적·대인적 한계가 있다. 곧 법정질서유지권은 ① 시간적으로는 개정 중이거나 이에 근접한 전·후시간이 아니면 행사할 수 없다. ② 장소적으로는 법정과 법관이 직무를 수행하는 장소에서만 할 수 있다. ③ 대인적으로는 소송관계인과 법정에 있는 자(검사, 법원직원, 피고인, 증인, 방청인 등)에게만 행사할 수 있다.

재판장은 이러한 한계 내에서 법정질서유지권을 행사함에 있어 질서유지명령·처분이 재판공개의 원칙을 지키기 위한 수단에 지나지 않음을 주의해야 한다. 따라서 재판공개의 원칙을 채택한 결과 있을 수 있는 다소의 법정소란행위라든지 보도기관의 보도활동에 대해서까지 질서유지명령이나 처분을 발한다면, 그것은 오히려 비례의 원칙을 어기는 것이 될 것이다.

第5節 司法權의 限界

1. 司法權의 限界槪觀

(1) 司法權의 限界의 槪念

693. 사법권의 한계의 개념

사법권의 한계는 법원의 심판에서 제외되는 사항이 있는가 여부에 대한 문제이다.

(2) 司法權의 限界의 分類

1) 학　설

694. 사법권의 한계의 분류에 관한 학설

사법권의 한계를 어떻게 분류할 것인가에 대해서는 견해가 일치되어 있지 않다. 사법권의 한계를 제 1 설은 실정법적 한계 · 국제법적 한계 · 사법본질적 한계 · 정책적 또는 현실적 한계로 분류하고,[407] 제 2 설은 실정법상 한계 · 국제법상 한계 · 권력분립상 한계 · 사법본질상 한계로 분류하며,[408] 제 3 설은 사법권의 한계란 용어 대신 사법기능의 한계란 용어를 사용하면서 사법기능의 규범적 한계(헌법상의 한계와 국제법상의 한계)와 사법기능의 헌법이론적 한계(사법본질적 한계와 헌법정책적 내지 법리적 한계)로 구분한다.[409]

2) 학설에 대한 검토

695. 사법권의 한계의 분류에 관한 학설 검토

우선 학설을 보면 공통적으로 규범적 한계(헌법적 한계와 국제법적 한계)와 사법본질적 한계를 들고 있다. 차이점이 있다면 제 1 설이 정책적 한계 또는 현실적 한계라 부르는 것을 제 2 설은 권력분립상 한계라 부르고 있고, 제 3 설은 헌법정책적 내지 법리적 한계로 부르고 있으며, 그 내용도 반드시 일치하고 있지는 않다는 점이다. 그럼에도 불구하고 이들 셋을 같은 것에 대한 명칭의 차이로 보고 그 문제점을 지적해 보면 다음과 같다. 우선 제 2 설이 조약을 국제법상 한계와 권력분립상 한계에서 함께 다루면서 그 내용도 거의 같은 것은 논리적으로 문제가 있다고 생각한다. 그런가 하면 제 3 설이 헌법상의 한계와 국제법상의 한계를 사법기능의 규범적 한계에 포함시킨 것은 적절한 분류라고 생각되지만, 사법본질적 한계와 헌법정책적 한계 내지 법리적 한계를 헌법이론적 한계로 묶은 것은 문제가 있다고 생각한다. 왜냐하면 사법본질적 한계와 헌법정책적 한계가 규범적 한계가 아니라는 측면에서는 같은 것으로 분류할 수 있겠지만, 사법본질적 한계는 사법작용 자체에서 생겨나는 문제인 반면, 헌법정책적 한계는 사법작용의 외부에서 생겨나는 문제라는 점에서는 양자는 커다란 차이가 있기 때문이다.

3) 사　견

696. 사법권의 한계의 분류에 대한 사견: 규범상의 한계:

따라서 사법권의 한계에는 규범상의 한계(헌법상의 한계와 국제법상의 한계),

---

407) 김철수, (주 20), 1190쪽 이하.
408) 권영성, (주 19), 785쪽.
409) 허영, (주 15), 960쪽 이하.

사법본질상의 한계 및 헌법정책·헌법이론상의 한계가 있다.

헌법상의 한계와 국제법상의 한계 , 사법본질상의 한계 및 헌법정책·헌법이론상의 한계가 있다

2. 規範上의 限界

(1) 憲法上의 限界

697. 사법권의 헌법상 한계: 1) 헌법재판소의 권한에 속하는 사항, 2) 국회의원의 자격심사·징계·제명, 3) 비상계엄하의 군사재판

우리 헌법은 '사법권은 법관으로 구성된 법원에 속한다'(제101조 제1항)는 것을 명문으로 규정하면서도 그에 대한 예외로서 다음과 같은 세 가지를 규정하고 있다.

1) 헌법재판소의 권한에 속하는 사항

법원은 헌법재판소의 권한으로 되어 있는 제 사항, 곧 위헌법률심판·탄핵심판·위헌정당해산심판·권한쟁의심판·헌법소원심판(제111조 제1항)에 대해서는 권한이 없다. 다만 법원은 위헌법률심판제청권(제107조 제1항)만을 가진다.

2) 국회의원의 자격심사·징계·제명

국회는 의원의 자격을 심사하고 의원을 징계하며 경우에 따라서는 제명할 수 있다. 그러나 이에 대하여는 법원에 제소할 수 없다(제64조 제2항·제3항·제4항). 그러나 지방의회의원의 제명은 사법심사의 대상이 된다.[410)]

3) 비상계엄하의 군사재판

우리 국민은 대한민국의 영역 안에서 중대한 군사상 기밀·초병·초소·유독음식물공급·포로·군용물에 관한 죄 중 법률이 정한 경우와 비상계엄이 선포된 경우에는 군사법원의 재판을 받으며(제27조 제2항), 특히 비상계엄하의 군사재판은 군인·군무원의 범죄나 군사에 관한 간첩죄의 경우와 초병·초소·유독음식물공급·포로에 관한 죄 중 법률이 정한 경우에 한하여 단심으로 할 수 있다(제110조 제4항 본문). 따라서 위의 경우에 법원은 권한이 없으며, 특히 군사법원의 단심재판이 허용되는 범위 내에서는 대법원조차 권한이 없다.

(2) 國際法上의 限界

698. 사법권의 국제법상의 한계: 1) 치외법권자, 2) 조약

국제법상 사법권이 제약되는 경우로는 치외법권자와 조약의 경우를 들 수 있다.

---

410) 서울고등법원 1993. 2. 18. 92구3672 판결.

1) 치외법권자

치외법권(외교관특권)이란 외국인이 체류국가의 법적용을 받지 않고 본국법에 따르는 국제법상의 특권을 말한다. 외국의 원수와 그 가족 및 한국국민이 아닌 그 수행자, 신임받은 외교사절과 그 가족과 한국국민이 아닌 고용원, 승인받고 한국영역 내에 주둔하고 있는 외국의 군인 또는 군함 등은 국제법상 치외법권을 누린다. 그러나 한미상호방위조약 제4조에 의한 한·미행정협정 제22조에 의하여 주한미군의 구성원이나 군속, 그 가족에 대해서는 형사재판권은 미치나 민사재판권은 미치지 않는다.

2) 조 약

제60조 제1항의 국회의 동의를 얻은 조약은 헌법재판소가 그 위헌여부를 심사하며, 명령·규칙과 같은 효력을 가지는 일반적인 조약(행정협정)은 법원이 그 위헌여부를 심사한다. 따라서 제60조 제1항의 국회의 동의를 얻은 조약에 대해서는 법원은 심사하지 못한다(다수설의 입장).

3. 司法本質上의 限界

699. 사법권의 사법 본질상의 한계

사법작용은 법적 분쟁이 발생하는 경우 분쟁당사자 중 일방 당사자의 청구에 따라 독립된 지위를 가진 기관이 제3자적 입장에서 무엇이 법인가를 판단하고 선언함으로써 법을 유지하는 국가작용이다.

이러한 사법작용의 본질상 법원은 구체적인 사건에 관하여(구체적 사건성), 소를 제기할 수 있는 자의 청구가 있어야 하고(당사자적격), 그 청구와 관련하여 소송을 수행할 실질적 이익이 있어야 하며(소의 이익), 진실하고도 현존하는 또는 급박한 문제인 경우(사건의 성숙성)에만 심판할 수 있다. 따라서 구체적인 쟁송이 없거나, 소송의 정당한 당사자가 아니거나, 소송에 의해서 얻을 실질적인 이익이 없거나, 또는 추상적이고 잠재적인 사건의 경우에는 법원은 그를 심판할 수 없다.

4. 憲法政策·憲法理論上의 限界

(1) 憲法政策·憲法理論上의 限界로서 논해지는 問題들

종래 사법권에 대한 헌법정책·헌법이론상의 한계로서 문제되어 온 것은 국회의 자율기능·행정부의 자유재량행위·특별관계(일반적인 표현으로는 특별권력관계 또는 특수신분관계)에서의 처분·적극적인 형성재판(행정소송상 이행판결) 및 통치행위이다.

700. 사법권에 대한 헌법정책·헌법이론상의 한계

(2) 國會의 自律機能

국회의 자율기능, 곧 국회가 행하는 신분자율권·조직자율권·의사자율권의 행사는 국회의 독자적인 자율적 영역을 뜻하기 때문에 사법부가 그 당·부당을 가릴 문제가 아니라고 생각되어 왔다.

701. 국회의 자율기능은 사법권의 한계이다

판례: "국민투표법은 국회에서 의결을 거친 것이라 하여 적법한 절차를 거쳐서 공포·시행되고 있으므로, 법원으로는 국회의 자주성을 존중하는 의미에서 논지가 지적하는 점을 심리하여 그 유무효를 판단할 성질의 것이 아니다."(대법원 1972. 1. 18. 71도1845 판결)

그러나 최근에 이에 대해서도 명백하고 현저한 의사절차상의 잘못이 있고 그것이 국회의 의사결정에 직접적인 영향을 미쳤다고 인정할 만한 충분한 근거가 있는 경우에는 헌법재판의 과정에서 그에 대한 심사가 가능하다는 외국의 판례가 있고, 그것이 국내에서도 소개되고 있다.[411)]

개인적으로는 이러한 판례에 찬성하지만, 이것을 마치 사법권이 국회의 자율기능에 확대된 것으로 이해하는 것은 문제라고 본다. 더군다나 헌법재판을 사법작용이 아니라고 이해하면서[412)] 또는 국회의원의 자격심사·징계·제명을 법원에 제소할 수 없게 하고 있기 때문에 그것을 법원에 의한 사법적 심사의 배제라고 이해하면서 그 외국의 판례가 마치 국회의 자율기능을 사법권의 심사대상에 포함시킨 것처럼 해석하는 것은 이해할 수 없다. 따라서 위 외국의 판례에 찬성한다고 하더라도 그것은 잘못 행사된 의회의 자율기능이 헌법재판의 대상으로 된 것에 불과하기 때문에 국회의 자율기능은 여전히 사법권의 한계로 남아 있다고 생각한다.

---

411) BVerfGE 62, 1; 80, 188; 허영, (주 15), 964·965쪽.
412) 허영, (주 15), 790쪽.

판례: 〈**국회의원과 국회의장 간의 권한쟁의(인용=권한침해, 기각)**〉 "국회의 자율권에 속하는 사항, 즉 국회의사절차·입법절차도 헌법이나 법률에 명백히 위반한 흠이 있는 경우에는 국회가 자율권을 갖는다고 할 수 없다."(헌재 1997. 7. 16. 96헌라2 결정)

(3) 行政府의 自由裁量行爲

702. 행정부의 자유재량행위는 사법권의 한계가 아니다

종래 행정행위에는 법에 엄격히 기속되는 기속행위와 행정청의 재량에 맡겨진 재량행위가 있으며, 다시 재량에는 무엇이 법인가를 판단하는 합법성판단에 대한 재량과 무엇이 합목적적인가를 판단하는 합목적성판단에 대한 재량이 있다고 보아 전자를 기속재량행위, 후자를 자유재량행위라 부르는 것이 일반화되어 있다.

이러한 자유재량행위가 법원의 심판대상이 되는가에 대해서는 견해가 나뉘어 있었지만, 현재는 재량권을 현저히 일탈하거나 재량권의 목적을 어긴 행위에 대한 심사와 어떤 행정행위가 자유재량행위인가 여부의 심사는 법원의 심판대상에 속한다는 것이 통설[413] 및 판례[414]의 입장이다.

판례: "행정주체가 행정계획을 입안·결정함에 있어서 이익형량을 전혀 행하지 아니하거나 이익형량의 고려대상에서 마땅히 포함시켜야 할 사항을 누락한 경우 또는 이익형량을 하였으나 정당성·객관성이 결여된 경우에는 그 행정계획결정은 재량권을 일탈·남용한 것으로서 위법하게 된다."(대법원 2000. 3. 23. 98두2768 판결)

그러나 정확히 말한다면 모든 재량은 법치국가에서는 법(특히 법률) 내에서의 재량이라는 점에서 종래와 같은 의미의 자유재량행위라는 개념은 인정될 수 없다고 하여야 할 것이다. 다만, 행정청의 '판단여지'(Beurteilungsspielraum)가 인정되는 경우[415]에는 법원에 심사권이 없다 할 것이다.

---

413) 김철수, (주 20), 1209쪽; 권영성, (주 19), 797쪽; 허영, (주 15), 965쪽.

414) 대법원 1962. 4. 26. 4294행상115 판결 및 재량적인 행정처분은 기본권의 침해와 직접 관련성이 없다는 헌재 1995. 3. 23. 93헌마12 결정〈형법 제72조 제1항 위헌확인(각하)〉 참조.

415) 정하중, 행정법총론, 법문사, 2002, 193·194쪽은 행정청의 판단여지가 인정되어 사법심사가 제한되는 영역으로서 ① 비대체적인 결정들(예컨대 시험결정, 유급결정과 같은 시험유사적이고 교육적인 판단, 상급공무원에 의한 하급공무원의 인사고과 및 승진결정 등 고도의 개인적이고도 인격적인 사안에 관련된 결정들), ② 구속적인 가치평가(예컨대 도서류의 청소년유해성판정이나 영화의 공연적합성의 판정, 문화재보호법에 따른 문화재의 판정 등 종교, 도덕, 문화, 윤리 등과 관련된 결정들처럼 특별하게 구성된 합의체 행정관청에 의한 구속적 가치평가), ③ 예측결정(예컨대 지역경제여건의 변화에 대한 예측, 주택시장변화에 대한 예측, 환경행정에 있어서 위해의 평가 등과 같이 환경법 및 경제행정법분야에서의 예측결정과 위해의 평가) 및 ④ 행정정책적인 결정(예컨대 전쟁무기의 생

(4) 特別關係에서의 處分

703. 특별권력관계에서의 처분은 사법권의 한계가 아니다

종래 특별권력관계에 있는 사람들은 국가기구 속에 편입되어 있다거나 또는 특별권력관계는 특별한 고유법칙을 가지며 특별권력관계에 있는 사람들은 기본권의 행사를 포기하였다는 등의 이유를 들어 특별권력관계에서 행해진 처분에 대해서는 사법심사가 배제된다는 것이 지배적인 견해였다.

그러나 오늘날에는 특별권력관계라는 용어가 특별법관계, 강화된 종속관계, 특별의무관계, 특별관계, 특별신분관계라는 용어로 대체되어 있고, 이러한 관계에서의 행위도 사법심사의 대상이 된다는 것이 지배적인 학설로 굳어져 있다. 특히 기본권과 관련해서는 특별관계에서도 기본권은 헌법에 규정된 방법에 따라서만, 곧 법률에 의하거나 법률을 근거로 해서만 제한될 수 있으며, 모든 제한은 헌법에 정해진 한계를 지켜야만 하고 그에 대한 판단은 법원의 심사사항이라는 것에 의견이 일치되어 있다. 우리 헌법재판소[416]와 대법원[417]은 특별권력관계라는 말을 여전히 사용하면서도 그러한 관계에서 공권력의 발동으로 권리를 침해당한 자는 그 위법·부당한 처분의 취소를 구할 수 있다는 것을 분명히 확인하고 있다.

(5) 積極的인 形成判決

704. 적극적인 형성판결은 사법권의 한계이다

법원이 행정처분의 취소 또는 무효확인의 판결을 하는 외에 행정청을 대신하여 직접 어떤 처분을 하거나 어떤 처분을 명하는 이행판결을 할 수 있을 것인가에 대하여는 의견이 나누어져 있다.

그러나 사법은 소극적인 것을 본질로 하고 본질적인 것에 충실할 때 그 임무에 충실할 수 있기 때문에 적극적인 형성판결은 할 수 없다고 보아야 한

산 및 수출 등의 외교정책, 자금지원대상업체의 결정과 같은 경제정책 기타 사회정책 및 교통정책 등 행정정책적인 결정들이 불확정법개념과 결부될 때 이에 대한 내용적 결정)을 들고 있다.

그러나 최근 독일연방헌법재판소의 결정에서는 행정청의 판단여지가 축소되는 경향을 보이고 있다. 예컨대 동재판소는 1990. 11. 27. 결정에서 외설적 소설을 청소년에게 유해하다고 판정한 청소년유해도서심사위원회의 판정을 청소년보호라는 공익과 출판사의 예술의 자유라는 법익을 충분히 형량하지 않았다고 취소하였으며(BVerfGE 83, 130), 1991. 4. 17. 결정에서는 사법시험에서 시험결정에 관한 행정청의 판단여지를 수험생의 직업의 자유와 관련시켜 제한하였다(BVerfGE 84, 34).

416) 헌재 1993. 12. 23. 92헌마247 결정〈인사명령취소(각하)〉.

417) 대법원 1982. 7. 2. 80누86 판결.

다.[418] 또한 대법원도 적극적인 이행판결을 부인하고 있다.

판례: "토지소유자가 토지에 대한 행정청의 토지등급설정 및 수정처분의 시정을 구하는 것은 동인이 원하는 행정처분을 하도록 명하는 이행판결을 구하는 것이어서 행정소송에서 허용되지 아니한다."(대법원 1986. 8. 19. 86누223 판결)

(6) 統治行爲

705. 통치행위 인정 여부에 대한 학설

사법권의 한계와 관련하여 가장 문제가 되는 것은 통치행위의 문제이다. 그러나 통치행위의 개념, 통치행위의 주체, 통치행위의 특질, 통치행위의 한계 등에 대해서는 이미 앞에서 설명하였기 때문에, 여기에서는 통치행위의 인정여부에 대한 학설만을 검토하고 개인적인 생각을 정리하기로 한다. 통치행위에 대해서는 그를 부정하는 학설과 긍정하는 학설이 나누어져 있다.[419]

1) 통치행위부정설

706. 통치행위부정설

통치행위부정설에는 통치행위전면부정설과 사법심사를 받지 않는 행위는 인정하나 통치행위는 부정하는 학설이 있다.

① 통치행위전면부정설

707. 통치행위전면부정설

통치행위전면부정설은 법치주의의 정착과 행정재판에 대한 개괄주의를 이유로 사법심사에서 제외되는 국가행위는 있을 수 없다고 한다. 구체적인 주장의 내용에서는 차이를 보이고 있으나, 기본적으로 베터만 *K. A. Bettermann*, 바호프 *O. Bachof*, 퓌르스트 *W. Fürst* 등이 이 입장을 취하고 있다.[420]

---

418) 허영, (주 15), 966쪽. 그러나 이 문제에 대하여 김철수, (주 20), 1209쪽은 "이는 행정권과 사법권의 분립, 그 조직과 기능의 특이성 또는 행정책임의 귀속, 특히 사법권의 비정치성 등을 고려할 때 일리가 있다고 하겠으나, 실제 운영에 있어서 좀더 적극적인 해석이 필요할 것이다"라고 하여 적극적인 형성판결을 인정하여야 한다는 입장이고, 권영성, (주 19), 798쪽은 원칙적으로는 적극적 형성판결을 부정하면서도 "행정소송법에서는 행정기관의 부작위가 위법하다는 부작위위법확인소송을 인정하고 있는데(행소법 제4조 제3호), 이것은 공권력의 불행사를 위법이라고 확인함으로써 결과적으로 공권력행사를 강제하는 것이라 볼 수도 있다(동법 제30조 제2항, 제38조 제2항 참조). 그러므로 부작위위법확인소송을 통해서 실질적으로 의무이행소송의 효과를 기대할 수 있을 것이다. 이렇게 본다면 환경권소송이나 사회권소송 등의 경우에는 개인의 권익을 보장하기 위하여 제한된 범위 안에서 이행판결도 가능한 것으로 보아야 할 것이다"라고 하고 있다.

419) 이 부분은 주로 홍성방, (주 28), 47-83쪽을 요약하였다.

420) 국내에서는 김철용, 우리 헌법과 통치행위, 사법행정(1964. 6.), 54쪽이 이 입장을 취하고 있다.

② 사법심사를 받지 않는 행위는 인정하나 통치행위는 부정하는 견해

사법심사를 받지 않는 행위는 인정하나 통치행위는 부정하는 견해는 사법심사를 받지 않는 행위를 통치행위가 아닌 다른 이유에서 찾는다. 예컨대 대통령의 여러 행위를 헌법에 관한 행위로 설명하거나 전쟁에 관한 행위를 불가항력의 법규로 설명하려는 바텔레미 *J. Barthélemy*의 견해, 혼합행위설을 주장하는 셀리에 *Célier*의 견해, 적용법규설을 주장하는 비랄리 *M. Virally*의 견해, 관할법원흠결설을 주장하는 아이젠만 *C. Eisenmann*의 견해가 이에 속한다.

708. 사법심사를 받지 않는 행위는 인정하나 통치행위는 부정하는 견해

2) 통치행위긍정설

① 통치행위긍정설 개관

통치행위긍정설에는 법이론에 근거를 둔 학설과 법정책에 근거를 둔 학설이 있다. 법이론에 근거를 둔 학설에는 내재적 제약설(권력분립설), 자유재량행위설, 통치행위독자성설, 적용법규흠결설, 대권행위설이 있고, 법정책에 근거를 둔 학설에는 사법자제설과 필요설이 있다.

709. 통치행위긍정설: 1) 법이론에 근거를 둔 학설, 2) 법정책에 근거를 둔 학설

② 법이론에 근거를 둔 학설

가. 내재적 제약설

내재적 제약설은 권력분립의 원칙을 근거로 법원의 권한에는 통치행위에 대하여 사법심사를 할 수 없는 내재적 한계가 있다고 한다. 스멘트 *R. Smend*, 슈미트 *C. Schmitt*, 마샬 *Marshall*(Marbury v. Madison) 등이 이 견해를 취하고 있다.

710. 내재적 제약설

판례: "모든 국가행위는 무제한으로 사법심사의 대상이 되는 것은 아니며 … 사법재판소의 권한도 헌법에 규정된 권력분립의 원리, 법원의 사법기관으로서의 성격 및 재판에 필연적으로 따르는 절차상의 제약 등에 의하여 스스로 어느 한도의 제약을 받는 것이기 때문이다. 이와 같은 사법심사의 제약에 관하여는 특히 명문의 규정이 없다고 하더라도 사법권의 헌법상의 본질에서 당연한 제약이라고 해석되는 것이다."(서울고법 1964. 7. 16. 64호159 판결)

판례: "국가원수인 동시에 행정부의 수반이며, 국군통수권자인 대통령이 제반의 객관적 상황에 비추어 그 재량으로 비상계엄을 선포함이 상당하다는 판단 밑에 이를 선포하였을 경우, 그 선포의 당·부당을 판단할 권한과 같은 것은 헌법상 계엄의 해제요구권이 있는 국회만이 가지고 있다 할 것이고, 그 선포가 당연무효라면 모르되, 사법기관인 법원이 계엄선포요건의 구비여부나, 선포의 당·부당을 심사하는 것은 사법권의 내재적인 한계를 넘어서는 것이 되어 적절한 바가 못된다."(대법원 1979. 12. 7. 79초70 재정)

나. 자유재량행위설

711. 자유재량행위설

자유재량행위설은 행정행위를 기속행위와 재량행위로 나누고, 통치행위는 정치문제이며 정치문제는 대체로 헌법적 결정에 의한 통치자의 자유재량행위이므로 통치행위는 행정행위이지만 법원에 의한 사법적 심사에서 제외되는 행정행위라고 한다. 프랑스의 다수설적 입장이다.

판례: "… 비상계엄의 요건인 사회질서가 극도로 교란되었느냐의 여부는 객관적 사실에 의하여 … 대통령이 그 재량으로 정하여야 할 것으로서 … 대통령의 판단결과로 비상계엄이 선포되었을 때 그 선포는 고도의 정치적 성질을 가지는 행위라 할 것이며, 이러한 고도의 군사적·정치적 성격을 가지고 있는 비상계엄선포를 가리키어 당연무효라고 단정할 수 없다 할 것이고 … 고도의 정치성을 띠고 있는 국가행위의 당·부당을 판단할 권한과 같은 것은 오로지 정치기관인 국회에만 있다고 할 것이다."(대법원 1964. 1. 21. 64초4 재정)

다. 그 밖의 학설

712. 법이론에 근거하여 통치행위를 긍정하는 그 밖의 학설들

통치행위독자성설은 통치행위가 고도의 정치성을 가지기 때문에 원래부터 소송절차에 의한 사법권의 판단에서 제외된다고 한다. 페터스 *H. Peters*, 쇼이너 *U. Scheuner*, 볼프 *H.-J. Wolff* 등이 주장하였다.

적용법규흠결설은 정치문제에는 적용시킬 법규가 없기 때문에 당연히 사법심사를 받지 않는다고 한다. 카우프만 *E. Kaufmann*의 주장이다.

대권행위설은 통치행위는 '대권행위'(royal Prerogative)이기 때문에 사법심사의 대상이 되지 않는다고 한다. 영국에서 주장되고 있는 학설이다.

③ 법정책에 근거를 둔 학설

가. 사법자제설

713. 사법자제설

사법자제설[421]은 통치행위도 법률문제를 포함하고 있는 이상 사법심사의 대상이 되는 것이 마땅하지만, 통치행위가 사법심사의 대상에서 제외되는 것은 사법의 자제에 의하여 법원은 정치분야의 문제에 대한 판단에 개입하는 것을 회피하여 그 정치분야를 담당하는 각 기관의 결정을 존중하려는 것이라고 한다. 슈나이더 *H. Schneider*, 포르스트호프 *E. Fortsthoff*, 프랑크 *J. P. Frank* 등이 주장하였다.

판례: 〈5·18불기소처분취소(심판절차종료선언)〉 "통치행위는 법치주의원리와 선거에

---

421) 사법자제(judicial selfrestraint)란 개념은 1893년 미국의 Thayler에 의해 처음 사용된 것으로 전해지고 있다. Harvard Law Review 7(1893), S. 129ff.

의한 민주주의원리가 충돌될 경우 올 수 있는 국가기능의 마비를 막기 위한 것이다. 과거 군주시대에 있던 통치행위의 개념은 이미 그 주요내용이 바뀌었으며 현재는 국민의 기본권침해와 직접 관련이 없고, 정치적 통제수단이 마련되어 있는 고도의 정치결단적 국정행위에 대해서만 사법부 스스로 사법심사를 자제할 수 있다는 이론에 불과하다. 따라서 검찰은 사법기관이 아닌 행정기관이기 때문에 사법심사의 자제를 결정할 주체가 아니다."(헌재 1995. 12. 15. 95헌마221 등 병합결정)

나. 필 요 설

714. 필요설

필요설은 사법자제설에 찬성하면서도 사법자제설을 약간 수정하여 법의 정신을 해석하여 통치행위를 사법심사에서 제외하는 이유를 설명하려고 한다. 필요설과 사법자제설의 주장자는 동일한 학자들이므로, 사법자제설의 하나의 아류로 이해해도 될 것이다.

3) 국내학설과 최근판례

① 국내학설

715. 통치행위에 대한 국내학설의 입장

우리나라의 학자들은 기본권이 침해된 경우를 제외하고는 대체적으로 통치행위의 필요성을 인정하고 있다. 곧 제 1 설은 해석론으로서는 통치행위를 부정하고 정책론으로서는 통치행위를 긍정하면서도 기본권과 관련해서는 통치행위를 부정하며,[422] 제 2 설은 헌법 자체가 사법심사의 대상에서 제외한 경우를 제외하고는 통치행위를 해석론으로서는 부정하면서도 헌법정책론으로서는 통치행위를 긍정하고 있다.[423] 그런가 하면 제 3 설은 모든 국가작용은 기본권적 가치를 실

422) 김철수, (주 20), 1212·1213쪽은 다음과 같이 적고 있다. "법이론적으로 부정설이 가장 명쾌하며, 긍정설 중 자제설이 '법이론적으로는 통치행위도 사법심사에 속한다'라고 한 것도 타당하다. 법해석상에서도 법원조직법 제 2 조 제 1 항이 '일체의 법률상의 쟁송을 심판한다'고 하고 있어 부정설이 타당하다. 다만 법이론상으로는 부정설이 타당하나, 정치적 영향을 고려하여 내재적 제약설이나 자제설이 통치행위의 이론과 실제를 뒷받침해 주고 있을 뿐이다. 그러나 … 통치행위는 극도로 한정적으로 인정되어야 하고, 기본적 인권의 보장에 관련된 경우에는 통치행위란 이유로 판단이 정지되는 것은 사법상의 책임포기로 보아야 할 것이므로 기본권의 보장에 관한 한 통치행위의 이론은 부인되어야 할 것이다."

423) 권영성, (주 19), 793쪽은 다음과 같이 적고 있다. "법리적 차원의 해석을 중시한다면, 법원은 행정행위의 위헌·위법여부를 심사할 권한을 가지고 있고(제107조 제 2 항), 헌법재판소는 헌법소원심판권을 가지고 있으며(제111조 제 1 항 제 5 호), 국민에게는 재판청구권이 보장되고 있으므로(제27조 제 1 항), 사법심사의 대상에서 제외되어야 할 국가적 행위는 헌법 자체가 명문으로 규정하고 있는 경우(제64조 제 4 항의 국회의원에 대한 국회의 자격심사의 징계처분)를 제외하고는 인정할 수 없다고 보아야 한다. … 그러나 고도의 정치성을 띤 집행부의 행위의 위헌·위법여부를 예외 없이 사법적 심사의 대상으로 하는 것이 과연 합목적적인가는 의문이다. … 요컨대 헌법해석론으로서는 통치행위부정설이 논

현하기 위한 것이기 때문에 기본권과 관련해서는 통치행위이론을 부정하면서도 통치행위 중에서도 국가원수로서 또는 국정의 최고책임자로서의 지위에서 행하는 고도의 정치적 결단으로서 국민의 기본권침해와 직접적인 관련이 없고 그 행위에 대한 정치적 통제수단이 마련되어 있는 경우에는 통치행위를 인정한다.[424)]

② 국내최근판례

716. 통치행위에 대한 국내최근판례

헌법재판소는 이른바 "국제그룹해체에 대한 위헌결정"[425)] 이후 통치행위를 부인해오고 있으며, 통치행위가 헌법재판의 대상이 된다는 것을 최근에도 다시 확인하고 있다.

> **판례: 〈긴급재정명령 등 위헌확인(일부각하, 일부기각)〉** "통치행위를 포함하여 모든 국가작용은 국민의 기본권적 가치를 실현하기 위한 수단이라는 한계를 반드시 지켜야 하는 것이고, 헌법재판소는 헌법의 수호와 국민의 기본권보장을 사명으로 하는 국가기관이므로 비록 고도의 정치적 결단에 의하여 행해지는 국가작용이라고 할지라도 그것이 국민의 기본권침해와 직접 관련되는 경우에는 당연히 헌법재판소의 심판대상이 된다."(헌재 1996. 2. 29. 93헌마186 결정)

그러나 헌법재판소는 아직 헌법재판상 통치행위를 부인한다는 취지의 일반적 표현은 하지 않고 있다. 이는 만일의 경우에 사법적 자제에 근거한 정치문제의 이론을 원용할 가능성을 전면 배제하지는 않으려는 의도로 해석된다. 이를 입증하듯 헌법재판소는 2004년에 통치행위라는 용어 대신 '고도의 정치적 결단이 요구되는 사안'이라는 용어를 사용하면서 그에 대한 판단을 회피하였다.

리적이지만 헌법정책론으로서는 통치행위긍정설이 합목적적이라 할 수 있다."

424) 허영, (주 15), 964쪽은 다음과 같이 적고 있다. "모든 국가작용은 그것이 누구에 의해서 행해지든 결코 자기목적적인 작용일 수가 없고 반드시 기본권적 가치를 실현하기 위한 수단으로서의 성질을 갖는다는 점을 잊어서는 안 된다. 따라서 비록 통치행위 또는 정치행위라는 이름으로 행해지는 국가작용이라 하더라도 그것이 국민의 기본권을 침해한 경우에는 마땅히 사법적 심사의 대상이 되어야 한다. 그렇기 때문에 통치행위가 구체적인 쟁송의 대상이 된 경우에는 법원은 그에 대한 재판을 거부할 수 없다고 보아야 할 것이다. … 다만 통치행위 중에서 대통령이 국가의 원수 또는 국정의 최고책임자로서의 지위에서 행하는 고도의 정치적 결단에 속한다고 볼 수 있는 행위(예컨대 외교행위, 중요정책의 국민투표부의행위, 헌법개정발의행위, 법률안에 대한 거부권행사, 헌법기관구성행위, 은사행위 등)로서 국민의 기본권침해와 직접적인 관련이 없고 그 행위에 대한 정치적 통제(직접민주주의적 또는 대의적 통제)수단이 마련되어 있는 경우에는 법원은 그러한 행위에 대한 사법적 심사를 자제하는 것도 헌법의 규범조화적 실현을 위해서 허용된다고 할 것이다."

425) 헌재 1993. 7. 29. 89헌마31 결정〈헌재 1992. 3. 13. 92헌마37 등 병합결정 — 국회의원선거법 제55조의3 등에 대한 헌법소원(일부위헌=조건부위헌, 일부기각)〉 참조.

판례: **〈일반사병 이라크파병 위헌확인〉** "1. 외국에의 국군의 파견결정은 파견군인의 생명과 신체의 안전뿐만 아니라 국제사회에서의 우리나라의 지위와 역할, 동맹국과의 관계, 국가안보문제 등 궁극적으로 국민 내지 국익에 영향을 미치는 복잡하고도 중요한 문제로서 국내 및 국제정치관계 등 제반상황을 고려하여 미래를 예측하고 목표를 설정하는 등 고도의 정치적 결단이 요구되는 사안이다. 따라서 그와 같은 결정은 그 문제에 대해 정치적 책임을 질 수 있는 국민의 대의기관이 관계분야의 전문가들과 광범위하고 심도 있는 논의를 거쳐 신중히 결정하는 것이 바람직하며 우리 헌법도 그 권한을 국민으로부터 직접 선출되고 국민에게 직접 책임을 지는 대통령에게 부여하고 그 권한행사에 신중을 기하도록 하기 위해 국회로 하여금 파병에 대한 동의여부를 결정할 수 있도록 하고 있는바, 현행 헌법이 채택하고 있는 대의민주제 통치구조 하에서 대의기관인 대통령과 국회의 그와 같은 고도의 정치적 결단은 가급적 존중되어야 한다.

2. 이 사건 파견결정이 헌법에 위반되는지의 여부 즉 국가안보에 보탬이 됨으로써 궁극적으로는 국민과 국익에 이로운 것이 될 것인지 여부 및 이른바 이라크 전쟁이 국제규범에 어긋나는 침략전쟁인지 여부 등에 대한 판단은 대의기관인 대통령과 국회의 몫이고, 성질상 한정된 자료만을 가지고 있는 우리 재판소가 판단하는 것은 바람직하지 않다고 할 것이며, 우리 재판소의 판단이 대통령과 국회의 그것보다 더 옳다거나 정확하다고 단정짓기 어려움은 물론 재판결과에 대하여 국민들의 신뢰를 확보하기도 어렵다고 하지 않을 수 없다.

3. 이 사건 파병결정은 대통령이 파병의 정당성뿐만 아니라 북한 핵 사태의 원만한 해결을 위한 동맹국과의 관계, 우리나라의 안보문제, 국·내외 정치관계 등 국익과 관련한 여러 가지 사정을 고려하여 파병부대의 성격과 규모, 파병기간을 국가안전보장회의의 자문을 거쳐 결정한 것으로, 그 후 국무회의의 심의·의결을 거쳐 국회의 동의를 얻음으로써 헌법과 법률에 따른 절차적 정당성을 확보했음을 알 수 있다. 그렇다면 이 사건 파병결정은 그 성격상 국방 및 외교에 관련된 고도의 정치적 결단을 요하는 문제로서, 헌법과 법률이 정한 절차를 지켜 이루어진 것임이 명백하므로, 대통령과 국회의 판단은 존중되어야 하고 헌법재판소가 사법적 기준만으로 이를 심판하는 것은 자제되어야 한다. 이에 대하여는 설혹 사법적 심사의 회피로 자의적 결정이 방치될 수도 있다는 우려가 있을 수 있으나 그러한 대통령과 국회의 판단은 궁극적으로는 선거를 통해 국민에 의한 평가와 심판을 받게 될 것이다."〈헌재 2004. 4. 29. 2003헌마814 결정〉

이에 대하여 대법원은 비상계엄의 선포나 확대행위와 같은 통치행위가 사법심사의 대상이 되는지 여부에 대하여 한정적 긍정론을 펴고 있다.

판례: "대통령의 비상계엄의 선포나 확대행위는 고도의 정치적·군사적 성격을 지니고 있는 행위라 할 것이므로, 그것이 누구에게도 일견하여 헌법이나 법률에 위

반되는 것으로서 명백하게 인정될 수 있는 등 특별한 사정이 있는 경우라면 몰라도, 그러하지 아니한 이상 그 계엄선포의 요건구비 여부나 선포의 당·부당을 판단할 권한이 사법부에는 없다고 할 것이나, 비상계엄의 선포나 확대가 국헌문란의 목적을 달성하기 위하여 행하여진 경우에는 법원은 그 자체가 범죄행위에 해당되는지의 여부에 관하여 심사할 수 있다."(대법원 1997. 4. 17. 96도3376 판결)

판례: "입헌적 법치주의국가의 기본원칙은 어떠한 국가행위나 국가작용도 헌법과 법률에 근거하여 그 테두리 안에서 합헌적 합법적으로 행하여질 것을 요구하며, 이러한 합헌성과 합법성의 판단은 본질적으로 사법의 권능에 속하는 것이고, 다만 국가행위 중에는 고도의 정치성을 띤 것이 있고, 그러한 고도의 정치행위에 대하여 정치적 책임을 지지 않는 법원이 정치의 합목적성이나 정당성을 도외시한 채 합법성의 심사를 감행함으로써 정책결정이 좌우되는 일은 결코 바람직한 일이 아니며, 법원이 정치문제에 개입되어 그 중립성과 독립성을 침해당할 위험성도 부인할 수 없으므로, 고도의 정치성을 띤 국가행위에 대하여는 이른바 통치행위라 하여 법원 스스로 사법심사권의 행사를 억제하여 그 심사대상에서 제외하는 영역이 있으나, 이와 같이 통치행위의 개념을 인정한다고 하더라도 과도한 사법심사의 자제가 기본권을 보장하고 법치주의 이념을 구현하여야 할 법원의 책무를 태만히 하거나 포기하는 것이 되지 않도록 그 인정을 지극히 신중하게 하여야 하며, 그 판단은 오로지 사법부만에 의하여 이루어져야 한다."

"남북정상회담의 개최는 고도의 정치적 성격을 지니고 있는 행위라 할 것이므로 특별한 사정이 없는 한 그 당부를 심판하는 것은 사법권의 내재적 본질적 한계를 넘어서는 것이 되어 적절하지 못하지만, 남북정상회담의 개최과정에서 재정경제부장관에게 신고하지 아니하거나 통일부장관의 협력사업 승인을 얻지 아니한 채 북한 측에 사업권의 대가 명목으로 송금한 행위 자체는 헌법상 법치국가의 원리와 법 앞에 평등원칙 등에 비추어 볼 때 사법심사의 대상이 된다."(대법원 2004. 3. 26. 2003도7878 판결)

판례: **〈형법 제62조 제1항 단서 위헌소원 등(합헌)〉** "금고 이상의 형의 선고를 받아 집행을 종료한 후 또는 집행이 면제된 후로부터 5년을 경과하지 아니한 자에 대해서는 집행유예를 하지 못하도록 규정하고 있는 형법 제62조 제1항 단서는 정당한 재판을 받을 권리를 침해한다거나 법관의 양심에 따른 재판권을 침해한다고 볼 수 없다."(헌재 2005. 6. 30. 2003헌바49 등 병합결정)

4) 사 견

① 국내학설에 대한 검토

717. 통치행위에 대한 국내학설의 검토

국내학설들은 나름대로 통치행위에 대하여 이론적으로 잘 접근하고 있다. 그러나 그 논거들은 그렇게 타당해 보이지는 않는다.

제 1 설이 통치행위를 해석론으로 부정하는 이유 중 하나는 법원조직법 제 2 조 제 1 항이 "일체의 법률상의 쟁송을 심판한다"라고 규정하고 있기 때문이다. 그러나 제 1 설은 헌법(또는 헌법이론)을 설명함에 있어서 하위법을 근거로 하는 것은 예외적인 경우에 한정된다는 것을 오해하고 있다. 곧 해석론으로서는 통치행위가 헌법이론적으로 부정되기 때문에 그 하위법인 법원조직법은 '일체의 법률상의 쟁송을 심판한다'고 규정하고 있다는 해석은 성립되지만, 그 반대의 해석은 성립되지 않는다고 할 것이다.

제 2 설이 법리적 차원의 해석에서 통치행위를 부정하는 이유 중의 하나는 법원에 행정행위의 위헌·위법여부를 심사할 권한이 부여되어 있기 때문이다. 그러나 제 2 설은 여기에서 문제되는 것은 행정행위가 아니라 통치행위라는 것을 오인한 듯하다. 또한 제 2 설은 헌법 자체가 명문으로 사법심사의 대상에서 제외되어야 할 것을 규정하고 있는 경우를 제외하고는 통치행위를 인정할 수 없다고 하나, 이것은 통치행위의 인정 여부와는 관계없는 문제라는 것을 오해하고 있는 것이다. 왜냐하면 통치행위는 헌법이 모든 법적 분쟁을 사법심사의 대상으로 삼고 그에 대한 명문의 예외를 인정하고 있지 않다는 것을 전제로 해서, 그럼에도 불구하고 사법심사의 대상이 되지 않는 국가작용이 있는가를 따지는 것이기 때문이다. 더 나아가서 통치행위는 판례를 통해서 인정되어 온 것이기 때문에 헌법이 사법심사에서 제외되는 행위를 명문으로 규정했을 때 그것을 통치행위의 범주 안에 포함시켜야 하는가도 문제되고 있다는 것을 확실히 할 필요가 있다.

제 3 설은 아주 적절하게 모든 국가작용은 기본권적 가치를 실현하기 위한 수단이라는 점에서 통치행위가 기본권을 침해하는 경우에는 마땅히 사법심사의 대상이 되어야 한다고 한다. 그러나 제 3 설이 국민의 기본권침해와 직접적인 관련이 없는 국가행위를 가정하는 것은 논리적으로 모순이 있다고 생각한다. 왜냐하면 제 3 설도 주장하듯이 모든 국가작용이 기본권적 가치를 실현하기 위한 수단이라면 당연히 모든 국가작용은 기본권과 관련이 있고 또한 있어야 하기 때문이다.

② 사 견

718. 통치행위에 대한 사견: 사법자제설과 내재적 조화설을 조화시켜 해결하는 것이 바람직하다

통치행위에 대하여 사법심사를 거부하는 이론적 근거에 대해서는 법논리적인 측면에서 볼 때 통치행위부정설이 간단·명료하고 국민의 기본권보장을 위해서도 적당하다고 볼 수 있다. 그러나 통치행위를 부정하는 경우 실제로 발생하는 정책적·합목적적·현실적인 필요성을 해결할 수 없다.

이러한 필요성을 해결하기 위하여 통치행위를 인정하여야 할 이유가 있다.

이 경우 통치행위를 법이론적인 측면에서 인정하면 통치행위의 범위는 비교적 좁게 되어 그 한계에서 법치주의·법적 안정성의 요청에는 합치되나 현실적인 요청에 적응하지 못할 경우가 생길 수 있다. 그에 반하여 통치행위를 법정책적인 측면에서 인정하면 현실적 요청에는 부합할지 모르나 통치행위의 범위는 그 때그때의 정치상황에 의하여 크게 변동할 염려가 있다.

이러한 이율배반을 해결하기 위해서는 헌법정책적 고려에 의한 사법권의 자율적 자제필요성과 국민주권사상에 근거를 둔 정당성이론의 조화, 곧 사법자제설과 내재적 제약설의 조화가 요청된다.

그러나 이 경우에도 사법자제설이 내재적 제약설보다 더 큰 비중을 차지한다고 보아야 할 것이다. 왜냐하면 통치행위의 주체는 국민에 의해서 선출된 헌법기관이기 때문에 그 권력이나 그가 행하는 통치행위가 정당화된다는 정당성이론(내재적 제약설)은 그 표현이 가지는 설득력에도 불구하고 헌정실제에서 많은 문제점을 내포하고 있기 때문이다.

끝으로, 통치행위를 인정한다는 것은 그 통치행위를 행한 자에게 책임을 묻지 않는다는 것이지, 통치행위의 결과 행해진 국민의 기본권침해에 대해서도 면책되는 것은 아니라는 것을 분명히 할 필요가 있다. 곧 법원은 통치행위에 의하여 국민의 기본권이 침해되었으면 침해된 기본권을 회복시켜야 하는 것이지, 그것을 통치행위라고 하여 처음부터 심사하지 말아야 하고 심지어는 처음부터 심사하지 않아도 되는 것은 아니라는 것이다.

第 5 章 憲法裁判所

第 1 節 憲法裁判一般論

1. 憲法裁判의 意義

(1) 憲法裁判의 概念

1) 헌법재판의 개념

719. 헌법재판의 개념: 헌법문제에 관한 분쟁을 유권적으로 해석하여 헌법의 규범력을 유지하는 작용

'헌법재판'(Verfassungsgerichtsbarkeit)은 경성헌법의 최고규범성을 전제로 하여[426] 헌법적 분쟁, 곧 헌법의 규범내용 또는 그 밖의 헌법문제에 관한 분쟁이 발생하는 경우 분쟁의 당사자 중 일방 당사자 또는 국가기관의 청구에 따라 독립된 지위를 가진 기관이 제 3 자적 입장에서 이를 유권적으로 해석하여 헌법의 규범력을 유지하는 작용이다.

헌법재판에는 협의의 헌법재판과 광의의 헌법재판이 있다.

2) 협의의 헌법재판

① 위헌법률심사제

720. 협의의 헌법재판: 위헌법률심사제

좁은 의미에서 헌법재판이라 함은 법원이나 헌법재판소와 같은 특정의 국가기관이 의회가 제정한 법률의 헌법위반 여부를 심사하고, 그것이 헌법에 위반된다고 판단하는 경우에는 그 법률의 효력을 상실하게 하든가 그 적용을 거부하는 제도, 곧 위헌법률심사제를 말한다.

② 위헌법률심사제의 유형

721. 위헌법률심사

위헌법률심사제에는 구체적 규범통제와 추상적 규범통제가 있다.[427] 구체적

426) 헌법재판의 전제에 대하여는 견해가 일치되어 있지 않다. 권영성, (주 19), 1062 · 1063쪽은 위헌법률심사제의 이론적 근거로서 헌법의 최고법규성의 보장, 의회에 대한 불신, 권력분립의 원리를 들며, 허영, (주 15), 785쪽은 헌법재판의 이념적 기초로서 헌법의 성문성과 경성헌법의 최고법규성, 기본권의 직접적 효력성, 헌법개념의 포괄성을 들고 있다.

427) 좀 더 정확하게 말하자면 위헌법률심판의 유형은 심판시기에 따라 사전예방형과 사후교

제의 유형: 1) 구체적 규범통제, 2) 추상적 규범통제

규범통제는 법률의 위헌 여부가 재판의 전제가 된 경우에 소송당사자의 신청 또는 법원의 직권에 의해서 규범심사를 하는 제도이며, 추상적 규범통제는 법률의 위헌 여부가 재판의 전제가 되지 않은 경우라도 법률의 위헌 여부에 다툼이 생긴 경우에 일정한 국가기관의 신청에 의해서 독립한 헌법재판기관이 그를 심사·사정하는 제도이다. 우리 헌법은 구체적 규범통제만을 채택하고 있다.

③ 위헌법률심사제의 기원

722. 위헌법률심사제의 기원: 1803년 마베리 대 매디슨사건

위헌법률심사제의 사상적 배경은 일반적으로 중세의 자연법사상과 근본법사상이라고 하고 있다. 그러나 오늘날과 같은 형태의 위헌법률심사제(구체적 규범통제)는 1803년 미연방대법원에서 마샬 *Marshall* 대법원장이 *Marbury v. Madison* 사건[428]에서 위헌법률은 무효이며, 무엇이 법인가를 선언하는 일은 연방헌법에 따라 분명히 사법부의 권한이자 임무라고 선언한 데서 비롯되었다.

정형으로 나눌 수 있다. 사전예방형이란 일정한 법률에 관하여 그것이 공포되기 이전에 합헌성을 심사하고, 위헌으로 판정되면 그 공포와 시행을 유보하는 경우로 프랑스 제5공화국, 포르투갈, 폴란드 등이 그 예에 속한다. 사후교정형은 다시 추상적 규범통제와 구체적 규범통제로 분류된다.

428) Marbury v. Madison, 5. U.S. 137(1803). 이 사건의 전말은 다음과 같다. 원고인 마베리 *Marbury*는 미국의 제2대 대통령 애덤즈 *John Adams*에 의하여 *Columbia*지구의 치안판사로 임명되었고, 그 임명장은 서명되고 봉인되었다. 그러나 그것은 제3대 제퍼슨 *Thoma Jefferson* 대통령이 취임하기 전에 곧 대법원장 취임이 예정되어 있던 당시의 국무장관 마샬 *John Marshall*의 실수로 교부되지 않았고, 신임 국무장관 매디슨 *James Madison*은 제퍼슨 대통령의 명령에 따라 임명장의 교부를 거부하였다. 원고인 마베리는 매디슨에게 임명장의 교부를 강제하도록 하는 직무이행의 소를 제1심 관할법원인 연방대법원에 제기하였다. 왜냐하면 1789년의 법원법(Judiciary Act)은 연방대법원에게 직무이행영장을 교부하는 권한을 부여하였기 때문이다. 그러면서 마베리는 매디슨이 직무명령을 발부하지 않는 이유를 제시할 것을 요구하였다. 자신의 실수로 초래된 이 소송의 재판장을 맡은 마셜은 진퇴양난에 빠지게 되었다. 임명장 교부를 명하는 판결을 하는 경우에는 매디슨이 이를 무시하고 불이행할 것이 예견되는 반면, 임명장 불교부가 위법임에도 불구하고 그것을 적법하다고 판결한다면 법원의 정치적 굴복을 의미할 것이기 때문이었다. 법적 의무와 헌법해석에 관한 문제에서 사법부가 입법부와 행정부에 우월하다는 원칙을 유지하면서 현실적으로는 정치적으로 적응하기 위해서 마셜은 직무이행영장을 발부하지 않으면서 그 이유를 다음과 같이 제시하였다. 성문헌법을 기초하는 사람들은 헌법을 국가의 최고기본법으로 생각하였다. 따라서 그러한 헌법하에서는 헌법에 위반하는 모든 의회제정법(즉 법률)은 무효라고 하지 않을 수 없다. 또한 무엇이 법인가를 선언하는 것은 명확히 사법부의 권한이며 의무이다. 그런데 이 사건과 같은 경우 헌법에 따르면 연방대법원은 오직 상소심만 관할할 수 있는데, 이 사건에 적용된 법률에 의하면 연방대법원이 제1심을 관할하도록 하였다. 따라서 이처럼 헌법과 법률이 충돌하는 경우에는 법원은 당연히 법률을 무효로 하지 않으면 안 된다. 이 판결에 대하여 더 자세한 것은 L. W. Levy, Marbury v. Madison, *Encyclopedia of the American Constitution*, Vol. 4, 2nd. ed.(2000), pp. 1667-1670 참조.

3) 광의의 헌법재판

이에 대해서 넓은 의미의 헌법재판이라 함은 헌법에 대한 쟁의나 의의를 사법절차에 따라 해결하는 작용 일체를 말한다. 이에는 우리 헌법 제111조 제1항에 규정된 사항, 곧 위헌법률심사·탄핵심판·정당해산심판·권한쟁의심판·헌법소원심판과 그 밖에도 선거소송이 속한다.

723. 광의의 헌법재판

여기에서는 헌법재판을 우리 헌법에 맞추어 선거소송을 제외한 광의의 의미로 이해하기로 한다.

(2) 憲法裁判의 機能

헌법재판 일반의 기능을 한 마디로 말한다면 헌법보호기능 또는 헌법질서수호기능이란 말로 표현할 수 있다. 그러나 더 이상의 헌법재판 일반의 기능을 말하는 것은 어려운 일이다. 왜냐하면 광의의 헌법재판에는 여러 가지가 포함되고, 개별 헌법재판은 각각 그 기능이 다르기 때문이다.[429)]

724. 헌법재판 일반의 기능: 헌법보호기능

개별헌법재판의 기능이 다르다는 전제하에 헌법재판의 기능은 순기능과 역기능으로 나눌 수 있다. 헌법재판의 순기능으로는 다음과 같은 여섯 가지를 들 수 있다. 첫째, 헌법질서를 수호하는 기능을 한다(모든 헌법재판, 특히 탄핵심판, 위헌정당해산심판). 둘째, 민주주의이념을 구현하는 기능을 한다(헌법소원심판, 위헌정당해산심판). 셋째, 권력을 통제하고 개인의 자유와 권리를 보호하는 기능을 한다(헌법소원심판, 위헌법률심판). 넷째, 정당국가에서 법률의 합헌성을 보호함으로써 원내의 소수자를 보호하는 기능을 한다(위헌법률심판). 다섯째, 정치적 투쟁의 해결을 중립기관에 일임함으로써 정치적 평화를 정착시키는 기능을 한다(위헌법률심판, 권한쟁의심판). 여섯째, 연방국가의 경우에는 연방과 지방간의 분쟁을 조

725. 헌법재판의 순기능과 역기능

---

429) 허영, (주 15), 791쪽 이하는 헌법재판의 일반적 기능을 사회통합의 견인차적인 의의와 기능으로 보고, 헌법재판의 종류에 따라 그 각 기능은 그 중점만이 다르게 나타난다고 하면서 헌법재판의 기능을 헌법보호기능·권력통제기능·자유보호기능·정치적 평화보호기능으로 보고 있으며, 헌법재판의 역기능 내지는 부정적 측면에 대해서는 설명하지 않고 있다. 그리고 이러한 태도는 헌법재판의 기능을 사회통합이라는 순기능에 한정시키는 한 논리일관적인 태도이기는 하다. 왜냐하면 헌법재판의 부정적 측면을 설명하는 경우 헌법재판은 경우에 따라서는 사회통합에 기여하기보다는 사회통합을 저해하는 것으로 나타나게 될 것이고, 그렇게 되면 헌법재판의 기능은 사회통합의 기능 아닌 다른 것이 되어야 하기 때문이다. 그러나 헌법재판에 부정적 측면이 있는 이상 어떠한 형태로든 그에 대한 설명은 있어야 된다고 생각한다. 권영성, (주 19), 1049·1050쪽은 헌법재판의 기능을 개별적인 헌법재판에 따라 나누지 않고 긍정적 측면과 부정적 측면으로 설명하고 있다.

정하여 연방제를 유지하는 기능을 한다.

그러나 헌법재판에는 역기능도 있다. 사법의 정치화라든지 보수적 사법 때문에 사회발전이 지연되는 경우가 헌법재판의 부정적 측면이다.

2. 憲法裁判의 本質

726. 헌법재판의 본질에 관한 학설

헌법재판의 본질(또는 법적 성격)과 관련하여 정치작용설, 입법작용설, (정치적)사법작용설, 제 4 국가작용설 등 견해가 나누어져 있다.

(1) 政治作用說

1) 내 용

727. 헌법재판을 정치작용으로 보는 견해

칼 슈미트는 *Carl Schmitt*는 헌법재판의 본질을 정치작용으로 이해한다. 곧 그는 헌법과 헌법률의 구별을 전제로 헌법조항의 의미에 관한 모든 분쟁이 헌법분쟁은 아니기 때문에,[430] 헌법재판소가 관할권을 갖는 모든 것을 '헌법분쟁'(Verfassungsstreitigkeit)으로 부르는 것은 이론적으로도 실제적으로도 올바르지 못하다고 하면서[431] 헌법률적 규정의 내용과 그의 올바른 적용에 관한 의문을 결정하는 것은 일반적인 의미에서의 '법적 분쟁'(Rechtsstreitigkeit)에 대한 결정도 아니고, 특별한 의미에서의 '헌법분쟁'도 아니며, 매우 문제성 있는 의미에서의 '사법'(Justiz)일 뿐이라고 하여 헌법률에 대한 분쟁을 헌법재판의 대상에서 제외시킨다.[432] 따라서 칼 슈미트에 있어 헌법재판은 '실존하는 정치적 통일체의 종류와 형식에 관한 근본결단'[433]인 '헌법'문제에 대한 다툼, 곧 '헌법분쟁'을 전제로 하고 있으며, 진정한 헌법분쟁은 항상 정치적 분쟁일 수밖에 없기 때문에[434] 그 해결방법은 사법작용이 아니라 정치적 결단에 따른 정치적 작용이 될 수밖에 없다.

2) 검 토

728. 헌법재판을 정

따라서 헌법재판을 정치작용으로 이해하는 것은 칼 슈미트의 결단주의적 헌

---

430) C. Schmitt, (주 6), S. 283.

431) C. Schmitt, *Der Hüter der Verfassung*, 2. Aufl.(1969), S. 48.

432) C. Schmit, Das Reichsgericht als Hüter der Verfassung, in: ders., *Verfassungsrechtliche Aufsätze*, 2. Aufl.(1973), S. 63ff.(75).

433) C. Schmitt, (주 6), S. 20ff.

434) C. Schmitt, (주 6), S. 136.

법이론, 그의 엄격한 주의주의적인 법률관과 사법적 결정(결단)의 토대 위에서만 가능하기 때문에,[435] 오늘날 이 견해를 그대로 채택하고 있는 학자는 거의 없다.[436]

치작용으로 이해하는 견해에 대한 비판

(2) 立法作用說

1) 내 용

729. 헌법재판을 입법작용으로 이해하는 견해

입법작용설은 헌법재판, 특히 그 중에서도 규범통제는 헌법을 보충하고 그 내용을 형성하는 기능이기 때문에 입법이지 사법이 아니라고 한다. 곧 헌법재판에서는 구체적인 경우에 법이 형성되는 것이 아니라, 입법자가 하듯이 구체적 사건을 도외시한 일반적 고려가 행해진다는 것이다.[437] 따라서 이러한 입장에 있는 학자들은 미연방대법원을 '입법부의 제 3 원'(dritte Kammer der Gesetzgebung)[438] 또는 '진정으로 유일한 제 2 원'(wahre und einzige zweite Kammer)[439]으로 부르거나 독일연방헌법재판소를 '제 3 원'(Dritte Kammer)[440]으로 부르고 있다.

---

435) U. Scheuner, Probleme und Verantwortung der Verfassungsgerichtsbarkeit in der Bundesrepublik, in: P. Häberle(Hg.), *Verfassungsgerichtsbarkeit*, 1976, S. 194ff.(196). 허영, (주 15), 789쪽은 정치작용설에 대하여 "헌법의 정치결단적 성격만을 지나치게 강조한 나머지 규범으로서의 성격을 완전히 도외시하는 데에서 출발하는 정치작용설은 헌법재판의 법적 성격을 바르게 이해하고 있다고 보기 어렵다"고 평가하고 있다.

436) 그러나 국내에서는 한태연, 헌법학, 법문사, 1985, 780·781쪽이 원칙적으로 정치작용설의 입장에 있는 것으로 보인다. "*R. Thoma*에 의하면 사법이란 국가적 권력에 의한, 개별적 사건에 있어서 구체적인 사실에 해당법규를 적용하여 내리는 독립적 판결이라 하고 있다. 이러한 사법의 실질적 개념을 표준으로 할 때, 헌법재판에 있어서는 사법의 실질적 개념의 핵이라고 할 수 있는 구체적 사실과, 그리고 그 사실에 법규를 적용하여 제 3 자적 입장에서 판결한다는 그 요소가 결여되고 있다. 따라서 헌법재판은 그것이 지위의 독립을 가진 기관이 사법적 절차에 따라서 독자적으로 판결한다는 의미에 있어서는 하나의 사법(형식적 사법)을 의미하지만, 그러나 그것이 이해의 대립을 가진 원고, 피고의 대립과, 그리고 구체적인 사실에 법규를 적용하여 판결한다는 그 요소를 결여하고 있다는 의미에서 그것은 입법과 집행과 구별되는 사법은 아니라고 할 수 있다. 그것은 헌법재판에 있어서 법률의 심사의 경우에 법률의 적용에만 그치지 않고 그 법률을 무효로 하게 한다는 것은 바로 법률의 제정과 같은 일반적 성격을, 또한 그러한 까닭에 그것은 결국 사법적 절차의 외피에 의한 '하나의 정치적 결단'을 의미하지 않을 수 없다. 따라서 헌법재판에 있어서의 그 사법성은 다만 형식적 규준에 의한 사법성 즉 그 재판이 독립적이며 중립적 기관에 의하여 그리고 그 절차가 사법적이며 그 판결이 권위적인 구속력을 가진다는 의미에 있어서만, 그것은 하나의 사법을 의미한다고 할 수 있다."

437) K. Stern, (주 75), S. 949.

438) K. Loewenstein, (주 73), S. 249.

439) W. Haller, *Supreme Court und Politik in den USA*, 1972, S. 323ff.(331).

440) R. Zuck, Das Bundesverfassungsgericht als Dritte Kammer, ZRP 1978, S. 189.

세부적인 내용에 있어서는 차이가 있으나, 적지 않은 학자들이 입법작용설의 입장을 취하고 있다.[441)]

판례: 〈국회의원선거법 제55조3 등에 대한 헌법소원(일부위헌=조건부위헌, 일부기각)〉
"일반법률을 해석하는 경우에 법률의 헌법합치적 해석은 법문의 의미와 입법자가 이에 부여코자 한 입법목적의 범위를 넘을 수 없는 것이 일반원칙이기 때문에 입법자의 입법목적과 그에 따른 법문의 의미를 법률 자체에 표현된 객관화된 문언을 기본으로 하여 이를 해석하고 판단하는 것이다. 그러나 한편 입법자가 입법 당시에 법문에 부여코자 했던 정책적인 고려는 헌법의 기본원리와 헌법해석상 당연히 설정되는 합헌적인 범위 내에서만 참작될 수 있고 이에 맞추어 입법권을 행사하여야 한다. 따라서 헌법재판은 일반법률을 해석하는 순수한 사법적 기능이라기보다 고도의 재량적 상황판단을 종종 요구하는 입법적 기능이라고 표현되기도 하는 것이다."(헌재 1992. 3. 13. 92헌마37 등 병합결정)

2) 검 토

730. 헌법재판을 입법작용으로 보는 견해에 대한 검토

입법작용설은 특히 헌법규범의 구조적 특성 때문에 헌법해석은 일반법률의 해석과는 그 방법과 내용면에서 본질적인 차이가 있다는 것을 전제로 하고 있다는 점에서는 이론적으로 타당하다고 할 수 있다. 그러나 헌법뿐만 아니라 일반법률의 해석에 있어서도 법률의 보충 내지 형성적 기능이 있다는 것은 부인할 수 없고, 헌법해석에서 그러한 기능이 더 두드러진다고 해서 그것을 일반사법과 구별되는 헌법재판의 본질이라고 할 수는 없을 것이다. 왜냐하면 헌법재판에 내재하는 입법기능은 헌법재판의 효과에 지나지 않기 때문이다.[442)] 더 나아가서 입법작용설은 헌법재판 중 규범통제만을 그 대상으로 삼았다는 점에서도 문제가 있다. 왜냐하면 규범통제가 헌법재판의 핵심적이고 중요한 부분이기는 하지만 결코 규범통제와 헌법재판은 동일시될 수 없기 때문이다. 입법작용설은 과거와는 달리 오늘날에는 헌법재판에서 헌법소원이 차지하는 비중이 상대적으로 커져가고 있다는 점을 간과하지 않았나 하는 생각이 든다.[443)]

---

441) W. Henke, Verfassung, Gesetz und Richter, Der Staat 1964, S. 449ff.; Chr. Böckenförde, *Die sogenannte Nichtigkeit verfassungswidriger Gesetze*, 1944, S. 64ff.; E.-W. Böckenförde, Die Methoden der Verfassungsinterpretation, NJW 1976, S. 2089ff. (2099); D. Grimm, Verfassungsgerichtsbarkeit-Funktion und Funktionsinterpretation im demokratischen Staat, in: W. Hoffmann-Riem(Hg.), *Sozialwissenschaften im Studium des Rechts* Bd. II., 1977, S. 83ff.(93ff.); Chr. Starck, Die Bindung des Richters an Gesetz und Verfassung, *VVDStRL* Heft 34(1976), S. S. 43ff.(74).

442) 허영, (주 15), 789쪽.

443) 예컨대 이러한 사정은 우리 헌법재판에서도 입증된다. 1988년 9월 15일 헌법재판소 출범

(3) 司法作用說

1) 내　용

731. 헌법재판을 사법작용으로 보는 견해

사법작용설은 헌법재판을 헌법규범에 대한 법해석작용이라고 한다. 이 견해의 확고한 주장자인 한스 켈젠 *Hans Kelsen*은 헌법재판에 대하여 다음과 같이 말하고 있다. "헌법재판소의 기능은 본질적으로 헌법에 규정되어 있다. 바로 이 점에서 헌법재판소의 기능은 일반법원들의 기능과 일반적으로 같다. 헌법재판소의 기능은 한층 더 중요한 법적용이고, 따라서 이러한 의미에서 '진정한 사법'(echte Gerichtsbarkeit)이다."[444)]

사법작용설은 국내[445)]와 독일에서 압도적 다수설이 되어 있다. 뿐만 아니라 독일연방헌법재판소도 자신의 기능은 사법임을 역설하고 있다. 곧 독일연방헌법재판소는 초기부터 규범통제는 그 방어적 기능상 본질적으로 입법자의 법정립기능과 다른 것이기 때문에 헌법재판에서는 정치가 문제될 수 없다고 하고,[446)] 다시금 동서독기본조약에 대한 판결에서 대외정책적인 결정을 심사하는 경우에는 '헌법질서의 관철'(Durchsetzung der Verfassungsordnung)이 문제되는 것이지, 헌법에 의하여 창출된 자유로운 정치적 형성의 여지가 문제되는 것이 아니라는 점을 확인하고 있다.[447)]

이후 2009년 11월 30일까지 헌법재판소에 접수된 사건은 총 18,136건으로, 이 중 위헌법률심판사건이 620건, 탄핵심판사건이 1건, 권한쟁의심판사건이 65건, 헌법소원심판사건이 17,450건(권리구제형 헌법소원이 15,238건, 위헌심사형 헌법소원이 2,212건)이다. 위헌법률사건의 경우 접수된 사건 중 580건이 처리되었으며, 그 내용은 위헌결정 137건, 헌법불합치결정 45건, 한정위헌결정 15건, 한정합헌결정 7건, 합헌결정 240건, 각하 30건, 취하 106건 등이다. 헌법소원심판사건의 경우 접수된 사건 중 16,875건이 처리되었으며, 그 내용은 인용결정 315건, 위헌결정 206건, 헌법불합치결정 82건, 한정위헌결정 37건, 한정합헌결정 21건, 합헌결정 1,012건, 기각 5,858건, 각하 8,869건, 취하 470건, 기타 5건 등이다〈자료출처 헌법재판소 공보 제158호(2009. 12. 20.), 2111쪽〉.

444) H. Kelsen, Wesen und Entwicklung der Staatsgerichtsbarkeit, in: P. Häberle(Hg.), *Verfassungsgerichtsbarkeit*, 1976, S. 77ff.(82).

445) 김철수, (주 20), 1293쪽; 권영성, (주 19), 1051쪽; 김운룡, 위헌법률심사의 한계, 일신사, 1976, 49쪽 이하; 계희열, 헌법재판의 제도적 고찰, 월간고시(1989. 12), 69쪽; 박승호, 헌법재판의 본질과 한계, 고려대대학원 박사학위논문, 1991. 7., 36·37쪽; 이욱한, 헌법재판의 성격과 재판관선출, 사법행정(1992. 5.), 33쪽 이하; 장영수, 현행헌법체계상 헌법재판소의 헌법상의 지위, 법학논집 제30집(고려대 법학연구소, 1994. 12.), 31쪽 이하 등.

446) BVerfGE 3, 225(236).

447) BVerfGE 36, 1(13f.).

2) 검 토

732. 헌법재판을 사법작용으로 보는 견해에 대한 비판

사법작용설에 대해서는 다음과 같은 비판이 가해지고 있다. "이 입장은 헌법과 일반법률이 규범구조적으로 동일하다는 생각을 가지고, 헌법해석이 일반법률의 해석과 크게 다를 것이 없다는 전제 밑에서 출발 … 그러나 … 헌법은 일반법률과는 다른 많은 구조적 특질을 가지고 있기 때문에 헌법과 일반법률을 구조적으로 동일시하려는 그 출발점부터가 일종의 의제에 불과하다고 할 것이다."[448)]

(4) 第四種國家作用說

1) 내 용

733. 헌법재판을 제4종국가작용으로 보는 견해

제 4 종국가작용설은 헌법재판은 국가의 통치권행사가 언제나 헌법정신에 따라 행해질 수 있도록 입법 · 행정 · 사법 등의 국가작용을 통제하는 기능이기 때문에 사법작용일 수도 없고 입법작용일 수도 없을 뿐만 아니라 그렇다고 행정작용일 수도 없는 독특한 성격을 갖는 제 4 의 국가작용이라고 한다.[449)] 이 견해는 국내외에서 극소수설의 입장이다.[450)]

2) 검 토

734. 헌법재판을 제4종국가작용으로 보는 견해에 대한 검토

제 4 종국가작용설은 그 실체가 분명하지 않다.[451)] 그렇기 때문에 제 4 종국가작용은 그 주장자 스스로도 우려하듯이 '또 다른 정치작용' 또는 '각색된 정치작용'으로 변질될 가능성이 있다.[452)] 결국 이 견해는 헌법재판소의 기능을 전통적인 3권 중 어느 하나에 정서(整序)시키기 어렵기 때문에, 문제를 정면에서 해

---

448) 허영, (주 15), 790쪽.

449) H. Säcker, Die Rechtsmacht des Bundesverfassungsgerichts gegenüber dem Gesetzgeber, BayVBl. 1979, S. 197ff.(197); W.-R. Schenke, Der Umfang der bundesverfassungsgerichtlichen Überprüfung, NJW 1979, S. 1321ff.(1322f.).

450) 국내에서는 허영, (주 17), 790쪽이 이 입장을 강변하고 있다. "사법적인 법인식기능과 정치작용적인 합목적성의 판단기능이 함께 공존하는 헌법재판에서는 법리적인 설득력과 정치적인 타당성이 적절한 균형관계를 유지함으로써 법적인 관점에서나 정치적인 관점에서나 수긍될 수 있는 해결책이 모색되어야 한다. 헌법재판을 사법작용이 아닌 제 4 의 국가작용이라고 이해하려는 이유도 바로 여기에 있다. 결론적으로 말해서, 헌법재판은 정치적인 관점뿐 아니라 법적인 관점을 함께 존중함으로써 정치적인 사고의 영역에서 흔히 강조되는 철학(목적이 모든 수단을 정당화시킨다)의 법리적 한계를 명시하고 정치라는 위성이 이탈하지 못하도록 그 궤도를 그려주는 제 4 의 국가 작용이라고 생각한다."

451) 박승호, 헌법재판연구(Ⅰ), 도서출판 경인, 1998, 32쪽.

452) 허영, (주 92), 1049쪽.

결하는 대신 문제를 회피하는 방식으로, 곧 "헌법재판소가 전통적인 3권의 어느 것에도 속할 수 없는 독특한 기능을 수행한다는 것을 인정한다면 모든 어려움은 사라진다"[453]는 식으로 비켜간 것이 아닌가 한다.

(5) 私　見

735. 헌법재판의 본질에 대한 사견: 사법작용이다

앞에서 이미 헌법재판도 사법작용이라는 것을 확인한 바 있다. 따라서 이곳에서는 사법작용설에 대한 비판, 곧 사법작용설은 '헌법과 일반법률을 구조적으로 동일시하는 데서 출발'하고 있다는 지적에 대해서 그것은 오늘날의 사법작용설은 헌법과 일반법률의 구조적 차이를 인정하는 데서 출발하고 있다는 것을 오인하고 있거나 의도적으로 모른 체 하려는 것이라는 점만을 확인해 두기로 한다. 따라서 사법의 특징에 대한 다음과 같은 헤세 *K. Hesse*의 이야기는 헌법재판에도 그대로 타당하다 하겠다. 사법은 "그 기본유형상 법에 관한 다툼이 있거나 또는 법이 침해된 경우에 특별한 절차에 따라 유권적으로 그리고 이와 함께 구속적이고 자주적으로 결정을 내리는 과제에 의하여 특징지어진다."[454]

3. 憲法裁判의 限界

(1) 一 般 論

736. 헌법재판의 한계: 1) 규범적 한계, 2) 본질적 한계, 3) 정책적·이론적 한계

모든 헌법문제는 헌법재판의 대상이 될 수 있다. 곧 모든 진정한 헌법문제는 사법적으로 결정될 수 있다.[455] 그러나 이 말은 헌법재판의 한계를 헌법재판의 제도본질적인 내용이 아니라 오로지 헌법재판의 기능과 실효성을 높이기 위한 정책적 고려의 산물에 지나지 않는다고 하면서 헌법재판의 대상에서 제외되어야 하는 국가작용의 분야는 있을 수 없다는 말[456]과는 다르다. 이 말은 헌법재판이 그 한계를 지키는 한 모든 헌법문제를 결정할 수 있고, 또 한계를 지키면서 모든 진정한 헌법문제를 결정해야 된다는 뜻으로 이해된다.

---

453) G. Azzariti, Die Stellung des Verfassungsgerichtshofs in der italienischen Staatsordnung, JöR 8(1959), S. 13ff.(19).

454) K. Hesse, (주 26), S. 222(Rdnr. 548).

455) E. Kaufmann, Die Grenzen der Verfassungsgerichtsbarkeit, in: P. Häberle(Hg.), *Verfassungsgerichtsbarkeit*, 1976, S. 143ff.(144).

456) 허영, (주 15), 800쪽.

(2) 憲法裁判의 規範的 限界

737. 헌법재판의 규범적 한계

헌법재판도 사법작용인 이상 헌법재판에도 규범적 한계, 본질적 한계, 정책적·이론적 한계가 있다. 우선, 헌법재판이 규범적 한계를 가진다는 이야기는 우리 헌법이 헌법재판소의 관할사항으로 규정하고 있는 사항만을 헌법재판은 대상으로 삼을 수 있다는 이야기이다. 따라서 헌법재판소가 재판권을 행사할 수 있는 사항은 법원의 제청에 의한 법률의 위헌여부심판, 탄핵의 심판, 정당의 해산심판, 국가기관 상호간·국가기관과 지방자치단체간 및 지방자치단체 상호간의 권한쟁의심판, 법률이 정하는 헌법소원에 관한 심판의 5가지에 한정된다.

(3) 憲法裁判의 本質的 限界

738. 헌법재판의 본질적 한계

다음으로, 헌법재판은 사법작용이기 때문에 심판의 청구가 있고, 구체적 사건성·당사자적격·소의 이익·사건의 성숙성 등 요건을 갖추어야만 심사할 수 있다. 여기에서 통치행위가 헌법재판의 한계에 해당되는지가 문제되나, 앞에서 자세하게 논하였기 때문에, 통치행위는 헌법재판의 한계에 해당되지 않는다는 것을 재확인하는 것으로 만족하기로 한다. 그러나 예컨대 우리 정부가 아프리카의 어떤 국가와 수교를 맺음에 있어 처분할 수 있는 예산의 범위 내에서 일정액의 개발원조를 하는 것이 합목적적인가라는 문제와 같이 개별적 쟁점에 관하여 어떤 관련법규도 제시할 수 없는 경우는 '사법판단적격성'(Justiziabilität)이 없는 경우로서 헌법재판소는 재판할 수 없다. 곧 헌법재판은 정치적 기준만이 주어져 있고 법적 기준이 주어져 있지 않은 문제는 결정해서도 안 되고 결정할 수도 없다.[457]

(4) 憲法裁判의 政策的·理論的 限界 또는 機能的 限界

739. 헌법재판의 정책적·이론적 한계 또는 기능적 한계

마지막으로, 헌법재판에는 정책적·이론적 한계가 있다. 이 한계를 헌법재판의 기능적 한계라고도 한다. 헌법재판의 정책적·이론적 한계는 일반적으로는 다음과 같이 표현된다. 헌법재판소는 다른 국가기관을 통제하는 경우에 다른 국가기관의 기능까지 행사해서는 안 된다. 곧 헌법재판소 스스로가 입법자가 되거나 정부 대신에 정치적 결정을 내리거나 또는 스스로 일반법원을 대신하여 일반

457) P. Wittig, Politische Rückseiten in der Rechtsprechung des Bundesverfassungsgerichts? Der Staat 8(1969), S. 137ff.(142).

재판을 대신해서는 안 된다.[458] 곧 헌법재판소는 자신의 과제를 행사함에 있어서 권력분립원리의 요청을 지켜야 한다.[459]

판례: 〈교통사고처리특례법 제4조 등에 대한 헌법소원(일부각하, 일부기각)〉 "헌법에 따른 입법자의 평등실현의무는 헌법재판소에 대하여는 단지 자의금지원칙으로 그 의미가 한정축소된다. 따라서 헌법재판소가 행하는 규범에 대한 심사는 그것이 가장 합리적이고 타당한 수단인가에 있지 아니하고 단지 입법자의 정치적 형성이 헌법적 한계 내에 머물고 있는가 하는 것에 국한시켜야 하며, 그럼으로써 입법자의 형성의 자유와 민주국가의 권력분립적 기능질서가 보장될 수 있다."(헌재 1997. 1. 16. 90헌마110 등 병합결정)

4. 憲法裁判機關의 類型

(1) 憲法裁判擔當機關의 類型

740. 헌법재판담당기관의 유형

불문헌법국가에서는 헌법재판이 부정되며, 대부분의 성문헌법국가는 헌법재판에 대하여 긍정적이다.

헌법재판제도를 채택하고 있는 나라들에서도 헌법재판을 담당하는 기관은 일정하지 않다. 독립된 헌법재판소를 두고 있는 경우, 일반법원에서 헌법재판을 하는 경우, 정치적 기관으로 하여금 헌법재판을 담당하게 하는 3가지로 유형화할 수 있다.[460]

독립된 헌법재판소를 두고 있는 경우는 대체로 광의의 헌법재판을 하고 있으며, 위헌법률심판도 추상적 규범통제까지를 포함하고 있고 법률의 위헌성을 인정하는 경우에는 그 효력을 전면적으로 상실하게 하고 있다. 독일, 오스트리아, 이탈리아, 포르투갈, 스페인, 터키, 러시아 등이 그 예이다. 일반법원에서 헌법재판을 담당하고 있는 경우는 관할사항을 협의의 헌법재판, 특히 구체적 규범통제에 한정시키고 있으며, 법률에 위헌성을 인정하는 경우에도 당해사건에서만 법률의 적용을 거부하고 있다. 미국, 중남미제국, 호주, 캐나다, 일본, 인도 등이 그 예이다. 그런가 하면 1958년 프랑스헌법의 '헌법평의회'(Conseil Constitu-

---

458) K. Hesse, Funktionelle Grenzen der Verfassungsgerichtsbarkeit, in: *Recht als Prozeß und Gefüge. Festschrift für Hans Huber zum 80. Geburtstag*, 1981, S. 261ff. 여기서는 계희열 역, 헌법의 기초이론, 삼영사, 1985, 240쪽 이하(242쪽)에서 재인용.

459) 헌법재판의 한계에 대하여 더 자세한 것은 박승호, (주 450), 56쪽 이하 참조.

460) 권영성, (주 19), 1054쪽 이하는 헌법법원형, 일반법원형, 특수기관형으로 3분하며, 허영, (주 15), 793쪽 이하는 헌법재판기관으로서의 사법부(사법형)와 독립한 헌법재판기관(독립기관형)으로 2분하고 있다.

tionell)[461]와 같이 정치적 기관에 헌법재판을 담당하게 하는 경우도 있다.[462]

(2) 우리 憲法上 違憲法律審査機關의 변천

741. 우리 헌법상 위헌법률심사기관의 변천

우리나라의 경우 위헌법률심사는 건국헌법에서는 부통령을 위원장으로 하고, 대법관 5인·국회의원 5인 등 11인으로 구성된 헌법위원회에서, 1960년 헌법에서는 대통령·법원·참의원이 각 3인씩 선출한 심판관들로 구성된 헌법재판소에서 하였다. 1962년 헌법은 법원에 위헌법률심판권을 부여하였고, 1972년 헌법은 헌법위원회에서 위헌법률심판을 관할하게 하였다. 그러나 1972년 헌법은 대법원에 실질적인 합헌판단권을 부여하였을 뿐만 아니라 대법원에 불송부결정권까지 부여하였기 때문에 대법원이 위헌심사제청을 회피하여 위헌법률심사가 단 한 번도 이루어지지 못하였다. 1980년의 헌법에서는 헌법위원회에 위헌법률심판권을 부여하였고, 현행 1987년헌법에서는 헌법재판소가 위헌법률심판을 담당하고 있다.

第2節 憲法裁判所의 憲法上 地位·構成과 組織

1. 憲法裁判所의 憲法上 地位

(1) 憲法裁判所의 基本的 地位

742. 헌법재판소의 기본적 지위: 헌법재판기관

헌법재판소는 헌법재판을 전담하는 기관이므로 헌법재판소는 일차적으로는 헌법재판기관이다. 그런데 헌법재판은 헌법문제에 관한 분쟁을 유권적으로 해석하여 헌법의 규범력을 유지하는 작용이므로 헌법재판소는 헌법의 최종적 해석기관으로서의 지위와 헌법수호기관으로서의 지위를 아울러 갖는다. 대통령의 헌법수호자로서의 지위가 비상시에 국가긴급권을 발동하여 헌법을 보호하는 기능을 하는 것이라면, 헌법재판소의 헌법수호작용은 평상시에 작용하는 점에서 차이가 있다.[463]

---

461) 1958년 프랑스헌법상의 '헌법평의회'(Conseil Constitutionell)는 대통령, 하원(국민회의)의 장, 상원(원로원) 의장에 의하여 각 3명씩 임명되는 9인의 평의원과 종신평의원인 전직대통령으로 구성되었다.

462) 권영성, (주 19), 1054-1061쪽은 프랑스의 헌법평의회를 헌법재판소형으로 분류하고, 그 대신 그리스의 특별최고법원과 이란의 헌법수호위원회를 특수기관형으로 분류하고 있다.

463) 따라서 우리 헌법하에서는 바이마르헌법하에서와 같이 누가 헌법수호자인가에 대한 논쟁

(2) 憲法裁判所의 派生的 地位

743. 헌법재판소의 파생적 지위

우리 헌법상 헌법재판기관으로서의 헌법재판소에는 법원의 제청에 의한 법률의 위헌여부심판권, 탄핵심판권, 정당해산심판권, 권한쟁의심판권, 헌법소원심판권이 부여되어 있다. 이러한 권한을 행사하는 중에 헌법재판은 헌법질서를 수호하는 기능, 민주주의이념을 구현하는 기능, 권력을 통제하고 개인의 자유와 권리를 보호하는 기능, 정치적 평화를 정착시키는 기능을 한다. 이러한 헌법재판소의 권한과 기능으로부터 헌법재판소는 부차적으로 기본권보장기관으로서의 지위, 권력의 통제·순화기관으로서의 지위, 정치적 평화보장기관으로서의 지위를 갖는다.[464]

(3) 憲法裁判所와 大法院의 關係

1) 원칙적인 관계

744. 헌법재판소와 대법원의 원칙적인 관계: 독립적이고 대등한 관계

사법작용을 담당하는 두 국가기관, 곧 헌법재판소와 대법원의 상호관계가 문제된다. 이 두 기관의 기본적 관계에 대해서는 헌법재판의 본질을 사법작용이라 보든 제 4 종국가작용이라 보든 별차이가 있을 수 없다. 사법작용설의 입장에서는 우리 헌법은 두 기관을 상호 독립된 기관으로 구성하면서 대법원에게는 민사·형사·행정 등에 대한 재판권을 부여하고 있고, 헌법재판소에게는 일정한 사항에 대한 헌법재판권을 부여하고 있기 때문에, 원칙적으로 독립적이고 동등한 관계라고 하고,[465] 제4종국가작용설의 입장에서는 "헌법재판을 제 4 의 국가작용

은 불필요한 것으로 보인다.

464) 헌법재판소의 헌법상 지위를 김철수, (주 20), 1292-1295쪽은 헌법보장기관, 주권행사기관·최고기관, 최종심판기관, 기본권보장기관으로서의 지위로 4분하며, 권영성, (주 19), 1068-1070쪽은 헌법재판기관으로서의 지위, 헌법수호기관으로서의 지위, 기본권보장기관으로서의 지위, 권력의 통제·순화기관으로서의 지위로 4분하고, 허영, (주 15), 802쪽은 일차적으로는 헌법재판기관이자 헌법보호기관으로 보고 헌법재판소의 기능에 상응하여 자유보호기관으로서의 지위, 권력통제기관으로서의 지위, 정치적 평화보장기관으로서의 지위를 갖는다고 한다. 특히 허영, (주 15), 802쪽은 "따라서 헌법재판소의 헌법상 지위는 헌법재판소의 기능과 불가분의 상관관계가 있다고 할 것이다. 기능을 떠난 맹목적인 지위란 있을 수 없기 때문이다"라고 하면서 헌법재판소의 기능에서부터 헌법재판소의 지위를 이끌어내고 있다. 사회학적인 관점에서는 어떨지 모르겠으나, 법학적인 관점에서는 기능으로부터 지위를 이끌어내기는 어려울 것으로 생각된다. 오히려 법학적으로는 지위와 권한은 불가분의 관계에 있고, 권한이 없는 맹목적인 지위란 있을 수 없다고 이야기하는 것이 옳을 것으로 생각된다.

465) 김철수, (주 20), 1296쪽; 권영성, (주 19), 1072쪽 참조.

이라고 이해하는 관점에서 볼 때 헌법재판소는 입법·행정·사법기관과 병렬적인 제4의 국가기관이라고도 평가할 수 있다"[466]고 하여 양자의 관계를 독립적이고 동등한 관계라고 하고 있기 때문이다. 따라서 두 기관이 기능적 한계를 지키는 한, 곧 헌법재판소가 일반재판을 하지 않고 대법원이 헌법재판을 하지 않는 한, 두 기관 사이에 마찰이 있을 수 없다.

2) 양 기관의 갈등을 불러일으킬 수 있는 조항과 그 실제

① 양 기관의 갈등을 불러일으킬 수 있는 조항

그러나 우리 헌법은 이 두 기관 사이에 갈등을 일으킬 수 있는 조항을 가지고 있다. 첫째는 위헌법률심판권을 헌법재판소에 부여하면서(제111조 제1항 제1호) 명령·규칙·처분에 대한 최종심판권을 대법원에 부여하여(제107조 제2항) 규범통제권을 이원화시켜 놓은 것이고, 둘째는 헌법재판소에 헌법소원심판권을 부여하면서(제111조 제1항 제5호) 법원의 재판은 그 대상에서 제외시킨 것이다(헌법재판소법 제68조 제1항 본문).

② 헌법재판소와 대법원의 마찰의 실제

745. 헌법재판소와 대법원의 마찰의 실제

그리고 이러한 조항들을 둘러싸고 사실상 헌법재판소와 대법원 사이에는 두 차례나 커다란 마찰이 있었다. 한 번은 1990년 10월 15일 헌법재판소가 법무사법시행규칙 제3조 제1항에 대한 헌법소원을 받아들여 위헌결정을 한 때이고,[467] 다른 한 번은 헌법재판소가 1997년 12월 24일에 구 소득세법 제23조 제4항 단서 등에 대한 헌법재판소의 위헌결정에 따르지 아니한 대법원의 판결[468]을 취소하고 헌법소원청구인에 대한 동작세무서장의 7억여 원 상당의 양도소득세 등 부과처분도 함께 취소한 때였다.[469] 특히 두 번째의 경우는 대법원은 1998년 9월 25일에 헌법재판소가 취소한 위 판결을 인용하여 구 소득세법 제23조 제4항 단서 등에 의거한 양도소득세부과처분을 적법하다고 판시하여 헌법재판소의 결정을 무시하였다.[470]

3) 이 문제에 대한 학계의 입장

746. 양기관의 갈등

첫 번째 문제에 대하여는 사법작용설의 입장에서는 두 기관 사이에 헌법해

---

466) 허영, (주 15), 802쪽.
467) 헌재 1990. 10. 15. 89헌마178 결정.
468) 대법원 1996. 4. 9. 95누11405 판결.
469) 헌재 1997. 12. 24. 96헌마172 등 병합결정.
470) 대법원 1998. 9. 25. 96누4572, 96누8352, 96누8369 판결.

석을 둘러싸고 문제가 있을 수 있다는 것을 지적하는 반면에,[471] 제4종국가작용설의 입장에서는 "우리 헌법이 이처럼 법률에 대한 규범통제와 명령·규칙에 대한 규범통제를 다르게 규정하고 있는 이유는 규범의 단계구조에 입각해서 대의민주주의원칙도 존중하면서 3권분립이 요구하는 권력간의 견제·균형의 정신도 충분히 살리려는 취지 때문이라고 볼 수 있다"[472]라고 하면서, 이러한 문제점을 인식조차 하지 않고 있다.

을 불러일으킬 수 있는 조항에 대한 학계의 태도

두 번째 문제에 대하여는 사법작용설의 입장에서는 직접적인 언급을 하지 않고 있는 반면,[473] 제4종국가작용설의 입장에서는 헌법재판소법 제68조 제1항 중에서 "법원의 재판을 제외하고는"이라는 11글자를 삭제하는 것이 가장 좋은 방법이라는 입법론을 제시하고 있다.[474]

어떻든 이러한 양기관의 지위와 위상에 대하여 결론적으로 사법작용설의 입장에서는 양기관이 헌법상의 역할과 기능을 존중하고 상호협력함으로써 사법부로서의 조화를 이룩하고 사법부의 위상을 제고하는 것이 바람직하다는 덕담(德談)식의 중재안을 내놓고 있다.[475]

4) 사　　견

747. 양기관의 갈등을 불러일으킬 수 있는 조항에 대한 사견

일반론적·원칙론적으로 말한다면 이 문제는 궁극적으로는 (헌)법개정을 통하여 규범통제의 권한을 일원화시키고, 헌법재판소법 제68조 제1항 중에서 "법

---

471) 김철수, (주 20), 1296·1297쪽; 권영성, (주 19), 1071·1072쪽 참조. 그러나 구체적으로는 견해의 차이를 보이고 있다. 곧 위헌명령·규칙심사가 대법원의 전속관할사항인가 여부에 대하여 김철수, 헌법재판의 활성화방안, 서울대법학연구소, 1988, 194쪽은 명령·규칙이 재판의 전제가 된 경우의 합헌성문제와 명령·규칙이 직접 국민의 기본권을 침해하는 경우의 합헌성문제를 양분하여 전자의 경우에는 헌법소원의 대상이 된다고 함에 반하여, 권영성, 헌법재판의 활성화방안, 서울대법학연구소, 1988, 50쪽은 헌법 제107조 제2항의 명문규정상 명령·규칙은 헌법재판소의 관할에서 제외되어야 한다고 한다.

472) 허영, (주 15), 959쪽.

473) 김철수, (주 20), 1354·1355쪽은 "현행헌법 제68조 제1항은 법원의 재판에 대해서는 소원할 수 없도록 명문으로 금지하고 있다. 그러나 이는 문제가 많은 것으로 학자들에 의해 비판되어 왔다"고 하고, 권영성, (주 19), 1119쪽은 "아무튼 헌법재판소법 제68조 제1항이 법원의 재판을 헌법소원심판대상에서 제외하고 있고 또한 다른 법률에 구제절차가 있는 경우에는 그 절차를 모두 거친 경우라야 헌법소원심판을 청구할 수 있도록 규정하고 있는 것은 헌법소원사항을 지나치게 제한한 규정으로서 헌법소원제도의 기능을 반감시킨 것이라는 비판이 없지 아니하다. 현행헌법상 다른 법률에 그 구제절차가 규정되어 있는 사항은 대법원을 최종심으로 하고 있고 법원의 재판은 헌법소원의 대상에서 제외되고 있기 때문이다"라고 적고 있다.

474) 허영, 헌법소원제도의 이론과 우리 제도의 문제점, 고시연구(1989. 4.), 51쪽 이하(58쪽).

475) 김철수, (주 20), 1298쪽; 권영성, (주 19), 1074쪽.

원의 재판을 제외하고는"이라는 표현을 삭제하는 것이 가장 바람직하다고 할 수 있다. 그러나 문제는 그 때까지 현행헌법질서 내에서 헌법재판소와 대법원의 관계를 어떻게 해석하여야 할 것인가 하는 것이다. 이 문제는 매우 복잡한 문제이기 때문에 여기서는 간단하게 결론만 말하기로 한다.

우선, 헌법 제107조 제2항과 관련해서는 다음과 같은 이야기를 할 수 있다. 우리 헌법질서 내에서 재판작용은 사실심과 법률심 그리고 헌법심으로 분류할 수 있으며, 사실심과 법률심에 있어서는 분명히 3심제를 원칙으로 하고 사실심과 법률심에 관한 법인식작용에서는 대법원을 최고법원으로 하고 있다. 그러나 헌법심을 본질로 하는 헌법재판은 심급의 문제와는 다른 목적을 추구하는 헌법인식기능이며, 또 헌법재판소의 지위는 대법원을 정점으로 하는 사법부의 조직과는 다른 차원에서 이해되어야 한다.[476] 따라서 「최고법원인 대법원」(제101조 제2항)과 「최종적」(제107조 제2항)이라는 규정의 뜻은 사법부 내에서의 대법원의 위상을 명확히 한 것이지, 헌법보호적인 헌법인식기능을 하는 헌법재판을 포함하는 모든 재판작용에 있어서의 대법원의 지위를 분명히 한 것이라고 볼 수는 없다. 곧 과거의 헌법들에서와 같이 대법원에 법률에 대한 실질적 합헌성판단권이 부여되어 있어서 사실심, 법률심 및 헌법심에 대한 사실상의 모든 권한을 대법원이 가지고 있었던 때의 대법원의 지위를 현행헌법질서 내에서 고집할 수는 없는 일이다. 현행헌법은 헌법인식기능과 헌법을 제외한 법인식작용을 구별하고 있으며, 전자의 기능은 원칙적으로 헌법재판소에, 후자의 기능은 대법원을 정점으로 하는 사법부에 부여하고 있는 것이다. 이렇게 해석한다면 위헌명령·규칙심사권은 원칙적으로 헌법재판소의 권한에 속하나, 예외적으로 위헌명령·규칙이 재판의 전제가 되는 경우에 한하여 대법원이 사법부 내에서 최종적으로 심사할 권한을 가진다고 헌법 제107조 제2항을 해석할 수 있다. 따라서 이러한 예외적인 경우를 제외하고는 위헌명령·규칙에 대한 심판권은 헌법재판소에 있으며, 그 결과 명령·규칙이 직접 국민의 기본권을 침해하는 경우에는 헌법소원의 대상이 될 수 있음은 당연하다 하겠다.[477]

다음으로, 법원의 재판을 헌법소원심판의 대상에서 제외하고 있는 헌법재판소법 제68조 제1항 본문은 위헌이다. 그 이유는 다음과 같다. 첫째, 동조항은 행정쟁송제도와 규범통제제도가 각각 행정권에 의한 기본권침해와 입법권침해에

476) 허영, (주 473), 58쪽.

477) 더 자세한 것은 홍성방, 헌법 제107조와 헌법소원, 한국공법학회 제12회 월례발표회 (1990. 11. 24.), 13쪽 이하 참조.

대한 방어수단으로 발전되어 온 것임에 반하여, 헌법소원제도는 사법권에 의한 기본권침해에 대한 방어수단으로 고안된 것이라는 헌법소원의 유래와 본질을 무시 또는 간과한 규정이다. 둘째, 동조항이 법원의 재판을 헌법소원의 대상에서 제외함으로써 입법작용에 의한 기본권침해의 경우와 예컨대 재판을 거부하거나 재판을 지지부진하게 하여 국민의 신속한 재판을 받을 권리(제27조 제3항)를 침해한 때 그리고 법률의 위헌여부심판의 제청신청이 기각된 때(헌법재판소법 제68조 제2항)를 제외하고는 사법작용과 행정작용에 의한 기본권침해에 대한 구제가 불가능하게 되었다. 그 결과 헌법재판소법 제68조 제1항 본문은 헌법 제27조 제1항에 의하여 보장된 재판청구권을 합리적 이유 없이 과도하게 침해하고 있다.

2. 憲法裁判所의 構成과 組織

(1) 憲法裁判所의 構成

748. 헌법재판소의 구성에 대한 헌법규정: 헌법 제111조

헌법은 헌법재판소의 구성과 관련하여 제111조에 3개항을 두고 있다. "헌법재판소는 법관의 자격을 가진 9인의 재판관으로 구성하며, 재판관은 대통령이 임명한다"(제111조 제2항). "제2항의 재판관 중 3인은 국회에서 선임하는 자를, 3인은 대법원장이 지명하는 자를 임명한다"(제111조 제3항). "헌법재판소의 장은 국회의 동의를 얻어 재판관 중에서 대통령이 임명한다"(제111조 제4항).

(2) 憲法裁判所의 組織

1) 조직일반

749. 헌법재판소의 조직일반

"헌법재판소의 조직과 운영 기타 필요한 사항은 법률로 정한다"(제113조 제3항). 이에 따라 헌법재판소법이 제정되어 있다. 동법에 따르면 헌법재판소는 헌법재판소장, 헌법재판소재판관, 재판관회의 및 보조기관으로 조직되어 있다.

2) 헌법재판소의 장

750. 헌법재판소의 장

헌법재판소의 장은 국회의 동의를 얻어 재판관 중에서 대통령이 임명한다(제111조 제4항, 동법 제12조 제2항). 헌법재판소장은 헌법재판소를 대표하고, 사무를 총괄하며, 소속공무원을 지휘·감독한다(동법 제12조 제3항). 헌법재판소장이 궐위되거나 사고로 인하여 직무를 수행할 수 없을 때에는 다른 재판관이 헌

법재판소규칙이 정하는 순서에 의하여 그 권한을 대행한다(동법 제12조 제4항). 헌법재판소장의 정년은 70세이며(동법 제7조 제2항 단서), 보수와 대우는 대법원장에 준한다(동법 제15조 제1항).

3) 헌법재판소재판관

① 임용자격

751. 헌법재판소재판관의 임용자격

헌법재판소 재판관으로 임용되려면 법관의 자격을 가진 자로서(제111조 제2항) 15년 이상 다음의 직에 있었던 40세 이상자이어야 한다. i) 판사·검사·변호사, ii) 변호사의 자격이 있는 사람으로서 국가기관, 국·공영기업체, 「공공기관의 운영에 관한 법률」 제4조에 따른 공공기관 또는 그 밖의 법인에서 법률에 관한 사무에 종사한 사람, iii) 변호사의 자격이 있는 사람으로서 공인된 대학의 법률학 조교수 이상의 직에 있던 사람(동법 제5조 제1항).

② 직무·임기·신분보장·보수 등

752. 헌법재판소재판관의 직무·임기·신분보장·보수 등

재판관은 헌법과 법률 그리고 양심에 따라 독립하여 심판한다(동법 제4조). 헌법재판소재판관의 임기는 6년으로 연임할 수 있다(제112조 제1항, 동법 제7조 제1항). 헌법재판소재판관은 정당에 가입하거나 정치에 관여할 수 없고(제112조 제2항, 동법 제9조), 각급의회의 의원직 그 밖의 공무원직·법인과 단체의 고문·임원 등의 직을 겸하거나 영리를 목적으로 하는 사업을 영위할 수 없는 대신(동법 제14조), 탄핵 또는 금고 이상의 형의 선고에 의하지 아니하고는 파면되지 아니한다(제112조 제3항, 동법 제8조). 헌법재판소재판관의 정년은 65세이며(동법 제7조 제2항), 보수와 대우는 대법관에 준한다(동법 제15조 제1항).

4) 재판관회의

① 구성 및 의사

753. 헌법재판소재판관회의의 구성 및 의사

재판관회의는 재판관 전원으로 구성하며, 의장은 헌법재판소장이 된다(동법 제16조 제1항). 재판관회의는 7인 이상의 출석과 출석인원 과반수의 찬성으로 의결한다(동법 제16조 제2항). 의장은 의결에서 표결권을 가진다(동법 제16조 제3항).

② 필수적 의결사항

754. 헌법재판소재판관회의의 필수적 의결사항

다음 사항은 반드시 재판관회의의 의결을 거쳐야 한다. i) 헌법재판소규칙의 제정과 개정, 입법의견의 제출에 관한 사항 등에 관한 사항. ii) 예산요구, 예비금지출과 결산에 관한 사항. iii) 사무처장, 사무차장, 헌법재판연구원장, 헌법연

구관 및 3급 이상 공무원의 임면에 관한 사항. iv) 특히 중요하다고 인정되는 사항으로서 헌법재판소장이 부의하는 사항(동법 제16조 제4항).

5) 보조기관

헌법재판소의 보조기관으로 헌법재판소의 행정사무를 처리하는 사무처와 헌법재판소장의 명을 받아 사건의 심리와 심판에 관한 조사·연구에 종사하는 헌법연구관과 헌법연구관보 그리고 헌법재판연구원이 있다. 헌법연구관은 특정직공무원으로 하며, 헌법연구관보는 별정직공무원으로 한다(동법 제19조, 제19조의 2). 또한 사건의 심리 및 심의에 관한 전문적인 조사·연구에 종사하는 헌법연구위원을 둘 수 있으며, 헌법연구위원은 2급 또는 3급 상당의 별정직 또는 계약직 공무원으로 한다(동법 제19조의3). 그리고 헌법 및 헌법재판 연구와 헌법연구관, 사무처 공무원 등의 교육을 위하여 헌법재판소에 헌법재판연구원을 둔다. 헌법재판연구원은 원장 1명을 포함하여 40명 이내의 정원으로 하고, 원장은 헌법연구관 또는 1급인 일반직국가공무원으로 임명한다(동법 제19조의4).

第3節 憲法裁判所의 一般審判節次

1. 槪 觀

755. 헌법재판소의 일반심판절차 개관

헌법은 헌법재판소의 심판절차에 대해서는 "헌법재판소에서 법률의 위헌결정, 탄핵의 결정, 정당해산의 결정 또는 헌법소원에 관한 인용결정을 할 때에는 재판관 6인 이상의 찬성이 있어야 한다"(제113조 제1항)고만 규정하고 있을 뿐, 나머지 사항에 대해서는 법률에 위임하고 있다. 이에 따라 헌법재판소법이 제정되어 있다. 헌법재판소법은 심판절차를 일반심판절차와 특별심판절차로 나누고 있다. 헌법재판소법에 규정이 없는 경우에는 헌법재판의 성질에 반하지 아니하는 한도 내에서 민사소송에 관한 법령을 준용하며, 여기에 탄핵심판의 경우에는 형사소송에 관한 법령을, 권한쟁의심판과 헌법소원심판의 경우에는 행정소송법을 함께 준용하도록 하고 있다(동법 제40조 제1항).

판례: 〈불기소처분취소(심판종료선언)〉 "헌법재판소법이나 행정소송법에 헌법소원심판청구의 취하와 이에 대한 피청구인의 동의나 그 효력에 관하여 특별한 규정이 없으므로, 소의 취하에 관한 민사소송법 제239조는 검사가 한 불기소처분의 취소를

구하는 헌법소원심판절차에 준용된다고 보아야 한다. 따라서 청구인들이 헌법소원심판청구를 취하하면 헌법소원심판절차는 종료되며, 헌법재판소로서는 헌법소원심판청구가 적법한 것인지 여부와 이유가 있는 것인지 여부에 대하여 판단할 수 없게 된다."(헌재 1995. 12. 15. 95헌마221 등 병합결정)

헌법재판의 일반심판절차는 심판과 결정의 두 단계로 나누어진다.

2. 審 判

(1) 審判主體와 當事者

1) 심판의 주체

756. 헌법재판의 심판주체

원칙적으로 재판관 전원으로 구성되는 재판부에서 관장하며, 재판장은 헌법재판소장이 된다(동법 제22조). 그러나 헌법소원의 경우 사전심사를 위하여 재판관 3인으로 구성되는 지정재판부를 둘 수 있다(동법 제72조 제1항). 이는 남소를 예방하고, 기본권보장에 신속·철저를 기하기 위한 것이다. 재판관이 헌법재판소법 제24조에 규정된 제척·기피·회피사유에 해당되는 경우에는 당해 직무집행에서 배제된다.

2) 당사자와 소송대리인

757. 헌법재판의 당사자와 소송대리인

정부가 당사자인 경우 법무부장관이 정부를 대표한다. 특히 사인의 경우 변호사강제주의를 채택하고 있다(동법 제25조 제3항). 따라서 변호사강제주의가 적용되는 것은 사인이 당사자가 되는 탄핵심판과 헌법소원심판이다.[478]

판례: 〈헌법재판소법 제25조 제3항에 관한 헌법소원(기각)〉 "변호사강제주의는 재판업무에 분업화원리의 도입이라는 긍정적 측면 외에도, 재판을 통한 기본권의 실질적 보장, 사법의 원활한 운영과 헌법재판의 질적 개선, 재판심리의 부담경감 및 효율화, 사법운영의 민주화 등 공공복리에 그 기여도가 크다 하겠고, 그 이익은 변호사선임 비용지출을 하지 않는 이익보다는 크다고 할 것이며, 더욱이 무자력자에 대한 국선대리인제도라는 대상조치가 별도로 마련되어 있는 이상 헌법에 위배된다고 할 수 없다."(헌재 1990. 9. 3. 89헌마120 등 병합결정)

판례: 〈불기소처분취소(기각)〉 "변호사강제주의를 채택하고 있는 것은 재판을 통한

---

478) 헌재 1990. 9. 3. 89헌마120 등 병합결정〈헌법재판소법 제25조 제3항에 관한 헌법소원(기각)〉.

기본권의 실질적 보장, 사법의 원활한 운영과 헌법재판의 질적 개선, 재판심리의 부담경감 및 효율화, 그리고 사법운영의 민주화를 도모하기 위한 것이다."(헌재 1996. 10. 4. 95헌마70 결정)

(2) 審　理

1) 심판청구와 답변

758. 헌법재판소에 대한 심판청구와 답변

헌법재판소에 심판청구를 하려면 심판청구서를 제출하여야 한다. 단, 위헌법률심판의 경우에는 법원의 제청서, 탄핵심판의 경우에는 국회의 소추의결서의 정본으로 이를 갈음한다(동법 제26조 제 1 항). 헌법재판소가 청구서를 접수한 때에는 지체없이 그 등본을 피청구기관 또는 피청구인에게 송달하여야 한다(동법 제27조 제 1 항). 청구서의 송달을 받은 피청구인은 그에 대응하는 답변서를 제출할 수 있다(동법 제29조 제 1 항).

2) 심리정족수

759. 헌법재판의 심리정족수

재판부는 재판관 7인 이상의 출석으로 사건을 심리한다(동법 제23조 제 1 항).

3) 심리방식

760. 헌법재판의 심리방식

탄핵심판, 정당해산심판, 권한쟁의심판은 구두변론에 의하고(동법 제30조 제 1 항), 위헌법률심판, 헌법소원심판은 서면심리에 의한다(동법 제30조 제 2 항 본문). 다만 재판부는 필요하다고 인정하는 경우에는 변론을 열어 당사자·이해관계인 그 밖에 참고인의 진술을 들을 수 있다(동법 제30조 제 2 항 단서). 서면심리는 합목적성심사가 아닌 합법성여부만을 심사한다. 곧 법률의 형식적 합법성(성립·발효절차)과 실질적 합법성(내용)만을 심사한다.

4) 가 처 분

761. 헌법재판과 가처분절차

정당해산심판과 권한쟁의심판의 경우에는 가처분결정을 할 수 있다(동법 제57조, 제65조). 그러나 헌법재판소는 헌법소원심판과 위헌법률심판에도 가처분이 허용된다고 한다.

판례: 〈직접처분 효력정지 가처분신청(인용)〉 "권한쟁의심판에서의 가처분결정은 피청구기관의 처분 등이나 그 집행 또는 절차의 속행으로 인하여 생길 회복하기 어려운 손해를 예방할 필요가 있거나 기타 공공 복리상의 중대한 사유가 있어야 하고 그 처분의 효력을 정지시켜야 할 긴급한 필요가 있는 경우 등이 그 요건이 되고,

본안사건이 부적합하거나 이유없음이 명백하지 않는 한, 가처분을 인용한 뒤 종국결정에서 청구가 기각되었을 때 발생하게 될 불이익과 가처분을 기각한 뒤 청구가 인용되었을 때 발생하게 될 불이익에 대한 비교형량을 하여 행한다."(헌재 1999. 3. 25. 98헌사98 결정)

판례: 〈효력정지 가처분 신청(인용)〉 "헌법재판소법은 정당해산심판과 권한쟁의심판에 관해서만 가처분에 관한 규정(같은 법 제57조 및 제65조)을 두고 있을 뿐, 다른 헌법재판절차에 있어서도 가처분이 허용되는가에 관하여는 명문의 규정을 두고 있지 않다. 그러나 위 두 심판절차 이외에 같은 법 제68조 제1항 헌법소원심판절차에 있어서도 가처분의 필요성은 있을 수 있고, 달리 가처분을 허용하지 아니할 상당한 이유를 찾아볼 수 없으므로 위 헌법소원심판청구사건에서도 가처분이 허용된다고 할 것이다."(헌재 2000. 12. 8. 2000헌사471 결정)

판례: 〈법률의 위헌확인에서 가처분신청(인용)〉 "기간임용제 교원 재임용탈락의 당부에 대하여 다시 심사할 수 있도록 하면서, 재임용 탈락이 부당하였다는 결정에 대하여 청구인(학교법인)은 소송으로 다투지 못하도록 하고 있는 대학교원 기간임용제 탈락자 구제를 위한 특별법 제9조 제1항의 효력을 가처분으로 정지시켜야 할 필요성이 있다."(헌재 2006. 2. 23. 2005헌사75 결정)

(3) 審　判

1) 심판의 원칙

762. 헌법재판의 심판원칙: 1) 공개주의, 2) 일사부재리의 원칙, 3) 심판비용국가부담주의

① 공개주의

구두변론의 경우 심판의 변론과 결정의 선고는 공개한다. 그러나 서면심리와 평의는 공개하지 아니한다(동법 제34조 제1항). 또한 심리는 국가의 안전보장 또는 안녕질서나 선량한 풍속을 해할 염려가 있을 때에는 헌법재판소의 결정으로 공개하지 아니할 수 있다(동법 제34조 제2항, 법원조직법 제57조 제1항).

② 일사부재리의 원칙

헌법재판소는 이미 심판을 거친 동일사건에 대하여는 다시 심판할 수 없다(동법 제39조).

③ 심판비용국가부담주의

심판비용은 국가가 부담함을 원칙으로 한다(동법 제37조 제1항). 그러나 당사자의 신청에 따른 증거조사의 비용은 신청인에게 부담시킬 수 있으며(동법 제37조 제1항 단서), 헌법소원의 경우에는 신청인에게 공탁금 납부를 명할 수 있다(동법 제37조 제2항).

2) 심판의 기간

헌법재판소는 청구서를 접수한 날로부터 180일 이내에 종국 결정을 선고하여야 한다. 그러나 재판관의 궐위로 7인의 출석이 불가능한 때에는 그 궐위된 기간은 심판기간에 산입하지 아니한다(동법 제38조). 그러나 헌법재판소는 이 규정을 훈시규정으로 보고 있다.

763. 헌법재판의 심판기간

3) 증거조사와 조회

재판부는 사건의 심리를 위하여 필요하다고 인정하는 때에는 당사자의 신청에 따라 또는 직권에 의하여 증거조사를 할 수 있다(동법 제31조). 또한 결정으로 다른 국가기관 등에 대하여 심판에 필요한 사실을 조회하거나 기록의 송부나 자료의 제출을 요구할 수 있다(동법 제32조).

764. 헌법재판에 있어서의 증거조사와 조회

4) 심판의 지휘와 심판정의 질서유지

재판장은 심판정의 질서와 변론의 지휘 그리고 평의의 정리를 담당한다(동법 제35조 제2항).

765. 헌법재판에 있어서 지휘와 심판정의 질서유지

3. 決　定

재판부가 심리를 마친 때에는 종국결정을 한다(동법 제36조 제1항).

(1) 定 足 數

재판부는 종국심리에 관여한 재판관 과반수의 찬성으로 결정한다. 다만 법률의 위헌결정, 탄핵결정, 정당해산결정, 헌법소원에 관한 인용결정, 헌법재판소의 판례변경을 위해서는 재판관 6인 이상의 찬성이 있어야 한다(제113조 제1항, 동법 제23조 제2항 단서).

766. 헌법재판의 결정정족수

(2) 決 定 書

결정서에는 사건번호와 사건명, 당사자와 심판수행자 또는 대리인, 주문, 이유, 결정일자를 기재한 후 심판에 관여한 재판관 전원이 서명·날인하여야 한다(동법 제36조 제2항). 심판에 관여한 재판관은 결정서에 의견을 표시하여야 한다(동법 제36조 제3항).

767. 헌법재판의 결정서의 기재내용

판례: 〈국회의원선거법 제33조, 제34조의 위헌심판(위헌=헌법불합치)〉 "재판주문을 어떻게 내느냐의 주문의 방식문제는 민사소송에서 그러하듯 헌법재판에 대하여서도 아무런 명문의 규정이 없으며, 따라서 재판의 본질상 주문을 어떻게 표시할 것인지는 재판관의 재량에 일임된 사항이라 할 것이다."(헌재 1989. 9. 8. 88헌가6 결정)

(3) 決定의 類型

768. 헌법재판의 결정유형

심판청구가 적법하고 이유가 있을 경우에는 인용결정을 하고, 심판청구가 부적법할 경우에는 각하결정을 하며, 심판청구가 적법하지만 이유가 없을 경우에는 기각결정을 한다. 그러나 위헌법률심판의 경우에는 합헌결정과 위헌결정 그리고 변형결정을 한다.[479]

(4) 決定書의 送達

769. 헌법재판의 결정서송달

종국결정이 선고되면 서기는 지체 없이 결정서 정본을 작성하여 이를 당사자에게 송달하여야 한다(동법 제36조 제4항).

(5) 決定의 公示

770. 헌법재판결정의 공시

종국결정은 관보에 게재하거나 그 밖의 방법으로 이를 공시한다(동법 제36조 제5항).

4. 再 審

771. 재심

재심이란 확정된 종국결정에 재심사유에 해당하는 중대한 하자가 있는 경우에 그 결정의 취소와 이미 종결되었던 사건의 재심판을 구하는 비상의 불복신청방법이다.

헌법재판소 결정에 대한 재심의 허용 여부에 관하여 헌법재판소법은 명시적 규정을 두고 있지 않다. 헌법재판소는 재심의 허용 여부 내지 허용 정도는 심판절차의 종류에 따라 개별적으로 판단되어야 한다고 한다.[480] 그에 따라 헌법재

---

479) 우리 헌법소에서 사용하고 있는 사건부호는 다음과 같다. ① 헌가 — 위헌법률심판, ② 헌나-탄핵심판사건, ③ 헌다 — 정당해산심판사건, ④ 헌라 — 권한쟁의심판사건, ⑤ 헌마 — 헌법재판소법 제68조 제1항에 의한 헌법소원심판사건(권리구제형헌법소원사건), ⑥ 헌바 — 헌법재판소법 제68조 제2항에 의한 헌법소원심판사건(위헌심사형헌법소원사건), ⑦ 헌사 — 각종신청사건(국선대리인선임신청, 가처분신청, 기피신청 등), ⑧ 헌아 — 각종 특별사건(재심 등).

480) 헌재 1995. 1. 20. 93헌아1 결정〈불기소처분취소(각하)〉.

판소는 헌법재판소법 제68조 제 2 항의 위헌심사형 헌법소원의 경우에는 재심을 부정하였다. 헌법재판소법 제68조 제 1 항의 권리구제형 헌법소원의 경우에도 초기에는 판단유탈은 재심사유가 되지 않는다고 하였으나, 이내 판례를 변경하여 판단유탈도 재심사유로 인정하였다.[481)]

판례: 〈민사소송법 제118조에 대한 헌법소원(각하)〉 "재심을 허용하지 아니함으로써 얻을 수 있는 법적 안정성의 이익이 재심을 허용함으로써 얻을 수 있는 구체적 타당성의 이익보다 훨씬 높을 것으로 쉽사리 예상할 수 있고, 따라서 헌법재판소의 이러한 결정에는 재심에 의한 불복방법이 그 성질상 허용될 수 없다고 보는 것이 상당하다."(헌재 1992. 6. 26. 90헌아1 결정)

판례: 〈불기소처분취소(각하)〉 "헌법재판소의 결정에 대한 재심은 재판부의 구성이 위법한 경우 등 절차상 중대하고도 명백한 위법이 있어서 재심을 허용하지 아니하면 현저히 정의에 반하는 경우에 한하여 제한적으로 허용될 수 있을 뿐이고 … 판단유탈은 재심사유가 되지 아니한다."(헌재 1995. 1. 20. 93헌아1 결정)

판례: "헌법재판소법 제68조 제 1 항에 의한 헌법소원 중 법령에 대한 헌법소원의 경우 헌법재판소의 인용(위헌)결정은 일반적 기속력과 대세적·법규적 효력을 가지는 것이므로 그 효력 면에서 같은 법 제68조 제 2 항에 의한 헌법소원에 있어서 그 인용결정은 위헌법률심판의 경우와 마찬가지로 일반적 기속력과 대세적·법규적 효력을 가지며, 위헌법률심판을 구하는 헌법소원에 대한 헌법재판소의 결정에 대하여는 재심을 허용하지 아니함으로써 얻을 수 있는 법적 안정성의 이익이 재심을 허용함으로써 얻을 수 있는 구체적 타당성의 이익보다 훨씬 높을 것으로 쉽사리 예상할 수 있으므로 헌법재판소의 이러한 결정에는 재심에 의한 불복방법이 그 성질상 허용될 수 없다고 보는 것이 상당하다. 그렇다면 헌법재판소법 제68조 제 1 항에 의한 헌법소원 중 법령에 대한 헌법소원은 위 같은 법 제68조 제 2 항에 의한 헌법소원의 경우와 동일한 근거로써 재심을 허용하지 아니함이 상당하다."(헌재 2006. 9. 26. 2006헌아37 결정)

第 4 節　違憲法律審判

1. 違憲法律審判의 類型

772. 위헌법률심판의 유형

위헌법률심판에는 법원의 제청에 의한 위헌법률심판(헌가형)과 헌법재판소법

481) 헌재 2001. 9. 27. 2001헌아3 결정〈불기소처분취소(기각)〉.

제68조 제2항의 헌법소원심판(위헌심사형 헌법소원심판, 헌바형)[482]이 있다.

2. 法院의 提請에 의한 違憲法律審判

(1) 違憲法律審判의 提請

1) 제청권자

773. 위헌법률심판의 제청권자: 당해사건의 담당법원

법률이 헌법에 위반되는 여부가 재판의 전제가 되는 경우 법원의 제청에 의하여 헌법재판소가 법률의 위헌여부를 심판한다(제107조 제1항). 영장담당법원과 군사법원을 포함하는 모든 법원에게 위헌법률심판청구권이 있으며, 제청은 당사자의 신청 또는 직권에 의하여 당해사건을 담당하는 법원이 한다(헌법재판소법 제41조 제1항).

판례: 〈형사소송법 제97조 제3항 위헌제청(부분위헌)〉 "헌법 제107조 제1항, 헌법재판소법 제41조, 제43조 등의 규정취지는 법원은 문제되는 법률조항이 담당법관 스스로의 법적 견해에 의하여 단순한 의심을 넘어선 합리적인 위헌의 의심이 있으면 위헌여부심판을 제청을 하라는 취지이다. 따라서 헌법재판소로서는 제청법원의 이 고유판단을 될 수 있는 대로 존중하여 제청신청을 받아들여 헌법판단을 하는 것이다."(헌재 1993. 12. 23. 93헌가2 결정)

소송당사자의 신청이 있는 경우에는 법원은 결정으로써 심판을 제청할 수도 있고 그 신청을 기각할 수도 있다. 당사자의 위헌법률심판제청신청에 대한 법원의 기각결정에 대해서는 항고할 수 없고(동법 제41조 제4항), 신청당사자가 헌법재판소에 위헌심사형 헌법소원을 청구할 수 있을 뿐이다(동법 제68조 제2항).

2) 위헌법률심판제청권의 성격

774. 위헌법률심판제청권은 합헌결정권을 포함한다

법원의 위헌법률심판제청권에 법률의 합헌결정권(합헌판단권)이 포함되는가와 관련하여 대법원과 헌법재판소 그리고 학자들 사이에 견해가 나누어져 있다. 합헌결정권이 포함되어 있다는 견해는 i) 사법권의 본질상 법률의 효력에 대한 심사권은 법관의 고유권한이며, ii) 헌법재판소법 제43조 제4호가 법원이 위헌심판제청을 할 때에 제청서에 위헌이라고 해석되는 이유를 기재하도록 규정하고

---

482) 헌법재판소는 이를 '이른바 위헌소원'으로 표현하고 있다〈헌재 1993. 7. 29. 90헌바35 결정(반국가행위자의처벌에관한특별조치법 제5조 및 헌법재판소법 제41조 등에 대한 헌법소원 — 위헌)〉.

있을 뿐만 아니라 iii) 헌법재판소법 제68조 제２항이 당사자의 제청신청이 기각된 때에는 당사자로 하여금 헌법재판소에 직접 헌법소원심판을 제기할 수 있도록 하고 있는 점 등을 그 논거로 든다.483)

그에 반하여 합헌결정권이 포함되어 있지 않다는 견해는 i) 현행헌법은 구 헌법 제108조 제１항의 '법률이 헌법에 위반되는 것으로 인정할 때'라는 문구를 삭제하였고, ii) 구 헌법 당시 하급법원의 위헌심사제청에 대한 실질적 심사권을 대법원에 부여하였던 헌법위원회법 제15조 제２항과 법원조직법 제７조 제１항 제４호를 현행헌법에서는 삭제하였다는 점을 그 논거로 든다.484)

이 중에서 법원에 합헌판단권이 있다는 견해가 다수설이며,485) 또한 옳다고 생각한다. 왜냐하면 법률의 합헌결정권은 헌법과 법률에 의하여 그 양심에 따라 독립하여 심판하는 법관(제103조)의 당연한 권한이기 때문이다.486) 그렇다고 하더라도 법원은 조금이라도 위헌의 의심이 있는 경우에는 헌법해석의 통일성을 위하여 위헌제청심판을 해야 할 것이며, 결코 합헌·기각결정을 해서는 안 될 것이다.487)

3) 제청요건

위헌법률심판을 신청하려면 재판의 전제성을 갖추어야 한다.

775. 위헌법률심판제청의 요건: 재판의 전제성

판례: 〈국가보위입법회의법 등의 위헌 여부에 관한 헌법소원(일부인용, 일부각하)〉
"위헌법률심판에 있어서 문제된 법률이 재판의 전제가 된다 함은 우선 그 법률이 당해 본안사건에 적용될 법률이어야 하고 또 그 법률이 위헌일 때는 합헌일 때와 다른 판단을 할 수밖에 없는 경우 즉 판결주문이 달라질 경우를 뜻한다고 할 것이고 그 법률이 현재 시행중인가 또는 이미 폐지된 것인가를 의미하는 것은 아니다." (헌재 1989. 12. 18. 89헌마32 등 병합결정)

① 재　　판

헌법재판소법 제41조 제１항에서 말하는 재판이란 형식과 심급을 불문한 모든 법원의 재판을 말한다. 곧 판결과 결정, 명령이 포함되며,488) 또한 종국판

483) 대법원 1974. 2. 27. 74두20 결정.
484) 헌재 1993. 7. 29. 90헌바35 결정 참조.
485) 김철수, (주 20), 1215쪽; 권영성, (주 19), 1037쪽; 허영, (주 15), 804쪽, 959쪽.
486) 허영, (주 15), 804쪽.
487) 김철수, (주 20), 1215쪽; 권영성, (주 19), 1038쪽.
488) 헌재 1994. 2. 24. 91헌가3 결정〈인지첩부및공탁제공에관한특례법 제２조에 대한 위헌심판(합헌)〉.

결뿐만 아니라 형사소송법 제201조에 의한 지방법원판사의 영장발부에 관한 재판도 포함된다.

판례: 〈형법 제241조에 관한 위헌심판(합헌)〉 "위헌심판의 제청에 관하여 규정하고 있는 헌법재판소법 제41조 제1항의 '재판'에는 종국판결뿐만 아니라 형사소송법 제201조에 의한 지방법원판사의 영장발부 여부에 관한 재판도 포함된다."(헌재 1993. 3. 11. 90헌가70 결정)

판례: 〈형사소송법 제221조의2 위헌소원(위헌)〉 "재판의 전제성에서의 재판이라 함은 판결·결정·명령 등 그 형식 여하와 본안에 관한 재판이거나 소송절차에 관한 재판이거나를 불문하며(헌재 1994. 2. 24. 91헌가3), 심급을 종국적으로 종결시키 는 종국재판뿐만이 아니라 중간재판도 이에 포함된다고 할 것이다."(헌재 1996. 12. 26. 94헌바1 결정)

② 전 제 성

776. 위헌법률심판제청의 요건으로서의 재판의 전제성의 충족요건

재판의 전제성이 충족되기 위해서는 구체적 사건성, 당사자적격, 소의 이익 등 사법권발동의 요건을 충족해야 할 뿐만 아니라, 그 밖에도 다음과 같은 세 가지 조건을 충족해야 한다. i) 구체적 사건이 법원에 계속되어 있거나 계속중이어야 한다. ii) 위헌여부가 문제되는 법률이 당해소송사건의 재판에 적용되는 것이어야 한다.[489] iii) 그 법률이 헌법에 위반되는지 여부에 따라 당해사건을 담당한 법원이 다른 내용의 재판을 하게 되는 경우이어야 한다.[490] 이 때 다른 내용의 재판을 하게 되는 경우란 i) 원칙적으로 제청법원이 심리중인 당해사건의 재판의 결론이나 주문에 어떠한 영향을 주는 것뿐만이 아니라 ii) 문제된 법률의 위헌여부가 비록 재판의 주문 자체에는 영향을 주지 않는다고 하더라도 재판의 결론을 이끌어내는 이유를 달리하는 데 관련이 있거나 또는 iii) 재판의 내용과 효력에 관한 법률적 의미가 전혀 달라지는 경우를 말한다.

판례: 〈청소년의성보호에관한법률 제2조 제3호 등 위헌제청(합헌)〉 "이 사건 법률 제2조 제3호 및 제8조 제1항의 '청소년이용음란물'이 실제인물인 청소년이 등장하는 음란물을 의미하고 단지 만화로 청소년을 음란하게 묘사한 당해 사건의 공소사실을 규율할 수 없다고 본다면 위 각 규정은 당해 사건에 적용될 수 없어 일

---

489) 판례: 그러나 헌법재판소는 〈청소년의성보호에관한법률 제2조 제3호 등 위헌제청(합헌)〉사건에서 청소년의성보호에관한법률 제2조 제3호 및 제8조 제1항이 당해 형사사건의 공소사실에 적용될 수 없음에도 재판의 전제성을 긍정하였다(헌재 2002. 4. 25. 2001헌가27 결정).

490) 헌재 1992. 12. 24. 92헌가8 결정〈형사소송법 제331조 단서규정에 대한 위헌심판(위헌)〉.

응 재판의 전제성을 부인하여야 할 것으로 보이나, 아직 법원에 의하여 그 해석이 확립된 바 없어 당해 형사사건에서의 적용 여부가 불명인 상태에서 검사가 그 적용을 주장하며 공소장에 적용법조로 적시하였고, 법원도 적용가능성을 전제로 재판의 전제성을 긍정하여 죄형법정주의 위반 등의 문제점을 지적하면서 위헌법률심판제청을 하여온 이상, 헌법재판소로서는 그 법령을 해석하여 이에 대한 판단을 하여야 하고 법원은 그 판단을 전제로 당해 사건을 재판하게 되는 것이므로, 위 각 규정은 그 해석에 의하여 당해 형사사건에의 적용 여부가 결정된다는 측면에서 재판의 전제성을 인정하여야 한다."(헌재 2002. 4. 25. 2001헌가27 결정)

재판의 전제성에 대하여 대법원과 헌법재판소는 정의를 달리한다.[491)]

판례: 〈형사소송법 제331조 단서규정에 대한 위헌심판(위헌)〉 "헌법 제107조 제1항의 재판의 전제성이라 함은 첫째, 구체적인 사건이 법원에 계속중이어야 하고, 둘째, 위헌 여부의 문제가 되는 법률이 당해 소송사건의 재판과 관련하여 적용되는 것이어야 하며, 셋째, 그 법률이 헌법에 위반되는지의 여부에 따라 당해 사건을 담당한 법원이 다른 내용의 재판을 하게 되는 경우를 말한다. 한편 법률의 위헌여부에 따라 법원이 다른 내용의 재판을 하게 되는 경우라 함은 ① 원칙적으로 제청 법원이 심리중인 당해 사건의 재판의 결론이나 주문에 어떠한 영향을 주는 것뿐만이 아니라, ② 문제된 법률의 위헌 여부가 비록 재판의 주문 자체에는 아무런 영향을 주지는 않는다 하더라도 재판의 결론을 이끌어내는 이유를 달리하는 데 관련되어 있거나 또는 ③ 재판의 내용과 효력에 관한 법률적 의미가 전혀 달라지는 경우를 말한다."(헌재 1992. 12. 24. 92헌가8 결정)

판례: "법원이 어떤 법률을 위헌제청하기 위하여는 당해 법률이 헌법에 위반되는지 여부가 재판의 전제가 되어야만 하는데, 여기서 재판의 전제가 된다고 하기 위하여는 우선 그 법률이 헌법에 위반되는지의 여부에 따라 당해 사건을 담당하는 법원이

491) 재판의 전제성에 대하여 대법원과 헌법재판소의 정의 차이에서 오는 결과는 다음과 같다. 첫째, '다른 내용의 재판을 할 경우'에서 판결의 주문이 달라질 경우 이외에 '판결이유'가 달라질 경우를 요건에서 제외시킴으로써 실체법에 대한 위헌심판의 가능성이 그만큼 줄어든다. 둘째, '다른 내용의 재판을 할 경우'에서 '법률적 의미가 달라질 경우'를 제외함으로써 실체법이 아닌 절차법을 위헌법률심판으로 다툴 수 있는 가능성이 배제된다. 헌법재판소는 형사소송법 제331조 단서규정에 대한 위헌심판에서 그 법률적 의미가 달라지는 경우와 관련하여 "형사소송법 제331조 단서규정의 여부는 검사로부터 장기 10년의 징역형 등에 해당한다는 취지의 의견진술이 있느냐 없느냐에 따라 관련사건의 그 재판주문을 결정하고 기판력의 내용을 형성하는 것 자체에 직접 영향을 주는 것은 아닐지라도 그 재판의 밀접불가결한 실질적 효력이 달라지는 구속영장의 효력에 관계되는 것이어서 재판의 내용이나 효력 중에 어느 하나라도 그에 관한 법률적 의미가 달라지는 경우에 해당한다"라고 판시하고 있다. 따라서 재판의 전제성에 '그 법률적 의미가 달라질 것'을 내용으로 하게 한 것은 결국 실체법이 아닌 소송법이나 기타 관련법규들의 쟁송가능성을 인정하기 위한 것임을 알 수 있다.

다른 판단을 할 수밖에 없는 경우, 즉 판결주문이 달라질 경우여야만 한다."(대법원 1997. 2. 11. 96부7 판결)

재판의 전제성은 원칙적으로 법률의 위헌여부심판제청시만 아니라 심판시에도 갖추어져야 한다.

③ 재판의 전제성 여부에 관한 판단

777. 재판의 전제성 여부에 대한 판단

재판의 전제성 여부에 관한 판단은 헌법재판소가 독자적인 심사를 하기보다는 특단의 사정이 없는 한 제청법원의 법률적 견해를 존중하여야 할 것이다.[492] 다만 법원의 견해가 명백히 잘못된 경우에 한하여 헌법재판소가 직권으로 조사할 수 있다.[493] 따라서 재판의 전제성에 대한 판단자료가 없다 하더라도 제청법원의 견해가 명백히 잘못되었다는 정황이 보이지 않는 한 적법성이 인정된다.[494]

4) 제청절차

778. 위헌법률심판의 제청절차: 대법원경유

대법원 이외의 법원이 위헌법률심판을 제청하고자 하는 때에는 대법원을 거쳐야 한다(동법 제41조 제5항). 위헌제청을 대법원을 경유토록 한 것은 법원에 의한 제청은 당해 재판의 진행을 정지하게 할 뿐만 아니라 사법행정적으로 당해 법률을 적용해야 할 다른 사건들의 재판도 정지하게 하여야 하기 때문에 그 사법행정적 기능을 하기 위한 것이지, 대법원에 불송부결정권을 주려는 것은 아니다.

5) 제청의 효과

779. 위헌법률심판제청의 효과

법원이 법률의 위헌심판을 헌법재판소에 제청한 때에는 당해 소송사건의 재판은 헌법재판소의 위헌 여부 결정이 있을 때까지 정지된다(동법 제42조 제1항 본문 참조). 법원으로서는 헌법재판소의 위헌심판 결과를 기다려서 재판을 하여야 하고, 만일 위헌결정이 있을 경우에는 그에 따른 입법시정의 결과를 감안하여 재판을 하여야 하기 때문이다.[495] 다만 법원이 긴급하다고 인정한 경우에는 종국재판 외의 소송절차를 진행할 수 있다(동법 제42조 제1항 단서).

---

492) 헌재 1989. 7. 14. 88헌가5 등 병합결정〈사회보호법 제5조의 위헌심판(위헌)〉과 재판관 이시윤의 보충의견; 헌재 1996. 1. 25. 95헌가5 결정〈반국가행위자의처벌에관한특별조치법 제2조 제1항 제2호 등 위헌제청(위헌)〉.

493) 헌재 1993. 5. 13. 92헌가10 등 병합결정.

494) 헌재 1995. 11. 30. 94헌가2 결정〈공공용지의취득및손실보상에관한특례법 제6조 위헌제청(위헌)〉.

495) 헌재 1993. 5. 13. 90헌바22 등 병합결정〈1980년해직공무원의보상등에관한특별조치법 제2조 및 제5조에 대한 헌법소원(합헌)〉.

(2) 違憲法律審判의 對象

1) 원　　칙

780. 위헌법률심판의 대상: 원칙-법률

위헌법률심판의 대상에는 형식적 법률, 곧 공포된 것으로 위헌판결 시를 기준으로 현재 효력을 가지고 있는 형식적 의미의 법률[496]과 법률과 동일한 효력을 가지는 조약과 긴급명령·긴급재정경제명령 등을 포함한다.

판례: **〈보훈기금법 부칙 제5조 및 한국보훈복지공단법 부칙 제4조 제2항 후단에 관한 위헌심판(한정위헌, 한정합헌)〉** "헌법재판소는 법류의 위헌 여부에 대한 법적 문제만 판단하고 법원에 계속중인 당해 사건에 있어서의 사실확정과 법적용 등 고유의 사법작용에는 관여할 수 없으나, 법률의 위헌 여부에 대한 법적 문제를 판단하기 위하여 입법의 기초가 된 사실관계 즉 입법사실과 당해 사건에 계속중인 법원에서 확정하여야 할 사실문제가 중복되어 있는 경우에는 법률의 위헌 여부를 판단하기 위하여 필요한 범위 내에서만 입법사실을 확인하고 밝히는 것이 바람직하다."(헌재 1994. 4. 28. 92헌가4 결정)

판례: **〈국가배상법 제2조 제1항등 위헌소원(일부각하, 일부합헌)〉** "위헌심사의 대상이 되는 법률이 국회의 의결을 거친 이른바 형식적 의미의 법률을 의미하는 것에는 아무런 의문이 있을 수 없다. 따라서 형식적 의미의 법률과 동일한 효력을 갖는 조약 등은 포함된다고 할 것이다."(헌재 1995. 12. 28. 95헌바3 결정)

판례: **〈긴급재정명령 등 위헌확인(일부각하, 일부기각)〉** "그러나 이른바 통치행위를 포함하여 모든 국가작용은 국민의 기본적 가치를 실현하기 위한 수단이라는 한계를 반드시 지켜야 하는 것이고, 헌법재판소는 헌법의 수호와 국민의 기본권보장을 사명으로 하는 국가기관이므로 비록 고도의 정치적 결단에 의하여 행해지는 국가작용이라 할지라도 그것이 국민의 기본권침해와 직접관련되는 경우에는 당연히 헌법재판소의 심판대상이 될 수 있는 것일 뿐만 아니라, 긴급재정경제명령은 법률의 효력을 갖는 것이므로 마땅히 헌법에 기속되어야 할 것이다."(헌재 1996. 2. 29. 93헌마186 결정)

2) 예　　외

781. 원헌법률심판의 대상: 예외

그러나 이에는 다음과 같은 예외가 있다. 곧 이미 폐지된 법률의 경우에도 그 침해의 이익이 현존하는 때에는 심판의 대상이 될 수 있다. 그러나 헌법의 일부는 위헌법률심판의 대상이 되지 않는다.

---

496) 헌재 1989. 4. 17. 88헌가4 결정〈사회보호법 제5조의 위헌심판(각하)〉.

판례: 〈사회보호법 제5조의 위헌심판(위헌)〉 "보호감호처분에 대하여는 소급입법이 금지되므로 비록 구법이 개정되어 신법이 소급적용되도록 규정되었다 하더라도 실체적인 규정에 관한 한 오로지 구법이 합헌적이어서 유효하였고 다시 신법이 보다 유리하게 변경되었을 때에만 신법이 소급적용될 것이므로 폐지된 구법에 대한 위헌여부의 문제는 신법이 소급적용될 수 있기 위한 전제로서 판단의 이익이 있어 위헌제청은 적법하다."(헌재 1989. 7. 14. 88헌가5 등 병합결정)

판례: 〈국가보위입법회의법 등의 위헌여부에 관한 헌법소원(일부인용, 일부각하)〉 "… 그러나 폐지된 법률에 의한 권리침해가 있고 그것이 비록 과거의 것이라 할지라도 그 결과로 인하여 발생한 국민의 법익침해와 그로 인한 법률상태는 재판시까지 계속되고 있는 경우가 있을 것이며, 그 경우에는 헌법소원의 권리보호의 이익은 존속한다고 하여야 할 것이다."(헌재 1989. 12. 18. 89헌마32 등 병합결정)[497]

판례: 〈국가배상법 제2조 제1항 등 헌법소원(일부각하, 일부합헌)〉 "헌법제정권력과 헌법개정권력을 구별하고 그에 따라 헌법에 위반되는 헌법이 있을 수 있으며, 따라서 헌법에 위반되는 헌법도 위헌법률심판의 대상이 되거나 헌법소원심판의 대상이 되는 공권력에 포함된다는 견해가 있을 수 있다. 그러나 우리 헌법은 독일과 같이 헌법의 개정을 법률의 형식으로 하지도 않을 뿐만 아니라, 개헌에 국민투표를 요하도록 하고 있어서, 각 개별규정에 효력상의 차이를 인정하여야 할 형식적인 이유를 찾을 수 없다. 따라서 헌법제정권력과 개정권력의 구별론이나 헌법개정한계론은 그 자체로서의 이론적 타당성여부와 상관없이 헌법의 개별규정에 대하여 위헌심사를 할 수 있다는 논거로 삼을 수 없을 뿐만 아니라, 헌법의 규정을 헌법재판소법 제68조 제1항 소정의 공권력의 행사라고 할 수도 없다."(헌재 1995. 12. 28. 95헌바3 결정)

입법의 부작위가 위헌법률심판의 대상이 되는가가 문제된다. 부진정입법부작위가 예외적으로 헌법소원심판의 대상이 되는 경우는 있으나,[498] 진정입법부작위가 위헌법률심판의 대상이 된다고는 볼 수 없다.

판례: 〈군사정전에 관한 협정체결 이후 납북피해자의 보상 및 지원에 관한 법률 제1조 등 위헌확인(기각)〉 "이 사건의 경우와 같이 입법자가 혜택부여규정에서 일정 인적 집단을 배제한 경우, 그 규정의 인적 대상범위의 확대를 구하는 헌법소원은 비록 외형적으로는 진정입법부작위에 대한 소원과 흡사하나, 실질은 그러하지 아니하다. 입법자의 하자있는 행위는 언제나 올바른 행위의 부작위로 해석될 수 있다는 의미에서 이러한 부작위는 입법자가 혜택부여규정의 제정을 통하여 내린 적극적인

---

497) 이 밖에도 국가보위에관한특별조치법 제5조 4항에 대한 위헌결정 — 헌재 1994. 6. 30. 92헌가18 결정)에서 폐지된 법률을 위헌법률심판의 대상으로 다루었다.

498) 헌재 1996. 10. 31. 94헌마108 결정(입법부작위 위헌확인(각하)).

결정의 반사적 효과일 뿐이기 때문이다. 청구인의 이 사건 청구는 평등원칙의 관점에서 입법자가 이 사건 법률의 적용대상에 군사정전에 관한 협정체결 이전 납북자도 당연히 협정체결 이후 납북자와 같이 포함시켰어야 한다는 주장에 지나지 아니하므로, 이는 헌법적 입법의무에 근거한 진정입법부작위에 해당하는 것이 아니라 단지 혜택부여규정의 인적 범위의 제한에 따른 결과에 지나지 아니하여 이른바 부진정입법부작위에 해당할 뿐이다. 이러한 부진정입법부작위의 경우에는 불완전한 법규 자체를 대상으로 하여 그것이 평등원칙에 위반된다는 등의 이유로 헌법소원을 제기하여야 한다."(헌재 2009. 6. 25. 2008헌마393 결정)

(3) 違憲法律審判의 內容

782. 위헌법률심판의 내용

헌법재판소는 제청된 법률 또는 법률조항의 위헌 여부만을 심사한다(동법 제45조). 곧 위헌법률심판은 법률이 헌법에 합치하는가(합헌성) 여부를 판단함에 그치고, 법률이 헌법의 목적에 합치하는가(합목적성) 여부는 판단의 대상이 되지 않는다. 법률의 합헌성판단에는 법률의 형식적 합헌성판단과 실질적 합헌성판단이 포함된다. 법률의 합헌성판단에는 헌법과 자연법 및 헌법의 기본원리 등이 그 심판의 기준으로 작용한다.

판례: 〈구 형법 제314조 위헌소원(합헌)〉 "법률의 위헌성을 판단함에 있어서도 그 법률의 해석 내지 그 법률이 어느 경우에 적용되는가를 확정하는 것이 선행되어야 하므로 이 한도 내에서는 헌법재판소로서도 법률의 해석 내지 그 적용에 관여하지 않으면 안 된다. 그런데 정당행위로 인정되지 않는 근로자들의 집단적 노무제공 거부행위를 구 형법 제314조의 위력업무방해죄로 형사처벌하는 것이 헌법에 위반된다면 결국 법원의 해석에 의하여 구체화된 동 조항이 위헌성을 지니고 있는 셈이다. 따라서 집단적 노무제공 거부행위를 위력업무방해죄로 형사처벌하는 것이 헌법에 위반되는지 여부는 동 조항의 위헌 여부에 관한 문제로서 헌법재판소의 판단대상이 된다."(헌재 1998. 7. 16. 97헌바23 결정)

판례: 〈구 형법 제314조 위헌소원(합헌)〉 "강제노동의 폐지에 관한 국제노동기구(ILO)의 제105호 조약은 우리나라가 비준한 바가 없고, 헌법 제6조 제1항에서 말하는 일반적으로 승인된 국제법규로서 헌법적 효력을 갖는 것이라고 볼 만한 근거도 없다. 따라서 이 사건 심판청구대상규정의 위헌성심사의 척도가 될 수 없다." (헌재 1998. 7. 16. 97헌바23 결정)

(4) 決定의 形式

783. 위헌법률심판의 결정형식

헌법재판소법은 결정의 유형으로서 합헌결정과 위헌결정만을 예정하고 있다 (동법 제45조). 그러나 이 두 가지 유형만으로는 위헌법률심판에서 나타나는 모든 문제를 포괄할 수 없기 때문에 헌법재판소는 그 밖에도 다양한 변형결정을 함께 채택하고 있다.

판례: 〈공직선거부정방지법 제146조 제2항 위헌확인 등(위헌, 한정위헌)〉 "헌법심판의 대상이 된 법률조항 중 일정한 법률조항이 위헌선언된 경우 같은 법률의 그렇지 아니한 다른 법률조항들은 효력을 그대로 유지하는 것이 원칙이다. 다음과 같은 예외적인 경우에는 위헌인 법률조항 이외의 나머지 법률조항들도 함께 위헌선언할 수가 있다. 즉, 합헌으로 남아있는 나머지 법률조항만으로는 법적으로 독립된 의미를 가지지 못하거나, 위헌인 법률조항이 나머지 법률조항과 극히 밀접한 관계에 있어서 전체적·종합적으로 양자가 분리될 수 없는 일체를 형성하고 있는 경우, 위헌인 법률조항만을 위헌선언하게 되면 전체규정의 의미와 정당성이 상실되는 때가 이에 해당된다고 할 것이다."(헌재 2001. 7. 19. 2000헌마91 등 병합결정)

1) 합헌결정(단순합헌결정)

784. 합헌결정

합헌결정은 "… 법률은 헌법에 위반되지 아니한다"라는 주문형식을 취하며, 적어도 재판관 5인 이상의 합헌의견이 있어야 가능하다.

2) 위헌결정(단순위헌결정)

785. 위헌결정

위헌결정은 재판관 6인 이상의 찬성을 요하며, "… 법률은 헌법에 위반된다"라는 주문형식을 취한다. 헌법재판소에 의하여 전부위헌결정된 대표적인 법률로는 「반국가행위자의 처벌에 관한 특별조치법」이 있다.[499]

3) 변형결정

① 변형결정의 개념과 유형

가. 변형결정의 개념

786. 변형결정의 개념

우리 헌법재판소법은 합헌과 위헌의 두 가지 결정형식만을 예정하고 있으며, 위헌결정을 하는 경우에도 일반법규는 즉시무효, 형벌법규는 소급무효라는 제도를 규정하고 있다. 그러나 결정주문의 방식·형태에 관한 선택은 헌법재판관의 재량사항에 속한다. 따라서 헌법재판관은 규범통제에서 제기되는 모든 문제를 적절히 해결하기 위하여 합헌과 위헌의 결정형식 외에도 변형된 결정형식을 취하는 경우가 있다. 이렇게 합헌결정과 위헌결정을 제외한 제3의 결정형식을 통틀어 변형결정이라 한다.

---

499) 헌재 1996. 1. 25. 95헌가5 결정〈반국가행위자의처벌에관한특별조치법 제2조 제1항 제2호 등 위헌제청(위헌)〉.

판례: 〈국회의원선거법 제33조, 제34조의 위헌심판(위헌=헌법불합치)〉 "재판주문을 어떻게 내느냐의 주문의 방식문제는 민사소송에서 그러하듯 헌법재판에 대하여서도 아무런 명문의 규정이 없으며, 따라서 재판의 본질상 주문을 어떻게 표시할 것인지는 재판관의 재량에 일임된 사항이라 할 것이다."(헌재 1989. 9. 8. 88헌가6 결정)

헌법재판소는 법적 안정성과 국회의 입법권존중필요성 및 복잡다양한 헌법상황에 비추어 유연·신축성 있는 판단을 해야 할 필요성을 근거로 해서 변형결정은 허용된다고 본다.

판례: 〈국회의원선거법 제33조, 제34조의 위헌심판(위헌=헌법불합치)〉 "현재의 복잡다양한 사회현상, 헌법상황에 비추어 볼 때 헌법재판은 심사대상의 법률의 위헌 또는 합헌이라는 양자택일 판단만을 능사로 할 수 없다. 양자택일 판단만이 가능하다고 본다면 다양한 정치·경제·사회현상을 규율하는 법률에 대한 합헌성을 확보하기 위한 헌법재판소의 유연·신축성 있는 적절한 판단을 가로막아 오히려 법적 공백, 법적 혼란 등 법적 안정성을 해치고, 입법자의 건전한 형성자유를 제약하는 등, 나아가 국가사회의 질서와 국민의 기본권마저 침해할 사태를 초래할 수도 있다. 이리하여 헌법재판소가 행하는 위헌 여부 판단이란 위헌 아니면 합헌이라는 양자택일에만 그치는 것이 아니라 그 성질상 사안에 따라 위 양자의 사이에 개재하는 중간영역으로서의 여러 가지 변형재판이 필수적으로 요청된다. 그 예로는 법률의 한정적 적용을 뜻하는 한정무효, 위헌법률의 효력을 당분간 지속시킬 수 있는 헌법불합치, 조건부위헌, 위헌성의 소지 있는 법률에 대한 경고 혹은 개정촉구 등을 들 수 있다."(헌재 1989. 9. 8. 88헌가6 결정)

나. 변형결정의 유형

787. 변형결정의 유형: 위헌불선언결정, 한정합헌결정, 한정위헌결정, 일부위헌결정, 조건부위헌결정, 헌법불합치결정, 부분위헌결정

그러나 정작 무엇을 변형결정으로 볼 것인가에 대해서는 견해가 나누어져 있다. 제 1 설은 헌법불합치결정, 입법촉구결정, 한정합헌결정, 한정위헌결정의 네 유형을 변형결정으로 보며,[500] 제 2 설은 합헌결정과 위헌결정을 제외한 나머지 결정유형, 곧 위헌불선언결정, 한정합헌결정, 한정위헌결정, 일부위헌결정, 조건부위헌결정, 헌법불합치결정, 부분위헌결정을 변형결정으로 본다.[501]

개인적으로는 정형결정과 변형결정은 그 결정주문의 형식을 근거로 나누는 것이라고 생각한다. 그러한 한에서 우리 헌법재판소법이 예정하고 있지 않은 결정형식을 변형결정이라고 한다면, 제 2 설의 입장이 타당하다고 생각한다.

---

500) 김철수, (주 20), 1322쪽 이하; 권영성, (주 19), 1093쪽 이하.
501) 허영, (주 15), 807쪽 이하.

② 위헌불선언결정

788. 위헌불선언결정

위헌불선언결정이란 재판관 5인은 위헌, 4인은 합헌의견을 제시한 경우에 위헌의견이 다수임에도 불구하고 정족수미달로 위헌선언을 할 수 없기 때문에 우리 헌법재판소가 채택하고 있는 독특한 결정형식을 말한다.

위헌불선언결정은 "… 은 헌법에 위반된다고 선언할 수 없다"는 주문형식을 취한다. 위헌불선언결정의 예로는 국토이용관리법 제21조의3 제 1 항, 제31조의2의 위헌심판,[502] 「1980년 해직공무원의 보상 등에 관한 특별조치법」 제 2 조 및 제 5 조에 대한 헌법소원심판,[503] 구 국세기본법 제42조 제 1 항 단서에 대한 헌법소원[504] 등이 있다.

그러나 위헌불선언결정은 실질적으로는 합헌결정과 같은 결과를 가져오기 때문에 우리 헌법재판소는 위헌불선언결정을 지양하고 그 대신 합헌결정[505] 또는 기각결정[506]의 형식으로 통일하려고 하고 있다.

③ 한정합헌결정

789. 한정합헌결정

한정합헌결정이란 해석 여하에 따라서는 위헌이 되는 부분을 포함하고 있는 법령의 의미를 헌법의 정신에 합치하도록 한정적으로 해석하여 위헌판단을 회피하는 결정형식이다. 헌법합치적 해석 또는 합헌적 법률해석이라고도 하며, 변형결정 중에 가장 흔한 결정형식이다.

한정합헌결정의 주문은 일반적으로 "이러한 해석하에 (또는 "… 인 것으로 해석하는 한") 헌법에 위반되지 아니한다"라는 주문형식을 취한다. 헌법재판소는 한정합헌결정도 위헌결정(질적 일부위헌결정)의 범주에 드는 것이므로 재판관 6인 이상의 찬성을 요하며, 그 효력은 합헌으로 해석된 부분 이외에는 무효라는 입

---

502) 헌재 1989. 12. 22. 88헌가13 결정.

503) 헌재 1993. 5. 13. 90헌바22 등 병합결정.

504) 헌재 1994. 6. 30. 92헌바23 결정.

505) 위헌의견이 5인에 달했으나 위헌불선언결정을 하지 않고 단순합헌결정을 한 판례: ① 헌재 1996. 2. 16. 96헌가2 등 병합결정(5·18민주화운동등에관한특별법 제 2 조 위헌제청 등), ② 헌재 1996. 12. 26. 90헌바19 등 병합결정(노동쟁의조정법 제 4 조, 제30조 제 3 호, 제31조, 제47조에 대한 헌법소원), ③ 배우자있는 자의 간통행위 및 그와의 상간행위를 처벌하는 형법 제241조의 위헌 여부에 대하여 위헌의견인 재판관이 4인, 헌법불합치의견인 재판관이 1인이어서 위헌결정을 위한 심판정족수에 이르지 못한다고 하여 합헌결정을 한 사례(형법 제241조 위헌제청 등, 헌재 2008. 10. 30. 2007헌가17 등 병합결정)

506) 위헌의견이 5인에 달했음에도 불구하고 기각결정을 한 판례: ① 헌재 1997. 1. 16. 90헌마110·136 병합결정〈교통사고처리특례법 제 4 조 등에 대한 헌법소원등(일부각하, 일부기각)〉, ② 헌재 1997. 12. 24. 97헌마16 결정(공직선거및선거부정방지법 제18조 제 3 항 위헌확인).

장을 취하고 있다.

판례: 〈군사기밀보호법 제6조 등에 대한 위헌심판(한정합헌)〉 "군사기밀보호법 제6조, 제7조, 제10조는 동법 제2조 제1항 소정의 군사상의 기밀이 비공지의 사실로서 적법절차에 따라 군사기밀로서의 표지를 갖추고 그 누설이 국가의 안전보장에 명백한 위험을 초래한다고 볼 만큼의 실질가치를 지닌 경우에 한하여 적용된다고 할 것이므로 그러한 해석하에 헌법에 위반되지 아니한다."(헌재 1992. 2. 25. 89헌가104 결정)

판례: 〈도로교통법 제50조 제2항 등에 관한 위헌심판(한정합헌)〉 "도로교통법 제50조 제2항 및 동법 제11조 제3호는 피해자의 구호 및 교통질서의 회복을 위한 조치가 필요한 상황에만 적용되는 것이고, 형사책임과 관련되는 사항에는 적용되지 아니하는 것으로 해석하는 한 헌법에 위반되지 아니한다."(헌재 1990. 8. 27. 89헌가118 결정)

판례: 〈국가보안법 제7조에 대한 위헌심판(한정합헌)〉 "국가보안법 제7조 제1항 및 제5항은 국가보안법 제6조 제2항, 각 그 소정의 행위가 국가의 존립·안전을 위태롭게 하거나 자유민주적 기본질서에 위해를 줄 경우에 적용된다고 할 것이므로, 이러한 해석하에 헌법에 위반되지 아니한다."(헌재 1990. 4. 12. 89헌가113 결정)

판례: 〈군사기밀보호법 제6조 등에 대한 위헌심판(한정합헌)〉 "이 사건에 있어서 관여재판관의 평의의 결과는 단순합헌의견 3, 한정합헌의견 5, 전부위헌의견 1의 비율로 나타났는데, 한정합헌의견(5)은 질적인 일부위헌의견이기 때문에 전부위헌의견(1)도 일부위헌의견의 범위 내에서는 한정합헌의 의견과 견해를 같이 한 것이라 할 것이므로 이를 합산하면 헌법재판소법 제23조 제2항 제1호 소정의 위헌결정 정족수(6)에 도달하였다고 할 것이며 그것이 주문의 의견이 되는 것이다(법원조직 법 제66조 제2항 참조). 이 사건 머리에 적은 주문 '… 그러한 해석하에 헌법에 위반되지 아니한다'라는 문구의 취지는 군사기밀보호법 제6조, 제7조, 제10조, 제2조 제1항 소정의 군사상의 기밀의 개념 및 그 범위에 대한 한정축소해석을 통하여 얻어진 일정한 합헌적 의미를 천명한 것이며 그 의미를 넘어선 확대해석은 바로 헌법에 합치하지 아니하는 것으로서 채택될 수 없다는 뜻이다."(헌재 1992. 2. 25. 89헌가104)

헌법재판소법 제47조 제1항은 "법률의 위헌결정은 법원 기타 국가기관 및 지방자치단체를 기속한다"라고 규정하고 있어 합헌적 법률해석에 의한 한정합헌 결정의 경우 기속력이 있는 것인지가 문제된다. 이에 대하여 대법원은 일부 변형결정의 기속력을 부인한 바 있다.[507)]

---

507) 대법원 1996. 4. 9. 95누11405 판결.

판례: 〈법인세 부과처분 취소〉 "법률 조항 자체는 그대로 둔 채 그 법률 조항에 관한 특정한 내용의 해석·적용만을 위헌으로 선언하는 이른바 한정위헌결정에 관하여는 헌법재판소법 제47조가 규정하는 위헌결정의 효력을 부여할 수 없으며, 그 결과 한정위헌결정은 법원을 기속할 수 없고 재심사유가 될 수 없다는 것이 확립된 대법원의 판례이다. … 법원과 헌법재판소 간의 권력분립 구조와 사법권 독립의 원칙에 관한 헌법 규정의 내용과 취지에 비추어 보면, 구체적인 사건에서 어떠한 법률해석이 헌법에 합치되는 해석인가를 포함하는 법령의 해석·적용에 관한 권한은 대법원을 최고 법원으로 하는 법원에 전속한다. 헌법재판소는 헌법 제111조 제1항 제1호에 의하여 국회가 제정한 '법률'이 위헌인지 여부를 심판할 제한적인 권한을 부여받았을 뿐, 이를 넘어서 헌법의 규범력을 확보한다는 명목으로 법원의 법률해석이나 판결 등에 관여하여 다른 해석 기준을 제시할 수 없다. 이와 달리 보는 것은 헌법재판소의 관장사항으로 열거한 사항에 해당하지 않는 한 사법권은 포괄적으로 법원에 속하도록 결단하여 규정한 헌법에 위반된다. … 헌법재판소법 제41조 제1항, 헌법재판소법 제45조 본문은 헌법재판소는 국회가 제정한 '법률'이 헌법에 위반되는지 여부를 당해 사건을 담당하는 법원으로부터 제청받아 '법률의 위헌 여부'만을 결정할 뿐 특정한 '법률해석이 위헌인지 여부'에 관하여 제청받아 이를 심판하는 것이 아님을 분명히 밝히고 있다. … 헌법재판소법 제47조 제1항에서 규정한 '법률의 위헌결정'은 국회가 제정한 '법률'이 헌법에 위반된다는 이유로 그 효력을 상실시키는 결정만을 가리키고, 단순히 특정한 '법률해석'이 헌법에 위반된다는 의견을 표명한 결정은 '법률'의 위헌 여부에 관한 결정이 아닐 뿐만 아니라 그 결정에 의하여 법률의 효력을 상실시키지도 못하므로 이에 해당하지 아니함이 명백하다. 따라서 헌법재판소가 '법률'이 헌법에 위반된다고 선언하여 그 효력을 상실시키지 아니한 채 단지 특정한 '법률해석'이 헌법에 위반된다고 표명한 의견은 그 권한 범위를 뚜렷이 넘어선 것으로서 그 방식이나 형태가 무엇이든지 간에 법원과 그 밖의 국가기관 등을 기속할 수 없다."(대법원 2013. 3. 28. 2012재두299 판결)

그러나 헌법재판소는 초기에는 한정합헌의 기속력에 대해서는 언급하지 않으면서, 적어도 제소법원은 한정합헌결정의 기판력을 받고 헌법 제107조 제1항의 규정상 구속을 받는다고 하다가, 그 후에는 한정합헌결정의 기속력을 정면으로 인정하고 있다.[508)]

판례: 〈국가보안법 제7조 5항의 위헌심판(한정합헌)〉 "합헌한정해석이 헌법재판소법 제47조 제1항에 따라 당해 사건인 이 사건을 떠나 널리 법원 기타 국가기관 및 지방자치단체를 기속하느냐의 여부는 별론으로 하고 제청법원은 적어도 이 사건 제청당사자로서 위 심판의 기판력을 받을 것임은 물론, 헌법 제107조 제1항의 규정상 제청법원이 본안재판을 함에 있어서 헌법재판소의 심판에 의거하게 되어 있는

508) 예컨대 헌재 1997. 12. 24. 96헌마172 등 병합결정 참조.

이상 위 헌법규정에 의하여서도 직접 제청법원은 이에 의하여 재판하지 않으면 안 될 구속을 받는다."(헌재 1990. 6. 25. 90헌가11 결정)

④ 한정위헌결정

가. 한정위헌결정

한정위헌결정이란 불확정개념이나 다의적인 해석가능성이 있는 조문에 대하여 한정축소해석을 통하여 얻어진 일정한 합헌적 의미를 넘어선 확대해석은 헌법에 위반되어 채택할 수 없다는 뜻의 결정을 말한다. 한정위헌결정은 질적 일부위헌결정이다. 한정위헌결정도 위헌결정의 범부에 속하므로 재판관 6인 이상의 찬성을 요한다.

790. 한정위헌결정

한정위헌결정의 주문은 "… 인 것으로 해석되는 한 헌법에 위반된다" 또는 "… 인 경우에 적용되는 것으로 해석하는 한 위헌이다"로 표현된다.

판례: 〈정기간행물의등록등에관한법률 제 7 조 제 1 항의 위헌심판(한정위헌)〉 "정간법 제 7 조 제 1 항(등록)은 제 9 호 소정의 제 6 조 제 3 항 제 1 호 및 제 2 호의 규정(일반 일간신문윤전기 및 대통령이 정하는 부수인쇄시설)에 의한 해당시설을 자기 소유이어야 한다는 것으로 해석하는 한 위헌이다."(헌재 1992. 6. 26. 90헌가23 결정)

판례: 〈음반에관한법률 제 3 조 등에 대한 헌법소원(한정위헌)〉 "음반법이 정한 시설을 자기소유인 것으로 해석하는 한 위헌이다."(헌재 1993. 5. 13. 91헌바17 결정)

나. 한정합헌결정과 한정위헌결정의 관계

한정합헌결정이나 한정위헌결정이 모두 질적 일부위헌결정이기 때문에 양자의 관계가 문제된다. 헌법재판소는 한정합헌결정이나 한정위헌결정을 실질적으로 동일한 것으로 이해하고 있다. 물론 양자는 주문의 형식에서는 구분되는데, 어느 주문형식을 취할 것인가는 구체적 사안에 따라 결정할 문제라고 한다.[509]

판례: 〈보훈기금법 부칙 제 5 조 및 한국보훈복지공단법 부칙 제 4 조 제 2 항 후단에 관한 위헌심판(한정위헌, 한정합헌)〉 "법률의 다의적인 해석가능성이나 다기적인 적용범위가 문제될 때 위헌적인 것을 배제하여 합헌적인 의미 혹은 적용범위를 확정하기 위하여 한정적으로 합헌 또는 위헌을 선언할 수 있다. 양자는 다 같이 질적인 부분위헌선언이며 실제적인 면에서 그 효과를 달리하는 것은 아니다. 다만 양자는 법문의미가 미치는 사정거리를 파악하는 관점, 합헌적인 의미 또는 범위를 확정하는

509) 헌재 1994. 4. 28. 92헌가3 결정〈보훈기금법 부칙 제 5 조 및 한국보훈복지공단법 부칙 제 4 조 제 2 항 후단에 관한 위헌심판(일부각하, 합헌)〉.

방법 그리고 개개 헌법재판사건에서의 실무적인 적의성 등에 따라 그 중 한 가지 방법을 선호할 수 있을 따름이다. 헌법재판소가 한정위헌 또는 한정합헌을 선언한 경우에 위헌적인 것으로 배제된 해석가능성 또는 축소된 적용범위의 판단은 단지 법률해석의 지침을 제시하는데 그치는 것이 아니라 본질적으로 부분적 위헌선언의 효과를 가지는 것이며, 헌법재판소법 제47조에 정한 기속력을 명백히 하기 위하여는 어떠한 부분이 위헌인지 여부가 그 결정의 주문에 포함되어야 하므로, 이러한 내용을 결정의 이유에 설시하는 것만으로는 부족하고 결정의 주문에까지 등장시켜야 한다(헌법재판소 1992. 2. 25. 89헌가104 결정 참조)."(헌재 1994. 4. 28. 92헌가3 결정)

판례: 〈헌법재판소법 제68조 제1항 위헌확인 등(일부 한정위헌, 일부 인용)〉 "헌법재판소의 법률에 대한 위헌결정에는 단순위헌결정은 물론, 한정합헌·한정위헌결정과 헌법불합치결정도 포함되고 이들은 모두 당연히 기속력을 가진다. 즉, 헌법재판소는 법률의 위헌여부가 심판의 대상이 되었을 경우, 재판의 전제가 된 사건과의 관계에서 법률의 문언, 의미, 목적 등을 살펴 한편으로 보면 합헌으로 다른 한편으로 보면 위헌으로 판단될 수 있는 등 다의적인 해석 가능성이 있을 때 일반적인 해석작용이 용인되는 범위 내에서 종국적으로 어느 쪽이 가장 헌법에 합치되는가를 가려, 한정축소적 해석을 통하여 합헌적인 일정한 범위 내의 의미내용을 확정하여 이것이 그 법률의 본래적인 의미이며 그 의미 범위 내에 있어서는 합헌이라고 결정할 수도 있고, 또 하나의 방법으로는 위와 같은 합헌적인 한정축소해석의 타당영역 밖에 있는 경우에까지 법률의 적용범위를 넓히는 것은 위헌이라는 취지로 법률의 문언 자체는 그대로 둔 채 위헌의 범위를 정하여 한정위헌의 결정을 선고할 수도 있다.

위 두 가지 방법은 서로 표리관계에 있는 것이어서 실제적으로 차이가 있는 것이 아니다. 합헌적인 한정축소해석은 위헌적인 해석가능성과 그에 따른 법적용을 소극적으로 배제한 것이고, 적용범위의 축소에 의한 한정적 위헌선언은 위헌적인 법적용 영역과 그에 상응하는 해석 가능성을 적극적으로 배제한다는 뜻에서 차이가 있을 뿐, 본질적으로는 다 같은 위헌결정이다."(헌재 1997. 12. 24. 96헌마172 등 병합 결정)

⑤ 일부위헌결정(질적 일부위헌결정)

791. 일부위헌결정

일부위헌결정은 심판의 대상이 된 법조문을 그대로 놓아둔 채 그 법조문의 특정한 적용사례에 대해서만 위헌이라고 선언하는 결정형식을 말한다. 학자에 따라서는 적용위헌결정이라는 용어로 표현하기도 하며,[510] 일부위헌결정은 합헌적 법률해석의 일종이므로 한정위헌결정으로 통일하는 것이 바람직하다는 견해

510) 김철수, (주 20), 1327쪽.

도 있다.[511] 일부위헌결정을 내리기 위해서는 재판관 9인 중 6인 이상의 찬성이 있어야 한다.

일부위헌결정의 주문에는 "… 하는 것은 헌법에 위반된다"로 기재한다. 일부위헌결정의 예로는 국유재산법 제 5 조 제 2 항을 동법의 국유재산 중 잡종재산에 대하여 적용하는 것은 헌법에 위반된다는 결정,[512] 「1980년 해직공무원의 보상 등에 관한 특별조치법」 제 2 조 제 2 항 제 1 호의 '차관급 상당 이상의 보수를 받은 자'에 법관을 포함시키는 것은 헌법에 위반된다는 결정,[513] 국가보안법 제19조에 대한 헌법소원사건에서 구속기간연장을 동법 제 7 조(찬양·고무 등)와 제10조(불고지)에 적용하는 것은 위헌이다[514]라고 한 결정 등에서 볼 수 있다.

⑥ 조건부위헌결정

792. 조건부위헌결정

구 국회의원선거법 제55조 등에 대한 헌법소원[515]에서 헌법재판소가 채택한 결정형식이다. 앞의 헌법소원에서 헌법재판소는 "이 법 제55조의3의 규정 중 '정당연설회에 당해 지역구후보자를 연설원으로 포함시킨' 부분과 이 법 제56조의 규정 중 '정당이 후보자를 추천한 지역구마다 2종의 소형인쇄물을 따로 더 배부할 수 있도록 한 부분'은 당해 지역구에서 정당이 그와 같은 정당연설회를 개최하거나 소형인쇄물을 제작·배분하는 경우에는, 무소속후보자에게도 각 그에 준하는 선거운동의 기회를 균등하게 허용하지 아니하는 한 헌법에 위반된다"라는 주문형식을 채택하였다. 헌법재판소는 또한 이러한 결정유형을 채택하는 취지를 "헌법재판은 일반법률을 해석하는 순수한 사법적 기능이라기보다 고도의 재량적 상황판단을 종종 요구하는 입법적 기능일 뿐만 아니라 … 해당 법률조항의 위헌선언으로 말미암아 야기될 수 있는 혼란을 방지하고 법규정에서 내재된 합헌적인 의미부분을 살려가면서 헌법배치적 상태를 제거하기 위하여서"라고 하였다.

이 결정형식에 대하여는 심판대상이 된 법조문을 확대해석하여 합헌적 법률해석의 한계를 벗어난 것이기 때문에 심판의 대상이 된 법조문 중 문제된 부분만을 위헌결정하는 부분위헌결정의 형식이 바람직했을 것이라는 지적이 있다.[516]

511) 허영, (주 15), 808쪽.
512) 헌재 1991. 5. 13. 89헌가97 결정.
513) 헌재 1992. 11. 12. 91헌가2 결정.
514) 헌재 1992. 4. 14. 90헌마82 결정.
515) 헌재 1992. 3. 13. 92헌마37 등 병합결정.
516) 허영, (주 15), 809쪽.

⑦ 헌법불합치결정

가. 헌법불합치결정

793. 헌법불합치결정

헌법불합치결정이란 변형위헌결정의 일종으로서 법률의 위헌성을 인정하면서도 입법자의 입법형성의 자유를 존중하고 법의 공백과 혼란을 피하기 위하여 헌법재판소법 제47조 제 2 항 본문의 효력상실을 제한적으로 적용하는 주문형식을 말한다. 헌법불합치결정에는 "… 은 헌법에 합치하지 아니한다"라는 주문형식을 취하는 단순헌법불합치결정과 "… 은 헌법에 합치되지 아니한다. 다만 …은 … 까지는 적용할 수 있다"는 주문형식의 경과규정부헌법불합치결정이 있다.

나. 입법촉구결정

794. 입법촉구결정

이 밖에도 헌법불합치결정에는 입법촉구결정(아직은 합헌인 결정)이 속한다. 입법촉구결정이란 결정 당시에는 합헌적 법률이지만 위헌법률이 될 소지가 있다고 인정하여 헌법에 완전히 합치하는 상태를 실현하기 위하여 또는 장차 발생할 위헌의 상태를 방지하기 위하여 입법자에게 당해 법률의 개정 또는 보완 등 입법을 촉구하는 결정을 말한다. 그러나 우리나라의 경우 아직까지 정식으로 입법촉구결정을 내린 바는 없다는 것이 국내의 다수설이다.

판례: 〈국회의원선거법 제33조, 제34조의 위헌심판(위헌=헌법불합치)〉 "위헌법률심판의 주문에 헌법에 합치하지 아니한다라고 선언하면서, 일정기한까지 그 법률의 효력을 지속하도록 하는 이유는 국회의 권위와 동질성을 유지하기 위하여, 선거법의 개정은 국회가 스스로 하도록 하고, 그 간에 재선거나 보궐선거가 있을 때에는 그 선거법의 효력을 지속키는 것이 합당하기 때문이다."(헌재 1989. 9. 8. 88헌가6 결정)

판례: 〈민법 제1026조 제 2 호 위헌제청, 민법 제1026조 제 2 호 위헌소원(헌법불합치)〉 "(1) 민법 제1026조 제 2 호에 대하여 단순위헌결정을 하여 당장 그 효력을 상실시킬 경우에는 상속인이 상속개시 있음을 안 날로부터 3월 내에 한정승인이나 포기를 하지 아니한 때에 상속으로 인한 법률관계를 확정할 수 있는 법률근거가 없어지는 법적 공백상태가 예상된다. (2) 그리고 위헌적인 규정을 합헌적으로 조정하는 임무는 원칙적으로 입법자의 형성재량에 속하는 사항이라고 할 것인데, 위 법률조항의 위헌성을 어떤 방법으로 제거하여 새로운 입법을 할 것인가에 관하여는 여러 가지 방안이 있을 수 있고, 그 중에서 어떤 방안을 채택할 것인가는 입법자가 우리의 상속제도, 상속인과 상속채권자 등 이해관계인들의 이익, 법적 안정성 등 여러 가지 사정을 고려하여 입법정책적으로 결정할 사항이므로, 위 법률조항에 대하여 헌법불합치결정을 선고한다."(헌재 1998. 8. 27. 96헌가22 등 병합결정)

판례: 〈노동쟁의조정법에 관한 헌법소원(헌법불합치)〉 "현재의 입법부는 그 입법활동이 사실상 종료되는 1995년 말까지 헌법이 위임한 바를 입법화하여 헌법불합치의 상태를 제거하여야 할 것이다. 다만 그 때까지, 연혁적으로 원칙규정으로 존치해왔던 규범에 내재하는 그 합헌적 의미가 완전부인될 수 없고 헌법불합치의 법률을 시정하는 방안은 입법자의 전속적 재량에 속하는 것임에 비추어, 부득이 위 규정의 법률적 효력은 지속되어야 할 것이고, 위 규정의 효력은 그때가 경과하여 비로소 상실되게 될 것이다."(헌재 1993. 3. 11. 88헌마5 결정)

판례: 〈사립학교교직원연금법 제42조 제1항 위헌제청 등(각하, 합헌)〉 "사립학교 교원이 '직무와 관련 없는 과실로 인한 경우' 및 '소속 상관의 정당한 직무상의 명령에 따르다가 과실로 인한 경우'를 제외하고 재직 중의 사유로 금고 이상의 형을 받은 경우, 퇴직 급여 등을 감액하도록 규정한 구 사립학교교직원 연금법 제42조 제1항 전문 중 공무원연금법 제64조 제1항 제1호 준용 부분은 그에 따른 개선입법인바, 교원의 직무와 관련이 없는 범죄라 할지라도 고의범의 경우에는 교원의 법령준수의무, 청렴의무, 품위유지의무 등을 위반한 것으로 볼 수 있으므로 이를 퇴직급여의 감액사유에서 제외하지 아니하더라도 위 헌법불합치결정의 취지에 반한다고 볼 수 없다."(헌재 2013. 9. 26. 2010헌가89 등 병합결정)

헌법불합치결정도 위헌결정의 일부이므로 재판관 6인 이상의 찬성이 있어야 하고, 다른 국가기관에 대하여 구속력을 가진다.

판례: 〈교원재임용 제외결정 무효확인〉 "적어도 헌법불합치결정을 하게 된 당해 사건 및 위 헌법불합치결정 당시에 위 법률조항의 위헌 여부가 쟁점이 되어 법원에 계속 중인 사건에 대하여는 위 헌법불합치결정의 소급효가 미친다고 하여야 할 것이므로 비록 현행 사립학교법 부칙 제2항의 경과조치의 적용 범위에 이들 사건이 포함되어 있지 않더라도 이들 사건에 대하여는 종전의 법률조항을 그대로 적용할 수는 없고, 위헌성이 제거된 현행 사립학교법의 규정이 적용되는 것으로 보아야 한다."(대법원 2006. 3. 9. 2003다52647 판결)

판례: 〈과징금 부과처분 무효확인 등〉 "어떠한 법률조항에 대하여 헌법재판소가 헌법불합치결정을 하여 그 법률조항을 합헌적으로 개정 또는 폐지하는 임무를 입법자의 형성 재량에 맡긴 이상, 그 개선입법의 소급적용 여부와 소급적용의 범위는 원칙적으로 입법자의 재량에 달린 것이다."(대법원 2008. 1. 17. 2007두21563 판결)

판례: 〈법인세법 제59조의2 제1항 등 위헌소원(헌법불합치, 적용중지, 각하)〉 "헌법재판소가 헌법불합치라는 변형결정주문을 선택하여 위헌적 요소가 있는 조항들을 합헌적으로 개정 혹은 폐지하는 임무를 입법자의 형성재량에 맡긴 경우에는, 이 결정의 효력이 소급적으로 미치게 되는 모든 사건이나 앞으로 이 사건 법률조항을 적

용하여 행할 부과처분에 대하여는 법리상 이 결정 이후 입법자에 의하여 위헌성이 제거된 새로운 법률조항을 적용하여야 할 것임을 밝혀두는 것이다."(헌재 2000. 1. 27. 96헌바95 등 병합결정)

판례: 〈도시계획법 제6조 위헌소원(헌법불합치=잠정적용)〉 "위헌적인 법률조항을 잠정적으로 적용하는 위헌적인 상태가 위헌결정으로 말미암아 발생하는 법이 없어 규율 없는 합헌적인 상태보다 오히려 헌법적으로 더욱 바람직하다고 판단되는 경우에는, 헌법재판소는 법적 안정성의 관점에서 법치국가적으로 용인하기 어려운 법적 공백과 그로 인한 혼란을 방지하기 위하여 입법자가 합헌적인 방향으로 법률을 개선할 때까지 일정 기간 동안 위헌적인 법 규정을 존속케 하고 또한 잠정적으로 적용하게 할 필요가 있다."(헌재 1999. 10. 21. 97헌바26 결정)

⑧ 부분위헌결정

795. 부분위헌결정

부분위헌결정은 심판의 대상이 된 법조문을 그대로 놓아둔 채 그 법조문 중 일부문언에 대해서만 위헌선언을 함으로써 법조문의 일부를 삭제하는 효과를 가져오는 결정유형을 말한다. 학자에 따라서는 부분위헌결정을 양적 일부위헌결정이라고도 하며, 한정위헌결정으로 통일하는 것이 바람직하다고도 한다.[517] 부분위헌결정의 주문에는 "(법률조항) 중 … 라는 부분은 헌법에 위반된다"로 기재된다.

부분위헌결정의 예로는 국세기본법 제35조 제1항 제3호 중 "… 으로부터 1년"이라는 부분에 대한 단순위헌결정,[518] 형사소송법 제97조 제3항 중 "보석을 허가하는 결정" 부분에 대한 단순위헌결정[519]이 있다.

3. 憲法裁判所法 제68조 제2항의 憲法訴願審判 (違憲審査型 憲法訴願)

(1) 槪 念

796. 위헌심사형헌법소원심판의 개념

위헌심사형 헌법소원심판이란 법원이 당사자의 위헌법률심판제청신청을 기각한 경우에 당사자가 이를 헌법소원심판으로 다루는 경우의 심판을 말한다(동법 제68조 제2항).[520]

517) 허영, (주 15), 811쪽.
518) 헌재 1990. 9. 3. 89헌가95 결정.
519) 헌재 1993. 12. 23. 93헌가2 결정.
520) 그러나 헌법재판소는 각하의 경우에도 인정하고 있다. "헌법재판소법 제68조 제2항에

판례: 〈국가유공자예우등에관한법률시행령 제17조 제1항 위헌소원(각하)〉 "헌법재판소법 제68조 제2항의 규정에 의한 헌법소원심판청구는 법률이 헌법에 위반되는 여부가 재판의 전제가 되는 때에 당사자가 위헌제청신청을 하였음에도 불구하고 법원이 이를 배척하였을 경우에 법원의 제청에 갈음하여 당사자가 직접 헌법재판소에 헌법소원의 형태로서 심판청구를 하는 것이다."(헌재 1992. 10. 31. 92헌바42 결정)

(2) 意 義

797. 위헌심사형헌법소원의 의의

헌법재판소법 제41조 제4항은 위헌여부심판의 제청에 관한 결정에 대하여는 항고할 수 없다고 규정하고 있다. 결국 당사자는 법원의 제청결정이나 제청결정기각에 대하여는 독립하여 항고할 수 없게 된다. 따라서 헌법재판소법 제41조 제4항은 법원에게 개정전 헌법과 같은 불송부결정권을 주게 되는 결과를 가져오며, 그에 대한 구제책으로서 마련된 것이 헌법재판소법 제68조 제2항이라 하겠다. 위헌심사형 헌법소원은 우리 법제하에만 있는 특유한 제도이다.

(3) 性 格

798. 위헌심사형헌법소원의 성격: 위헌법률심판

위헌심사형 헌법소원의 법적 성격과 관련하여 헌법소원으로 보는 입장[521]과 위헌법률심판으로 보는 입장[522]이 대립되어 있다.

그러나 개인적으로는 위헌심사형 헌법소원은 그 본질상 위헌법률심판이라고 생각한다. 왜냐하면 위헌심사형 헌법소원의 경우에는 헌법소원의 전제요건인 침해된 기본권이 존재하지 않을 뿐만 아니라 헌법재판소법 제41조 제4항과의 관계에서 살피거나, 위헌심사형 헌법소원에는 위헌법률심판에 관한 규정을 준용하고 있는 헌법재판소법 제75조 제6항을 볼 때 그것은 분명해지기 때문이다. 또한 이러한 생각은 입법자의 입법의사에서도 확인된다.[523]

의한 헌법소원심판청구는 같은 법 제41조 제1항의 규정에 의한 위헌여부판결의 제청신청을 법원이 각하 또는 기각하였을 경우에만 제기할 수 있다"〈헌재 1992. 8. 19. 92헌바36 결정 — 국회의원선거법 제133조 제1항 위헌확인(각하)〉.

521) 최광율, '헌법재판소법 개관', 「헌법재판제도의 제문제」(헌법재판자료 제1집), 헌법재판소(1989. 5.), 449쪽 이하(486쪽); 이시윤, 헌법재판개관, 판례월보(1989. 5. 6.), 19쪽.

522) 김철수, (주 20), 1344쪽과 김학성, 헌법소원에 관한 연구, 서울대박사학위논문(1989. 12.), 197·198쪽은 사실상 위헌법률심판으로 보고 있고, 권영성, (주 19), 1108쪽은 헌법소원의 성격과 위헌법률심판의 성격을 아울러 가진 것으로 보고 있다.

523) 법무부 헌법재판소법 제정소위원회에 법원대표로 참여했던 이강국, 헌법재판의 활성화방안, 서울대법학연구소, 1988, 145쪽은 다음과 같이 말하고 있다. "법원의 위헌제청신청기각에 대한 헌법소원을 인정하고 있는 것이 아닙니다. 법원의 결정에 대하여 헌법소원을

헌법재판소는 거의 일관되게 위헌법률심판으로 보는 입장을 취하고 있다. 헌법재판소는 국가보위입법회의법 등의 위헌여부에 관한 헌법소원에서 위헌이라는 주문만 선고하였고[524] 토지수용법 제46조 제2항의 위헌 여부에 관한 헌법소원에서도 "헌법에 위반되지 아니한다"고 하고 있다.

판례: 〈위헌법률심판청구(각하)〉 "헌법소원심판이 아닌 위헌법률심판은 구체적 사건에서 법률의 위헌 여부가 재판의 전제가 되어 법원의 제청이 있는 경우에 한하여 할 수 있고, 개인의 제소 또는 심판청구만으로는 위헌법률심판을 할 수 없다. 다만, 법률의 규정으로 말미암아 직접 기본권이 침해되었거나, 법원으로부터 위헌법률심판 제청신청이 기각되었음을 이유로 헌법재판소법 제68조에 의거하여 법률의 규정에 대한 위헌선언을 구하는 헌법소원심판을 청구할 수 있으나, 그것은 위에서 말하는 위헌법률심판의 청구는 아니다."(헌재 1994. 6. 30. 94헌아5 결정)

판례: 〈1980년 해직공무원의보상등에관한특별조치법 제2조에 대한 헌법소원(각하)〉 "헌법재판소법 제68조 제2항에 의한 헌법소원에 있어서는 일반법원에 계속중인 사건에 적용할 법률이 헌법에 위반되는 여부가 재판의 전제가 되어야 하며, 이 경우 재판의 전제가 된다라고 하려면 그 법률이 당해 소송사건에 적용할 법률이어야 하고 그 위헌 여부에 따라 주문이 달라지거나 재판의 내용과 효력에 관한 법률적 의미가 달라지는 경우를 말한다."(헌재 1993. 11. 25. 90헌바47 등 병합결정)

판례: 〈형법 제241조의 위헌여부에 관한 헌법소원(합헌)〉 "이 헌법소원은 법률의 위헌여부를 묻는 헌법재판소법 제68조 제2항에 의한 것이므로 청구인의 주장이 이유 없는 경우, 그 심판청구를 기각하는 대신, 위 법률이 헌법에 위반되지 아니한다라는 형식의 주문을 선언함이 좋다."(헌재 1990. 9. 10. 89헌마82 결정)

(4) 請求要件

799. 위헌심사형헌법소원의 청구요건

위헌심사형 헌법소원을 청구하기 위해서는 재판의 전제성이라는 위헌법률심판의 제청요건이 요구된다. 특히 위헌법률심판의 제청이 기각된 날로부터 30일 이내에 청구하여야 한다(동법 제69조 제2항). 기각된 날이란 기각결정을 송달받은 날이다.[525]

제기할 수 있는 취지가 아니라, 법원에 대한 위헌신청의 대상이 된 법률에 대한 헌법소원을 하라는 취지입니다. … 또 사실 여기에 관여했던 사람들의 입장도 이런 입장이었다는 것을 밝혀드립니다."

524) 헌재 1989. 12. 18. 89헌마32 등 병합결정. 여기에서 우리는 헌법재판소도 그 초기에는 위헌심사형 헌법소원의 본질을 헌법소원(헌마형 사건)으로 보다가 1990년 이후부터 위헌법률심판(헌바형 사건)의 성격을 가진 것으로 보는 입장으로 바꾸게 되었음을 확인하게 된다.

525) 헌재 1989. 7. 21. 89헌마38 결정〈상속세법 제32조의2의 위헌여부에 관한 헌법소원(일부

판례: 〈국회의원선거법 제133조 제1항 위헌소원(각하)〉 "이 경우 위헌여부심판의 제청신청이 적법한 것이 되려면 제청신청된 법률의 위헌 여부가 법원에 제기된 당해 사건의 전제가 된 때라야 한다. 따라서 만약 당해 사건이 부적법한 것이어서 법률의 위헌 여부를 따져 볼 필요조차 없이 각하를 면할 수 없는 것일 때에는 위헌여부심판의 제청신청은 적법요건인 '재판의 전제성'을 흠결한 것으로서 각하될 수밖에 없고, 이러한 경우에는 헌법재판소법 제68조 제2항에 의한 헌법소원심판을 청구할 수 없다."(헌재 1992. 8. 19. 92헌바36 결정)

판례: 〈1980년 해직공무원의보상등에관한특별조치법 제2조 및 제5조에 대한 헌법소원(위헌불선언)〉 "재판의 전제성이 있다고 하려면 우선 그 법률이 당해 사건에 적용될 법률이어야 하고 또 그 법률이 위헌일 때에는 합헌일 때와 다른 판단을 할 수밖에 없는 경우, 즉 재판의 주문이 달라질 경우 및 문제된 법률의 위헌여부가 재판의 주문에는 영향을 주지 않는다 하더라도 적어도 재판의 내용과 효력에 관한 법률적 의미를 달리하는 경우라야 한다."(헌재 1993. 5. 13. 90헌바22 등 병합결정)

판례: 〈구 「금융산업의 구조개선에 관한 법률」 제14조의3 제1항 위헌소원(각하)〉 "헌법재판소법 제68조 제2항에 의한 헌법소원에 있어서 만약 당해사건이 부적법한 것이어서 법률의 위헌 여부를 따져볼 필요조차 없이 각하를 면할 수 없는 것일 때에는 위헌여부심판의 제청신청은 적법요건인 재판의 전제성을 흠결한 것으로서 각하될 수밖에 없"다(헌재 2004. 6. 24. 2001헌바104, 도시계획법 부칙 제10조 제3항 위헌소원(각하)); 단순히 법률의 구체적 해석·적용을 다투는 경우로서 법률조항 자체의 위헌성을 다투는 것으로 볼 여지가 없는 경우 헌법재판소법 제68조 제2항에 의거한 심판청구로서 부적법하다고 본 사례(헌재 2005. 7. 21. 2001헌바67 결정)

판례: 〈구 부가가치세법 제22조 제5항 제1호 위헌소원(각하)〉 "당해 사건 재판에서 청구인이 승소판결을 받아 그 판결이 확정된 경우 청구인은 재심을 청구할 법률상 이익이 없고, 심판대상조항에 대하여 위헌결정이 선고되더라도 당해 사건 재판의 결론이나 주문에 영향을 미칠 수 없으므로 그 심판청구는 재판의 전제성이 인정되지 아니하나, 파기환송 전 항소심에서 승소판결을 받았다고 하더라도 그 판결이 확정되지 아니한 이상 상소절차에서 그 주문이 달라질 수 있으므로, 심판대상조항의 위헌 여부에 관한 재판의 전제성이 인정된다."(헌재 2013. 6. 27. 2011헌바247 결정)

(5) 決定形式

800. 위헌심사형헌법소원의 결정형식

"법률이 헌법에 위반된다/위반되지 않는다"라는 형식의 결정형식을 취해야 하며(동법 제75조 제6항), 필요한 경우 변형결정도 할 수 있다.

인용)〉.

판례: 〈형법 제241조의 위헌 여부에 관한 헌법소원(합헌)〉 헌법재판소법 제68조 제2항에 의한 헌법소원에서 "청구인의 주장이 이유 없는 경우, 그 심판청구를 기각하는 대신, 위 법률이 헌법에 위반되지 아니한다는 형식의 주문을 선언하여야 한다." (헌재 1999. 9. 10. 89헌마82 결정)

4. 違憲法律審判의 決定

(1) 違憲法律審判의 決定

801. 법률의 위헌결정정족수

법률의 위헌결정에는 헌법재판소재판관 6인 이상의 찬성이 있어야 하며(제113조 제1항), 이때 소송당사자 및 법무부장관은 법률의 위헌여부에 대한 의견서를 제출할 수 있다(동법 제44조). 헌법재판소의 결정서는 결정일로부터 14일 이내에 대법원을 경유하여 제청법원에 송달하며(동법 제46조), 헌법재판소의 종국결정은 관보에 게재함으로써 이를 공시한다(동법 제36조 제5항).

(2) 違憲決定의 效力

802. 위헌결정의 효력: 1) 기속력, 2) 원칙적 장래효, 3) 예외적 소급효

위헌결정은 기속력과 원칙적 장래효 및 예외적 소급효를 가진다.

판례: 〈헌법재판소법 제47조 제2항 위헌제청 등(합헌)〉 "여기에서 법률에 대한 위헌결정의 효력에 관련된 외국의 입법례를 살펴보면 다음 세 가지 형태로 요약된다. 1) 첫째로 위헌결정에 소급효(ex tune)를 원칙적으로 인정하면서 이를 부분적으로 제한하는 예로서는 독일, 스페인, 포르투갈 등이 있다. ① 독일은 위헌인 법률은 위헌상태가 발생한 시점에 소급하여 법률상 당연히 효력을 가지지 아니한다는 전제하에 연방헌법재판소법 제78조에서 위헌인 법률은 무효임을 규정하면서도, 동법 제79조에서는 이러한 위헌선고의 소급효를 제한하여 형사판결의 경우에는 재심이 허용되지만 그 이외에 위헌무효인 법규에 바탕을 둔 더 이상의 취소할 수 없게 된 처분(확정된 재판이나 행정처분을 의미한다고 한다)에 대하여는 그 효력에 영향을 미치지 않고, 이러한 처분에 의하여 얻은 이득도 부당이득반환청구의 대상으로 할 수 없는 것으로 규정하고 있으며(이러한 소급효의 제한규정은 개별적 정의와 법적 안정성의 타협이라는 전제하에서 독일연방헌법재판소는 합헌인 것으로 계속 판시하여 오고 있다), 한편 독일연방헌법재판소는 일찍부터 위헌선고의 소급효의 폐해를 막기 위하여 장래효 내지 미래효만 있는 헌법불합치선언을 하여 왔고 그 후 이러한 불합치선언은 동법 제31조 제2항으로 반영되어 법제화되었다. ② 스페인은 헌법재판소법 제39조 제1항 및 제40조 제1항에서 헌법재판소가 위헌으로 선고한 법률은 무효라고 규정하여 위헌판결의 소급효를 인정하면서도, 형량이나 제재의 경감을 가져오거나 책임의 배제, 제한을 가져올 형사소송 또는 행정심판의 경우를 제외하고는

확정판결에 대한 재심을 허용하지 않는다고 규정하고 있다. ③ 포르투갈은 헌법 제282조에서 헌법재판소의 위헌 또는 위법의 선언은 위헌 또는 위법으로 선언된 규범의 발효시로 소급하여 발생하지만 기판력 있는 재판에 의하여 확정된 사건에는 그 소급효가 미치지 아니하고 예외적으로 형사사건, 징계사건 및 경범죄사건에서 위헌 또는 위법의 선고가 당사자에게 유리할 때에는 확정된 사건에도 소급효가 미치며, 다만 법적 안정성이나 형평 기타 특별한 공익상의 필요가 있을 때에는 헌법재판소가 직접 위와 같은 소급효를 제한하는 재판주문을 낼 수 있도록 하고 있다.
2) 둘째로, 위헌결정에 장래효(ex nunc)를 원칙으로 하면서 부분적으로 소급효를 인정하는 입법례로는 오스트리아, 터키 등이 있다. ① 오스트리아는 헌법 제140 조 제3항 내지 제4항에서 헌법재판소의 위헌선고는 위헌인 법률을 폐지하는 것으로 규정하는 한편, 동조 제5항에서는 헌법재판소의 판결에 의한 법률의 폐지는 그 판결의 공고일로부터 효력을 발생한다고 하여 장래효를 원칙으로 하고 이 점은 형벌에 관한 법규의 경우도 마찬가지인 것으로 하며, 다만 헌법재판소는 선고 후 1년의 범위 내에서 위헌법규의 실효시기를 미래로 미룰 수 있도록 미래효(pro futuro)를 규정하고, 동조 제7항은 헌법재판소가 위헌결정에서 달리 정하지 않는 한 위헌결정 이전에 구성요건이 실현된 사안에 대하여는 당해 사건을 제외하고는 그 법률이 계속 적용된다고 규정하고 있다. ② 터키는 헌법 제153조에서 헌법재판소에서 위헌으로 선고된 법률 등은 그 재판이 공고된 날로부터 효력을 상실하고 다만 필요한 경우에는 헌법재판소가 그 효력상실의 시점을 위헌공고일로부터 최장 1년까지 연기할 수 있다고 규정하고 특히 위헌의 재판은 소급효가 없음을 명문화하고 있다.
3) 셋째로, 위헌결정에 소급효를 인정할 것인가를 구체적인 사건마다 결정하는 예로는 미합중국, 독일의 일부 주 등이 있다. ① 미합중국에서 연방대법원의 위헌판결의 시적 효력범위에 관하여는 연방헌법이나 법률에 명문의 규정이 없고 판례로 이를 규율하는바, "연방헌법은 소급효를 금지하지도 요구하지도 않는다"라는 대원칙 아래 위헌판결의 시적 효력범위 문제를 헌법문제로 보지 않고, 구체적인 사건마다 법적 안정성과 개인의 권리구제 등 제반이익을 비교 형량하여 연방대법원이 위헌판결에 소급효를 줄 것인가를 결정할 수 있는 정책판단의 문제로 보고 있다. ② 독일의 일부 주(헤센주 등)에서도 위헌인 주 법의 소급무효를 법에서 직접 규정하지 않고, 위헌으로 확정될 때 주헌법재판소가 그 판결주문에서 소급효를 부여하며, 재심을 허용할 것인가의 여부와 어떠한 조건하에서 허용할 것인가도 함께 결정한다."(헌재 1993. 5. 13. 92헌가10 등 병합결정)

1) 기 속 력

위헌결정은 법원 기타 국가기관 및 지방자치단체를 구속하며(동법 제47조 제1항), 자기구속성 때문에 헌법재판소도 이를 취소·변경할 수 없다. 그러므로 헌법재판소의 결정에 대한 헌법소원심판청구는 불가능하다.[526] 위헌결정의 기속력

은 결정주문만이 아니라 결정주문을 뒷받침해주는 주요논거도 함께 갖는다고 보아야 할 것이다.[527)]

판례: 〈압류 등 처분무효확인〉 "구 헌법재판소법 제47조 제1항은 "법률의 위헌결정은 법원 기타 국가기관 및 지방자치단체를 기속한다."고 규정하고 있는데, 이러한 위헌결정의 기속력과 헌법을 최고규범으로 하는 법질서의 체계적 요청에 비추어 국가기관 및 지방자치단체는 위헌으로 선언된 법률규정에 근거하여 새로운 행정처분을 할 수 없음은 물론이고, 위헌결정 전에 이미 형성된 법률관계에 기한 후속처분이라도 그것이 새로운 위헌적 법률관계를 생성·확대하는 경우라면 이를 허용할 수 없다. 따라서 조세 부과의 근거가 되었던 법률규정이 위헌으로 선언된 경우, 비록 그에 기한 과세처분이 위헌결정 전에 이루어졌고, 과세처분에 대한 제소기간이 이미 경과하여 조세채권이 확정되었으며, 조세채권의 집행을 위한 체납처분의 근거규정 자체에 대하여는 따로 위헌결정이 내려진 바 없다고 하더라도, 위와 같은 위헌결정 이후에 조세채권의 집행을 위한 새로운 체납처분에 착수하거나 이를 속행하는 것은 더 이상 허용되지 않고, 나아가 이러한 위헌결정의 효력에 위배하여 이루어진 체납처분은 그 사유만으로 하자가 중대하고 객관적으로 명백하여 당연무효라고 보아야 한다."(대법원 2012. 2. 16. 2010두10907 판결)

2) 장 래 효

"위헌으로 결정된 법률 또는 법률의 조항은 그 결정이 있는 날로부터 효력을 상실한다"(동법 제47조 제2항 본문). 이와 같이 구체적 규범통제이면서 위헌결정이 내려진 법률 또는 법률조항의 효력을 절대적으로 상실시키는 제도를 객관적 규범통제라고도 한다.[528)]

판례: 〈헌법재판소법 제47조 제2항 위헌제청 등(합헌)〉 "헌법재판소에 의하여 위헌으로 선고된 법률 또는 법률의 조항이 제정 당시로 소급하여 효력을 상실하는가 아니면 장래에 향하여 효력을 상실하는가의 문제는 특단의 사정이 없는 한 헌법적 합성의 문제라기보다는 입법자가 법적 안정성과 개인의 권리구제 등 제반이익을 비교 형량하여 가면서 결정할 입법정책적 문제인 것으로 보인다. 우리의 입법자는 헌법재판소법 제47조 제2항 본문의 규정을 통하여 형벌법규를 제외하고는 법적 안정성을 더 높이 평가하는 방안을 선택하였는바, 이에 의하여 구체적 타당성이나 평등의 원칙이 완벽하게 실현되지 않는다고 하더라도 헌법상 법치주의의 원칙의 파생인 법적 안정성 내지 신뢰보호의 원칙에 의하여 정당화된다 할 것이고, 특단의 사정이 없는 한 이로써 헌법이 침해되는 것은 아니라 할 것이다."(헌재 2001. 12. 20.

526) 헌재 1989. 7. 24. 89헌마141 결정.
527) 허영, (주 15), 811쪽.
528) 권영성, (주 19), 1100쪽.

2001헌바7 등 병합결정)

3) 소 급 효

① 예외적 소급효

헌법재판소는 다음의 두 가지 경우에는 위헌결정에 대하여 예외적으로 소급효를 부여하고 있다.[529] 곧 첫째로, i) 법원의 제청이나 헌법소원의 청구 등을 통하여 헌법재판소에 법률에 대한 위헌결정의 계기를 부여한 당해 사건, ii) 위헌결정이 있기 전에 이와 동종의 사안으로 헌법재판소에 위헌심판제청을 하였거나 법원에 위헌심판신청을 한 경우의 당해 사건, iii) 따로 위헌제청신청은 아니하였으나 당해 법률 또는 법률조항이 재판의 전제가 되어 법원에 계속중인 사건, iv) 위헌결정 이후에 이와 동일한 사유로 제소된 일반사건에 대하여는 구체적 규범통제의 실효성을 보장하기 위하여 소급효를 인정하고 있다.[530]

둘째로, i) 당사자의 권리구제를 위한 구체적 타당성의 요청은 현저한 반면에, ii) 소급효를 인정하여도 법적 안정성을 침해할 우려가 없고, iii) 나아가 구법에 의하여 형성된 그 밖의 기득권자의 이득이 해쳐질 사안이 아닌 경우로서, iv) 소급효의 부인이 오히려 정의와 형평 등 헌법적 이념에 심히 배치되는 때에는 소급효를 인정하고 있다.

판례: 〈미지급 퇴역연금 지급〉 "헌법재판소의 위헌결정의 효력은 위헌제청을 한 당해 사건, 위헌결정이 있기 전에 이와 동종의 위헌 여부에 관하여 헌법재판소에 위헌제청을 하였거나 법원에 위헌제청신청을 한 사건과 따로 위헌제청신청은 아니하였지만 당해 법률 또는 법률 조항이 재판의 전제가 되어 법원에 계속중인 사건뿐만 아니라, 위헌결정 이후에 위와 같은 이유로 제소된 일반사건에도 미친다고 할 것이나, 위헌결정의 효력은 그 미치는 범위가 무한정일 수는 없고 다른 법리에 의하여 그 소급효를 제한하는 것까지 부정되는 것은 아니며, 법적 안정성의 유지나 당사자의 신뢰보호를 위하여 불가피한 경우에 위헌결정의 소급효를 제한하는 것은 오히려 법치주의의 원칙상 요청되는 바라고 할 것이다(대법원 1994. 10. 25. 93다42740 판결; 대법원 2005. 11. 10. 2005두5628 판결 등 참조)."(대법원 2009. 6. 11. 2008두21577 판결)

---

529) 헌재 1993. 5. 13. 92헌가10 등 병합결정.

530) 이 부분에 대해서는 대법원도 소급효를 인정하고 있다(대법원 1993. 1. 15. 92다12377 판결). 그러나 1994년 판결에서는 "헌법재판소의 위헌결정의 효력은 위헌결정 이후에 제소된 모든 사건에 미치지만 그 범위는 무한정일 수는 없고 일반사건의 경우 제한할 수 있다"(대법원 1994. 10. 25. 93다42740 판결)고 하여 소급효인정에 종전보다는 소극적인 태도를 보이고 있다.

② 형벌에 관한 법률조항에 대한 위헌결정의 효력

803. 형벌에 관한 법률조항에 대한 위헌결정의 효력

또한 헌법재판소법 제47조 제2항 단서는 "다만 형벌에 관한 법률 또는 법률의 제조항은 소급하여 그 효력을 상실한다"고 규정하고 있다. 따라서 소급하여 효력이 상실된 조항에 근거한 유죄의 확정판결에 대하여는 재심을 청구할 수 있다(동법 제47조 제3항). 그러나 소급효를 인정할 경우 그 조항에 의하여 형사처벌을 받지 않은 자들에게 형사상의 불이익이 미치게 되는 경우에는 소급효가 배제된다.[531)]

판례: 〈「특정 경제범죄 가중처벌 등에 관한 법률」 위반(수재, 알선수재 등)〉 "헌법재판소의 위헌결정에 소급효를 인정하는 것은 개별 사건에서 정의 내지 평등의 원칙을 구현하는 측면이 있는 반면, 법적 안정성 내지 신뢰보호의 원칙에는 배치되는 측면도 있어 그 중 어느 원칙을 보다 중시할 것인지는 원칙적으로 입법적 선택의 문제라 할 수 있고, 헌법재판소법 제47조 제2항이 형벌조항에 대한 위헌결정과 비형벌조항에 대한 위헌결정의 소급효를 명문으로 달리 규정한 것도 그 때문이다. 이러한 입법적 결단에도 불구하고 효력이 다양할 수밖에 없는 위헌결정의 특수성 때문에 예외적으로 부분적인 소급효의 인정 또는 소급효의 제한 가능성을 부정할 수는 없다. 따라서 당사자의 소급적 권리구제를 위한 구체적 타당성의 요청, 소급효 인정에 따른 법적 안정성 또는 신뢰보호원칙의 침해 우려, 구법에 의하여 형성된 법적 질서 혹은 기득권과 위헌결정에 따른 새로운 법적 질서의 조화 등 제반 이익을 종합적으로 고려하여, 맹목적인 소급효의 인정이나 부인이 오히려 정의와 형평 등 헌법적 이념에 심히 배치되는 것으로 인정될 때에는, 법문의 규정에도 불구하고 소급효의 범위를 달리 정할 필요성이 인정된다.

형벌조항의 경우 그 제정이나 개정 이후의 시대적·사회적 상황의 변화로 말미암아 비로소 위헌적인 것으로 평가받는 때에는 그 조항의 효력발생 시점까지 위헌결정의 전면적인 소급효를 인정하는 것이 오히려 사법적 정의에 현저히 반하는 결과를 초래할 수 있으므로, 헌법재판소법 제47조 제2항 단서의 규정에도 불구하고 소급효를 제한할 필요성이 있음은 비형벌조항의 경우와 크게 다르지 않다. 특히 동일한 형벌조항이 과거 헌법재판소의 결정에 의하여 합헌으로 선언된 바 있음에도 그 후의 사정변경 때문에 새로 위헌으로 결정된 때에는 더욱 그러하다. 그럼에도 형벌조항에 대한 위헌결정의 경우, 죄형법정주의 등 헌법과 형사법하에서 형벌이 가지는 특수성에 비추어 위헌결정의 소급효와 그에 따른 재심청구권을 명시적으로 규정한 법률의 문언에 반하여 해석으로 소급효 및 피고인의 재심에 관한 권리를 제한하는 것은 허용되기 어렵고, 그에 따른 현저한 불합리는 결국 입법으로 해결할 수밖에 없다."(대법원 2011. 4. 14. 2010도5605 판결)

---

531) 헌재 1997. 1. 16. 90헌마110 등 병합결정.

第5節 彈劾審判

우리 헌법은 탄핵을 2원화시켜 국회에는 탄핵소추의결권을, 헌법재판소에는 탄핵심판권을 부여하고 있다. 따라서 탄핵제도 일반과 탄핵소추기관, 탄핵소추사유, 탄핵소추의 발의와 의결, 탄핵소추의결의 효과 등에 대해서는 국회편에서 자세히 논하였다. 여기에서는 탄핵심판에 대해서만 간단히 살피기로 한다.

1. 彈劾審判機關

804. 탄핵심판기관

우리 헌법상 탄핵심판기관은 헌법재판소이다(제111조 제1항 제2호). 그러나 입법례로는 미국이나 영국처럼 상원에서 탄핵심판이 행해지는 나라, 독일이나 이탈리아처럼 헌법재판소가 탄핵심판을 결정하는 나라, 일본처럼 탄핵법원에서 이를 관할하도록 하는 나라 등 여러 가지 유형이 있다.

2. 彈劾審判의 節次

(1) 審判請求

805. 탄핵심판의 개시

탄핵심판은 소추위원(국회법제사법위원회의 위원장)이 증거 기타 심판에 필요한 자료를 첨부한 소추의결서의 정본을 헌법재판소에 제출함으로써 개시된다(헌법재판소법 제49조).

(2) 證據調査

806. 탄핵심판에 있어서의 증거조사

헌법재판소는 소추의결서를 받은 때에는 지체없이 그 등본을 피소추자(또는 피소추자의 변호인)에게 송달하고(동법 제27조 제1항), 직권 또는 신청에 의하여 증거조사를 할 수 있고(동법 제31조), 결정으로 다른 국가기관 또는 공공단체의 기관에 대하여 심판에 필요한 사실을 조회하거나 기록의 송부나 자료의 제출을 요구할 수 있다(동법 제32조). 이때 형사소송법에 관한 법령을 함께 준용하며(동법 제40조 제1항), 필요에 따라서는 피소추자를 소환하여 신문할 수 있다(동법 제31조). 소추위원은 변론에 있어 피소추인을 신문할 수 있다(동법 제49조 제2항 후단).

(3) 辯論主義

807. 탄핵심판과 구두변론

탄핵심판은 구두변론에 의한다(동법 제30조 제1항). 재판부가 변론을 열 때에는 기일을 정하고, 당사자와 관계인을 소환하여야 한다(동법 제30조 제3항). 따라서 당사자가 변론기일에 출석하지 아니한 때에는 다시 기일을 정해야 하고, 다시 정한 기일에도 출석하지 아니한 경우에는 그 출석 없이 심리할 수 있다(동법 제52조). 헌법재판소는 동일한 사유에 관하여 형사소송이 계속되는 동안에는 심판절차를 정지할 수 있다(동법 제51조).

3. 彈劾決定

808. 탄핵결정정족수

탄핵심판청구가 이유 있는 때에는 헌법재판소는 재판관 6인 이상의 찬성으로 피청구인을 당해 공직에서 파면하는 결정을 선고한다(헌법 제113조 제1항, 동법 제53조 제1항). 그리고 이때 '탄핵심판청구가 이유 있는 때'란, 모든 법위반의 경우가 아니라, 단지 공직자의 파면을 정당화할 정도로 '중대한' 법위반의 경우를 말한다는 것이 헌법재판소의 입장이다. 그러나 피소추인이 결정선고 전에 당해 공직에서 파면된 때에는 심판청구를 기각하여야 한다(동법 제53조 제2항).

판례: 〈대통령(노무현) 탄핵〉 "1. 헌법재판소법은 제53조 제1항에서 '탄핵심판청구가 이유 있는 때에는 헌법재판소는 피청구인을 당해 공직에서 파면하는 결정을 선고한다'고 규정하고 있는데, 위 규정은 헌법 제65조 제1항의 탄핵사유가 인정되는 모든 경우에 자동적으로 파면결정을 하도록 규정하고 있는 것으로 문리적으로 해석할 수 있으나, 직무행위로 인한 모든 사소한 법위반을 이유로 파면을 해야 한다면, 이는 피청구인의 책임에 상응하는 헌법적 징벌의 요청, 즉 법익형량의 원칙에 위반된다. 따라서 헌법재판소법 제53조 제1항의 '탄핵심판청구가 이유 있는 때'란, 모든 법위반의 경우가 아니라, 단지 공직자의 파면을 정당화할 정도로 '중대한' 법위반의 경우를 말한다.

2. 한편, 대통령에 대한 파면결정은, 국민이 선거를 통하여 대통령에게 부여한 '민주적 정당성'을 임기 중 다시 박탈하는 효과를 가지며, 직무수행의 단절로 인한 국가적 손실과 국정 공백은 물론이고, 국론의 분열현상 즉, 대통령을 지지하는 국민과 그렇지 않은 국민간의 분열과 반목으로 인한 정치적 혼란을 가져올 수 있다. 따라서 대통령에 대한 파면효과가 이와 같이 중대하다면, 파면결정을 정당화하는 사유도 이에 상응하는 중대성을 가져야 한다.

3. '대통령을 파면할 정도로 중대한 법위반이 어떠한 것인지'에 관하여 일반적으로

규정하는 것은 매우 어려운 일이나, 대통령의 직을 유지하는 것이 헌법수호의 관점에서 용납될 수 없거나, 대통령이 국민의 신임을 배신하여 국정을 담당할 자격을 상실한 경우에 한하여, 대통령에 대한 파면결정은 정당화되는 것이다."(헌재 2004. 5. 14. 2004헌나1 결정)

4. 彈劾決定의 效果

809. 탄핵결정의 효과

탄핵결정이 선고되면 피소추자는 공직에서 파면된다. 그러나 민사상·형사상 책임은 면책되지 아니한다(제65조 제 4 항, 동법 제54조 제 1 항). 따라서 탄핵결정이 있은 후에도 민·형사상 별도로 책임추궁을 할 수 있다. 탄핵결정에 의하여 파면된 자는 탄핵의 결정선고가 있은 날로부터 5년이 경과할 때까지 일체의 공직에 취임할 수 없다(동법 제54조 제 2 항).

탄핵결정의 효력과 관련하여 두 가지가 문제된다. 첫째는 '5년을 경과하지 아니하면 공무원이 될 수 없다'는 헌법재판소법 제54조 제 2 항의 규정이 '파면함에 그친다'라는 헌법규정에 모순되는 것이 아니냐 하는 것이고, 둘째는 헌법재판소의 탄핵결정에 대하여 대통령이 사면할 수 있는가 하는 것이다. 첫 번째 문제에 대하여는 탄핵제도의 본질상 그 정도의 제한은 위헌이라고 볼 수 없다는 것이, 두 번째 문제에 대하여는 사면이 가능하다면 탄핵결정은 무의미하다는 것이 통설의 입장이다.[532)]

第 6 節 政黨解散審判

1. 憲法規定

810. 정당해산심판에 대한 헌법규정

우리 헌법은 정당의 해산에 대하여 세 개의 조항을 두고 있다. 그 하나는 "정당의 목적이나 활동이 민주적 기본질서에 위배될 때에는 정부는 헌법재판소에 그 해산을 제소할 수 있고, 정당은 헌법재판소의 심판에 의하여 해산된다"는 제 8 조 제 4 항의 규정이고, 다른 하나는 정당해산의 제소에 국무회의의 심의를 거칠 것을 규정한 제89조 제14호의 규정이며, 또 다른 하나는 정당의 해산심판을 헌법재판소의 관장사항으로 한 제111조 제 1 항 제 3 호의 규정이다. 여기에서는 제111조 제 1 항 제 3 호와 직접적으로 관련된 사항만을 다루기로 한다.

---

532) 김철수, (주 20), 1335·1336쪽; 권영성, (주 19), 860쪽; 허영, (주 15), 814쪽.

정당해산 심판절차에 대해서는 헌법재판소법이 자세하게 규정하고 있다.

2. 政黨解散의 提訴

811. 정당해산의 제소권자: 정부

정부는 정당의 목적이나 활동이 민주적 기본질서에 위배될 때에는 국무회의의 심의를 거쳐 그 해산을 제소할 수 있다(제8조 제4항, 제89조 제14호, 헌법재판소법 제55조). 정당해산의 제소 여부·제소시기 등은 전적으로 정부의 재량사항에 속한다.

그러나 정부가 위헌정당의 해산을 제소하는 경우에는 법무부장관이 정부를 대표해서(동법 제25조 제1항) 피제소정당과 제소이유를 기재한 정당해산심판청구서를 헌법재판소에 제출하여야 한다(동법 제56조). 정부는 같은 사유로 같은 정당을 헌법재판소에 제소할 수 없다(일사부재리의 원칙, 동법 제39조).

3. 政黨解散提訴의 審理

812. 정당해산제소의 심리

정당해산심판은 헌법재판소장을 재판장으로 하고 7인 이상의 재판관이 출석한 재판부에서 심판한다(동법 제22조, 제23조 제1항). 심판절차는 구두변론주의와 공개주의를 원칙으로 한다(동법 제30조, 제34조). 정당해산심판에는 민사소송에 관한 법령의 규정을 준용한다(동법 제40조).

헌법재판소는 정당해산심판의 청구를 받은 때에는 청구인의 신청 또는 직권으로 종국결정의 선고 시까지 피제소정당의 활동을 정지하는 결정을 할 수 있다(동법 제57조). 헌법재판소장은 정당해산심판의 청구가 있는 때, 가처분 결정을 한 때 및 그 심판이 종료한 때에는 그 사실을 국회와 중앙선거관리위원회에 통지하여야 한다(동법 제58조).

4. 政黨解散의 決定과 執行

813. 정당해산의 결정과 집행

헌법재판소에서 정당해산의 결정을 할 때에는 재판관 6인 이상의 찬성이 있어야 한다(제113조 제1항). 헌법재판소의 정당해산결정은 모든 국가기관을 구속한다. 헌법재판소가 정당의 해산을 명하는 결정을 한 때에는 그 결정서를 피제소정당 외에 국회·정부 및 중앙선거관리위원회에 송달해야 한다(동법 제58조 제2항).

정당의 해산을 명하는 결정이 선고된 그 순간부터 그 정당은 해산된다(동법 제59조). 정당해산결정은 중앙선거관리위원회가 정당법의 규정에 따라 집행한다(동법 제60조). 해산결정의 통지를 받은 중앙선거관리위원회는 그 정당의 등록을 말소하고 지체없이 그 뜻을 공고하여야 한다(정당법 제47조).

5. 政黨解散決定의 效果

814. 정당해산결정의 효과

헌법재판소의 정당해산결정이 있으면 그 시점에서부터 해산결정을 받은 정당은 불법결사가 되어 정당으로서의 모든 특권을 상실한다. 그 효과는 다음과 같이 세 가지로 간추릴 수 있다. 첫째, 해산된 정당의 대표자와 간부는 해산된 정당의 강령(또는 기본정책)과 동일하거나 유사한 대체정당을 창설하지 못하며(동법 제40조), 해산된 정당의 명칭과 동일한 명칭은 정당의 명칭으로 다시 사용하지 못한다(동법 제41조 제 2 항). 둘째, 해산된 정당의 잔여재산은 국고에 귀속된다(동법 제48조 제 2 항). 셋째, 해산된 정당의 소속의원은 당연히 의원직을 상실한다.[533] 이는 방어적 민주의의 자연스런 결론이다.

第 7 節 權限爭議審判

1. 一 般 論

(1) 憲法規定

815. 권한쟁의심판에 대한 헌법규정: 헌법 제111조 제 1 항 제 4 호

헌법 제111조 제 1 항 제 4 호는 헌법재판소에 국가기관 상호간, 국가기관과 지방자치단체 및 지방자치단체 상호간의 권한쟁의에 관한 심판권을 부여하고 있다. 이를 줄여 권한쟁의심판권이라고 부른다.

(2) 沿 革

816. 권한쟁의심판의 연혁

우리 헌법이 권한쟁의심판제도를 채택한 것은 제 2 공화국 헌법이 처음이었다. 그러나 제 2 공화국 헌법의 권한쟁의심판은 그 대상을 국가기관 상호간의 쟁

---

533) 권영성, (주 19), 1103·1104쪽; 허영, (주 15), 815·816쪽. 그러나 김철수, (주 20), 1337쪽은 현행헌법에는 이에 관한 규정이 없기 때문에 국회의원의 자격심사나 제명처분에 의하여야만 비로소 국회의원직을 상실한다고 보아야 할 것이라고 한다.

의에 한정한 것이었다. 따라서 현행헌법의 권한쟁의심판은 제도적으로 더 확대된 것이라 할 수 있다.

(3) 權限爭議審判의 概念

817. 권한쟁의심판의 개념

권한쟁의심판이란 국가기관(지방자치단체 포함) 사이에 권한의 존부나 범위에 대하여 분쟁이 발생한 경우에 독립적 지위를 가진 제 3 의 기관이 그 분쟁을 해결하는 심판을 말한다. 권한쟁의에는 특정사항이 자신의 관할에 속한다는 것을 주장하는 적극적 권한쟁의와 자신의 관할에 속하지 아니한다고 주장하는 소극적 권한쟁의가 있다.

판례: 〈국회의원과 국회의장간의 권한쟁의(각하)〉 "헌법 제111조 제 1 항에 의한 권한쟁의심판은 공권력을 행사하는 국가기관이나 지방자치단체와 다른 국가기관 또는 지방자치단체 사이에 권한의 존부 또는 범위에 관하여 다툼이 있는 경우, 독립한 국가기관인 헌번재판소가 이를 심판하여 그 권한과 의무의 한계를 명확히함으로써 국가기능의 원활한 수행을 도모하고 권력 상호간의 견제와 균형을 유지시켜 헌법질서를 보호하려는 데 그 제도의 목적이 있다. 위와 같은 권한쟁의제도의 목적에 비추어 볼 때 헌법 제111조 제 1 항 제 4 호 소정의 '국가기관 상호간의 권한쟁의'는 우리 헌법이 국민주권주의와 권력분립의 원칙에 따라 주권자인 국민으로부터 나온 국가권력을 나누어 상호 견제와 균형을 유지하도록 권한을 분배한 대등한 권력행사기관 사이의 권한에 관한 다툼을 의미한다."(헌재 1995. 2. 23. 90헌라1 결정)

(4) 機　　能

권한쟁의심판의 기능으로 다음과 같은 것을 들 수 있다. ① 국가기능의 원활한 수행과 권력상호간의 수평적 및 수직적인 견제균형을 통하여 권력분립을 실현한다. ② 국가로부터 독립된 법주체인 지방자치단체로 하여금 행정위계질서에 있어 상급기관이라 할 수 있는 국가를 상대로 헌법과 법률이 정한 권한의 유지·확보를 위한 소송의 제기를 가능하게 함으로써 지방자치단체의 독립성을 보장하며 실효성을 확보하는 데 도움이 된다. ③ 헌법과 법률이 정한 권한을 둘러싼 분쟁을 헌법재판을 통해 해결함으로써 궁극적으로 헌법보호에 기여하게 된다. ④ 권한쟁의심판은 소수가 다수의 월권적 행위를 헌법적 원리에 의해 통제할 수 있는 장치라는 점에서 소수보호에도 기여한다.

(5) 性 格

권한쟁의심판은 객관적 쟁송이다. 왜냐하면 권한이라는 것은 주관적 법적 상태인 권리와는 달리, 헌법·법률 등 객관적 법에서 직접 부여된 객관적 법적 상태로서 권한의 귀속주체가 이를 임의로 처분하거나 포기할 수 없는 상태를 말하기 때문이다.

(6) 行政訴訟法上의 機關訴訟과의 區別

기관소송이란 동일한 법 주체 내의 기관 상호간의 권한분쟁을 의미하는 소송으로서 국가 또는 공공단체의 기관 상호간에 있어서의 권한의 존부 또는 그 행사에 관한 다툼이 있을 때 이에 대하여 제기하는 것이다. 그러나 현행 헌법은 국가라는 동일한 법 주체 내의 기관소송은 헌법재판소, 그 밖의 경우는 법원의 관할로 하고 있다. 이에 따라 행정소송법 제3조 제4호는 헌법재판소의 관할사항으로 되어 있는 기관소송은 법원의 관할대상으로부터 제외된다고 규정하고 있다.

현행 행정소송법상 기관소송은 다음과 같이 법률이 특히 인정하는 경우에 한하여, 법률이 개별적으로 인정한 사항에 대하여, 법률이 정하는 자만이 제기할 수 있다(동법 제45조). 첫째, 지방자치단체장의 재의결요구에 따라 행한 지방의회의 재의결이 법령에 위반된다고 판단되는 때에 지방자치단체장이 대법원에 제기하는 소송(지방자치법 제107조 제3항, 제172조 제3항), 둘째, 교육감이 시·도의회를 상대로 대법원에 제기하는 소송(지방교육자치에 관한 법률 제28조 제3항).

이처럼 권한쟁의심판은 행정소송법상의 기관소송과 본질적으로 구별되지 아니하는 국가기관 상호간의 권한쟁의를 포함하고 있으므로 이러한 한에서 권한쟁의와 행정소송법상의 기관소송은 구별되기 어려운 측면이 있다. 그러나 그 밖에 상이한 법 주체 상호간의 권한쟁의는 기관소송과 목적에서 구별된다. 즉 전자는 권력상호간의 견제와 균형을 유지시켜 헌법의 규범력을 확보하는 것이 목적임에 반하여, 기관소송은 행정감독 내지 행정의 민주화로 인한 기관의 독립성 확보가 목적이다.

권한쟁의심판과 행정소송법상의 기관소송은 당사자·제소요건·심사범위에서도 구별된다. ① 당사자에 있어서 권한쟁의심판의 대상이 되지 않는 범위 내에서 기관소송이 인정된다. ② 제소요건으로 법률이 정한 때에 한하여 기관소송은 인정된다. ③ 심사범위로는 기관소송은 권한의 존부 또는 그 행사에 관한 다툼인 데 반하여, 권한쟁의심판은 권한의 존부 또는 범위에 관한 다툼이다. 권한의 행사는 권한의 범위에 비해서 좀 더 구체적 사건이나 행위를 의미한다. 권한쟁의심판은 소수가 다수의 월권적 행위를 헌법적 원리에 의해 통제할 수 있는 장치라는 점에서 소수보호에도 기여한다.

2. 權限爭議審判의 種類와 當事者

(1) 權限爭議審判의 種類

818. 권한쟁의심판의 종류

권한쟁의심판의 종류는 국가기관 상호간의 권한쟁의심판 · 국가기관과 지방자치단체간의 권한쟁의심판 및 지방자치단체 상호간의 권한쟁의심판의 3종류가 있다(제111조 제 1 항 제 4 호, 헌법재판소법 제62조 제 1 항).

(2) 權限爭議審判의 當事者

819. 권한쟁의심판의 당사자

권한쟁의심판의 당사자가 될 수 있는 기관은 일차적으로 국회, 정부, 법원, 중앙선거관리위원회와 같은 국가기관과 각급지방자치단체(특별시 · 광역시 · 특별자치시 · 도 · 특별자치도 · 시 · 군 · 자치구)이다. 그러나 이차적으로는 독자적인 권능과 의무를 가지고 헌법기관의 기능에 참여하는 국회상임위원회나 교섭단체도 권한쟁의심판의 당사자가 된다고 보아야 할 것이다. 우리 헌법재판소는 국회의원의 권한쟁의심판당사자능력에 대하여 처음에는 부정적이었으나, 곧 그 긍정적인 입장으로 태도를 바꾸었다.

그러나 사인은 권한쟁의심판의 당사자가 될 수 없다.

판례: 〈국회의원과 국회의장간의 권한쟁의(각하)〉 "헌법 제111조 제 1 항 제 4 호 및 헌법재판소법 제62조 제 1 항 제 1 호는 헌법재판소가 관장하는 국가기관 상호간의 권한쟁의심판을 국회, 정부, 법원 및 중앙선거관리위원회 상호간의 권한쟁의심판으로 한정하고 있으므로, 그에 열거되지 아니한 기관이나 또는 열거된 국가기관 내의 각급기관은 비록 그들이 공권적 처분을 할 수 있는 지위에 있을지라도 권한쟁의심판의 당사자가 될 수 없으며 또 위에 열거된 국가기관 내부의 권한에 관한 다툼은 권한쟁의심판의 대상이 되지 않는다. 따라서 … 국회의 구성원이거나 국회 내의 일부기관인 국회의원 및 교섭단체 등이 국회 내의 다른 기관인 국회의장을 상대로 권한쟁의심판을 청구할 수 없다."(헌재 1995. 2. 23. 90헌라1 결정)

판례: 〈국회의원과 국회의장간의 권한쟁의(일부인용)〉 "국회의원과 국회의장 사이에는 각자 권한의 존부 및 범위와 행사를 둘러싸고 언제나 다툼이 있을 수 있고, 이와 같은 분쟁은 단순히 국회의 구성원인 국회의원과 국회의장간의 국가기관 내부의

분쟁이 아니라 각각 별개의 헌법상의 국가기관으로서의 권한을 둘러싸고 발생하는 분쟁이라고 할 것인데, … 권한쟁의심판 이외에 달리 해결할 적당한 기관이나 방법이 없으므로 국회의원과 국회의장은 헌법 제111조 제1항 제4호 소정의 권한쟁의심판의 당사자가 될 수 있다고 보아야 할 것이다."(헌재 1997. 7. 16. 96헌라2 결정)

3. 權限爭議審判의 請求事由·請求書의 記載事項·請求期間

(1) 請求事由

820. 권한쟁의심판의 청구사유

권한쟁의심판을 청구하기 위해서는 국가기관 상호간, 국가기관과 지방자치단체간 및 지방자치단체 상호간에 권한의 존부 또는 범위에 관하여 다툼이 있어야 한다. 다만 심판청구는 피청구인의 처분 또는 부작위가 헌법이나 법률에 의하여 부여받은 청구인의 권한을 침해하였거나 침해할 현저한 위험이 있어야 한다(헌법재판소법 제61조).

피청구인의 처분 또는 부작위가 청구인의 권한을 침해할 현저한 위험이 있는 경우에는 특정한 권한의 존부 또는 범위 자체의 확인만이 청구취지가 되지만(동법 제61조 제2항), 피청구인의 처분 또는 부작위가 청구인의 권한을 이미 침해한 경우에는 헌법재판소법 제68조 제2항에 따라 피청구인의 처분이나 부작위의 취소 또는 무효확인을 청구취지로 할 수 있다. 부작위의 경우 '부작위 위헌확인 또는 위법확인'으로 이해되어야 할 것이다.

판례: 〈영일군과 정부간의 권한쟁의(각하)〉 "지방자치단체인 청구인이 국가기관인 피청구인을 상대로 권한쟁의심판을 청구하려면 청구인과 피청구인 상호간에 권한의 존부 또는 범위에 관한 다툼이 있어야 하고, 피청구인의 처분 또는 부작위가 헌법 또는 법률에 의하여 부여받은 청구인의 권한을 침해하거나 침해할 현저한 위험이 있는 경우이어야 한다."(헌재 1998. 6. 25. 94헌라1 결정)

판례: "피청구인의 부작위에 의하여 청구인의 권한이 침해당하였다고 주장하는 권한쟁의심판은 헌법상 또는 법률상 유래하는 작위의무가 있음에도 불구하고 피청구인이 그러한 의무를 다하지 아니한 경우에 허용된다."(헌재 1998. 7. 14. 98헌라3 결정; 헌재 1998. 7. 14. 98헌라2 결정)

(2) 請求書의 記載事項

821. 권한쟁의심판청구서의 기재사항

권한쟁의심판의 청구서에는 ① 청구인 또는 청구인이 속한 기관과 심판수행자 또는 대리인, ② 피청구인, ③ 심판대상이 되는 피청구인의 처분 또는 부작위, ④ 청구의 이유, ⑤ 그 밖에 필요한 사항 등을 기재하여야 한다(동법 제64조).

(3) 請求期間

822. 권한쟁의심판의 청구기간

권한쟁의심판은 그 사유가 있음을 안 날로부터 60일 이내에, 그 사유가 있은 날로부터 180일 이내에 청구하여야 한다. 이 기간은 불변기간이다(동법 제63조).

4. 權限爭議審判의 審理와 決定

(1) 審 理

823. 권한쟁의심판의 심리

권한쟁의심판은 재판관전원으로 구성되는 재판부에서 관장하며(동법 제22조), 재판관 7인 이상의 출석으로 심리한다(동법 제23조 제1항). 심리는 구두변론에 의하며, 재판부가 변론을 할 때에는 기일을 정하고 당사자와 관계인을 소환하여야 한다(동법 제30조).

(2) 決 定

1) 결 정

824. 권한쟁의심판의 결정정족수

권한쟁의심판의 결정은 종국심리에 관여한 재판관 과반수의 찬성으로 한다(동법 제23조). 헌법재판소는 권한의 존부 또는 범위에 관하여 판단하며, 권한침해의 원인이 된 피청구인의 처분을 취소하거나 그 무효를 확인할 수 있고, 헌법재판소가 부작위에 대한 심판청구를 인용하는 결정을 한 때에는 피청구인은 결정취지에 따라 처분을 하여야 한다(동법 제66조). 또 헌법재판소는 직권 또는 청구인의 신청에 의하여 종국결정의 선고시까지 심판대상이 된 피청구인의 처분의 효력을 정지하는 가처분결정을 할 수 있다(동법 제65조).

> **판례: 〈직접처분 효력정지 가처분신청(인용)〉** "권한쟁의심판에서의 가처분결정은 피청구기관의 처분 등이나 그 집행 또는 절차의 속행으로 인하여 생길 회복하기 어려운 손해를 예방할 필요가 있거나 기타 공공복리상의 중대한 사유가 있어야 하고 그 처분의 효력을 정지시켜야 할 긴급할 필요가 있는 경우 등이 그 요건이 되고, 본안사건이 부적법하거나 이유없음이 명백하지 않는 한, 가처분을 인용한 뒤 종국결정에서 청구가 기각되었을 때 발생하게 될 불이익과 가처분을 기각한 뒤 청구가 인용되었을 때 발생하게 될 불이익에 대한 비교 형량을 하여 행한다."(헌재 1999. 3. 25.

98헌사98 결정)

2) 결정의 효력

헌법재판소의 결정은 모든 국가기관과 지방자치단체를 기속한다. 그러나 처분의 취소는 그 처분의 상대방에 대하여 이미 발생한 효력에는 영향을 미치지 아니한다(동법 제67조).

825. 권한쟁의심판의 결정의 효력

판례: 〈국회의원과 국회의장 간의 권한쟁의(심판종료선언, 기각)〉 "권한쟁의심판의 결정 가운데 '권한침해의 확인결정'의 기속력과 관련하여, 헌법재판소 재판관 4인은 "권한침해의 확인결정에도 기속력이 인정되지만 그 내용은 장래에 어떤 처분을 행할 때 그 결정의 내용을 존중하고 동일한 사정하에서 동일한 내용의 행위를 하여서는 아니 되는 의무를 부과하는 것에 그치고 적극적인 재처분의무나 결과제거의무를 포함하는 것은 아니다. 그러므로 종전 권한침해확인결정의 기속력으로 피청구인에게 종전 권한침해행위에 내재하는 위헌·위법성을 제거할 적극적 조치를 취할 법적 의무가 발생한다고 볼 수 없다"는 입장을 취하고 있다. 반면 재판관 4인은 "헌법재판소가 권한쟁의심판에 의하여 국회의 입법절차가 위법하게 진행되어 일부 국회의원의 심의·표결권이 침해되었다고 확인하면, 그 결정의 기속력에 의하여 국회와 국회의원들은 위법하게 진행된 심의·표결절차의 위법성을 제거하고 침해된 국회의원의 심의·표결권을 회복시켜줄 의무를 부담한다"는 입장을 취하고 있다."(헌재 2010. 11. 25. 2009헌라12 결정)

第8節 憲法訴願審判

1. 憲法訴願一般

(1) 憲法規定과 沿革

1) 헌법규정

우리 헌법은 제111조 제1항 제5호에서 법률이 정하는 헌법소원의 심판을 헌법재판소의 관장사항으로 규정하고 있다.

826. 헌법소원에 대한 헌법규정: 헌법 제111조 제1항 제5호

2) 연 혁

헌법소원제도의 가장 오래된 형태를 신성로마제국의 '제국재판소'(Reichskammergericht)에서 찾을 수 있다는 견해도 있다. 그러나 헌법소원이라는 명칭은 19

827. 헌법소원의 연혁

세기 후반에 처음 나타나며, 아마도 오늘날과 비슷한 형태로 헌법소원을 규정한 것은 행정청의 행위에 의하여 주관적 공권이나 사권을 침해받았다고 생각하는 바이에른에 주소를 가진 모든 자연인과 법인에게 국사재판소에 헌법소원제기권을 부여한 1919년 8월 14일의 바이에른헌법 제93조로 생각된다.[534] 그리고 헌법소원은 1951년 3월 12일 나치독재하에서 철저하게 인간의 존엄을 유린당한 독일의 연방헌법재판소법에서 국가권력에 대한 국민의 특수한 권리보호라는 현재의 상태로 규정되었다.[535]

우리 헌법은 헌법소원을 현행헌법에서 처음으로 도입하였다.[536]

---

534) 독일에서의 헌법소원제도의 발전사에 대해서는 W. Boulange, *Die geschichtliche Grundlage der heutigen Verfassungsbeschwerde*, Diss. Heidelberg 1954; E. Schumann, *Verfassungs- und Menschenrechtsbeschwerde gegen richterliche Entscheidungen*, 1963; R. Zuck, *Das Recht der Verfassungsbeschwerde*, 2. Aufl.(1988), S. 35ff. 참조.

535) 헌법소원의 연방헌법재판소법에 채택된 이유를 R. Zuck, (주 534), S. 43는 다음과 같은 7가지로 간추리고 있다. ① 헌법소원의 주된 목적은 기본권보호이다. 기본권의 중요성에 비추어 지나친 권리보호란 있을 수 없다. ② 기본권은 일반법원보다 전적으로 기본권보호만을 관할하는 법원에서 더 잘 보호될 수 있을 것이다. ③ 헌법소원을 헌법재판소에 집중시킴으로써 동일한 법적 문제에 대한 상이한 결정을 피할 수 있을 뿐만 아니라 결정을 신속하게 할 수 있다. ④ 헌법소원을 할 수 있다는 것은 국가에 대한 신뢰를 조성하고 민주적 참여를 보장한다. 또한 이는 국민의 감시기능을 강화시킨다. ⑤ 헌법소원을 통해서 흠결 없는 권리보호가 이루어진다. ⑥ 기본권에 대한 위법적 침해의 반복이 연방헌법재판소의 판결을 통해 배제될 수 있기 때문에 헌법소원을 통하여 효과적인 권리보호를 가능하게 한다. ⑦ 헌법소원은 정치적 위기상황에서는 권리보호를 위한 최후의 수단일 수 있다.

536) 그러나 우리 헌법의 개정경과를 보면 헌법소원에 대한 깊은 연구 없이 헌법소원이 채택되었음을 알 수 있다. 곧 제 6 공화국헌법의 개정경과를 보면 처음에는 어느 정당의 초안에도 헌법소원에 대한 언급은 없었다. 그러던 중 헌법개정특별위원회에서 최종적으로 합의된 제 8 차회의록을 보면 헌법재판소의 채택과 더불어 헌법소원이 새롭게 들어간 것을 알 수 있다. 그러나 이에 대한 문헌은 전혀 남아 있지 않기 때문에 헌법소원이 어떻게 주장되고 누가 제안하였는가를 정확히 알 수 없다(김학성, 주 522, 23쪽 참조). 이러한 사정은 헌법재판소의 기본운영·조직·권한규정 등에 관한 기본법인 헌법재판소법의 제정과정에서도 비슷하다. 1988년 5월 정부는 헌법재판소법초안을 마련하여 입법예고하였고(사법행정 1988. 6. 108쪽 이하 참조) — 이 초안은 국회에 제출되지 않았다 — 이어서 대한변호사협회(대한변호사협회지 1988. 7. 참조)와 공법학회(1988년 7월 25일자 법률신문 참조)는 자신들의 입장을 표명하였다. 민정당은 1988. 7. 4. 헌법재판소법안을 국회에 제출하였고 야 3당도 7월 18일 헌법재판소법안을 국회에 제출하였다. 전자와 후자의 가장 커다란 차이점은 전자가 재판을 헌법소원의 대상에서 제외시켰음에 반하여, 후자는 그것을 포함하였다는 점이다. 이에 따라 1988. 7. 21. 열린 제143회 국회법제사법위원회 제 3 차 회의에서는 민정당안과 야 3당안을 심의할 법률심사소위원회를 구성하였다. 동 위원회는 7월 22일 법안을 심의한 결과 두 개의 법안을 국회본회의에 부의하지 않기로 결정하고 그 대신 법제사법위원회의 대안을 제출하기로 의견의 일치를 보았다. 그리고 놀랍게

(2) 憲法訴願의 槪念과 本質

1) 헌법소원의 개념

헌법소원이라 함은 공권력의 행사 또는 불행사에 의하여 헌법상 기본권을 침해당한 자가 법률에 다른 구제절차가 없는 경우 직접 헌법재판소에 대하여 당해 공권력작용의 위헌성을 확인하고 권리를 구제해 줄 것을 청구하는 특수한 구제절차이다.

828. 헌법소원의 개념

2) 헌법소원의 본질

헌법소원의 본질이 무엇인가에 대해서 실정법(그것이 우리 헌법이든 헌법재판소법이든 또는 독일의 기본법이든 연방헌법재판소법이든)은 아무런 언급도 하고 있지 않다. 따라서 헌법소원의 본질이 무엇인가에 대한 대답은 이론과 특히 독일연방헌법재판소의 판례에서 찾아볼 수밖에 없다. 독일연방헌법재판소의 판례를 검토해보면 헌법소원의 본질적 징표는 '국가에 대한 국민의 특수한 권리보호'(der spezifische Rechtsbehelf des Bürgers gegen den Staat)라는 점과 '보충성'(Subsidiarität)으로 축약된다.

829. 헌법소원의 본질: 1) 국가에 대한 국민의 특수한 권리보호, 2) 보충성

우선, 헌법소원의 본질적 특징은 국가에 대한 국민의 특수한 권리보호라는 점에서 찾을 수 있다. 곧 헌법소원은 "입법 · 행정 · 사법권의 모든 행위는 기본권 적합성에 따라 심사되어야 한다"[537]는 목적을 가진 "국가에 대한 국민의 특수한 권리보호"[538]제도이며, '특별한(비정규)권리보호'(außerordentliche Rechtsbehelf)이다.[539] 이러한 특징으로부터 다음과 같은 추론이 가능하다. ① 헌법소원은 다른 법적 수단과 병행해서 선택적으로 행사하거나 또는 달리 규정된 소송수단을 간이화하거나 회피하기 위하여 존재하고 있는 것이 아니다.[540] ② 그렇기 때문에 연방헌법재판소는 헌법소원에 관한 한 법률의 헌법합치적 해석의 경우와는 달리 상고심이나 초상고심으로써 기능하지는 않는다고 한다. 따라서 헌법소원에는 '정

도 하루만인 1988. 7. 23. 법제사법위원회 제5차 회의에 대안을 제출하고 이 법률안은 그날 국회본회의에 상정되어 통과되었다. 이렇게 헌법소원제도가 우리 헌법과 헌법재판소법에서 졸속입법으로 처리 · 도입되었기 때문에 우리의 헌법소원제도는 많은 미비점을 포함하고 있을 뿐 아니라 여러 조항 사이에 모순도 있다.

537) BVerfGE 7, 198(207).

538) BVerfGE 4, 27(30); 6, 45(49); 6, 445(448); 21, 362(371); 31, 87(91).

539) BVerfGE 18, 315(325).

540) BVerfGE 2, 287(291).

지효'(Suspensiveffekt)와 '이심효'(移審效, Devolutiveffekt)가 없다는 점에서 일반적인 상소와 구별된다.[541)]

다음으로, 헌법소원의 본질적 특색은 보충성에 있다.[542)] 곧 헌법소원은 기본권에 대한 침해를 다른 방법으로는 구제할 수 없는 경우에 한하여 허용되는 특별한 권리구제수단이다. 이러한 제한은 법적 안정성의 이유에서 다른 법원이나 행정청의 법률상 유효한 또는 취소할 수 있는 결정은 예외적인 경우에만 문제되어야 하고 연방헌법재판소는 불필요한 헌법소원을 통해서 자신의 다른 임무를 일탈해서는 안 된다는 데에서 그 인정근거를 찾을 수 있다. 뿐만 아니라 헌법소원의 보충성의 원칙은 연방헌법재판소의 업무부담을 경감시켜 주는 역할도 한다.[543)]

(3) 憲法訴願의 機能

1) 학 설

830. 헌법소원의 기능: 1) 기본권 보호기능, 2) 헌법질서 보호기능

헌법소원은 기본권보호와 헌법질서보호라는 이중적 기능을 한다. 이러한 헌법소원의 이중적 기능은 독일연방헌법재판소와 우리 헌법재판소가 다 같이 인정하고 있다. 그러나 강조점은 약간 상이하다. 곧 독일연방헌법재판소는 헌법소원의 기본권보호기능을 1차적으로 강조함에 반하여,[544)] 우리 헌법재판소는 (구)지방의회의원선거법 제36조 제 1 항에 대한 헌법소원결정에서 "… 그리고 헌법재판소법 제75조 제 2 항의 규정에 따라 침해된 기본권을 표시하지 않는 이유는 법률에 대한 헌법소원은 청구인의 침해된 기본권을 구제한다는 면도 있으나, 객관적인 헌법질서의 확립이라는 성질이 더 부각되어야 할 것이고 …"[545)]라고 하여 법률에 대한 헌법소원에 한정된 것이기는 하나 헌법소원의 헌법질서보호기능을 일차적으로 강조하고 있다.

물론 학계에서도 헌법소원의 1차적 기능이 주관적 권리보호인가[546)] 객관적

541) R. Zuck, (주 534), S. 7f.; 김학성, (주 522), 34쪽 참조.

542) BVerfGE 63, 45ff.; 73, 322; 77, 381ff.; 79, 1.

543) BVerfGE 4, 27(30); 6, 4(49); 6, 445(448); … 60, 175(201f.); 64, 301(312).

544) "헌법소원의 기능은 국민의 개인적 기본권을 철저히 함으로써 그 사명이 끝나는 것이 아니라, 객관적 헌법을 보장하고 그 해석과 계속형성에 기여하는 기능도 한다. 이와 같은 사실은 연방헌법재판소법 제31조 제 1 항과 제 2 항 제 2 문, 제90조 제 2 항 제 2 호, 제93a조 제 4 항, 제95조 제 3 항에 표현되고 있다. 그러한 한도 내에서 헌법소원은 동시에 객관적 헌법의 특수한 법보호수단으로서의 특징을 갖는다"(BVerfGE 33, 247, 258; 45, 63, 74f.; 51, 130, 139).

545) 헌재 1991. 3. 11. 91헌마21 결정.

546) 헌법소원의 주관적 권리보호기능에 치중하고 있는 견해는 그 논거로서 다음과 같은 것을

헌법질서의 보호인가에[547][548] 대하여 다툼이 있다.

들고 있다. ① 기본법이 명문으로 공권력에 의하여 기본권이 침해되는 경우에 헌법소원을 제기할 수 있다고 규정하고 있다(R. Zuck, Das Bundesverfassungsgericht zwischen Macht und Ohnmacht, MdR 1984, S. 800). ② 연방헌법재판소법 제93a조 제4항에서 재판부는 재판을 거부함으로써 소원제기자에게 중대하고 피할 수 없는 손해가 발생할 우려가 있다는 견해를 2명의 법관이 표명한 때에는 헌법소원을 수리하여야만 한다고 규정하고 있다(E. Schumann, 주 534, S. 104f.). ③ 헌법소원의 성립사를 보더라도 헌법소원의 기본권보호기능은 명백하다. 곧 헌법제정평의회에 제출된 초안 제98조 제4호(헌법소원)는 "이 조항은 이른바 헌법소원에 관한 것이다. 헌법소원은 헌법상 보장된 개인의 주관적 권리의 침해에 대한 개인의 권리보호를 의미한다. … 헌법소원을 통해서 기본권은 비로소 주관적 권리로서의 완전한 성격을 획득한다"라고 설명하고 있다(Bucher, *Der Parlamentarische Rat 1948/49. Akten und Protokolle*, Bd. 2(1982), S. 622).

547) 헌법소원의 객관적 기능을 강조하고 있는 견해는 다음의 논점들을 그 근거로 제시하고 있다. ① 기본법 제93조 제1항 제4a호와 연방헌법재판소법 제90조는 헌법소원의 주관적 기능을 분명히 하고는 있지만, 그렇다고 헌법소원의 객관적 기능을 배제한다고 보기는 어렵다(M. Fröhlinger, *Die Erledigung der Verfassungsbeschwerde*, 1982, S. 204). ② 연방헌법재판소법 제93c조에 따르면 재판부가 헌법소원을 수리하여야 하는 경우를 소원제기자에게 심각하고 피할 수 없는 경우 또는 결정으로 헌법상의 문제가 명확하게 되는 것이 예견되는 경우로 양분하고 있는바, 후자는 헌법소원의 객관적 기능이 법적으로 실정화된 것이다(E. Schumann, 주 534, S. 114f.). ③ 헌법소원의 객관적 기능은 헌법소원이 일반적 의미를 가질 경우 모든 법적 수단을 다하기 전이라도 허용된다는 연방헌법재판소법 제90조 제2항의 규정에서도 명백하다. 헌법소원이 일반적 의미를 가질 경우는 바로 헌법소원이 기본적인 헌법문제를 제기하거나 또는 헌법소원에 대한 결정이 개별적인 경우를 넘어서 동조의 여러 경우에 법적 상황에 대한 명확성을 창출하는 경우이다(Fröhlinger, S. 208f.; E. Schumann, 주 534, S. 115f.). ④ 연방헌법재판소법 제90조 제1항 제2문은 결정에 있어서 '기본법의 어느 규정이, 그리고 어떠한 행위나 부작위가 기본권을 침해했는가'에 대해 확정할 것을 규정하고 있는바, 이러한 확정에 있어서 헌법소원의 객관적 기능은 분명해진다. 곧 헌법소원에 대한 결정은 객관적 헌법의 명확화와 해석에 기여한다(H. Lechner, Anmerkung a zu Art. 95 Abs. 1 BVerfGG, *Gesetz über Bundesverfassungsgerichts*, 3. Aufl. 1973). ⑤ 연방헌법재판소법 제31조 제1항은 연방헌법재판소의 결정이 모든 법원과 행정청은 물론 연방과 주의 헌법기관을 구속한다고 규정하고 있다. 만약 헌법소원의 기능이 개인적 권리의 보호에 그치는 것이라면 이러한 기속력은 과도한 것일 것이다(Fröhlinger, S. 212). ⑥ 연방헌법재판소가 객관적 헌법에 대한 침해를 심사하는 것을 정당한 것으로 간주하고 있다는 사실로부터도 헌법소원의 객관적 기능은 추론될 수 있다(Fröhlinger, S. 214ff.; E. Schumann, 주 534, S. 117; M. Sachs, *Die Bindung des Bundesverfassungsgerichts an seine Entscheidungen*, 1977, S. 372).

548) 국내의 경우 김학성, (주 522), 39·40쪽은 ① 헌법재판의 기능, ② 헌법소원에서의 피고의 결여, ③ 심판비용무상주의(헌법재판소법 제37조 제1항), ④ 서면심리원칙(공법 제30조 제2항), ⑤ 헌법재판소의 주문내용(동법 제75조 제2항), ⑥ 헌법소원에 대한심판의 효력(동법 제75조 제1항)이 헌법소원의 주관적 기능을 근거짓는다고 한다. 그러나 결론적으로는 헌법소원의 주관적 기능을 일차적 기능으로 보고 있다.

2) 사 견

831. 헌법소원의 기능에 대한 사견: 이중적 기능을 동시에 행한다

그러나 헌법소원은 이중적 기능을 동시에 행한다고 보아야 한다. 왜냐하면 헌법소원의 헌법적 의미는 주관적 권리보호의 측면을 지나서 모든 공권력에 대하여 헌법합치적으로 행동할 것을 요구하고 있기 때문이다. 곧 헌법소원의 결과로 인해 법의 모든 영역에 대한 객관적 가치질서인 기본권이 명확해진다.[549] 그러나 이러한 양 기능 중 어느 기능이 우선이냐는 문제가 제기되는 경우 헌법소원은 우선적으로 개인의 자유영역을 보장하고 있는 개인적 권리보호의 기능을 하고 있다고 보아야 한다.[550] 개인적 권리로서의 기본권을 보호할 목적으로 기본권을 해석한 결과 그것이 객관적 헌법질서를 보호하게 되는 것이지, 그 반대라고 생각할 수는 없다. 그리고 이러한 생각은 기본권의 이중성을 인정하는 경우에도 마찬가지로 타당한 것이다. 이러한 관점에서 헌법소원의 객관적 기능을 지나치게 강조하는 나머지 헌법소원의 주관적 보호기능을 상대화하는 경향에 대하여 그것은 절차적인 면에서뿐만 아니라 기본권이론의 측면에서도 문제가 있다는 지적[551]은 매우 설득력을 가진 것으로 생각된다.

2. 憲法訴願審判의 請求權者

832. 헌법소원심판의 청구권자

헌법소원심판을 청구할 수 있는 자는 공권력의 행사 또는 불행사로 인하여 헌법상 보장된 자신의 기본권이 침해되었다고 주장하는 모든 기본권주체[552]이다(헌법재판소법 제68조 제1항). 그러나 헌법소원심판을 청구하려면 헌법소원심판청구의 실질적 요건과 형식적 요건을 갖추어야 한다.

---

549) BVerfGE 7, 198ff.

550) 독일의 경우는 예외가 있다. 곧 헌법소원의 객관적 기능과 주관적 기능을 동시에 규정하고 있는 독일연방헌법재판소법 제93c조의 경우에는 해석을 달리하여야 할 것이다. R. Zuck, (주 534), S. 24; Henschel, Wiedereinsetzung in der vorigen Stand, in: *Festschrift für Zeidler*, 1987, S. 1391ff.(1394).

551) Rinken, Rdnr. 40 zu Art. 93, *Kommentar zum Grundgesetz für die Bundesrepublik Deutschland*(Reihe Alternativkommentar), 2. Aufl.(1989).

552) 헌법재판소는 국회노동위원회(헌재 1994. 12. 29. 93헌마120 결정), 국회의원(헌재 1995. 2. 23. 90헌마125 결정), 지방자치단체의 교육위원(헌재 1995. 9. 28. 92헌마23 등 병합결정), 지방자치단체와 지방자치단체의 장(헌재 1997. 12. 24. 96헌마365 결정) 및 지방의회(헌재 1998. 3. 26. 96헌마345 결정)의 기본권주체성을 부정하였다.

판례: 〈대한민국과일본국간의어업에관한협정비준 등 위헌확인(일부기각, 일부각하)〉
"헌법소원심판을 청구할 수 있기 위하여는 청구인의 '헌법상 보장된 기본권'이 침해되어야 한다. 여기서 헌법상 보장된 기본권이 구체적으로 무엇을 의미하는지는 반드시 명확하지는 않다. 우리 헌법 제2장 국민의 권리와 의무(제10조 내지 제39조) 가운데에서 의무를 제외한 부분이 원칙적으로 기본권에 해당함은 인정할 수 있으나, 그에 한정할 것인지 또는 헌법상의 위 규정들 이외에서도 기본권성을 인정할 수 있는지, 나아가서 헌법의 명문의 규정이 없다 하더라도 인정되는 기본권이 존재하는지, 존재한다면 구체적으로 어떠한 것인지에 대하여는 반드시 명확하다고만은 할 수 없다. 따라서 이 문제는 결국 개별적·구체적인 헌법해석에 의하여 해결하는 수밖에 없으나, 그것이 내재하는 의미를 '헌법에 의하여 직접 보장된 개인의 주관적 공권'이라고 파악할 수 있다."(헌재 2001. 3. 21. 99헌마139 등 병합결정)

3. 憲法訴願審判請求의 實質的 要件

헌법소원심판을 청구하려는 자는 공권력의 행사 또는 불행사에 의한 기본권침해·청구인적격·보충성의 원칙·소의 이익이라는 실질적 요건을 갖추어야 한다.

833. 헌법소원심판청구의 실질적 요건: 공권력의 행사 또는 불행사에 의한 기본권침해·당사자적격·보충성의 원칙·소의 이익

(1) 公權力의 行使 또는 不行使(憲法訴願審判의 對象)

헌법소원의 대상이 되는 공권력은 입법·행정·사법 등의 모든 기관뿐만 아니라, 간접적인 국가행정, 예를 들어 공법상의 사단, 재단 등의 공법인, 국립대학교와 같은 영조물 등의 작용도 포함된다.[553]

공권력의 행사 또는 불행사와 관련하여 헌법개정권력과 입법부작위, 통치행위, 법원의 재판, 행정처분 등을 공권력에 포함시킬 것인가가 문제되고 있다.

1) 헌법개정권력

헌법에 의하여 설치되고 구성된 헌법재판소가 그 존립의 기초가 되는 헌법규정을 심사한다는 것은 국민주권의 원칙에 반한다. 따라서 헌법개정권력은 여기서 말하는 공권력에 포함되지 않으며, 헌법규정에 대한 헌법소원은 인정되지 않는다. 그러나 독일의 경우는 헌법규정에 대한 헌법소원이 인정되고 있다.

834. 헌법개정권력과 헌법조문은 헌법소원의 대상이 아니다

판례: 〈국가배상법 제2조 제1항 등 위헌소원(일부각하, 일부합헌)〉 "헌법의 개별규정 자체는 그 대상이 아님이 명백하다. … 또한 국민투표에 의하여 확정된 현행

553) 헌재 1998. 8. 27. 97헌마372 등 병합결정〈방송토론회진행사항결정행위 등 취소(기각)〉.

헌법의 성립과정과 헌법 제130조 제2항이 헌법의 개정을 국민투표에 의하여 확정하도록 하고 있음에 비추어, 헌법은 그 전체로서 주권자인 국민의 결단 내지 국민적 합의의 결과라고 보아야 할 것으로, 헌법의 규정을 헌법재판소법 제68조 제1항 소정의 공권력행사의 결과라고 볼 수도 없다."(헌재 1995. 12. 28. 95헌바3 결정)

2) 입법부작위

① 입법부작위의 종류

835. 입법부작위의 종류

입법부작위에는 진정(절대적)입법부작위와 부진정입법부작위가 있다. 진정입법부작위란 입법자가 헌법상 입법의무가 있는 어떤 사항에 관하여 전혀 입법을 하지 아니함으로써 입법행위의 흠결이 있는 경우를 말하고, 부진정입법부작위란 입법자가 헌법상 입법의무가 있는 어떤 사항에 관하여 입법은 하였으나 그 입법의 내용·범위·절차 등이 당해사항을 불완전·불충분·불공정하게 규율함으로써 입법행위에 흠결이 있는 경우를 말한다.[554)]

② 부진정입법부작위가 발생하는 경우

836. 부진정입법부작위가 발생하는 경우

부진정입법부작위가 발생하는 경우로는 다음과 같은 경우를 들 수 있다. i) 헌법상 위임받은 법률규정에서 특정내용이 처음부터 배제된 경우, ii) 법률의 개정·폐지로 입법의무불이행의 경우가 생긴 경우, iii) 법률제정 시에는 아무런 문제가 없었으나, 상황의 변화로 인하여 법률을 개정하여야 하는 상황에서 법률개정이 없는 경우, iv) 경과규정을 두고 있지 않는 경우 등이다. 따라서 부진정입법부작위는 적극입법의 위헌성을 부작위의 측면에서 다루고 있는 것이라고 할 수 있다.

③ 입법부작위에 대한 헌법소원 인정 여부

837. 입법부작위에 대한 헌법소원인정여부

진정입법부작위에 대하여는 원칙적으로 헌법소원이 인정되지 않는다. 그러나 예외적으로 다음의 경우에는 헌법소원이 인정된다. i) 헌법에서 기본권을 보장하기 위해 명시적으로 입법위임을 했음에도 불구하고 입법자가 이를 행하지 않은 경우, ii) 헌법해석상 특정인에게 구체적 기본권이 생겨 이를 보장하기 위

554) 이에 대하여는 "다수의견은 입법부작위를 진정·부진정의 두 경우로 나누고 있으며, 그 판단기준을 어떤 사항에 관하여 '입법이 있었느냐'의 여부에만 두고 있으나, 이와 같은 2분법적 기준은 애매모호하여 국민의 기본권 보호에 실효성이 없으며, 가사 2분법에 따른다 하더라도, 헌법상 입법의무의 대상이 되는 입법사항이 여러 가지로 나누어져 있을 때에 각 입법사항을 모두 규율하고 있으나 입법자가 질적·상대적으로 불완전·불충분하게 규율하고 있는 경우를 부진정입법부작위로, 위 입법사항들 중 일부의 입법사항에 대하여는 규율하면서 나머지 일부의 입법사항에 관하여서는 전혀 규율하고 있지 아니한 경우 즉 양적·절대적으로 규율하고 있지 아니한 경우에는 진정입법부작위로 보아야 한다"는 반대의견이 있다. 헌재 1996. 10. 31. 94헌마108 결정〈입법부작위 위헌확인(각하)〉.

한 국가의 작위의무 내지 보호의무가 발생하였음이 명백함에도 불구하고 입법자가 아무런 입법조치를 취하지 않은 경우.

판례: 〈입법부작위 위헌확인(각하)〉 "부진정입법부작위를 대상으로 하여, 즉 입법의 내용·범위·절차 등의 결함을 이유로 헌법소원을 제기하려면, 결함이 있는 당해 입법규정 그 자체를 대상으로 하여 그것이 평등원칙 등의 원칙에 위배된다는 등 헌법위반을 내세워 적극적인 헌법소원(위헌확인소원)을 제기하여야 하며, 이 경우에는 헌법재판소법 소정의 제소기간(청구기간)을 준수해야 한다."(헌재 1996. 11. 28. 93헌마258 결정)

판례: 〈전문의 자격시험 불실시 위헌확인 등(인용=위헌확인, 일부각하)〉 "행정권력의 부작위에 대한 헌법소원은 공권력의 주체에게 헌법에서 유래하는 작위의무가 특별히 구체적으로 규정되어 이에 의거하여 기본권의 주체가 행정행위를 청구할 수 있음에도 공권력의 주체가 그 의무를 해태하는 경우에 허용된다. 특히 행정명령의 제정 또는 개정의 지체가 위법으로 되어 그에 대한 법적 통제가 가능하기 위하여는 첫째, 행정청에게 시행명령을 제정(개정)할 법적 의무가 있어야 하고 둘째, 상당한 기간이 지났음에도 불구하고 셋째, 명령제정(개정)권이 행사되지 않아야 한다."(헌재 1988. 7. 16. 96헌마246 결정)

판례: 〈사법서사법시행규칙에 관한 헌법소원(일부기각, 일부각하〉 "입법부작위에 대해서는 헌법에서 기본권보장을 위하여 법령에 명시적인 입법위임을 하였음에도 불구하고 입법자가 이를 이행하지 않는 경우 또는 헌법해석상 특정인에게 구체적인 기본권이 생겨 이를 보장하기 위하여 국가의 행위의무 내지 보호의무가 발생하였음에도 불구하고 입법자가 전혀 아무런 입법조치를 취하지 않은 경우 이외에는 원칙적으로 소구(헌법소원)가 인정되지 아니한다."(헌재 1989. 3. 17. 88헌마1 결정)[555]

판례: 〈투표소 내 수화통역인 배치 부작위 위헌확인(각하)〉 "국회의원선거의 투표소 내에 수화통역인을 배치하도록 하는 내용의 헌법의 명시적인 입법위임이 존재한다고 볼 수 없고, 헌법해석상 그러한 입법의무가 새롭게 발생된다고도 볼 수 없으므로, 그러한 입법부작위의 위헌확인을 구하는 이 사건 심판청구는 작위의무를 인정할 수 없어 부적법하다."(헌재 2013. 8. 29. 2012헌마840 결정)

부진정입법부작위는 해당 법규자체를 대상으로 그것이 헌법위반이라는 적극적인 헌법소원(위헌확인소원)을 제기하여야 하고, 입법부작위 그 자체를 헌법소원의 대상으로 삼을 수는 없다.[556]

---

555) 또한 헌재 1993. 3. 11. 89헌마79 결정〈의료법시행규칙에 관한 헌법소원(각하)〉도 참조.
556) 헌재 1989. 7. 28. 89헌마1 결정〈사법서사법시행규칙에 관한 헌법소원(각하)〉.

판례: 〈입법부작위 위헌확인(각하)〉 "구 도시계획법 제21조에 의하여 개발제한구역이 지정됨으로 인하여 재산권이 제한된 자에 대하여 정당한 보상을 지급하는 법률을 제정하지 아니한 것이 위헌이라는 헌법소원심판청구는 이른바 부진정입법부작위에 해당하는 것이므로, 헌법소원의 대상으로 할 수 없는 입법부작위를 그 대상으로 한 것으로 부적법하다."(헌재 1999. 1. 28. 97헌바9 결정)

판례: 〈조선철도(주) 주식의 보상금청구에 관한 헌법소원(위헌)〉 "공권력의 불행사로 인한 기본권침해는 그 불행사가 계속되는 한 기본권침해의 부작위가 계속된다. 따라서 공권력의 불행사에 대한 헌법소원심판은 그 불행사가 계속되는 한 제약이 없이 적법하게 청구할 수 있다."(헌재 1994. 12. 29. 89헌마2 결정)

판례: 〈전문의 자격시험 불실시 위헌확인 등(인용=위헌확인, 일부각하)〉 "진정입법부작위에 대한 헌법소원심판청구는 청구기간의 제한을 받지 않는다. 또한 입법부작위에 대한 행정소송의 적법 여부에 관하여 대법원은 '행정소송은 구체적 사건에 대한 법률상 분쟁을 법에 의하여 해결함으로써 법적 안정을 기하자는 것이므로 부작위위법확인소송의 대상이 될 수 있는 것은 구체적 권리의무에 관한 분쟁이어야 하고, 추상적인 법령에 관하여 제정의 여부 등은 그 자체로서 국민의 구체적인 권리의무에 직접적 변동을 초래하는 것이 아니어서 행정소송의 대상이 될 수 없다'고 판시하고 있다〈대법원 1992. 5. 8. 91누11261 판결〉. 따라서 피청구인 보건복지부장관에 대한 청구 중 위 시행규칙에 대한 입법부작위 부분은 다른 구제철자가 없는 경우에 해당한다."(헌재 1998. 7. 16. 96헌마246 결정)

3) 통치행위

838. 통치행위는 헌법소원의 대상이다

앞에서 자세히 살폈듯이 통치행위에 대하여 헌법소원대상성을 부인할 이유가 없다.

4) 법원의 재판

839. 법원의 재판은 원칙적으로 헌법소원의 대상이 아니다

헌법재판소법 제68조 제1항은 법원의 재판을 헌법소원의 대상에서 제외시키고 있다. 따라서 법원의 판결이나 결정을 대상으로 제기한 헌법소원은 부적법하다.[557] 이때의 법원의 재판에는 종국판결 이외에 본안전 종국판결 및 중간판결이 모두 포함되고 기타 소송절차의 파생적·부수적 사항에 관한 공권적 사항도 포함된다.[558]

---

557) 헌재 1992. 6. 26. 89헌마132 결정〈재판청구권의 침해에 대한 헌법소원(각하)〉.

558) 헌재 1992. 12. 24. 90헌마158 결정〈판결의 접촉여부에 관한 헌법소원(각하)〉. 또한 헌재 1993. 3. 15. 93헌마36 결정〈기망 등에 의한 증거수집확인(각하)〉도 참조.

판례: 〈헌법재판소법 제68조 제1항 위헌확인 등(일부 한정위헌, 일부 인용)〉 "헌법 제111조 제1항 제5호가 '법률이 정하는 헌법소원에 관한 심판'이라고 규정한 뜻은 결국 헌법이 입법자에게 공권력작용으로 인하여 헌법상의 권리를 침해받은 자가 그 권리를 구제받기 위한 주관적 권리구제절차를 우리의 사법체계, 헌법재판의 역사, 법률문화와 정치적·사회적 현황 등을 고려하여 헌법의 이념과 현실에 맞게 구체적인 입법을 통하여 구현하게끔 위임한 것으로 보아야 할 것이므로, 헌법소원은 언제나 '법원의 재판에 대한 소원'을 그 심판의 대상에 포함하여야만 비로소 헌법소원제도의 본질에 부합한다고 단정할 수 없다 할 것이다."(헌재 1997. 12. 24. 97헌마172 등 병합결정)

그러나 헌법재판소는 법원이 헌법재판소의 기속력 있는 위헌결정(단순위헌결정은 물론 한정합헌, 한정위헌결정과 헌법불합치결정을 포함)에 반하여 그 효력을 전부 또는 일부 상실하거나 위헌으로 확인된 법률을 적용함으로써 국민의 기본권을 침해한 경우에는 예외적으로 법원의 재판도 헌법소원심판의 대상이 된다고 하였다.[559] 헌법재판소의 결정은 헌법소원의 대상으로 삼을 수 없고, 자기기속력 때문에 이를 변경·취소할 수 없으며, 이는 법적 안정성을 위하여 불가피한 일이라는 것이[560] 헌법재판소의 일관된 입장이다.

5) 행정처분

840. 검사의 불기소처분은 헌법소원의 대상이다

행정처분이 헌법소원의 대상이 되는가와 관련하여 문제되는 것은 검사의 불기소처분과 원행정처분이다.

헌법재판소는 2007년까지는 검사의 불기소처분은 공권력의 행사에 포함되고 검사의 자의적인 불기소처분이 이루어진 경우에는 헌법 제11조에 규정된 평등권과 헌법 제27조 제2항에 규정된 재판절차진술권이 각각 침해되었음을 이유로 헌법소원을 청구할 수 있다고 보았다.[561]

그러나 검사의 불기소처분은 2008년 이후에는 검찰항고를 거쳐 관할 고등법원에 재정신청을 통해 구제되고 있다. 즉 개정된 형사소송법 제260조가 재정신청의 대상을 모든 고소사건의 범죄로 확대함에 따라 법원에 의한 불기소처분의 통제가 가능해졌기 때문에 앞으로 검찰의 불기소처분은 헌법소원의 대상이 될 여지가 없어졌다 하겠다.

---

559) 헌재 1997. 12. 24. 96헌마172 등 병합결정〈헌법재판소법 제68조 제1항 위헌확인 등(일부한정위헌, 일부인용)〉.

560) 헌재 1989. 7. 24. 89헌마141 결정〈행정서사 허가취소에 관한 헌법소원(각하)〉.

561) 헌재 1993. 5. 13. 92헌마297 결정〈불기소처분취소(기각)〉.

판례: 〈개발제한구역제도개선방안 확정발표 위헌확인(각하)〉 "비구속적 행정계획안이나 행정지침이라도 국민의 기본권에 직접적으로 영향을 끼치고, 앞으로 법령의 뒷받침에 의하여 그대로 실시될 것이 틀림없을 것으로 예상될 수 있을 때에는, 공권력 행위로서 예외적으로 헌법소원의 대상이 될 수 있다."(헌재 2000. 6. 1. 99헌마538 등 병합결정)

행정처분에 대한 헌법소원 인정 여부와 관련하여 헌법재판소는 행정처분에 대한 행정쟁송절차를 거치고 난 후에 원행정처분에 대하여 제기한 헌법소원사건에서 "원행정처분의 기초가 되는 사실관계의 인정과 평가 또는 단순한 일반법규의 해석과 적용의 문제는 원칙적으로 헌법소원의 심판이 될 수 없다"고 판시한 바 있다.[562] 그러나 헌법재판소의 위헌결정에 의해 효력을 상실한 법률조항을 적용하여 한 처분에 대해서는 헌법소원대상성을 인정하여 그 처분을 취소하였다.[563]

판례: 〈부가가치세법 제36조 등 위헌소원(각하)〉 "원행정처분에 대하여 법원에 행정소송을 제기하여 패소판결을 받고 그 판결이 확정된 경우에는 당사자는 그 판결의 기판력에 의한 기속을 받게 되므로, 별도의 절차에 의하여 위 판결의 기판력이 제거되지 아니하는 한, 행정처분의 위법성을 주장하는 것은 확정판결의 기판력에 어긋나므로 원행정처분은 헌법소원심판의 대상이 되지 아니한다. 뿐만 아니라 원행정처분에 대한 헌법소원심판청구를 허용하는 것은, '명령·규칙 또는 처분이 헌법이나 법률에 위반되는 여부가 재판의 전제가 된 경우에는 대법원은 이를 최종적으로 심사할 권한을 가진다'고 규정한 헌법 제107조 제2항이나, 원칙적으로 헌법소원심판의 대상에서 법원의 재판을 제외하고 있는 헌법재판소법 제68조 제1항의 취지에도 어긋난다."(헌재 1998. 6. 25. 95헌바24 결정)

(2) 請求人適格

헌법소원심판을 청구하려면 청구인적격으로서의 자기관련성·직접성과 현재성의 원칙을 충족하여야 한다.

1) 자기관련성(기본권주체성)

841. 헌법소원청구요건으로서의 자기관련성

자기관련성이란 침해된 기본권이 청구인 자신의 것이어야 함을 뜻한다. 자

562) 헌재 1992. 6. 26. 90헌마73 등 병합결정〈한지의사면허증 교부신청 수리거부처분에 대한 헌법소원(각하)〉.

563) 헌재 1997. 12. 24. 96헌마172 등 결정〈헌법재판소법 제68조 제1항 위헌확인 등(일부한정위헌, 일부인용)〉.

기관련성은 공권력의 행사 또는 불행사의 직접적인 상대방에게만 해당되므로 간접적이고 사실적인 경제적 이해관계가 있을 뿐인 제3자의 경우에는 자기관련성이 없다.[564] 그러나 공권력작용의 직접적인 상대방이 아닌 제3자라 하더라도 공권력작용이 그 제3자의 기본권을 직접적이고 법적으로 침해하고 있는 경우에는 그 제3자에게 자기관련성이 있다.[565][566]

판례: **〈국가배상법 제2조에 관한 헌법소원(각하)〉** "헌법소원심판청구인은 심판의 대상인 공권력작용에 대하여 자신이 스스로 법적인 관련을 가져야 한다."(헌재 1989. 7. 28. 89헌마61 결정)

판례: **〈연세대학교총장 해임불요구 위헌확인(각하)〉** "여기서 '기본권을 침해받은 자'란 공권력의 행사 또는 불행사로 인하여 기본권을 직접적으로 침해받은 자를 의미하는 것이지 간접적 또는 반사적으로 불이익을 받은 자를 의미하는 것이 아니다." (헌재 1992. 9. 4. 92헌마175 결정)

자연인뿐만 아니라 공법인과 법인격 없는 단체에게도 기본권주체성이 인정되며, 따라서 자기관련성이 인정된다.

판례: **〈1994학년도 신입생선발입시안에 대한 헌법소원(기각)〉** "국립대학은 원칙적으로 공권력의 주체이지만, 학문의 자유와 대학의 자율성이라는 측면에서는 기본권주체로서의 지위를 갖는다."(헌재 1992. 10. 1. 92헌마68 등 병합결정)

판례: **〈대통령선거법 제65조 위헌확인(일부각하, 일부기각)〉** "단체는 원칙적으로 단체 자신의 기본권을 직접 침해당한 경우에만 그의 이름으로 헌법소원심판을 청구할 수 있을 뿐이고 그 구성원을 위하여 또는 구성원을 대신하여 헌법소원심판을 청구할 수 없다."(헌재 1995. 7. 21. 92헌마177 등 병합결정)[567]

---

564) 헌재 1989. 7. 21. 89헌마12 결정(구 법인세법 제59조의3).

565) 헌재 1993. 3. 11. 91헌마233 결정(도로부지점용허가처분).

566) 헌법소원에 있어서 고발인의 청구인적격 여부와 관련하여 소극설과 적극설이 대립되어 있다. 소극설은 ① 현행 법제상 민중소송이 허용되지 않고, ② 고발은 고소와는 달리 범죄규제를 통한 국가적 이익의 보호를 주목적으로 하며, ③ 국민의 일원으로 국가의 수사권발동을 촉구하는 의미이므로 자기관련성이 부정된다고 한다〈헌재 1989. 12. 22. 89헌마145 결정(검사의 공소권행사에 관한 헌법소원(각하))〉. 이에 반하여 적극설은 ① 고발인은 평등권에 기하여 검사의 공정한 직무수행을 요구할 수 있고, ② 자기관련성은 고발내용인 범죄와의 관계에서가 아니라 검찰권의 작용과의 관계에서의 그것을 의미하며, ③ 현행 법제상 이유고지, 검찰항고, 재정신청 등에서 고소인과 고발인은 차별이 없으므로 청구인 적격이 인정된다고 본다(헌재소수의견).

567) 또한 헌재 1991. 6. 3. 90헌마56 결정도 참조.

판례: 〈영화법 제12조 등에 대한 헌법소원(각하)〉 "달리 단체로서의 실체를 갖추어 당사자능력이 인정되는 법인 아닌 사단으로 볼 자료는 없으므로 헌법소원심판의 청구인적격을 갖지 못한다."(헌재 1991. 6. 3. 90헌마56 결정)

판례: 〈지방의회의원선거법 제36조 제1항에 대한 헌법소원(헌법불합치, 일부각하)〉 "민중당은 헌법상의 정당이므로 시·도의회 선거에 있어서 직접적인 이해관계를 갖고 있다 할 것이며, 따라서 헌법소원심판에 대한 자기(관련)성이 있다."(헌재 1991. 3. 11. 91헌마21 결정)

판례: 〈불기소처분취소(기각)〉 "정당이나 그 지구당은 적어도 그 소유재산의 귀속관계에 있어서는 법인격 없는 사단으로 보아야 하므로 … 이 사건 심판청구중 재 물손괴죄 부분에 관하여 청구인적격을 갖추었다."(헌재 1993. 7. 29. 92헌마262 결정)

2) 직 접 성

842. 헌법소원청구요건으로서의 직접성

공권력의 행사 또는 불행사로 기본권의 침해를 받은 자란 기본권을 직접적으로 침해받은 자를 의미하는 것이지 간접적 또는 반사적으로 불이익을 받은 자를 의미하는 것이 아니다. 또한 법령을 직접 다투지 아니하고는 권리구제가 불가능하거나 무의미한 경우에는 직접성을 인정하여 법령에 대한 직접적 헌법소원을 인정하고 있다.

판례: 〈농촌근대화촉진법 제94조 등에 대한 헌법소원(각하)〉 "헌법재판소법 제68조 제1항에 의하여 법령에 대한 헌법소원을 제기하기 위하여는 그 법령에 의하여 구체적인 집행행위를 기다리지 아니하고 직접, 현재의 자기의 기본권을 침해받아야 한다. 여기서 말하는 직접성이란 집행행위에 의하지 아니하고 법규범 그 자체에 의하여 자유의 제한, 의무의 부과, 권리 또는 법적 지위의 박탈이 생긴 경우를 뜻한다." (헌재 1992. 11. 12. 91헌마192 결정)

판례: 〈도로부지점용허가처분 등에 대한 헌법소원(각하)〉 "공권력작용의 직접적인 상대방이 아닌 제3자라 하더라도 공권력의 작용이 그 제3자의 기본권을 직접적이고 법적으로 침해하고 있으면 그 제3자에게도 자기관련성이 있다. 반대로 타인에 대한 공권력의 작용이 단지 간접적, 사실적 또는 경제적 이해관계로만 관련되어 있는 제3자에게는 자기관련성은 인정되지 않는다."(헌재 1993. 3. 11. 91헌마233 결정)

판례: 〈농촌근대화촉진법 제94조 등에 대한 헌법소원(각하)〉 "법률 또는 법률조항 자체가 헌법소원의 대상이 될 수 있으려면 그 법률 또는 법률조항에 의하여 구체적인 집행행위를 기다리지 아니하고 직접·현재·자기의 기본권을 침해받아야 하는 것

을 요건으로 하고, 여기서 말하는 기본권침해의 직접성이란 집행행위를 기다리지 않고 법률 그 자체에 의하여 자유의 제한, 의무의 부과, 권리 또는 법적 지위의 박탈이 생긴 경우를 뜻하므로, 구체적인 집행행위를 통하여 비로소 당해 법률 또는 법률조항에 의한 기본권침해의 법적 효과가 발생하는 경우에는 직접성의 요건이 결여된다."(헌재 1992. 11. 12. 91헌마192 결정)[568)]

3) 현 재 성

843. 헌법소원청구요건으로서의 현재성

폐지된 법률과 침해행위가 종료된 처분을 대상으로 한 헌법소원은 원칙적으로 소의 이익이 없어 각하된다. 그러나 다음의 경우에는 현재성이 인정된다. ① 폐지되었더라도 심판의 이익이 현존하는 경우, ② 그 해명이 헌법적으로 중요한 의미를 지니고 있는 경우, ③ 그러한 침해행위가 앞으로도 반복될 위험이 있는 경우, ④ 부분적으로는 미래의 침해의 현재성도 인정된다.

판례: **〈국가보위입법회의법 등의 위헌여부에 관한 헌법소원(일부인용, 일부각하)〉** "… 그러나 폐지된 법률에 의한 권리침해가 있고 그것이 비록 과거의 것이라 할지라도 그 결과로 인하여 발생한 국민의 법익침해와 그로 인한 법률상태는 재판시까지 계속되고 있는 경우가 있을 것이며, 그 경우에는 헌법소원의 권리보호의 이익은 존속한다고 하여야 할 것이다."(헌재 1989. 12. 18. 89헌마32 등 병합결정)

판례: **〈공권력행사로 인한 재산권침해에 대한 헌법소원(위헌)〉** "당해 사건에 대한 헌법재판이 헌법질서의 수호·유지를 위하여 긴요한 사항이어서 헌법으로서 그 해명이 중요한 의미를 지니고 있는 경우에는 이미 종료된 기본권 침해행위가 위헌이었음을 선언적 의미에서 확인할 필요가 있다. 이 사건에서도 권력적 사실행위가 이미 종료되어 나름대로 새 질서가 형성되었다. 그러나 이 사건은 재산권보장과 사영기업의 자유를 골간으로 하는 시장경제질서하에서 사영기업의 생성·발전·소멸·정리청산 등 기업의 활동에 대한 공권력 개입의 헌법적 한계가 판시될 수밖에 없는 중요한 사안이고, 여기에서 아직 미결인 헌법상 중요한 문제가 해명될 것이라는 의미에서 그 심판의 필요성은 충분하다."(헌재 1993. 7. 29. 89헌마31 결정)

판례: **〈수사기관의 기본권침해에 대한 헌법소원(각하)〉** "… 다만, 헌법소원제도는 청구인 자신의 주관적인 기본권구제를 위한 것일 뿐만 아니라 객관적인 헌법질서의 보호를 위하여도 있는 제도이기 때문에 침해행위가 종료하여서 이를 취소할 여지가 없기 때문에 주관적 권리구제에는 별 도움이 안 되는 경우라도 당해 사건에 대한 본안판단이 헌법질서의 보호를 위하여 긴급한 사항이어서 그 해명이 헌법적으로 중요한 의미를 지니고 있는 경우 또는 그러한 침해행위가 앞으로도 반복될 위험이 있

568) 헌재 1991. 3. 11. 91헌마21 결정〈지방의회의원선거법 제36조 제1항에 대한 헌법소원(헌법불합치, 일부각하)〉도 참조.

는 경우 등에는 예외적으로 심판청구의 이익을 인정하여 이미 종료한 행위가 위헌임을 확인할 필요가 있다."(헌재 1991. 7. 8. 89헌마181 결정)

판례: **〈1994학년도 신입생선발입시안에 대한 헌법소원(기각)〉** "… 현재의 시점에서 충분히 예측할 수 있는 이상 기본권침해의 현재성을 인정하여 헌법소원심판의 이익을 인정하는 것이 옳을 것이다. 기본권침해가 바로 눈앞에 닥쳐올 때를 기다렸다가 헌법소원을 하라고 요구한다면 기본권구제의 실효성을 기대할 수가 없기 때문이다."(헌재 1992. 10. 1. 92헌마68 등 병합결정)

(3) 補充性의 原則

1) 보충성의 원칙

844. 헌법소원제기요건으로서의 보충성

헌법소원심판청구는 기본권에 대한 다른 구제절차가 없을 때에만 인정된다(동법 제68조 제1항 단서).

판례: **〈인사명령취소(각하)〉** "헌법재판소법 제68조 제1항 후단의 뜻은 헌법소원이 그 본질상 헌법상 보장된 기본권침해에 대한 예비적이고 보충적인 구제수단이므로 공권력작용으로 말미암아 기본권의 침해가 있는 경우에는 먼저 다른 법률이 정한 절차에 따라 침해된 기본권이 구제를 받기 위한 모든 수단을 다하였음에도 그 구제를 받지 못한 경우에 비로소 헌법소원심판을 청구할 수 있다는 것을 밝힌 것이다."(헌재 1993. 12. 23. 92헌마247 결정)

2) 다른 구제절차

845. 헌법재판소법 제68조 제1항 단서의 다른 구제절차의 의미

헌법재판소법 제68조 제1항 단서에서 말하는 다른 권리구제절차란 공권력의 행사 또는 불행사를 직접 대상으로 하여 그 효력을 다툴 수 있는 권리구제절차를 의미하는 것이지, 사후적·보충적 구제수단인 손해배상청구나 손실보상청구 또는 사후보충적 또는 우회적인 소송절차를 의미하는 것이 아니다.[569)]

3) 보충성의 원칙에 대한 예외

846. 헌법소원청구요건으로서의 보충성에 대한 예외

그러나 다른 절차에 의하더라도 권리구제의 기대가능성이 없거나, 우회적이거나 또는 구제절차의 허용이 불확실한 경우에는 보충성의 원칙에 대한 예외가 인정된다. 그러한 경우로는 정당한 이유 있는 착오의 경우나 기대가능성이 없는 경우를 들 수 있다.

판례: **〈공권력에 의한 재산권침해에 대한 헌법소원(일부인용, 일부기각)〉** "… 헌법소

---

569) 헌재 1989. 4. 17. 88헌마3 결정〈검사의 공소권행사에 대한 헌법소원(각하)〉.

원청구인이 그의 불이익으로 돌릴 수 없는 정당한 이유있는 착오로 전심절차를 밟지 않은 경우 또는 전심절차로 권리가 구제될 가능성이 거의 없거나 권리구제절차가 허용되는지의 여부가 객관적으로 불확실하여 전심절차이행의 기대가능성이 없는 때에는 예외적으로 헌법재판소법 제68조 제1항 단서소정의 전심절차이행의 요건은 배제된다."(헌재 1989. 9. 4. 88헌마22 결정)

또한 법령 자체에 의한 직접적인 기본권침해 여부가 문제되었을 경우에는 그 법률의 효력을 직접 다투는 것을 소송물로 하여 일반법원에 구제를 구할 수 있는 절차가 존재하지 아니하므로 이 경우에는 다른 구제절차를 거칠 필요 없이 바로 헌법소원을 청구할 수 있다. 검찰청법에 따르면 검사의 불기소처분에 대한 항고·재항고는 피의사건의 고소·고발인만이 할 수 있으므로 그 사건의 피의자가 검사의 불기소처분에 대하여 헌법소원심판을 청구하는 경우도 보충성의 예외에 속한다.[570] 그러나 개정된 형사소송법 제260조에 따라 법원에 의한 불기소처분의 통제가 가능하기 때문에 앞으로 검찰의 불기소처분은 헌법소원의 대상이 될 여지가 없어졌다 하겠다. 그 밖에도 당사자가 권리구제를 받으리라고 기대하기 어려운 권력적 사실행위인 경우에도 보충성의 원칙에 대한 예외가 인정된다.

판례: 〈교수재임용추천거부 등에 대한 헌법소원(기각)〉 "적용법령 자체에 대한 헌법소원심판의 청구의 경우 법령 자체에 의한 직접적인 기본권침해 여부가 문제되었을 경우에는 그 법령의 효력을 직접 다투는 것을 소송물로 하여 일반법원에 구제를 구할 수 있는 절차는 존재하지 아니하므로 이 경우에는 다른 구제절차를 거칠 필요없이 바로 헌법소원을 청구할 수 있다."(헌재 1993. 5. 13. 91헌마190 등 병합결정)

판례: 〈통신의 자유 침해 등 위헌확인(일부각하, 일부기각)〉 "수형자의 서신을 교도소장이 검열하는 행위는 이른바 권력적 사실행위로서 행정심판이나 행정소송의 대상이 되는 행정처분으로 볼 수 있으나, 위 검열행위가 이미 완료되어 행정심판이나 행정소송을 제기하더라도 소의 이익이 부정될 수밖에 없으므로 헌법소원심판을 청구하는 외에 다른 효과적인 구제방법이 있다고 보기 어렵기 때문에 보충성의 원칙의 예외에 해당한다."(헌재 1998. 8. 27. 96헌마398 결정)

판례: 〈재소자용 수의착용처분 위헌확인(인용)〉 "행형법 제6조의 청원제도는 그 처리기관이나 절차 및 효력면에서 권리구제절차로서는 불충분하고 우회적인 제도이므로 헌법소원에 앞서 반드시 거쳐야 하는 사전구제절차라고 보기는 어렵고, 미결수용자에 대하여 재소자용 의류를 입게 한 행위는 이미 종료된 권력적 사실행위로서 행정심판이나 행정소송의 대상으로 인정되기 어려울 뿐만 아니라 소의 이익이 부정될

570) 헌재 1995. 3. 23. 94헌마254 결정.

가능성이 많아 헌법소원심판을 청구하는 외에 달리 효과적인 구제방법이 없으므로 보충성의 원칙에 대한 예외에 해당한다."(헌재 1999. 5. 27. 97헌마137 등 병합결정)

판례: 〈공권력행사로 인한 재산권침해에 대한 헌법소원(위헌)〉 "이 사건 국제그룹 해체와 그 정리조치가 형식상으로는 사법인인 제일은행이 행한 행위이므로 이 사건 당시 시행되던 구 행정소송법상의 행정소송의 대상이 된다고 단정하기 어렵고, 따라서 당사자에게 그에 의한 권리구제절차를 밟을 것을 기대하기는 곤란하므로 이와 같은 범주의 권력적 사실행위의 경우에는 보충성의 원칙의 예외로서 소원의 제기가 가능하다."(헌재 1993. 7. 29. 89헌마31 결정)

판례: 〈변호인의 조력을 받을 권리에 대한 헌법소원(위헌확인, 부분위헌)〉 "청구인이 1991. 6. 14. 17시부터 그날 18시경까지 국가안전기획부 면회실에서 그의 변호인과 접견할 때 피청구인 소속직원(수사관)이 참여하여 대화내용을 듣거나 기록한 것은 헌법 제12조 제4항이 규정한 변호인의 조력을 받을 권리를 침해한 것이다. 이러한 피청구인의 위헌적인 공권력행사는 위와 같은 위헌법률에 기인한 것이라고 인정된다. 따라서 헌법재판소법 제75조 제5항에 의하여 행형법 제62조의 준용규정 중 행형법 제18조 제3항을 미결수용자의 변호인접견에도 준용하도록 한 부분은 위헌이다."(헌재 1992. 1. 28. 91헌마111 결정)

판례: 〈임원취임 승인취소 처분 등 취소(각하)〉 "소송에서 패소할 것이 예견된다는 점만으로는 전심절차로 권리가 구제될 가능성이 거의 없어 전심절차이행의 기대가능성이 없는 경우에 해당한다고 볼 수 없다."(헌재 2010. 4. 29. 2003헌마283 결정)

판례: 〈기소유예처분취소 등(인용, 기각)〉 "(가) 피해자의 고소가 아닌 수사기관의 인지 등에 의해 수사가 개시된 피의사건에서 검사의 불기소처분이 이루어진 경우, 고소하지 아니한 피해자로 하여금 별도의 고소 및 이에 수반되는 권리구제절차를 거치게 하는 방법으로는 종래의 불기소처분 자체의 취소를 구할 수 없고 당해 수사처분 자체의 위법성도 치유될 수 없다는 점에서 이를 본래 의미의 사전 권리구제절차라고 볼 수 없고, 고소하지 아니한 피해자는 검사의 불기소처분을 다툴 수 있는 통상의 권리구제수단도 경유할 수 없으므로 그 불기소처분의 취소를 구하는 헌법소원의 사전 권리구제절차라는 것은 형식적·실질적 측면에서 모두 존재하지 않을 뿐만 아니라 별도의 고소 등은 그에 수반되는 비용과 권리구제가능성 등 현실적인 측면에서 볼 때에도 불필요한 우회절차를 강요함으로써 피해자에게 지나치게 가혹할 수 있으므로 고소하지 아니한 피해자는 예외적으로 불기소처분의 취소를 구하는 헌법소원심판을 곧바로 청구할 수 있다. (나) 검사의 불기소처분에 대한 검찰청법 소정의 항고 및 재항고는 그 피의사건의 고소인 또는 고발인만이 할 수 있을 뿐 기소유예처분을 받은 피의자가 범죄혐의를 부인하면서 무고함을 주장하는 경우에는 검찰청법이나 다른 법률에 이에 대한 권리구제절차가 마련되어 있지 아니하므로, 기소

유예처분을 받은 피의자가 검사의 기소유예처분의 취소를 구하는 헌법소원심판을 청구하는 경우에는 보충성원칙의 예외에 해당한다."(헌재 2010. 6. 24. 2008헌마716 결정)

(4) 權利保護의 法益(審判의 利益)

헌법소원심판은 기본권구제를 목적으로 하는 주관적 쟁송이기 때문에, 기본권의 침해상태가 종료하면 그 심판의 이익을 상실한다. 그러나 예외적으로 헌법보호의 이익이 있는 때에는 그 객관적 심판의 이익도 있다.

847. 헌법소원청구요건으로서의 심판의 이익

판례: **〈수사기관의 기본권침해에 대한 헌법소원(각하)〉** "… 다만, 헌법소원제도는 청구인 자신의 주관적인 기본권구제를 위한 것일 뿐만 아니라 객관적인 헌법질서의 보호를 위하여도 있는 제도이기 때문에 침해행위가 이미 종료하여서 이를 취소할 여지가 없기 때문에 주관적 권리구제에는 별 도움이 안 되는 경우라도 당해 사건에 대한 본안판단이 헌법질서의 보호를 위하여 긴요한 사항이어서 그 해명이 헌법적으로 중요한 의미를 지니고 있는 경우 또는 그러한 침해행위가 앞으로도 반복될 위험이 있는 경우 등에는 예외적으로 심판청구의 이익을 인정하여 이미 종료한 침해행위가 위헌임을 확인할 필요가 있다."(헌재 1991. 7. 8. 89헌마181 결정)[571]

4. 憲法訴願審判請求의 形式的·節次的 要件

헌법소원심판을 청구하기 위해서 갖추어야 할 형식적 요건으로는 청구형식의 구비·변호사선임 및 심판청구기간의 준수 등이다.

848. 헌법소원심판청구의 형식적·절차적 요건: 청구형식의 구비·변호사선임 및 심판청구기간의 준수

(1) 請求形式의 具備

헌법소원심판의 청구는 서면으로써 하여야 하고, 심판청구서에는 청구인 및 대리인, 침해된 권리, 침해의 원인이 되는 공권력의 행사 또는 불행사, 청구이유 그 밖에 필요한 사항을 기재하여야 한다(동법 제71조 제1항).

849. 헌법소원의 서면청구

판례: **〈교통사고처리특례법 제4조 등에 대한 헌법소원(일부각하, 일부기각)〉** "헌법재판소법 제71조 제1항 제2호에 헌법소원의 심판청구서에는 침해된 권리를 기재할 것을 요구하고 있지만, 그 기재는 헌법재판소법 제68조 제1항에 비추어 헌법재판소로 하여금 헌법상 보장된 기본권의 침해가 있다는 주장인 것으로 인식할 수 있는 정도의 표시로 족하고, 헌법재판소의 심판에 있어서는 반드시 그 표시된 권리에 구

571) 또한 헌재 1992. 1. 28. 91헌마111 결정〈변호인의 조력을 받을 권리에 대한 헌법소원(위헌확인, 공권력불행사근거조항 위헌)〉도 참조.

애되는 것이 아니라 청구인이 주장하는 침해된 기본권과 침해의 원인이 되는 공권력의 행사를 직권으로 조사하여 판단할 수 있는 것이다."(헌재 1993. 5. 13. 91헌마190 결정 참조)(헌재 1997. 1. 16. 90헌마110 등 병합결정)

판례: 〈검사의 공소권행사에 관한 헌법소원(취소의 인용)〉 "검사의 불기소처분에 대한 헌법소원심판청구에 있어서 피고소인의 기재는 헌법재판소법 제71조 제1항 소정의 헌법소원심판청구의 필요적 기재사항이라고 할 수 없다."(헌재 1990. 11. 19. 89헌마150 결정)

(2) 辯護士選任

850. 헌법소원에 있어서 변호사강제주의

헌법소원의 심판청구서에는 대리인의 선임을 증명하는 서류를 첨부하여야 한다(동법 제71조 제3항). 따라서 헌법소원심판을 청구하려면 변호사를 선임하여야 한다. 다만 당사자가 변호인의 자격이 있는 때에는 그러하지 아니하다(동법 제25조 제3항). 헌법소원심판을 청구하고자 하는 자가 변호사를 대리인으로 선임할 자력이 없는 경우에는 헌법재판소에 국선대리인을 선임하여 줄 것을 신청할 수 있으며(동법 제70조 제1항), 헌법소원심판을 청구하고자 하는 자가 무자력 요건에 해당하지 아니하더라도 공익상 필요한 경우에는 국선대리인을 선임할 수 있다(동법 제70조 제2항). 그러나 헌법소원심판청구가 명백히 부적법하거나 이유 없는 경우 또는 권리의 남용이라고 인정되는 경우에는 국선대리인을 선정하지 아니할 수 있다(동법 제70조 제3항).

(3) 審判請求期間의 遵守

851. 헌법소원의 청구기간

1) 공권력의 행사로 인한 기본권 침해의 경우

헌법소원의 청구는 사유가 있음을 안 날로부터 90일 이내에, 그 사유가 있은 날로부터 1년 이내에 청구하여야 한다(동법 제69조 제1항 본문). 사유가 있음을 안 날이란 공권력행사에 의한 기본권침해의 사실관계를 특정할 수 있을 정도로 현실적으로 인식하여 심판청구가 가능해진 경우를 말한다.[572] 청구기간이 도과한 경우에도 정당한 사유가 있는 경우에는 헌법소원의 심판청구는 적법하다.[573] 헌법재판소 설립 이전에 존재한 공권력행사에 대한 헌법소원은 헌법재판소가 구성된(재판관임명일자) 1988년 9월 19일로부터 기산하고 있다.[574]

---

572) 헌재 1993. 7. 29. 89헌마31 결정〈공권력행사로 인한 재산권침해에 대한 헌법소원(위헌)〉.
573) 헌재 1993. 7. 29. 89헌마31 결정〈공권력행사로 인한 재산권침해에 대한 헌법소원(위헌)〉.
574) 헌재 1991. 11. 25. 89헌마99 결정〈공립학교교원의 노동3권에 관한 헌법소원(각하)〉.

법률에 대한 헌법소원은 법률이 공포된 사실을 안 날로부터 90일, 공포된 날로부터 1년 이내에 청구하여야 한다. 단 법률의 공포 후 법률해당사유가 발생하여 비로소 기본권이 침해된 경우에는 그 사유가 발생하였음을 안 날로부터 90일, 그 사유가 발생한 날로부터 1년 이내에 청구하여야 한다.[575)]

다른 법률에 의한 구제절차를 거친 헌법소원은 그 최종결정을 통지받은 날로부터 30일 이내에 청구하여야 한다(동법 제69조 제1항 단서).[576)]

2) 공권력의 불행사로 인한 기본권침해의 경우

그러나 공권력의 불행사는 그 불행사가 계속되는 한 기본권침해의 부작위가 계속된다 할 것이므로, 공권력에 대한 헌법소원심판은 그 불행사가 계속되는 한 기간의 제약 없이 적법하게 청구할 수 있고, 입법부작위에 대해서도 청구기간의 제약 없이 언제든지 헌법소원을 청구할 수 있다.[577)]

(4) 供託金의 納付

852. 헌법소원과 공탁금

헌법재판소는 헌법소원심판의 청구인에 대하여 헌법재판소규칙으로 정하는 공탁금의 납부를 명할 수 있다(동법 제37조 제2항). 이는 헌법소원의 남소를 예방하기 위한 것이다.

(5) 一事不再理의 原則

헌법재판소법 제39조는 "헌법재판소는 이미 심판을 거친 동일한 사건에 대하여는 다시 심판할 수 없다"라고 규정하고 있다. 즉 헌법재판소는 이미 행한 결정에 대해서 자기기속력 때문에 이를 취소·변경할 수 없다. 이를 일사부재리의 원칙이라 하며, 법적 안정성을 위하여 불가피한 것이다. 따라서 헌법재판소의 결정은 원칙적 단심제이다.

다만 변호사인 대리인의 선임이 없어 각하된 경우와 다른 법률에 의한 구제절차를 거치지 아니하여 각하된 경우에는 대리인의 선임 또는 구제절차의 경

575) 헌재 1996. 3. 28. 93헌마198 결정〈약사법 제37조 등 위헌확인(각하)〉에서 과거의 기산점에 대한 판례변경이 있었다. 과거에는 "여기서 사유가 발생한 날이란 당해 법률이 청구인의 기본권을 명백히 구체적으로 현실 침해하였거나 그 침해가 확실히 예상되는 등 실체적 제요건이 성숙하여 헌법판단에 적합하게 된 때를 의미한다"고 하였었다〈헌재 1990. 6. 25. 89헌마220 결정. 지방공무원법 제31조, 제61조에 대한 헌법소원(기각)〉.

576) 헌재 1993. 7. 29. 90헌바35 결정〈반국가행위자의처벌에관한특별조치법 제5조 등 및 헌법재판소법 제41조 등에 대한 헌법소원(위헌)〉.

577) 헌재 1994. 12. 29. 89헌마2 결정〈조선철도(주)주식의 보상금청구에 관한 헌법소원(위헌)〉.

료 등 그 흠결을 보정하여 재청구하면 일사부재리의 원칙이 적용되지 않는다.

5. 憲法訴願에 대한 審判

(1) 書面審理主義

853. 헌법소원에 대한 심판: 서면심리주의원칙

헌법소원에 관한 심판은 서면심리를 원칙으로 한다. 다만 재판부가 필요하다고 인정하는 경우에는 변론을 열어 당사자·이해관계인 그리고 그 밖의 참고인의 진술을 들을 수 있다(동법 제30조 제2항).

(2) 憲法訴願에 대한 事前審査

1) 지정재판부

854. 헌법소원에 있어서 지정재판부

헌법재판소장은 재판소의 부담을 경감하기 위하여 3인으로 구성되는 지정재판부를 두어 헌법소원에 대한 사전심사를 하게 할 수 있다(동법 제72조 제1항). 지정재판부는 헌법소원을 각하하거나 재판부에 심판회부결정을 한 때에는 14일 이내에 청구인에게 그 사실을 통지하여야 한다(동법 제73조 제1항).

2) 지정재판부의 각하결정

855. 헌법소원에 있어서 지정재판부의 각하결정

다음의 경우에는 지정재판부의 재판관 전원이 일치된 의견에 의한 결정으로 심판청구를 각하하여야 한다. ① 다른 구제절차를 경유하지 않은 경우, ② 법원의 재판에 대하여 청구된 경우, ③ 청구기간이 경과한 경우, ④ 대리인의 선임이 없는 경우, ⑤ 심판청구가 부적법하고 그 흠결을 보정할 수 없는 경우 등(동법 제72조 제3항).

3) 지정재판부의 심판회부결정

856. 헌법소원에 있어서 지정재판부의 심판회부결정

지정재판부는 청구를 각하하지 않는 경우에는 결정으로 헌법소원을 재판부의 심판에 회부하여야 한다. 헌법소원심판청구 후 30일이 경과할 때까지 각하결정이 없으면 심판에 회부하는 결정이 있는 것으로 본다(동법 제72조 제4항). 이 경우 헌법재판소장은 법무부장관, 청구인이 아닌 당해 사건의 당사자에게 그 사실을 통지하여야 한다(동법 제73조 제2항).

(3) 全員裁判部의 審判

857. 전원재판부의 헌법소원심판

지정재판부에서 헌법소원을 전원재판부에 회부하면 전원재판부는 기본권의 침해여부, 기본권의 의미 여하, 침해의 직접성과 현재성 여부 등을 심판한다. 이때 전원재판부는 심판청구서에 기재된 청구취지에 관계없이 청구인의 주장요지를 종합적으로 판단하여야 한다.

> **판례: 〈공권력에 의한 재산권침해에 대한 헌법소원(일부인용, 일부기각)〉** "헌법소원심판이 청구되면 헌법재판소로서는 청구인의 주장에만 판단을 한정할 것이 아니라 가능한 모든 범위에서 헌법상의 기본권침해의 유무를 직권으로 심사하여야 한다."(헌재 1989. 9. 4. 88헌마22 결정)

6. 憲法訴願의 決定

(1) 決定의 類型

858. 헌법소원의 결정유형

헌법재판소가 심리를 마치면 결정을 한다. 헌법소원의 결정유형에는 심판절차종료선언결정 · 각하결정 · 기각결정 및 인용결정이 있다.

심판절차종료선언결정은 청구인이 사망하였으나 수계할 당사자가 없는 경우 민사소송법 제233조에 의하여 심판절차를 종료하거나 또는 청구인이 헌법소원청구를 취하하는 경우에 절차를 종료하는 결정이다.[578]

각하결정은 형식적 · 절차적 요건에 흠결이 있는 경우, 곧 심판청구가 부적법한 경우에 행해진다. 각하결정이 내려지는 경우 청구인이 납부한 공탁금의 전부 또는 일부가 헌법재판소의 명령으로 국고에 귀속될 수 있다(동법 제37조 제 3 항).

기각결정은 헌법소원심판청구가 이유 없는 경우에 내려진다. 헌법재판소는 청구기각결정 시 그 심판청구가 권리의 남용이라고 인정되는 경우에는 청구인이 납부한 공탁금의 전부 또는 일부를 국고에 귀속시키도록 명할 수 있다(동법 제37조 제 3 항).

인용결정은 공권력의 행사 또는 불행사로 말미암아 헌법상 보장된 기본권이

---

578) 사망으로 인한 심판절차종료선언결정은 헌재 1992. 11. 12. 90헌마33 결정(불기소처분에 대한 헌법소원)과 헌재 1994. 12. 29. 90헌바13 결정(형법 제338조 등에 대한 헌법소원)에서 내려졌고, 청구인의 청구취하로 인한 심판절차종료선언결정은 헌재 1995. 12. 15. 95헌마221 등 병합결정(불기소처분취소)에서 내려진 바 있다.

침해되었음을 인정하는 결정형식이다.

(2) 認容決定

859. 헌법소원 인용결정의 정족수

헌법소원에 대한 인용결정을 하기 위해서는 헌법재판소재판관 6인 이상의 찬성이 있어야 한다(제113조 제1항).

헌법재판소가 헌법소원을 인용할 때에는 인용결정서의 주문에서 침해된 기본권과 침해의 원인이 된 공권력의 행사 또는 불행사를 특정하고(동법 제75조 제2항), 기본권침해의 원인이 된 공권력의 행사를 취소하거나, 그 불행사가 위헌임을 확인할 수 있다(동법 제75조 제3항). 또한 헌법재판소는 공권력의 행사 또는 불행사가 위헌인 법률 또는 법률의 조항에 기인한 것이라고 인정할 때에는 인용결정에서 당해법률 또는 법률의 조항이 위헌임을 선고할 수 있다(동법 제75조 제5항).

헌법재판소법은 명문의 규정을 두고 있지는 않으나, 같은 법 제68조 제1항 헌법소원심판절차에서도 가처분의 필요성이 있을 수 있고 또 이를 허용하지 아니할 상당한 이유를 찾아볼 수 없으므로, 가처분이 허용된다. 위 가처분의 요건은 헌법소원심판에서 다투어지는 '공권력 행사 또는 불행사'의 현상을 그대로 유지시킴으로 인하여 생길 회복하기 어려운 손해를 예방할 필요가 있어야 한다는 것과 그 효력을 정지시켜야 할 긴급한 필요가 있어야 한다는 것 등이 된다. 따라서 본안심판이 부적합하거나 이유없음이 명백하지 않는 한, 위와 같은 가처분의 요건을 갖춘 것으로 인정되면, 가처분을 인용한 뒤 종국결정에서 청구가 기각되었을 때 발생하게 될 불이익과 가처분을 기각한 뒤 청구가 인용되었을 때 발생하게 될 불이익을 비교 형량하여 후자가 전자보다 큰 경우에, 가처분을 인용할 수 있다.[579)]

(3) 認容決定의 效力

860. 헌법소원 인용결정의 효력

헌법소원이 인용되면 다음과 같은 효력을 발휘하게 된다. 첫째, 헌법소원에 대한 인용결정은 기속력을 갖는다. 곧 헌법소원에 대한 인용결정은 청구인과 피청구인을 비롯한 모든 국가기관과 지방자치단체를 기속한다(동법 제75조 제1항).

판례: 〈불기소처분취소(취소의 인용)〉 "헌법재판소법 제75조 제1항에는 헌법소원

579) 헌재 2000. 12. 8. 2000헌사471 결정〈사법시험령 제4조 제3항 효력정지 가처분신청(인용)〉.

의 인용결정은 모든 국가기관과 지방자치단체를 기속한다고 규정되어 있다. 헌법재판소법 제75조 제 1 항이 헌법소원의 피청구인에게 가지는 뜻은 헌법소원의 인용결정이 있으면 피청구인은 모름지기 그 인용결정의 취지에 맞도록 공권력을 행사하여야 한다는 데 있다. 헌법재판소법 제75조 제 4 항은 헌법재판소가 공권력의 불행사에 대한 헌법소원을 인용하는 결정을 한 때에는 피청구인은 결정취지에 따라 새로운 처분을 하여야 한다고 규정함으로써, 공권력의 불행사에 대한 헌법소원의 인용결정에 관하여는 이 뜻을 명백히 하고 있다. 따라서 검사의 불기소처분을 취소하는 헌법재판소의 결정이 있을 때에 그 결정에 따라 불기소한 사건을 재기수사하는 검사로서는 헌법재판소가 그 결정의 주문 및 이유에 설시한 취지에 맞도록 성실히 수사하여 결정을 하여야 할 것이다."(헌재 1993. 11. 25. 93헌마113 결정)

판례: 〈기소유예처분취소(인용)〉 "헌법재판소의 기소유예처분 취소결정에 따라 검사가 사건을 재기한 후 아무런 추가수사를 함이 없이 단지 죄명만을 방조죄로 변경하여 다시 기소유예처분을 한 것은 헌법재판소 결정의 기속력을 규정한 헌법재판소법 제75조 제 1 항에 위배된다."(헌재 2011. 3. 31. 2010헌마312 결정)

둘째, 헌법재판소가 법률 또는 법률조항의 위헌임을 선고한 경우에는 위헌법률심판에서의 위헌결정의 효력에 관한 규정이 준용된다(동법 제75조 제 6 항).

셋째, 특히 헌법재판소가 공권력의 불행사에 대한 헌법소원을 인용하는 결정을 한 때에는 피청구인은 결정취지에 따라 새로운 처분을 하여야 한다(동법 제75조 제 4 항).

넷째, 당해 헌법소원과 관련된 소송사건이 이미 확정된 때에는 당사자는 재심을 청구할 수 있다(동법 제75조 제 7 항).

다섯째, 헌법재판소의 결정에 대하여 재심이 허용되는가에 대하여는 명문의 규정이 없다. 그러나 헌법재판소는 다음과 같은 경우에는 매우 제한적이지만 재심을 허용할 수 있다는 입장을 취하고 있다.

판례: 〈불기소처분취소(재심)(각하)〉 "헌법재판소법 제68조 제 1 항에 의한 헌법소원(권리구제형헌법소원) 중 행정작용에 속하는 공권력작용을 대상으로 하는 권리구제형 소원절차에 있어서는, 사안의 성질상 헌법재판소의 결정에 대한 재심은 재판부의 구성이 위법한 경우 등 절차상 중대하고도 명백한 위법이 있어서 재심을 허용하지 아니하면 현저히 정의에 반하는 경우에 한하여 제한적으로 허용될 수 있다."[580]

---

580) 그러나 위헌심사형헌법소원에 대한 재심은 구체적 타당성보다 법적 안정성을 우선하여 재심을 허용하지 않고 있다(헌재 1992. 6. 26. 90헌아1 결정).

第 6 編

經濟憲法

第 1 章　經濟憲法一般論

第 1 節　經濟憲法의 槪念

1. 經濟憲法의 槪念定義

(1) 經濟憲法에 대한 學者들의 見解

861. 경제헌법에 대한 학자들의 견해

'경제헌법'(Wirtschaftsverfassung)을 어떻게 정의할 것인가와 관련하여 학자들의 견해는 통일되어 있지 아니하다. 예를 들어 뵘 *F. Böhm*은 슈미트 *C. Schmitt*의 헌법개념을 수용하여 공동체의 경제적·사회적 협력과정의 종류와 형태에 관한 총체적 결단을 의미한다고 하고,[1] 발러슈테트 *K. Ballerstedt*는 (경제헌법은 사회적 법치국가 내에서만 가능한 개념이라는 것을 전제로 하여) 경제공동체의 기본질서를 말한다고 하며,[2] 바두라 *P. Badura*는 좁은 의미로는 경제생활의 질서에 대한 기본법의 규정, 넓은 의미로는 경제의 조직과 과정을 기본적으로 확정짓는 법원칙을 말한다고 한다.[3] 이들의 경제헌법에 대한 개념정의는 그 내용이 규범적이라는 점에서 공통성을 보이고 있다. 그에 반하여 라이저 *L. Raiser*는 경제헌법이란 정치적 결단을 통하여 확정된 경제질서의 총체개념이며 그 자체로서 법규성을 가진 것이 아니라 이러한 질서를 실현시키고 보장하기 위하여 위와 같은 총체개념에 속하는 법규범을 창출해내야 한다고 하여 경제헌법의 개념을 개방적으로 이해하고 있다.[4]

---

1) F. Böhm, *Wettbewerb und Monopolkampf*, 1933, S. 107; ders., Bedeutung der Wirtschaftsordnung für die politische Verfassung, in: U. Scheuner(Hrsg.), *Die staatliche Einwirkung auf die Wirtschaft*, 1971, S. 89.

2) K. Ballerstedt, Wirtschaftsverfassungsrecht, in: Die Grundrechte, Bd. III/1, 1958, S. 1ff.(11).

3) P. Badura, Wirtschaftsverwaltungsrecht, in: I. v. Münch(Hrsg.), *Besonderes Verwaltungsrecht*, 1975, S. 276.

4) L. Raiser, Wirtschaftsverfassung als Rechtsproblem(in: *Festgabe für J. von Gierke*, 1950), in: U. Scheuner(Hrsg.), *Die staatliche Einwirkung auf die Wirtschaft*, 1971, S.

(2) 廣義의 經濟憲法, 狹義의 經濟憲法

862. 광의의 경제헌법, 협의의 경제헌법

이렇듯 경제헌법이란 용어는 광의로도 사용되고 협의로도 사용되고 있음을 알 수 있다. 광의로 경제헌법을 사용할 때, 경제헌법에는 경제생활과 관계 있는 모든 규범을 의미하며, 이에는 헌법 이외에도 법규명령과 행정행위까지 포함된다. 반면에 협의로 경제헌법을 사용할 때, 경제헌법이란 헌법 내에 규정되어 있는 경제에 관한 규범의 총체를 의미한다.[5]

(3) 私 見

863. 이 책에서 사용하는 경제헌법의 개념: 헌법 내에 규정되어 있는 경제에 관한 규범의 총체

일반적으로 헌법학자들은 경제헌법을 협의로 이해하고 있으며, 이 책의 경우에도 경제헌법을 그렇게 이해하기로 한다. 그렇게 이해하는 경우 우리 헌법 제9장 경제편 외에도 사유재산의 보장, 직업선택의 자유, 거주·이전의 자유, 근로의 권리와 노동3권 등도 경제헌법의 한 부분으로 다루어야 한다. 그러나 이들에 대해서는 이미 기본권편에서 다루었기 때문에 이곳에서는 헌법 제9장 경제편에 한정하여 서술하기로 한다.

2. 經濟憲法과 區別되어야 할 概念들

(1) 經濟憲法과 區別되어야 할 概念들

864. 경제헌법과 구별되어야 할 개념들: 경제질서, 경제체제, 경제유형

일반적으로 경제헌법과 혼용되고 있으나, 구별되어야 할 개념으로 '경제질서'(Wirtschaftsordnung) 또는 '경제체제'(Wirtschaftssystem 또는 '경제유형' Wirtschaftsstile)가 있다. 경제질서와 경제체제가 오래 전부터 경제학이나 정치학에서 사용되어 온 개념이라면, 경제헌법은 최근에 법학, 특히 헌법학에서 사용되기 시작한 개념이다.

(2) 經濟秩序

865. 경제질서

일반적으로 경제질서란 경제생활의 구성과 흐름에 적용되는 규정과 제도의 전체,[6] 곧 특정의 시점에서 현실화되어 있는 경제적 상태 또는 경제적 존재의

117.

5) W. Bohling, *Wirtschaftsordnung und Grundgesetz*, 1981, S. 1.

6) H. Lampert, Wirtschaftsordnung, in: *Evangelisches Staatslexikon*, 2. Aufl., 1975, Sp. 2930ff. (2934).

상태를 말한다. 따라서 경제질서란 예컨대 경제적 행위, 경제적 규범 등이 병렬·종합된 상태를 말한다.[7)]

(3) 經濟秩序와 經濟體制의 關係

866. 경제질서와 경제체제의 관계

경제질서와 경제체제의 관계에 대해서는 두 개의 상반되는 견해가 있다. 대부분의 학자들은 경제질서를 경제에 관한 전체 사회적·법적 조직으로 이해하고 그것을 경제체제라 표현한다.[8)] 곧 경제체제와 경제질서를 동의어로 이해하는 경우가 일반적이다.[9)] 그에 반하여 소수이기는 하지만 양자를 다른 것으로 이해하는 학자도 있다. 예를 들면 좀바르트 *W. Sombart*는 경제체제를 경제적 인간의 행동태도, 동기, 목적에 의해서 뿐만 아니라 현실로 실현되어 있는 경제질서 및 구조에 의하여 특징지어지는 사회의 경제방식으로 이해하여 경제질서를 경제체제의 한 부분으로 본다. 그에 반하여 오이켄 *W. Eucken*은 순수시장경제와 중앙통제경제라는 두 개의 이념형의 경제체제를 가정하고 경제체제를 실제화된 경제질서의 한 부분으로 보고 있다.[10)]

3. 經濟秩序의 類型

(1) 槪 觀

867. 경제질서의 유형

경제질서의 유형은 크게 자본주의적 자유시장경제질서, 사회주의적 계획경제질서(또는 사회주의적 중앙관리경제질서) 그리고 사회적 시장경제질서의 셋으로 나눌 수 있다.[11)]

---

7) E. R. Huber, *Wirtschaftsverwaltungsrecht*, Bd. I, 1953, S. 20f.

8) H. Lampert, (주 6), Sp. 2935.

9) P.-G. Schmidt, Wirtschaftssysteme, in: *Herders Staatslexikon*, Bd. 5, 7. Aufl.(1989), Sp. 1072ff.(1072).

10) H. Lampert, (주 6), Sp. 2935; G. Gutmann(Hrsg.), *Die Wirtschaftsverfassung der Bundes- republik Deutschland*, 1976, S. 1.

11) 이는 H. C. Nipperdey, *Die soziale Marktwirtschaft in der Verfassung der Bundesrepublik*, 1954, S. 70ff. 및 *Soziale Marktwirtschaft und Grundgesetz*, 3. Aufl.(1965), S. 9ff.가 경제질서의 모형을 자유시장경제질서, 사회적 시장경제질서 및 사회주의적 계획경제질서로 나눈 것을 따른 것이다. 그러나 E. R. Huber, (주 7), S. 31ff.는 경제질서를 ① 시장경제(순수한 시장경제=순수한 경쟁경제질서, 경제 내적 구속을 수반하는 시장경제, 국가에 의한 통제경제, 사회적 시장경제), ② 계획경제(협동적 관리경제, 공동경제, 중앙관리경제) 및 ③ 국영경제(부분적 국영경제, 전반적 국영경제)로 3분하고 있고, R. Stober, *Wirtschaftsverwaltungsrecht*, 9. Aufl., 1994(최송화·이원우 역, 독일경제행정법, 법문사,

(2) 資本主義的 自由市場經濟秩序

868. 자본주의적 자유시장경제질서

자본주의적 자유시장경제질서란 자유방임적 경제질서로서 경제에 대한 국가의 관여는 최소한의 질서유지를 위해서만 허용되는 경제질서를 말한다. 자본주의적 자유시장경제질서의 특징으로는 경제에 대한 결정권이 개개의 경제참여자들을 통하여 경제의 자율적인 결정절차에 분산되어 있는 것을 들 수 있으며, 이러한 특징은 사유재산제, 이윤추구의 원리, 직업선택의 자유, 시장경제와 자율적 가격기구, 노동의 상품화 등에서 표현되고 있다.[12)]

(3) 社會主義的 計劃經濟秩序

869. 사회주의적 계획경제질서

사회주의적 계획경제질서는 인간에 의한 인간의 경제적 착취의 배제와 전체 인민의 복리와 수요의 충족을 이념으로 표방한 경제질서를 말한다. 사회주의적 계획경제질서의 특징으로는 모든 생산수단의 사회화와 중앙집권적 계획경제, 모든 경제과정에서의 전면적 국가통제, 직업선택의 자유와 거주·이전의 자유의 박탈, 사유재산제와 이윤추구의 부인, 공동생산과 공동분배를 들 수 있다.

(4) 社會的 市場經濟秩序

870. 사회적 시장경제질서

사회적 시장경제질서는 1919년 바이마르헌법에서 처음 규정된 것으로 자본주의 시장경제질서에 계획경제 내지 통제경제가 가미된 경제질서를 말한다. 곧 사회적 시장경제질서는 자본주의와 사회주의 사이에서 제 3 의 경제질서를 찾으려는 하나의 대안[13)] 또는 시장경제에 있어서 자유의 원리를 사회적 정의와 접목시키려는 시도[14)]로 볼 수 있다. 사회적 시장경제질서는 법치주의를 토대로 하여

1996)는 시장경제(거래경제), 계획경제(중앙관리경제), 사회적 시장경제, 거시조정적 시장경제, 경제계획에 입각한 시장경제, 사회주의적 시장경제로 6분하고 있다. 또 홍정선, 한국헌법의 경제체계에 관한 연구, 「이화여대 사회과학논집」 제59집 제 2 호, 1991, 175쪽 이하는 시장경제(교환경제), 계획(중앙관리)경제, 혼합경제(사회적 시장경제, 사회조정적 시장경제, 계획적 시장경제, 사회주의적 시장경제, 사회주의적 관리경제)로 3분하고 있으며, 정순훈, 경제헌법, 법문사, 1993, 197쪽 이하는 자유시장경제, 유도시장경제, 전면중앙관리경제, 개혁중앙관리경제로 4분하고 있다.

12) E. R. Huber, *Deutsche Verfassungsgeschichte*, Bd. Ⅳ, 1969, S. 978에 따르면 자유주의적 경제질서는 결국 신체와 재산의 자유, 거주·이전의 자유, 계약의 자유, 자유로운 가격형성과 자유로운 임금형성 및 자유로운 노동계약, 영업의 자유, 경쟁의 자유 및 통상의 자유를 그 내용으로 하는 경제 질서를 의미한다고 한다.

13) R. Blum, Soziale Marktwirtschsft, in: *Staatslexikon*, 4. Bd., 7. Aufl.(1988), Sp. 1242.

14) A. Müller-Armack, Soziale Marktwirtschaft, in: *HDSW* 9. Bd., 1956, S. 390; ders., Die

경제적 자유와 정치적 안정 및 사회적 정의를 동시에 조화롭게 보장할 것을 지향한다. 사회적 시장경제질서의 특징으로는 사유재산제의 보장, 화폐가치안정, 경기부양, 경쟁의 자유 및 일시적 경기침체 등의 경우에 국가의 간섭 등을 들 수 있다.[15)]

(5) 現實的인 經濟秩序

871. 현실적인 경제질서

이러한 세 가지 경제질서의 유형 가운데 자본주의적 자유시장경제질서와 사회주의적 계획경제질서는 순수한 '이념형'(Idealtypen)에 가깝다. 따라서 현실적으로는 자본주의적 자유시장경제질서를 채택하는 경우에도 그리고 사회주의적 계획경제질서를 채택하는 경우에도 각각 그 단점을 보완하기 위하여 계획적 요소를 도입하기도 하고, 경쟁적 요소를 도입하기도 한다.

第 2 節　經濟憲法의 沿革

1. 서구 自由主義 憲法들의 經濟에 대한 態度

872. 서구 자유주의 헌법들의 경제에 대한 태도

자유주의와 개인주의에 기초하여 제정된 서구의 자유주의헌법들은 초기 자본주의이념에 따라 경제활동은 개인의 자유에 방임하고 국가가 개인의 경제활동

Anfänge der sozialen Marktwirtschaft, in: *Die zweite Republik*, 1974, S. 145

15) 이는 Th. Schramm, *Staatsrecht*, Bd. Ⅲ, 3. Aufl.(1985), S. 74에 따른 것이다. 슈람에 따르면 사회적 시장경제는 1932년에 신자유주의 경제학자인 오이켄 *W. Eucken*과 뤼스토프 *A. Rüstow*에 의하여 강령으로 제기된 것을 1948년에 후일 경제장관이 된 에르하르트 *Erhard*가 실제정책에 도입하였다고 한다. 그리고 A. Bleckmann, Grundzüge des Wirtschaftsverfassungsrechts der Bundesrepublik Deutschland, JuS 1991, S. 536ff.(537)에 따르면 1967년 안정법(Stabilittsgesetz)에 법적으로 규정되었다고 한다. 그러나 아직까지 사회적 시장경제질서가 무엇인가에 대해서는 정설이 존재하지 않는다. 예를 들어 A. Müller-Armack, (주 14), 390f.는 사회적 시장경제를 "자유로운 창조력을 발휘하는 경쟁경제의 기반 위에 시장경제적 급부에 의해 보장되는 사회적 진보(사회적 개량, soziale Fortschritt)를 조화시킨 경제질서"라고 정의하며, H. C. Nipperdey, *Soziale Marktwirtschaft und Grundgesetz*, 3. Aufl.(1965), S. 12는 "경쟁을 통한 경제의 기반 위에서 자유주의적 요소와 사회적 요소를 항상 사회적 필요성을 고려하면서 개인의 자유를 최대한 보장하는 방식으로 통합하는 경제질서"로 정의한다. 그리고 H. C. Nipperdey, Freie Entfaltung der Persönlichkeit, in: Bettermann-Nipperdey(Hrsg.), *Die Grundrechte*, Bd. Ⅳ/2, 1962, S. 741ff. 869f.는 사회적 시장경제질서의 요소로서 ① 시장경제원칙, 자유경쟁의 원칙과 경제의 자율성, ② 국가의 경제개입에 대한 한계설정, ③ 경제적 자유권에 대한 한계설정과 국가와 국가의 경제개입에의 의무규정 및 ④ 가격통제허용과 사회정책수행을 들고 있다.

에 간섭하지 아니하는 것을 원칙으로 삼았다. 따라서 서구의 자유주의헌법들은 재산권을 보장하는 규정은 두었지만 경제조항은 따로 두지 아니하였다. 그리고 자본주의 경제기구는 봉건사회의 경제기구가 가졌던 중세적인 침체성을 타파하고 생산력을 증대시켜 인류문화의 향상을 위한 물질적 기반을 확보하는 데 커다란 기여를 하였다.

2. 經濟憲法登場의 原因

873. 경제헌법 등장의 원인: 자본주의의 폐해

그러나 자본주의가 고도로 발전하면서 현격한 빈부의 차가 초래되어 다음과 같은 문제들이 발생하였다. 첫째, 소수자에 의한 자본의 독점으로 자본가와 노동자, 유산자와 무산자 사이에 첨예한 대립이 발생하여 심각한 사회의 불안상태를 초래하였다. 둘째, 실업자의 홍수와 경제적 공황을 초래하였다. 셋째, 토지소유관계에서 자본주의는 대지주와 소작인의 대립을 가져왔으며, 토지에 대한 일부 지주의 기업적 독점을 초래하였다. 넷째, 자본주의는 국제시장쟁탈을 위하여 전쟁을 초래하였을 뿐만 아니라 국제적인 식민지주의를 이루어 새로운 국제평화 내지 민족국가 문제를 발생시켰다.

3. 바이마르憲法과 經濟秩序

874. 바이마르헌법과 경제질서

이러한 문제를 극복하여 정의로운 경제질서를 확립함으로써 경제적 약자의 인간다운 생활을 보장할 필요성이 대두하였고, 1919년의 바이마르헌법은 민주국가의 헌법으로서는 처음으로 경제에 대하여 상세한 규정을 두게 되었다.[16] 곧

16) W. Apelt, *Geschichte der Weimarer Verfassung*, 1964, S. 351ff.에 따르면 바이마르헌법에 경제 질서에 관하여 규정하게 된 것은 동 헌법의 제정에서 주도적 역할을 한 정당이 진보적인 독일사회 민주당이며, 또한 프롤레타리아독재를 가져온 1917년의 러시아혁명으로부터의 영향이 그 주된 이유라고 한다. 또한 한태연, 헌법학, 법문사, 1985, 994-996쪽에 따르면 바이마르헌법에 있어서의 경제의 헌법화는 그 헌법제정 당시의 특수한 역사적 상황, 곧 패전국가로서의 전쟁에 의하여 파괴된 경제의 재건, 제헌의회의 중심적 세력으로서의 사회민주당, 그리고 정부형태에 있어서의 직능적 지배(Räteherrschaft. *저자의 생각으로는 평의회지배 또는 평의회제로 해석하는 것이 나을 듯함)냐 의회민주정이냐 하는 것을 그 배경으로 하고, ① 경제에 대한 인식변화(경제의 전체성과 그 조직성에 대한 인식), ② 자유에 대한 인식의 변화(자유와 경제 간의 상호관계에 대한 인식) 및 ③ 근로자의 지위향상에 따른 근로자의 요청들이 반영된 결과라고 하면서 "경제의 헌법화는 경기에 관계없는 완전고용을 위한 국가적 의무, 노동력의 착취에 대한 제도적 보장, 자본과 노동력과의 관계의 새로운 정립, 근로자의 기업에의 참여, 그리고 사회정의에 입각한 국가에 의한 경제

바이마르헌법은 제151조에서 “경제생활의 질서는…, 정의의 원칙에 부합하지 않으면 안 된다. 각인의 경제상의 자유는 이 한계 내에서 보장된다”고 규정함으로써 경제적 자유방임주의에 대한 명백한 수정을 가함과 동시에 법률에 의한 기업의 사회화가능성(제156조), 계약의 자유와 재산권의 사회적 구속(제152조·제153조), 중산층의 장려(제164조) 등과 같이 제 2 편 「독일국민의 기본권과 기본의무」 중 제 5 장 「경제생활」에서 공공복리를 위하여 경제적 자유를 제한할 수 있다는 원칙과 더불어 과거의 자유권적 기본권 외에 사회권적 기본권을 규정하게 되었다.

第 3 節　政治憲法과 經濟憲法

1. 政治와 經濟의 關係

875. 정치와 경제의 관계에 대한 학설: 인과관계설, 상호작용설

정치와 경제의 관계에 대하여는 인과관계설과 상호작용설(교차관계설)이 대립되어 있다. 인과관계설은 현대 민주주의를 자본주의의 진행과정의 산물로 이해하는 슘페터 *J. A. Schumpeter*[17]와 사회주의를 정치를 거쳐 경제에 이식된 민주주의라고 하는 라드브루흐 *G. Radbruch*[18]에 의하여 대변되고 있다. 그에 반하여 상호작용설은 특히 기본권의 제도적 관련성을 강조하는 루프 *H. H. Rupp*[19]나 국가와 사회의 결합을 강조하는 헤세 *K. Hesse*[20]에게서 찾아볼 수 있다.

2. 政治憲法과 經濟憲法의 關係에 대한 學說

876. 정치헌법과 경제헌법의 관계에 대한 학설

정치헌법과 경제헌법이 어떤 관계에 있는가라는 문제는 경제에 대하여 상세한 규정을 두었던 바이마르헌법과는 달리 경제에 대하여 의도적으로 규정하고

에 대한 규제와 조정 등과 같은 방법에 의하여, 그 수익자의 범위를 제 4 계급으로까지 확대케 함으로써 혁명에 의한 헌법의 파괴를 방지하고, 그 헌법의 사회적 타당성을 보장하기 위한 까닭이라고 할 수 있다고 한다(997쪽).

17) J. A, Schumpeter, *Kapitalismus, Sozialismus und Demokratie*, 2. Aufl., 1950, S. 161.

18) G. Radbruch, *Rechtsphilosophie*, 5. Aufl., 1956, S. 161.

19) H. H. Rupp, *Grundgesetz und Wirtschaftsverfassung*, 1974.

20) K. Hesse, Bemerkungen zur heutigen Problematik und Tragweite der Unterscheidung von Staat und Gesellschaft, in: P. Häberle u. A. Hollerbach(Hrsg.), *Ausgewählte Schriften*, 1984, S. 45ff.(계희열 역, 헌법의 기초이론, 박영사, 2001, 35쪽 이하).

있지 않은 독일 기본법하에서 초기에 논쟁이 있었다. 그 과정에서 여러 가지 견해가 표명되었지만 이를 대별하면 경제헌법을 부정하는 견해, 양자의 분리를 주장하는 견해, 양자의 일체성을 인정하는 견해 및 새로운 차원의 결합이 요구된다는 견해의 네 가지로 간추릴 수 있다.

엠케 *H. Ehmke*는 국가를 '사회의 자기조직'(Selbstorganisation der Gesellschaft)으로 이해하고, 국가와 사회의 구별을 부정하는 입장에서 정치적 공동체의 헌법은 경제질서에도 타당하다고 한다. 따라서 엠케는 굳이 경제헌법이란 개념을 인정할 필요는 없다고 한다.[21)]

크뤼거 *H. Krüger*는 독일기본법은 제79조 제 3 항에 헌법개정금지사항을 규정함으로써 정치헌법에서는 절대적 민주주의를 채택하였지만, 경제헌법에 대해서는 규정하고 있지 않기 때문에 경제헌법에서는 여전히 상대적 민주주의를 채택하고 있다고 하면서[22)] 기본법의 민주적 '이상'(Ideale)을 자유, 평등, '사회성'(Sozialität)으로 보고 "경제적 자유가 정치적 자유를 침해하는가, 경제적 불평등이 정치적 불평등을 해치는가, 비사회적 경제질서는 민주주의의 사회성을 침해하는가"라는 문제를 제기하고 그에 대하여 모두 부정적으로 대답하면서 정치적 민주주의가(곧 정치헌법이) 경제적 민주주의에(경제헌법에) 타당하지 않다고 한다.[23)]

니퍼다이 *H. C. Nipperdey*는 기본법은 사회적 시장경제를 결단했다고 규정하고 정치헌법과 경제헌법은 한 국가 내에서 동일성을 가지는 결합관계에 놓여 있다고 한다.[24)] 후버 *E. R. Huber*는 경제헌법을 법질서 내에서의 경제관련적 법규의 총체로 보고, 경제제도와 경제과정은 경제가 통일적으로 기능할 수 있게 해주는 정치헌법과 합치된다고 한다.[25)]

---

21) H. Ehmke, *Wirtschaft und Verfassung. Die Verfassungsrechtsprechung des Supreme Court zur Wirtschaftsregulierung,* 1961, S. 7.

22) H. Krüger, Staatsverfassung und Wirtschaftsverfassung, DVBl. 1951, S. 361ff.(364f.). 이 논문은 다시 U. Scheuner(Hrsg.), *Die staatliche Einwirkung auf die Wirtschaft*, 1971, S. 125ff.에 재수록되었음.

23) H. Krüger, (주 22), 365ff.

24) H. C. Nipperdey, (주 11)의 문헌들과 ders., Die Grundprinzipien des Wirtschaftsverfassungsrechts, Deutsche Rechtszeitschrift 1950, S. 193ff. 참조.

25) E. R. Huber, (주 7), S. 23.

3. 政治憲法과 經濟憲法의 關係에 대한 私見

877. 정치헌법과 경제헌법의 관계에 대한 사견: 정치헌법과 경제헌법은 인간의 존엄을 실현하기 위하여 필요하기 때문에 하나의 헌법 내에서 결합되어야 하고, 또 결합될 수밖에 없다

정치헌법과 경제헌법의 관계에 대한 이상의 견해들은 국가와 사회의 구별에 대한 태도에 따라 그 대답이 달라지고 있다. 곧 경제헌법이란 개념 자체를 부정하는 견해는 '사회의 자기조직'이란 입장에서 국가와 사회의 구별 그 자체를 부정하고 있다. 그에 반하여 정치헌법과는 별개의 경제헌법을 주장하는 견해는 국가에 대한 사회의 독립성과 자주성을 그 전제로 하고 있다. 그런가 하면 정치헌법에 대한 경제헌법의 개념을 인정하면서도 정치헌법과 경제헌법의 일체성을 주장하는 견해는 국가와 사회의 구별을 인정하면서도 이 양자 간의 상호관계의 필연성을 그 전제로 하고 있다.

이처럼 국가와 사회의 관계를 어떻게 이해하여야 할 것인가와 관련해서는 일원론과 이원론이 대립되고 있다. 그러나 일원론은 종국적으로는 전체국가적 경향과 통할 수 있으며,[26] Sein의 세계인 사회와 Sollen의 세계인 국가를 준별하는 법실증주의적 이원론은 국가와 사회 상호간에 법적 관계를 부정한다[27]는 점에서 오늘날과 같이 사회의 국가지향적·국가의 사회지향적 교차관계를 바탕으로 하는 민주주의시대에는 타당한 것일 수 없다. 그러한 한에서 국가와 사회의 분리 또는 의미 없는 구별은 다음과 같은 사실을 간과하고 있다고 할 것이다. 곧 사회적 생활은 국가에 의해 광범하게 계획되고 배려하는 형성 없이는 불가능하며, 반대로 국가는 사회적 공동작용 속에서 구성되고 다양한 상호의존과 상호영향 속에서 그 특징을 나타내고 있다는 것이다.[28] 이처럼 국가와 사회가 상호의존하고 있고 상호 영향을 미치고 있다는 사실에서 정치헌법과 경제헌법의 절대적 동일성이나 절대적 분리는 타당하다고 할 수 없다. 그렇다면 정치헌법과 경제헌법은 새로운 차원의 결합이 요구된다고 할 수 있을 것이다.

그러나 국가와 사회가 상호 의존하고 있고 상호 영향을 미치고 있다는 사실만 가지고 정치헌법과 경제헌법은 새로운 차원에서 결합되어야 한다고 말하는 것은 정치헌법과 경제헌법이 새롭게 결합되어야 할 필연적인 이유를 설명하고 있지 않다는 점에서 아직은 부족하다. 그리고 이러한 사실은 헌법을 정치헌법이

---

26) E.-W. Böckenörde, Die Bedeutung der Unterscheidung von Staat und Gesellschaft im demokratischen Sozialstaat der Gegenwart, in: *Rechtsfragen der Gegenwart. Festgabe für Wolfgang Hefermehl zum 65. Geburtstag*, 1972, S. 11ff.(17).

27) P. v. Oertzen, *Die soziale Funktion des staatsrechtlichen Positivismus*, Diss. phil. Göttingen 1952, S. 63ff., 171ff., 277ff.

28) K. Hesse, (주 20), S. 52, 54.

라고 이해하는 한 결단론적 헌법관에 의해서든, 통합론적 헌법관에 의해서든 수긍할 수 있는 대답을 찾기 힘들 것으로 생각한다. 왜냐하면 결단론적 헌법관에 의할 경우 정치질서에 대한 결단은 동시에 경제질서에 대한 전체적 결단 그 자체를 의미한다[29]는 대답이 고작일 것이고, 통합론적 헌법관에 의하더라도 독일의 경우처럼 기본법에 경제에 대한 규정이 없다[30]는 이유로 그에 대한 설명을 아예 하지 않거나,[31] 우리나라의 경우처럼 헌법에 독립된 장을 두고 규정하고

29) 한태연, (주 16), 1005 · 1006쪽은 이 부분과 관련하여 다음과 같이 적고 있다. "오늘의 민주주의국가에 있어서도 국가는 의연히 사회를 위한 정치적 조직체, 즉 정치적 결단의 통일과 지배를 위한 조직체이지, 결코 사회 그 자체를 흡수하고, 사회 위에 군림할 수 있는 전능의 정치적 질서는 아니다. 따라서 오늘의 민주주의국가에 있어서도 그 국민의 자유는 의연히 정치적 자유와 시민적 자유로 구별되고 있다. 따라서 정치적 자유에 있어서는 국가적 권력의 형성과 그 참여에의 자유가, 그리고 시민적 자유에 있어서는 국가권력으로부터의 자유가 각각 그 자유의 본질로 간주되고 있다. 그 결과 민주주의국가에 있어서의 이 두 개의 자유가 구별되는 한, 정치적 헌법과 경제헌법의 개념은 동시에 성립될 수 있다. 그것은 이 경우에 있어서 정치적 헌법은 전자를, 그리고 경제헌법은 후자를 대표하기 때문이다. 그러나 이러한 구별에도 불구하고 경제헌법은 그 이유야 어떻든 그것이 경제에 관한 사항으로서 헌법에 규정되고 있는 한, 그것은 정치적 헌법의 한 구성부분을 의미한다고 할 수 있다. 사실 이미 보아 온 바와 같이 근대국가의 정치질서는 결코 경제질서와 무관할 수는 없다. 그것은 경제질서의 기본적 성격 여하가 직접으로 그 정치질서의 여하를 결정하기 때문이다. 그러한 의미에서 정치질서에 대한 전체적 결단은, 동시에 경제질서에 대한 전체적 결단 그 자체를 의미한다고 할 수 있다."

30) 독일기본법에 경제에 대한 규정이 포함되지 않은 이유는 대강 다음과 같은 세 가지로 간추릴 수 있다. ① 기본법제정 당시 팽배했던 미래의 경제상황의 불확실성 때문에 기본법제정에 참여했던 정치 세력들 사이에 장래의 경제질서에 대한 합의가 이루어지지 못하였다(E. Benda, Wirtschaftsordnung und Grundgesetz, in: *Marktwirtschaft und sozlale Verantwortung*, 1972, S. 187). ② 경제적으로 중요한 사안들은 그 한계를 획정하기가 어려울 뿐만 아니라 또 그와 관련되는 규정들도 역시 그 범위를 설정하기가 곤란하다(W. Bohling, 주 5, S. 3). ③ 기본법제정자들은 비인간적인 나치체제를 경험한 이후 인권의 무조건적 고양이 급선무라는 생각에서 인간의 존엄에 대한 권리를 최고의 원리로 정착시켰고, 이 원리가 경제적 영역에서 개인의 자유와 그 한계를 보장해 줌으로써 전체경제질서에 영향을 미칠 수 있기 때문에 무의미한 강령규정인 경제헌법을 규정하지 않더라도 충분히 경제생활의 기초를 제공해 줄 수 있다고 믿었다(E. Benda, S. 188).

31) 물론 기본법에 경제에 대한 규정이 없는 독일에서도 기본법상의 경제질서에 대해서는 논의가 있다. 그 내용은 다음과 같이 간추릴 수 있다. ① 헌법에 경제질서에 관한 특별한 규정이 없는 한 그 헌법은 경제질서에 대하여 중립적일 수밖에 없다는 이른바 '기본법의 경제정책적 중립성'을 주장하는 견해(H. Krüger, 주 22 및 ders., *Allgemeine Staatslehre*, 1966, S. 579ff.). 그러나 R. Schmidt, *Wirtschaftspolitik und Verfassung*, 1972, S. 129f.는 H. Krüger, *Von der reinen Marktwirtschaft zur gemischten Wirtschaftsverfassung*, 1966, S. 15에서 행한 연방헌법재판소의 투자보조판결에 대한 평석을 근거로 크뤼거의 견해가 변했다고 한다. ② 뮐러-아르막이 '사회적 시장경제체제'로 처음으로 부른 사회적 시장경제질서를 그것도 제도적 보장의 형태로 결단하였다는 견해(H. C. Nipperdey, *Soziale Marktwirtschaft und Grundgesetz*, 3. Aufl., 1965, S. 21ff.), ③ 자유와 구속의 평형적 조화로부

있더라도 한 부분을 할애하지 않고 사회국가의 한 내용으로 설명하거나, 그것도 아니면 헌법에 경제에 대하여 규율하는 것이 정치적 통합에 도움이 된다는 것 이상의 대답을 줄 수는 없을 것이기 때문이다.

저자는 헌법을 "인간의 존엄을 실현하기 위하여 정치적 통일과 정의로운 경제질서를 형성하는 국가적 과제의 수행원리와 국가 내에서의 갈등을 극복할 절차 및 국가작용의 조직과 절차의 대강을 규정하는 국가의 법적 기본질서"로 정의하고 있다. 이러한 개념정의에 따르면 하나의 헌법 내에 정치헌법과 경제헌법이라는 두 개의 어쨌든 이질적인 헌법이 존재하는 것이 아니라, 하나의 헌법만이 존재하며, 그 헌법은 인간의 존엄을 실현하(려)는 법이다.[32] 일반화된 용어를 사용하여 표현하자면, 정치헌법과 경제헌법은 인간의 존엄을 실현하기 위하여 필요하기 때문에 하나의 헌법 내에서 결합되어야 하고, 또 결합될 수밖에 없다.

터 기본법은 혼합경제를 결단하였다는 견해(E. R. Huber, 주 7, 35f.), ④ 헌법이 가치중립적인 것이 아닌 한 기본법의 경제질서도 결코 가치중립적일 수 없다고 하면서, 경제질서는 개인의 기본권적 자유를 보장할 수 있는 의미의 경제질서가 아니면 안 된다는 견해(H. H. Rupp, 주 19). 이러한 견해들에 대하여 독일연방헌법재판소는 기본법은 자유주의적 모델, 시장경제적 모델 또는 사회주의적 모델의 의미에서 경제질서를 확정하고 있다기보다는(이른바 기본법의 경제적 중립성 BVerfGE 4, 18; 7, 400; 12, 363) 오히려 한편으로는 자유권을 통하여 그리고 다른 한편으로는 사회국가 위임 조항을 통하여 규정된 입법자에 대한 행동영역을 확정하고 있다(BVerfGE 8, 239)고 한다.

32) 그러한 한에서 정치헌법이란 용어와 경제헌법이란 용어는 정치에 대한 헌법상의 근본원리와 경제에 대한 헌법상의 근본원리라는 말로 바꾸어 사용하는 것이 더욱 타당할지도 모르겠다. 예컨대 U. Scheuner, Einführung, in: U. Scheuner(Hrsg.), *Die staatliche Einwirkung auf die Wirtschaft*, 1971, S. 21ff.는 광의와 협의의 경제헌법개념을 비판하면서 경제헌법이라는 용어 대신 "경제에 대한 헌법의 근본원리 또는 윤곽" 또는 "경제질서의 헌법적 규범체"(Normenbestand)라는 용어를 사용할 것을 제안하고 있다.

第 2 章　韓國憲法과 經濟秩序

第 1 節　韓國憲法上의 經濟條項

878. 한국헌법상의 경제헌법

우리 헌법은 건국헌법부터 바이마르헌법의 영향을 받아 사유재산제를 보장하면서도 상당한 정도로 경제에 대하여 규제할 수 있는 규정을 두고 있었다.[33] 그러나 제 2 차 개헌 이후 한층 자유주의 경제체제로 개헌되었다가,[34] 제 4 공화국헌법에서 사회국가적인 경제규제를 하게 되어 현재까지 이르고 있다.[35]

---

33) 김철수, 경제헌법에 관한 소고, 「공법의 제문제 — 해암 문홍주 박사 화갑기념논문집」, 1978, 436쪽 이하(455쪽)는 우리의 경제질서가 「국가가 경제 전체를 그의 수중에 장악하여 완연히 국가사회주의국가를 이룬 것같은 감」(유진오)이 불무하였다라는 말을 인용하면서 같은 쪽 각주 21에서는 "제헌헌법하의 경제조항은 경제헌법면에서 볼 때는 부분적 국영경제를 기반으로 하는 강력한 통제경제체제를 취하고 있었다. 광범한 국유화·사회화규정하에 공공복리를 위한 국가의 강력한 간섭주의가 그 특징이었다고 하겠다"고 적고 있다. 또 건국헌법의 기초자인 유진오는 「대한민국헌법 제안이유설명」에서는 "이 헌법의 기본정신은 정치적 민주주의와 경제적 사회적 민주주의와의 조화를 꾀하려고 하는 데 있다", "제 6 장 경제편에 규정된 몇 개의 조문은 대체로 자유경제에 대한 국가적 통제의 원칙을 표시한 것"이라고 이야기하고 있다(이상 「헌법과 현대법학의 제문제 — 현민 유진오 박사 고희기념논문집」, 1975, 447, 455쪽).

34) 제 2 차 헌법개정에 의하여 헌법 제84조의 경제질서의 원칙규정은 변경이 없었다. 그러나 제18조의 천연자원에 대한 국유화의 원칙을 개정하여 법률이 정하는 바에 의하여 특허를 할 수 있도록 하고, 제87조의 중요한 공공성을 가진 기업의 원칙적인 국영조항을 삭제하여, 「중요한 운수·통신·금융·보험·전기·수리·수도 및 공공성을 가진 기업」의 원칙적인 사영을 인정하였다. 나아가 제88조를 개정하여 사영기업의 원칙적인 국·공유화를 금지하고 또 경영통제관리를 부인하였다.

35) 이러한 국내 대부분의 교과서의 입장에 대하여 한태연, (주 16), 1033쪽, 각주 4는 우리 헌법사에서의 경제질서의 변천사를 제헌헌법, 제 3 공화국헌법, 유신헌법과 제 5 공화국헌법의 세 단계로 구분하고 그 이유를 다음과 같이 설명하고 있다. "제헌헌법에 있어서는 경제질서의 기본과 함께, 공공기업의 국공유(제87조)와 같은 국가사회주의적 경향의 경제질서의 규정이 있었지만, 제 2 단계를 의미하는 제 3 공화국에 있어서는 이 규정을 삭제하는 동시에, 농지소작제의 제한(제113조)과 함께, 농지와 산지의 효율적 이용을 위하여 법률로써 필요한 제한과 의무를 과하게 했다(제114조), 다음으로 유신헌법 및 제 5 공화국헌법에 있어서는 농어촌개발 및 중소기업의 육성 등을 국가적 의무로 하기로 했다(유신헌법 제120조, 제 5 공화국헌법 제124조)."

현행헌법은 기존의 경제관련 규정들에 더하여 기본권편과 경제편에서 경제와 관련하여 많은 규정들을 신설하였다. 우선, 기본권편에서는 근로권의 확대(제33조 제 1 항·제 3 항), 노동자의 최저임금제(제32조 제 1 항), 여자의 근로보호(제32조 제 4 항), 여자와 청소년의 복지향상을 위한 국가의무(제34조 제 3 항·제 4 항·제 6 항) 및 국가의 주택개발노력의무(제35조 제 3 항)를 신설하였다. 다음으로, 경제편에서는 균형 있는 국민경제(제119조 제 2 항), 경자유전의 원칙(제121조 제 1 항), 국토공개념의 도입(제122조), 농어촌종합개발(제123조 제 1 항), 지역경제육성(제123조 제 2 항), 농수산물가격안정(제123조 제 4 항), 과학기술의 혁신과 정보 및 인력의 개발(제127조 제 1 항)을 신설하였다.

이렇게 경제조항을 기본권조항과 구별하여 규정하는 헌법례는 자유민주주의 국가들에서는 아직까지는 그리 흔하지 않은 경우에 속한다. 따라서 헌법 제 9 장의 경제규정들은 우리 헌법의 하나의 특색이라고 할 수 있다. 우리 헌법상의 경제규정들은 경제질서의 기본성격을 규정하는 원칙적 규정들과 경제질서의 구체적 규정들로 나눌 수 있다.

第 2 節 韓國憲法上 經濟에 대한 原則規定

1. 憲法前文

879. 경제헌법에 대한 원칙규정으로서의 헌법전문

헌법전문은 "… 정치·경제·사회·문화의 모든 영역에 있어서 각인의 기회를 균등히 하고, … 국민생활의 균등한 향상을 기"한다고 선언하여 경제에 있어서의 각인의 균등과 균등한 국민생활의 향상을 선언하고 있다. 그리고 헌법전문의 이 부분은 전통적 자본주의경제에 대한 수정을 의미한다.

2. 憲法 第10條와 第34條

880. 경제헌법에 원칙규정으로서의 헌법 제10조와 제34조

헌법 제10조는 인간으로서의 존엄과 가치 및 행복추구권을 규정하고 있다. 헌법 제34조는 모든 국민의 인간다운 생활권을 규정하고 있다. 전자는 기본권 전체를 지도하는 기본원칙이고, 후자는 사회적 기본권의 핵심규정이다.

그러나 이들은 경제질서에서도 중요한 의미를 가진다. 왜냐하면 우리 헌법상 경제질서는 인간의 존엄과 가치를 실현하며, 행복을 추구할 수 있게 하고,

인간의 존엄과 가치를 유지할 수 있는 생활, 곧 인간다운 생활을 가능하게 하는 것이어야 하기 때문이다.

3. 憲法 第119條

(1) 憲法規定

881. 경제헌법에 대한 원칙규정으로서의 헌법 제119조

헌법 제119조는 "① 대한민국의 경제질서는 개인과 기업의 경제상의 자유와 창의를 존중함을 기본으로 한다. ② 국가는 균형 있는 국민경제의 성장 및 안정과 적정한 소득의 분배를 유지하고, 시장의 지배와 경제력의 남용을 방지하며, 경제주체간의 조화를 통한 경제의 민주화를 위하여 경제에 관한 규제와 조정을 할 수 있다"고 하여 헌법전문의 경제에 대한 선언을 구체화하고 있다.

(2) 憲法 제119조의 法的 性格

1) 학 설

882. 헌법 제119조의 법적 성격에 대한 학설

헌법 제119조의 법적 성격과 관련하여 헌법 119조 제1항과 제2항을 분리하여 이해할 것인가, 아니면 하나로 이해할 것인가와 관련하여 견해가 대립되어 있다.

다수설은 헌법 제119조 제1항은 자유경제의 원칙을 규정한 것으로 본다. 곧 우리 나라의 경제질서는 개인과 기업의 경제상의 자유를 존중하는 자본주의를 기반으로 하여, 경제적 활동의 자유를 원칙적으로 보장하는 것이며,[36] 헌법 제119조 제2항은 그에 대한 예외로서 경제에 관한 규제를 규정한 것으로 이해하고, 헌법 제119조로부터 우리 헌법은 사회적 시장경제질서를 원칙으로 채택하고 있다고 할 수 있다.[37]

헌법재판소는 초기에는 특정 경제질서에 대한 언급을 회피하다가, 그 후에는 직접적이고 분명하게 우리 헌법은 사회적 시장경제를 채택하고 있다는 것을 밝히고 있으며, 대법원도 우리 헌법은 사회적 시장경제질서를 채택한 것으로 보

36) 헌법재판소는 "계약의 자유가 헌법 제10조 행복추구권에 함축된 일반적 행동자유권으로부터 파생되는 것이나 헌법 제119조 제1항의 경제상의 자유의 일종이기도 하다"고 하고(헌재 1991. 6. 3. 89헌마204 결정), 기업의 자율·자유의 헌법적 근거로 헌법 제119조 제1항을 들고 법적 근거 없는(무권한의) 공권력행사에 의한 기업해체지시의 위헌성을 확인하고 있다(헌재 1993. 7. 29. 89헌마31 결정).

37) 김철수, 헌법학개론, 박영사, 2001, 213쪽; 권영성, 헌법학원론, 법문사, 2002, 168쪽; 허영, 한국헌법론, 박영사, 2002, 158쪽; 계희열, 헌법학(상), 박영사, 2001, 355쪽.

고 있다.

판례: 〈국토이용관리법 제21조의3 제 1 항, 제31조의2의 위헌심판(합헌)〉 "헌법이 이미 많은 문제점과 모순을 노정한 자유방임적 시장경제를 지향하지 않고 아울러 전체주의국가의 계획통제경제도 지양하면서 국민 모두가 호혜공영하는 실질적인 사회정의가 보장되는 국가, 환언하면 자본주의적 생산양식이라든가 시장메커니즘의 자동조절기능이라는 골격은 유지하면서 근로대중의 최소한의 인간다운 생활을 보장하기 위하여 소득의 재분배, 투자의 유도·조정, 실업자구제 내지 완전고용, 광범한 사회보장을 책임있게 시행하는 국가, 즉 민주복지국가의 이상을 추구하고 있음을 의미하는 것이다."(헌재 1989. 12. 22. 88헌가13 결정)

판례: 〈축산업협동조합법 제99조 제 2 항 위헌소원(위헌)〉 "우리나라 헌법상의 경제질서는 사유재산제를 바탕으로 하고 자유경쟁을 존중하는 자유시장 경제질서를 기본으로 하면서도 이에 수반되는 갖가지 모순을 제거하고 사회복지·사회정의를 실현하기 위하여 국가적 규제와 조정을 용인하는 사회적 시장경제질서의 성격을 띠고 있다."(헌재 1996. 4. 25. 92헌바47 결정)

판례: 〈자동차손해배상보장법 제 3 조 단서 제 2 호 위헌제청, 자동차손해배상보장법 제 3 조 단서 제 2 호 위헌소원(합헌)〉 "결국 우리 헌법은 자유시장 경제질서를 기본으로 하면서 사회국가원리를 수용하여 실질적인 자유와 평등을 아울러 달성하려는 것을 근본이념으로 삼고 있다. … 우리 민법은 헌법 제119조 제 1 항의 자유시장 경제질서에서 파생된 과실책임의 원칙을 일반 불법행위에 관한 기본원리로 삼고 있다. … 자유시장 경제원리를 기본으로 하면서도 사회국가원리를 수용하고 있는 우리 헌법의 이념에 비추어 일반 불법행위책임에 관하여는 과실책임의 원리를 기본원칙으로 하면서 이 사건 법률조항과 같은 특수한 불법행위책임에 관하여 위헌책임의 원리를 수용하는 것은 입법정책에 관한 사항으로서 입법자의 재량에 속한다 할 것이다."(헌재 1998. 5. 28. 96헌가4 등 병합결정)

판례: "(가) 조합의 구역 내에는 같은 업종의 조합을 2개 이상 설립할 수 없다는 축산업협동조합법 제99조 제 2 항의 규정은 같은 구역 내에 2개 이상의 조합이 설립될 경우 동일지역 내에서의 조합 상호간에 경업으로 인한 불필요한 경쟁이나 다툼이 있게 되므로 이를 제도적으로 예방하여 조합의 건전한 육성 발전을 도모함으로써 축산업의 진흥과 구성원의 경제적, 사회적 지위의 향상을 도모하기 위한 것이라 할 것이므로 조합간의 구역이 완전히 일치하는 경우에만 새로운 조합을 설립할 수 있게 한 것은 아니고 기존의 조합구역의 일부를 조합구역으로 하는 새로운 조합의 설립까지도 금하는 취지라 할 것이다.
(나) 위 "가"항의 법조항은 같은 구역 내에 조합간의 부당한 경쟁으로 인하여 조합의 건전한 발전을 저해하는 폐해를 방지하기 위한 것으로, 이 정도의 규제는 사회

적 시장경제질서를 위하여 헌법상 허용되는 범위 내에서 규정된 것으로서 필요하고도 합리적인 제한이라 할 것이므로 위 조항이 경제질서에 관한 이념을 규정한 제119조 제1, 2항 및 농민의 자조조직을 헌법 제123 조 제5항의 규정에 위반하는 것이라 할 수 없다."(대법원 1992. 10. 23. 92누2387 판결)

이에 대하여 소수설은 "헌법 제119조는 제1항·제2항을 분리하여 제1항에서 '시장경제질서'를, 제2항에서 '사회적'이라는 명제를 도출해 낼 수 있는 것이 아니라, 두 항을 서로 내적 연관관계에서 파악하여, 개인의 경제적 자유를 보장하면서 사회정의를 실현하는 경제질서라는 의미의 '경제헌법상의 근본적인 목표설정규정'으로 해석하여야 한다"[38]라고 하면서 "헌법 제119조는 (사회적) 시장경제의 헌법적 보장이 아닌, 경제헌법상의 근본적인 목표설정규정으로 해석하는 것이 타당하다"고 한다.[39][40]

---

38) 한수웅, 한국헌법상의 경제질서, 「공법학의 현대적 지평 — 심천 계희열 박사 화갑기념논문집」, 1995, 173쪽 이하(190쪽).

39) 한수웅, (주 38), 195쪽.

40) 그 밖에도 통일적인 내용을 가지는 것은 아니지만 우리 헌법상의 경제질서가 사회적 경제질서라고 하는 다수설에 대하여 비판적인 입장들이 있다. ① 권영설, 국가와 경제 — 경제질서의 헌법적 기초, 「공법연구」 제16집, 1988, 10쪽은 사회적 시장경제는 독일의 특수한 역사적, 경제적 성격을 가지는 것으로 그 전제로서 자본주의의 성숙이 먼저 존재하여야 함에 비추어 자생적 자본주의의 경험이 없었던 우리의 경우 국가의 개입은 자본축적의 형성을 위하여 그리고 시장의 기능을 형성하기 위하여 요청된 것이므로 기초를 달리하는 독일의 사회적 경제질서로서 우리 헌법의 경제질서를 설명할 수 없다고 한다. ② 정순훈, 우리 헌법상 경제질서와 경제규제의 한계, 「공법연구」 제16집, 1988, 173쪽은 사회적 시장경제질서는 자유를 최우선가치로 보고 경제를 경제질서와 경제과정으로 구분하여 경제질서에 대한 간섭만을 인정하는 질서를 의미하며 경제과정에 대한 직접적·간접적인 조정방식은 배제된다는 점에서 우리 헌법의 경제질서를 사회적 시장경제질서라고 하기는 곤란하다고 하면서, 동인, (주 11), 230쪽은 헌법상의 복지국가 지향적 규정과 복지국가의 경제질서의 여러 특징, 특히 완전고용의 실현, 최저생활보장, 사회보험제도의 시행, 경제계획, 경제조직의 중간체계, 사회간접자본축적 및 경제목적의 물량위주정책 등의 현상이 현재 나타나고 있거나 그러한 현상의 실현을 지향하고 있다는 점에서 우리 헌법상의 경제질서는 복지국가의 경제질서에 가장 유사한 경제질서라고 할 수 있다고 한다. ③ 홍정선, (주 11), 182쪽과 김문현, 현행헌법상의 경제질서의 성격, 고시계(1997. 9.), 91쪽은 우리 헌법의 경제질서를 사회적 시장경제로 단언할 수는 없으며 입법자가 시대의 상황에 따라서 순수한 자유시장경제와 완전한 중앙계획경제 사이에 존재하는 다양한 혼합경제질서를 결정할 수 있다고 한다. ④ 김형성, 경제헌법과 경제질서의 개혁, 고시계(1998. 2.), 91쪽 이하(94쪽)는 우리 헌법상 경제조항은 사회적 시장경제질서로서는 수용할 수 없는 계획적 조정적 요소를 포함하고 있으므로 우리 헌법의 경제질서를 사회적 시장경제질서로 설명하는 것은 적절하지 못하다고 한다.

2) 사　　견

883. 헌법 제119조의 법적 성격에 대한 사견: 인간의 존엄을 실현하기 위하여 경제질서에서 자유와 사회적 정의를 결합시키려 한 규정

개인적으로는 헌법 제119조를 제 1 항과 제 2 항으로 분리하여 제 1 항은 원칙, 제 2 항은 예외를 규정한 것으로 보기보다는 전체로서 경제질서의 기본원칙을 규정한 것으로 이해하는 것이 옳다고 생각한다. 그러나 경제헌법도 궁극적으로는 인간의 존엄을 실현하기 위하여 존재하는 것이므로 이 규정을 경제헌법상의 근본적인 목표설정규정으로 볼 수는 없다고 생각한다. 달리 표현하자면, 헌법 제119조는 인간의 존엄을 실현하기 위하여 경제질서에서 자유와 사회적 정의를 결합시키려 한 규정이라고 해석해야 되며, 결국 그것은 자유주의적 시장경제와 사회주의적 계획경제를 변증법적으로 통합시킨 사회적 시장경제를 채택하고 있는 규정으로 이해해야 한다는 것이다.

(3) 憲法 第119條 第 2 項의 具體的 意味

884. 헌법 제119조 제 2 항의 구체적 의미

헌법 제119조 제 2 항이 '경제에 관한 규제와 조정을 할 수 있다'는 것은 국가가 순수한 경쟁경제질서에 대하여 통제를 할 수 있다는 것을 의미한다. 그리고 이는 경제의 민주화[41]와 균형 있는 국민경제의 발전을 위해서는 자본주의의 틀 안에서 계획경제를 도입할 수도 있고, 부분적인 국영경제에 의한 국가적 통제도 가능하다는 것을 의미한다.

그러나 우리 헌법은 "개인과 기업의 경제상의 자유와 창의를 존중함을 기본으로" 하며(제119조 제 1 항) 사유재산권을 보장하고 있기(제23조) 때문에 우리 헌법은 시장경제의 완전한 포기를 허용하지 않고 있다. 따라서 자본주의의 기본원리를 전혀 무시하는 전면적인 중앙관리경제는 우리 헌법상 인정될 수 없는 것으로 보아야 할 것이다.[42] 또한 경제에 대한 규제와 조정은 법치주의원리가 정하는 절차에 따라야 함은 두말할 여지가 없다 할 것이다.

판례: 〈공공용지의취득및손실보상에관한특례법 제 6 조 위헌제청(위헌)〉 "헌법상의 복

---

41) 경제의 민주화란 경제활동에 관한 의사결정권이 한 곳에 집중되지 아니하고 분산됨으로써 경제주체 간에 견제와 균형이 이루어지고, 시장기구가 정상적으로 작동되는 상태를 말한다. 한국에서 경제 민주화의 주요내용으로는 ① 민주적인 노조·농민조직·소비자조직의 결성, ② 실질적인 기업공개와 주식분산, ③ 독과점 및 경제력집중의 규제, ④ 금융자율화 및 ⑤ 경제계획의 신축성과 유연성 등을 들 수 있다(변형윤, 경제민주화의 길, 비봉출판사, 1992, 11-21쪽 참조).

42) 김철수, (주 37), 215쪽; 권영성, (주 37), 171쪽; 허영, (주 37), 159쪽; 계희열, (주 37), 365쪽.

지국가이념을 실천하기 위하여 국가가 공공복리를 위하여 사적 영역에 개입하는 것이 필요하다고 하더라도, 자유주의적 시장경제질서를 근간으로 하고 있는 우리 헌법질서하에서는 국가는 우선 사적 자치 영역에서 그러한 공공복리의 목적수행이 가능하도록 조장하고, 그것이 여의치 않을 때에만 실질적 법치주의에 따른 목적과 비례성 범위 내에서 개입하는 것이 타당하다."(헌재 1995. 11. 30. 94헌가2 결정)

판례: 〈주세법 제38조의7 등에 의한 위헌제청(위헌)〉 "국가목표로서의 '독과점규제'는 스스로에게 맡겨진 경제는 경제적 자유에 내재하는 경제력 집중적 또는 시장 지배적 경향으로 말미암아 반드시 시장의 자유가 제한받게 되므로 국가의 법질서에 의한 경쟁질서의 형성과 확보가 필요하고, 경쟁질서의 유지는 자연적인 사회현상이 아니라 국가의 지속적인 과제라는 인식에 그 바탕을 두고 있다. 독과점 규제는 국가의 경쟁정책에 의하여 실현되고 경쟁정책의 목적은 공정하고 자유로운 경쟁정책에 의하여 실현되고 경쟁정책의 목적은 공정하고 자유로운 경쟁의 촉진에 있다."(헌재 1996. 12. 26. 96헌가18 결정. 헌재 2004. 6. 24. 2002헌마496〈무혐의처분취소(인용=취소)〉 결정도 참조)

판례: 〈유사수신행위의규제에관한법률 제3조 등 위헌소원(합헌)〉 "헌법이 보호하는 경제상의 자유란 어떠한 경우에도 제한을 받지 않는 자유방임을 의미하는 것이 아니다. 어떤 분야의 경제활동을 사인간의 사적 자치에 완전히 맡길 경우 심각한 사회적 폐해가 예상되는데도 국가가 아무런 관여를 하지 않는다면 오히려 공정한 경제질서가 깨어지고 경제주체간의 부조화가 일어나게 되어 헌법상의 경제길서에 반하는 결과가 초래될 것이다."(헌재 2003. 2. 27. 2002헌바4 결정)

第3節 具體的 經濟規定들

우리 헌법에서 규정하고 있는 사회적 시장경제질서를 구체화한 규정으로는 기본권편에 사유재산제도의 보장과 한계를 규정한 것(제23조)과 사회적 기본권을 규정하고(제31조-제36조) 있는 외에 경제편에서 다음과 같은 규정들이 있다. 이러한 규정들을 몇 개의 집단으로 나누어 설명하려는 견해도 있으나,[43] 여기에서는 편의상 조문순서대로 설명하기로 한다.

43) 예컨대 한태연, (주 16), 1042쪽 이하가 자연자원 등의 사회화, 경제계획, 기업의 국민화로 나누어 설명하고 있다.

1. 地下資源 등의 特許制度

885. 지하자원 등의 특허제도

1954년 제 2 차 개헌 전의 헌법은 일정한 기간 천연자원의 채취·개발·이용을 법률에 특허하는 경우에 그 조건으로서 공공필요를 요구하고 있었다. 그러나 제 2 차 개헌으로 경제조항이 자유화된 후 천연자원의 원칙적인 국유화규정을 삭제하고, 공공필요가 없는 경우에도 법률이 정하는 바에 의하여 일정한 기간 동안 천연자원의 채취·개발·이용을 특허할 수 있게 하였다.

현행헌법 제120조 제 1 항은 "광물 기타 중요한 지하자원·수산자원·수력과 경제상 이용할 수 있는 자연력은 법률이 정하는 바에 의하여 일정한 기간 그 채취·개발 또는 이용을 특허할 수 있다"고 규정하고 있다. 자연자원은 가장 기본적이고 본질적인 생산수단으로 볼 수 있기 때문에 오늘날 많은 나라들이 사회적 정의의 요청에 따라 일반적으로 국유로 하는 것을 원칙으로 하고 있다. 따라서 헌법 제120조 제 1 항은 이러한 사정을 감안하여 지하자원 등의 사회화를 전제로 한 특허를 규정한 것으로 이해할 수 있다. 이에 관한 법률로는 광업법, 수산업법, 전기사업법, 공유수면관리 및 매립에 관한 법률 등이 있다.

판례: "수산자원보호령 제17조 제 1 항과 그 별표 19.가 근해형망어업의 허가의 정수를 규정하지 아니하였다는 이유만으로 수산청장의 허가 없이 근해형망어업을 하는 것을 처벌할 수 있도록 규정한 수산업법 제94조 제 1 항 제 1 호, 제41조 제 1 항 제 1 호의 규정이 헌법 제10조의 인간으로서의 존엄과 가치 및 행복추구권, 직업선택의 자유를 규정한 헌법 제15조, 수산자원의 이용에 대한 특허를 규정한 헌법 제120조에 위반되는 것이라고 단정할 수 없다."(대법원 1993. 11. 12. 93도899 판결)

2. 國土·資源의 開發·利用計劃

886. 국토·자원의 개발·이용계획

국토개발과 자원개발은 경제발전의 종합계획을 수립하는 데 있어 특히 중요한 비중을 차지한다. 그리고 이러한 계획을 국가가 미리 수립하고 발표하여야 국민은 사경제를 이에 맞게 조정할 수 있다. 따라서 헌법 제120조 제 2 항은 "국토와 자원은 국가의 보호를 받으며, 국가는 그 균형 있는 개발과 이용을 위하여 필요한 계획을 수립한다"고 규정하고 있다. 이러한 목적을 위한 법률로는 국토기본법, 「국토의 계획 및 이용에 관한 법률」, 농지법 등이 있다. 또 이 조항의 국토자원에 대한 국가보호규정은 환경권과도 관련이 깊은 조항이라고 할 수 있다.

3. 農地의 耕者有田의 原則과 小作制禁止

887. 농지의 경자유전의 원칙과 소작제 금지

헌법 제121조는 "① 국가는 농지에 관하여 경자유전의 원칙이 달성될 수 있도록 노력하여야 하며, 농지의 소작제도는 금지된다. ② 농업생산성의 제고와 농지의 합리적인 이용을 제한하거나 불가피한 사정으로 발생하는 농지의 임대차와 위탁경영은 법률이 정하는 바에 의하여 인정된다"고 규정하여, 경자유전의 원칙을 달성하는 것을 국가적 의무로 규정함과 동시에 소작제도를 절대적으로 금지하고 있다.[44]

그러나 농지의 예외적 임대차와 위탁경영은 인정하고 있다. 이는 농업구조의 변화, 인구의 도시집중 등으로 인한 농업인구의 감소에 대처할 뿐만 아니라, 막대한 자본을 투하한 간척지 또는 개간지의 경우와 농지상속 등과 같이 불가피한 경우의 임대차와 위탁경영을 일시적으로나마 허용하여 투하자본을 회수할 수 있게 함으로써 국가적으로 요청되는 간척사업·개간사업을 촉진하려는 것이다.[45]

판례: 〈구 농지법 제65조 위헌소원(합헌)〉 "농지소유자가 농지를 농업경영에 이용하지 아니하여 농지처분명령을 받았음에도 불구하고 정당한 사유 없이 이를 이행하지 아니하는 경우, 당해 농지가액의 100분의 20에 상당하는 이행강제금을 그 처분명령이 이행될 때까지 매년 1회 부과할 수 있도록 한 것은 합헌이다."(헌재 2010. 2. 25.

---

44) 건국헌법 제86조는 "농지는 농민에게 분배하며 그 분배의 방법, 소유의 한도, 소유권의 내용과 한계는 법률로써 정한다"고 규정하여 농지개혁을 가능하게 하였다. 그리고 농지개혁의 목적은 ① 지주가 소유하던 농지를 강제로 매수하여 소작농에게 유상으로 분배함으로써 자작농을 대량으로 증가시켜 농민에게 인간다운 생활을 보장하고, ② 소작농의 폐지와 자작농의 증가로 농촌의 구매력을 증대시켜 산업의 발전에 이바지하며, ③ 지주의 농토를 유상으로 매수하여 토지자본을 산업자본으로 전환시키려는 데 있었다. 그러나 농지개혁의 결과는 ① 분배받은 농지의 상환대금의 물납제는 상환기간 동안 농민의 빈궁화를 가져와 농촌의 구매력이 향상되지 못하였고, ② 지주에게 보상한 지가증권은 악성인플레이션의 진행으로 휴지화되어 산업자본으로 전환될 수 없었으며, ③ 농지개혁만 가지고는 과다한 농업인구와 저렴한 농산물가격으로 인한 농민의 영세화와 빈궁화를 구제할 수 없었다. 이리하여 건국헌법에 따라 농지개혁이 실현되어도 농민에 대한 인간다운 생활의 보장은 어렵게 되었다. 더구나 농지개혁법에 의하여 일체의 농지에 대한 소작제도가 금지된 것이 아니고, 농지개혁법의 시행 이후에 개간 또는 간척한 농지를 비롯하여 농지소작제도가 유지되고 있는 예외(농지개혁법 제6조)가 남아 있어, 남아 있는 농지소작제도를 금지하여 농지개혁의 철저한 실현과 농민의 인간다운 생활을 향상시키려는 목적으로 1962년 12월 26일의 제5차 개정헌법 제113조는 "농지의 소작제도는 법률이 정하는 바에 의하여 금지된다"라는 규정을 두었고, 이 규정은 제8차 개정헌법까지 지속되었다. 그러나 농지의 소작제도는 농민을 위하여 언젠가는 없어져야 한다는 주장이 계속하여 있어 왔고, 그러한 주장을 받아들여 현행헌법은 농지의 소작제도를 절대적으로 금지시킨 것이다.

45) 김철수, (주 37), 218쪽.

2008헌바80 등 병합결정)

4. 國土의 效率的 利用·開發

(1) 憲法 第122條

888. 국토의 효율적 이용·개발

헌법 제122조는 "국가는 국민 모두의 생산 및 생활의 기반이 되는 국토의 효율적이고 균형 있는 이용·개발과 보전을 위하여 법률이 정하는 바에 의하여 그에 관한 필요한 제한과 의무를 과할 수 있다"고 하여 농지·산지의 효율적 이용에 대하여 규정하고 있다. 헌법재판소도 말하고 있듯이 "토지는 수요가 늘어난다고 해서 공급을 늘일 수 없기 때문에 시장경제의 원리를 그대로 적용할 수 없고 … 그 이용을 … 개인의 자의에 맡기는 것도 적당하지 않은 것이다."[46] 따라서 이러한 제한과 의무의 부과는 필요하고 적절한 것이다. 이러한 목적을 위하여 제정된 법률로는 국토기본법, 국토의 계획 및 이용에 관한 법률, 농지법 등이 있다.

(2) 土地의 公槪念

889. 토지의 공개념

또 헌법 제122조는 국토의 이용 및 개발과 관련하여 한때 문제가 된 바 있는 이른바 토지공개념에 관한 간접적 규정으로 이해되고 있다.[47] 토지의 공개념이 무엇을 뜻하는가에 대해서는 견해가 일치되어 있지 아니하다.[48] 그러나 토지의 공개념이란 토지는 소유자가 누구이든, 그것이 가지는 기능·적성 또는 그것이 위치하는 지역에 따라 공공복리를 위하여 가장 효율적으로 이용되지 않으면 아니 되며, 이를 위하여 국가에 의한 적절한 규제가 가해져야 한다는 생각 또는

46) 헌재 1989. 12. 22. 88헌가13 결정.

47) 김문현, 토지공개념의 헌법적합성, 「사회·경제질서와 재산권」, 법원사, 2001, 440쪽 이하(441쪽)는 토지공개념에 관한 헌법적 근거는 헌법 제23조 제 2 항과 동조 제 1 항 제 2 문에서 그 일반적 근거를 찾을 수 있고, 이를 구체화한 개별적 근거로는 헌법 제120조 제 2 항, 제121조, 제122조가 있으며, 관련조항으로는 사회(복지)국가원리와 시장경제질서에 관한 헌법조항을 들 수 있다고 한다.

48) 김문현, (주 47), 441쪽은 이러한 견해의 불일치를 다음과 같이 간추리고 있다. "토지공개념이란 용어의 용례를 보면 대체로 토지라는 재화의 특성과 관련하여 토지재산권의 사회구속성을 강조하려는 의미로 이해하는 견해가 많지만 토지재산권의 제한가능성에 관한 톤을 더욱 높여 '단순히 토지재산권의 공공성 내지 사회구속성의 되풀이가 아니라 그것과는 전혀 별개의 새로운 개혁의지의 표현'으로 이해하는 사람도 있고, 토지소유권의 용익소유권과 처분소유권으로 이원화를 의미하는 것은 아닌가 하고 의구심을 표현하는 견해차도 있다."

원칙[49]을 일컫는 것으로 이해될 수 있다. 토지공개념과 관련된 법률로는 농지임대차관리법, 「택지소유 상한에 관한 법률」, 「개발이익 환수에 관한 법률」, 토지초과이득세법, 종합토지세법 등이 있었다. 그러나 1994년 7월에는 토지초과이득세법이 헌법재판소에 의하여 헌법불합치결정이 내려졌으며,[50] 1998년 9월에는 「택지소유 상한에 관한 법률」이,[51] 1998년 12월에는 토지초과이득세법이 각각 폐지되어 토지공개념은 후퇴하고 있다.[52]

5. 農·漁村開發

890. 농·어촌개발

헌법 제123조는 "① 국가는 농업 및 어업을 보호·육성하기 위하여 농·어촌종합개발과 그 지원 등 필요한 계획을 수립·시행하여야 한다. ② 국가는 지역간의 균형 있는 발전을 위하여 지역경제를 육성할 의무를 진다. ③ 국가는 농수산물의 수급균형과 유통구조의 개선에 노력하여 가격안정을 도모함으로써 농·어민의 이익을 보호한다. ④ 국가는 농·어민과 중소기업의 자조조직을 육성하여야 하며, 그 자율적 활동과 발전을 보장한다"고 규정하고 있다. 이는 농민과 어민을 농·어촌에 정착시켜 생활을 향상시키고 소득을 균형화함으로써 지역경제의 발전을 기하려는 목적에서 규정된 것이다. 이에 관한 법률로는 농어업경영체 육성 및 지원에 관한 법률, 농업협동조합법, 수산업협동조합법 등이 있다.

판례: 〈주세법 제38조의7 등에 대한 위헌제청〉 "헌법 제123조는 농수산업정책, 지역적 경제촉 진과 중소기업정책의 필요성을 구체적으로 강조함으로써, 지역간의 경제적 차이를 조정하고, 국민경제적 이유에서 일정 경제부문이 변화한 시장조건에 적응하는 것을 용이하게 하거나 또는 경제에서의 상이한 조건을 수정하기 위하여, 경제적으로 낙후한 지역이나 일정 경제부문을 지원할 국가의 과제를 규정하고 있다. 즉 국가가 보조금이나 세제상의 혜택 등을 통하여 시장의 형성과정에 지역적으로

49) 권영성, (주 37), 168·169쪽.
50) 헌재 1994. 7. 29. 92헌바49 등 병합결정.
51) 택지소유상한에관한법률이 폐지된 후 헌법재판소는 같은 법률 전체에 대하여 위헌결정을 하였다(헌재 1999. 4. 29. 94헌바37 등 병합결정).
52) 그러나 헌법재판소는 국토이용관리법 제21조의3 제1항과 제31조의2의 토지거래허가제는 위헌이 아니라고 결정하였다(헌재 1989. 12. 22. 88헌가13 결정; 1997. 6. 26. 92헌바5 결정). 이 결정들에 대해서 허영, (주 37), 159·160쪽은 헌법상의 경제조항을 해석하고 적용하는 데 있어서 사유재산권을 비롯하여 경제생활을 보호하기 위한 여러 기본권들이 지침이 되어야 하며, 그렇기 때문에 부동산투기억제를 이유로 하는 여러 가지 토지공기능강화정책 내지 부동산정책의 헌법적·경제질서적 한계가 있다고 하면서 위 결정들에 대하여 헌법이론상 많은 비판의 여지가 있다고 한다.

또는 경제부문별로 관여함으로써, 시장에서의 경쟁이 국가의 지원조치에 의하여 조정된 새로운 기초 위에서 이루어질 수 있도록 하는 것이 헌법 제123조의 목적이다."(헌재 1996. 12. 26. 96헌가18 결정)

판례: 〈주세법 제38조의7 등에 대한 위헌제청(위헌)〉 "국가지역정책은 농·어촌의 이주현상과 대도시에로의 지나친 인구집중을 방지하고 국토의 균형있는 인구분산을 이루게 함으로써, 궁극 적으로 경제성장과 안정이라는 경제적 목표를 달성하려는 데 기여할 뿐만 아니라 전국적으로 균형있는 경제, 사회, 문화적 관계를 형성하는 사회정책적 목표를 촉진토록 하는 데 있다."(헌재 1996. 12. 26. 96헌가18 결정)

판례: 〈농업협동조합법 위헌확인(기각)〉 "헌법 제123조 제 5 항은 국가에게 '농·어민의 자조조직을 육성할 의무'와 '자조조직의 자율적 활동과 발전을 보장할 의무'를 아울러 규정하고 있는데, 이러한 국가의 의무는 자조조직이 제대로 활동하고 기능하는 시기에는 그 조직의 자율성을 침해하지 않도록 하는 후자의 소극적 의무를 다하면 된다고 할 수 있지만, 그 조직이 제대로 기능하지 못하고 향후의 전망도 불확실한 경우라면 단순히 그 조직의 자율성을 보장하는 것에 그쳐서는 아니 되고, 적극적으로 이를 육성하여야 할 전자의 의무까지도 수행하여야 한다."(헌재 2000. 6. 1. 99헌마553 결정)

6. 中小企業의 保護·育成

891. 중소기업의 보호·육성

한 나라의 경제가 건실하게 성장·발전해 나가기 위해서는 중소기업이 착실하게 성장하지 않으면 안 된다. 따라서 중소기업의 특별한 보호와 육성은 어느 나라를 막론하고 필요하다. 그러나 우리나라에서는 그 동안 대기업중심의 고도성장정책을 추진해온 결과 중소기업이 제대로 육성되지 못하여 모든 면에서 중소기업은 대기업에 대해 불리한 지위에 있다. 곧 중소기업은 대기업에 비하여 자금력과 기술수준 그리고 경영능력 등에 있어서 열세하기 때문에 자력으로는 경영의 합리화와 경쟁력의 향상을 도모할 수 없는 경우가 많고, 경우에 따라서는 대기업의 경제력 집중과 독점에 따른 횡포로 그 성장이 저해되고 도산을 가져오는 경우도 있다. 따라서 국민경제에서 중소기업이 차지하는 비중을 감안하여 헌법 제123조 제 3 항은 "국가는 중소기업을 보호·육성하여야 한다"고 규정하고 있다. 이에 관한 법률로는 중소기업기본법, 중소기업협동조합법 등이 있다.

판례: 〈주세법 제38조의7 등에 대한 위헌제청(위헌)〉 "중소기업은 생산과 고용의 증대에 기여하고 대기업보다 경기의 영향을 적게 받으며, 수요의 변화에 적절히 대처

하고 새로운 기술의 개발을 기대하게 할 뿐만 아니라 사회적 분업과 기업간의 경쟁을 촉진함으로써 전체 국민경제에 크게 기여하고 있다. 그러나 중소기업은 대기업에 비하여 자금력, 기술수준, 경영능력 등에 있어서 열세하기 때문에 자력으로는 경영의 합리화와 경쟁력의 향상을 도모할 수 없는 경우가 많다. 우리 헌법은 중소기업이 국민경제에서 차지하는 중요성 때문에 '중소기업의 보호'를 국가 경제정책적 목표로 명문화하고, 대기업과의 경쟁에서 불리한 위치에 있는 중소기업의 지원을 통하여 경쟁에서의 불리함을 조정하고, 가능하면 균등한 경쟁조건을 형성함으로써 대기업과의 경쟁을 가능하게 해야 할 국가의 과제를 부과하고 있다. 중소기업의 보호는 넓은 의미의 경쟁 정책의 한 측면을 의미하므로, 중소기업의 보호는 원칙적으로 경제질서의 범주 내에서 경쟁질서의 확립을 통하여 이루어져야 한다."(헌재 1996. 12. 26. 96헌가18 결정)

7. 消費者保護

(1) 憲法規定

892. 소비자보호에 대한 헌법규정: 헌법 제124조

헌법 제124조는 "국가는 건전한 소비행위를 계도하고 생산품의 품질향상을 촉구하기 위한 소비자보호운동을 법률이 정하는 법에 의하여 보장한다"고 하여 소비자보호를 규정하고 있다.

판례: 〈주세법 제38조의7 등에 대한 위헌제청(위헌)〉 "직업의 자유는 영업의 자유와 기업의 자유를 포함하고, 이러한 영업 및 기업의 자유를 근거로 원칙적으로 누구나가 자유롭게 경쟁에 참여할 수 있다. 경쟁의 자유는 기본권의 주체가 직업의 자유를 실제로 행사하는 데에서 나오는 결과이므로 당연히 직업의 자유에 의하여 보장되고, 다른 기업과의 경쟁에서 국가의 간섭이나 방해를 받지 않고 기업활동을 할 수 있는 자유를 의미한다. 소비자는 물품 및 용역의 구입·사용에 있어서 거래의 상대방, 구입장소, 가격, 거래조건 등을 자유로이 선택할 권리를 가진다. 소비자가 시장기능을 통하여 생산의 종류, 양과 방향을 결정하는 소비자주권의 사고가 바탕을 이루는 자유시장경제에서는 경쟁이 강화되면 될수록 소비자는 그의 욕구를 보다 유리하게 시장에서 충족시킬 수 있고, 자신의 구매결정을 통하여 경쟁과정에 영향을 미칠 수 있기 때문에 경쟁은 또한 소비자보호의 포기할 수 없는 중요 구성부분이다."(헌재 1996. 12. 26. 96헌가18 결정)

판례: 〈형법 제314조 제1항 등 위헌소원(각하, 합헌)〉 "소비자불매운동은 모든 경우에 있어서 그 정당성이 인정될 수는 없고, 헌법이나 법률의 규정에 비추어 정당하다고 평가되는 범위에 해당하는 경우에만 형사책임이나 민사책임이 면제된다고 할 수 있다. 우선, 1) 객관적으로 진실한 사실을 기초로 행해져야 하고, 2) 소비자

불매운동에 참여하는 소비자의 의사결정의 자유가 보장되어야 하며, 2) 불매운동을 하는 과정에서 폭행, 협박, 기물파손 등 위법한 수단이 동원되지 않아야 하고, 4) 특히 물품 등의 공급자나 사업자 이외의 제3자를 상대로 불매운동을 벌일 경우 그 경위나 과정에서 제3자의 영업의 자유 등 권리를 부당하게 침해하지 않을 것이 요구된다."(헌재 2011. 12. 29. 2010헌바54 결정)

(2) 오늘날의 經濟構造와 消費者保護의 必要性

893. 오늘날의 경제 구조와 소비자보호의 필요성

오늘날의 경제구조는 대량생산·대량판매·대량소비를 특징으로 한다. 이러한 상황에서 소비자는 위험·유해·불량·불공정가격의 상품 또는 용역으로 말미암아 생명·건강·재산 등에 심대한 피해를 입고 있다. 오늘날의 경제구조에서 대기업이 횡포에 의해 일방적으로 희생을 강요당하고 있는 경제적 약자인 소비자가 입는 피해는 이른바 구조적 피해이다. 이러한 현실에 직면하여 미국에서는 1962년 3월 15일 케네디 *J. F. Kennedy* 대통령이 의회에 보낸 교서에서 안전의 권리, 알 권리, 선택할 권리 및 의견을 반영시킬 권리를 내용으로 하는 소비자기본권을 선포하였고, 세계의 여러 나라들에서도 소비자보호를 위한 법률과 기구들을 정비하는 추세에 있다.

이러한 추세에 따라 1980년 헌법에서 처음으로 "국가는 건전한 소비행위를 계도하고 생산품의 품질향상을 촉구하기 위한 소비자보호운동을 법률이 정하는 바에 의하여 보장한다"라고 규정하였고, 현행헌법도 이 규정을 그대로 따르고 있다. 이를 실현하기 위한 법률로는 제조물책임법, 「품질경영 및 공산품안전관리법」, 「부정경쟁방지 및 영업비밀보호에 관한 법률」, 식품위생법, 계량에 관한 법률 등이 있다. 또한 1980년 1월에는 소비자기본법이 제정·공포되었다.

(3) 消費者의 權利

이와 관련하여 국내에서도 소비자의 권리 또는 소비자기본권이 이야기되고 있고, 그 개념과 주체, 헌법적 근거, 내용, 법적 성격, 효력, 소비자권리의 침해와 구제 등에 대하여 논의되고 있다.

1) 소비자 권리의 개념과 주체

① 개 념

894. 소비자의 권리의 개념

소비자의 권리란 소비자가 소비생활을 영위함에 있어서 양질의 상품 또는 용역을 공정한 가격으로 적절한 유통구조를 통하여 적절한 시기에 구입하여 사

용하거나 이용할 수 있는 권리를 말한다.[53)]

② 주 체

895. 소비자의 권리의 주체

이러한 소비자 권리의 주체는 소비자이다. 소비자는 보통 사업자가 공급하는 상품 및 용역을 소비생활을 위하여 구입하여 사용하고 이용하는 자로 정의된다. 다만 제품의 원재료로써 소비하는 중간소비자는 소비자의 개념에 포함되지 않는다. 이러한 소비자이기만 하면 내·외국인과 자연인(태아와 미성년자 포함)과 법인(권리능력 없는 사단 포함)을 막론하고 소비자의 권리의 주체가 된다.

2) 소비자 권리의 헌법적 근거

896. 소비자의 권리의 헌법적 근거: 헌법 제124조

소비자 권리의 헌법적 근거와 관련해서는 헌법 제124조를 소비자보호운동권만을 보호하는 것으로 보아 여러 헌법규정을 종합하여 그 근거로 보는 견해[54)]와 소비자보호운동은 소비자의 권리를 전제하고 있기 때문에, 곧 소비자보호운동은 소비자의 권리를 확보하기 위한 것이기 때문에 소비자보호운동을 보장하는 규정은 당연히 소비자의 권리를 함께 보장한다고 보아야 한다는 견해[55)]가 대립되어 있다.

개인적으로는 어떤 권리의 헌법적 근거는 특별히 다른 이유가 존재하지 않는 한 가장 가까운 조항에서 찾아야 한다는 이유에서 소비자의 권리의 헌법적 근거는 헌법 제124조로 보아야 한다고 생각한다.[56)]

3) 소비자 권리의 내용

897. 소비자의 권리의 내용

소비자의 권리의 내용은 소비자기본법 제 4 조에 잘 표현되어 있다. 곧 소비자기본법 제 4 조에 따르면 소비자는 스스로의 안전과 권익을 위하여 안전의 권리, 알 권리, 선택할 권리, 의견을 반영시킬 권리, 피해보상을 받을 권리, 교육을 받을 권리 및 단체를 조직하고 활동할 권리, 안전하고 쾌적한 소비생활 환경

53) 권영성, (주 37), 534쪽; 계희열, 헌법학(중), 박영사, 2000, 512쪽. 헌법재판소는 "소비자는 물품 및 용역의 구입·사용에 있어서 거래의 상대방, 구입장소, 가격, 거래조건 등을 자유로이 선택할 권리를 가진다"고 한다(헌재 1996. 12. 26. 96헌가18 결정).

54) 양건, 헌법과 소비자보호, 공법연구 제10집(1982); 윤명선, 소비자의 권리, 월간고시(1993. 9.); 안용교, 한국헌법, 1992, 509·510쪽; 권영성, (주 37), 536쪽.

55) 계희열, (주 53), 511쪽.

56) 헌법재판소도 '공정거래위원회의 전속고발제도 결정'에서 비록 별도의견이기는 하였지만 헌법 제124조로부터 소비자기본권을 추론해 내고 공정거래위원회의 전속고발제도는 헌법 제124조에 위반된다는 주장이 있었다〈헌재 1995. 7. 21. 94헌마136 결정 — 고발권불행사 위헌확인(기각)〉.

에서 소비할 권리의 8가지 권리를 향유한다.

4) 소비자 권리의 법적 성격

① 학 설

우선, 소비자 권리의 법적 성격과 관련하여 소비자의 권리를 기본권으로 볼 수 있느냐가 문제된다. 국내의 대부분의 문헌은 소비자의 권리를 기본권편에서 다루고 있는 점으로 보아 소비자의 권리를 기본권으로 보는 듯하다.[57] 더 나아가서 기본권은 제 2 장 '국민의 권리와 의무'에만 규정되어 있는 것은 아니기 때문에, 소비자의 권리가 제 9 장 '경제'에 규정되었다고 해서 소비자기본권을 규정한 것이 아니라고 보는 것은 잘못이라는 견해도 있다.[58]

898. 소비자의 권리의 법적 성격에 대한 학설

다음으로, 소비자의 권리를 명시적·묵시적으로 기본권으로 보는 입장에서는 이 권리의 성격과 관련하여 경제적 자유권설,[59] 사회적 기본권설,[60] 복합적 기본권설,[61] 복합적 기본권이지만 편의상 경제적 기본권의 하나로 다루겠다는 견해,[62] 경제적 자유권과 청구권적 성격을 가지지만 편의상 경제적 자유권으로 분류하는 견해[63] 등 견해가 나누어지고 있다.

판례: 〈민사집행법 제158조 등 위헌소원(합헌)〉 헌법 제124조에 의하여 "보호되는 것은 사적 경제영역에서 영리를 추구하는 기업이 제공하는 물품 또는 서비스를 이용하는 소비자 기업에 대하여 갖는 권리인 반면, 제27조에 규정된 재판청구권은 국가에 대하여 재판을 청구할 수 있는 주관적 공권에 관한 것이므로 사적 영역에 적용되는 소비자의 권리를 국가가 제공하는 재판제도의 이용의 문제에 적용할 수 없다."(헌재 2005. 3. 31. 2003헌바92 결정)

② 사 견

그러나 개인적으로는 기본권편에 규정되어 있지 아니한, 그것도 '소비자의 권리'라고 명시되지도 아니한 것을 기본권이라 부르는 것은 문제가 있다고 생각한다. 따라서 개인적으로는 독일헌법학의 예에서 보듯이 기본권편 이외의 다른 곳에 어떤 권리가 규정되어 있다면 그것을 '기본권유사적 권리'(grundrechts-

899. 소비자의 권리의 법적 성격에 대한 사견

---

57) 예컨대 권영성, (주 37), 534쪽 이하, 계희열, (주 53), 505쪽 이하.
58) 계희열, (주 53), 511쪽, 각주 39.
59) 구병삭, 신헌법원론, 1995, 549-556쪽; 안용교, (주 54), 510쪽.
60) 양건, (주 54), 98쪽; 윤명선, (주 54), 46쪽.
61) 한상범, 헌법상의 경제질서와 소비자보호의 제문제, 공법연구 제 5 집(1977), 76쪽.
62) 권영성, (주 37), 536쪽.
63) 계희열, (주 53), 516쪽.

ähnliche Rechte)로 부르는 것이 타당하다고 생각되며, 그러한 한에서 소비자의 권리는 기본권유사적 권리로 부르는 것이 타당하다고 생각한다. 기본권 유사적 권리도 법적 성격은 기본권의 법적 성격에 준하여 생각해볼 수 있다. 그 경우 소비자의 권리는 한편으로는 국가의 간섭 없이 상품 또는 용역을 자유롭게 선택할 수 있는 권리라는 점에서 자유권적 성격을 가지며, 다른 한편으로는 경제적 약자인 소비자가 국가에 대하여 보호를 청구한다는 점에서 청구권적 성격을 병유하고 있는 것으로 볼 수 있다.

5) 소비자 권리의 효력

900. 소비자의 권리의 효력

소비자의 권리는 대국가적 효력과 대사인적 효력을 가진다.

우선, 소비자의 권리는 모든 국가권력을 구속한다. 소비자기본법 제6조에 따르면 국가 및 지방자치단체는 소비자의 권리가 실현되도록 하기 위하여 첫째로, 관계법령과 조례를 제정 및 개폐하고, 둘째로, 필요한 행정기구를 정비하고 그 운영을 개선하며, 셋째로, 필요한 시책을 수립·실시하며, 넷째로, 소비자의 건전하고 자주적인 조직활동을 지원·육성할 의무를 진다.

다음으로, 소비자의 권리는 주로 사인인 사업자와의 관계에서 문제되기 때문에 대사인적 효력을 가진다. 소비자기본법 제19조에 따르면 사업자는 물품 등으로 소비자에게 생명·신체 또는 재산에 대한 위해가 발생하지 않도록 필요한 조치를 강구하여야 하고(동법 제1항), 물품 등을 공급함에 있어서 소비자의 합리적인 선택이나 이익을 침해할 우려가 있는 거래조건이나 거래방법을 사용하여서는 안 되고(동법 제2항), 소비자에게 물품 등에 대한 정보를 성실하고 정확하게 제공하여야 하고(동법 제3항), 소비자의 개인정보가 분실·도난·누출·변조 또는 훼손되지 않도록 그 개인정보를 성실하게 취급하여야 하고(동법 제4항), 물품 등의 하자로 인한 소비자의 불만이나 피해를 해결하거나 보상하여야 하며, 채무불이행 등으로 인한 소비자의 손해를 배상하여야 하며(동법 제5항), 국가 및 지방자치단체의 소비자권익 증진시책에 적극 협력하여야 한다(동법 제18조 제2항).

6) 소비자의 권리에 대한 침해와 구제

901. 소비자의 권리에 대한 침해와 구제

기본권 유사적 권리인 소비자의 권리도 기본권과 마찬가지로 국가와 사인에 의하여 침해될 수 있고, 그 구제방법도 각각 다르다고 할 수 있다. 우선, 소비자의 권리가 국가와 지방자치단체에 의하여 침해된 경우에는 청원권의 행사, 행정소송의 제기, 국가배상청구, 국가구조청구, 헌법소원의 제기 등을 통하여 구제받을 수 있다.

다음으로, 소비자의 권리가 사업자 등에 의하여 침해된 경우에는 소비자기본법 제55조 제 1 항에 따라 피해의 구제를 한국소비자보호원에 청구할 수 있고, 소비자보호원은 합의권고나 소비자분쟁조정위원회의 분쟁조정 등의 조치를 통하여 소비자의 권리를 구제하게 된다. 또한 소비자기본법 제49조 제 1 항에 따라 중앙행정기관의 장은 소비자의 안전에 긴급하고 현저한 위해를 끼칠 우려가 있는 제품에 대해서는 사업자로 하여금 지체없이 당해 제품의 수거·파기 등을 하도록 하는 필요한 조치를 권고할 수도 있다.

8. 對外貿易의 育成과 規制·調整

902. 대외무역의 육성과 규제·조정

대외무역은 재화나 용역 또는 자본의 수입·수출 사이에 균형이 유지되도록 이루어져야 한다. 지나친 수출초과는 내국의 구매력을 어렵게 만들고, 지나친 수입초과는 대외의존을 심화시킬 수 있으므로 무역의 불균형은 경제의 성장을 저해하기 때문이다. 이처럼 대외무역의 균형은 국가의 발전과 번영에 직접적인 영향력을 행사한다. 그러나 우리 경제는 아직까지는 충분한 대외경쟁력을 갖추지 못한 상태에 있다. 이러한 사정을 감안하여 따라서 헌법 제125조는 "국가는 대외무역을 육성하며, 이를 규제·조정할 수 있다"고 규정하고 있다. 여기서 규제·조정이라 함은 국가가 일정한 계획을 수립하고 그 계획의 범위 내에서 사인에게 무역활동을 허용하는 것을 말한다.[64] 이에 관한 법률로는 대외무역법이 있다.

9. 私營企業의 國·公有化 또는 統制·管理의 禁止

903. 사영기업의 국·공유화 또는 통제·관리의 금지

헌법 제126조는 "국방상 또는 국민경제상 긴절한 필요로 인하여 법률이 정하는 경우를 제외하고는, 사영기업을 국유 또는 공유로 이전하거나 그 경영을 통제 또는 관리할 수 없다"고 하여 원칙적으로 사영기업의 국·공유화 또는 통제·관리를 금지하고 있다.

판례: 〈자동차운수사업법 제24조 등 위헌확인(기각)〉 "'사영기업의 국유 또는 공유로의 이전'은 일반적으로 공법적 수단에 의하여 사기업에 대한 소유권을 국가나 기타 공법인에 귀속시키고 사회 정책적·국민경제적 목표를 실현할 수 있도록 그 재산권

64) 김철수, (주 37), 217쪽.

의 내용을 변형하는 것을 말하며, 또 사기업의 '경영에 대한 통제 또는 관리'라 함은 비록 기업에 대한 소유권의 보유주체에 대한 변경은 이루어지지 않지만 사기업 경영에 대한 국가의 광범위하고 강력한 감독과 통제 또는 관리의 체계를 의미한다고 할 것이다."(헌재 1998. 10. 29. 97헌마345 결정)

이처럼 헌법이 사영기업의 국·공유화 또는 통제·관리를 금지하는 것은 자본주의의 원칙상 사유권을 존중하려는 것으로 볼 수 있다. 따라서 기업의 사회화에 있어서 그 대상은 개개의 특정한 기업이 아니라, 제철, 전력, 해운 등과 같은 특정의 기업군이 아니면 안 된다. 그 결과 그 사회화의 조치도 개별적 조치가 아니라, 법률에 의한 일반적 조치를 의미한다. 그러나 예외적으로 국방상 긴절한 필요가 있거나 국민경제상 긴절한 필요가 있을 때에는 예외적으로 사기업의 사회화가 인정된다. 여기에서 국방상의 긴절한 필요란 문제의 사기업을 사회화하지 않고는 도저히 국방의 목적을 달성할 수 없는 경우를 말하고, 국민경제상의 긴절한 필요란 문제의 사기업을 사회화하지 않고는 국민경제의 정상적인 운용이 곤란한 경우를 말한다. 물론 그러한 경우에는 법률이 정하는 보상을 하여야 한다(제23조 제3항). 또한 헌법은 사기업의 사회화와 함께 필요한 경우에는 그 경영을 통제 또는 관리할 수 있게 하고 있다. 이러한 경우는 그 기업의 준사회화를 의미한다.

10. 科學技術의 革新과 情報·人力의 開發

904. 과학기술의 혁신과 정보·인력의 개발

국민경제의 발전은 과학기술의 진흥 없이는 불가능하다. 따라서 헌법 제127조 제1항은 "국가는 과학기술의 혁신과 정보 및 인력의 개발을 통하여 국민경제의 발전에 노력하여야 한다"고 규정하고 있고, 동 제3항은 "대통령은 제1항의 목적을 달성하기 위하여 필요한 자문기구를 둘 수 있다"고 규정하고 있다.

이를 위하여 1991년에 국가과학기술자문회의법이 제정되어 상설적인 국가과학기술자문회의가 발족되었고, 과학기술기본법이 제정되어 국가과학기술심의회도 두고 있다.

11. 國家標準制度의 確立

905. 국가표준제도의 확립

헌법 제127조 제2항은 "국가는 국가표준제도를 확립한다"고 규정하고 있다. 이 조항은 도량형·시간 등 각종 계측의 표준을 명확히 하고 이를 범국민적으로 준용토록 함으로써 과학의 진흥과 기술의 혁신, 공정거래의 보장, 국제교역의 확대, 공업의 발전을 꾀하려고 하는 데 그 목적이 있다. 이를 위하여 현재 우리나라에는 표준연구소가 있으며 국가표준기본법이 제정되어 있다. 또 국가공업의 발전을 위하여 KS표준제도 등 표준제도를 도입하고 있다(산업표준화법 제 1 조, 제 2 조, 제12조 등 참조).

우리 헌법 외에도 국가표준제도를 규정하고 있는 예로는 미연방헌법(제 1 조 제 8 항),[65] 독일기본법(제73조 제 4 호),[66] 스위스헌법(제40조),[67] 오스트리아헌법(제10조),[68] 멕시코헌법(제73조)[69] 등이 있다.

---

65) 미연방헌법 제 1 조 제 8 항 제 5 호는 "화폐를 주조하고 그 가격과 외국화폐의 가격을 규율하며 도량형의 기준을 정하는 것"을 미합중국의회의 권한으로 정하고 있다.

66) 독일기본법 제73조 제 4 호는 "통화, 화폐 및 조폐제도, 표준도량형 및 시간규칙"을 연방의 전속적 입법권으로 규정하고 있다.

67) 스위스헌법 제40조 "① 도량형제도는 연방이 이를 정한다. ② 도량형에 관한 법률의 시행은 연방의 감독하에 각주가 행한다."

68) 오스트리아헌법 제10조 제 1 항 제 5 호는 "화폐, 신용, 거래소 및 은행에 관한 제도, 도량형제도, 규격검정에 관한 제도 및 품질증명제도"에 관한 입법 및 그 시행을 연방의 소관사항으로 규정하고 있다.

69) 멕시코헌법 제73조 제18호는 "조폐국을 설치하고 통화의 기준을 확정하고 외국통화의 환율을 정하는 규칙을 정하고 또한 도량형일반제도의 채용"을 의회의 권한사항으로 규정하고 있다.

대한민국헌법

전 문

유구한 역사와 전통에 빛나는 우리 대한국민은 3·1운동으로 건립된 대한민국임시정부의 법통과 불의에 항거한 4·19민주이념을 계승하고, 조국의 민주개혁과 평화적 통일의 사명에 입각하여 정의·인도와 동포애로써 민족의 단결을 공고히 하고, 모든 사회적 폐습과 불의를 타파하며, 자율과 조화를 바탕으로 자유민주적 기본질서를 더욱 확고히 하여 정치·경제·사회·문화의 모든 영역에 있어서 각인의 기회를 균등히 하고, 능력을 최고도로 발휘하게 하며, 자유와 권리에 따르는 책임과 의무를 완수하게 하여, 안으로는 국민생활의 균등한 향상을 기하고 밖으로는 항구적인 세계평화와 인류공영에 이바지함으로써 우리들과 우리들의 자손의 안전과 자유와 행복을 영원히 확보할 것을 다짐하면서 1948년 7월 12일에 제정되고 8차에 걸쳐 개정된 헌법을 이제 국회의 의결을 거쳐 국민투표에 의하여 개정한다.

1987년 10월 29일

제1장 총 강

제1조 ① 대한민국은 민주공화국이다.
② 대한민국의 주권은 국민에게 있고, 모든 권력은 국민으로부터 나온다.

제2조 ① 대한민국의 국민이 되는 요건은 법률로 정한다.
② 국가는 법률이 정하는 바에 의하여 재외국민을 보호할 의무를 진다.

제3조 대한민국의 영토는 한반도와 그 부속도서로 한다.

제4조 대한민국은 통일을 지향하며, 자유민주적 기본질서에 입각한 평화적 통일 정책을 수립하고 이를 추진한다.

제5조 ① 대한민국은 국제평화의 유지에 노력하고 침략적 전쟁을 부인한다.
② 국군은 국가의 안전보장과 국토방위의 신성한 의무를 수행함을 사명으로 하며, 그 정치적 중립성은 준수된다.

제6조 ① 헌법에 의하여 체결·공포된 조약과 일반적으로 승인된 국제법규는 국내법과 같은 효력을 가진다.
② 외국인은 국제법과 조약이 정하는 바에 의하여 그 지위가 보장된다.

제7조 ① 공무원은 국민전체에 대한 봉사자이며, 국민에 대하여 책임을 진다.
② 공무원의 신분과 정치적 중립성은 법률이 정하는 바에 의하여 보장된다.

제8조 ① 정당의 설립은 자유이며, 복수정당제는 보장된다.
② 정당은 그 목적·조직과 활동이 민주적이어야 하며, 국민의 정치적 의사형성에 참여하는데 필요한 조직을 가져야 한다.

③ 정당은 법률이 정하는 바에 의하여 국가의 보호를 받으며, 국가는 법률이 정하는 바에 의하여 정당운영에 필요한 자금을 보조할 수 있다.

④ 정당의 목적이나 활동이 민주적 기본질서에 위배될 때에는 정부는 헌법재판소에 그 해산을 제소할 수 있고, 정당은 헌법재판소의 심판에 의하여 해산된다.

제9조 국가는 전통문화의 계승·발전과 민족문화의 창달에 노력하여야 한다.

제2장 국민의 권리와 의무

제10조 모든 국민은 인간으로서의 존엄과 가치를 가지며, 행복을 추구할 권리를 가진다. 국가는 개인이 가지는 불가침의 기본적 인권을 확인하고 이를 보장할 의무를 진다.

제11조 ① 모든 국민은 법 앞에 평등하다. 누구든지 성별·종교 또는 사회적 신분에 의하여 정치적·경제적·사회적·문화적 생활의 모든 영역에 있어서 차별을 받지 아니한다.

② 사회적 특수계급의 제도는 인정되지 아니하며, 어떠한 형태로도 이를 창설할 수 없다.

③ 훈장등의 영전은 이를 받은 자에게만 효력이 있고, 어떠한 특권도 이에 따르지 아니한다.

제12조 ① 모든 국민은 신체의 자유를 가진다. 누구든지 법률에 의하지 아니하고는 체포·구속·압수·수색 또는 심문을 받지 아니하며, 법률과 적법한 절차에 의하지 아니하고는 처벌·보안처분 또는 강제노역을 받지 아니한다.

② 모든 국민은 고문을 받지 아니하며, 형사상 자기에게 불리한 진술을 강요당하지 아니한다.

③ 체포·구속·압수 또는 수색을 할 때에는 적법한 절차에 따라 검사의 신청에 의하여 법관이 발부한 영장을 제시하여야 한다. 다만, 현행범인인 경우와 장기 3년 이상의 형에 해당하는 죄를 범하고 도피 또는 증거인멸의 염려가 있을 때에는 사후에 영장을 청구할 수 있다.

④ 누구든지 체포 또는 구속을 당한 때에는 즉시 변호인의 조력을 받을 권리를 가진다. 다만, 형사피고인이 스스로 변호인을 구할 수 없을 때에는 법률이 정하는 바에 의하여 국가가 변호인을 붙인다.

⑤ 누구든지 체포 또는 구속의 이유와 변호인의 조력을 받을 권리가 있음을 고지받지 아니하고는 체포 또는 구속을 당하지 아니한다. 체포 또는 구속을 당한 자의 가족 등 법률이 정하는 자에게는 그 이유와 일시·장소가 지체없이 통지되어야 한다.

⑥ 누구든지 체포 또는 구속을 당한 때에는 적부의 심사를 법원에 청구할 권리를 가진다.

⑦ 피고인의 자백이 고문·폭행·협박·구속의 부당한 장기화 또는 기망 기타의 방법에 의하여 자의로 진술된 것이 아니라고 인정될 때 또는 정식재판에 있어서 피고인의 자백이 그에게 불리한 유일한 증거일 때에는 이를 유죄의 증거로 삼거나 이를 이유로 처벌할 수 없다.

제13조 ① 모든 국민은 행위시의 법률에 의하여 범죄를 구성하지 아니하는 행위로 소추되지 아니하며, 동일한 범죄에 대하여 거듭 처벌받지 아니한다.

② 모든 국민은 소급입법에 의하여 참정권의 제한을 받거나 재산권을 박탈당하지 아니한다.

③ 모든 국민은 자기의 행위가 아닌 친족의 행위로 인하여 불이익한 처우를 받지 아니한다.

제14조 모든 국민은 거주·이전의 자유를 가진다.

제15조 모든 국민은 직업선택의 자유를 가진다.

제16조 모든 국민은 주거의 자유를 침해받지 아니한다. 주거에 대한 압수나 수색을 할 때에는 검사의 신청에 의하여 법관이 발부한 영장을 제시하여야 한다.

제17조 모든 국민은 사생활의 비밀과 자유를 침해받지 아니한다.

제18조 모든 국민은 통신의 비밀을 침해받지

아니한다.

제19조 모든 국민은 양심의 자유를 가진다.

제20조 ① 모든 국민은 종교의 자유를 가진다.

② 국교는 인정되지 아니하며, 종교와 정치는 분리된다.

제21조 ① 모든 국민은 언론·출판의 자유와 집회·결사의 자유를 가진다.

② 언론·출판에 대한 허가나 검열과 집회·결사에 대한 허가는 인정되지 아니한다.

③ 통신·방송의 시설기준과 신문의 기능을 보장하기 위하여 필요한 사항은 법률로 정한다.

④ 언론·출판은 타인의 명예나 권리 또는 공중도덕이나 사회윤리를 침해하여서는 아니된다. 언론·출판이 타인의 명예나 권리를 침해한 때에는 피해자는 이에 대한 피해의 배상을 청구할 수 있다.

제22조 ① 모든 국민은 학문과 예술의 자유를 가진다.

② 저작자·발명가·과학기술자와 예술가의 권리는 법률로써 보호한다.

제23조 ① 모든 국민의 재산권은 보장된다. 그 내용과 한계는 법률로 정한다.

② 재산권의 행사는 공공복리에 적합하도록 하여야 한다.

③ 공공필요에 의한 재산권의 수용·사용 또는 제한 및 그에 대한 보상은 법률로써 하되, 정당한 보상을 지급하여야 한다.

제24조 모든 국민은 법률이 정하는 바에 의하여 선거권을 가진다.

제25조 모든 국민은 법률이 정하는 바에 의하여 공무담임권을 가진다.

제26조 ① 모든 국민은 법률이 정하는 바에 의하여 국가기관에 문서로 청원할 권리를 가진다.

② 국가는 청원에 대하여 심사할 의무를 진다.

제27조 ① 모든 국민은 헌법과 법률이 정한 법관에 의하여 법률에 의한 재판을 받을 권리를 가진다.

② 군인 또는 군무원이 아닌 국민은 대한민국의 영역 안에서는 중대한 군사상 기밀·초병·초소·유독음식물공급·포로·군용물에 관한 죄 중 법률이 정한 경우와 비상계엄이 선포된 경우를 제외하고는 군사법원의 재판을 받지 아니한다.

③ 모든 국민은 신속한 재판을 받을 권리를 가진다. 형사피고인은 상당한 이유가 없는 한 지체없이 공개재판을 받을 권리를 가진다.

④ 형사피고인은 유죄의 판결이 확정될 때까지는 무죄로 추정된다.

⑤ 형사피해자는 법률이 정하는 바에 의하여 당해 사건의 재판절차에서 진술할 수 있다.

제28조 형사피의자 또는 형사피고인으로서 구금되었던 자가 법률이 정하는 불기소처분을 받거나 무죄판결을 받은 때에는 법률이 정하는 바에 의하여 국가에 정당한 보상을 청구할 수 있다.

제29조 ① 공무원의 직무상 불법행위로 손해를 받은 국민은 법률이 정하는 바에 의하여 국가 또는 공공단체에 정당한 배상을 청구할 수 있다. 이 경우 공무원 자신의 책임은 면제되지 아니한다.

② 군인·군무원·경찰공무원 기타 법률이 정하는 자가 전투·훈련 등 직무집행과 관련하여 받은 손해에 대하여는 법률이 정하는 보상 외에 국가 또는 공공단체에 공무원의 직무상 불법행위로 인한 배상은 청구할 수 없다.

제30조 타인의 범죄행위로 인하여 생명·신체에 대한 피해를 받은 국민은 법률이 정하는 바에 의하여 국가로부터 구조를 받을 수 있다.

제31조 ① 모든 국민은 능력에 따라 균등하게 교육을 받을 권리를 가진다.

② 모든 국민은 그 보호하는 자녀에게 적어도 초등교육과 법률이 정하는 교육을 받게 할 의무를 진다.

③ 의무교육은 무상으로 한다.

④ 교육의 자주성·전문성·정치적 중립성 및 대학의 자율성은 법률이 정하는 바에 의하여 보장된다.

⑤ 국가는 평생교육을 진흥하여야 한다.

⑥ 학교교육 및 평생교육을 포함한 교육제도와 그 운영, 교육재정 및 교원의 지위에 관한 기본적인 사항은 법률로 정한다.

第32조 ① 모든 국민은 근로의 권리를 가진다. 국가는 사회적·경제적 방법으로 근로자의 고용의 증진과 적정임금의 보장에 노력하여야 하며, 법률이 정하는 바에 의하여 최저임금제를 시행하여야 한다.

② 모든 국민은 근로의 의무를 진다. 국가는 근로의 의무의 내용과 조건을 민주주의원칙에 따라 법률로 정한다.

③ 근로조건의 기준은 인간의 존엄성을 보장하도록 법률로 정한다.

④ 여자의 근로는 특별한 보호를 받으며, 고용·임금 및 근로조건에 있어서 부당한 차별을 받지 아니한다.

⑤ 연소자의 근로는 특별한 보호를 받는다.

⑥ 국가유공자·상이군경 및 전몰군경의 유가족은 법률이 정하는 바에 의하여 우선적으로 근로의 기회를 부여받는다.

第33조 ① 근로자는 근로조건의 향상을 위하여 자주적인 단결권·단체교섭권 및 단체행동권을 가진다.

② 공무원인 근로자는 법률이 정하는 자에 한하여 단결권·단체교섭권 및 단체행동권을 가진다.

③ 법률이 정하는 주요방위산업체에 종사하는 근로자의 단체행동권은 법률이 정하는 바에 의하여 이를 제한하거나 인정하지 아니할 수 있다.

第34조 ① 모든 국민은 인간다운 생활을 할 권리를 가진다.

② 국가는 사회보장·사회복지의 증진에 노력할 의무를 진다.

③ 국가는 여자의 복지와 권익의 향상을 위하여 노력하여야 한다.

④ 국가는 노인과 청소년의 복지향상을 위한 정책을 실시할 의무를 진다.

⑤ 신체장애자 및 질병·노령 기타의 사유로 생활능력이 없는 국민은 법률이 정하는 바에 의하여 국가의 보호를 받는다.

⑥ 국가는 재해를 예방하고 그 위험으로부터 국민을 보호하기 위하여 노력하여야 한다.

第35조 ① 모든 국민은 건강하고 쾌적한 환경에서 생활할 권리를 가지며, 국가와 국민은 환경보전을 위하여 노력하여야 한다.

② 환경권의 내용과 행사에 관하여는 법률로 정한다.

③ 국가는 주택개발정책 등을 통하여 모든 국민이 쾌적한 주거생활을 할 수 있도록 노력하여야 한다.

第36조 ① 혼인과 가족생활은 개인의 존엄과 양성의 평등을 기초로 성립되고 유지되어야 하며, 국가는 이를 보장한다.

② 국가는 모성의 보호를 위하여 노력하여야 한다.

③ 모든 국민은 보건에 관하여 국가의 보호를 받는다.

第37조 ① 국민의 자유와 권리는 헌법에 열거되지 아니한 이유로 경시되지 아니한다.

② 국민의 모든 자유와 권리는 국가안전보장·질서유지 또는 공공복리를 위하여 필요한 경우에 한하여 법률로써 제한할 수 있으며, 제한하는 경우에도 자유와 권리의 본질적인 내용을 침해할 수 없다.

第38조 모든 국민은 법률이 정하는 바에 의하여 납세의 의무를 진다.

第39조 ① 모든 국민은 법률이 정하는 바에 의하여 국방의 의무를 진다.

② 누구든지 병역의무의 이행으로 인하여 불이익한 처우를 받지 아니한다.

제3장 국 회

第40조 입법권은 국회에 속한다.

第41조 ① 국회는 국민의 보통·평등·직접·비밀선거에 의하여 선출된 국회의원으로 구성한다.

② 국회의원의 수는 법률로 정하되, 200인 이상으로 한다.

③ 국회의원의 선거구와 비례대표제 기타 선거에 관한 사항은 법률로 정한다.

第42조 국회의원의 임기는 4년으로 한다.

第43조 국회의원은 법률이 정하는 직을 겸할 수 없다.

제44조 ① 국회의원은 현행범인인 경우를 제외하고는 회기중 국회의 동의없이 체포 또는 구금되지 아니한다.

② 국회의원이 회기 전에 체포 또는 구금된 때에는 현행범인이 아닌 한 국회의 요구가 있으면 회기중 석방된다.

제45조 국회의원은 국회에서 직무상 행한 발언과 표결에 관하여 국회 외에서 책임을 지지 아니한다.

제46조 ① 국회의원은 청렴의 의무가 있다.

② 국회의원은 국가이익을 우선하여 양심에 따라 직무를 행한다.

③ 국회의원은 그 지위를 남용하여 국가·공공단체 또는 기업체와의 계약이나 그 처분에 의하여 재산상의 권리·이익 또는 직위를 취득하거나 타인을 위하여 그 취득을 알선할 수 없다.

제47조 ① 국회의 정기회는 법률이 정하는 바에 의하여 매년 1회 집회되며, 국회의 임시회는 대통령 또는 국회재적의원 4분의 1 이상의 요구에 의하여 집회된다.

② 정기회의 회기는 100일을, 임시회의 회기는 30일을 초과할 수 없다.

③ 대통령이 임시회의 집회를 요구할 때에는 기간과 집회요구의 이유를 명시하여야 한다.

제48조 국회는 의장 1인과 부의장 2인을 선출한다.

제49조 국회는 헌법 또는 법률에 특별한 규정이 없는 한 재적의원 과반수의 출석과 출석의원 과반수의 찬성으로 의결한다. 가부동수인 때에는 부결된 것으로 본다.

제50조 ① 국회의 회의는 공개한다. 다만, 출석의원 과반수의 찬성이 있거나 의장이 국가의 안전보장을 위하여 필요하다고 인정할 때에는 공개하지 아니할 수 있다.

② 공개하지 아니한 회의내용의 공표에 관하여는 법률이 정하는 바에 의한다.

제51조 국회에 제출된 법률안 기타의 의안은 회기중에 의결되지 못한 이유로 폐기되지 아니한다. 다만, 국회의원의 임기가 만료된 때에는 그러하지 아니하다.

제52조 국회의원과 정부는 법률안을 제출할 수 있다.

제53조 ① 국회에서 의결된 법률안은 정부에 이송되어 15일 이내에 대통령이 공포한다.

② 법률안에 이의가 있을 때에는 대통령은 제1항의 기간 내에 이의서를 붙여 국회로 환부하고, 그 재의를 요구할 수 있다. 국회의 폐회중에도 또한 같다.

③ 대통령은 법률안의 일부에 대하여 또는 법률안을 수정하여 재의를 요구할 수 없다.

④ 재의의 요구가 있을 때에는 국회는 재의에 붙이고, 재적의원과반수의 출석과 출석의원 3분의 2 이상의 찬성으로 전과 같은 의결을 하면 그 법률안은 법률로서 확정된다.

⑤ 대통령이 제1항의 기간 내에 공포나 재의의 요구를 하지 아니한 때에도 그 법률안은 법률로서 확정된다.

⑥ 대통령은 제4항과 제5항의 규정에 의하여 확정된 법률을 지체없이 공포하여야 한다. 제5항에 의하여 법률이 확정된 후 또는 제4항에 의한 확정법률이 정부에 이송된 후 5일 이내에 대통령이 공포하지 아니할 때에는 국회의장이 이를 공포한다.

⑦ 법률은 특별한 규정이 없는 한 공포한 날로부터 20일을 경과함으로써 효력을 발생한다.

제54조 ① 국회는 국가의 예산안을 심의·확정한다.

② 정부는 회계연도마다 예산안을 편성하여 회계연도 개시 90일 전까지 국회에 제출하고, 국회는 회계연도 개시 30일 전까지 이를 의결하여야 한다.

③ 새로운 회계연도가 개시될 때까지 예산안이 의결되지 못한 때에는 정부는 국회에서 예산안이 의결될 때까지 다음의 목적을 위한 경비는 전년도 예산에 준하여 집행할 수 있다.

1. 헌법이나 법률에 의하여 설치된 기관 또는 시설의 유지·운영
2. 법률상 지출의무의 이행
3. 이미 예산으로 승인된 사업의 계속

제55조 ① 한 회계연도를 넘어 계속하여 지

출할 필요가 있을 때에는 정부는 연한을 정하여 계속비로서 국회의 의결을 얻어야 한다.
② 예비비는 총액으로 국회의 의결을 얻어야 한다. 예비비의 지출은 차기국회의 승인을 얻어야 한다.

第56조 정부는 예산에 변경을 가할 필요가 있을 때에는 추가경정예산안을 편성하여 국회에 제출할 수 있다.

第57조 국회는 정부의 동의없이 정부가 제출한 지출예산 각항의 금액을 증가하거나 새 비목을 설치할 수 없다.

第58조 국채를 모집하거나 예산 외에 국가의 부담이 될 계약을 체결하려 할 때에는 정부는 미리 국회의 의결을 얻어야 한다.

第59조 조세의 종목과 세율은 법률로 정한다.

第60조 ① 국회는 상호원조 또는 안전보장에 관한 조약, 중요한 국제조직에 관한 조약, 우호통상항해조약, 주권의 제약에 관한 조약, 강화조약, 국가나 국민에게 중대한 재정적 부담을 지우는 조약 또는 입법사항에 관한 조약의 체결·비준에 대한 동의권을 가진다.
② 국회는 선전포고, 국군의 외국에의 파견 또는 외국군대의 대한민국 영역 안에서의 주류에 대한 동의권을 가진다.

第61조 ① 국회는 국정을 감사하거나 특정한 국정사안에 대하여 조사할 수 있으며, 이에 필요한 서류의 제출 또는 증인의 출석과 증언이나 의견의 진술을 요구할 수 있다.
② 국정감사 및 조사에 관한 절차 기타 필요한 사항은 법률로 정한다.

第62조 ① 국무총리·국무위원 또는 정부위원은 국회나 그 위원회에 출석하여 국정처리상황을 보고하거나 의견을 진술하고 질문에 응답할 수 있다.
② 국회나 그 위원회의 요구가 있을 때에는 국무총리·국무위원 또는 정부위원은 출석·답변하여야 하며, 국무총리 또는 국무위원이 출석요구를 받은 때에는 국무위원 또는 정부위원으로 하여금 출석·답변하게 할 수 있다.

第63조 ① 국회는 국무총리 또는 국무위원의 해임을 대통령에게 건의할 수 있다.
② 제1항의 해임건의는 국회재적의원 3분의 1 이상의 발의에 의하여 국회재적의원 과반수의 찬성이 있어야 한다.

第64조 ① 국회는 법률에 저촉되지 아니하는 범위 안에서 의사와 내부규율에 관한 규칙을 제정할 수 있다.
② 국회는 의원의 자격을 심사하며, 의원을 징계할 수 있다.
③ 의원을 제명하려면 국회재적의원 3분의 2 이상의 찬성이 있어야 한다.
④ 제2항과 제3항의 처분에 대하여는 법원에 제소할 수 없다.

第65조 ① 대통령·국무총리·국무위원·행정각부의 장·헌법재판소 재판관·법관·중앙선거관리위원회 위원·감사원장·감사위원 기타 법률이 정한 공무원이 그 직무집행에 있어서 헌법이나 법률을 위배한 때에는 국회는 탄핵의 소추를 의결할 수 있다.
② 제1항의 탄핵소추는 국회재적의원 3분의 1 이상의 발의가 있어야 하며, 그 의결은 국회재적의원 과반수의 찬성이 있어야 한다. 다만, 대통령에 대한 탄핵소추는 국회재적의원 과반수의 발의와 국회재적의원 3분의 2 이상의 찬성이 있어야 한다.
③ 탄핵소추의 의결을 받은 자는 탄핵심판이 있을 때까지 그 권한행사가 정지된다.
④ 탄핵결정은 공직으로부터 파면함에 그친다. 그러나, 이에 의하여 민사상이나 형사상의 책임이 면제되지는 아니한다.

제4장 정 부

제1절 대 통 령

第66조 ① 대통령은 국가의 원수이며, 외국에 대하여 국가를 대표한다.
② 대통령은 국가의 독립·영토의 보전·국가의 계속성과 헌법을 수호할 책무를 진다.
③ 대통령은 조국의 평화적 통일을 위한 성실한 의무를 진다.
④ 행정권은 대통령을 수반으로 하는 정부에 속한다.

제67조 ① 대통령은 국민의 보통·평등·직접·비밀선거에 의하여 선출한다.

② 제1항의 선거에 있어서 최고득표자가 2인 이상인 때에는 국회의 재적의원 과반수가 출석한 공개회의에서 다수표를 얻은 자를 당선자로 한다.

③ 대통령후보자가 1인일 때에는 그 득표수가 선거권자 총수의 3분의 1 이상이 아니면 대통령으로 당선될 수 없다.

④ 대통령으로 선거될 수 있는 자는 국회의원의 피선거권이 있고 선거일 현재 40세에 달하여야 한다.

⑤ 대통령의 선거에 관한 사항은 법률로 정한다.

제68조 ① 대통령의 임기가 만료되는 때에는 임기만료 70일 내지 40일 전에 후임자를 선거한다.

② 대통령이 궐위된 때 또는 대통령 당선자가 사망하거나 판결 기타의 사유로 그 자격을 상실한 때에는 60일 이내에 후임자를 선거한다.

제69조 대통령은 취임에 즈음하여 다음의 선서를 한다. "나는 헌법을 준수하고 국가를 보위하며 조국의 평화적 통일과 국민의 자유와 복리의 증진 및 민족문화의 창달에 노력하여 대통령으로서의 직책을 성실히 수행할 것을 국민 앞에 엄숙히 선서합니다."

제70조 대통령의 임기는 5년으로 하며, 중임할 수 없다.

제71조 대통령이 궐위되거나 사고로 인하여 직무를 수행할 수 없을 때에는 국무총리, 법률이 정한 국무위원의 순서로 그 권한을 대행한다.

제72조 대통령은 필요하다고 인정할 때에는 외교·국방·통일 기타 국가안위에 관한 중요정책을 국민투표에 붙일 수 있다.

제73조 대통령은 조약을 체결·비준하고, 외교사절을 신임·접수 또는 파견하며, 선전포고와 강화를 한다.

제74조 ① 대통령은 헌법과 법률이 정하는 바에 의하여 국군을 통수한다.

② 국군의 조직과 편성은 법률로 정한다.

제75조 대통령은 법률에서 구체적으로 범위를 정하여 위임받은 사항과 법률을 집행하기 위하여 필요한 사항에 관하여 대통령령을 발할 수 있다.

제76조 ① 대통령은 내우·외환·천재·지변 또는 중대한 재정·경제상의 위기에 있어서 국가의 안전보장 또는 공공의 안녕질서를 유지하기 위하여 긴급한 조치가 필요하고 국회의 집회를 기다릴 여유가 없을 때에 한하여 최소한으로 필요한 재정·경제상의 처분을 하거나 이에 관하여 법률의 효력을 가지는 명령을 발할 수 있다.

② 대통령은 국가의 안위에 관계되는 중대한 교전상태에 있어서 국가를 보위하기 위하여 긴급한 조치가 필요하고 국회의 집회가 불가능한 때에 한하여 법률의 효력을 가지는 명령을 발할 수 있다.

③ 대통령은 제1항과 제2항의 처분 또는 명령을 한 때에는 지체없이 국회에 보고하여 그 승인을 얻어야 한다.

④ 제3항의 승인을 얻지 못한 때에는 그 처분 또는 명령은 그때부터 효력을 상실한다. 이 경우 그 명령에 의하여 개정 또는 폐지되었던 법률은 그 명령이 승인을 얻지 못한 때부터 당연히 효력을 회복한다.

⑤ 대통령은 제3항과 제4항의 사유를 지체없이 공포하여야 한다.

제77조 ① 대통령은 전시·사변 또는 이에 준하는 국가비상사태에 있어서 병력으로써 군사상의 필요에 응하거나 공공의 안녕질서를 유지할 필요가 있을 때에는 법률이 정하는 바에 의하여 계엄을 선포할 수 있다.

② 계엄은 비상계엄과 경비계엄으로 한다.

③ 비상계엄이 선포된 때에는 법률이 정하는 바에 의하여 영장제도, 언론·출판·집회·결사의 자유, 정부나 법원의 권한에 관하여 특별한 조치를 할 수 있다.

④ 계엄을 선포한 때에는 대통령은 지체없이 국회에 통고하여야 한다.

⑤ 국회가 재적의원 과반수의 찬성으로 계엄의 해제를 요구한 때에는 대통령은 이를 해제하여야 한다.

第78조 대통령은 헌법과 법률이 정하는 바에 의하여 공무원을 임면한다.

第79조 ① 대통령은 법률이 정하는 바에 의하여 사면·감형 또는 복권을 명할 수 있다.
② 일반사면을 명하려면 국회의 동의를 얻어야 한다.
③ 사면·감형 및 복권에 관한 사항은 법률로 정한다.

第80조 대통령은 법률이 정하는 바에 의하여 훈장 기타의 영전을 수여한다.

第81조 대통령은 국회에 출석하여 발언하거나 서한으로 의견을 표시할 수 있다.

第82조 대통령의 국법상 행위는 문서로써 하며, 이 문서에는 국무총리와 관계 국무위원이 부서한다. 군사에 관한 것도 또한 같다.

第83조 대통령은 국무총리·국무위원·행정각부의 장 기타 법률이 정하는 공사의 직을 겸할 수 없다.

第84조 대통령은 내란 또는 외환의 죄를 범한 경우를 제외하고는 재직중 형사상의 소추를 받지 아니한다.

第85조 전직대통령의 신분과 예우에 관하여는 법률로 정한다.

제2절 행정부

제1관 국무총리와 국무위원

第86조 ① 국무총리는 국회의 동의를 얻어 대통령이 임명한다.
② 국무총리는 대통령을 보좌하며, 행정에 관하여 대통령의 명을 받아 행정각부를 통할한다.
③ 군인은 현역을 면한 후가 아니면 국무총리로 임명될 수 없다.

第87조 ① 국무위원은 국무총리의 제청으로 대통령이 임명한다.
② 국무위원은 국정에 관하여 대통령을 보좌하며, 국무회의의 구성원으로서 국정을 심의한다.
③ 국무총리는 국무위원의 해임을 대통령에게 건의할 수 있다.
④ 군인은 현역을 면한 후가 아니면 국무위원으로 임명될 수 없다.

제2관 국무회의

第88조 ① 국무회의는 정부의 권한에 속하는 중요한 정책을 심의한다.
② 국무회의는 대통령·국무총리와 15인 이상 30인 이하의 국무위원으로 구성한다.
③ 대통령은 국무회의의 의장이 되고, 국무총리는 부의장이 된다.

第89조 다음 사항은 국무회의의 심의를 거쳐야 한다.

1. 국정의 기본계획과 정부의 일반정책
2. 선전·강화 기타 중요한 대외정책
3. 헌법개정안·국민투표안·조약안·법률안 및 대통령령안
4. 예산안·결산·국유재산처분의 기본계획·국가의 부담이 될 계약 기타 재정에 관한 중요사항
5. 대통령의 긴급명령·긴급재정경제처분 및 명령 또는 계엄과 그 해제
6. 군사에 관한 중요사항
7. 국회의 임시회 집회의 요구
8. 영전수여
9. 사면·감형과 복권
10. 행정각부간의 권한의 획정
11. 정부안의 권한의 위임 또는 배정에 관한 기본계획
12. 국정처리상황의 평가·분석
13. 행정각부의 중요한 정책의 수립과 조정
14. 정당해산의 제소
15. 정부에 제출 또는 회부된 정부의 정책에 관계되는 청원의 심사
16. 검찰총장·합동참모의장·각군참모총장·국립대학교총장·대사 기타 법률이 정한 공무원과 국영기업체관리자의 임명
17. 기타 대통령·국무총리 또는 국무위원이 제출한 사항

第90조 ① 국정의 중요한 사항에 관한 대통령의 자문에 응하기 위하여 국가원로로 구성되는 국가원로자문회의를 둘 수 있다.
② 국가원로자문회의의 의장은 직전대통령이 된다. 다만, 직전대통령이 없을 때에는 대통령이 지명한다.

③ 국가원로자문회의의 조직·직무범위 기타 필요한 사항은 법률로 정한다.

제91조 ① 국가안전보장에 관련되는 대외정책·군사정책과 국내정책의 수립에 관하여 국무회의의 심의에 앞서 대통령의 자문에 응하기 위하여 국가안전보장회의를 둔다.

② 국가안전보장회의는 대통령이 주재한다.

③ 국가안전보장회의의 조직·직무범위 기타 필요한 사항은 법률로 정한다.

제92조 ① 평화통일정책의 수립에 관한 대통령의 자문에 응하기 위하여 민주평화통일자문회의를 둘 수 있다.

② 민주평화통일자문회의의 조직·직무범위 기타 필요한 사항은 법률로 정한다.

제93조 ① 국민경제의 발전을 위한 중요정책의 수립에 관하여 대통령의 자문에 응하기 위하여 국민경제자문회의를 둘 수 있다.

② 국민경제자문회의의 조직·직무범위 기타 필요한 사항은 법률로 정한다.

제3관 행정각부

제94조 행정각부의 장은 국무위원 중에서 국무총리의 제청으로 대통령이 임명한다.

제95조 국무총리 또는 행정각부의 장은 소관사무에 관하여 법률이나 대통령령의 위임 또는 직권으로 총리령 또는 부령을 발할 수 있다.

제96조 행정각부의 설치·조직과 직무범위는 법률로 정한다.

제4관 감 사 원

제97조 국가의 세입·세출의 결산, 국가 및 법률이 정한 단체의 회계검사와 행정기관 및 공무원의 직무에 관한 감찰을 하기 위하여 대통령 소속하에 감사원을 둔다.

제98조 ① 감사원은 원장을 포함한 5인 이상 11인 이하의 감사위원으로 구성한다.

② 원장은 국회의 동의를 얻어 대통령이 임명하고, 그 임기는 4년으로 하며, 1차에 한하여 중임할 수 있다.

③ 감사위원은 원장의 제청으로 대통령이 임명하고, 그 임기는 4년으로 하며, 1차에 한하여 중임할 수 있다.

제99조 감사원은 세입·세출의 결산을 매년 검사하여 대통령과 차년도국회에 그 결과를 보고하여야 한다.

제100조 감사원의 조직·직무범위·감사위원의 자격·감사대상공무원의 범위 기타 필요한 사항은 법률로 정한다.

제5장 법 원

제101조 ① 사법권은 법관으로 구성된 법원에 속한다.

② 법원은 최고법원인 대법원과 각급법원으로 조직된다.

③ 법관의 자격은 법률로 정한다.

제102조 ① 대법원에 부를 둘 수 있다.

② 대법원에 대법관을 둔다. 다만, 법률이 정하는 바에 의하여 대법관이 아닌 법관을 둘 수 있다.

③ 대법원과 각급법원의 조직은 법률로 정한다.

제103조 법관은 헌법과 법률에 의하여 그 양심에 따라 독립하여 심판한다.

제104조 ① 대법원장은 국회의 동의를 얻어 대통령이 임명한다.

② 대법관은 대법원장의 제청으로 국회의 동의를 얻어 대통령이 임명한다.

③ 대법원장과 대법관이 아닌 법관은 대법관회의의 동의를 얻어 대법원장이 임명한다.

제105조 ① 대법원장의 임기는 6년으로 하며, 중임할 수 없다.

② 대법관의 임기는 6년으로 하며, 법률이 정하는 바에 의하여 연임할 수 있다.

③ 대법원장과 대법관이 아닌 법관의 임기는 10년으로 하며, 법률이 정하는 바에 의하여 연임할 수 있다.

④ 법관의 정년은 법률로 정한다.

제106조 ① 법관은 탄핵 또는 금고 이상의 형의 선고에 의하지 아니하고는 파면되지 아니하며, 징계처분에 의하지 아니하고는 정직·감봉 기타 불리한 처분을 받지 아니한다.

② 법관이 중대한 심신상의 장해로 직무를 수행할 수 없을 때에는 법률이 정하는 바에 의하여 퇴직하게 할 수 있다.

제107조 ① 법률이 헌법에 위반되는 여부가 재판의 전제가 된 경우에는 법원은 헌법재판소에 제청하여 그 심판에 의하여 재판한다.

② 명령·규칙 또는 처분이 헌법이나 법률에 위반되는 여부가 재판의 전제가 된 경우에는 대법원은 이를 최종적으로 심사할 권한을 가진다.

③ 재판의 전심절차로서 행정심판을 할 수 있다. 행정심판의 절차는 법률로 정하되, 사법절차가 준용되어야 한다.

제108조 대법원은 법률에서 저촉되지 아니하는 범위 안에서 소송에 관한 절차, 법원의 내부규율과 사무처리에 관한 규칙을 제정할 수 있다.

제109조 재판의 심리와 판결은 공개한다. 다만, 심리는 국가의 안전보장 또는 안녕질서를 방해하거나 선량한 풍속을 해할 염려가 있을 때에는 법원의 결정으로 공개하지 아니할 수 있다.

제110조 ① 군사재판을 관할하기 위하여 특별법원으로서 군사법원을 둘 수 있다.

② 군사법원의 상고심은 대법원에서 관할한다.

③ 군사법원의 조직·권한 및 재판관의 자격은 법률로 정한다.

④ 비상계엄하의 군사재판은 군인·군무원의 범죄나 군사에 관한 간첩죄의 경우와 초병·초소·유독음식물공급·포로에 관한 죄 중 법률이 정한 경우에 한하여 단심으로 할 수 있다. 다만, 사형을 선고한 경우에는 그러하지 아니하다.

제 6 장 헌법재판소

제111조 ① 헌법재판소는 다음 사항을 관장한다.

1. 법원의 제청에 의한 법률의 위헌여부 심판
2. 탄핵의 심판
3. 정당의 해산 심판
4. 국가기관 상호간, 국가기관과 지방자치단체간 및 지방자치단체 상호간의 권한쟁의에 관한 심판
5. 법률이 정하는 헌법소원에 관한 심판

② 헌법재판소는 법관의 자격을 가진 9인의 재판관으로 구성하며, 재판관은 대통령이 임명한다.

③ 제 2 항의 재판관 중 3인은 국회에서 선출하는 자를, 3인은 대법원장이 지명하는 자를 임명한다.

④ 헌법재판소의 장은 국회의 동의를 얻어 재판관 중에서 대통령이 임명한다.

제112조 ① 헌법재판소 재판관의 임기는 6년으로 하며, 법률이 정하는 바에 의하여 연임할 수 있다.

② 헌법재판소 재판관은 정당에 가입하거나 정치에 관여할 수 없다.

③ 헌법재판소 재판관은 탄핵 또는 금고 이상의 형의 선고에 의하지 아니하고는 파면되지 아니한다.

제113조 ① 헌법재판소에서 법률의 위헌결정, 탄핵의 결정, 정당해산의 결정 또는 헌법소원에 관한 인용결정을 할 때에는 재판관 6인 이상의 찬성이 있어야 한다.

② 헌법재판소는 법률에 저촉되지 아니하는 범위안에서 심판에 관한 절차, 내부규율과 사무처리에 관한 규칙을 제정할 수 있다.

③ 헌법재판소의 조직과 운영 기타 필요한 사항은 법률로 정한다.

제 7 장 선거관리

제114조 ① 선거와 국민투표의 공정한 관리 및 정당에 관한 사무를 처리하기 위하여 선거관리위원회를 둔다.

② 중앙선거관리위원회는 대통령이 임명하는 3인, 국회에서 선출하는 3인과 대법원장이 지명하는 3인의 위원으로 구성한다. 위원장은 위원중에서 호선한다.

③ 위원의 임기는 6년으로 한다.

④ 위원은 정당에 가입하거나 정치에 관여할 수 없다.

⑤ 위원은 탄핵 또는 금고 이상의 형의 선고에 의하지 아니하고는 파면되지 아니한다.

⑥ 중앙선거관리위원회는 법령의 범위 안에서 선거관리·국민투표관리 또는 정당사

무에 관한 규칙을 제정할 수 있으며, 법률에 저촉되지 아니하는 범위 안에서 내부규율에 관한 규칙을 제정할 수 있다.

⑦ 각급 선거관리위원회의 조직·직무범위 기타 필요한 사항은 법률로 정한다.

第115조 ① 각급 선거관리위원회는 선거인명부의 작성 등 선거사무와 국민투표사무에 관하여 관계 행정기관에 필요한 지시를 할 수 있다.

② 제1항의 지시를 받은 당해 행정기관은 이에 응하여야 한다.

第116조 ① 선거운동은 각급 선거관리위원회의 관리하에 법률이 정하는 범위 안에서 하되, 균등한 기회가 보장되어야 한다.

② 선거에 관한 경비는 법률이 정하는 경우를 제외하고는 정당 또는 후보자에게 부담시킬 수 없다.

제8장 지방자치

第117조 ① 지방자치단체는 주민의 복리에 관한 사무를 처리하고 재산을 관리하며, 법령의 범위 안에서 자치에 관한 규정을 제정할 수 있다.

② 지방자치단체의 종류는 법률로 정한다.

第118조 ① 지방자치단체에 의회를 둔다.

② 지방의회의 조직·권한·의원선거와 지방자치단체의 장의 선임방법 기타 지방자치단체의 조직과 운영에 관한 사항은 법률로 정한다.

제9장 경 제

第119조 ① 대한민국의 경제질서는 개인과 기업의 경제상의 자유와 창의를 존중함을 기본으로 한다.

② 국가는 균형있는 국민경제의 성장 및 안정과 적정한 소득의 분배를 유지하고, 시장의 지배와 경제력의 남용을 방지하며, 경제주체간의 조화를 통한 경제의 민주화를 위하여 경제에 관한 규제와 조정을 할 수 있다.

第120조 ① 광물 기타 중요한 지하자원·수산자원·수력과 경제상 이용할 수 있는 자연력은 법률이 정하는 바에 의하여 일정한 기간 그 채취·개발 또는 이용을 특허할 수 있다.

② 국토와 자원은 국가의 보호를 받으며, 국가는 그 균형있는 개발과 이용을 위하여 필요한 계획을 수립한다.

第121조 ① 국가는 농지에 관하여 경자유전의 원칙이 달성될 수 있도록 노력하여야 하며, 농지의 소작제도는 금지된다.

② 농업생산성의 제고와 농지의 합리적인 이용을 위하거나 불가피한 사정으로 발생하는 농지의 임대차와 위탁경영은 법률이 정하는 바에 의하여 인정된다.

第122조 국가는 국민 모두의 생산 및 생활의 기반이 되는 국토의 효율적이고 균형있는 이용·개발과 보전을 위하여 법률이 정하는 바에 의하여 그에 관한 필요한 제한과 의무를 과할 수 있다.

第123조 ① 국가는 농업 및 어업을 보호·육성하기 위하여 농·어촌종합개발과 그 지원 등 필요한 계획을 수립·시행하여야 한다.

② 국가는 지역간의 균형있는 발전을 위하여 지역경제를 육성할 의무를 진다.

③ 국가는 중소기업을 보호·육성하여야 한다.

④ 국가는 농수산물의 수급균형과 유통구조의 개선에 노력하여 가격안정을 도모함으로써 농·어민의 이익을 보호한다.

⑤ 국가는 농·어민과 중소기업의 자조조직을 육성하여야 하며, 그 자율적 활동과 발전을 보장한다.

第124조 국가는 건전한 소비행위를 계도하고 생산품의 품질향상을 촉구하기 위한 소비자보호운동을 법률이 정하는 바에 의하여 보장한다.

第125조 국가는 대외무역을 육성하며, 이를 규제·조정할 수 있다.

第126조 국방상 또는 국민경제상 긴절한 필요로 인하여 법률이 정하는 경우를 제외하고는, 사영기업을 국유 또는 공유로 이전하거나 그 경영을 통제 또는 관리할 수 없다.

第127조 ① 국가는 과학기술의 혁신과 정보

및 인력의 개발을 통하여 국민경제의 발전에 노력하여야 한다.
② 국가는 국가표준제도를 확립한다.
③ 대통령은 제1항의 목적을 달성하기 위하여 필요한 자문기구를 둘 수 있다.

제10장 헌법개정

제128조 ① 헌법개정은 국회재적의원 과반수 또는 대통령의 발의로 제안된다.
② 대통령의 임기연장 또는 중임변경을 위한 헌법개정은 그 헌법개정 제안 당시의 대통령에 대하여는 효력이 없다.
제129조 제안된 헌법개정안은 대통령이 20일 이상의 기간 이를 공고하여야 한다.
제130조 ① 국회는 헌법개정안이 공고된 날로부터 60일 이내에 의결하여야 하며, 국회의 의결은 재적의원 3분의 2 이상의 찬성을 얻어야 한다.
② 헌법개정안은 국회가 의결한 후 30일 이내에 국민투표에 붙여 국회의원선거권자 과반수의 투표와 투표자 과반수의 찬성을 얻어야 한다.
③ 헌법개정안이 제2항의 찬성을 얻은 때에는 헌법개정은 확정되며, 대통령은 즉시 이를 공포하여야 한다.

부 칙

제1조 이 헌법은 1988년 2월 25일부터 시행한다. 다만, 이 헌법을 시행하기 위하여 필요한 법률의 제정·개정과 이 헌법에 의한 대통령 및 국회의원의 선거 기타 이 헌법시행에 관한 준비는 이 헌법시행 전에 할 수 있다.
제2조 ① 이 헌법에 의한 최초의 대통령선거는 이 헌법시행일 40일 전까지 실시한다.
② 이 헌법에 의한 최초의 대통령의 임기는 이 헌법시행일로부터 개시한다.
제3조 ① 이 헌법에 의한 최초의 국회의원선거는 이 헌법공포일로부터 6월 이내에 실시하며, 이 헌법에 의하여 선출된 최초의 국회의원의 임기는 국회의원선거 후 이 헌법에 의한 국회의 최초의 집회일로부터 개시한다.
② 이 헌법공포 당시의 국회의원의 임기는 제1항에 의한 국회의 최초의 집회일 전일까지로 한다.
제4조 ① 이 헌법시행 당시의 공무원과 정부가 임명한 기업체의 임원은 이 헌법에 의하여 임명된 것으로 본다. 다만, 이 헌법에 의하여 선임방법이나 임명권자가 변경된 공무원과 대법원장 및 감사원장은 이 헌법에 의하여 후임자가 선임될 때까지 그 직무를 행하며, 이 경우 전임자인 공무원의 임기는 후임자가 선임되는 전일까지로 한다.
② 이 헌법시행 당시의 대법원장과 대법원판사가 아닌 법관은 제1항 단서의 규정에 불구하고 이 헌법에 의하여 임명된 것으로 본다.
③ 이 헌법 중 공무원의 임기 또는 중임제한에 관한 규정은 이 헌법에 의하여 그 공무원이 최초로 선출 또는 임명된 때로부터 적용한다.
제5조 이 헌법시행 당시의 법령과 조약은 이 헌법에 위배되지 아니하는 한 그 효력을 지속한다.
제6조 이 헌법시행 당시에 이 헌법에 의하여 새로 설치될 기관의 권한에 속하는 직무를 행하고 있는 기관은 이 헌법에 의하여 새로운 기관이 설치될 때까지 존속하며 그 직무를 행한다.

판례색인

[憲法裁判所判例]

[大法院 및 下級審判例]

[獨逸聯邦憲法裁判所判例]

[美國判例]

사항색인

[ㅎ]

저자약력

1952년 제주 출생
고려대학교 법과대학 및 동대학원 석사·박사과정 수료
독일 Köln대학교에서 법학박사학위(Dr. iur.) 취득(1986)
한림대학교 교수(1988~1997)
독일 Köln대학교 법과대학 '국가철학 및 법정책연구소' 객원교수(1994~1995)
제 7 회 한국헌법학회 학술상 수상(2005)
사법시험 및 각종국가시험위원, 한국공법학회부회장, 한국헌법학회 부회장,
한독법률학회 부회장, 안암법학회 부회장, 한국환경법학회 부회장,
한국가톨릭사회과학연구회 회장 역임
현재 서강대학교 법학전문대학원 교수

주요 저서 및 논문

Soziale Rechte auf der Verfassungsebene und auf der gesetzlichen Ebene, Diss. Köln(1986)
해방과 정치계몽주의, 도서출판 새남, 1988(M. Kriele, *Befreiung und politische Aufklärung*, 1980)
민주주의 세계혁명, 도서출판 새남, 1990(M. Kriele, *Die demokratische Weltrevolution*, 1987)
법과 실천이성, 한림대학교출판부, 1992(M. Kriele, *Recht und praktische Vernunft*, 1979)
법발견론, 한림대학교 출판부, 1994(M. Kriele, *Theorie der Rechtsgewinnung*, 2. Aufl., 1976)
마르크스주의와 수정사회주의, 도서출판 새남, 1996(B. Gustaffson, *Marxismus und Revisionismus*, 1972)
국가론, 민음사, 1997(H. Heller, *Staatslehre*, 6. Aufl., 1983)
헌법 Ⅰ, 현암사, 1999
헌법정해, 신영사, 1999
헌법요론, 신영사, 1999(2005: 제 4 판)
환경보호의 법적 문제, 서강대학교출판부, 1999
헌법 Ⅱ, 현암사, 2000
객관식헌법, 신영사, 2000(2005: 제 4 판)
헌법재판소결정례요지(편), 법문사, 2002
헌법학, 현암사, 2002(2009: 개정 6 판)
헌법과 미래(공저), 인간사랑, 2007
법학입문, 신론사, 2007
헌법국가의 도전, 두성사, 2007(M. Kriele, *Die Herausforderung des Verfassungsstaates*, 1970)
7급객관식헌법, 두성사, 2008
헌법학(상), 박영사, 2010(2013: 제 2 판)
헌법학(중), 박영사, 2010
프롤레타리아 계급 독재, 신론사, 2011(Karl Kautsky, *Die Diktatur des Proletariats*, 1918)
국가의 법적 기본질서로서의 헌법, 유로, 2011(Werner Kägi, Die Verfassung als rechtliche Grundordnung des Staates, 2. Aufl. 1971)
국가형태, 유로, 2011(Max Imboden, Die Staatsformen, 1959)
소외론, 유로, 2013(Friedrich Müller, Entfremdung, 2. Aufl. 1985)
법과 실천이성, 유로, 2013(Martin Kriele, Recht und praktische Vernunft, 1979)
법발견의 이론, 유로, 2013(Martin Kriele, Theorie der Rechtsgewinnung, 2. Aufl. 1976)
'사회국가 해석모델에 관한 비판적 검토', '자연의 권리주체성', '독일의 헌법과 행정법에 있어서의 환경보호' 등 논문 다수

제 3 판
憲法學(下)

2010년 2월 28일 초판발행
2011년 2월 20일 제 2 판발행
2014년 4월 30일 제 3 판인쇄
2014년 5월 10일 제 3 판발행

저 자 홍 성 방
발행인 안 종 만
발행처 (주) 박영사
서울특별시 종로구 평동 13-31번지
전화 (733) 6771 FAX (736) 4818
등록 1959. 3. 11. 제300-1959-1호(倫)

저자와 협의하여 인지첩부를 생략함

www.pybook.co.kr e-mail: pys@pybook.co.kr

정 가 30,000원

ISBN 979-11-303-2615-3
978-89-6454-568-3(세트)